工商管理经典译丛 BUSINESS ADMINISTRATION CLASSI

U0874199

MANAGING INNOVATION

SIXTH EDITION

创新管理

第 6 版

乔·蒂德（Joe Tidd）
约翰·贝赞特（John Bessant） 著
陈 劲 译

中国人民大学出版社
·北京·

工商管理经典译丛

出版说明

随着中国改革开放的深入发展，中国经济高速增长，为中国企业带来了勃勃生机，也为中国管理人才提供了成长和一显身手的广阔天地。时代呼唤能够在国际市场上搏击的中国企业家，时代呼唤谙熟国际市场规则的职业经理人。中国的工商管理教育事业也迎来了快速发展的良机。中国人民大学出版社正是为了适应这样一种时代的需要，从1997年开始就组织策划“工商管理经典译丛”，这是国内第一套与国际管理教育全面接轨的引进版工商管理类丛书，该套丛书凝聚着100多位管理学专家学者的心血，一经推出，立即受到了国内管理学界和企业界读者们的一致好评和普遍欢迎，并持续畅销数年。全国人民代表大会常务委员会副委员长、国家自然科学基金会管理科学部主任成思危先生，以及全国MBA教育指导委员会的专家们，都对这套丛书给予了很高的评价，认为这套译丛为中国工商管理教育事业做了开创性的工作，为国内管理专业教学首次系统地引进了优秀的范本，并为广大管理专业教师提高教材甄选和编写水平发挥了很大的作用。其中《人力资源管理》（第六版）获第十二届“中国图书奖”；《管理学》（第四版）获全国优秀畅销书奖。

进入21世纪后，随着经济全球化和信息化的发展，国际MBA教育在课程体系上进行了重大的改革，从20世纪80年代以行为科学为基础，注重营销管理、运营管理、财务管理到战略管理等方面的研究，到开始重视沟通、创业、公共关系和商业伦理等人文类内容，并且增加了基于网络的电子商务、技术管理、业务流程重组和统计学等技术类内容。另外，管理教育的国际化趋势也越来越明显，主要表现在师资的国际化、生源的国际化和教材的国际化方面。近年来，随着我国MBA和工商管理教育事业的快速发展，国内管理类引进版图书的品种越来越多，出版和更新的周期也在明显加快。为此，我们这套“工商管理经典译丛”也适时更新版本，增加新的内容，同时还将陆续推出新的系列和配套参考书，以顺应国际管理教育发展的大趋势。

本译丛选入的书目，都是世界著名的权威出版机构畅销全球的工商管理图书，被世界各国和地区的著名大学商学院和管理学院所普遍选用，是国际工商管理教育界最具影响力的教学用书。本丛书的作者，皆为管理学界享有盛誉的著名教授，他们的这些著作，经过了世界各地数千所大学和管理学院教学实践的检验，被证明是论述精辟、视野开阔、资料丰富、通俗易懂，又具有生动性、启发性和可操作性的经典之作。本译丛的译者，大多是国内各著名大学的优秀中青年学术骨干，他们不仅在长期的教学研究和社会实践中积累了丰富的经验，而且具有较高的翻译水平。

本丛书的引进和运作过程，从市场调研与选题策划、每本书的推荐与论证、对译者翻译水平的考察与甄选、翻译规程与交稿要求的制定、对翻译质量的严格把关和控制，到版式、封面和插图的设计等各方面，都坚持高水平和高标准的原则，力图奉献给读者一套译文准确、文字流畅、从内容到形式都保持原著风格的工商管理精品图书。

本丛书参考了国际上通行的 MBA 和工商管理专业核心课程的设置，充分兼顾了我国管理各专业现行通开课与专业课程设置，以及企业管理培训的要求，故适应面较广，既可用于管理各专业不同层次的教学参考，又可供各类管理人员培训和自学使用。

为了本丛书的出版，我们成立了由中国人民大学、北京大学、中国社会科学院等单位专家学者组成的编辑委员会，这些专家学者给了我们强有力的支持，使本丛书得以在管理学界和企业界产生较大的影响。许多我国留美学者和国内管理学界著名专家教授，参与了原著的推荐、论证和翻译工作，原我社编辑闻洁女士在这套书的总体策划中付出了很多心血。在此，谨向他们致以崇高的敬意并表示衷心的感谢。

愿这套丛书为我国 MBA 和工商管理教育事业的发展，为中国企业管理水平的不断提升继续做出应有的贡献。

中国人民大学出版社

译者序

创新是当今及未来任何国家或地区、任何产业或企业提升价值、实现可持续发展的关键，也是人类持续获得高质量文明的重要活动。世界各国和地区都十分关注创新这一重要的科技经济活动，力争在日益激烈的国际竞争中取得优势。

创新虽然有较大的经济价值或社会价值，但高风险、大系统、多领域等固有特征使得创新的成功率大大低于人们的预期，为此创新管理这一新的学科体系应运而生，并逐步成为当今企业管理的核心内容。创新管理从传统的研究与发展管理、技术管理，逐步综合营销管理、项目管理等学科知识，特别是和战略管理相关知识高度融合，形成了一门视野高、综合性强、实践知识丰富的学科。正确理解创新的内涵以及熟练掌握创新管理知识体系，对提升企业创新的能力、优化企业创新的效率具有重要的价值，广大企业管理研究者、创新管理的理论研究者和实践者对此高度重视。

英国萨赛克斯大学的科学政策研究中心（SPRU）一直是全球创新经济学研究的重镇，以克里斯·弗里曼、凯斯·帕维特为代表的创新研究学者，除了深入研究创新的类型以及经济长波和可持续发展等宏观领域的学术体系，也非常重视创新经济学和企业管理理论的融合。1997年乔·蒂德、约翰·贝赞特和凯斯·帕维特联合撰写了《创新管理》的第1版，对创新管理的必要性、创新和企业战略分析的结合、创新的外部联系、有效实施创新的机制、如何创建创新型组织、创新管理的整合性等方面做了科学的论述，这本书成为创新管理的经典教材。

在第6版中，乔·蒂德、约翰·贝赞特两位作者借鉴最新的研究和实践，扩展了主题的覆盖范围。在企业创新方面增加了商业模式创新、开放式创新、用户创新和众包，以及服务创新相关内容，提出了精益创业和敏捷创新方法。在社会创新方面，作者介绍了公共部门创新、社会企业家、节俭创新、“金字塔底层”的创新、逆向创新等。作者还进一步扩展了创新的领域，包括设计驱动型创新、可持续发展创新、负责任的创新等，表现出对动态能力视角、知识管理视角以及可持续议题的关注。此外，第6版借鉴数千个研究项目以及最新研究成果，在“研究札记”专栏中添加了大量前沿学术研究成果，包括创新战略研究主题、创新战略与绩效、跨职能团队的有效性、创新领导力理论、对外部知识的吸收能力研究等。作者在第6版中还表现出对中国创新前沿的关注，分析了中国创新能力建设发展历程、互联网在中国的传播、中国知识产权的发展等。第6版也添加了很多新的案例，如西门子的众包平台、思科的互联网情境、三星智能手机、应用程序 WhatsApp 等，为理论部分提供了丰富翔实的例证。

在许庆瑞院士的精心指导下，我一直致力于译介海外先进的创新管理教材和专著，并有幸成为《创新管理》第1版、第4版的主要译者。第6版由清华大学经济管理学院的学生黄京磊、张威、刘若璇、姜璐亚、马洪彪、彭炜坚、尹伊晨协助完成初稿第1、5、6、11、14、15

章的翻译，清华大学经济管理学院博士生范昭瑞做了大量的翻译和协调工作，最后由我进行统稿和优化。

衷心希望本书助力我国进一步实施创新驱动发展、加快建设科技强国，特别是为培育具有国际影响力的创新型组织和创新型企业，提供科学的知识基础和实践智慧。

陈劲

清华大学经济管理学院教授

清华大学技术创新研究中心主任

英国萨赛克斯大学科学政策研究中心（SPRU）访问研究员

前言

在就业和销售方面，创新型企业的表现均优于创新失败的企业。[1]我们知道，那些始终在管理创新方面取得成功的组织，在增长、财务绩效和就业方面都优于其他组织，而且创新带来的社会效益更大。[2]然而，管理创新并非易事，它需要技能和知识，这与标准的管理工具和经验大不相同，因为大多数管理培训和建议旨在保持稳定，因此最受欢迎的学位是 MBA——工商管理硕士。因此，大多数组织要么没有正式地管理创新过程，要么没有以一种特别的方式管理。研究证实，只有大约 12%的组织能够成功地管理创新，这些组织中只有一半能始终如一地做到这一点。[3]自 1997 年《创新管理》出版以来，我们一直认为，成功的创新管理远远不止管理一个方面，如创造力、企业家精神、研发或产品开发。[4]我们的配套教材更全面地解决了此类问题[5]，但是在这里，我们继续推广一种集成过程方法，关注市场、技术和组织的变化之间的相互作用。在第 6 版中，我们秉持传统，突出以下特点：

- 以强大的基于证据的方法来理解和实践创新管理，借鉴数千个研究项目以及最新研究成果，形成“研究札记”。2017 年《创新管理》在谷歌学术搜索中被引用超过 8 000 次。
- 介绍经过实践检验的流程、模型和工具，设立“前沿热点”专栏，经理人以第一人称陈述他们在创新管理方面面临的挑战。

在第 6 版中，我们借鉴了最新的研究和实践，扩展了主题的覆盖范围，包括商业模式创新、开放式创新、用户创新和众包、服务和社会创新。

通过系统的研究、实验，以及管理实践和经验的最终检验，我们对创新的理解不断发展。因此，跟上这个快速发展的多学科领域的步伐，对所有对创新感兴趣的人来说都是一个挑战。在商业研究的一般领域中，全世界有 200 多个活跃的研究中心每年发表约 5 000 篇论文，其中许多与创新管理有关。[6]在技术和创新管理更专业的领域，全球 120 个研究中心每年发表数百篇论文。[7]本书的一个目标是帮助读者理解和浏览大量的资料，另一个目标是鼓励读者采取行动。正如我们在第 1 版中声明且仍然坚信的，本书旨在鼓励和支持实践，并组织实验和学习，而并非替代实践。

我们要感谢先前版本的用户、我们的同事和学生，威立的团队以及创新学者和专业人士的广泛反馈、支持和贡献，这些群体直接为第 6 版作出了贡献。特别要感谢我们在伦敦、曼彻斯特、鹿特丹、柏林、巴塞罗那、赫尔辛基、布达佩斯和吉隆坡举办的研讨会的众多参与者。

乔·蒂德

约翰·贝赞特

参考文献

[1] Tidd, J. and B, Thuriaux-Aleman, Innovation management practices: Cross-sectorial adoption, variation and effectiveness, R&D Managementj, 2016. 46 (3), 1024-1043.

[2] Tldd, J., *From knowledge management to strategic competence*. 2012, Imperial College Press, third edition.

[3] Jaruzelskl, B., J, Loehr, and R. Holman, The global innovation 1 000: Why culture is key, *Strategy+Business*, Issue 65. 2011, Booz and Company.

[4] Eagar, R., et al., The future of Innovation management: The next 10 years, *Prism*, Issue 2011/1. 2011, Arthur D. Little.

[5] Bessant, J. and J. Tidd, *Entrepreneurship*. 2018, Wiley; *Innovation and entrepreneurship*. 2015, Wiley, 3rd edition; *Strategic Innovation management*. 2014, Wiley; Isaksen, S. and J. Tidd, *Meeting the innovation challenge: Leadership for transformation and growth*. 2006, Wiley; Bessant, J., *High involvement innovation*. 2003, Wiley.

[6] Mangematin, V. and C. Baden Fuller, Global contests in the production of business knowledge, *Long Range Planning*, 2008. 41 (1), 117-139.

[7] Bhupatiraju, S., et al., Knowledge flows-Analyzing the core literature of innovation, entrepreneurship and science and technology studies, *Research Policy*, 2012. 41 (7), 1205-1218; Martin, B., P. Nightingale, and A. Yegros-Yegros, Science and technology studies: Exploring the knowledge base, *Research Policy*, 2012. 41 (7), 1182-1204.

目　录

第 1 章

创新的定义及意义

Innovation-What It Is and Why It Matters

“那可真是慢吞吞的地方，”红皇后说，“你瞧，在我们这儿，得拼命地跑，才能保持在原地。要想到别的地方，得再快一倍才行。”

——路易斯·卡罗尔，《爱丽丝漫游奇境记》

在这个时代，你很容易在日常生活中发现创新：它存在于数千份公司的官方陈述或战略文件中，时刻强调其对于“顾客、股东、业务、未来，以至于生存与发展”的重要性。各类产品——不论是发胶还是医院护理——在广告中大肆宣传创新。创新深深根植于我们的历史书，书中指出它如何在漫漫岁月中塑造我们的生活。创新也被每一个政治家挂在嘴边，让我们意识到生活方式不断被创新过程塑造和重塑。

创新对各种形态和大小的组织都有很大的影响。逻辑很简单——如果我们不改变自己向世界提供的东西（产品或服务）以及生产和交付的方式，那么我们很可能被其他人取代。这是关乎生存的问题，历史告诉我们，落后者的末路往往就是终结！那些幸存的企业之所以能够存活，是因为它们有能力进行常规变革和焦点变革。（值得一提的是，比尔·盖茨（Bill Gates）过去常说“微软离倒闭只有两年”，或者正如英特尔的创始人之一安迪·格鲁夫（Andy Grove）在自传中所说，“只有偏执狂才能存活下来!”）[1]

本章，我们将详细地讨论创新的挑战——创新是什么，为什么重要，最重要的是我们应该如何组织和管理该过程。

1.1 创新的重要性

这不是过度宣传或广告商的说辞——我们可以通过下面的前沿视点 1.1 对创新的重要性有一个基本的认知。

前沿视点 1.1

创新——每个人都在讨论的问题

- 我们有我在宝洁公司 30 年的职业生涯中最强的创新项目，目前正投资该项目以推动业务的增长。

——鲍勃·麦克唐纳（Bob McDonald），宝洁公司前董事会主席、总裁兼首席执行官

- 我们相信会有所作为。维珍代表着物有所值、质量、创新、乐趣和竞争意识。我们通过授权给员工来提供优质服务，同时我们促进和监督顾客反馈，通过创新来持续提升顾客体验。

——维珍

● 阿迪·达斯勒（Adi Dassler）对运动有明确的、简单的和坚定的激情，我们受益于这一精神50年来不断创新，我们一直站在技术前沿。

——阿迪达斯关于它的未来（www.adidas.com）

● 创新是我们的命脉。

——西门子关于创新的讨论（www.siemens.com）

● 我们正在审视通用电气的高层领导人是否有足够的想象力。富有想象力和创造力的领导是那些有勇气在新想法上投资、带领团队发现更好的想法并带领人们更谨慎、更理性地承担风险的人。

——杰夫·伊梅尔特（J. Immelt），通用电气前主席、首席执行官

● 创新将领导者和跟随者区分开来。

——史蒂夫·乔布斯，苹果公司联合创始人

● 约翰迪尔确保企业增长的关键就是不断发明对客户有用的新产品的能力。

——罗伯特·雷恩（Robert Lane），约翰迪尔（John Deere）前首席执行官

创新与增长息息相关。新的创意能创造一个企业的竞争优势，并通过这一过程产生新的业务。尽管竞争优势还来源于诸如企业规模和企业资产等方面，但在今天的竞争模式中，那些能够利用其知识以及技术技能和经验开发出新产品、新服务和新工艺流程的企业更有优势。经济学家在数十年间关于这个趋势一直争论不休，但大部分人都认同创新对经济增长有举足轻重的影响。威廉·鲍莫尔（William Baumol）[2]指出"18世纪以来几乎所有的经济增长本质上都要归因于创新"。研究札记1.1给出了一些关于创新在经济中的重要性的例子。

研究札记1.1　　为什么创新对经济如此重要

● 经济合作与发展组织（OECD）的成员每年在研发上投入1.5万亿美元。[3]

● 目前在美国有超过16 000家公司有自己的工业研究实验室，至少有20家公司的年度研发预算超过10亿美元。

● 中国力图在2020年将研发预算从占GDP的2%提升到2.5%。

● 韩国取代以色列成为世界上研发最密集的国家，在研发上的投入占到GDP的4.36%。在这方面同样优秀的亚洲国家有日本（3.35%）。

● 2008年，德国所有公司营业额的16.8%来自新推出的产品，而在研究密集型部门，这个数字是38%。同年，德国通过流程创新使每件产品平均节省3.9%的成本。

● 2015年欧盟的公司创新调查（CIS）显示，53%的企业被评估为"有创新能力的"，2013年这个数字是45%。其中，61%的大型企业（员工超过250人）和53%的中小型企业（员工10～250人）是有创新能力的。

● 在英国，28%的创新者从事出口贸易（非创新者为10%）；据统计，这些创新者雇用了更高素质的员工，尤其是有科学与工程学位的员工（占12%），而非创新者只有4%。25%的企业对产品或流程进行了技术革新，42%的企业在非技术领域（组织或市场方面）创新，27%的企业表示参与了"新的商业实践"。

普华永道咨询公司定期对高级管理人员进行创新方面的调查，在其2015年全球创新调查中，1 757名高管中几乎有一半（43%）认为创新是公司的“竞争必需品”。这不仅仅是一种信仰。普华永道的数据表明，领先的创新者会在财务和竞争地位上得到丰厚回报。“根据我们的研究，过去三年里创新能力最强的几家公司的增长率比创新能力最弱的高16个百分点以上……它们预测五年内增长率会进一步提高到全球平均水平的近两倍，是创新能力最弱的公司的三倍以上。对于普通公司而言，这意味着将比不愿意创新的同行多收入5亿美元。”[4]

波士顿咨询公司（BCG）在其报告中对世界排名前50位的创新公司也有类似的结论。它们对创新的重要性有相同的见解——2015年有79%的受访者将其列为最重要的战略重点，高于2005年的66%。创新带来的好处不仅包括扩大市场份额，还包括以最快速度进入快速增长的新兴领域。[5]

案例研究1.1提供了关于创新与增长之间联系的例子。

案例研究1.1

增长的佼佼者与创新的回报

蒂姆·琼斯（Tim Jones）一直在研究成功的创新组织，他最新的成果基于这项研究，尝试建立企业在创新方面的持续投入与其后续表现之间的联系。[6]他发现在一段持续的时间内，两者之间有很强的正相关关系，创新企业更能盈利、更成功。蒂姆·琼斯在2012年的一次采访中阐述了他对这些增长佼佼者的看法。

1.2 创新不仅仅是高科技

重要的是，创新和竞争的成功不仅限于高科技公司。例如，德国伍尔特公司（Wurth）是最大的螺丝制造商（生产诸如螺母、螺栓等紧固件），2015年全球的营业额高达110亿美元。尽管受到来自中国的低成本竞争压力，该公司通过像戴尔电脑那样在供应商网络中强调产品创新和流程创新而成功保持了领先地位。[7]以类似的方式，英国Dairy Crest公司通过一系列产品创新，包括可再密封包装、新颖的形式和新品种的奶酪及乳制品，在制造和物流流程创新的支持下，2015年获得近15亿英镑的营业额。[8]

研究札记1.2给出了一些关于创新与经济表现之间关系的例子。

研究札记1.2　　全球范围内的创新表现

阿瑟利特咨询公司（Arthur D. Little）对全球的企业高级管理人员定期开展关于创新的调查。[9]在2012年对650个组织的调查中，值得一提的是：

- 创新表现在前1/4的组织平均从新产品与新服务中获得比普通组织多13%的利润，并且将收回成本的时间缩短30%。但这个差距正在逐渐缩小。
- 创新能力与创新带来的回报和成功密切相关。
- 许多关键的创新管理实践会对不同行业的创新表现有很大的影响。

当然，不是所有的游戏都要有赢家和输家。诸如医疗、教育和社会安全等公共服务可能不会产生利润，但它们确实影响了成千上万人的生活质量。当一个国家的经济压力日益增大时，有效实施的好创意可以促成有价值的新服务的产生和既有服务的高效利用。例如，位于瑞典斯德哥尔摩的卡罗林斯卡医院（Karolinska Hospital）通过创新成功地从根本上改善了医疗服务的速度、质量和有效性，比如将等待就诊人数减少了75%，将预约取消次数减少了80%。[10]在印度，各种医疗服务也获得了巨大的成果。公共部门的创新则包括邮票、英国的国家医疗服务，以及像光纤、雷达和互联网等技术背后的许多早期开发工作。

无论是坦桑尼亚的手摇收音机还是孟加拉国的小额信贷融资计划，新的创意都有可能改变世界上最贫穷地区居民的生活质量和发展机会。目前可以从事创新和创业的领域很广泛，有些甚至涉及生死攸关的实际问题——例如，灾难中人道主义的援助。

表1-1列出了一些例子，阐述了创新如何影响各种各样的组织。

表1-1 创新如何产生影响

创新是关于……	例子
识别或创造机会	创新是由能够辨识事物关联性、发现机会并利用机会的能力驱动的。窗玻璃是突破性技术创新的结果——如今世界上几乎所有的窗玻璃都是通过皮尔金顿浮法玻璃生产法制成的，而当初整个行业采用的是非常耗时的打磨抛光玻璃表面的加工方法。詹姆斯·戴森（James Dyson）将新技术应用于真空吸尘器和干手器等家用电器，建立起全球业务
服务现有市场的新方式	创新可以是开辟一个新的市场，也可以是以新的方式服务于现有的成熟市场。尽管纺织品和服装产业逐渐在全球化过程中转移至发展中国家，但西班牙企业Inditex（通过旗下包括Zara在内的多个品牌的经销店）开创了一个高度灵活、反应迅速的服装运营模式，并在52个国家开设了2 000多家经销店。它的创始人阿曼西奥·奥尔特加·高纳（Amancio Ortega Gaona）最初在从未有过纺织品生产企业的西班牙拉科鲁尼亚西部地区创办了一家小企业，并于1975年在那里开设了第一家商店。现在，该企业在全球拥有5 000多家商店，是世界最大的服装零售商。Inditex公司管理理念的核心是设计、制造和零售的紧密连接，其销售网络不断反馈关于流行趋势的信息，从中产生新的服装设计。Inditex公司也将新的创意直接实验于公众，比如发布新面料或新设计的样品，迅速收集线索以判断哪些是应当捕捉的趋势。尽管将目标定位于全球，但是公司大部分的生产制造仍然在西班牙，该公司已经设法将创新的触发信号和对创新信号的响应之间的周期缩短到15天左右
发掘新市场	发现新市场的能力同样重要。贝尔发明电话并未使通信行业在一夜间发生变革——这取决于对个体通信市场的开发
对服务的再思考	服务行业需要投入的资金不多，这意味着新进入者的机会很大，要进行一些突破性的变革也较容易。网上银行和保险公司已很普遍，它们从根本上改变了所在行业的效率和服务范围
满足社会需求	创新给公共部门带来了巨大的挑战以及机遇。在不增加税收负担的情况下提供更多更好服务的压力使得许多公务员难以入眠。但这不是一个不可能的梦想——在其他行业中就有创新改变部门运作方式的例子。例如，在医疗保健领域，围绕关键目标（如等待时间）已经有了重大改进。英国莱斯特皇家医院、瑞典卡罗林斯卡医院等医院已通过创新在护理服务的速度、质量和效率上有了极大的提高，例如将非急需手术的候补名单减少75%，取消手术的情况减少80%
提升行动——把自己正在做的事做得更好	在截然不同的领域，南非一家大型采矿企业昆巴资源有限公司（Kumba Resources）提出了一个惊人言论——“我们能搬走大山”。该公司需要大规模开采山中的铁矿石，挖掘过后还要恢复原有的自然景观。其业务涉及许多复杂的大型机械，而保持这些机械的持续运作和高效生产依赖于提出源源不断的创意的员工

生存还是成长，这是既有企业面对的难题，但也为新进入者提供了重写游戏规则的机会。正所谓“甲之砒霜，乙之蜜糖”。创新的本质是创业精神。创新过程的核心是有能力发现机会并创造新的方法来利用这些机会。创业者是冒险者，但他们也会计算是否值得——他们要将实施一个好创意的成本与做其他事情成功所带来的潜在收益相比较，特别是与市场上已有的公司叫板之时。案例研究 1.2 给出了一些创业行为的例子。

案例研究 1.2

寻觅机会

1975 年，当塔斯马尼亚州霍巴特市的塔斯曼大桥倒塌的时候，罗伯特·克利福德（Robert Clifford）正在运营一家小型的渡轮公司，他看到了人们对渡轮的需求增加所带来的机会，通过向往返于城市之间的乘客出售饮料，他的服务与众不同。之后，凭借同样的创业洞察力，他创建了一家新的公司——Incat，开创了船体的穿浪型设计，这帮助他占领了快速双体船一半以上的世界市场。对创新的持续投入，使这家来自孤岛上的公司在竞争激烈的国际军用和民用市场中占据了主导地位。

“我们总能吞掉大象……”这一惊人言论出自卡洛斯·布伦恩斯（Carlos Broens），他是一家非常成功的澳大利亚模具制造和精密工程公司的创始人与领导者，该公司拥有令人羡慕的增长纪录。布伦恩斯的公司只有 130 名员工，规模不大，之所以能在一个竞争压力极大的环境中生存，是因为它将超过 70%的产品和服务出售给了航空航天、医药以及其他领先市场中的技术需求型企业。本段开头的那句话并不涉及怪异的饮食习惯，而是表达了一种自信——去面对“对我们这种规模的公司来说通常被认为是不可能的挑战”的自信，而这种能力来源于企业在产品和生产工艺方面的创新文化。

人们常常需要人造假肢，可悲的是，这种需求随着地雷等高技术武器的发展而显著增加。更复杂的问题在于，许多需要假肢的人生活在世界上最贫困的地区，他们无法负担高昂的费用。年轻的外科医生普拉莫德·卡伦·塞西（Pramod Karan Sathi）博士和雕塑家拉姆·钱德拉（Ram Chandra）在印度斋浦尔的一家医院偶然相遇，为这一问题提供了解决方案——“斋浦尔之腿”（the Jaipur foot）。这种假肢的开发结合了钱德拉的雕塑技能和塞西的专业知识，效果明显，安上假肢的人可以跑步、爬树和骑自行车。它的设计使低技术材料能够简单地组装，例如，在阿富汗，工匠锤打炮弹弹壳来制造假肢，而在柬埔寨，假肢的一部分橡胶来源于废旧的卡车轮胎。该设计最大的贡献在于低成本，“斋浦尔之腿”在印度的成本仅为 28 美元。自 1975 年以来，全球已有近 1 亿人安装了这种假肢，目前该设计仍在完善中，例如，设计人员尝试为假肢使用先进的新材料。

并非所有的创新对每个人都有益。最充满活力的创新组织之一就是犯罪群体，有的人不断寻找新的犯罪方式以防被逮捕。犯罪力量与法律和秩序之间的竞争是一个强大的创新领域，正如霍华德·拉什（Howard Rush）及其同事在他们关于网络犯罪的研究中所表明的那样。[11]

1.3 创新不仅仅是产品

当然，创新不局限于生产制造过程，越来越多的创新案例出现在服务业。[12-14]（实际上，世界上第一台商用电脑用于支持英国餐饮服务公司 J. Lyons and Co 的面包店规划和物流。）在银行业，英国 First Direct 银行通过运用技术创新成为最具竞争力的银行。这家银行在高精尖信息技术的支持下为客户提供电话银行服务，每个月能够吸引 1 万名新客户——这种服务模式最终成为行业标准。Direct Line 保险公司采用了类似的技术创新方式，从根本上改变了市场的竞争基础，也使得这个行业中所有的竞争者都争相模仿。[15,16]在互联网零售领域，亚马逊改变了图书、音乐和旅游等多种产品的销售方式，而 eBay 之类的公司将拍卖业务渗透到客户的起居室之中。

研究札记 1.3 讨论了一些领域中创新有时被"隐藏"的例子。

研究札记 1.3　　　　隐藏的创新

英国的一家创新基金会 NESTA 在 2006 年发布了一份关于英国"创新的差距"的报告，特别强调了"隐藏的创新"，即没有反映在研发投资额或授予专利数等传统指标中的创新活动。一项研究指出了六个并不被认为是创新的领域，认为这种创新越来越重要，特别是在服务方面。随后的一项研究进一步详细研究了六个隐藏的创新领域：石油生产、小额银行、建筑、法律援助服务、教育和罪犯改造。该研究指出了四种隐藏的创新：

类型一：与通过传统指标可以衡量的活动相同或相似，但因为领域不同而被排除的创新。例如，石油勘探新技术的发展。

类型二：不含先进科学技术基础的创新，比如组织形式或商业模式上的创新。例如，供应商与客户之间在重大建设项目上的合同关系的新形式。

类型三：创新源于现有技术和流程的新组合。例如，银行通过整合各种后台 IT 系统来提供创新的客户服务方式，如网上银行。

类型四：本地开发的、低调发生的小规模创新，这些不仅被传统指标忽视，即使身处其中的许多组织和从业人员都不清楚。例如，每天在教室中或多学科建设团队中提出的各种创意。

资料来源：National Endowment for Science，Technology and the Arts（NESTA），2006，"The innovation gap，" and 2007，"Hidden innovation，" https://www.nesta.org.uk/.

创新正在成为国家经济政策的中心点。例如，英国政府的科学创新办公室（UK Office of Science and Innovation）认为创新是"现代经济的发动机，它把创意和知识转化为产品和服务"。[17]一个澳大利亚政府网站同样认为创新十分重要："公司若不投资于创新，就等于将自己的未来置于危险之中。如果不寻求创新方案来解决正在出现的问题，它们的生意就很难成功，它们也将无力参与竞争。"加拿大统计局（Statistics Canada）的一项数据表明，成功的中小企业具有以下特点：

- 创新是与成功相关联的最重要的因素。
- 创新型企业通常比不创新的企业拥有更强劲的增长力，或者说更成功。

- 创新型企业能赢得市场份额，其盈利能力持续增强。

为此，越来越多的在区域和国家层面上鼓励和培育创新的政策措施相继出台。

1.4　创新与创业精神

正所谓一个人的困境是另一个人的机会，创新的本质在于创业精神——愿景、激情、精力、热情、洞察力、判断力和辛勤工作的有效结合，这能够使好的创意成为现实。正如著名管理学家彼得·德鲁克所说：

> 创新是企业家特有的工具，是他们利用变革为不同业务或服务提供机会的手段。它能够作为一门学科来呈现，能够被学习，能够被实践。[18]

创业精神是一种将结构与激情、规划与远见相结合的特征。具有该特征者智慧地使用工具，制定战略并尽力执行，做出判断的同时有承受风险的魄力。在组织内部建立组织结构——部门、团队、专家小组等，通过制度、资源和责任推动创新是可能的，但如果没有企业家的创业精神，就不会产生有效的变革。

创业精神在实践中会在不同的阶段发挥作用。一个明显的例子是新成立的企业，企业家理性地衡量风险，为世界带来新的事物。创业精神对已成立的组织同样重要，该组织需要更新自己提供的服务，以及创造和交付服务的方式。内部企业家——通常在公司创业或风险部门工作的人——提供动力、能量和远见，提出有风险的新想法。当然，变革的激情可能不是创造商业价值，而是在更广泛的社会领域或环境可持续方面进行提升和变革——这被称为"社会企业家精神"。

以企业家精神推动创新，在组织生命周期中创造社会价值和商业价值——这一理念是本书的核心。表1-2给出了一些创业和创新的例子。

表1-2　创业精神和创新

在组织生命周期中所处阶段	新兴	成长	维持/形成规模	再创新
创造商业价值	个体企业家开发新技术或市场机会	通过增加新产品/服务或进入新市场来发展业务	建立一个渐进性和突破性创新的投资组合，以维持业务和扩展新市场	回到打破框架的突破性创新，这种创新开创了业务，并以新的方式发展业务
创造社会价值	社会企业家热心于改善或改变他们所处的环境	发展创意，并推动大家参与变革的社会网络——在某个地区或围绕某个关键问题	广泛传播创意，扩散到其他社会企业家群体中；与社会主流如公共部门机构等建立联系	改变这个体系，然后作为下一波变革的推动者

研究札记1.4讨论了创新研究的"教父"约瑟夫·熊彼特的思想。

研究札记1.4　　约瑟夫·熊彼特——创新研究之"教父"

约瑟夫·熊彼特（Joseph Schumpeter），经济理论领域中最著名的学者之一，就创新这一主题撰写了著作。他作为经济学家有着辉煌的学术生涯，也曾担任奥地利财政部长。他的观点很明了：创业者会致力于使用技术创新——新产品、新服务或者新流程，来获取战略优势。在一段时间内，创新企业可能是唯一的，因此创业者有望大赚一笔——熊彼特称之为“垄断利润”。当然，其他创业者也会看到这一点并试图模仿，这就导致其他创新的出现。涌现出的新创意会不断削减垄断利润直至达到一个平衡。至此，这个循环开始不断自我重复——原先的创业者或者其他人会去寻找下一个能够重写规则的创新，由此展开下一轮循环。熊彼特谈到了“创造性毁灭”的过程，即在不断追寻以创造新事物的同时会毁坏一些旧规则并建立新规则，而这一切都是由对新的利润源的追寻所驱使。[19] 在他看来，“（真正重要的）是来自新商品、新技术、新供货源、新组织类型的竞争，这样的竞争冲击的不是边际利润和现有公司的产出，而是这些企业生存的根本”。

1.5　创新带来的战略优势

创新对企业竞争优势的贡献体现在几个方面。例如，有研究表明，新产品和市场绩效之间存在强相关性。一方面，新产品能够帮助企业占领与保持市场份额，提高企业在市场上的盈利能力。另一方面，成熟产品单纯依靠价格优势无法在竞争市场中实现销售额增长，很多非价格因素在这个过程中起到非常重要的作用，如设计、产品定制以及质量等。另外，现有产品的生命周期日益缩短，例如，一种特定款式的电视机或者电脑的生命周期不过几个月，像汽车这种复杂产品的生命周期也不超过两三年，因此对企业来说，经常用更好的版本替代原有产品的能力变得越来越重要。所谓的“时间竞争”表明，企业不仅面对推出新产品的压力，而且要比竞争对手更快地推出新产品[20]；波士顿咨询公司在 2015 年的调查中发现，提高创新速度是最重要的驱动因素。[5]

同时，市场环境的不断变化使新产品开发成为至关重要的一种能力。社会经济领域的新变化（例如，人们的信仰、期望、所欲和所得的变化）会为企业带来新的机会和新的挑战。新的法规开辟了创业的新途径，也关闭了旧有经营方式的大门——例如，要求生产环保型产品的法规日益增多。竞争者推出的新产品可能会对企业既有市场地位构成重大威胁。总之，企业只有具备产品创新能力，才能在各种变化中迅速作出反应。

虽然企业通常将新产品开发视为拓展市场的有力手段，但实际上流程创新也在这个过程中起着重要的战略性作用。制造或提供独一无二的产品或服务，或者以比其他企业更经济有效的方式制造产品或提供服务，都可以形成企业的竞争优势。例如，20 世纪末，日本在汽车、摩托车、船舶和家用电器制造领域的成功很大程度上应归因于其出众的制造能力——这种制造能力源于连续不断的工艺流程创新。本田、丰田和日产公司在生产系统方面都具有强大的优势，它们的质量和生产率指标比日本汽车生产商的平均水平高出 1～2 倍。[21] 而像牛津仪器公司（Oxford Instruments）和英国 Incat 公司这类规模相对较小的企业，能够在竞争激烈的全球市场中生存下来的一个主要原因就是，它们制造的产品极为复杂，产业中的新进入者很难学会和掌握它们的技术。

与之类似，服务业中竞争优势的来源是提供比其他竞争者更好的服务：快速、廉价和高质量。花旗银行（Citibank）在技术创新的支持下，成为第一家为顾客提供自助提款服务的银行，从而确立了其技术领先者的市场地位。贝纳通（Benetton）花 10 年时间开发出来的基于先进信息技术的生产网络，使其成为世界上最成功的零售商之一。同样的模式也被 Zara 有效运用。美国西南航空公司（Southwest Airlines）的规模远小于竞争对手，它却成为民航领域的佼佼者，被誉为效率最高的航空公司。这家公司的成功主要应归功于流程创新，例如缩短飞机的留港时间等。这种模式后来成为新一代廉价航空公司的模板，在一度平静的航空旅游业掀起了一股革命浪潮。

重要的是我们必须记住，从这些创新中获得的优势会随着他人的竞相模仿而逐渐消失。除非公司能够再次创新，否则它将落后。因为其他公司都在主动改变产品/服务、业务流程或基础商业模式。例如，银行业的领先者已易主，如今的银行业成为那些较早地利用信息通信技术的公司的天下。很多盈利可观的金融服务行业，比如证券和股票交易等行业，已经被嘉信理财这样拥有突破性的新模式的公司主导。不过，它们也在面对点对点借贷和其他网络金融的重大挑战。

研究札记 1.5 论述了组织面临的创新之势，案例研究 1.3 详细阐述了音乐行业的一个例子。

研究札记 1.5　　创新之势

20 世纪 80 年代中期，壳牌公司开展的一项调查表明，大型公司的平均生存时间仅为人类寿命的一半。从那时起，来自各方面剧增的压力导致企业生存时间进一步缩短。很多研究关注的是关键指标构成的变化，以及当年的主要公司和关键创新者覆灭的原因。例如，福斯特和卡普兰（Foster and Kaplan）指出，1857 年组成标准普尔 500 指数的 500 家企业中，只有 74 家企业在 1997 年仍留在名单中。[22] 1900 年组成道琼斯指数的前 12 家公司如今只剩下通用电气一家。即使是目前实力雄厚的大企业（如 IBM、通用汽车），也会表现出对企业消亡的担心，更不用说那些境遇更糟糕的小公司了——因为它们缺乏庞大的资源基础。

一些企业为了持续经营，不得不做出巨大的改变。例如，一家创建于 19 世纪早期的公司，当时的产品包括惠灵顿长靴和卫生纸，现在则是世界上最成功、规模最大的电信企业之一。在芬兰，诺基亚最初是一家伐木公司，制造砍伐林木的各种工具，之后从事造纸业，并由此转向无纸化办公的 IT 世界，最后进入手机行业。

另一家手机制造商沃达丰空中通讯（Vodafone Airtouch）通过兼并一家名为“曼内斯曼”（Mannesman）的公司来扩大规模。沃达丰公司创建于 19 世纪 70 年代，当时主要从事钢管的生产和研发。在英国，旅游集团汤姆逊（Thomson）的所有者——TUI 公司——是欧洲最大的旅行和旅游服务公司，它的前身却是普鲁士时期成立的国有公共采矿冶金公司！[23]

案例研究 1.3

音乐行业的本质变化

2006 年 4 月 1 日，这一天不仅仅是人们互相恶作剧的传统节日，也是飞速变化的音乐世界树立里程碑的一天。Gnarls Barkley 组合在英国发行的第一首单曲“Crazy”凭借网上下载次数登上单曲排行榜榜首，象征着一场互联网音乐革命正式展开。虽然这首歌到4月3日才在商店中销售，但是此时网上的下载次数已经超过31万次。零售商 HMV 的发言人詹纳罗·卡斯塔尔多（Gennaro Castaldo）说：“这不仅标志着排行榜编制方式有了重大转变，而且说明合法下载歌曲的时代即将来临……如果实体唱片也以同样的速度销售的话，恐怕已经造就本年度最大的销售商。”

互联网的一个不易觉察却又极富挑战性的方面在于，它对娱乐行业尤其是音乐行业已经产生影响。在一定层面上，它的影响可以被认为是提供网上零售这种全新的销售渠道——例如我们可以从亚马逊或者 CD-Now 及其他100多个网站获得自己喜欢的最新CD。这些创新增加了购买音乐的选择空间，促使“有钱人才能买得起”的局面在新的互联网游戏规则下发生改变。

但在本质上相同的交易行为背后，发生了一个更加根本性的转变——音乐的创作和传播方式以及整个音乐行业所基于的商业模式的转变。一般而言，旧的模式涉及一个复杂的网络，包括歌曲创作者、A & R 选曲人员、在录音室里工作的制作人员，以及其他监督唱片、磁带、CD生产的人员，还有确保产品在国际市场上热销的销售和策划人员。

一些关键的变化削弱了这种结构，并给这个行业带来了巨大的冲击。旧的能力也许不再需要，获得新能力必须提上日程。当新的进入者充分利用互联网发展时，即使是像索尼这样的知名公司，也会发现很难保持市场领先地位。变化的核心是用数字格式创造、存储和传播音乐。很多研究人员对这一问题进行了研究。其中一个解决方案是由德国的弗朗霍夫研究所基于动态图像专家组（MPEG）3级协议开发的标准——MP3。MP3为文件传输过程中遇到的一个大难题提供了有效的解决方案，即文件压缩技术。正常的音频文件具有较宽的频率波段，因此文件很大，不适宜在网上快速传输，尤其是对使用调制解调器上网速度较慢的人群而言。MP3的有效压缩是通过去除人们听不到的信息细节实现的，使得文件变小，能够在互联网上更快地传播。

MP3在互联网上快速传播，并得到充分共享。现在，许多软件都能够将一般音频格式的文件进行转换，例如将CD转换为MP3格式，还可以反向转换回去。

这对音乐行业意味着什么？首先，有抱负的音乐人不再需要依靠来自大公司的A&R人员来挑选歌曲（这些大公司有能力承担录制和生产CD的巨大成本），可以使用家庭录音软件自己制作CD或者直接生成MP3文件，然后通过新闻组和聊天室等方式将作品向全球传播。在这个过程中，有效地形成了一种更为直接的音乐行业，使现有的唱片公司和艺术家成为旁观者。

这样的转变不一定只具有威胁性。对许多人来说，较低的进入门槛增加了参与音乐行业的可能性。例如，制作和分享音乐不再复杂，不再需要与唱片公司签约，也不再依赖录制公司的资源。在外围也有创新的空间，例如在唱片发行领域，数字技术的应用降低了创作乐谱和歌词的门槛。新闻杂志及其相关领域也越来越开放。通过网上的专业人士和频道进行音乐评论及其他形式的评论成为可能，而且网上的评论通常早于报纸杂志。流行音乐排行榜及相关的广告也随着传播媒介的转变而开放——传播媒介从基于既有渠道传播和销售CD及磁带转变为通过互联网传播诸如MP3等音乐形式的新媒体。

除了这些挑战外，音乐行业还面临另一种挑战——人们通过互联网进行音乐的共享。尽管技术上不合法，但是人们一直以来都乐于分享各自收集的音乐作品，只是没有达到互联网所能促成的这种具有威胁性的规模。很多唱片公司开始关注相关法律事宜——如何保护版权，如何确保以适当的比例给音乐制作人和分销人员支付版税。但当人们可以用MP3格式共享音乐并在全球范围传播时，对系统的监督和对版税的收取都变得极其困难。

另一项技术——个人对个人（即P2P）网络的开发使得这一问题更加复杂。绰号为"Napster"的18岁学生施恩·范宁（Sean Fanning），对于让他的朋友能够"看到"和共享自己计算机里的音乐收藏产生了兴趣。他认为，如果他们能以MP3格式拥有这些音乐，那么可以创建方便音乐共享的某种核心交换程序。

结果产生了网站Napster.com，该网站提供P2P交换的高级软件。Napster服务器本身并不包含音乐文件，但每天都有数百万世界各地的人相互之间交换音乐。毫无疑问，由于不需要缴纳版税，这种方式对原有的唱片公司产生了极大的威胁，诉讼案接踵而至。这遏制了Napster的活动，但是问题并没有得到解决。有许多网站模仿和扩展了Napster的做法，例如Gnutella，Kazaa和Limewire将P2P技术进一步发展，使人们可以交换不同格式的文件，如文本文件和视频文件等。Napster这个成功的网站已经和娱乐巨头贝塔斯曼(Bertelsman)成功签署了合作协议，为基于订阅的服务形式铺平了道路，以此来弥补版税方面的损失。

美国上诉法院驳回了P2P技术侵犯版权的申诉。原本有人期望法律会限制这次革新的影响，结果被彻底泼了冷水。判决书上说："历史已经证明时间和市场力量通常使利益分配达到均衡，不管新技术是钢琴、复印机、磁带录音机、录像机、个人电脑、卡拉OK机还是MP3播放器"（Personal Computer World，November 2004，p. 32）。

值得注意的是，把握住这件事带来的新机会的并不是唱片公司，而是电脑公司，特别是苹果公司。在向市场成功投放iPod个人MP3播放器的同时，苹果公司又创建了名为"iTunes"的网站，以每首单曲99美分的价格向用户提供成千上万首歌曲。网站经营的第一周就有100万次点击。2006年2月，第10亿首歌曲——"Speed of Sound"——酷玩乐队（Coldplay）专辑《X&Y》中的曲子被来自密歇根州西布鲁姆菲尔德市的亚历克斯·奥斯特洛夫斯基（Alex Ostrovsky）下载。"我希望今天，每一个客户、艺术家和唱片公司都花些时间回顾一下我们过去3年共同取得的成就。"苹果前首席执行官史蒂夫·乔布斯曾这样说道，"全球已经有超过10亿首歌曲被合法购买和下载，这代表了一股对抗盗版音乐的重要力量，也说明了唱片发行的未来必将从CD转移到互联网上。"

值得注意的转变发生在2005年，这一年单曲的下载数量首次超过了CD唱片的销售量。新的进入者（例如，乐购和微软）开始掌控这场游戏。而这一改变不会就此停止。2006年2月，"北极猴子"（Arctic Monkeys）乐队问鼎英国专辑榜单，并且获得了唱片行业中众多骄人的奖项——他们的崛起完全是通过互联网上的病毒式营销实现的，而不是凭借传统的广告和促销。在英格兰北部城市谢菲尔德举办演唱会时，乐队将录有他们早期歌曲的CD送给粉丝，粉丝们便开始在互联网上传播这些歌曲。詹纳罗·卡斯塔尔多（Gennaro Castaldo）略显忧虑地说："他们通过互联网获得了公众的关注，在网上的聊天室中，每个人都在谈论他们。"报道摇滚乐的记者戴维·辛克莱

(David Sinclair) 建议："这对于所有的唱片公司来说都是一个巨大的警示，它们中的很大一部分还在打瞌睡呢……我们生活在一个完全不同的时代，一只'北极猴子'可以创造奇迹的时代。"

随后的发展表明，变革的步伐在加快，各种新的商业模式爆炸式增长，这些模式更适合在行业中创造和获取价值。例如，苹果和亚马逊主导了美国的音乐下载业务（分别占据 70%和 10%的市场份额）——这两家公司的根基截然不同。尽管下载量大幅增加，但它们面对来自另一种商业模式的竞争：例如，Spotify 等流媒体服务允许用户租用数以百万计的音乐和其他音频节目的使用权，而无须"拥有"其中任何一个。除了音乐行业，在电影和娱乐、电脑游戏等领域也在采用同样的模式。随着 3D 打印和低成本设计的出现，类似的模式也可以在有形产品领域中发挥作用。

随着互联网日益普及，服务创新的范围有了更大的拓展。现在的服务能够同时提供既有广度又有深度的服务——这就从根本上动摇了与信息相关的企业的原有市场，建立了一个全新的市场。[24]

需要面对来自互联网的挑战的不仅仅是大银行和大型零售企业——尽管这些公司往往成为新闻的头版头条，也包括成千上万的小企业——很可能事关其生死存亡。想一想本地的旅行社，它们当初的运营方式多么简单啊！架子上摆满了华丽的宣传册供人们浏览，柜台旁边安排了很多销售代理，为顾客解决关于旅行团的选择和预订、购票和购买保险等一系列细节问题。再想一想，如果你坐在舒适的家中点击鼠标就能完成这些工作，它还能为你提供更多的选项，花更少的钱，你会怎么选择？所以在互联网创业浪潮中，旅游业成为最大的一个增长领域就不足为奇了。尽管许多企业在泡沫破灭时消失得无影无踪，还是会有像 Lastminute. com 和 Expedia. com 这样的网站在大浪淘沙之后存活下来，并发展成主流企业。

重要的是，无论占主导地位的技术条件、社会条件和市场条件如何，要创造和维持竞争优势，关键在于组织的不断创新。

表 1-3 列出了一些企业通过创新获得战略优势的途径。

表 1-3　创新赢得战略优势

机制	战略优势	案例
产品或服务的新颖性	提供独一无二的产品或服务	推出随身听、移动电话、钢笔、照相机、洗碗机、电话银行、网络零售，等等
工艺流程的新颖性	以其他企业无法比拟的方式提供产品或服务——更快捷、更低成本和更加定制化，等等	皮尔金顿公司的平板玻璃制造工艺、贝斯姆炼钢法、网上银行和在线售书，等等
复杂性	使用其他企业难以掌握的技术提供产品或服务	劳斯莱斯和飞机引擎——只有少数竞争者能够掌握相关的复杂机械加工和冶金技术
知识产权的法律保护	提供其他企业无法拥有的产品和服务，除非它们支付许可费或其他费用	畅销药，例如善胃得、百忧解和伟哥等

续表

机制	战略优势	案例
拓展竞争性因素的范围	转移竞争基础，例如由产品价格转变为价格加质量，或者价格、质量加选择性	日本的汽车制造商在每次推广新车型之际都会系统地将竞争重心从价格转移到质量，进而转移到灵活性和选择性，然后是更短的生产周期，而且每次都不是对这些因素折中取舍，而是加以综合
时机	先行优势——在新产品领域成为先行者能够占有极大的市场份额 快速跟进优势——有时作为先行者意味着要面临很多预料不到的困难，此时，先观察其他企业在初期所犯的错误，然后迅速推出后续产品是更好的选择	亚马逊和谷歌——其他网站可以跟随，但优势一直掌握在先行者手中 掌上电脑和其他个人数字助理产品（PDA）都获得了不断增长的巨大的市场份额；实际上，多年前苹果公司就在其失败的 Newton 产品中详细地说明这种理念和设计，但是由于软件方面的问题，尤其是手写识别方面的问题使得这个产品以失败告终；同样，它的 iPod 并不是第一款 MP3 播放器，但它从早期产品失败中吸取教训，确保设计成功，并为 iPhone 搭建了平台
稳健的平台设计	生成一个支持不同版本和各代产品的平台性结构设计	随身听体系——由迷你唱片、CD、DVD 发展为 MP3 波音 737 已有 50 多年的历史，但是它的设计仍能够适应和满足不同用户的要求，是世界上销售最成功的飞机 英特尔和 AMD 有各不相同的微处理器家族
重写规则	提供一种全新的产品或者工艺流程概念——一种完全不同的做事方式，从而淘汰原来的产品	电脑文字处理系统淘汰了打字机，冰箱淘汰了冰，电灯淘汰了煤气灯或油灯
流程各个部分的重构	重新考虑系统各个部分联合工作的方式——例如，更有效的网络的建立，虚拟公司的外包和协调等	例如，Zara 和贝纳通的服装销售、戴尔的电脑销售、丰田的供应链管理、思科提供支撑网络的数字基础设施
跨应用情境的转移	为不同市场重组既有要素	用聚碳酸酯材料生产轮子，从滚动行李箱这样的应用市场，转向儿童玩具如轻巧的小型单脚滑行车
其他	创新就是指找到新的做事方式和获得战略优势，所以总会有新的方式可用来获得和保持竞争优势	Napster 公司通过编写软件使音乐爱好者可以通过互联网交换自己喜欢的歌曲，Napster 程序实际上是通过提供 P2P 网络来建立连接的。尽管 Napster 诉讼缠身，但是它的追随者在下载和文件共享方面开辟了广阔的领域。有相同经历的公司还有 Kazaa，这家公司为成功的大容量网络电话提供平台，而拥有这些知识的公司 Skype 先是以 26 亿美元的价格卖给了 eBay，最终以 85 亿美元的价格卖给了微软

1.6　旧问题，新情境

> 生产的不断变革，一切社会状况不停的动荡，永远的不安定和变动……古老的民族工业被消灭了，并且每天都还在被消灭。它们被新的工业排挤掉了……它们的产品不仅供本国消费，而且同时供世界各地消费。旧的、靠本国产品来满足的需要，被新的、要靠极其遥远的国家和地带的产品来满足的需要所代替了……各民族的精神产品成了公共的财产。

以上言论并非来自某个当代记者或政客，而是出自马克思和恩格斯在 1848 年出版的《共产党宣言》！这显然提醒我们，创新的挑战并不是现在才有的。为了生存和发展，组织总是不得不考虑改变它们的产品，以及生产和销售的方式。问题在于，创新面对的是变化的目标——不仅仅是同行之间的竞争，就连整个环境都在持续变化。虽然许多组织进行了一些尝试，试图找出应对环境的方法，但是总要面对因规则变化而带来损失的风险。一些核心的环境维度的变化意味着非连续性事件的发生率上升——例如，知识的产生速度大幅提升造成与技术相关的潜在不稳定性增加。但是，在这些环境因素中也存在一个更高层次的互动——复杂性导致了不可预知性。例如，网络电话（VoIP）领域并不是按照一条既定的明确的轨迹迅速发展的，而是呈现出一个渐进的过程。一些主要的影响因素是可见的——全球通信需求的增加，越来越多的宽带接入，多模式的P2P网络，用户日益提高的科技素养等。对于市场中已有的企业（它们可能会失去很多市场）和新入者（如Skype）来说，风险都很大。主导设计虽然尚不明显，但会因技术可能性、商业模式和潜在的竞争者逐渐产生。

案例研究1.4探索了柯达通过重新部署其部分知识库来重塑自身的方式。

案例研究1.4

重塑柯达

柯达这样的公司所遇到的困难说明了相关问题。100年前创立的柯达公司主要从事胶卷的生产和加工，面向大众摄影市场销售产品和提供服务。尽管后一种能力仍然很有价值（即使照相机技术已经改变），但从暗室里的化学成像技术（将感光乳剂涂在胶卷和纸上）转向数字成像技术对公司来说代表着深远的变革。这需要成千上万的工作人员在全球运作中放弃一些未来不再需要的能力，同时迅速掌握和吸收电子及通信领域的尖端技术。尽管他们为公司从胶卷生产商转型为数字成像行业的企业付出了许多努力，但转型仍然非常艰难，公司最终在2012年按《美国破产法》第11章申请了破产保护。

值得注意的是，这并不是公司的终结；相反，它围绕其他核心技术进行了重组，在高速、大批量印刷等领域开辟了创新驱动增长的新方向。

表1-4总结了当今创新环境中的一些关键变化。

表1-4 创新的环境变化[25]

环境变化	典型实例
知识生产的加速	据经济合作与发展组织估计，每年有近1.5万亿美元用于创造新的知识（包括公共部门和私有部门），因而增加了进行突破性技术开发的可能性
知识生产的全球化	知识生产越来越涉及新的进入者，尤其是“金砖国家”中的新兴产业，因此对创新机会的寻找要在更广的空间内进行。带来的变化之一是“知识工作者”的分布更加广泛，并集中于新的地点。例如，微软的第三大研发中心位于上海，雇用了几千名科学家与工程师
市场扩大化	传统上，商界的大部分人把注意力集中在约10亿人的需求上，因为他们代表着足够富有的消费者。但是，世界人口超过70亿，人口增长日益集中在亚洲农村、拉丁美洲和非洲等非传统地区。就市场知识而言，了解这一“新”的人口需求和制约因素是关于市场知识的重大挑战
市场分散化	全球化极大地扩大了市场和市场细分的范围，它们分布广泛且有地方差异——搜寻创新的活动不得不覆盖更广阔的地域，往往远离“传统”的范围，例如许多新兴市场中出现“金字塔底层”[26]或沿着“长尾”——大量的个体或小目标市场高度差异化的需求和期望

续表

环境变化	典型实例
市场虚拟化	网络空间中大型社交网络的形成给市场研究方法带来了新的挑战——例如，Facebook 拥有超过 10 亿用户，从技术上讲，它是世界上人口第三大国。并行世界网络的出现带来了更多的挑战，例如，据称魔兽世界拥有超过 1 000 万玩家
更多的活跃用户	很早以前用户就被认为是创新的一个来源，如今用户创新的方式正在加速发展，例如 Linux 就是一种用户引导的开源式社群开发模式。[27] 在这样的媒介中，用户和创造者之间的界限越来越模糊——例如，YouTube 上每天有 1 亿个视频文件被播放，同时每天有 7 万个新的视频上传到用户数据库中
对可持续性议题日益关注	资源和能源供应的重大变化，促使人们寻找新的替代品和减少消费。人们逐渐认识到污染的影响以及高速、不可持续的增长的其他负面后果，对气候变化也更加关注。人口大量增长，令人更加担忧维持生活水平和达到预期目标的能力。对废物排放和碳排放等领域的监管加强
技术性和社会性基础设施的发展	围绕互联网和宽带的信息通信技术的发展促进了人与人之间的联系，增强了社交网络的其他可能性。与此同时，模拟工具和原型工具的出现淡化了用户与生产者之间的界限[28,29]

1.7 什么是创新

美国最成功的发明家爱迪生一生拥有 1 000 多项发明专利。他的团队发明的产品包括电灯、35 毫米电影胶卷以及死刑电椅等。爱迪生比多数人都更明白，创新最大的挑战不是发明——产生新的创意，而是如何让这些发明实现技术化和商业化。他在这方面的才能使他创立了一个商业帝国，截至 1920 年，公司的市值达到了 216 亿美元。他意识到技术推动（他系统化地建立了世界上第一个研发实验室）和需求拉动应该互动起来，并很好地把这种对创新的互动性本质的理解付诸实践。

爱迪生在电力方面的努力就是一个很好的案例。爱迪生认识到，尽管电灯是很好的发明，但是在一个没有电力接入的世界中它并没有实用价值。因此，他的团队开始建立一整套发电设备和基础设施，包括照明台、开关和配线等。1882 年，坐落在曼哈顿的史上第一个发电厂开始运行，并为该区域的 800 个灯泡供电。几年内，他在世界各地建造了 300 多个发电厂。[30]

正如爱迪生认识到的，创新比单纯地提出新创意要复杂得多：创新是将创意应用于实践的过程。对创新的定义的文字描述多种多样，但都强调需要开发和利用新知识，而不仅仅是发明。研究札记 1.6 中给出了一些例子。

在词典中，创新的定义是“改变”，它来自拉丁语“innovare”，意思是“创造新事物”。这个定义有点模糊，对我们来说，更有用的定义可能是“成功地利用新想法”。同样重要的是，要认识到，我们关心的不仅仅是创造商业价值，尽管商业是强大的驱动因素；创新也需要创造社会价值，例如助力教育、医疗保健、扶贫和人道援助。我们可以将定义扩展为“从想法中创造价值”。

这些想法不一定是全新的或革新性的。正如一种定义表明的，“创新并不一定意味着技术水平的重大进步（突破性创新）的商业化，它还包括哪怕是小规模技术变革的利用（一种改进或渐进的创新）”。[31] 无论这一变化的性质如何，关键是如何实现。换句话说，如何管理创新？

对这一问题的回答来自长期存活下来的组织的经验。虽然大多数组织的寿命相对较短，但有些组织至少存活了一个世纪甚至多个世纪。看看“100 俱乐部”的成员——如3M、康宁、宝洁、路透社、西门子、飞利浦和劳斯莱斯等公司，我们可以发现，它们的长寿很大程度上归功于持续创新的能力。它们在经历了艰难之后学会了如何管理这个过程，更重要的是，如何重复这个过程。任何一个组织都会幸运一次，但能持续一个世纪或更长时间表明它不仅仅是靠运气。

研究札记1.6总结了创新的一些定义。

研究札记1.6　　什么是创新

创新管理面临的一个问题是人们在理解这个术语时存在差异，经常把它与发明相混淆。这个词来源于拉丁语“innovare”，意思是“创造新的东西”。我们的观点与下面几位作者相同，即假设创新是把机会转变成新创意并广泛应用于实践的过程。

- 创新是对新创意的成功开发。

——英国贸易工业部（UK Department of Trade and Industry）创新协会（2004）

- 产业创新包括在推广一种全新的（或改进的）产品或实现一个全新的（或改进的）工艺或设备的首次商业应用过程中所涉及的技术、设计、制造、管理和商业活动。

——克里斯·弗雷曼（Chris Freeman，1982），《产业创新经济学》，第2版，Pinter出版社，伦敦

- ……创新不一定必须使技术发展水平的重大进展商业化（突破性创新），它也包括对技术知识的小规模改变（改进或渐进性创新）。

——罗伊·罗思韦尔和保罗·加德纳（Roy Rothwell and Paul Gardiner，1985），《发明、创新、再创新和用户的角色》，*Technovation*，3，p.168

- 创新是创业者的特殊工具。通过创新，他们把变化作为发展不同业务和服务的机会。它可以作为一种学科，可以学习，也可以实践。

——彼得·德鲁克（1985），《创新与创业精神》，Harper & Row出版社，纽约

- 公司通过创新活动获得竞争优势。它们在最广泛的意义上从事创新，既包括新技术，也包括新的做事方式。

——迈克尔·波特（1990），《国家竞争优势》，Macmillan出版社，伦敦

- 创新的企业都在‘条条框框之外’存在。它不仅有好的创意，而且将好的创意、有积极性的员工以及对顾客需求近乎本能的理解结合起来。

——理查德·布兰森（Richard Branson，1998），DTI创新演讲

如果我们没有全面理解创新的过程，那么我们针对它采取的措施也就仅能发挥部分功效——纵然有良好的意图和执行。例如，创新经常跟发明相混淆——后者仅仅是将一个新创意加以推广和有效应用的万里长征的第一步。与爱默生的观点相反，成为一个好的发明家并不能保证商业上的成功。不管新捕鼠器的创意有多好，若不注意项目管理、市场开发、财务管理和组织行为等方面，你就不可能成功。案例研究1.5给出了几个例子，强调发明与创新之间的区别，以及完成整个创新过程绝非易事。

案例研究 1.5

发明与创新

19世纪最著名的发明都没有留下发明人的姓名。我们所知道的人名往往是那些把发明应用于商业的创业者。例如，真空吸尘器是由一个名为默里·斯彭格勒（J. Murray Spengler）的人发明的，最初叫作“电吸尘器”。他找到本市的一个皮革制造商，这个商人虽然对真空吸尘器毫无了解，但是他想到一个推广和销售的好创意，于是造就了胡佛牌电动吸尘器。同样，在1846年一个名为伊莱亚斯·豪（Elias Howe）的波士顿人制造出了世界上第一台缝纫机。尽管他跑到英国努力推广，仍没有销售出自己的创意。当他回到美国时，发现一个名叫艾萨克·辛格（Isaac Singer）的人已经盗取了这一专利并且成功创建了企业。虽然辛格最终被迫向豪支付缝纫机的专利税，但是大多数人都会把“辛格”这一名字而不是“豪”与缝纫机联系起来。塞缪尔·摩尔斯（Samuel Morse）被认为是现代电报之父，事实上他只是发明了以他的名字命名的电码，其他发明来自别人。摩尔斯带来的是无穷的活力和实现目标的远见。为了实现目标，他综合利用了营销和政治技巧使开发工作获得了政府资助，并且传播了这样的观念——世上第一次能把处于美国不同地方的人联系起来。经过5年的发展，美国国内电报线已超过5 000英里，摩尔斯被称为“那代人中最伟大的人”。[32]

案例研究1.6提醒我们，将发明变为成功的创新并非易事。

案例研究 1.6

创新并不容易

尽管创新日益被视为保障竞争优势的有效措施和捍卫战略地位的更加可靠的途径，但成功是无法保证的。在产品创新和流程创新的历史上，有许多明显很好的创意却最终失败，有些情况下还会产生惊人的后果。例如：

● 1952年，福特公司的工程师研制出一款新车——E型车，用来与通用汽车和克莱斯勒生产的中型轿车相抗衡。在参考了2万条建议之后，最终以亨利·福特（Henry Ford）唯一的儿子埃德塞尔·福特（Edsel Ford）的名字为这款车命名。但是公司并没有取得成功。当第一批Edsel轿车下线时，每辆车的成本达到约1万美元（是其他中型车的两倍）。按照宣传计划，公司当天要给当地的零售商配送75辆Edsel轿车，实际上却只能提供68辆。同时，在另一个电视直播现场，这款车未能成功发动。这些都是小问题，到了1958年，考虑到消费者对这款车型的冷淡反应，为了维护公司的声誉，福特公司不得不放弃这一项目，为此总共付出了4.5亿美元和110 847辆Edsel轿车的代价。

● 第二次世界大战后期，远距离航线将出现巨大市场的趋势越来越清晰，尤其是跨大西洋的航线。其中一个英国竞争者是Bristol Brabazon客机，它是基于英国航空局1943年批准研发的巨型远程轰炸机设计的。新航线的主要用户BOAC在协商中关注的只是飞机的结构布局和装备，并没有对飞机的大小、最远行程及有效负载等提出要求。由于需要为这架巨型飞机提供新设备，预算很快上升，而且为了拓展跑道不得不将靠近波士顿的布里斯托市的一个小村庄整体搬迁。项目控制非常不力，许多不必要的东西被囊括进来，例如要有放置了镶边的梳妆镜供“最高贵女士”使用的化妆间，甚至将年轻女士的各种化妆用品也列入计划。飞机原型的建造花了6年半的时间，其间遇到了机翼和发动机设计方面的技术难题。尽管飞行测试很成功，但战后的飞机市场的特征与飞机设计工程师想象的完全不同。结果到了1952年，飞行航程尚未达到1 000英里，这个项目不得不终止，给纳税人造成了巨额损失。10年后，同一家公司在同一个地点开发的类似的协和号飞机项目也难逃失败的下场。

- 20世纪90年代末，在移动通信领域发生了一场革命性的变化，出现了许多成功的创新。但即使是经验丰富的企业也可能引火上身。摩托罗拉公司雄心勃勃地创办了一个风险企业，目标是为地球的每个角落提供移动通信服务，包括撒哈拉大沙漠的中心和珠穆朗玛峰的峰顶。完成这一目标需要投入70亿美元，发射88颗卫星。尽管成本巨大，“铱星计划”——这个众所周知的风险项目——还是得到了主要支持者的投资，并建立了网络。问题是，一旦项目的新奇性消失，人们便意识到他们并不需要在遥远的孤岛或者北极打电话，基于主要城市及人口密集区域的一般移动网络通信就可以满足自己的需求。更糟糕的是，“铱星计划”制造的手机体积大且笨重，因为要装下复杂的电子组件和无线电设备，这种高科技的手机成本十分惊人——3 000美元！电话费同样很昂贵。虽然这代表着不可思议的技术成就，但这个系统从未正式启动。1999年，摩托罗拉公司依照《美国破产法》第11章申请破产保护。它的问题并没有结束，维持卫星在轨道上安全运行的成本为每月200万美元。不得不承担责任的摩托罗拉曾以为其他电信公司会愿意利用这些卫星，当发现没有人对此感兴趣时，它不得不额外拿出5 000万美元来使卫星脱离轨道安全销毁。但这项使卫星脱离轨道并在大气层销毁的计划遭到了美国国家航空航天局（NASA）的批评。NASA认为这样做风险很大，甚至有可能引发一场核战争。因为任何落向地面的卫星碎片都可能触发俄罗斯的反导弹防御系统，该系统可能不会认为它们是卫星碎片，而将其误当作攻击莫斯科的导弹！
- 在智能手机行业的加速竞争中，苹果和三星陷入了缩短产品生命周期和增加功能的漩涡，试图通过率先进入市场来平衡推出未经测试的技术的风险。随着2016年8月Galaxy Note 7的推出，三星似乎找到了一个成功的途径，为用户提供进一步增强的功能，并且订单量超出了预期。但在发布数周后，有关设备着火的报告开始出现，这个危机不断发酵，导致许多航空公司拒载携带这类手机的乘客。尽管三星启动了大规模的产品召回（大约200万部）并试图解决这个问题，但危机持续，公司市值蒸发超过20亿美元，并触发了市场对整个品牌名誉受损的担忧。最终，该公司于10月11日宣布停止生产这款手机。*TIME*杂志称，这可能是历史上成本最高的产品故障之一。

1.8 创新的过程视角

在本书中，我们将会使用一个简单的创新模型，将其作为将创意变成现实并从中获取价值的过程。在下一章我们将更详细地解释这个模型，在此先做一个简单的介绍。该模型包括四个不同的关键阶段，每个阶段都要求应对一些特定的挑战——只有管理好整个过程，创新才可能成功。

第一阶段是关于搜寻。借用生物学知识打个比方，我们需要使基因库多样化——这要通过向系统引进新创意来实现。这些创意可能来自研发、灵感一现、复制、市场信号、法规、竞争者行为，等等，虽然来源很多，但潜在的挑战是一样的——如何组织一个有效的搜寻过程，来保证稳定的“基因多样性”，从而使我们更好地生存发展。

仅产生多样性是不够的——我们需要从备选库中选择最有助于我们成长和发展的创意。与自然选择过程的随机性不同，这里我们关心的是某种战略选择——在所有我们可以做的事情中，我们将要做哪些，为什么？这一过程需要考虑到竞争差异化——什么选择能使我们脱颖而出？需要考虑先前的能力——我们是在原有基础上继续探索，还是进入未知领域？

除生成选项和作出选择之外，我们还要面对很大的实施问题——投入有限的资源和能力去做些不一样的事情。其挑战在于将创意变成现实。这一任务本质上是指在不确定性的背景下，管理投入越来越多的资源——时间、精力、资金，以及协调各种知识。创新的挑战与常规项目管理的不同之处在于，要做一些前人从未做过的事，因而只有尝试了才能知道是否会成功。

这是一件有风险的事。我们像是在打赌——尽管对风险进行了评估而不是随机地掷色子——赌我们能实现这一新事物（管理复杂的项目，直到最终成功地完成），并且它带给我们的回报将超过或至少不低于我们的投入。如果这是一个新产品或服务——市场将会竞相购买我们的东西。如果这是一个新流程，我们的内部市场将会跟进这种新的做事方式，而我们将变得更有效率。如果这是一个社会创新，我们能否让自己的投入有意义并让世界变得更美好？

最后，我们面临的挑战是如何从推动创新的努力中获取价值。我们如何确保这些努力是正当的——从商业角度或创造社会价值的角度？我们如何保护应得的收益不被其他人据为己有？我们如何从经验中学习，掌握在未来改进创新过程的有用知识？

这么看来创新好像很简单。而真正的问题是，如何实现创新？这在很长时间里一直是一个争论激烈的研究主题——很多实践者留给我们的不仅是他们的创新，还有他们在创新之路上积累的关于如何管理整个创新过程的智慧与经验教训。同时，越来越多的学术团体正致力于系统地理解相关的问题，不仅关注创新的核心过程，而且关注创新成败的条件。这包括对创新过程的影响、促进或阻碍因素的了解——本质上可归结为拥有一个清晰集中的方向（选择阶段的“为什么”）和创造有利于集中创新的组织条件。

最终结果是，我们拥有一个丰富的方法集，它将有助于回答实践中管理者在面对组织和管理创新的困难时心中的疑问——“下周一早上我要做些什么？”对这个问题的详细探讨构成了本书其余部分的基础。

前沿视点 1.2 给出了相关观点的例子。

前沿视点 1.2

相关观点

世上没有任何事情比带头引入事物的新秩序更加难以掌握、更担风险、更难以预测其成功。

——尼科洛·马基雅维利（Niccolo Machiavelli），《君主论》，p. 1532

我不想发明任何没有市场的产品。销售业绩是其实用性的证明，而实用性代表着成功。

在等待时不放弃努力，成功才会到来。

天才就是99%的汗水加上1%的灵感。

我的成功从未来自偶然，我的发明从未出自意外，它们来自辛勤的工作。

养成习惯，时刻关注他人成功采用新颖有趣的创意。你只需要在将这个创意应用于你想要解决的问题时发挥原创性即可。

——爱迪生

管理和创新并非总是和谐统一的。这一点也不奇怪。管理者是乐于发号施令的人，他们喜欢事物按照预定计划发展。事实上，对管理者的评判往往要看他创造了多少秩序。另外，创新是一个无序的过程。很多时候，也许是大多数时候，创新并非按照计划的那样进行，结果就造成了管理者和创新之间的紧张局面。

——刘易斯·赖罗（Lewis Lehro），在3M公司创办的第一年提出

过去，对创新的定义很大程度上侧重于创造力和新创意的开发。今天，这个术语包含了相互协作的项目，以完善这些创意并将它们转化为增加财务收益的研发项目。

——霍华德·史密斯（Howard Smith），计算机科学公司

从非常有趣的创意和新兴技术，到开创一个多年持续创新的公司，这个过程需要不断修行。

——史蒂夫·乔布斯，苹果公司

1.9 创新的范围和类型

如果说创新是一个过程，那么我们需要考虑过程的产出。我们如何创新——存在怎样的机会让我们创造不一样的东西，并能从实现这些创意的过程中获取价值呢？

有时这意味着全新的可能性，如技术的根本性突破。例如，基于基因控制的新药物在疾病治疗方面开辟了新市场。手机、PDA以及其他设备彻底改变了人们沟通的时间和地点。

同样重要的是发现新市场的能力。亨利·福特并未发明汽车，却凭借T型车——“所有人都买得起的汽车”以多数人可接受的价格开发了个体交通的大众市场。eBay数十亿美元的标价并不是因为在线拍卖这个创意背后的技术，而是因为它开创并发展了市场。

创新不仅仅是开发新市场，它也可以是为既有的成熟市场提供新的服务。廉价航空公司依然立足于交通运输市场，但像西南航空、易捷航空和瑞安航空等公司的创新却改变了航空旅游业并扩大了市场。一个新的具有挑战性的创新领域是发展中国家先前未被满足的市场——那里有40亿人，每天收入不到2美元。为了满足被普拉哈拉德（Prahalad）称为“金字塔底层”的众多人口的需要而开发完全不同的创新产品和服务，其潜力是巨大的，而从中积累的经验也会冲击发达国家的原有市场。[26]

创新也不仅仅局限于工业制成品。在大多数经济体中，服务行业都是主要组成部分，因此存在很大的创新空间。基于互联网浪潮的新生力量已经大范围改写了许多行业的游戏规则，例如亚马逊之于零售业、易趣之于市场交易和拍卖、谷歌之于广告、

Skype 之于电话等。其他公司则利用网络来帮助它们转变商业模式，诸如提供廉价机票、在线购物以及音乐下载等。[33]

创新空间的四个维度

本质上，我们谈论的是变化，而变化可以有多种形式。根据本书的目的，我们将重点关注四个方面：

- 产品创新（product innovation）——组织提供的东西（产品和服务）的变化。
- 流程创新（process innovation）——产品和服务的生产和交付方式的变化。
- 定位创新（position innovation）——产品和服务进入市场的环境的变化。
- 范式创新（paradigm innovation）——影响组织业务的潜在思维模式的变化。

图 1-1 展示了 4P（四个创新维度）如何构建创新空间。[34] 例如一款新设计的轿车，为容易发生事故的婴儿提供新的保险种类，或安装新的家庭娱乐系统等，这些都是产品创新的例子。汽车及家庭娱乐系统的制造工艺和设备上的变化，或者保险业办公手续和任务排序的变化，则是流程创新的例子。

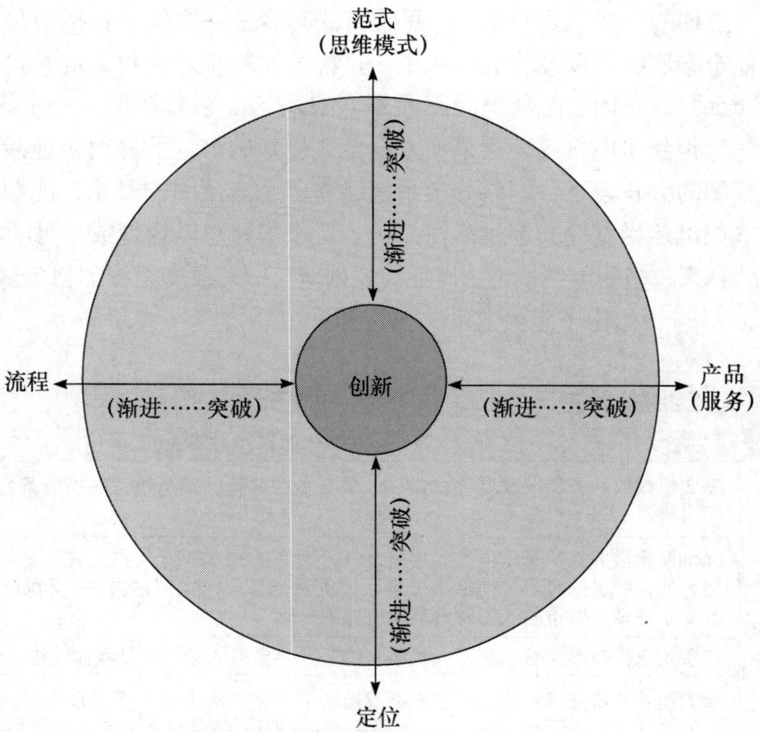

图 1-1 创新空间的四个维度

有时，创新维度之间的界限是比较模糊的。例如，一艘喷气式海洋渡轮既有产品创新也有流程创新。对于服务业来说，其产品和流程两个方面通常是一体的，因而是这方面的典型例子。例如，一个新的假日旅行计划是产品创新还是流程创新？

创新也可以通过在特定用户情境下重新定位对既有产品和流程的感知来实现。例如在英国，一个历史悠久的产品名为葡萄适（Lucozade），早在 1927 年作为葡萄糖饮品帮助儿童发育和病人康复。后来，品牌所有者葛兰素史克（GSK）摒弃了它与疾病的关联，转而瞄向日渐增长的健康市场，把它作为一款提高运动效能的饮品重新推出。这种转变是定位创新的一个例子。类似的例子还有哈根达斯，它用一种全新的方法使早已存在且容易加工的产品（冰激凌）获得了盈利的机会。其策略是针对不同的细分市场，将产品重新定位为带给成年人感官上的愉悦享受——本质上强调的是“成年人的冰激凌”。

有时，当我们重构自己看待事物的方式时，创新的机会也会浮现出来。亨利·福特从根本上改变了交通的面貌，并不是因为他发明了汽车（他进入这一行业相对较晚），也不是因为他开发了组装汽车的制造流程（作为一个基于手工制造的专门行业，汽车制造业当时已经有20年的历史）。他的贡献在于改变了潜在的模式，将只为少数有钱人提供手工制造的产品转变为向任何人提供他们买得起的汽车。从手工制造到规模化生产的转变，则完全是汽车生产和交付（以及之后的无数其他产品和服务）的一场革命。当然，要使这个想法付诸实践，还需要大量的产品和流程创新——涉及零件设计、机械制造和工厂布局，特别是用以组织工作的社会系统等方面。值得注意的是，福特目前的自我定位不再是汽车制造商，而是全球移动出行公司，这反映了整个行业的技术和社会趋势，以及重新思考其商业模式的必要性。

近期的一些范式创新——思维模式转变——的例子包括廉价机票、网上保险及其他金融服务，以及将咖啡和果汁这样的饮料重新定位为高端产品。尽管安然公司（Enron）后来因金融舞弊问题而声名狼藉，但它最初作为一个天然气管道承包商，因为意识到水电气等公用事业方面范式创新的潜力而赢得了显赫的市场地位。在取消管制的大背景下，网格分布系统建立了全球范围的联系，能源和其他公用事业服务（如电信带宽等）都逐渐商品化，在未来就可以像糖或可可的期货一样交易了。

越来越多的组织谈论“商业模式创新”——改变组织如何创造价值的基本思维模式，表1-5给出了此类变化的一些例子。

表1-5 范式创新的例子

商业模式创新	它如何改变了游戏规则
服务业化	专业机械公司卡特彼勒（Caterpillar）现在从帮助其机器高效运转的服务合同中赚取的利润与当初出售产品时一样多
拥有到租赁	Spotify是最成功的音乐流媒体公司之一，拥有大约800万用户。它改变了模式，让人们从想要拥有他们听过的音乐转向租用一个巨大的音乐库。以类似的方式，Zipcar和其他汽车租赁企业改变了许多大城市的人们对汽车所有权的需求
线下到线上	许多企业都是围绕着互联网成长起来的，并用虚拟体验取代了实体接触，例如零售业
大量个性化和共同创造	新的技术和日益增长的定制需求不仅推动个性化产品出现，而且催生了用户参与并共同创造产品的平台，例如玩具（如乐高）、服装（如阿迪达斯），以及复杂的设备如汽车（本地汽车）等
体验创新	从商品到围绕核心产品创造一种体验，例如咖啡、图书等

范式创新可以由许多不同的事物触发，例如，新技术、具有不同价值预期的新市场、新的游戏规则、新的环境条件（气候变化、能源危机）等。例如，互联网技术的出现使我们能够彻底重构许多业务的开展方式。过去，类似的思想革命是由蒸汽动力、电力、大众运输（通过铁路和公路）和微电子等技术引发的。随着人们掌握纳米技术或基因工程等新技术，类似的重构也很有可能发生。

塔普斯科特和威廉斯（Tapscott and Williams）在著作《维基经济学》（*Wikinomics*）中强调了基于社会网络和社群的网上“大规模协作”这种范式转变所引起的

创新浪潮。[33] 像乐高和阿迪达斯这样的公司正在通过让用户作为设计者和建造者——而不是被动的消费者——来使公司重新焕发活力；另一些人则去探索虚拟世界如第二人生（Second Life）的潜力。对于全球变暖以及能源和材料等关键资源的可持续利用的关注，正在许多行业中催生重大的范式创新。许多公司努力重新定位自身和产品，以应对这些重大的社会问题。表 1－6 按照 4P 模型给出了一些创新的实例。

表 1－6　4P 模型的一些创新实例

创新类型	渐进性创新——“做得更好”	突破性创新——“做得不同”
产品创新——我们为世界提供什么	微软 Windows 和苹果 OS 系统的更新换代——实质上是优化已有的软件创意 现有车型的新款产品——本质上是优化已有的汽车设计 提高白炽灯泡的性能 CD 取代黑胶唱片——本质上是存储技术的进步	全新的软件，例如世界上第一款语音识别软件 丰田普锐斯带来了一种全新的概念——油电混合动力引擎 LED 照明利用完全不同的更高效的发光原理 Spotify 等音乐流媒体服务——改变了人们的习惯，从拥有自己收集的音乐到租赁大型音乐库
流程创新——我们如何生产和交付产品和服务	改进固定电话服务 拓展证券交易服务的范围 改善拍卖行的业务操作流程 通过升级设备来提高工厂的运行效率 通过扩展支行来扩大银行服务的范围 提升零售行业物流	Skype 和其他的 VoIP 系统 在线交易平台 eBay 丰田生产系统和其他“租赁”方式 在肯尼亚和菲律宾，手机银行——使用电话获得银行服务成为客户的一种选择 网上购物
定位创新——产品和服务进入的目标市场，以及我们讲述的故事	哈根达斯改变了冰激凌的目标市场，将客户群从孩子转变为成人 航空公司给不同旅客群体提供细分服务，例如维珍航空的尊尚客舱、英国航空的优选经济舱等 戴尔和其他公司为个人客户提供个性化定制电脑 为传统高等教育课程提供线上支援服务 银行服务定位于关键细分市场——学生、退休人群，等等	面向未被满足的市场，例如，Tata Nano 瞄准发展中但相对贫穷的印度市场，平均汽车价格约 2 000 美元 廉价航空公司为囊中羞涩的旅客提供航空服务——创造新市场的同时破坏现有市场 “让每个孩子都拥有一台笔记本”项目及其衍生形式——例如，印度政府为学校提供 20 美元的电脑 凤凰城大学（University of Phoenix）等机构通过网络打造大型教育企业，从而延伸到各个不同的市场 “金字塔底层”使用类似的原则，进入巨大而又截然不同的高产量/低利润市场——Aravind 眼部护理产品、Cemex 建筑产品
范式创新——我们如何思考	博士伦——从眼镜到眼部护理的商业模式转变，有效地摆脱了眼镜、太阳镜和隐形眼镜等旧的业务，转向更新的高技术领域，如激光手术设备、专业光学仪器和人工视力的研究 戴森通过开发调校高性能产品，重新定义了家电市场 劳斯莱斯，从制造高质量的飞机引擎变为一家“按飞行小时包修”的服务公司 IBM 从机器制造商转变为服务公司——出售它的电脑制造部门，转而建立自己的咨询和服务部门	格莱珉银行和其他的小额信贷模式——重新思考信用和贫穷之间的关系 iTunes 平台——全面的个性化娱乐系统 太阳马戏团（Cirque du Soleil）——马戏表演创新 亚马逊、谷歌、Skype——以线上模式重新定义零售、广告、电信行业 Linux，Mozilla，Apache——从被动用户转向主动用户群体，共同创造新产品与服务

绘制创新空间

图 1－1 中的圆圈所标示的区域是一个组织可以运作的潜在创新空间。（至于公司能否

真正探索和开发所有潜在空间，则是一个创新战略问题，我们将在第4章回到这个主题。）

我们可以使用模型来看一下组织目前的创新项目位于何处，以及它将来可能走向何处。例如，如果重点在产品创新和流程创新上，那么围绕定位创新将会有很多创新的空间——确定可以进入哪些新的或未被满足的市场，或者围绕定义一个新范式，找到连接市场的新商业模式。

我们也可以比较在同一个市场中竞争的不同组织的创新地图，并使用这个工具来识别哪里可能有相对未开发的空间，从而找到重要的创新机会。通过观察其他组织努力的方向，我们能发现有价值的线索，以找出竞争较少的空间，并将我们的力量集中于此，就像廉价航空公司定位于新的未被满足的航空旅行市场一样。[35]

研究札记1.7进一步探究了如何绘制创新空间。

研究札记1.7　　绘制创新空间

图1-2显示了4P创新方法是如何应用于一家从事园艺机械制造的公司（R&P有限责任公司）的。该图展示了它可以在何处建立、怎样建立一个范围广泛的“创新议程”。图中列出了九种创新活动，包括：

- 根据客户的个人订单定制完全个性化的产品（范式创新）。
- 在新一代割草机中使用传感器以避开植物的根系和石块（产品创新）。
- 由于热衷园艺的多是女性，因此可以将公司的产品重新定位为女性友好型（定位创新）。
- 为研发部门安装3D设计软件（流程创新）。

所选择的九个主要的创新计划使R&P公司的创新管理重点突出，公司认为，“重要的是不要同时做太多事”。

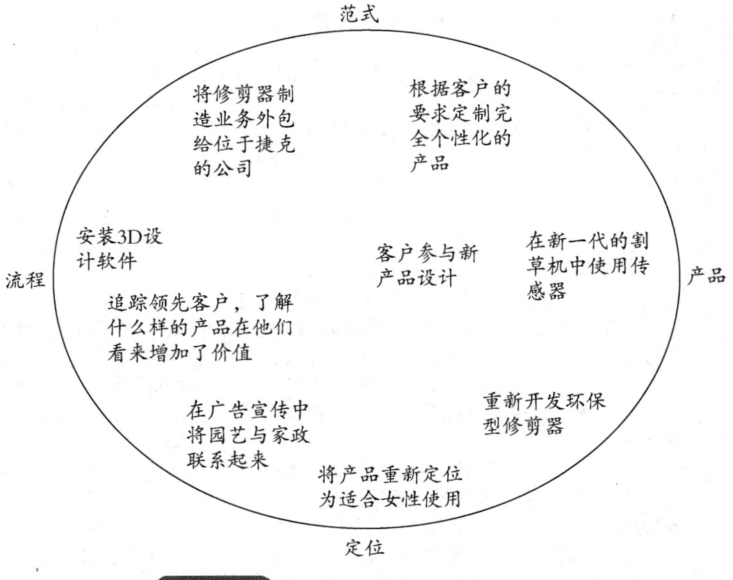

图1-2　4P创新框架上的创新建议

资料来源：Based on Francis, D. and J. Bessant, Targeting innovation and implications for capability development. *Technovation*, 2005. 25 (3), 171-83.

一些计划，如将修剪器重新作为环境友好型产品推出，需要同时进行产品和定位的创新。从图中可以清楚地看到计划中的这种相互依存关系。此外，高层管理团队手中有这样一张包含 4P 的图也有助于扩大选择——他们可以将完成这张图当作一种系统地思考如何运用公司创新能力的工具。

1.10　探索创新的不同方面

对整个创新空间的描绘提供了创新的平台。但在下赌注之前，我们应该考虑创新的其他一些特点，这些特点有可能影响我们关于时机和领域的战略决策。这些关键的方面包括：

- 新颖程度——渐进性创新还是突破性创新？
- 创新的平台和产品家族。
- 非连续性创新——当游戏规则改变时会发生什么？
- 创新的层面——在组件层面还是架构层面？
- 时机——创新生命周期。

接下来，我们将略微深入地探讨这些问题，以及它们给创新管理带来的各种挑战。

渐进性创新——做得更好

创新管理的一个关键问题涉及创新空间中各处的新颖度。显然，拥有电动引擎、由替代钢铁与玻璃的新型复合材料制造的全新概念车，不同于仅仅升级外观设计的汽车。同样，采用计算机控制的数控激光车床，和仅仅提高车床的速度和精度也不可相提并论。这其中就存在着新颖度的差别，从微小的、逐步的提高到改变了我们的思维方式和使用方式的本质性变化。有时，这些变化发生在某个特定的部门或活动中，但有时它们是如此彻底、如此深远，以至于改变了社会的基础，例如，蒸汽动力在工业革命中发挥了巨大作用，现在的通信技术和计算机技术给全世界带来重大影响。

就创新过程的管理而言，这些差异是非常重要的。我们作出渐进性的改变所采用的方式、方法，与在产品或流程上产生突破性变革是不同的。我们也应该记住，重要的是感知到的新颖度，但新颖度因企业而异。例如，对于那些技术先进的大型组织（如壳牌或 IBM）而言，先进的网络信息系统很普遍，但是对于一个小型的汽车销售商或者食品加工商而言，即使简单地使用电脑来连接互联网也可能是一个极大的挑战。

现实情况是，虽然创新有时涉及非连续性的改变，但大部分时候，创新是以渐进的方式进行的。在本质上遵循“做得更好”的思路进行产品/流程改进，这种方法颇值得肯定。例如，BIC 圆珠笔在 1957 年开发出来，现在仍然以 1 400 万支的日销售量风靡全世界。虽然表面看来形状相同，但仔细研究后会发现，一系列的渐进性变化发生在材料、墨水、笔芯技术和安全特性等方面。

另一个产生巨大影响的小变化的例子是 1959 年由沃尔沃开发的三点式安全带。尼尔斯·博林（Nils Bohlin）想出了一个简单的主意，那就是在座椅上增加一条织物带以固定人的肩部和腰部。沃尔沃向所有制造商开放了这项专利，由此产生的创新拯救了许多人的生命。

与其相似的是流程创新，它的主要目的在于优化系统和找出系统中的错误。（埃特利（Ettlie）指出，颠覆性创新和全新的创新只占所有贴着创新标签的项目的6%～10%。[36]）渐进性流程开发的研究（比如霍兰德（Hollander）关于杜邦人造纤维工厂的著名研究）指出，渐进性创新的累积效应往往远大于偶尔一次的颠覆性变化。[37]其他的例子还包括特伦布莱（Tremblay）关于造纸厂的研究，伊诺斯（Enos）关于石油炼制的研究，和菲格雷多（Figueredo）关于钢铁工厂的研究。[38-40]

近年来，这样的持续改善之所以引起人们的重视，主要是因为20世纪后期的全面质量管理运动。这反映出日本制造商通过持续的渐进性改变来提高质量和生产力所获得的显著回报。这些想法并不新鲜，类似的原则支撑着我们对著名的学习曲线效应的理解，即生产力随着生产规模的扩大而提高。这种现象产生的原因在于，在引入新产品和新流程的过程中，相应地会进行学习和持续创新以解决问题。[41]最近，制造业和服务业、企业内部和企业之间都越来越多地运用“精益化”思考，这更加凸显出这种持续性创新的巨大空间。[42]

平台创新

要让持续的渐进性创新达到好的效果，其中一个途径是借助“平台”这一概念。这种方法能为创新留出一定的延展空间，但取决于能否建立一个稳健的基础平台或可以扩展的产品家族。例如，波音737系列在1967年首飞时是一项重大突破，当然其开发成本也是巨大的；其设计上的可塑性和稳定性使公司制造了无数变种和改进款，以至于它在今天仍在生产。关于可以延伸或修改以扩展产品系列和生命周期的“稳健设计”平台，罗思韦尔和加德纳举出了很多领域中的例子。[43]劳斯莱斯和通用电气等航空引擎制造商围绕其核心设计建立了一个产品系列，开发不同型号以适应不同机型的需要；诸如英特尔公司和AMD公司的投资主要用于产品家族的设计和生产。[44]汽车制造商逐渐将注意力转向车型，这些车虽然款式不同，但采用相同的零部件和底盘。IBM在个人电脑产业上的突破就是建立了一个平台并开放给许多用户，让他们自己创造硬件和软件应用——也就是今天手机应用模式的前身。最著名的消费品平台也许就是随身听。这个最初由索尼公司作为可携带的收音机和卡带机研发出来的平台概念（个人娱乐系统）支撑起这个市场上各大生产商的各种产品，并采用了诸如迷你唱片、CD、DVD、MP3播放器和现在的智能手机等技术。乐高取得了巨大成功的玩具产业实际上是建立在代表其创新平台的积木块上，已经超过70年。

在流程方面，许多最初的设计概念多年后都得到很大的强化和改进，例如在炼钢或化工领域。服务创新中也有一些例子，其基础概念可以被修改、调整用于各种广泛的用途，而无须担负高额的初始设计成本，例如不同的抵押贷款或保险产品。有时平台可以扩展到不同的部门，例如汽车制造领域中丰田公司的精益化思考背后的原创思想，后来被其他制造部门和公共服务、私营服务部门等所采用，包括医院、超市和银行等。[45]

平台和产品家族通过将技术应用于若干市场，能有效补偿公司在研发上的高额初始投资。例如，宝洁公司曾斥巨资研究环糊精，最初用作去污剂，后来将这一技术及其变体用于整个产品家族，其中包括除臭剂（如Febreze）、香皂、芳香粉（如玉兰油）、防腐剂、消毒液、漂白粉及洗衣粉（如汰渍、Bounce等）。宝洁公司还将技术授权用于非竞争领域，如工业化的地毯保养和制药业。

如果我们采用先前提到的定位创新思想，那么品牌的作用可以看成是建立一个强大的平台，使其可以扩展到最初的产品或服务之外。例如，理查德·布兰森（Richard Branson）的维珍品牌成功提供了一个平台，令企业进入了若干新领域，包括运输、金融服务、电信和食品等。斯塔利奥斯·哈吉依安努（Stelios Haji-Ioannou）的"easy"品牌的发展与之相似，从最早的廉价航空领域进入电影院、汽车租赁、邮轮及酒店等行业。

在关于创新管理的著作中，伯金肖（Birkinshaw）和哈梅尔（Hamel）强调了一些核心的组织创新（如全面质量管理），这些创新已经在许多部门中得以推广。[46]这些在本质上是范式创新，其概念可以塑造和延伸以适应各种不同的情境。例如，亨利·福特关于规模化生产的原创想法被改造并应用于许多其他行业。麦当劳在设计其快餐业务方面产生了许多灵感，而这些灵感深深地影响了印度Aravind眼科诊所的发展，使低成本眼科手术面向广大群众。[26]

非连续性创新——当游戏规则改变时会发生什么

大多数情况下，创新是在清晰的游戏规则下产生的，并且参与者总是试图把事情（涉及产品、流程、定位等方面）做得更好。一些企业比其他企业更有效，但总的来说，游戏规则是既定的，不会改变。[21]

然而，有时会发生一些打乱现有体系、改变游戏规则的事情。很明显，这并不是每天都会遇到的事情，但它能够重新界定游戏的空间和边界。它带来了新的机会，市场上原有的企业不得不在新的条件下调整其业务。[18,19,22]这是熊彼特创新理论的核心思想，即认为创新就是"创造性毁灭"的过程。[20,36,37]

案例研究1.7讨论了采冰业的例子及其在非连续性创新上的经验。

案例研究1.7

采冰业的消融

19世纪80年代，销售冰块这个有利可图的行当在美国东北部出现，并开始蓬勃发展。这种商业模式看起来很简单：在北部寒冷地区，冰块是毫无用处的废物，在那里切下大块的冰块，然后迅速包装起来，利用船只在最短的时间内将冰块运送到温暖的南部地区用于保存食物，后来还拓展了海外市场。在鼎盛时期，销售冰块是一个非常大的行业，1886年的成交纪录达到了2 500万吨，成千上万的工人参与到冰块的切割、储存和运输工作中。这个行业具有很强的创新潜力，冰块切割、雪犁、绝缘技术和物流方面的发展都支撑着行业的强劲增长。这些创新的影响是显著的，例如，它们使市场迅速扩展到如香港、孟买和里约热内卢等遥远的地方。虽然距离和航运时间变得更长，但货仓中留下的从波士顿等港口装载的冰块足以使企业获利不菲。[47]

此时，像年轻的卡尔·冯林德（Carl von Linde）这样的研究者正在实验室中研究制冷技术。没过多久，人工制冰就成为现实。约瑟夫·珀金斯（Joseph Perkins）曾经展示了在封闭的系统中蒸发和压缩一种挥发性液体可以达到降温的效果，勾画出今天的电冰箱的基本架构。林德在1870年发布了他的研究成果，到1873年市场上就出现了受专利保护的商用制冷系统。接下来的几年是人工制冰业的成长时期，1879年只有35家工厂，10年后从事人工制冰的企业迅速发展到了222家。人工制冰业的发展着实敲响了采冰业的丧钟，尽管这还花费了很长一段时间。在一段时间内，两个行业共同成长，沿着各自不同的路径学习与创新，共同扩展了整个售冰市场，例如，满足国内城市对"冰箱"的需求的逐渐增长。但不可避免的是，随着采冰业在技术效率方面达到极限，新技术最终取代了旧的采冰模式。

值得注意的是，大多数原有的采冰商都套牢在旧的模式中，未能实现转型，最终消亡，取而代之的则是由新进入者所主导的新制冷行业。

这种类型的变化可能源于新技术的出现，采冰业的例子就揭示了这一点，也可能源于一个有新特征和新期望的全新市场的产生。在对电脑磁盘驱动器、钢铁和液压挖掘机等行业的著名研究中，克里斯滕森（Christensen）着重强调了这种情形下出现的问题。例如，磁盘驱动器是一个蓬勃发展的行业，日渐增加的各种工业客户的强烈需求意味着磁盘驱动存储单元有爆发性增长的市场。1995年，这个价值180亿美元的行业有120家企业——和之前的采冰业一样，也是一个充满了创新的行业。公司与客户密切合作，了解客户的特定要求，比如更大的存储容量、更快的存取时间、更小的占位空间等。但是，就像采冰业一样，计算机行业原本的良性循环被打破了。其原因不仅在于颠覆性的技术转变，而且在于出现了一个需求和期望非常不同的新市场。[48]

对于许多行业而言，关键在于其颠覆性变革的发生不是一次而是多次，涉及不同时期的技术、市场和参与企业。例如，20世纪70年代中期，小型计算机的重点在于高运算性能以及对相应存储单元的尖端技术的要求，个人电脑的新兴市场却有截然不同的模式。后者的市场上有许多低档次的机器，只能运行简单的软件，普遍性能较差，但是价格可以满足不同层次的顾客需求。重要的是，虽然功能简单，但它们能完成一些更广泛的市场所需的基本任务，比如简单的数字运算、文字处理和基本图形等。随着市场的增长，这些能力将因学习而提高，而成本将更低。与林德及其同代人对采冰业的影响一样，在磁盘驱动器行业中最终只有少数服务小型机市场的生产商幸存下来，新的行业领导力则掌握在以完全不同的模式运作的新进入者手中。[48]

案例研究1.8讨论了施乐公司的情况，着重说明了卓越的技术可能不足以推动成功的创新。

案例研究1.8

只有先进的技术是不够的

20世纪70年代，施乐公司主导着复印机市场，成立之初就拥有切斯特·卡尔逊（Chester Carlsen）和巴特尔研究所（Battelle Institute）引领的突破性技术，并以此带动了这个行业的发展。尽管拥有核心技术实力，并且持续投入资源来保持竞争优势，施乐公司还是发现自己受到市场新进入者所开发的新一代小型复印机的严重威胁，其中包括几家日本公司。施乐公司在本行业拥有大量经验，对核心技术也有深刻的理解，但经历了几乎8年的错误和挫败才引进了一种有竞争力的产品。那段时间，施乐公司失去了将近一半的市场份额并遭遇了严重的财务危机。正如亨德森和克拉克（Henderson and Clark）所说，“很明显，对现有技术的适度改变……会产生相当戏剧化的后果”。[49]

类似的情况发生在20世纪50年代，电子行业巨头RCA公司运用自己熟悉的技术研发了便携式晶体管收音机原型。然而，它并没有看到推广这项低端技术的前景，继续开发高级设备。相反，索尼公司使用这项技术进入消费市场，生产了一代便携式电子产品。在此过程中，索尼公司积累了大量的技术经验，得以进入更高价值、更复杂的产品市场，成功地与对手展开竞争。[48]

非连续性创新也可以来自我们对于一个行业的思考方式的重构——改变主导商业模式和游戏规则。想一想廉价航空公司为航空业带来的变革。其挑战来自新的商业模式，而不是新的技术——前提是，只要有较低的价格就能开辟出一个巨大的新市场。用新的方式来思考就可以开创一条全新的、完全不同的创新轨迹。为了降低成本，需要解决许多问题：保持高满载率、削减管理成本、加快航站楼的周转，而一旦商业模式开始有效运作，它吸引的就不仅仅是新顾客，还包括老顾客。

这些例子以及其他类似的例子都反映了非连续性创新所带来的挑战。这些行业本身并不缺乏创新和进一步的转变。就采冰者、小型机磁盘驱动器公司和原有的航空公司而言，创新是相对可预测的，但问题是，新技术、新市场或新商业模式使这种可预测性不复存在，为接下来的新游戏设定了新的条件和规则。在这种情况下，新玩家往往表现得更好，因为他们不需要费力地抛弃旧的模式和学习新的规则。已有的玩家往往表现得不够好，部分原因在于他们的自然反应就是进一步推动既有的组织和管理创新。在采冰业的例子中，问题并不是那些公司对研发没有兴趣，相反，它们致力于绝缘技术、冰块开采和其他工具的研发创新工作。但是，它们没能同时看到来自其他领域的技术变革，在意识到人工机械制冰所带来的威胁时，它们的反应是更加努力地改善自己的采冰和运输技术。在这里，常常可以观察到“帆船效应”，即面对新的技术所带来的竞争，成熟的技术会加快自身的改善速率——正如面对轮船技术的兴起所带来的竞争，帆船加快了开发步伐一样。[50]

与之相似，对磁盘驱动器行业中的企业来说，它们的问题并不是没有听取客户的意见，而是听得太多了。它们在已有的市场中与高要求的客户建立起良性关系，与客户一起进行一系列改进性创新——不断延伸自己的产品和流程。问题是，它们的目标客户的选择发生了错误，使它们陷入困境的非连续性创新来自具有完全不同的价值需求的客户群体。

表1-7给出了非连续性触发因子的一些例子。从创新管理的角度来看，这些例子表明，在非连续性条件下（幸好不是每天都发生），我们需要使用不同的方式方法来组织和管理创新。如果试着使用在稳定状态下有效的模型，我们会发现——就像很多实例一样——自己越来越被动，并且有可能因为新的更灵活的企业的进入而被淘汰。

表1-7 非连续性创新的来源

非连续性的来源/触发因子	解释	问题	例子（经验或教训）
产生新市场	大多数市场的演化都是一个逐渐扩张的过程，但是某些时候会产生全新的市场，对此既不能提前分析预测，也不能用传统的市场研究和分析方法来开发	原有的公司因为只关注现有市场而看不到新生的市场 可能认为新市场太小或者不能代表自己的目标市场——太边缘或太怪异 新产品的创始人可能看不到新市场的潜力，因而忽略了它，例如短信市场	硬盘驱动器、挖土机、小型炼钢厂[51]、手机及短信业务等，实际出现的市场并不像创始人预料或期望的那样
产生新技术	产品或流程技术发生跳跃式变化——可能是由于若干技术流的融汇和成熟（例如工业自动化、手机），也可能是单项技术突破的结果（例如作为白色光源的LED）	因为超出了技术探索的外围边界而看不到它 不是现有领域的扩展，而是一个全新领域或途径 临界点也许不是一项技术突破，而是已有的多项技术流的融汇和成熟，而后者的综合作用被低估 “非此处发明”效应——新技术提出了不同的价值基础，例如电话区别于电报	从冰块采集到冷藏设备 从电子阀到固态电子器件[52] 从照片到数字成像
出现新政策	约束经济和社会规则的政治环境可能发生极大变化，例如苏联的解体，意味着另一种模式（市场竞争）——许多前国有企业不能转变思维模式	关于公司经营、游戏规则等方面的旧的思维模式受到挑战，现有的公司未能理解和学会新的规则	例如南非的种族隔离政策转向后种族时代——由内部隔绝到与外部相联系[53,54] 自由贸易/全球化导致关税保护和其他的贸易壁垒的解除，形成了新的竞争基础
脱离正常轨迹	成熟行业中的企业可能需要摆脱产品和流程创新空间缩小、竞争日益激烈等因素的限制，要么退出，要么从根本上重新定位其业务	现行体制建立在一条特定的轨迹上，嵌入稳态的创新惯例中，这种惯例对广泛研究和冒险试验会产生不利影响	Coloplast[54] 柯达、宝丽来 大英百科全书[24] Preussag[55]
市场态度或行为的变化浪潮	公众的意见和行为缓慢转变，并产生新的模式，例如，技术使音乐行业经历了传播体系的变革，从买唱片、磁带和CD到直接在网上下载MP3音乐文件等	没有意识到，或者是坚持其他的理由——认知不一致，直到为时已晚	苹果、Napster、戴尔、微软与传统音乐行业[56]
解除管制/政策法规的改变	政治与市场压力导致法规体系的改变，从而产生了新的规则，例如自由化、私有化和解除管制	新的游戏规则已产生，但仍固守旧观念；原有企业不能迅速行动，或未能看到新机会	电信和能源等领域的旧的垄断被消除，出现了新的公司及企业联合 特别是能源和宽带日益成为商品 创新也体现在交易和分销技能方面，安然公司在20世纪90年代末从一个小型的天然气管道公司转变成一家大型的能源交易商[57]——这需要冒巨大的风险

续表

非连续性的来源/触发因子	解释	问题	例子（经验或教训）
“断层线”上的突变	对某问题的长期关注逐渐积累势能（有时是通过一些群体压力）并造成系统状态的突然改变，例如对由吸烟、肥胖和快餐引起的健康问题等的社会态度	游戏规则突然改变，新模式迅速蓄势，使得还在按照旧的假设行事的公司措手不及，而其他在幕后开发出类似备选模式的公司，受益于新环境而突然成为焦点	麦当劳与肥胖问题 烟草公司与禁烟令 石油/能源公司与全球变暖 风能等新能源使丹麦有机会占据主导地位[58]
意料不到的事件	意想不到因而也无从准备的事件，有时改变了世界并确立了新的游戏规则	新规则可能剥夺了既有参与者的地位，或使其能力变得不再必要	“9・11”事件
商业模式创新	现有的商业模式受到重构性商业模式的挑战，通常源于新进入者对问题和游戏规则的重新定义和重构	新进入者看到了通过新的商业模式来销售产品和服务的新机会，并重写规则——现有的公司只能快速跟进	亚马逊 嘉信理财 西南航空公司及其他廉价航空公司[24],[59]
架构创新	在系统架构层面上的创新改写了组件层面参与者的游戏规则	现有的企业形成了特定的理解和认识其互动的方式，例如基于此认识，在获取和利用知识来推动创新时该与谁沟通；架构变化可能涉及认识的重构，但是在组件层面很难证明这样做的必要性，因此可能出现更加善于利用新架构的新进入者	芯片制造中的光刻法[60]
“技术经济范式”的转变——影响整个部门甚至整个社会的系统性改变	变化发生在系统层面上，涉及技术和市场的改变，这是许多趋势共同形成的“范式转变”，取代了旧的秩序	很难在规则确定之前看到新范式始于何处；既有的市场参与者在“帆船效应”的影响下，倾向于增加对旧模式的投入	工业革命[61-63] 规模化生产

组件/架构创新和知识的重要性

另一个认识创新机会的重要视角是将其看作更大系统内的组件，这令我们想到了俄罗斯套娃的层层嵌套，有些创新改变了组件层面，有些创新则改变了整个系统。例如，我们可以把一个更有效的晶体管植入电脑显示器的集成电路芯片；可以通过改变电脑中主板的集成方式，使它具有特殊的功能，成为游戏机、电子书或者多媒体个人电脑；可以把计算机连接成一个网络，用来管理一家小企业或一个办公室；可以通过互联网将不同的网络连接起来。在不同层面上都有创新的空间，但是较高层面的变化通常会对较低的层面产生影响。例如，汽车作为一种复杂的组装产品，如果突然以塑料来替代金属材料，那么汽车装配还是大有可为的，但是恐怕会给那些金属组件的生产商带来无数个不眠之夜。

创新与知识密切相关——通过融合不同的知识集创造新的可能性。这种知识可能是关于技术的可行性，也可能是关于怎样的特定配置能够满足一个明确或潜在的需求。它可能存在于我们的所见所闻之中，也可能来自对技术、市场或者竞争者活动的探索和研究过程。它可能是显性的，经过编码后人们可以获得、讨论或者转移等，也可能是隐性的，为人所知但并没有转换成文字或公式。

运用不同的知识集促成一次成功的创新，这个过程是在高度不确定的情况下进行的。我们不知道最后的创新配置会是什么样子（也不知道怎样才能实现）。管理创新就是通过平衡的行动有效地把这些不确定性变成知识，但我们只有通过投入资源来减少不确定性才能做到这一点。

帮助我们加深理解的一个关键贡献来自亨德森和克拉克所做的工作。他们深入研究了不同类型的创新所涉及的知识种类[49]，认为创新很少只涉及单一的技术和市场，而是要处理构成体系的大量知识。成功的创新管理要求我们能够掌握和使用关于组件的知识，也要掌握如何将这些组件组合在一起——创新的架构。

我们可以通过一个例子来加深理解。对于飞机制造来说，组件层面上的改变也许包括采用新的金属或复合材料来制造机翼，或者使用新的电子控制系统来取代控制线或液压装置。但关于在系统层面上如何连接机翼、控制系统和推动系统等的知识是不变的——要想在两方面都获得成功，则需要有更高层面的能力集。

其中的一个难点在于，创新的知识流及其支持性结构往往对应于创新的性质。因此，如果创新是在组件层面上，那么具有关于这些组件的知识和技术的人员将会相互交流，在发生变化时能够整合新的知识。但是当变化发生在更高的系统层面——亨德森和克拉克所指的“架构创新”，现有的沟通渠道和知识流也许不适合或者不足以支持创新，企业就需要发展新的知识流结构。这也是为什么当系统层面发生重大变化时，现有的企业往往表现不佳。因为它们要同时面对两个困难：学习和形成新知识体系，以及舍弃旧知识体系。

图1-3说明了选择的范围，强调了这种变化可能发生在组件层面、子系统层面或者整个系统层面。

这一主题稍加变化就涉及技术融合，即不同的技术流相互汇合，使得原本分散的产品开始形成新的架构。家庭自动化行业就是一个例子：计算机技术、通信技术、工业控制和初级机器人技术的融合使得新一代住宅系统拥有了整合娱乐、环境控制（暖气、空调和灯光）和通信功能的可能性。

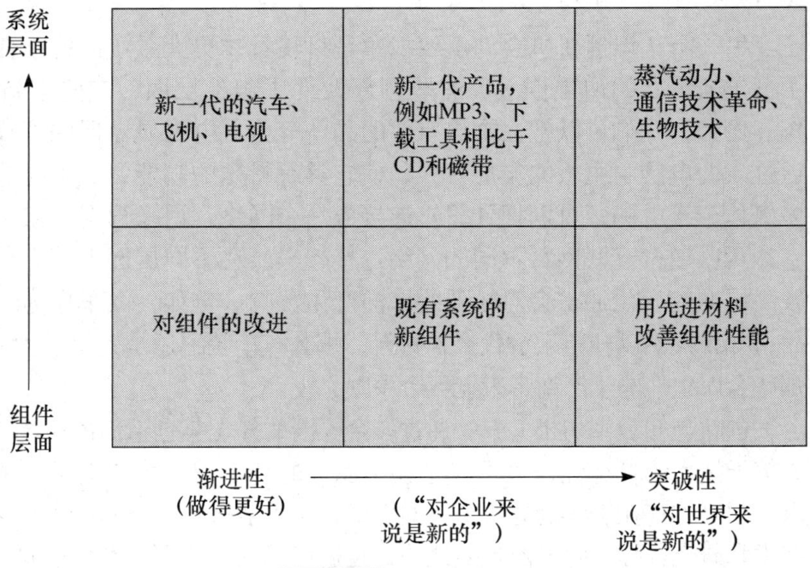

图1-3 创新的维度

同样，增加金融服务的范围可能是一种组件层面的产品创新——例如用直销系统替代提供金融服务的中间商，但是它的影响不如服务本质的完全转变那么深远（但风险较低）。

许多企业的商业模式都强调整合性解决方案——由许多组件构成的系统共同为最终用户提供价值。这些往往是复杂的、多组织参与的网络，可能包括铁路网络、移动电话系统、重大建设项目，或者像波音梦幻客机和空中客车 A380 这样的新型飞机的设计和开发。这种规模的创新管理要求具有被霍布迪（Hobday）和同事们称为“商务系统集成”的技能。[64]

图 1－4 强调了创新管理的一些问题。

在区域 1，游戏的规则十分清晰，只需要运用围绕核心组件的知识，稳步改善产品和流程。

在区域 2，一个组件会发生显著改变，但是整体架构保持不变。这里需要学习新的知识，但是要在资源和用户既定的清晰框架内进行。例如，汽车引擎改成电子点火或直接射油方式，飞机机身组件使用新型材料，在主要的金融和保险交易中用 IT 系统替代纸质业务流程，这些都没有涉及重大的转型或变更。

在区域 3 中是非连续性创新，这里的最终状态和实现路径都是未知的——实际上，游戏的整体规则发生了变化从而使新进入者有了发展空间。

在区域 4 中出现了新的组合与架构，可能围绕不同用户群体的需求进行创新（比如颠覆性创新）。这里的挑战在于重新配置知识来源和知识结构。我们可能会用不同的方法重组已有的知识，或者将新知识和旧知识组合起来，廉价航空公司和 Direct Line 保险公司就是这样的例子。

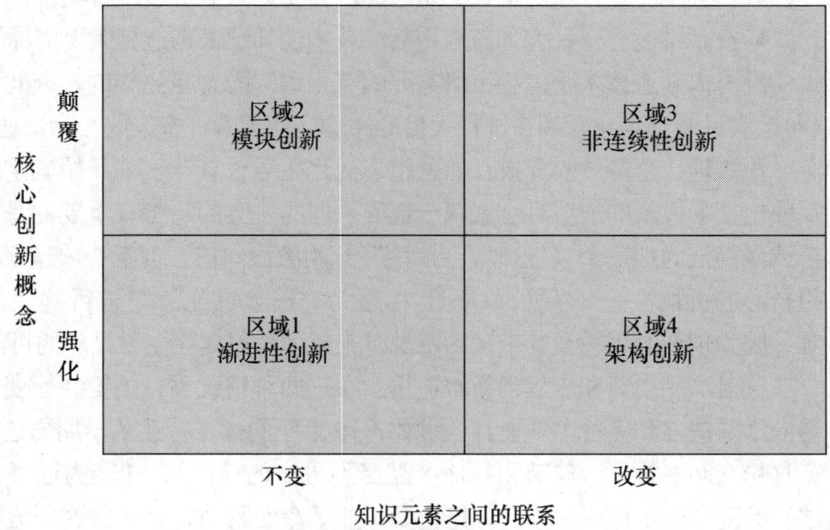

图 1－4　组件创新与架构创新

资料来源：Abernathy，W. and J. Utterback，Patterns of industrial innovation. *Technology Review*，1978. 80，40-47.

创新生命周期——不同阶段的侧重点

我们也需要意识到创新的机会随着时间的推移而改变。在新的行业，比如当今的生物技术行业、互联网软件行业和纳米材料行业中，围绕着新产品和服务的概念进行创新大有可为。但是更为成熟的行业趋向于关注流程创新和定位创新，寻找更便宜、更快捷地销售产品和服务的方法，或者找到并占有新的细分市场。在针对这个主题的开创性著作中，阿伯内西和厄特巴克（Abernathy and Utterback）开发了一个描述创新模式的三个不同的发展阶段的模型（见图1－5）。[65]

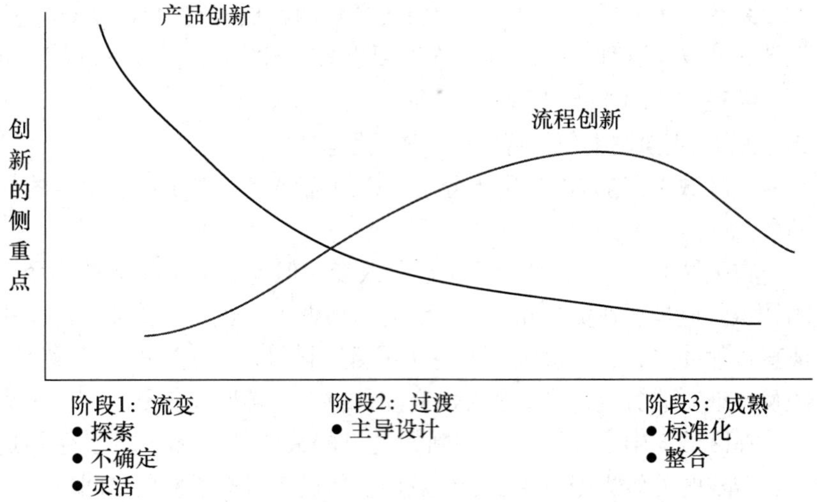

图1－5 创新生命周期模型

最初，在非连续性条件下，即全新的技术或市场出现时，存在一个“流变阶段”。这个阶段有很大的不确定性，主要有以下两个维度：

- 目标维度——新的配置会是怎样的？哪些人需要这种新配置？
- 技术维度——我们如何利用新的技术性知识来创造和实现资源配置？

没有人知道技术手段和市场需要的“正确”配置是怎样的，因此许多市场参与者（包括大量新创企业）都在进行大量的实验（伴随着许多失败）和快速的学习。

逐渐地，这些实验成果开始融汇形成“主导设计”——开始确定游戏的规则。这反映出在形成新的配置时会聚焦于最受欢迎的方案的趋势（重要的是，这未必是最复杂或最简洁的那一个）。这时，“浪潮”开始滚滚向前，创新选项越来越多地集中于一组核心的可能性——多西（Dosi）称之为“技术轨迹”。[66]进行其他的开发越来越困难，因为创业的兴趣及其带来的资源越来越多地聚焦在主导设计的可能性上。

这对产品创新和流程创新都适用：在这两种情况下，关键特征变得稳定，实验也转向排除缺陷和完善主导设计。例如，19世纪的化工行业从早期通过焚烧植物来生产苏打粉（制造香皂、玻璃和其他产品必不可少的成分），转变为通过一系列（勒布朗法）的复杂化学反应来生产，这也是工业革命的驱动力之一。这一流程主导了将近一个世纪，最终被新一代使用电解技术的连续流程替代。后者是由索尔韦（Solvay）兄弟在比利时研发出来的。勒布朗流程或索尔韦流程的普及不是一夜之间发生的，要优化和完善每一项流程，充分理解获得稳定的高品质产出所需的化学和工程原理，需数十年时间。

在产品创新中也可以看到同样的模式。例如，照相机最初的设计可追溯到19世纪早期，有各种精巧的设计方案——在科技博物馆中都有展示。主导设计逐渐浮现，产生了我们熟悉的架构——快门、镜头组、聚焦原理及胶卷底片等。这一设计之后进一步修改，例如，运用不同的镜头、电动驱动、闪光技术。在乔治·伊斯曼（George Eastman）的努力下，创造了简单的“傻瓜”照相机的模型（布朗尼方盒相机），从而打开了摄影的大众市场。在数字成像设备的发展中也可以看到相似的流变阶段。

在阿伯内西和厄特巴克的模型中，出现主导设计并且侧重点转向模仿和开发的阶段称为“过渡阶段”。主要活动从根本概念的发展转向关注产品差异化，以及更稳定、更廉价、更高质量和更多样的功能等。

随着创新概念的进一步成熟，渐进性创新变得更重要，重点便转向价格等因素。这意味着围绕这些产品而成长起来的行业日益将注意力转向合理化、规模经济和流程创新，以此来降低成本，提高生产率。产品创新更多的是通过定制化来满足特定客户的特殊需求，从而实现差异化。在阿伯内西和厄特巴克的模型中，这一阶段称为“成熟阶段”。

最后会出现新的变革。创新的空间变得越来越小，而在实验室中或者科研人员的构想中，外部的新的可能性正在出现。最终会出现新的技术，并有可能对现有的规则产生挑战——游戏因此被颠覆。例如，在照相机的例子中，数码摄影技术的出现不仅影响了照相机，而且改变了生成、保存和分享照片的整个服务体系。在化工行业的例子中，生物技术的出现使我们可能不再需要大型化工厂，取而代之的是一些小规模运作的企业，这些小企业可以利用基因技术加工活体组织来生产我们所需的产品。

表1-8列出了该模型的主要元素。

表1-8 创新生命周期的各阶段

创新特征	流变阶段	过渡阶段	成熟阶段
竞争重点	功能性的产品性能	产品差异化	降低成本
创新的驱动因素	关于客户需求的信息，技术投入	通过扩展内部的技术能力来创造机会	降低成本、提高质量等方面的压力
创新的主要类型	产品的经常性的主要变化	随着生产规模扩大，要求出现重大流程创新	渐进性的产品和流程创新
产品线	多样性，通常包括定制的设计	包括至少一种稳定或主导的设计	大多数是无差异的标准产品
生产流程	灵活但低效——目标带有实验性，而且经常变化	越来越严格和明确	高效，通常形成资本集约化并且相对严格

尽管最初是为制造产品而开发的模型，但是也适用于服务业。比如，早期的网上银行具有典型的流变阶段特征，有许多选择和模式。后来逐渐转向过渡阶段，比如在服务内容、安全性、隐私保护、网站互动等方面形成主导设计的共识。如今这一领域已发展成熟，竞争大多转向诸如利率等细微的方面。同样的模式发生在网络电话、在线拍卖（例如eBay）和娱乐订购服务（例如Expedia.com）等方面。

我们也应当记住，这里涉及一个很长的周期。成熟的企业经历了流变阶段和过渡阶段，但是不一定永远停留在成熟阶段。相反，随着周期的自我循环，这些企业越来越容易受到新的变革浪潮的影响。例如，照明行业正进入一个新的基于固态LED技术的流变阶段，而这已经是在施万、爱迪生等人发明白炽灯泡100多年之后。他们早期的实验最终促成一项主导的产品设计，此后重点就转向围绕成本、质量和其他参数的流程创新——这条轨迹刻画出行业的当前特征，并导致若干大公司的合并。然而现在，这种成熟行业已经步入新阶段，被涉及不同参与者、技术和市场的企业取代。同样的事情也发生在汽车行业：经过19世纪末的流变阶段后，该行业采用了福特T型车和工厂主导的设计；但我们现在看到了一个新的流变阶段，其特征是围绕无人驾驶汽车的新技术、所有权模式的转变、对排放的强大监管，以及谷歌、苹果和特斯拉等新参与者的加入。

这样的模式出现在很多研究中，对创新管理产生非常重要的启示。特别是，这有助于我们理解为什么组织总是很难应对非连续性创新。组织围绕特定的轨迹发展各种能力，而那些在某条既有轨道的后期阶段（成熟阶段）非常强大的组织，却常常很难进入一条新的轨道。(20世纪50年代早期成功开发晶体管的那些公司就是非常好的例子——其中许多是新企业，在车库里满腔热情地创业，给电子行业的主要企业比如Raytheon带来了极大的挑战。）一部分原因在于沉没成本以及对既有技术和市场的投入，另一部分原因则来自心理与制度上的障碍。企业可能会对此做出回应，但相当缓慢，而且它们可能错误地将新项目开发的责任赋予那些现有业务会受到威胁的组织或个人。

重要的是，流变阶段（或称酝酿阶段）的特征是新旧技术的共存和两者的快速提高。(在这个阶段常常可以观察到之前提及的“帆船效应”，即成熟的技术加快自己的改进速度，以此作为对新的竞争技术的回应。[67])

尽管一些研究认为当非连续性创新触发一个新的流变阶段时，现有企业会表现不佳，但我们需要对这个看法持谨慎态度。[47]并非所有的企业都是如此，许多企业可以基于新的轨道调动/利用其积累的知识、网络、技术和财务资产，借助新的机会来提高自己的能力。[53]同样，尽管新进入者——通常是小型创业企业——在早期阶段发挥了重要的作用，但我们关注的只是那些成功者。我们需要牢记，新进入者肩负着沉重的竞争压力，最有实力或最幸运的公司才能幸存下来。

带着问题理解创新的管理方式是有益的。前文描述的在稳定状态下的有效实践在成熟阶段非常有帮助，但是会对流变阶段新技术的引入和成功产生不利影响。如果创新发生在公司日常的研究领域之外，公司如何获得创新信号？它们又如何知晓现在虽不存在但将来会决定产品形态的市场需求？如果它们和现有的客户交流，会发现这些客户可能只想要更多现有的东西，那么它们应该和什么样的新用户交流？它们如何才能发掘这些新客户？[48]

挑战似乎在于管理创新的方式——不仅要在稳定状态下实现创新，而且要能应对因混乱和非连续性而产生的高度不确定和快速的发展演变。这里需要的组织行为模式应该包括敏捷、灵活、快速的学习及对事情的可能性没有偏见等，这些特点往往和新生的小公司高度相关。现有的大公司也可以通过某种方式展示以上行为，但往往会与它们常规的工作和思考方式相冲突。

令人担忧的是，扰乱某一行业的非连续性创新的来源——新技术、新市场、新商业模式——往往出现在本行业之外。因此，大公司即使花费了大量的时间和资源进行研究，试图紧紧跟随本领域的发展，也可能会因其他领域的发展而措手不及。保险和金融服务大规模地转向在线服务和电话服务，很大程度上是由这些行业之外的 IT 专家们引起的。在比较极端的例子中，经常可以发现被称为“非此处发明”（not-invented-here，NIH）的效应，即公司虽然发现了一项新技术，但并不决定采用，因为觉得它不符合企业对行业的认知以及企业自身的技术开发的速度要求和方向。最著名的例子莫过于柯达公司拒绝了宝丽来流程，以及西部联盟电报公司拒绝了贝尔发明的电话。在一份记载于 1876 年的著名备忘录中，董事会曾这样评论：“这个‘电话机’有太多的缺点，根本不值得将它当成一种通信工具。该设备本身不能为我们提供任何价值。”

1.11 创新管理

本章探究了创新面临的挑战，解释了创新为何重要，并就创新所涉及的一些方面提供了研究的视角。本章提出了将创新作为一个核心过程的观点，这个过程需要加以管理，才能使组织不断更新。在本章前面的部分，我们简要地探讨了这个问题，下面的图 1 - 6 强调了围绕管理创新的关键问题。

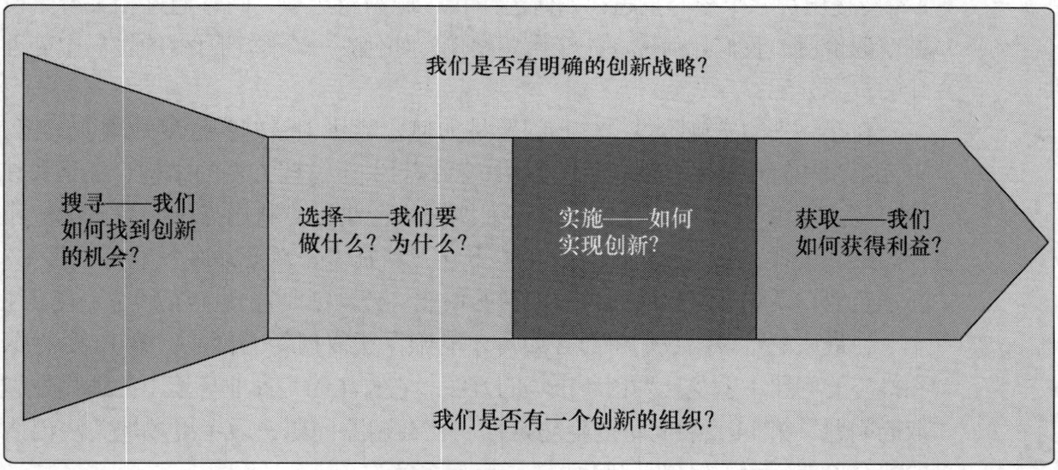

图 1 - 6　创新过程模型

我们已经了解到创新的范围非常广泛——无论是就整体的创新空间而言，还是就开发创新空间的多种方式而言，其中包括渐进性创新和突破性创新两种选择。当创新转向非连续性变革的领域并由此开始新的变革时，会面对许多挑战。我们也简要地介绍了组件创新和架构创新的概念，以及在管理这些不同形式的创新时，知识所发挥的关键作用。最后，我们还探讨了创新的时机，以及对不同阶段的各种创新类型的本质的理解。

这些探讨使我们对于什么是创新、创新为何如此重要有了些许认识。我们现在需要了解的是如何管理创新过程本身，这是本书其余部分的重点，我们将按照以下方式进行阐述。

第 2 章着眼于更详细的过程模型，探讨如何将这种一般性模型用于特定类型的组织。它也将关注管理创新中的成功和失败——这个主题在后面的章节中将会有更详细的阐述，同时探讨围绕成功的创新管理的关键环境问题。第 3 章将提出一个问题：我们是否有创新的组织？此外还将探讨诸如领导力、结构、沟通和激励等关键概念在形成和维持创造性文化中所发挥的作用。

第 4 章关注的问题是：我们是否拥有一个清晰的创新战略？企业是否清楚创新将把企业带往何处？这将如何实现？是否存在一张创新的路线图？战略是否得到了共享和理解，以及如何保证组织中各种不同的创新努力保持一致性？哪些工具和技术可以用于创新的开发、选择和实施？

第 5 章介绍过程模型中的第一个核心要素——搜寻，并探讨创新过程的触发条件问题——我们需要关注的多个来源，以及从中寻找和获得信号所涉及的挑战。第 6 章则解决与之互补的问题：我们如何开展搜寻活动？在不同的条件下，应该使用怎样的结构、工具和技术？在探索全新的领域与以新的形式利用已有的知识之间，应当怎样达到平衡？第 7 章则关注越发重要的创新网络——这些网络如何通过不同方式促进创新，以及我们学到的建立和维持这些网络的方法。

第 8 章将注意力转向核心过程模型中的选择环节，并着眼于创新决策过程——在有效搜寻后得到的所有可能的选项中，我们要支持哪些？为什么？作出这样的决策并不容易，因为这涉及潜在的不确定性，那么我们可以运用哪些方法、工具和技术？第 9 章将提出另一个核心主题：如何选择和实施创新选项，同时通过相关智力投入创造并获取价值。我们如何建立一个商业案例，如何在一个瞬息万变的世界中处理创新项目的资源分配？

在接下来的实施阶段，核心问题是如何才能将创新的想法变成现实。第 10 章将审视组织和管理各种创新项目的方法，并探讨关于这些方法的结构、工具和其他支持性机制。在第 11 章中，我们将更详细地探讨企业如何利用与供应商、用户和合作伙伴的外部关系，在开放式创新的背景下开发新技术、新产品和新业务。第 12 章讨论新创企业，既包括来自既有组织内部的创业（公司创业），也包括设立新的创业企业。

在最后的阶段，我们将回答如何才能确保获取创新的价值。第 13 章将探讨采用和推广的问题，以及开发创新市场的方法。它关注的是商业环境下的适用性和价值获取的问题。第 14 章将讨论的范畴延伸到社会创业问题，后者更多地关注创造可持续的社会价值，而不仅仅是利润。

最后，第 15 章着眼于我们应该如何评估组织和管理创新的方法，并以此来驱动学习的过程，从而使我们能够在今后做得更出色。其关注点不仅在于形成强大的创新管理能力，而且在于认识到在面对创新的动态目标（涉及技术、市场、竞争、监管等方面）时，企业面临的挑战是能否创造一个学习性和调适性的方法，从而持续提高组织的能力。换句话说，关注的是打造企业的动态能力。

前沿视点 1.3 列出了创新管理者面临的挑战。

前沿视点 1.3

管理创新面临的三大挑战

1. 创造和维持一种有利于创新发展的文化。这包括一个有形的组织空间，在这一空间中可以进行实验、评估和检验。要发展和维持促进创新的价值观和行为。

2. 培养可以在这种环境中蓬勃发展的人才。这样的人必须作为一个有着共同目标的组织的一部分，能够质疑、挑战和提出想法，而不会被日常的运营环境限制。

3. 商业企业看重的是利用最少的资源获取最大的利益，因而管理这类创新必须具有可重复的、一次到位的流程方法。

——帕特里克·麦克劳克林（Patrick McLaughlin），Cerulean公司执行董事

1. 对长期创新活动的水平进行精细的控制，使之能够与既有业务单元保持联系，并最终使创新得以孵化和发展。

2. 在公司中要有各种类型的愿意花时间从事创新相关活动的员工。

3. 把握应用导向的创新与基础创新之间的平衡。

——沃特·塞曼（Wouter Zeeman），CRH Insulation Europe

1. 创新往往被看成是一个技术驱动的问题，换句话说，是那些奇怪的“科学”人员和“工程”人员研究的领域，因此只是那些人的事，而与“我们”更广泛的群体无关。挑战在于正视这个问题，鼓舞人心并改变人们的观念，使创新成为“我们”大家的事。

2. 提高认识。上述人群并没有充分理解创新是什么，以及如何将创新应用于现实生活，因此需要提高认识。

3. 在我看来，管理要么是一个错误的词，要么就是一件错误的事。管理暗示着命令和控制，尽管很重要，但往往不适合应对领导创新之挑战。领导创新更需要鼓舞人心、建立信心和承担风险。大部分高层管理人员是风险规避者，因此固化的管理背景对领导创新来说不一定是最佳的选择。

——约翰·特里加斯基斯（John Tregaskes），Serco公司技术经理

1. 文化——鼓励人们挑战我们做事的方法，并产生创造性的想法。

2. 在金融服务环境中，要在创新与必要的风险管理和控制之间达到平衡。

3. 要确保一个领域的创新不会对另一个领域产生负面影响，或产生局部优化现象。

——约翰·吉尔伯特（John Gilbert），瑞士联合银行流程优化主管

1. 高管层对创新的期望必须一致。必须明确定义创新的本质、突破性创新与渐进性创新，以及4P创新模型中的四个创新维度。首要问题是什么？

2. 对于包含渐进性创新（做得更好）和突破性创新（做得不同）的项目组合，应该如何在两者之间寻求平衡？

3. 在前期获得充分的、专业的人力资源与财务资源。

——约翰·泰斯马尔（John Thesmer），丹麦Ictal Care公司执行董事

1. 在股东们不断向公司施压要求获得短期业绩时，企业要为有长远发展空间的项目募集研发资金。每个行业都需要不断创新，以此来保证今后的竞争力，因为技术变革的速度正在不断加快。但是公司在追求这一目标时，却发现可用的资金越来越少。在管理中，如何才能“花更少的钱办更多的事”已经成为这个行业的主要挑战。我相信，在这一点上我们并非特例。

2. 一个企业的文化中不应该有对风险偏好者的惩罚。在许多组织中，对管理者的评价方式几乎完全是根据一些基本的衡量标准，例如销售额或销量。所有人都认同采用新技术有助于在长期内改善这些数据，但是在短期内，新技术可能会使这些指标落后。有时技术试验会失败。一个组织必须认识到这一点，并且引导它的团队和管理者走上一条鼓励适当冒险又不失掌控大局的道路。

3. 内部研发与利用外部创新之间要保持适当平衡。随着创新的范围和规模的逐渐扩大，很难想象会有哪个公司能完全独立地进行创新。但是哪些要素应该在内部保留，

哪些要素可以从外部获取呢？从来就不乏学者撰写有关这个话题的论文与著作，但是该领域的管理者比任何时候都渴望获得针对该问题的有效的、实际的指导意见。

——罗布·佩罗尼（Rob Perrons），美国壳牌勘探有限公司

研究札记1.8给出了几种不同的创新方式的例子。

研究札记1.8　　十二种创新方式

美国西北大学凯洛格商学院技术与创新研究中心的莫汉比尔·索奈伊、罗伯特·沃尔科特和伊尼戈·阿罗尼斯（Mohanbir Sawhney，Robert Wolcott and Inigo Arroniz）采访过许多大型企业（包括波音、杜邦、微软、eBay、摩托罗拉和索尼等公司）的创新管理者。他们在访谈的基础上设计了一份调研问卷，并将这份问卷发放给另外19家公司，例如通用电气、默克和西门子。在分析数据后，他们定义了商业创新的12种维度，并且设计了一种创新雷达图来表示这些维度。他们定义的商业创新并不聚焦于新事物，而是聚焦于新价值。因此，对于价值创造来说，新的产品不再是充分必要条件。他们提出了可能在12种维度上出现的商业创新的系统方法：

- 产品——包括新的产品和服务。
- 平台——基于组件重新配置的衍生产品。
- 解决方案——集成能产生客户价值的产品。
- 客户——未满足的需求或新的细分市场。
- 客户体验——重新设计与客户联系和互动的方式。
- 价值获取——重新定义业务模式和创造利润的方式。
- 流程——提高效率或效益。
- 组织——改变范围或结构。
- 供应链——采购和订单渠道的变化。
- 市场开发——新的发行或销售渠道。
- 品牌——影响力或重新定位。
- 网络——利用网络集成产品和服务。

资料来源：Based on Sawhney，M.，R. C. Wolcott，and I. Arroniz (2006). "The 12 different ways for companies to innovate," *MIT Sloan Management Review*，Spring，75-81.

小　结

创新关注的是增长——认识到做新事情的机会，并实施这些想法来创造某种价值。这可能是业务增长，也可能是社会变革。但其核心是人类的创造精神，即改变我们环境的冲动。

创新也是生存的必要条件。如果一个组织没有改变它为世界提供的东西以及它生产和交付产品的方式，很可能会陷入困境。创新在很多方面都有助于竞争的成功——它是一种战略资源，可以帮助企业达到目标，无论是为私营企业创造股东价值，还是提供更好的公共服务，或是促进新企业的创立和成长。

创新的发生并不仅仅是因为我们希望它会发生——它是一个复杂的过程，带有风险，需要谨慎和

系统的管理。创新不是一个单一的事件，而是一个长期的过程，需要从变革的想法中汲取灵感，并将其转化为有效的现实。研究一再表明，如果我们想在管理创新方面取得成功，就需要：

- 了解我们正在努力管理的内容——思维模式越好，我们在构建和运行组织及流程方面的管理就越有可能奏效；
- 了解如何做——创造条件（并调整/配置它们）来实现；
- 了解创新活动的内容、原因和时间——制定创新战略；
- 了解创新是一个不断变化的目标——管理创新就是建立动态能力。

创新可以采取多种形式，可以简化为四个变革方向：

- 产品创新——组织提供的东西（产品和服务）的变化。
- 流程创新——产品和服务的生产和交付方式的变化。
- 定位创新——产品和服务进入市场的环境的变化。
- 范式创新——影响组织业务的潜在思维模式的变化。

任何组织都可以获得一次运气，但创新管理的真正技能是能够重复这一幸运。所以如果我们想要管理创新，就应该问问自己：

- 我们是否拥有核心流程的有效支持机制？
- 我们是否有创新的战略方向和承诺？
- 我们是否有创新组织？
- 我们是否建立了丰富的主动联结？
- 我们是否学习和发展了我们的创新能力？

第 1 章　扩展阅读

第 1 章　参考文献

第 2 章

作为核心商业过程的创新

Innovation as a Core Business Process

在第 1 章中，我们提出了将创新作为组织内部核心的更新过程的观点。创新是一个与企业的生存和成长密切相关的普通过程，可以视为所有企业需要经历的基本过程。组织面临的挑战是找到管理创新过程的方法，为公司产品的更新、创造和交付提供一个较好的解决方案。创新的核心部分包括：

- 搜寻——分析环境（内部和外部）、相关信号的处理过程，以及变革所带来的威胁和机遇。
- 选择——决定（基于如何更好地发展企业的战略视角）应该回应哪些信号。
- 实施——将潜在的想法转化为新的事物，并应用于内部和外部市场。做到这些并非易事，它需要人们致力于获取能够产生创新的知识资源，在不确定的情况下执行计划，需要解决大量的问题，并将创新应用到相关的内部或外部市场。
- 从创新中获取价值——无论是从可持续的采购和分销来看，还是就在这一循环发展中得到学习而言，组织可以建立自己的知识库，改进过程管理的方式。

在本章中，我们将探讨影响这一核心过程的一些因素，以及核心创新主题的不同变化。

图 2-1 提供了一张简图，我们将这张图作为贯穿全书的框架，以帮助理解开拓创新管理的方式。

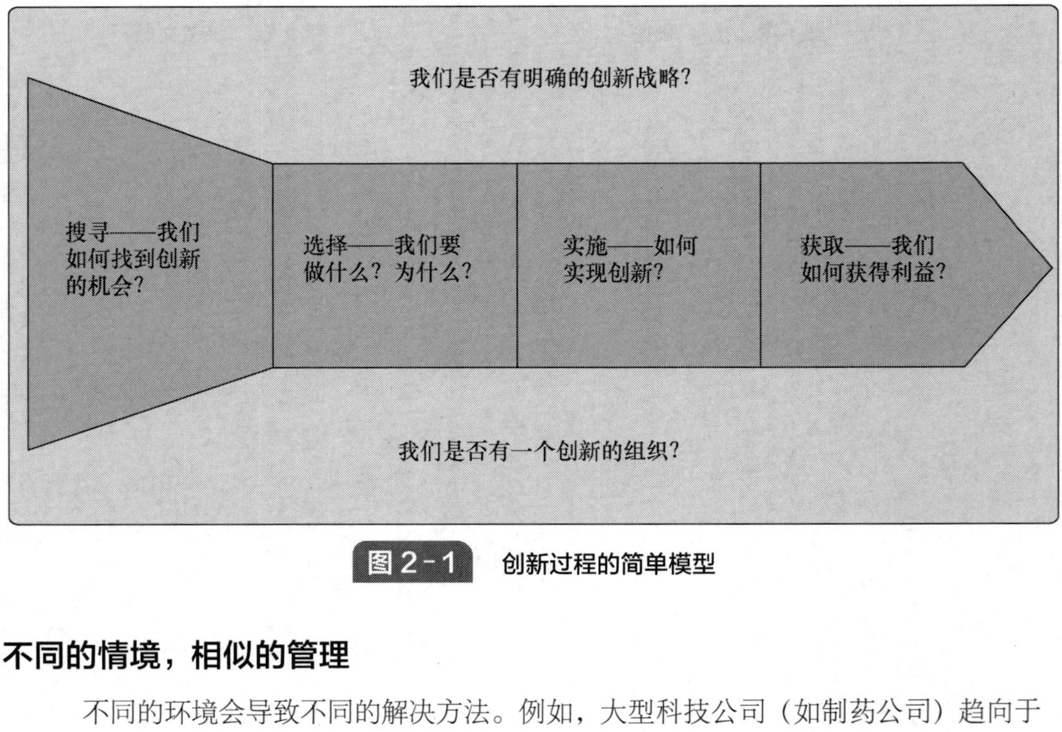

图 2-1 创新过程的简单模型

2.1 不同的情境，相似的管理

不同的环境会导致不同的解决方法。例如，大型科技公司（如制药公司）趋向于通过正式的研发、专利搜寻等方法来解决问题；小型工程分包商则会重视快速实施的能力。零售商也许会承担相对小型的研发项目，但是它们会考察市场环境以便发现新的消费趋势，并且很可能将市场营销视为重中之重。

消费品生产商可能更关心产品的快速开发和上市，一般会改变和重新定位基本的产品概念。重型工程公司（例如发电站）的产品可能会有非常严格的设计要求，并且相当依赖工程管理和实施阶段的系统整合。公共部门的组织结构必须适应各自的创新过程，以应对外部政策和监管的强大影响。

尽管存在多种情形，创新各个阶段的基本模式仍保持不变。在本章，我们将更详细地探讨创新的本质过程，并且关注这一基本主题的多种变化。但是需要注意：对于成功的创新来说，被管理的对象与施加于它们的影响之间存在关联。这些“促成因素”代表了可以用于任何组织的创新管理的工具。再次强调，“促成因素”在每家公司里如何发挥作用可能各不相同，但它们代表了管理创新方面普遍问题的解决方法。本书接下来的章节将以更详细地探讨这些因素为基础而展开。

创新管理是一种学习能力，这是我们的核心观点。虽然面对的是相同的问题，并且有一系列方法来处理这些问题，但是每个组织必须找到自己的解决方法，并在自己所处的环境中对此进行研究。简单地从别的地方复制思想是不够的，必须加以改造，形成适合于特殊环境的思想。

创新在规模、性质、新颖度等方面有很大不同，创新型组织也是如此。抽象地看，每个案例中的基本程序都有可能是相同的。例如，开发一种新的消费品涉及识别出有关潜在需求和新技术可行性的信号，提出战略，作出选择并形成可以投入市场的新产品。

同样，采用一套新的流程技术也需要遵循这一模式。首先，确定需求——这里是指内部需求（比如解决现有设备存在的问题），采纳新技术并提出一种战略构想。然后，需要确定当前的选择，或者创造一个新的选择，但新的选择将来必须能够得以开发，并且被企业的用户——有效的内部客户群运用，推向市场。了解用户的需求并为产品推向市场做好准备这一原则将有效地适用于产品创新的案例。

2.2 服务和创新

毫无疑问，竞争优势可以来自服务上的创新——正如我们可以在专栏 2.1“服务和创新管理”[1]中看到的那样。值得反思的是，世界上第一台商用计算机也是应用于服务业（见案例研究 2.1）。

专栏 2.1　　服务和创新管理

2001 年，在一个关键经济部门的年度会议上发表了一篇有影响力的报告，这篇报告明确定义了创新的挑战：“我们正身处一场前所未有的巨大变革之中……我们必须愿意并能够摒弃旧模式，进行变革……这些必要的改变，包括开发新的以客户为中心的流程和产品，削减成本，通过 IT 和业务流程再造工程来削减成本和提高服务水平，创造有利于可持续创新的体系和文化。”2006 年的另一项研究评论了公司在这方面的能力，主要涉及处理创新问题和重要问题的能力，相关的问题包括：

- 缺少创新文化。
- 缺乏在何处创新的战略。
- 创新被认为与付费的工作相冲突，因而并不总是有价值。
- 没有正式的创新过程。
- 项目管理技能非常有限。

乍一看，会以为这是关于制造业企业创新的重要性或一些小公司在管理创新过程中面对的困难的老生常谈。但是服务业也会面临这些问题：美国律师协会的报告以及对40家英国专业律师事务所的调查结果表明，律师行业可能会如克莱门蒂（Clementi，2004）所说的那样发生大的变革。

案例研究2.1

咆哮的狮子

有趣的是，计算机在商业上的第一次应用实际上发生在服务领域中。1947年，英国食品公司Lyons的两位经理奥利弗·斯坦丁福特（Oliver Standingford）和雷蒙德·汤普森（Raymond Thompson）去美国考察新的商业方法。他们对计算机的潜力特别感兴趣，便与世界上第一台通用电子计算机ENIAC的开发者之一赫尔曼·戈德斯坦（Herman Goldstine）会面。他们看到了利用这种技术管理大型企业的潜力，回国后与剑桥的一个团队取得了联系，这个团队从事类似ENIAC的项目。他们在给Lyons公司董事会的一份报告中建议，公司应购买或制造一台电脑来满足业务需求。Lyons公司给剑桥的团队提供了开发资金，当团队取得满意的成果时，董事会决心制造自己的计算机，并命名为Lyons Electronic Office（LEO）。1951年在LEO上运行的第一个商业应用程序是对面包店估值的财务评估程序，很快扩展到薪酬和库存管理。它也被用于我们现在熟知的综合商业信息系统，将订单和商业规划（订单信息被用于确定生产计划、指令、送货时间、收据、成本和管理报告）连接起来。在取得成功之后，Lyons公司很快又将这一能力提供给其他企业——例如为福特公司计算薪资。最终，Lyons公司成立了一个制造电脑、编写软件和提供机构服务的专业部门。

重要的是我们必须记住，从这些创新中获得的优势会随着他人的竞相模仿而逐渐消失。除非公司能够再次创新，否则它将落后。因为其他公司都在主动改变产品/服务、业务流程或基础商业模式。例如，银行业的领先者已易主，如今的银行业成为那些较早地利用信息通信技术的公司的天下。很多盈利可观的金融服务行业，比如证券和股票交易等行业，已经被嘉信理财这样拥有突破性的新模式的公司主导。[2]在零售商都采用先进的信息技术时，行业的领先者又转向那些能够对生产系统进行合理规划，使其对信息系统的信号迅速作出反应的组织。

如今，服务创新的范围有了更大的拓展——这有时被戏称为“一套解决方案在找问题”，却并非无稽之谈。正如埃文斯和沃斯特（Evans and Wurster）所指出的，传统的服务要么为大市场提供标准服务（用他们的话说是提供“广泛的”服务），要么为高收入阶层提供特殊定制服务（提供“深入的”服务），然而这一切因网络技术而改变。[3]

表2-1给出了服务业中不同类型创新的一些例子，类型的划分和第1章中介绍的四种创新类型是一样的。

表2-1 服务业的渐进性创新和突破性创新的例子

创新类型	渐进性创新——“做得更好”	突破性创新——“做得不同”
产品创新——提供给最终用户的服务创新	修改/改进已提供的服务项目，例如，更为人性化的抵押贷款或存款产品，基本的旅行体验的附加特性（例如娱乐），电信服务的功能扩展等	本质的变化，例如在线销售
流程创新——制造和分销产品的方式创新	通过“物流办公室”的流程优化来降低物流成本，通过精益化生产、六西格玛等方法减少废弃物	流程的根本性改变，例如，从面对面交易转向网上交易；设立超市和自助服务型商场，而不是采取传统的零售方式、中心辐射型分销系统
定位创新——目标市场和针对细分市场的宣传	开辟新的市场，例如为学生提供专门的保险产品	方法的根本性改变，例如，通过开发低价航空旅行项目，开辟新的旅游市场；为社区提供医疗保健
范式创新——基本的商业模式创新	对基本模式加以改进，例如从使用保险代理人和经纪人转向直接交易和在线系统交易	思维方式的根本性改变，例如从基于产品的制造业转向基于服务的制造业

服务创新通常非常容易被模仿，竞争优势会迅速被抵消，因为进入壁垒比较低。例如，涉及知识产权保护的创新就是如此。又例如，航空公司在跨大西洋的航线上进行创新，但是只要一家航空公司引入了某项新服务（如平卧床），其他公司就会迅速效仿。可以认为，个性化服务体验将会流行，因为通过这种用户体验将会产生一定程度的用户“锁定”。[4]当然，手机、网上银行和保险的经验表明，尽管通过复杂的网络技术可以实现个性化服务，但是客户忠诚度很低，客户流失率很高。然而，创造和交付服务的成本低且相对简单，使得协同共创成为一种选择。制造业或许会要求采用高级的工具（如电脑辅助设计和快速生成原型），服务业却能以较低成本开展实验。有一种模式越来越引起关注，那就是让活跃的用户参与服务的设计，例如软件或数字娱乐和通信等领域的开放源代码运动，以及这些领域的社交网站（如Facebook，Instagram，WhatsApp和YouTube等）已经产生了重大影响。研究札记2.1介绍了另外一个值得留意的领域：体验创新。

研究札记2.1　　体验创新的发展

来自伦敦商学院（London Business School）和管理研究高等研究所（Advanced Institute for Management Research）的克里斯·沃斯（Chris Voss）和同事们就体验创新开展了广泛的研究。研究的重点是服务企业如何利用创造力、分销新产品和丰富的经验来吸引和留住客户。一项研究调查了50家企业，这些企业大部分来自英国、欧洲和美国，涉足零售、娱乐、体育、主题公园、旅游和酒店等行业。该研究发现了一个不断重复的循环，即投资和管理、活跃的体验、用户增加、盈利和再投资。这可以被视为“用户体验—利润”的循环。研究还分析了企业如何将服务转变成吸引力，促使人们在目的地长时间逗留，体验多种活动，乐不思蜀。

研究者也详细地研究了英国和美国的例子，讨论了用户体验如何改变服务的方式和服务流程如何设计的问题。这项研究分析了体验设计的流程和内容，涉及8个设计机构和顾问公司在体验设计方面的案例研究和9个体验服务提供商的案例研究。研究表明，公司经常使用的体验设计方法是“客户体验之旅”，了解客户与公司的接触点，从而更好地设计客户体验。创新发生在五个设计领域：物理环境、员工、服务交付过程、追踪客户和后台支持。设计过程中的一个重要部分是收集客户的意见。[5,6]

服务化

服务也许会各有不同，因为它们通常是无形的，但基本的创新模型应用是相同的。保险公司或金融公司推出新产品的过程将遵循从触发信号、提出战略概念、开发产品与市场到发布产品的规律。与开发一台新型电视机相比，服务的开发也许更为无形，但开发过程的基本结构是相同的。我们也应该认识到，越来越多的制造业的核心产品需要服务的支持——如网络、用户信息或在线帮助、更新。这种我们称之为“服务化”的趋势，代表了我们在第1章也提过的“范式创新”的一种。

许多复杂产品系统——如飞机引擎——整体产品的寿命可能长达30年或40年，服务和零配件支持在其中占据了重要地位。在这样的情形下，制造商认识到它们的客户事实上希望购买包含在产品中的一些服务属性，所以飞机引擎制造商提供“按飞行小时包修”的服务，而不是简单地销售产品。计算机巨头IBM按照这样的方式改变了自己的命运：它最初是一家大型主机制造商，在发展初期活跃于个人计算机领域，但之后它的业务转向提供解决方案和服务。20世纪90年代，IBM更深入地转向服务领域，并于2006年将自己的个人电脑业务出售给了中国的联想集团。研究札记2.2给出了更多关于服务化的细节。

研究札记2.2　　服务化

安迪·尼利（Andy Neely）及其剑桥大学的同事一直在与剑桥服务联盟的许多公司合作，试图了解导致“服务化”这种转变的驱动因素和挑战。他们找出了转型的几个因素，其中包括强大的经济和技术趋势。

传统上，制造业生产和销售产品，如今越来越多的制造商围绕其产品特别是核心产品捆绑各种支持服务。飞机引擎制造商劳斯莱斯仍在生产高质量的发动机，但它在服务方面的业务规模越来越大，以确保发动机在飞机30多年的寿命内不断提供动力。

大数据和遥感技术的出现使得制造商可以在核心产品上捆绑更丰富的服务组合。例如，它们可以远程监控施工设备，使用数据来预测发动机磨损以及对服务和售后支持的需求。通用电气公司搭建了向客户推荐飞机飞行路线的模型，从而能够延长发动机寿命。飞机穿越沙漠时，沙子会导致发动机扇叶变形，而当飞机穿越海洋时，发动机又会发生不同形式的磨损。因此，通用电气公司向客户推荐飞机向中东飞行的合适时间，何时应该切换航线穿越海洋到美国。这些预测分析模型在工业界以及医疗保健、保险和金融领域应用得越来越普遍。

强调需求端的服务创新

在服务创新的环境下，重要的是提醒自己如何定义创新——“成功开发新的想法”。显然，这会涉及发明——对某些需求和手段创造新的组合，而且有很多发明可以成功地得到开发和广泛运用。其核心是将基于各种知识的想法——关于可行性（例如开发新技术）和需求（无论是清晰的还是潜在的）——融汇在一起。无数的研究创新突出了其本质上的互动性、耦合性，但许多政策和管理实践都将这个过程看作线性的、知识推动的模式。

在服务创新方面搜寻和利用需求方的知识很关键，许多服务的生产和消费同时发生，获得最终用户的理解和认同是成功所必不可少的。这并不是说新的知识（例如关于技术的可行性的知识）不重要，但是服务创新更多地取决于需求方的知识。

需要注意的是，在制造业和服务业中探讨创新的语言存在很大的区别。其基本原则和问题可能是相同的，但名称可能有所不同。例如，制造业中的术语“研发”(R&D) 与组织的研究和开发相关。首先，需要查阅已有的科学知识（论文、专利检索等），并找到那些为实验室的实验所跟踪关注的问题。然后，可以通过试点生产或者构建原型来进一步推动开发。随着越来越多的资源投入，涉及越来越多的知识和技能，产品或流程逐渐定型为最终产品。最终，新产品推向市场，新流程在组织内部得到采用和扩散。

《弗拉斯卡蒂手册》(Frascati Manual)（名字来源于意大利的一个地名，1963 年以创新为主题的经济合作与发展组织会议在此地召开）作为参考书被广泛用于制定创新和技术方面的政策。它将“研发”定义为“有规划地、创造性地工作，目的在于提高知识的库存量……并且利用库存的知识来开发新的应用”。[7] 如果我们关注服务创新的挑战，就可以看到相同的过程正在发生：搜寻（更强调需求方的重要性），做实验和构建原型（可能将实验室的概念扩展为对潜在最终用户的引导和试验），以及逐步扩大承诺和广泛开展活动，最终推出产品。服务企业可能没有设立一个正式的研发部门，但它们从事这类活动，以提供一个创新流。重要的是，由于它们的工作涉及用户的更高水平的洞察力和体验，需要具有相关的知识。实际上，在某些领域，例如信息技术（参见案例研究 2.1），零售和金融领域的从业者已经在硬件和软件创新方面迈出了步伐。[8] 同样，用于客户关系管理的工具，例如商店会员卡和旅客俱乐部等活动，现在也被制造商借鉴，将它们的业务朝服务导向转型。[9]

服务业的创新与制造业相似，因为大多数创新工作是为了“做得更好”，基本上通过渐进性创新和拓展原始概念来建立竞争优势。在《弗拉斯卡蒂手册》中，对于一成不变、逐步改进、提高和研发的区分也适用于服务创新。

2.3　创新主题的变化

在全球化和技术驱动下形成的一项重大创新就是关键业务流程的外包——包括 IT、呼叫中心管理和人力资源管理等业务，尽管这预示着一种结构性变化，但其本质上仍是由创新驱动。此外，商业组织和非营利组织在创新方面的区别也许还不明朗。私人企业可能通过提供新产品和新的分销方式进入市场并参与竞争。公共部门和非营利组织利用创新来帮助自己应对来自医疗、教育、法律和规定等方面的挑战。[10]

企业的延伸

即使公司被“空洞化”，外包商和它的委托人所面临的挑战仍然是流程创新。[11]外包的基本商业模式在于外包商比委托人更高效，从而创造业务的边际利润，达到这一点的关键在于调整的能力和核心商业过程的持续改善。随着时间的推移，一个外包商超越同行的优势会逐渐转移，从简单地更高效地执行外包标准操作到提供或与委托人合作开发新的产品和服务。像IBM这样的公司近年来一直试图构建“服务科学”这一基础学科。[12]

在这种情形下，挑战在于外包机构的流程创新，即如何开发它们的能力使流程更有效（价格更便宜、速度更快、质量更高等），以及如何持续创新。

非营利组织创新

公共部门和非营利组织同样关注流程创新（挑战在于缺乏更有效的资源或更快、更灵活地应对不同的环境）和产品创新，综合利用新知识和已有知识来传递新的或改进的产品概念，例如分布式医疗、社区治安或小额银行贷款。[12]案例研究2.2给出了公共部门创新的一些例子。

案例研究2.2

公共部门创新

Mindlab是一个旨在促进丹麦公共部门创新的组织。它隶属于税务、就业和经济局，开创了一系列让公务员和公众参与各种社会创新的举措，提高了生产力和服务质量，同时削减了公共部门的成本。

在英国，公共部门的创新举措带来了一些令人印象深刻的业绩提升。例如，在严重欺诈犯罪办公室（Serious Fraud Office），一项创新计划使处理案件所需的时间减少了近50%，每个案例的处理成本直接节省了近2万英镑。在产品创新领域，一项名为Design Out Crime的计划促成了两种原型啤酒杯的开发：采用新的高科技玻璃应用技术的啤酒杯和普通啤酒杯并无二致，但不会裂成碎片伤人。

公共部门创新的例子提醒我们，创新充满着机遇和挑战。[13]创新的基本模式是不同的[14]，公共部门的性质决定了创新会被不同利益相关者所“质疑”。[15]与许多私人企业的创新由竞争观念和集中决策所驱动不同，公共部门的创新经常会产生冲突，这是由于驱动力与奖励和激励措施缺乏。此外，公共部门的创新还存在中心/边缘关系问题，许多创新试验往往发生在接近提供服务的环节，但游戏规则是由中心制定的(财政大权通常被其控制)。在公共部门，创新的挑战主要是使成功经验广泛用于主流市场。[16]

在人道主义创新领域中存在类似的挑战——世界各地要应对自然灾害和人为灾害。红十字会、救助儿童会和联合国各部门等机构也面临挑战，即如何在激发创新的同时确保提供急需的支持。[17]

社会企业家

社会企业家不满足于授人以鱼或是授人以渔。在彻底改变捕渔业之前，他们不会停止脚步。

——比尔·德雷顿，Ashoka 首席执行官、董事长和创始人（Ashoka 是一家致力于发展社会企业家职业的全球性非营利组织）

并非所有创新都只关注盈利——有许多社会企业家的例子，其主要目的是创造某种形式的社会价值从而改变世界。比如诺贝尔奖得主穆罕默德·尤努斯，他在 1976 年创立格莱珉银行（又称孟加拉乡村银行），提供小额贷款帮助贫困人口通过个体经营的方式实现经济自给自足，这种模式已在全球 58 个国家得到推广。Aravind 诊所的创始人旺卡塔斯瓦米（Venkataswamy）在其家乡泰米尔纳德邦致力于让白内障患者重见光明，最终推动了眼科护理系统的发展，造福成千上万人。[18]

研究札记 2.3 中分析了几类社会企业家以及他们的动机。

研究札记 2.3　　不同类型的企业家

在近期获奖的论文中，伊曼纽尔·福沙尔（Emmanuelle Fauchart）和马克·格鲁伯（Marc Gruber）研究了体育设备领域中创业者的动机和潜在的心理驱动因素。他们使用社会认同理论来探索潜在的自我认知和愿望，并在样本中找到了三种不同的角色认同类型。达尔文主义者主要关心的是竞争和创造商业上的成功；社群主义者更关心社会身份，即在群体中的参与和贡献；“传教士”有强烈的内心愿景，渴望改变世界，他们的创业行动就是这种愿景的表现。[19] 如表 2-2 所示，社会创业在管理方面面临更多的挑战。

表 2-2　社会创业的挑战

需要管理的方面	社会创业的挑战
寻找机会	许多潜在的社会创业者都有改变世界的激情，也有许多可以选择的目标，诸如消除贫困，解决教育资源、医疗保健等方面的问题。但仅有激情是不够的，他们还要有相应的创业技能来发现机会，找到开发的可能性。他们所要找的新想法应能为既有的问题提供不同的解决方案，例如，以小额信贷替代传统银行服务或私人借贷 正如我们在本书中了解的，这一技能未必强调发现——找到某种全新的东西，而是更多地强调连接——将看起来不相关的事物联系起来。在社会创业领域，这条鸿沟可能很大，例如，与发现对新的期货交易软件的需要相比，要有更广阔的视野才能将农民和国际股票市场连接起来。因此，社会创业需要激情和视野，还要有一定的技能
战略选择	发现机会是一回事，让他人相信甚至支持它则是另一回事。无论是一个创新者面对风险投资家，还是大型组织中的一个内部团队向高层管理者做报告，成功的创业都需要说服他人。 在社会创业中，还要考虑说服目标不明晰这个事实。即使你能够制定一份很好的商业计划，考虑了所有可能的顾虑和问题，但是你要找谁以获取支持呢？尽管有一些基金和非营利组织会给予你支持，但在许多情况下，进行社会创业所需的重要技能之一就是社交能力，也就是顺藤摸瓜找到潜在资助者和支持者，并让他们参与项目的能力 即使是在一个成熟组织的内部，仅有一种结构也是不够的。对于许多社会创业项目来说，挑战在于它们将公司带往完全不同的方向，有一些甚至从根本上挑战公司的核心业务。例如，一项提案提出要让发展中国家的药物便宜可得，这从社会创业的视角来看非常不错，但是这会给大型医药公司的结构和运营带来巨大的挑战，导致研发资金、分销等方面的经济问题变得更加复杂 建立支持性联盟很重要——对于社会创新的支持保障往往比较分散——但权力和资源往往并不集中在某个决策者的手中。也未必会有董事会或风险投资家来听你的想法，因此需要蓄势待发 提供实际的例子非常重要，不然这些想法会被认为是幻想。试点项目（如自由贸易模式或小额信贷）的作用很明显，可被采用并据此获得支持

续表

需要管理的方面	社会创业的挑战
发展企业	社会创新要求广泛而丰富的创造力，整合多种多样的资源来进行改变——特别是当资金很有限时。社交技能是关键——让不同角色参与进来，并拥有共同的愿景 在许多社会创新中，至关重要的因素之一是扩大规模，将个人或当地的好创意加以实施和扩大，使之具有广泛的社会影响。例如，古普塔（Anshu Gupta）最初的想法是回收垃圾堆里的旧衣服，将其处理后用来帮助当地社区的穷人。这一创意从67件衣服开始起步，规模逐渐扩大，每月在印度23个邦回收4万千克。这一原则也适用于其他材料，例如回收旧磁带制作垫子和软家具
创新战略	共同的愿景至关重要，可以促使人们为之投入激情，但社会创业者也会被指责太理想主义和不切实际。因此，需要有一个明确的计划将愿景一步步变成现实
创新型组织/丰富的联系网络	社会创新依赖于松散而有机的结构，而这种组织主要是通过共同目的连接起来的。与此同时，也需要一定的结构来确保有效实施 许多成功的社会创新本质上都得益于建立社交网络、获得支持和通过网络获得多种资源。这些都表明社交能力十分重要

资料来源：Bessant，J. and J. Tidd，*Innovation and entrepreneurship*，2015. John Wiley and Sons，Chichester.

规模的重要性

对创新管理方式产生重要影响的另一个因素是组织的规模。一般而言，小型组织拥有许多优势，例如灵活、快速决策，但是同样存在诸如资源约束等局限性。表2-3探究了这方面的一些推论。这意味着进行有效的创新管理将取决于创造性的结构和行为，例如通过非正式的方式共享观点和快速决策，通过建立网络连接来摆脱资源的约束。

表2-3 小企业创新的优势与劣势

优势	劣势
快速作出决策	缺乏正规系统的管理控制，如对项目的时间和成本缺乏管理
具有非正式文化	缺乏获得关键资源（尤其是金融方面）的渠道
沟通质量高，大家都清楚下一步应该做什么	缺乏关键的技能和经验
有共享的明确的目标	缺乏长远的战略和方向
具有灵活性、敏捷性	缺乏组织结构和接班人计划
具有创业精神和冒险精神	风险管理薄弱
具有活力、热情，对创新充满激情	缺乏细节应用，缺乏系统性
拥有良好的内部和外部网络	缺乏获取资源的渠道

但是，我们亦需要认识到小型组织之间有很大的差异。在大多数经济体中，小型公司占据了整个商界的95%或者更大的比重，因而带来了巨大的多样性，涉及微型企业（如理发店和会计师事务所）乃至高新技术企业。不论是一家炸鱼和炸薯条的小店，还是一家需要数百万英镑风险投资的纳米科技公司，都需要面对创新的挑战，但是过程管理的方式可能会有很大差别。

例如，在有关研发和其他创新活力指标的调查研究中，中小型企业往往表现得很差。然而，它们仍从事创新活动并开展研究，往往围绕流程改善或客户服务，借助的是只可意会的认识而不是正规的知识。[20]大量的研究尝试将中小型企业按照创新者的特殊类型进行分类，并探讨形成这种特殊创新管理方式的可能性。例如，戴维·伯奇

(David Birch) 的研究关注那些被称为“瞪羚”的中小型企业，这些企业具有高成长性的潜力（年增长率高于20%），这在创造就业机会和促进整体经济发展方面的作用是显而易见的。[21]对中小型企业及其成长的研究表明，创新的情况非常复杂。

特别是在快速增长行业中，高技术、年轻的研究密集型中小型企业与经济高增长似乎并不完全成正比。相反，“瞪羚”企业很少涉及高科技，美国统计局的数据表明，只有2%的高增长中小型企业是高科技企业，“瞪羚”企业比一般小公司成立的时间更长，很少处于快速成长的行业中。只有5%的“瞪羚”企业存在于美国三个增长最快的行业，增长最快的中小型企业却处于增长缓慢的行业，如化工、电气设备、塑料和纸制品等行业。[22]

戴维·伯奇在2004年评论道：“许多人认为公司就像一头牛，年轻的时候长得很快，之后就长得比较慢……事实证明我们错了。公司不像牛，经常会‘涅槃重生’——它们采用新的管理方式、新的技术，在市场变革中获利，不管是什么原因，统计数据表明，越老的公司越可能快速增长，甚至超越最年轻的公司……”[21]

这种观点被经济合作与发展组织的研究和长期由中小型企业引导发展的地区（如英国剑桥）的实践证明。[23]关于中小型企业以及它们作为创新者和经济增长来源的作用，一种观点指出，高科技中小型企业很重要，同样重要的还有那些“隐藏”在更成熟行业中或者相对于产品创新更精于流程创新的创新者。

基于项目的组织

许多企业面临的挑战是转变成基于项目的组织，无论是完成某个特殊的项目（比如建设像机场和医院这样的主要设施），还是负责设计和构建复杂的产品系统（比如飞机引擎、飞行模拟器或通信网络）。这种基于项目的组织比较有代表性，会将许多不同元素整合为一个系统，通常涉及不同的公司，项目的工期较长，技术风险较大。[24]

这种企业越来越多地考虑项目的组织和管理的创新，例如，在项目融资和风险分担领域的创新。虽然这些项目可能会在核心创新流程方面表现得非常不同，例如为大众市场生产一种新的洗衣粉，基本的流程仍然是仔细了解用户需求并满足这些需求。开发过程中相关使用者的选择以及不同观点的整合是非常重要的，整体流程是相同的。

平台创新

人们越来越感兴趣的另一个领域是“平台创新”[25,26]，平台创新有多种形式。例如，英特尔几十年来致力于使其芯片位于计算机、智能手机和其他智能设备的核心，试图为其他参与者提供一个创新平台。苹果、三星和其他公司也在努力打造自己的设备平台，通过这些平台，各种应用程序的开发人员可以将产品提供给一个巨大的市场。乐高已经建立了一个强大的平台，不仅基于它的积木产品，还基于围绕产品构建的故事——乐高电影的成功表明了这种模式的有效性。

在每一种情况下，创新都需要以特定的方式去管理，寻找架构上的共同点，并与双边市场（例如，智能手机所面对的终端用户市场和应用程序供应商市场）合作。[27]

网络和系统

正如第1章所述，在21世纪创新的一个新特点是它很少是单一企业的活动。由于多种原因，创新越来越趋向于“多人游戏”，不同形式和规模的组织通过网络联系在一起。它们可能会形成地区集群、供应链、产品开发或者战略联盟，促使竞争者和客户因前沿新技术的应用而暂时合作。虽然这些网络的动态变化与单一组织的运营有着非常大的差异，难以控制和约束，但基本的创新流程方面的挑战是相同的——如何围绕触发理念形成共享的观点并付诸实践。在本书中，我们会关注超出组织范畴的创新管理方面的特殊问题，并在第7章专门研究通过创新网络加强管理的主题。

这种多方位视角意味着必须转变我们从单一企业出发的思维方式，更多地从系统的角度来思考。创新不会出现在一个封闭的地方，想要有效地管理创新，我们必须提高系统地思考和操作的技能。这种系统的视角需要考虑多个角色——客户、供应商、竞争者、合作者，以及那些身处大环境之外却能对创新产生影响的人。[28,29]

国家、区域和地方层面上的创新

对激发创新的大环境的思考，导致“创新系统”这一概念的产生。创新系统涉及政府、金融、教育、劳动力市场、科学和技术基础设施等要素，反映了组织实施创新流程所处的环境[30]，以及各要素相互连接的方式。创新系统可以是地方性的、区域性的和国家范围的，发展和运作的方式有所不同。[31]在一些案例中，要素之间会存在明确的协作，能够形成支持创新的条件，例如，区域创新导致德国巴登-符腾堡州、英国剑桥、美国硅谷和128公路以及新加坡形成产业集群。[23,32,33]

有效的创新管理越来越被视为一种挑战，这也暗示我们应如何组织和管理这一过程（详见案例研究2.3）。菲尔·库克（Phil Cooke）指出，政策制定者对他提出的“构建优势”——这种构建结构下的群体能够在多大程度上被组织和管理——有越来越浓厚的兴趣。[34]（我们将在第4章更深入地探讨国家创新系统。）

案例研究2.3

区域创新系统的力量

迈克尔·贝斯特（Michael Best）认为，马萨诸塞州的经济能够多次振兴，得益于重视创新系统。[33]20世纪50年代，该州因为传统的纺织业和制鞋业而遭受巨大的损失，但是到80年代，“马萨诸塞州奇迹”引导了新兴高技术产业区的建设。这次复苏在很大程度上归功于一个支撑网络，该网络以专业技能、高技术研究和培训为核心（波士顿地区成为全球学院、大学、研究实验室和医院最密集的地区），并且迅速成立了企业，开发新兴的知识经济。但是这一奇迹在1986—1992年间逐渐消失，由于微型计算机和军事相关行业的崩溃，1/3的制造业工作机会顷刻消失。尽管对未来的预测仍不乐观，但是该地区又一次围绕技能、技术资源和多样化供应基础构建起丰富的网络，在诸如特殊用途机械、光电子、医疗激光技术、数字印刷设备和生物技术等领域，新产品得以迅速开发。

做得更好/做得不同

除了所在行业外，公司的规模或更大的环境也影响着创新流程的操作方式。越来越多的人开始关注创新的新颖度。[35-37]从基础层面来看，组织的结构和行为需要逐步得到改善，并纳入组织的日常标准操作流程。更多的实质性项目需要组织投入更多的精力，例如，安排跨越职能界限的工作。进一步而言，当组织面对间断性情况，游戏规则发生改变时，可能有必要重新查看创新管理的整个路径。

正如第 1 章所述，我们可以从两个互补的方面来思考创新问题。一个方面是“做得更好”——创新发生的稳定状态，在此情形下好的做法可以得到保持。与之相反的方面是“做得不同”，此时游戏规则已经改变（由于主要的技术、市场或政策的改变），在不确定性较高的情况下，创新管理更多的是一个探索和共同演化的过程。许多学者探讨了这一问题并且得出结论，即在动荡条件下公司必须发展这两方面创新管理的能力。[38-40]

但是，创新流程的一般模式仍然是相同的。在“做得不同”的情况下，组织仍然需要搜寻触发信号，不同的是它们需要探索不太熟悉的领域，并且运用周边视觉来找到弱信号，以便及早行动。它们仍然需要作出关于今后发展方向的战略选择，但是常常会面对不明确和不完整的信息，据此作出的决策存在很大的风险，因此应有承受失败以及快速学习的能力。实施决策时要针对项目有更大的灵活性，并且在监控和检测时可能需要采用比“做得更好”这一创新类型更灵活的标准。[41]

对于那些著名的企业来说，面对的挑战是需要提高管理两种创新方式的能力。很多时候，它们需要具备良好的系统以“做得更好”，但是有时会遇到来自那些更好地利用新环境的新进入者的挑战，除非它们可以发展“做得不同”的能力来和新进入者并驾齐驱。当市场上出现间断性变化时，顺势而为的新进入者不会存在这样的问题，它们可以利用由全新技术所带来的机会。但是新进入者也会成为老企业，如果它们不能通过“做得更好”的创新流程来创建初始的优势，并且通过“做得不同”的能力来建立应对下一波变革潮流的能力，今后也将面对这些挑战。[42]

表 2-4 强调了这两种思考和行动方式之间的差异。

表 2-4　不同创新管理的典型方式

例子	Ⅰ型——稳态创新型	Ⅱ型——非连续性创新型
解释模式——组织如何看待和理解世界	有一套既定的游戏规则，其他竞争对手也要遵循 在搜索、选择环境和技术轨迹方面存在特定的路径；它定义了游戏中所有玩家都可以使用的创新空间	没有明确的游戏规则——这些规则随时间的推移而出现，但无法事先预测 需要对模棱两可有高容忍度——多个平行的可能轨迹
战略决策制定	战略方向高度路径依赖 利用决策过程，根据与游戏规则相关的风险管理来分配资源 (建议是否符合商业战略方向？它是否建立在现有能力的基础上?）在创新空间范围内可以冒可控风险 政治联盟是维持当前发展轨迹的重要因素	创新空间是由开放、模糊的选择环境定义的。探索和学习关于构建新兴模式的信息和相关实验，从而使主导设计浮现出来 高度路径独立 高风险，因为没有明确的轨迹——强调快速和轻量级的决策，而非在初始阶段做重量级的承诺 多重并行押注，快速失败和学习成为主导主题。对失败高度容忍，但风险由有限承诺管理。只有敢于“露头”的人才会收获成果——创业

续表

例子	Ⅰ型——稳态创新型	Ⅱ型——非连续性创新型
运营流程	使用一组深入的流程和结构/过程进行操作，与风险规则相关——例如，项目管理的门径监控和审查 搜索行为是沿着已定义的轨迹进行的，使用工具和技术进行研发、市场调研等，假定要探索的空间是已知的——搜索和选择环境 为支持创新而建的网络——例如，用户参与、供应商伙伴关系等——建立在发展密切而牢固的联系的基础上	操作程序是开放的，基于对紧急情况的管理 项目实施基于“模糊前端”，较少涉及战略评估，并且进行并行实验 探索和学习，快速失败和学习而不是管理风险 搜索行为基于周边视野，通过微弱的信号获取新兴趋势的早期预警 异质性的人际关系网，更强调弱联系而非已经建立的关系

因此，如图2-2所示，组织的挑战是能够在同一组织内发展两种创新方式。我们将在本书中多次提及这一主题，探讨超出稳定状态时创新管理面对的其他的或不同的挑战。

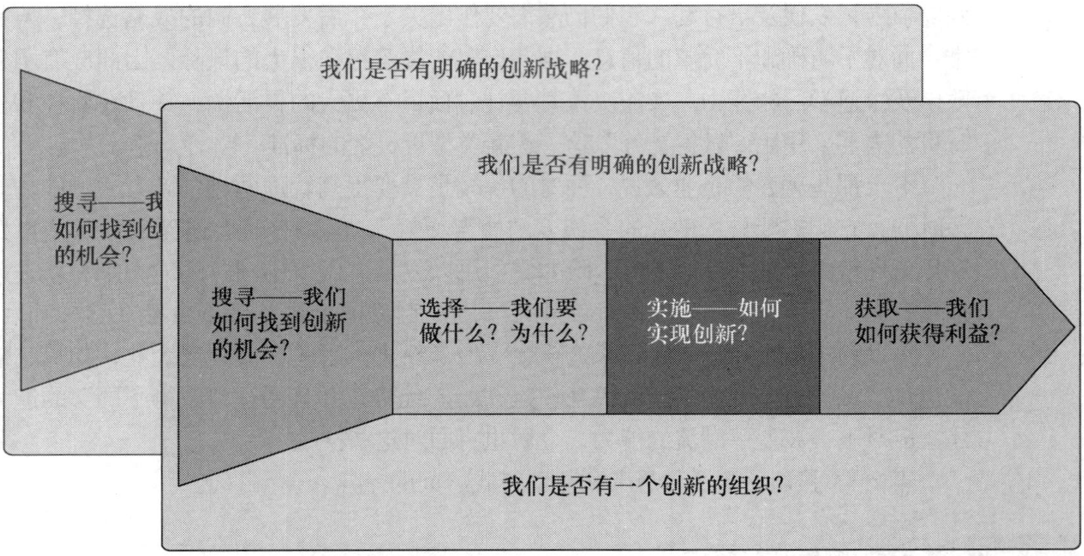

图2-2 对稳态创新和非连续性创新的管理

2.4 创新过程的权变模型

表2-5列出了一些广泛的影响，为此组织需要形成关于一般创新流程的特殊看法。本节的主要内容是，创新的一般流程是相同的——管理面临的挑战在于结构。

表2-5 环境如何影响创新管理

环境变量	基本流程的调节剂	注释
行业	不同的行业具有不同的优点和特征，例如规模密集、科技密集	[43，44]
规模	小公司获取资源的方式不同，需要建立更多的联系	[21，45-48]
国家创新系统	不同的国家拥有更多或更少的支持环境，例如制度、政策方面等	[28，29，49]
生命周期（技术、产业等）	生命周期的不同阶段强调创新的不同方面，例如新技术企业与成熟企业有所不同	[50-53]
新颖度——持续创新与间歇创新的比较	“大致相同”的改进式创新要有不同的组织方式和对更基本的形式的管理，极端情况下，公司为了寻求开发和使用机遇，也许会选择双重结构，甚至成立分公司	[32，54-56]

续表

环境变量	基本流程的调节剂	注释
外部机构（如管理部门）的角色	一些部门（如公用事业、电信及公共服务部门）受外部体制的影响颇大，这些管理体制会影响创新活动的速度和方向；其他部门（如食品和医疗部门）在某些方面也许会受到更大的限制	[57，58]

2.5　创新过程的模式演变

把创新看作一个流程促使我们尝试管理创新的方式。简而言之，我们的思维模式塑造我们的行为——我们关注某些事情，为此分配资源，作出决策，这些都与我们对这些事物的看法有关。因此，创新是一个过程，我们必须清楚地了解过程中所涉及的事物及其操作方式。

随着时间的推移，对核心创新模型的认识发生了很大的变化。早期的模型（明确而且重要，人们用固有的思维模式来管理流程）被看成是线性连续的职能活动。要么研究产生新的机会并加以应用和改进，找到通向市场的方式(“技术推动”),要么市场信号显示需要新的东西，然后找出解决问题的新方案(“需求拉动”此时必然成为创新之动力)。

这一方法的局限性很明显：在现实中，创新是一个耦合和匹配的过程，互动是关键的因素。[59,60]有时推动会成为主导力量，有时拉动会成为主导力量，但成功的创新要求两者之间的互动。“剪刀”在这里是一个非常贴切的比喻：失去任何一边的刀刃，剪刀都会失去它的功能。（第 5 章将探讨创新资源的问题，以及两种创新类型之间的相互影响。）

创新管理中的一个关键问题是需要对复杂、不确定、高风险的现象有所了解。我们必然会尝试使用模型来使之简单化，因此通常回到最简单的线性模型来帮助探索管理中随着时间的推移而出现的问题。基于这些思路构建流程的方法很多，例如，引用次数最多的模型之一是 Booz，Allen & Hamilton 模型。[61]关于这一主题存在许多不同的观点，例如罗伯特·库珀（Robert Cooper）的研究提出了略微拓展的观点：在不同阶段之间设立“门”，以在过程中管理风险。[62]另外，英国标准（BS 7000）提出了流程的设计中心模型。[63]

许多研究都认识到线性模型的局限性，试图建立更复杂、更具互动性的结构。例如，美国的产品开发与管理协会（Product Development and Management Association，PDMA）提供了关于流程的详细指导和附带的工具包。[64]人们越来越认识到，在被称为“模糊前端”的阶段会遇到困难，在此阶段不确定性是最高的，但仍然可用一个基本的流程来聚焦关注点。[65]在简约化与表现度之间达到平衡有助于促进思考，但就像地图和它所代表的实际区域有所不同，流程指南应当被看成是思考的结构，而不是对流程的实际运行方式的描述。

大多数创新是混乱的，包括错误的开端、阶段之间的反复循环、失败的结果和跳出序列等。不同的学者尝试用不同的比喻来形容这种情况，例如，将流程看作一次铁路旅程，选择不同的站点停靠，走向岔路，有时甚至逆向而行，但是大多数人认为基本流程仍然有一定的秩序。[66,67]一个基于案例研究的重要项目关注不同类型的创新，范德芬（van de Ven）和同事们探索了简单流程模型的局限性。[68]他们着重研究了创新随着时间的推移而演变的复杂方式，并且对基本模型进行了一些重要的修改。

- 冲击触发创新——在人们或组织丧失机会或感到不满意时，发生变化。
- 思想激增——从单一方向开始后，流程扩散为多维、不同的过程。
- 挫折经常出现，计划过于乐观，责任不断增加，错误渐渐积累，恶性循环加剧。
- 由于外部干预、人员变换或其他难以预料的事，创新单元经常会面临重组。
- 管理高层在倡导、批判和修正创新方面发挥着重要的作用。
- 成功的标准随着时间的推移而变化，在不同的组织之间也不尽相同，并且使得创新带有政治色彩。
- 创新需要学习，但是创新的许多成果是源于创新过程中出现的其他偶然事件，这使得学习在本质上带有某种“迷信”色彩。

他们建议将这种基本结构比喻为“创新旅程”，其中的关键阶段包括：初始、发展、实施/结束。但是，所有按照这一旅程推进的具体的创新过程取决于各种偶然情况，并且依赖于哪些情况更适用，因此出现了不同的流程模型。

多年以来，在苏塞克斯大学（University of Sussex）科学政策研究中心工作的罗伊·罗思韦尔一直是创新管理领域的主要研究者。他在一篇论文中提出了一种有意义的历史性观点，建议我们通过从最简单的线性模型（20世纪60年代的经典模型）到越来越复杂的互动模型的创新流程发展来观察它的本质（见表2-4）。他的“第五代创新”概念将创新看成是有多个参与者参与的过程，要求企业内部和企业之间的高水平集成，这越来越多地受益于以信息技术为基础的网络。[69]他的研究中没有详细地介绍互联网，很明显，适合这一模型的新形式的出现将对创新管理提出新的挑战。尽管第五代模型和技术看起来非常复杂，但它们的基本流程框架是相同的。[70]

本质上，我们讨论的是“创新塑造创新”——改变和修正我们对创新如何发生的内在看法，并根据技术、社会和法律框架以及市场条件的变化来调整这些思维方式。向开放式创新的转变——我们将在第11章更详细地讨论这个话题——是一个很好的例子，它将罗思韦尔的第五代模型充实为一个基于开放和集体创新的模型。[71]关于“开放用户创新”这种创新模式的讨论也越来越多。[72]

表2-6阐明了罗思韦尔的五代创新模型。

表2-6 罗思韦尔的五代创新模型[73]

代际	主要特点
第一代/第二代	简单线性模型——需求拉动，技术推动
第三代	耦合模型，意识到不同要素之间的相互作用，以及它们之间的反馈循环
第四代	并行模型，公司一体化，上游有主要的供应商，下游有活跃的客户，强调连接和联盟
第五代	系统集成和广阔的网络，灵活的和个性化的回应，持续创新

思维模式非常重要，因为它帮助我们架构需要管理的问题，但是其中也存在风险。如果我们的思维模式有限，那么我们的管理方法也将受到限制。例如，如果我们认为创新只是简单地得到一项好的发明，对部分流程可能会进行较好的管理，但是对其他一些关键事情（例如通过技术和市场开发将发明转化为创新）可能缺乏考虑或处理不当。

这种片面思维的例子包括：

- 把创新视为一个线性的“技术推动”过程（把全部的注意力放在研发投入上，而很少关注用户的需求），或者认为市场可以依靠创新来渡过难关。
- 把创新视为简单的主要的“突破”，而忽略了渐进性创新的重要潜力。以电灯的发明为例，爱迪生最初的设计在概念上几乎保持不变，但是产品和流程的改进从1880年持续到1896年，历经16年，最终产品价格下降了80%左右。[74]
- 把创新视为单一的孤立的变化，而不是广泛系统中的一部分（在要素层面上对创新进行有效的约束，而不是更大的潜在的结构变化）。[75]
- 把创新视为单一的产品创新或流程创新，没有认识到两者之间的相互关系。

如果我们对创新存在片面的理解，可能会遇到问题（见表2-7）。

表2-7 对创新的片面理解所产生的问题

如果只把创新视为……	结果可能是……
强大的研发能力	技术未能满足客户的需求，并且可能不被客户接受
领域内的专家	由于缺乏其他人的参与，可能缺乏来自不同观点的关键知识
了解和满足客户需求	缺乏技术进步，导致不能获得竞争优势
走在科技前沿	生产的产品和服务不被市场接受，或者流程设计不能满足客户的需求，实施受到抵制
成为开创者	弱小的公司对大客户有过高的依赖性
该领域只涉及大公司	表面上不重要的小公司利用颠覆性创新抓住了技术或市场的机会
只是突破性的变化	忽略了潜在的渐进性创新；由于其渐进性绩效的显现较慢，未能获得和增强突破性变革的成果
只是关于战略性目标的项目	可能会错过幸运的“意外事件”，而这种意外会带来新的可能性
只是与关键个体相关	没有利用其他员工的创造力，也不能获取他们的知识和观点来改进创新
只是产生于内部	“非此处发明”效应，来自外部的好的想法受到抵制
只是产生于外部	创新变为只需要填写一份来自外部的采购清单这样的简单事项，很少重视内部学习和对技术能力的开发
只是一个公司的事	排斥运用各种形式的组织之间的网络来创造新产品，形成流线型的共享流程，等等

2.6 我们能够管理创新吗

很少有人会反对这样的观点：创新很重要并且可能会在今后数年内变得更加重要。但是，仍然存在一个很大的问题，那就是我们是否可以真正管理这种非常复杂且不确定的过程。

成功当然没有什么简单的秘诀可言。事实上，人们最初可能会认为，管理如此复杂和不确定的事物简直是不可能的。在开发和提炼新的基础知识时会遇到问题，在接受这些新知识并运用到新产品和流程中时也会遇到问题，在说服其他人支持和采用创新方案时同样会遇到问题，甚至在创新获得认可并长期使用时仍会遇到问题，问题还会出现在其他众多方面。有许多学科背景不同、责任不同、目标各异的人参与到创新中，他们的观点存在分歧，目标相互冲突，做事方法各有特色。创新过程在很多方面就像墨菲定理所指出的那样，如果事情有变糟的可能，它就总是会有很大的概率出错。

尽管创新过程的特性是不确定性和表面的任意性，但仍有可能找到一种基本的成功模式。并非所有的创新都会失败，一些公司（与个人）已经学会了响应和管理创新的方式，尽管不能确保一定成功，至少有利于提高创新成功的概率。我们在这里使用“管理”一词并不是要设计和运行一种复杂的可预测的机制（就像一个构造精细的时钟），而是要创造条件，使组织能够在高度不确定的情况下找出应对各种挑战的成功的解决方案。

一些优秀的企业已经学会了如何管理创新的过程（包括“做得更好”和“做得不同”两种类型），所以能够持续地创新。[76-78]

注意到“管理”和“管理者”之间的区别是非常重要的。我们并不讨论是谁作出决策或指导行动，而是探讨什么事必须要做。创新是一个管理问题，从某种意义上讲，是针对资源及其配置和协调作出选择。多年来，对许多技术创新的深入分析表明，虽然存在技术难题——纠正错误，克服初期困难，突破偶然的主要技术障碍，但失败的主要原因是创新过程的管理中存在不足。成功的创新取决于两个关键因素：技术资源（人力、设备、知识、资金等），以及组织管理这些资源的能力。

这就产生了被称为“惯例”的概念。[79]组织开发的特殊的行为方式因为不断的重复和强化最终成为“我们工作中约定俗成的方法”。这种模式反映了一种潜在的共同的世界观，并成为组织文化的一部分——“我们在组织内做事的方式”。这是由于为了使工作做得更好而反复试验并积累经验造成的，换句话说，这是学习的结果。随着时间的推移，这种模式已成为应对特殊环境的自动反应，这种行为被称为“惯例”。

这并不意味着必须不断重复，只有当不需要进行细致和有意识的思考时，才会出现重复。以驾驶汽车为例：我们可以在开车的同时与人交谈，吃东西喝饮料，欣赏音乐，专心致志地听广播或计划在即将进行的会面中要谈论些什么。但驾驶并不是一个被动的行为，它要求对交通灯或其他交通行为、路况、天气和其他各种难以预料的因素不断地作出估计和调整。可以说驾驶代表了一种行为惯性，因为经过学习可使它成为一种自发的行为。

同样，在项目如何管理或者新产品如何开发方面，组织惯例也可能存在。例如，项目管理涉及一系列复杂的活动，如计划、团队选择、任务监督和执行、再计划、应对突发事件，等等。这些都必须集成为一个整体，这就使产生错误的可能性增大。项目管理被普遍视为一种组织技能，有经验的公司已经对项目管理进行高度开发，但是新手对此手足无措。拥有良好项目管理惯例的公司可以通过程序和系统将惯例进行汇总和传播。最重要的是，通过已有的成员将关于项目管理行为的潜在认知传递给新的成员，使惯例成为“我们运作项目的方法”。

随着时间的推移，组织行为惯例得以形成并且得到来自各个方面的强化，这些方面包括正式和非正式的结构，描述“我们做事的方式”的程序和过程，代表潜在惯例的象征性符号。它可以以一种企业法则的形式出现，例如，3M公司由于其定期和快速的产品创新机制和程序而广为人知。该公司建立了一套鼓励创新行为的机制，称为“15%法则”，即允许员工用15%的工作时间做他们自己感兴趣的创新实验。[80]一些惯例是企业特有的，例如创造一种使产品开发实验成本非常低的环境。

莱维特和马奇（Levitt and March）将这些惯例描述为：在技术、正式的程序或战略、非正式的习俗或习惯之中包含的解决问题的既定行为方式。[81]重要的是，惯例被看成是良好经验得到转化的结果，因而被称为“转化历史经验”的一种机制。在这个意义上，惯例的存在不依赖特定的个人，组织的新成员在加入组织时就开始学习惯例，当某个成员离开组织时，惯例仍然存在。同样，惯例不断被调整和诠释，因此正式的企业法则也许不能总是反映现行惯例的本质，正如奥格斯多费尔（Augsdorfer）在关于 3M 公司的案例中指出的那样。[82]

为了实现目标，我们需要关注惯例如何使组织在采取同样的基本行为时与其他组织区别开来。我们几乎可以说惯例反映了公司的特殊“个性”。每一个企业都通过自己特殊的“做事方式”来解答同样的一般性问题——如何管理质量，如何管理人员，等等。“我们如何进行创新管理”也是一种惯例，它能描述和区分不同组织在上述一般模式的构建和管理上的差异，这个观点我们已在本章中反复探讨（见图 2-1）。

由此可见，无论从短期还是长期来看，一些惯例在处理外部不确定性时要优于其他惯例。我们可以用这种方法学习其他企业的经验：重点是记住惯例是公司特有的，它必须可以学习和领会。简单地复制他人的惯例是毫无帮助的，更不用说为了使新手获得经验，仅仅看到别人的做法就试图加以复制。也许会有一些有益的提示可以用来帮助新手形成自己的惯例，但是没有什么能够代替长期的以实践为基础的学习过程。专栏 2.2 给出了一些没有经过学习就引入变革的例子。

专栏 2.2　　时尚宣言相比于组织行为的变化

惯例面临的问题是它们必须得以学习，尽管这种学习是非常困难的。尝试新事物需要花费时间和金钱，会打乱公司的日常工作和组织安排，并可能要求员工接受和使用新的技能。毫无疑问，大多数企业都是被迫学习的，它们采用的策略是借鉴其他组织的做法来进行尝试和缩短学习的过程。

虽然向别人学习的潜力是巨大的，但是简单地复制其他组织的做法不会带来任何好处，最终有可能耗费巨资，分散组织的注意力，导致组织无暇搜寻属于自己的处理问题的方法。复制的诱惑使得利用这种特殊方法成为普遍现象，每个组织都认为它是处理特殊问题所需要的。

在过去的 40 年，我们已经看到，许多“万能药”表面上看可以解决竞争力方面的问题。组织总是在为旧的问题搜寻新的答案，对那些流行的新管理思想的投资也是相当可观的。初期的证据显示这些工具和技术的价值非常大，案例研究和其他报道也证明了它们在最初环境下的价值。但是证据表明这些变化并不总是能起作用，并且在许多案例中导致人们对结果非常不满意，甚至彻底失望。

例如：

- 先进的制造技术（AMT，如机器人、灵活的机器、集成计算机控制等）[83,84]；
- 全面质量管理（TQM）[85,86]；
- 业务流程重组（BPR）[87-89]；
- 标杆管理最佳实践[90,91]；
- 质量圈[92,93]；
- 网络/集群[94,95]；
- 知识管理[96]；

- 开放式创新[97]。

这里提及的事情能够说明组织中的行为变化背后的原理。并非最初的想法存在缺陷，或者最初的证据包含错误，而是其他的组织假设它们可以简单地复制，不需要调整、个性化、更改和变革就可以使这些方法适应自己的环境，换句话说，认为不学习和改进就可以将之变为惯例和公司潜在文化的一部分。第4章在讲述战略时会探讨这一主题。

建立和发展围绕核心过程的惯例

成功的创新管理并不容易掌握，因为它们代表了特定公司长期学习的结果，这是尝试错误的过程，具有很强的公司特定性。虽然可以发现谷歌、宝洁、诺基亚、3M、丰田或其他公司已经掌握的惯例，但简单地复制是没有意义的。相反，每家公司都必须找到自己做事的方式，换句话说，就是开发自己的特定惯例。

在创新管理的背景下，我们可以在开发能力和学习惯例方面看到同样的层级关系。基本技能是与项目计划和管理或者了解客户需求相关的行为。这些简单的惯例需要集合成为更广泛的能力，这些能力一起组成了组织的创新管理能力。表2－8给出了一些例子。

表2－8 管理创新的核心能力

基本技能	有益的惯例
识别	搜寻存在触发变革过程的技术和经济线索的环境
一致	在整体的商业战略和提出的变革（不是创新，因为它是一种流行的做法或对竞争者本能的反应）之间找到一个适合的点
获取	意识到公司拥有的技术基础的局限性，并且能够与外部的知识、信息和设备等资源相联系 将来自外部不同渠道的技术加以转化，并与组织中相关的内部点相联系
生成	拥有在内部开发某些方面的技术的能力，可以通过研发小组、内部工程团队等实现
选择	探索和选择最合适的环境以触发回应，使之适合战略和内部资源基础/外部技术网络
执行	新的产品和流程的管理项目包括最初想法的提出到最终的实现 监测和控制这些项目
实施	管理引入的变革——技术变革和其他变革，要保证组织内接受和有效使用创新方案
学习	拥有评估和思考创新过程的能力，并识别出惯例管理中需要改进的问题
组织发展	把有效的惯例放入适当的位置——结构、流程、潜在的行为之中

应对惯例的负面影响

最后一点是关于惯例的负面影响。正如我们所见，它们已经深深渗透到人们的行为中，并经过不断强化而几乎成为人的第二本能——“我们做事的方式”。这既是它们的优点，也是缺点。因为它们代表了对于世界根深蒂固的思维模式，虽然富有弹性，但也会成为不同思维方式的障碍。当核心的能力变成核心的刻板——“我们做事的方式”变得不再合适时，组织就会因为坚持旧的方法而无法改变。[98]因此从创新管理的立场来看，惯例很重要。不仅要建立惯例，而且要认识到何时及如何摧毁它们，让新的惯例能够产生。在管理非连续性创新的环境下，这是一个非常重要的议题，在

第4章探讨战略时将再次讨论这个问题。

2.7　学会管理创新

本书的观点是，成功的创新管理主要涉及建立和改善有效的惯例。要了解这一点，首先要识别和理解有效的惯例（无论是在企业内部进行开发还是观察其他的企业）并且促进它们在整个组织中出现。

很容易作出这样一种假设，在拥有丰富的潜在创新资源的环境中，每个组织都会搜寻并充分利用这些资源。而现实情况是组织拥有不同的创新能力，这些能力显然不是根据人口均匀分布的。例如，一些组织也许仅仅是不知道需要变革，没有意识到管理这些变革的能力（这是一个小企业成长中遇到的经典问题）。一些公司则在战略上意识到变革、获取并运用新知识的必要性，但不具备锁定所搜寻目标的能力、吸收和有效利用新知识的能力。一些公司可能很清楚自己需要什么，但缺乏搜寻和获得它们的能力。还有一些企业可能已经拥有了良好的惯例以处理这些问题和资源，那些缺乏经验的公司也许会被这些惯例吸引——在这种情况下，一些主要的供应链会围绕核心企业而展开。[99]

我们可以想象出如图2-3一样的简单分类，范围从那些“无意识的忽视”型公司（它们没有意识到自己的无知）到高水平的知识型公司。图中所示的显著特点在于组织和管理创新过程的能力，整个过程包括搜寻、选择、有效地运用新的知识，这种能力不是靠一时的运气，而是要有一个内嵌的高层次的学习惯例。

识别简单分类

如图2-3所示，我们可以根据创新能力的显著差异进行简单的分类。

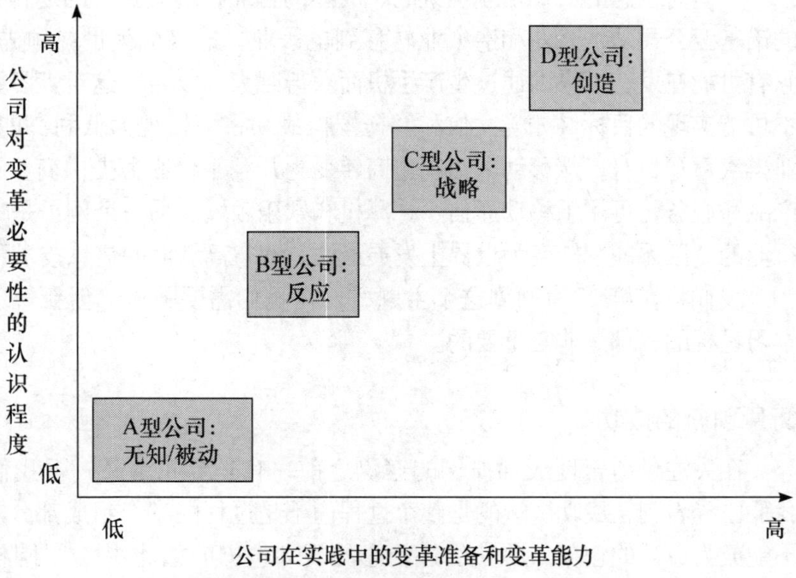

图2-3　根据创新能力划分的公司群体

资料来源：Hobday，M.，H. Rush and J. Bessant，Reaching the innovation frontier in Korea：a new corporate strategy dilemma. Research Policy，2005. 33，1433-57.

A型公司的特点是“无意识”或对需要的创新并不知情。它们没有能力认识到变革的必要性，不清楚在一个充满敌意的环境下，公司对技术和市场的了解对于生存来说是至关重要的。它们不知道哪里或者什么是可以改善的，或者不清楚技术更新的过程，因此变得非常脆弱。例如，当低成本的竞争者进入市场，或者市场需求迅速变化，或者要求更高的产品质量时，它们通常没有能力把握相关的信号或迅速作出反应。即使它们这样做，也可能会因为错误的目标而浪费各种稀缺资源。

B 型公司认识到变革的挑战，但不清楚如何去了解最有效的处理方式。因为内部资源有限，它们往往缺乏关键技能和经验，趋向于应对外来威胁和可能性，而无法形成和利用自己的优势。其外部网络通常不发达，例如，大多数技术来自它们的供应商或者通过观察本行业其他公司的行为获得。

C 型公司对变革的必要性有高度的认知，在实施新项目、采取战略推进过程方面有很强的能力。它们明确地知道某项任务应由何人在何时完成，并在技术和管理方面拥有很强的内在能力，可以运用技能有效率地实施变革。这些公司受益于在发展中自觉地搜寻、获取、实施和改进新知识方面的战略框架。但它们缺乏突破性创新的能力，不能通过新技术来重新界定市场或创造新的市场机遇。它们往往在现有的行业内竞争，并可能被“困”在一个成熟的行业或缓慢增长，尽管它们也会在行业内高效地利用技术和市场机会。有时，它们不明白在哪里以及如何获得超出其传统业务的新知识。

D 型公司的运营基于全球知识前沿，它们采取积极的态度开发具有创造性和竞争优势的技术和市场方面的知识，并通过广泛多样的网络完成这些工作。它们不局限于现代的创新战略框架，并且能够“重写”有关技术、市场和企业竞争的游戏规则。强大的内部资源以及吸收能力使业务扩展到其他领域成为可能，在新的领域中原有的技能和能力带来新的优势，传统的方法被重新定义，企业渴望竞争。

一些有创意的公司摆脱传统的、成熟的行业，挑战业务的运作方式。例如，芬兰的诺基亚公司从纸浆业和造纸业转移到电子业，最终成为世界领先的移动通信公司。它有可能在发达国家内通过生产手机而获得巨大的收益，这对大多数竞争对手来说是不可能实现的目标（如爱立信和摩托罗拉最初将手机视为低利润的商品）。现在诺基亚再次重塑自身，从移动电话制造商转变为开源平台服务提供商，该平台提供广泛的产品和服务，可用于移动通信、计算机和娱乐领域。另一个例子是 IBM，它从计算机行业的“巨无霸”转变为世界上发展最快、获得高利润的信息技术和咨询服务公司。

我们将在第 15 章回到这个主题，现在我们需要强调：创新管理能力的发展作为学习过程的一环是非常重要的。

衡量创新的成功

在关注创新管理成功惯例的案例之前，有必要先定义一下我们所指的“成功”。我们已经看到，成功衡量的是整个过程而不是过程的某个组成部分。许多成功的发明不能成为成功的创新，即使经过精心的规划也仍旧如此。[100−103] 同样，仅仅凭借创新不能总是让企业成功。尽管有确凿的证据表明创新与企业业绩相关，但是成功也取决于其他因素。如果企业的基础薄弱，那么世界上所有的创新可能都不足以挽救它。这种战略性的观点把创新看作平衡计分卡衡量内容的一部分。[104,105]

我们还需要考虑时间因素。创新成功的真正考验不是在短期内获得一次成功，而是通过不断的发明和改进获得持续成长。在正确的时间点，好创意与可接受的市场之间的幸运结合促成的一次性成功相对比较简单，但是持续的多次成功就截然不同了。一些组织感到，持续的成功能够使自己处于创新者的位置。例如，3M、索尼、IBM、三星、飞利浦等公司都在广告中使用“创新”这个词，并且宣传自己持续创新的能力。

在我们看来，成功与整个创新过程以及促进持续成长的能力相关。关于衡量的问题，尤其是它在帮助形成和改进创新过程管理方面的作用，将在第 15 章进一步探讨。

2.8　我们对成功的创新管理了解多少

在回答这一问题时，我们可以运用一些知识库。除了那些被报道的创新组织的丰富经验（成功的经验和失败的教训）外，越来越多的知识可从研究中获得。在过去的 80 年里，有许多研究者从不同的角度对创新过程进行研究，研究范围包括不同的创新、不同的行业、不同形式和规模的公司，以及不同国家的做法，并通过不同的方法进行分析（第 10 章给出了这些研究的详细清单）。

从知识库中可以清楚地看到，这个问题没有一个简单的答案，创新因规模、类型、行业等而变化繁多。尽管如此，仍然可以在两个关键点上达成共识：

- 创新是一个过程，而不仅仅是一个单独的事件，需要加以管理。
- 过程的影响因素会影响结果，也就是说，对这个过程可以进行管理。

最重要的是，研究强调了成功惯例的概念，这种惯例需要长时间的学习和经验积累。例如，成功的创新与公司如何选择和管理项目、如何协调不同职能部门的合作、如何与客户相联系等密切相关。开发一套完整的惯例与成功的创新管理有很大的关联度，并且可以形成独特的竞争力，例如，比别人更快地引入新的产品或者能够更好地使用新的流程技术。[106-108]

研究中得出的另一个重要观点是需要以整体的方式进行创新管理，仅仅管理和开发某些方面的能力是不够的。一个比喻（最初由克兰菲尔德大学的研究人员提出）可以帮助我们更好地理解，这个比喻把创新过程的管理看作一场体育赛事，成功更像是赢得多项比赛（如现代五项），而不是仅赢取一个项目（如 100 米短跑）。[109]

有些公司在创新过程管理的一个方面有很强的开发能力，但由于缺少其他方面的能力而最终失败了。例如，许多公司对研发和技术创新有很强的认知，但是缺乏与市场和终端用户相联系的能力。还有些公司缺乏将创新和商业战略联系起来的能力。例如，20 世纪末，许多公司投资先进的制造业技术，如机器人、计算机辅助设计、由计算机控制的设备，但是调查显示只有一半投资真正收回成本，另一半投资无法收回的原因是这些技术与公司需求不匹配，最终可能被称为“技术首饰”，看起来惊人，却只有装饰功能。

关于创新管理能力的概念也有一个问题：随着时间的推移，如何才能开发这种能力？这涉及一个学习的过程。仅仅拥有经验（好的或坏的）是不够的，关键在于对它们的评价和反馈，这样组织在下一次出现类似的挑战时就可以做好准备。这样的循环说起来很容易，在组织内却经常被错过，导致很多错误重复出现，未能吸取别人的教训。例如，在创新流程中没有找到关键点来对未来进行分析预测，没有花时间进行学习以备下次遇到同样的情况。部分原因在于参与者都太忙了，他们害怕受到指责和批评。倘若人们不停下来对所犯的错误进行思考，那么会不断地犯同样的错误。[109,110]很重要的一点是，即使是优秀的创新管理组织也会失去它们的特色。例如，多年来一直作为创新管理典范的3M公司，由于过分强调渐进性创新（受六西格玛管理文化的影响），结果发现自己难以应对突破性思维。该公司对于该问题已经作出反应，并且承诺重新制定其创新管理议程，再次强调学习的理念和动态能力的重要性。（我们将在第15章回到这个主题。）

前沿视点2.1列出了众多公司高层管理者对于创新成功的观点。

前沿视点2.1

你眼中影响创新成功的因素是什么

● 鼓励和授权管理：为小规模的创新自下而上明确重点，适用范围和机制需要被接受，想法能够得到传播，或者实施能够予以改进。

● 对创新行为给予积极肯定，鼓励其他人也开始创新。（例如，表彰/奖励创新者或者只是对他们表示感谢。）

● 以大型变革项目驱动创新、使用大量工具、营造创造性的环境是产生深远想法从而获得成功的关键。

——约翰·吉尔伯特，瑞士联合银行流程优化主管

● 诱人的资源——不要太多，也不要太少。

● 那些愿意提出问题、挑战现状、说出他们的反对意见的人有开放的思想，能够评价新的想法。

● 高管层的承诺——显而易见的不变的承诺——创新。

● 足够的空闲时间产生新的构思，试验和评价与会议的既定目标不直接相关联。

● 在企业官僚作风的侵蚀下保护创新的环境、空间、资源、人才和文化，力求对现有资源再利用，并试图通过制定规则来确保遵守。

● 表彰和奖励创新，尤其是突破性的创新。

● 使创新成为公司文化的一部分，而不仅仅是针对产品开发。

——帕特里克·麦克劳克林，Cerulean公司执行董事

● 管理层有持续的创新动力，没有人追求短期效果。

● 建立一个以项目为基础的组织。

● 建立一个好的投资组合的管理结构。

● 建立一个评审项目的系统或机制。

● 确保与创新相关的活动有足够的人力资源基础。

——沃特·塞曼，CRH Insulation Europe

● 在我看来，创新的成功毫无疑问源于公司的高层，他们致力于创造一种创新的文化，而不是停滞不前。至关重要的是，组织高层支持创新并渴望创新成功。

● 不同的人与技能的良好组合能够为团队带来一种能力，并有助于实现共享。

● 我们有时会犯错，但将借鉴经验继续前进，创造和发展一些项目或改善目前的状态和/或生产全新的东西。

——约翰·特里加斯基斯，Serco公司技术经理

- 创新必须是公司战略的一个组成部分。
- 必须具有与企业外部合伙人合作和建立网络的文化，以及对于一切事物的浓厚的好奇心。准备好分享知识，因为这是说服别人与你分享的最好方式。
- 通过早期原型（实体产品）或具体案例研究向他们呈现可预见的潜在创新。

——约翰·泰斯马尔，丹麦 Ictal Care 公司执行董事

- 要创新成功，你必须清楚地了解那些决定是否使用你的新技术的人心中的商业驱动因素和限制因素。不要只是简单地把你的技术推向市场，然后耐心地等待它被采用。相反，应该广泛地与最终用户交谈，并且直接了解什么该做，什么不该做。时刻关注是否有其他的限制或问题可能会阻止你的技术得到推广。不要忘记，那些顶尖的经理人通常在他们头脑中产生成千上万的想法，你的创新只是其中之一。你的技术可能完美解决一个问题，但可能会导致至少五个你从未想过的问题。你不会在实验室或会议室了解到这些问题。要获得这些问题的答案，你必须尽可能接近最终用户。

——罗布·佩罗尼，美国壳牌勘探有限公司

衡量创新的成功

随着时间的推移，成功的创新者掌握并积累技术资源和管理能力。其间有很多的学习机会，例如通过实践、应用、与其他公司合作以及咨询客户，但是它们都依赖于公司的意愿，应该把创新看作持续提高的过程而不是像买彩票般碰运气。

通过对创新的成败的大量研究，我们对有效的创新管理有了基本的认识，甚至有了大致的蓝图。大量审核创新的模型被开发出来，这为评估创新管理的表现提供了一个框架。其中的一些模型包括简单的清单，一些解决了结构问题，有些与特殊子流程的操作相关。[111-114]（我们将会在第15章回到创新审计以及它们在帮助发展能力方面的作用这一主题。）

探索创新管理将贯穿本书的余下部分，目的是帮助建立我们自己的简单模型（见图2-4），用它来应对创新管理的关键挑战。在此之前我们探讨过一般模型，该模型将创新看作随时间产生的一系列活动的核心。（当然，正如我们已经提到的，现实生活中创新不会恰好符合这种简单的典型模型，它很少是单一的事件，而是随着时间重复的循环活动。）关键是，当我们经历模型的不同阶段时，需要采取不同的做法，与每一种做法相联系的是对有效的创新管理惯例不断学习。

搜寻阶段——创新的第一阶段涉及搜索环境中有关潜在变革的信号。它们可能是新技术的产生或局部市场的需求变化，也可能是政策压力或竞争者行为所导致的。大多数创新是几种因素相互作用的结果，有一些来自变革需要的拉动，有一些则来自新的机会。

考虑到信号的广泛性，对于成功的创新管理来说，拥有从这个变化的环境中识别、处理和选择信息的完善机制是非常重要的。第6章探讨了关于有效扫描和处理相关信号的一些流程惯例。

当然，组织不会在无限的空间内搜寻，而是在它们希望获得帮助的地方搜寻。随着时间的推移，它们的搜寻模式变得高度集中，如我们所见，有时这也可能是突破性创新的一种障碍。创新管理的一个关键挑战是清楚地知道形成“选择环境”的因素，

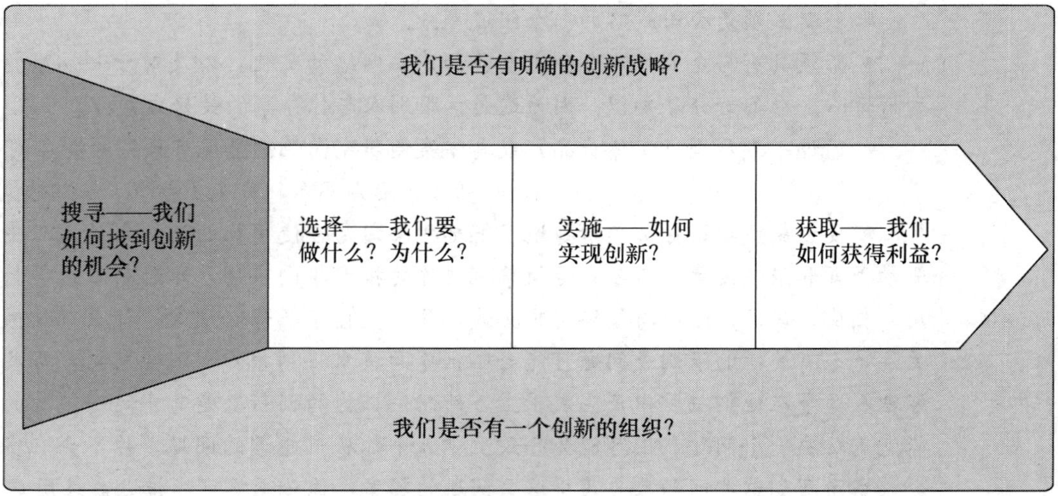

图2-4 创新过程模型

并发展战略来保证这些因素的影响范围。我们将在第6章再次探讨这个主题。

选择阶段——创新本质上是冒险的，即使是实力很强的公司也不能无节制地冒险。因此，对不同的机会和市场进行选择就非常有必要。所作出的选择要符合公司的整个商业战略，基于已有的技术领域和营销能力。这一阶段的目的是认同创新理念，这种理念可以通过组织的发展不断完善。

在这一阶段包括三种投入（见图2-5）。第一种投入是企业利用可行的技术和市场机会的信号。第二种投入和公司现有的知识库相关，这是它独有的能力。[114]这样我们就可以了解公司的产品和服务，以及它们如何有效地生产和销售。这种知识不仅体现在特殊的产品或设备上，而且体现在使过程运转的人员和系统上。重要的是，要确保公司现有的知识能够与变革所需的知识相匹配。

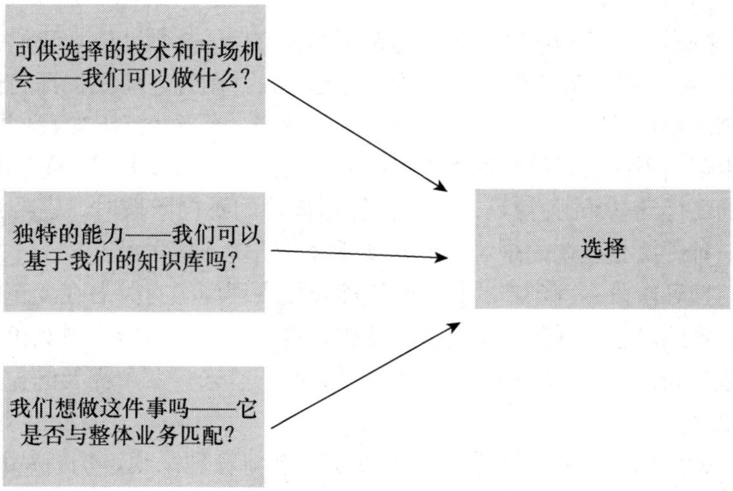

图2-5 选择阶段的关键问题

这并不是说公司不应该转向新的领域，实际上，如果有任何学习的必要，就会产生变革的元素。我们更需要一个平衡的、发展的战略，于是就产生了这一阶段中的第三种投入——与整个业务相适应。在这个阶段，应该有可能将创新和整体业务绩效的提高相联系。如果一家公司因为拓展业务进入市场，而市场的关键是增加顾客选择，那么考虑投资有灵活性的生产设备，才是有价值的创新。但是如果在完全竞争的行业这样做，每个人都想以最低的价格获得相同的产品，那么创新不会支持战略，反而会浪费大量资金。企业的整体战略和创新战略的紧密结合在这个阶段至关重要。

在相似的情况下，很多研究都表明产品创新失败通常是因为公司试图生产与它们的能力基础不相匹配的产品。[64]

知识库不是必须包含在公司内的，它也有可能建立在外部的能力之上，这就要求所需的知识、设备、资源形成互补关系。当一个公司能够调动内部和外部的竞争力时，也就产生了战略优势，即蒂斯（Teece）所称的“互补资产”，这使得他人很难复制或进入它的市场。[114]（我们将在第4章更深入地探讨这个主题，并在第7章和第8章结合创新项目战略选择的管理和建立统一的、持续起作用的投资组合，探讨一些关键的惯例。）

上述讨论特别关注了商业中的创新者，我们也可以在公共部门和非营利创新领域看到类似的模式。关于核心知识的问题依然至关重要。例如，联合国世界粮食计划署（人道主义粮食援助的一个重要供应机构）从根本上改变了其模式：从采购和分发食物转型到给予人们金钱援助来获取自己的资源。这种重大转变需要一套全新的技能和知识以建立一个有效的银行和金融管理系统，还需要其在物流和配送领域多年积累的经验。它通过与万事达（MasterCard）的战略合作实现了这一目标。

实施阶段——捕捉到相关的触发信号，并且制定了进一步追踪它们的战略决定后，下一个关键的阶段是真正地将潜在的想法变成现实，例如出现新的产品或服务、流程的变化或商业模式的转变。在某种情况下，实施阶段可以看作逐渐汇集各种知识并产生创新的过程。在早期阶段存在很大的不确定性，涉及技术可行性、市场需求、竞争者行为、法律法规以及其他影响，所有这些都缺乏信息，战略选择只是基于一系列“最好的猜测”。但是在实施阶段，这种不确定性逐渐被各种对知识的要求和成本上升的压力取代。技术和市场研究可以帮助确定创新在技术上是否可行或者有需求，如果可行且有需求，有何种特征。随着创新的发展，开始持续地寻找问题和解决问题（从最初的概念中找出缺陷），逐渐围绕创新形成相关知识。最终它们以一种形式进入目标环境，即内部或外部的市场，然后运用相关的更多知识来巩固这次创新。如图2-6所示。

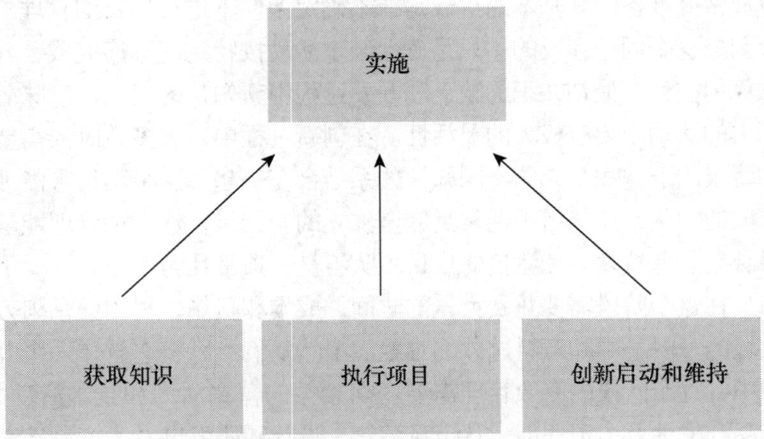

图2-6 实施阶段的关键问题

我们可以根据三个核心要素对实施阶段进行更详细的探索：获取知识、执行项目、创新启动和维持。获取知识涉及综合新的知识和已有的知识（包括组织内部和外部的知识）来提出解决问题的方案。它包括科技知识（通过研发产生于组织内部和外部）和技术转让（内部资源之间的转让或来自外部资源）。因此，它代表了解决方案的最初方案，并有可能在发展过程中发生非常大的变化。这一阶段的结果既是对下一个阶段具体发展情况的预示，也是对知识可能被舍弃、修改或采用的前一阶段的回顾。

这个阶段很大程度上取决于新概念的性质。如果是逐步修改现有的设计，那么在创新阶段不会有太多活动。相反，如果是一个全新的概念，创造性的活动就有很大空间。然而，每个个体喜好的创新形式是不同的，有确凿的证据表明每个人都有自己解决问题的潜在能力和方法。[115,116]遗憾的是，个人禁忌与外部的各种社会和环境压力相结合，随着时间的推移对创造力的发挥产生制约。这一阶段需要为有效率的创新创造有利于其蓬勃发展的条件。

这个阶段还需要创造平衡、开放的环境条件，在严峻的现实中支持创新过程中的创造性行为。随着概念的测试和开发，花时间去探索潜在的解决方案而不是马上实施想到的第一个可用的解决方法是非常值得的。

有效的研发面临的挑战不是简单地对系统资源进行投入，而是如何使用这些资源。有效的研发管理需要许多组织惯例，包括明确的战略方向、有效的沟通和参与，以及不同团队的努力合作。

但是，并非所有的公司都能对研发进行投资，许多小公司面临的挑战是找到他人开发的技术，或者从外部购买更广泛的技术来补充内部开发的核心技术。这里强调了之前讨论的战略系统：知道什么该做，要有一个制度框架。企业即使没有产生技术的内部能力，也可以生存下去，但它们需要开发一个良好的外部资源网络来提供供给，以及有效利用从外部购买的技术。

这也需要从企业外部搜寻、选择和转让技术的能力。这和购物一样并不简单，涉及选择、谈判和从此类技术转让中获得利益的能力。[117]

项目执行构成了创新过程的核心。其输入是一个明确的战略构想和实现这一构想的一些初步想法。其产出是市场创新和准备好的市场（内部或外部），为最后的市场投放做好准备。其基本的挑战是在不确定条件下进行项目的管理。我们将在第 9 章了解到，这个问题涉及的不只是确保某个活动按特定的顺序完成，并在一定时间和成本预算内交付。最初知识的缺乏和开发过程中新知识的引入，意味着在总体目标中和接下去的活动中要有极大的灵活性。在创新过程中，大多数时候需要把拥有不同的特点和背景的群体和个人的不同知识体系结合在一起。这个项目可能涉及分布广泛和地理分散的团队，这些组织通常是完全独立的。结果，建立和管理能够有效沟通想法和项目计划、保持动力和激情的项目团队不是一项平凡的任务。

在这个阶段需要花费大量的时间、成本和费用，利用一系列方法解决技术和市场领域的意料之中和意料之外的难题。虽然我们可以将它看作一个并行的过程，但在实践中，这个阶段的有效管理需要密切相关的营销活动和技术活动之间的互动。例如，产品开发涉及多项职能，从市场营销、设计和研发以及生产制造、质量保证到最终进入市场。每个部门完成的任务不同，员工接受的培训和获得的经验不同，工作时间要求和工作压力不同，形成了以不同的工作为特色的文化特征。这种职能划分往往被夸大，其中研发及设计活动被归入生产和销售业务，在其他情况下划分的方式可能完全不同。

这种划分方式可能导致整个开发过程出现一些问题。远离市场的产品设计可能导致不恰当的设计方案，要么不符合客户的实际需求，要么过度设计，往往表现为技术先进，但解决方案超过了实际需求（可能导致成本过高）。这种现象很常见，尽管通常会签订保护性合同，但往往为所做的工作支付不必要的费用，这就是公司只重技术设计而忽视商业或制造标准的结果。

同样，与生产缺乏紧密联系意味着关于一个新设计的基本制造能力的信息可能无法反馈至设计环节，或者能够反馈但为时已晚，导致无法改变设计。在许多生产或装配产品的情形下，操作复杂，需要改变设计（例如再定位一个螺丝孔）以简化过程。在许多情况下，这种做法导致所需的操作大幅减少，过程得到简化，进而更容易实现自动化控制，使质量和产量进一步提高。

类似地，由于缺乏和用户及其他可能受到影响的参与者的联系，许多流程创新失败了。例如，许多 IT 系统虽然有技术上的保证，但没有更好的表现，就是因为没有充分考虑对目前工作模式的破坏，缺乏对用户技能的开发，没有充分明确用户需要，等等。

虽然服务往往是无形的，但在执行时遇到的困难基本上是相似的。不同的知识体系都需要聚焦于关键点，并运用到开发新产品的过程中。例如，开发一个新的保险或金融服务产品需要利用精算师、会计师、IT 专家的专业技能，也需要将有关客户的信息和营销组合的关键要素相结合，以确定新服务产品的外观、定价和定位。这种知识特别依赖于营销人员和相关工作人员，必须将他们的观点融入创新的过程中，以避免开发没有人真正想要购买的新服务产品。

这一阶段的“传统”处理办法是采用线性序列来解决问题，但最近在提高开发业绩（特别是在压缩所需的时间方面）的研究工作中，大多尝试采用并行工作或交叠工作的方式，对于这两种方式最贴切的隐喻是接力赛和橄榄球。[118] 它们应该被看作一个统一体的两个端点：正如我们将在第 10 章看到的，关键在于选择一种适当水平的并行发展方式。

在开发创新中，不仅要关注技术问题的解决方案，而且要关注产品进入市场所开展的一系列活动。无论这个市场是零售消费者群还是新项目的内部用户，在开发产品和准备推向市场方面的要求是相同的，因为只有目标市场决定接受创新活动，整个创新过程才算完成。这个过程又是按收集信息、解决问题和最终推出产品的顺序进行的。特别地，它包括收集关于实际的或预期的客户需求信息，反馈到产品开发过程中，同时为新的产品做好市场和营销方面的准备。重要的是，在整个过程中与涉及的其他职能保持联系，并且通过一系列控制进度和资源投入的“闸门”来实现。

营销工作的一个重要方面是尽可能收集有关新产品概念的反应并使用这些信息来设计产品，从中找出推广和销售产品的方式。这样的分析过程建立在各种来源的知识的基础之上，托马斯称之为“市场摩擦”。[119]

近年来，人们对敏捷开发的兴趣大增，敏捷开发是一个术语，用来描述源于软件开发领域的一系列方法。[120] 它越来越多地应用于新产品、新服务甚至流程再造的其他开发项目，其核心是一种强调集中的高强度团队工作（通常称为“scrum”）、延伸目标及快速循环的原型设计、测试和学习的方法。当传统的项目管理技术设定目标，然后将完成该目标所需的各种任务分解为关键活动并为其分配资源时，敏捷开发方法更加开放，允许在执行活动时具有相当大的创造力和灵活性，从而更接近延伸目标。

精益创业（lean start-up，LSU）是埃里克·里斯和史蒂夫·布兰克（Eric Ries and Steve Blank）提出并推广的一种类似的创业方法。[121,122]该方法基于他们作为企业家的经历，及其对这一过程中出现的问题的反思。与敏捷开发一样，精益创业的核心观点是，创业是一系列短期的快速实验，而不是一个精心计划和执行的大项目。每个周期都经过精心设计以产生信息，在市场上测试想法，并在测试每个原型之后对创意进行调整。关键原则是“最小可行产品”(MVP)，这是整个产品理念的简单、基本的版本，可以在用户身上进行测试以获得反馈，并以这些反馈作为“支点”改变方向。

我们将在第10章更详细地探讨精益创业和敏捷开发的方法。

对于新产品、服务或流程来说，启动和持续创新需要理解采用和传播的动态。买方行为是一个复杂的课题，有一些重要的指导方针可以帮助进行新产品的市场开发。首先考虑新产品选择的基本过程，通常涉及认知、兴趣、试验、评估和最终采纳。因此，仅仅让人们通过广告认识到一个新产品的存在是不够的，需要在整个开发过程中吸引消费者，转移他们的注意力，例如在新产品的概念和个人需要之间建立联系（无论是实际的还是通过诱导性的广告）。第9章将会更深入地探讨这个问题。

内部（过程）创新的成功实施还需要熟练的变革管理。这实际上需要关注营销原则的变化，并强调沟通、参与和干预（通过培训等），以尽量减少对变革的抵制，托马斯（Thomas）的“市场摩擦”也是类似的概念。第9章讨论了这个主题，并提出了一些更详细的实施阶段的关键支持惯例。

了解用户的需求一直是创新成功的关键因素，要实现这一目标就要使用户在更早的阶段参与进来。埃里克·冯希普尔（Eric von Hippel）和其他人的工作表明：让用户早期参与，并发挥其在创新过程中的积极作用，能带来更好的应用和更高质量的创新。早期介入模式/并行工作模式都是有效的，随着日益强大的工具集的推行，创新模式的市场会越来越广阔。[123,124]

只要有高度的不确定性（例如非连续性创新的情况），就会存在对适应性策略的强烈需求。这种需求强调创新过程中用户的变化，特别强调基于探索和学习的实验方法。在这里，早期积极参与的用户的作用至关重要。

价值获取阶段——创新的目的很少是出于自己的兴趣，而是要从中获取一些价值，无论是获得商业上的成功、扩大市场占有率、降低成本还是作为社会创新改变世界。历史上有很多在技术方面成功创新的例子，但它们未能提供价值，或者因为能够很容易地实现，被竞争者模仿而失去了竞争优势。从创新过程中获取价值是一个重要的主题，我们将在第11章进一步探讨。做到这一点可以采取许多方式，从正式的方法（如获得专利），到不太正式的方法（如使用隐性知识）。讨论的中心是“互补性资产”这一概念，即系统周围的哪些因素可产生他人难以复制的创新。这引发了蒂斯[83]称为“资产专有性”的想法，即获取公司在创新方面的投资价值究竟有多难。

推行创新不可避免的一个结果是为重新启动循环创造新的刺激。如果产品/服务或流程创新失败，就为下一次变革提供了有价值的信息。较常见的是罗思韦尔和加德纳称为“再创新”的情形：若产品早期是成功的，通过修改和完善功能就可以改进下一代产品。在某些情况下，如果基本的设计足够稳定，就有可能在数年内和多个模型中得到延伸和再创新。[125]

虽然在这一阶段出现了学习和发展创新的机会并具有了管理产生创新的进程的能力，但这些并不总是由组织推动的。在这一阶段主要的要求是从已完成的项目中学习。项目往往要接受审查和审核，但这些审查往往只是“挑刺”并试图掩盖错误和问题，因为真正需要的是吸取来之不易的经验教训（包括成功的和失败的），并在下一代产品中加以借鉴。野中郁次郎和肯尼（Nonaka and Kenney）以苹果公司和佳能公司为例，从产品创新比较角度提供了有力的论证。[126]当前围绕知识管理这一主题的讨论越来越关注这种“继承学习”（对既有知识的学习）的缺乏，其结果往往是组织重复发明或重复过去的错误。

学习的内容可以是技术方面（例如新的流程或产品功能）的经验教训，从而增加企业的技术能力；也可以围绕能力和有效的产品创新管理所需的流程，在这方面，一些结构性审计框架或清单是非常有用的。

关键环境的影响

到目前为止，我们一直将核心的、通用的创新过程视为随时间推移出现的一系列阶段，并确定了在其有效管理中可能出现的主要挑战。但这一过程不会凭空出现，要受到内部和外部的影响，进而确定什么是可能发生的，什么是已经发生的。罗思韦尔区分了他所说的“项目相关的因素”（我们一直在关注）和“企业条件”，后者指出在哪些方面进行过程的管理。[69]根据本书的目的，我们会考虑以下两种环境因素：

- 创新的战略环境。创新将把组织带到多远的地方？组织的其他人能否分享和接受创新？
- 组织的创新性。支持和激励创新行为的结构和系统有多广泛？是否有支持创意和风险的意识？人们是否可以跨越界限沟通？是否拥有有利于创新的氛围？

2.9　超出稳态

我们在本章提及的模型非常关注世界上重复的、持续的创新，这里有一个潜在的假设：我们在做“我们应该做的事，而且要做得更好”。这不仅需要渐进性创新，而且要在产品/服务、流程等方面取得巨大的进步，还需要一个已经建立起来的封闭环境。游戏规则涉及技术可能性、市场需求、竞争者行为和政治环境等，是非常清晰的。尽管有一些边缘空间，创新产生的空间还是非常明确的。

该模型强调通过试验和试错建立有效惯例来学习，从而增加创新成功的可能性。我们已经在这种创新中积累了许多实践经验，有可能就创新管理提出一种好的（也许不是最好的）实践模型，用以指导组织发展。

然而，我们也需要考虑到创新有时是间歇性的。正如我们在第1章中看到的，事情的发展会超出正常的框架，导致游戏规则的变化。在这种情况下，按照同样的“良好实践”惯例做事也许是不够的，甚至可能不再适应新的挑战。相反，我们需要一套不同的惯例，并非用来代替我们为达到稳态开发出来的那套惯例。识别和学习这些很困难，部分原因在于我们的时间还不充足，难以仅仅通过偶然事件来制定惯例。但是我们可以观察这些惯例的基本元素，这些惯例与间歇性条件下的成功创新管理是密切相关的。这就需要有高度弹性的能力，如灵活性，对模糊和不确定性的承受力，以及对失败教训的快速总结学习等，这些能力通常只能从小企业中找到。

我们将在本书中看到，创新管理的关键是能够创造出应对这两种类型挑战的方式。如果能够用灵活的方式来处理，那么将能在两者之间维持紧密的联系，而不是将它们完全区分开。

小　结

在本章中，我们着眼于将创新管理作为核心商业过程的挑战，这一过程涉及组织提供的产品以及创造和提供产品的方式。这一过程中包含了许多元素，我们将在本书余下的章节中更详细地探讨。我们还着眼于惯例，即行为的重复和学习模式，这种行为成为“我们在这里做事的方式”，构成管理创新能力的核心。最后，我们还关注了与成功惯例有关的一些经验教训，这些经验告诉我们如何组织和管理创新。

第 2 章　扩展阅读

第 2 章　参考文献

第3章

建立创新型组织

Building the Innovative Organization

创新和你拥有多少研发经费无关……这不是钱的问题。这是人的问题——你有怎样的员工，你如何领导，以及你有何所得。

——史蒂夫·乔布斯，1981年接受《财富》杂志采访时的评论[1]

“人是我们最大的财富。”这句话——或相似的话——已经成为全世界在管理陈述、任务说明和年报中的常用语。除此以外，诸如“授权”和“团队合作”等也表达了人是企业创造力的核心这样一种观点。但很多时候，读者对于这些话——特别是写这些话的那些人——可能会提出质疑，认为在那些仍然运转的企业中，人是问题的一部分，而不是解决问题的关键。

在创新领域，这个主题至关重要。从一些心理学研究中我们可以很清晰地看到，每个人都具有发现和解决复杂问题的能力，如果这种创新性的行为能够在一群具有不同技能和思考方法的人中得到利用，就能干成不平凡的事情。我们很容易想到一些例子。从个体层面来看，创新者具有一些特征，他们将精力、热情和创造性的洞察力进行整合以发现和提出新的概念。詹姆斯·戴森（James Dyson）开创了家用电器新的设计方法，3M公司的化学家斯彭斯·西尔弗（Spence Silver）在即时贴中创造性地使用了非附性黏合剂，年轻的程序员肖恩·范宁（Shawn Fanning）写出了Napster软件，他几乎单枪匹马地撼动了音乐产业的基础，这些都是这方面很好的例证。

创新越来越讲究团队协作，以及不同学科和观点的创造性结合。无论是用平常一半的时间设计一种新车，把一种全新的电脑游戏推向市场，在银行、保险或旅行等服务业中建立一种新的服务方式，还是将男女老少送入太空，成功均来自高绩效团队的协作。

当这种效果在组织内部产生乘数效应时，会产生惊人的结果。当普费弗（Pfeffer）在美国公司工作时，他意识到在很多部门积极的人事管理方法与企业的绩效存在很强的相关性。[2]英国特许人事与发展协会（UK Chartered Institute of Personnel and Development）的评论指出：“自20世纪90年代初以来，在英国和美国进行的30多项研究证实人事管理与企业绩效之间存在相关关系，并且是正相关关系，这种关系是累积性的：人事管理活动越有效，绩效越好。”[3]在德国企业中开展的类似的研究也证实了这种模式。[4]在知识经济背景下，创造力是最宝贵的，人是企业拥有的最重要资产。管理面临的挑战是如何着手建立一个让创新行为得以蓬勃发展的组织。

本章主要关注创造和保持有利于创新的组织环境，包括组织的结构和潜在文化（价值观和信仰）来支持创新。我们很容易找到建立创新型组织的秘诀，那就是消除僵化的官僚主义、无益的结构、沟通的障碍以及其他一些阻碍好的想法的因素。但是我们必须十分小心，不要掉入混乱的陷阱——并非所有的创新都是在有机的、松散的、非正式的环境或者"臭鼬工厂"那样的环境中进行的，这类组织有时会破坏成功创新带来的利益。我们需要确定合适的组织——也就是考虑在出现突发事件的情形下最合适的组织。太少的秩序和结构可能与太多的秩序和结构一样糟糕。

同样，创新型组织并不只是一种结构，它是各组成要素的集成，各组成要素一起创造和完善使得创新能够蓬勃发展的环境。对于创新型组织的研究很多，虽然一些研究由于思路狭隘或者过分强调单一的秘诀（如团队合作或松散的结构）而遭受批评，但还是可以从这些研究中得到一组似乎与成功相关的组成要素，这些组成要素已在表 3-1 中列出，并在随后的讨论中研究。

表 3-1　创新型组织的组成要素

组成要素	关键特征	注释
共同愿景、领导力和创新的意愿	明确阐述的共同的使命感 延伸战略目标——"高管层的承诺"	[5-8]
合适的组织结构	组织设计使得创造力、学习和互动成为可能；并不总是采用松散的"臭鼬工厂"模式；关键是对于特定的突发事件，在有机的和机械的模式之间找到恰当的平衡	[9-15]
关键个体	倡导者、拥护者、把关人员和其他角色赋予创新活力或促进创新	[9，16，17]
有效的团队合作	适当地使用团队（在本部门、跨职能和组织间）来解决问题，需要在团队选择和建设上给予投入	[18-20]
全员参与创新	参与整个组织的持续改进活动	[21，22]
创造性的氛围	使用积极的方法来获得创造性的想法，得到相关激励系统的支持	[7，8，23，24]
外部关注的重点	内部和外部的顾客导向 广泛的网络	[25-27]

3.1　共同愿景、领导力和创新的意愿

创新本质上就是学习和变革，并且往往是破坏性的、具有风险的和高成本的。因此，正如案例研究 3.1 所展示的，个体和组织开发很多不同的认知、行为和结构方式来强化现状不足为奇。创新需要付出努力来克服惰性，需要有改变事物秩序的决心。我们在个体发明者、企业家和一些组织的案例中看到了这些现象，个体发明者为了自己的想法与不利的条件斗争，企业家冒着风险创建企业，一些组织设法挑战已接受的游戏规则。

案例研究 3.1

错失良机

1875 年 3 月 10 日，贝尔打电话给他的助手，"沃森先生，到我这里来一下，我想你"——对这次交谈感到惊奇的原因就是这是世界上第一次电话通话。他们对自己的发明感到十分兴奋，并向西部联盟（Western Union）的高层管理者进行了介绍。几天后，他们得到了回复，回复中写道："在对你们的发明进行仔细考虑之后，我们认为你们的发明很有趣，但没有商业价值……我们认为一个电动玩具是没有前景

的……”在电话发明的4年间，美国拥有的电话数量达到5万部，经过20年达到500万部。与贝尔公司在同一时间成立的美国电话电报公司（AT&T）后来成长为美国最大的公司，其股票每股价值1 000美元。电话最初的专利（编号174455）成为历史上最有价值的专利。

资料来源：Bryson，B.，*Made in America*，1994，London：Minerva.

从另一个角度看，创新涉及“非此处发明”问题。在一些情况下，组织从一种新的想法中看不到机会，或者认定一种发明并不适合组织目前的业务模式。在另一些情况下，组织意识到了变革的必要性，却低估了威胁的强度或显著性，例如在20世纪80年代，通用汽车公司发现很难理解和解释关于日本人竞争的信息，倾向于相信日本人能够进入美国市场是因为不公平的贸易政策，而未认识到流程创新的必要性，然而日本率先将精益生产方式引入汽车产业。[28]克里斯滕森对磁盘驱动器的研究[29]，以及特里普沙斯和加维蒂（Tripsas and Gavetti）对宝丽来在转向数字成像技术时遇到的问题的分析，表明现有的公司在解释与新的、潜在的破坏性技术相关的信号方面存在困难。[30]

这也使得“核心刚性”这一概念变得很重要。[31]我们已经习惯于将核心能力作为组织内部力量的源泉，但这样做的缺点就是，某些观念在做一些特定的事情时很有效，但也会阻碍组织改变其现有的想法。因此，那些挑战现状的想法要被接受，必然面临一场艰苦的斗争；为了创新，就要付出相当大的精力和热情来克服这种障碍。成功的创新型组织所关注的问题之一就是，找到一种方式来保证拥有好想法的个体能够实现其想法，而不是离开组织去实现其想法。[9]第12章将会更加详细地讨论内部创业。

要改变观念和重新调整组织力量，就需要对新的愿景作出清晰的表达，在许多情况下，这种领导方式对于创办和转变组织是有用的。这类领导者包括：比尔·盖茨（微软）、史蒂夫·乔布斯（皮克斯/苹果）[10]、杰夫·贝佐斯（亚马逊）、埃隆·马斯克（特斯拉）、安迪·格罗夫（英特尔）[11]。同时，我们必须避免对使命和愿景进行空洞的表述，上述公司的全体员工对组织目标达成高度共识并忠诚于组织目标就是源于这种领导力。

“高管层的承诺”是与成功创新相关的秘诀之一；其挑战就是如何找到将概念转化为现实的机制，这种机制证实并强化了管理层参与、作出承诺、付出热情和积极支持的意义。特别地，对于重大项目的承诺应该是长期的，而不是为了寻求短期的回报。大部分创新具有不确定性，可能不会很快获得回报，就需要固定投资。这种投资可能并不容易获得，特别是当股东对于短期收益的要求不得不与长期技术开发计划相协调时。处理这种问题的一种方式就是不仅关注投资收益，而且关注其他的一些因素，如未来市场的渗透和增长，或者战略收益。研究札记3.1和案例研究3.2提供了一些关于这种领导力的例子。

最高管理层还应勇于接受风险。创新本身就是不确定的，不可避免地会遭遇失败。这要求企业为承担风险做好准备，并且将失败看成一种学习和发展的机会。这并不是说要冒不必要的风险——而是如罗伯特·库珀所指出的，应该通过信息收集和研究来减少创新的内在不确定性。[12]

研究札记 3.1　　创新领导方式和氛围

组织传统上将领导力视为一种英雄特质，通常任命少数几个“真正的”领导者担任高层职务来帮助组织渡过难关。然而，很多观察人员和研究人员嘲讽这种做法，并开始思考认可和利用更广泛的领导实践。领导应该被视为跨职能和跨层级的活动。为了接受这一更具有包容性的定义，需要开发新的概念和框架。

例如，有很多研究探讨领导和管理之间的根本差异。这类文献很丰富，普遍认为领导者具有远见并且创造性地思考（“做得不同”），而管理人员只是“雄蜂”，专注于把事情“做得更好”。这种区别导致了对管理人员的贬低。新兴的对于创造力和管理风格的研究表明，保持偏好是有用的，偏好和才能是截然不同的。创造力在做不同的事情和更好地做事的过程中都会体现出来。这意味着领导和管理可能是一个统一体的两个相关的部分，而不是对立的。

我们要特别强调的是，忽略领导和管理之间不必要的和没有价值的区别。当谈及创新和转型时，组织需要这两种技能。我们基于过去的研究工作建立了一个创新领导模型，并在模型中融入了变革和创新管理、个性和社会心理学领域的一些最新观点。这种关于领导的多维度观点提出将环境作为一个重要的因素，超出了对于任务和人的关注范围。这种方法表明，除了传统的关注任务和人外，有必要引入第三个因素来评估领导行为。因此，我们将领导的三个维度归纳为：关注任务，关注人，关注变革。

领导者在组织环境中所起的一个最重要的作用就是为创新营造氛围。我们识别出了创新氛围的关键维度，并给出了领导者应该怎样培育有利于创新的环境的建议。

资料来源：Isaksen，S. and J. Tidd，*Meeting the innovation challenge：Leadership for transformation and growth*. 2006，Chichester：John Wiley & Sons，Ltd.

案例研究 3.2

愿景——领导力怎样促进转型性变革

埃隆·马斯克是一位有远见的技术企业家，但与普遍看法相反，他并没有创造PayPal或者特斯拉。他出生在南非，后来得到了加拿大和美国公民身份。他拿到物理学和经济学两个专业的学士学位，不过，他在斯坦福大学攻读物理学博士学位没几周就退学了。24岁时，他与人共同创办了在线城市导览软件——Zip2，四年后以3.41亿美元的价格卖给康柏，获得了7%的销售额。随后，他用收入中的1000万美元创立了网上金融支付服务公司X.com，X.com一年后与一家资金转移支付公司——康菲尼迪（Confinity）合并，这家公司拥有PayPal。2000年由于技术策略上的分歧，马斯克被拒绝担任新公司的首席执行官，但仍留在了董事会，继续持有11.7%的股票。2002年，PayPal以15亿美元的价格卖给eBay，马斯克拿到了1.65亿美元。

2002年，马斯克拿着1亿美元的意外之财，成立了美国太空探索技术公司（SpaceX）。SpaceX设计、制造和发射火箭，并且致力于比竞争对手的成本更低、复用性更强。公司专注于美国国家航空航天局（NASA）的商业卫星合同和太空运输任务，对太空旅行等有长远目标。公司有数十亿美元的远期合约，但它是一家私营公司，尚未宣布任何利润。

特斯拉成立于2003年，马斯克2004年投资该公司并加入董事会。然而，直到2008年公司在金融危机中挣扎，马斯克才获得了更重要的管理职位，拥有公司22%的股份并成为首席执行官。公司提供三种电动汽车：2012年问世的高价S型轿跑车、2015年推出的X型SUV和2017年上市的更平价、更大众化的3型轿车。2016年，特斯拉卖出大约7万辆汽车，总价40亿美元，却没有获利，反倒年度亏损9亿美元。这家公司的成功将取决于更大众化的3型轿车的销售和盈利。为了开发电动和自动驾驶汽车的市场和基础设施，特斯拉免费提供所有专利。马斯克还资助了美国超级高铁（HyperLoop）运输系统的开发，该系统旨在提供超越航空公司速度的长途旅行。

我们不应该将领导者与积极的变革主体相混淆。在很多情况下，不论组织内部高层管理人员是否支持，创新都会发生，成功来自“游击战术”而不是对问题的“正面进攻”。在郭士纳（Gerstner）的领导下，IBM的命运发生了戏剧性的变化，他将一个巨人企业从困境中拯救出来，使其成为IT服务领域的领导者和电子商务领域公认的先驱。但是进一步的分析表明，进入电子商务领域是由一个名为戴夫·格罗斯曼（Dave Grossman）的程序员领导的自下而上的小组促成的。正是由于郭士纳很少从直线管理人员那里获得回应，使得公司员工能够广泛地合作，从而将想法转化为实践，最终使IBM成为电子商务领域的领导者。这给高层管理人员传递的信息就是，在组织内创造空间和对直接参与给予支持同样重要。

领导者对于组织绩效的贡献可能是显著的。高层梯队理论（upper echelons theory）认为，高层管理人员通过环境评估、战略决策制定和对创新的支持所作出的决定和选择对于组织绩效具有积极或消极的影响。不同的研究结果存在差异，但是对于领导和绩效的研究综述显示，领导直接影响大约15%的企业绩效差异，并且通过企业战略选择影响另外35%的企业绩效差异。[13]因此，直接和间接的领导能够造成50%的组织绩效差异。领导者能够影响有关绩效的一些机制（包括战略决策制定机制），这些机制通常是在模糊和复杂的条件下，在有限信息的指引下制定的。越高的管理层需要解决的问题可能越不明确，管理者应使其更加概念化。

研究人员识别出了一系列特征，这些特征在特定情况下可能与成为有效的领导者有关，通常包括[14]：

- 开朗、警觉和聪明；
- 主动承担责任；
- 在其工作领域技能熟练；
- 拥有管理和社交能力；
- 充满活力、积极和适应性强；
- 具有良好的沟通能力。

上述清单可能描述了一些领导者在特定情况下的部分特征，但是这些特征与成为一名优秀领导者所需的特征非常不一致。[15]简而言之，并不存在所有优秀领导者必须拥有的持久的特征。

在不同背景下进行的研究不仅识别出了影响组织绩效的领导者的技术专长，而且识别出了更加宽泛的认知能力，如创造性解决问题的技能和信息处理技能。例如，对于面对新奇和不明确的问题的组织所进行的研究证实，专长和认知技能是创造性领导的核心元素，并且都与创造性组织的高绩效相关。[32]此外，专长和认知能力的结合对于评估其他想法至关重要。对科学家进行研究后发现，科学家最重视领导者在新项目初期的投入、项目后期的反馈和对他们工作意义的理解。科学家在项目初期形成想法和确定问题，在这种环境中，创造性领导的一个关键作用就是提供反馈和评估，而不是简单地给出意见。[33]这种评估角色很重要，通常却被视为对创造力和创新无益，传统的建议就是停止判断以便于想法的产生。传统的线性观点认为评估应该紧随想法的产生，这也是错误的。在创造性领导中评估应该先于想法的产生和概念的整合。研究札记 3.2 阐明了多样性对高管团队的贡献。

研究札记 3.2　　高管团队的多样性

高层梯队理论认为，高管团队的特质将影响战略选择。本研究考察了高管团队多样性对创新和企业绩效的影响。研究人员通过教育背景、职能背景、行业背景、组织背景和董事会任期的异质性来衡量任务导向的高管团队多样性。

实证上，研究表明高管团队多样性对企业的战略选择具有重要影响，公司会关注创新领域，推动新产品组合创新和绩效提升。研究没有发现高管团队多样性与新产品组合创新和公司业绩之间的直接关系。高管团队多样性是通过推动与创新管理相关的战略选择来实现相关的公司业绩。

这一模型表明虽然高管团队的多样性直接影响公司的创新战略，但它与新产品组合创新和公司业绩只有间接关系。这个结果同时也表明公司对创新领域的关注会显著提升新产品组合创新。这一中介模型以高管团队多样性为起点，能够解释 38%的创新战略选择、52%的创新领域建立、36%的公司新产品组合创新以及 32%的公司绩效。

资料来源：Talkea，K.，S. Salomob，and K. Rost，How top management team diversity affects innovativeness and performance via the strategic choice to focus on innovation fields. *Research Policy*，2010. 39 (7)，907-18.

研究发现，领导-成员交换（leader-member exchange，LMX）的质量和特性对下级的创造力也有影响。[34]对高技术企业 26 个项目团队 238 名知识型员工的研究识别出 LMX 许多积极的方面（包括检测、澄清和咨询），同时发现消极的 LMX 频次与积极的 LMX 频次一样高，大约有 1/3 受访者这么认为。[35]因此，LMX 能够提高或削弱下属的能力和自我决定意识。然而，相关的分析发现，这些交流可能是消极的，也可能是积极的，更强调如何做事而不是做了什么，表明在领导者支持下的任务和关系行为与 LMX 紧密交织在一起，消极的行为会产生不相称的负面影响。研究札记 3.3 阐述了 LMX 如何对个体创新的表现产生影响。

研究札记 3.3　　领导-成员交换

对来自五个瑞典工业组织的 166 名研发团队成员、43 名团队领导和 10 名部门经理的调查测量了领导-成员交换（LMX）对创新绩效的影响。基于 LMX 理论，团队领导力的质量和风格并没有直接影响成员的创新。相反，LMX 通过激发团队成员的主动性而产生中介效应。组织的高度支持加强了这种关系。

资料来源：Denti，L. and S. Hemlin，Modeling the link between LMX and individual innovation in R&D. *International Journal of Innovation Management*，2016. 20 (3).

领导者的智力激发在不确定条件下对组织绩效具有更大的作用。智力激发包括增加他人在处理问题时的意识和兴趣的行为，开发他们使用新方法来处理问题的倾向和能力。它与一个组织的承诺有关。[36]分层系统理论（stratified system theory，SST）关注领导的认知方面，认为在战略决策制定中形成概念的能力与高绩效相关，在战略决策制定过程中，为了对环境进行评估，有必要对复杂的信息和想法进行抽象整合。也有可能要求整合问题解决能力和社交技能，因为领导者要依赖他人确定和实施解决方案。[37]这表明，在不确定性环境中，领导者的贡献并不只是简单地激发或建立信心，而是解决问题和作出恰当的战略决策。

拉弗蒂和格里芬（Rafferty and Griffin）对转型性领导提出了其他的子维度，这可能会对创造力和创新产生更大的影响，包括阐明愿景和鼓舞人心的沟通。[36]他们将愿景定义为"基于组织价值观对未来的理想画面的描述"，将鼓舞人心的沟通定义为"关于组织积极的和鼓励性的信息表达以及建立动机和信心的陈述"。他们发现关于愿景的描述对追随者的信心具有消极的影响，除非有鼓舞人心的沟通。与愿景不同的是，鼓舞人心的沟通与承诺和人际帮助行为有关。与转型性领导相关的使命感有助于对研发项目的成功作出预测，预测的程度取决于项目所处的阶段。例如，在计划和形成概念阶段，使命感决定了随后项目成功的2/3的概率。[38]领导力和明确的团队目标、高层次的参与、追求卓越的承诺以及对创新的支持有关。[39]

创造性的领导者需要做的不仅仅是提供一个被动和辅助的角色，而是鼓励创造性的追随者。对领导者绩效的定性衡量表明，在研究环境中，对领导者技术技能的感知是研究组织绩效最好的单一预测因子，相关性在0.4～0.53范围内。[40]凯勒（Keller）发现项目类型对领导风格和项目成功具有一定的调节作用，变革型领导在研究项目中比在发展项目中具有更强的预测作用。[41]这有力地表明，特定的变革型领导在高度复杂、不确定或新奇的环境中可能是最合适的。的确，对研究环境和管理环境中领导风格的比较发现，变革型领导在研究环境中对组织绩效具有更大的影响，虽然在两种情况下影响都是积极的，但是一种转型风格在管理背景下具有正向作用，在研究背景下具有负面影响。[42]研究札记3.4回顾了关于创新领导力组成元素的研究并且识别出最重要的特质。

研究札记 3.4　　创新领导力

关于领导力与创新之间关系的27项实证研究的文献综述揭示了领导力何时以及如何影响创新，即调节变量和中介变量。

调节变量，是领导者何时影响创新的边界条件，包括支持创新的文化以及非正式和集中化的组织结构。多元的处理复杂任务的团队具有最强的创新能力，这些团队需要支持性和非控制性的领导力并参与决策制定。最后，领导者可以促进低组织自尊感和低自我表现力的员工的创新行为。

中介变量，指领导者如何激励创新，包括通过影响创造性自我效能在个人层面激励创新。此外，领导者还可以通过引入鼓励团队反思的制度来激发创新，例如辩论、开放式沟通和发散性思维。

从综述中可知，领导者应该关注以下六个因素：

- 高层管理人员应制定能够在整个组织内推广的创新政策。领导者必须与员工沟通，对创新行为进行奖赏。
- 在组建团队时，异质性对促进创新非常必要。但是，如果团队过于异质化，可能会出现紧张局势；当异质性太低时，需要更多指导型领导来促进团队反思，例如鼓励讨论和提出不同意见。
- 领导者应该促进安全、尊重、愉悦的情感支持和共同决策的团队氛围。
- 个人和团队应拥有创意产生和创造性地解决问题的自主权和空间。
- 应设定创意产生和提出解决方案的时间限制，特别是在实施阶段。
- 最后，拥有专业知识的团队领导者应密切参与创新活动的评估。

资料来源：Denti，L. and S. Hemlin，Leadership and innovation in organizations：a systematic review of factors that mediate or moderate the relationship，*International Journal of Innovation Management*，2012. 16（3）.

3.2 合适的组织结构

无论系统在定义和开发创新产品和创新流程方面多么有效，都不一定成功，除非周围的组织环境是有利的。要做到这一点并不容易，涉及创造一种组织结构和流程，以使技术变革顺利推进。例如，在严格的等级制组织内部，很少有跨职能的整合，沟通都是自上而下的、单向的，因此严格的等级制组织不太可能支持信息的流动和跨职能部门的合作，而这些都是很重要的成功因素。

大部分研究意识到组织结构受到组织的任务性质的影响。本质上，任务越非程序化和不确定，关系结构就应该越灵活。[43]例如，生产、订单处理和采购等活动都是变动很少的决策制定过程。（实际上，在很多情况下，这些决策能够通过电脑系统中特定的决策规则实现自动化。）但是其他的决策活动经常发生变化，需要作出判断和提供见解——这些活动中包括与创新相关的决策。这类活动不可能构建常规的、结构化的和正式的关系，而是需要灵活性和大量的交互作用。有几位学者指出了程序化决策和非程序化决策间的差异，认为非程序化决策的水平越高，组织就越需要松散和灵活的结构。[44]

20世纪50年代末期，汤姆·伯恩斯和乔治·斯托克（Tom Burns and George Stalker）对这个问题进行了大量研究，并概述了他们所称的“有机的”和“机械的”组织的特点。[45]前者一般适合快速变革的环境，而后者更加适合稳定的环境——这种分类方法只代表了一种理想的组织结构分类，但确实为有效的创新提供了有用的组织设计准则。其他研究还包括罗萨贝思·莫斯-坎特（Rosabeth Moss-Kanter）[46]和赫塞尔贝因（Hesselbein）等人[5]所做的研究。

伯恩斯和斯托克的模式可以在许多案例中看到，组织变得不那么机械。例如，美国通用电气公司经历了一次痛苦的但最终获得成功的转型，从僵硬的、机械的结构变成松散的组织形式。[11]基于小企业联合运营的背景且每一家公司都保留了小企业的有机特征，ABB公司（瑞士-瑞典工程集团）为全球业务开发出了一种特定的方式。[6]其他一些关于企业在结构上产生巨变的例子包括巴西白色家电公司Semco和丹麦助听器公司Oticon。[47]但是我们要小心——在一种环境中有效的组织结构的价值在其他环境中可能会降低。尽管ABB公司采用的模式在当时发挥了积极作用，但后来的发展证明这种模式已不太合适，处理公司在其他方面遇到的挑战时不太有效。

与上述研究相关的是另一项关注不同的环境与组织形式的关系的研究。证据再一次表明，环境越不确定、越复杂，就越需要采用灵活的结构和流程。[48]这部分解释了为什么一些快速增长的产业（例如电子或生物技术产业）通常与更加有机的组织形式有关，而成熟的产业往往采用更加机械的组织形式。

在这方面的一项重要研究最初是由劳伦斯和洛施（Lawrence and Lorsch）从产品创新的角度进行的。他们的研究成果显示，成熟产业（如食品包装产业）和增长产业（如塑料产业）的创新成功取决于拥有显著差异的组织结构（在国内专家小组方面）以满足多样化的市场需求，也取决于将这些专家小组联系起来的能力。他们研究了几种不同的协调机制，其中一些机制比其他一些机制更有效。更好的协调机制必须与能够快速反应的更灵活的结构相联系。[49]

我们可以清晰地看到，很多公司运用该原则来缩短上市时间。[50]通过大量的组织变革项目——包括并行工作、不同职能专家的及早参与、更密切的市场联系和用户参与，以及团队合作、与其他组织的协作，来获得快速的产品创新和改进对顾客的响应。

另一类研究是由关注产业过程特性的琼·伍德沃德（Joan Woodward）发起的，这类研究对组织设计方式产生了很大的影响。[51]她的研究表明，产业间的组织结构存在差异，有些产业（如小批量制造业）具有较大的自主决定权，涉及大规模生产的产业结构则采用具有严格的等级制且高度结构化的形式。其他变量和组合（包括规模、历史和公司战略）对结构的影响已经得到研究。[52] 20世纪70年代，关于组织结构的广泛争论在“应急”模式形成后得以结束。这种观点认为根本不存在单一的最优结构，但是成功的组织倾向于在组织结构和经营方面的突发事件之间寻找最合适的匹配。

加拿大学者亨利·明茨伯格（Henry Mintzberg）对大量关于组织结构的研究进行了总结，提出了一系列组织原型，这些都是企业很可能遵循的基本样板。[53]这些组织原型以及它们对创新管理的启示总结在表3-2中。案例研究3.3给出了例子，来说明组织结构的重要性，以及找到一种合适的组织模式的必要性。

表3-2　明茨伯格的组织结构原型

组织原型	关键特征	对创新的启示
简单结构	集权的有机类型——中央控制，但是能够对环境中的变化快速作出反应。组织通常很小并且由一个人直接控制。设计和控制都是由一个人负责，决策制定权也掌握在这个人手中。优点是反应快速和目的明确。缺点是容易受到个人错误判断和偏见的影响，以及资源限制对增长的影响	高技术行业的小型创业公司——“车库里发展起来的企业”的结构通常很简单。优点体现在精力、热情和企业家的眼光上，采用简单结构的创新型企业通常具有很大的创造性。缺点体现在长期稳定性和增长方面，过度依赖关键人物，而关键人物的决定并不总是正确的

续表

组织原型	关键特征	对创新的启示
机械官僚	集权式的机械组织，由系统集中控制。组织结构设计得像一台复杂的机器，人就像机器上的齿轮。设计强调整体的功能和各组成部分的专业化，部分之间能够很快地交流信息。成功来自开发能够简化任务和日常行为的有效系统。这种系统的优点在于具有处理复杂的合成流程（如汽车组装）的能力。缺点在于个体之间可能会疏远，在不灵活的系统内部可能会出现结构僵化	这类组织结构依靠专家进行创新，这被纳入系统的整体设计。例如，麦当劳（速食）、福特（大规模生产）和乐购（大规模零售）等公司都进行了大量创新，但主要关注专家和系统层面的作用。优点是结构稳定，在技术技能方面主要关注复杂任务的系统设计。缺点是在快速变化面前显得僵化、不灵活，受到来自非专家的创新的限制
分权形式	分权式的有机形式是为了应对本地的环境挑战。通常与大型组织相联系，这种模式涉及部分独立单元的专业化，例如战略业务单元或经营部门。优点是在中央的支持下进入特定的利基市场（特定区域、特定市场、特定产品等）。缺点是组织内部存在部门和中央之间的摩擦	这里的创新通常遵循一种“核心和边缘”的模式，一般性质的研发在中央进行，同时更多的应用和具体的研究在部门内部进行。优点是集中精力在某一特定的利基市场发展，并在组织的其他部分产生和分享知识。缺点是“离心拉动”，远离中央开展研发活动，侧重于应用性的本地研究，阻碍知识共享的部门间存在摩擦和竞争
专业官僚	分权式的机械形式，权力掌握在个人手中，但是通过标准进行协调。这类组织拥有相对高水平的专业技能及来自咨询公司、医院和律师事务所的专家小组。控制主要是通过在标准（专业化）上达成共识完成的，个体拥有极大的自主权。优点是拥有高水平的专业技能，有能力使团队联合起来	这类结构的特征是设计和创新咨询活动在组织内部和外部进行。正式的研发、IT或工程小组就是很好的例子，特别重视技术和专家优势。优点体现在技术能力和专业标准方面。缺点在于对拥有高度自主权和丰富知识的个体较难管理
灵活结构	组织的项目类型能够应对不稳定的、复杂的因素。灵活的结构不总是长期存在，但提供了高度的灵活性。以团队为基础，个体的技能水平很高，能够一起工作。内部规则和结构都很少，主要服务于任务的完成。优点是能够应对高水平的不确定性且具有创造力。缺点是由于一些未解决的冲突而不能有效地协同工作，由于缺乏正式的结构或标准而缺乏控制	这是一种与创新型项目团队最相关的形式，例如在新产品开发或重大流程变革中存在这类结构。美国国家航空航天局的载人登月项目组就采用了最有效的灵活结构，在十年计划期内，该组织几乎每年改变一次结构，以确保适应该项目不断变化的、不确定的特性。优点是有高度的创造性和灵活性，如文献中提倡的“臭鼬工厂”模式。缺点是缺乏控制和对项目的过度投入
任务导向	自然浮现模式关系到共同的价值观。这类组织由拥有共同目的和利他主义的成员组成，例如，志愿组织和慈善组织。优点是高承诺水平，个体主动采取行动而不用考虑到其他人，因为他们对整体目标的看法是一致的。缺点是缺乏控制和正式的制裁	任务驱动的创新可能会非常成功，但是需要投入精力，确定明确的目标。全面质量管理和其他价值驱动的组织原则在某些方面与这种组织有关。持续改善的动力来自组织内部而不是对组织刺激的反应。优点是拥有共同目标，授权个体采取主动。缺点是过分依赖关键的有识之士提供明确的目标，缺乏对公司使命的认同

案例研究3.3

大规模生产的出现

也许最显著的变化就是对人力资源作用的看法发生了改变。早期的组织模式深受弗雷德里克·泰勒（Frederick Taylor）的研究工作及其科学管理原则的影响。这些思想——在规模产业（如汽车制造业）的发展过程中有着广泛的应用——认为需要使用分析方法来得到完成组织任务的最优方法。这就导致企业基本上采用机械模式，在这种模式下，人被视为一个更大机器上的齿轮，对于什么该做、什么不该做有明确的界定。查理·卓别林在影片《摩登时代》（Modern Times）中所展现的形象有一点夸张，汽车产业大多数工人的平均任务周期不超过两分钟。

对于某些商品的大规模生产，这种系统的优点是显而易见的：采用这种方法，生产率的增长经常达到三位数。例如，福特公司在 1913 年将飞轮的第一条生产线的组装时间从 20 分钟减少到 5 分钟，1914 年将底盘部门使用的三条生产线的组装时间从大约 12 小时减少到不超过 2 小时。但是它的局限性在于，系统很难改变，缺乏创新能力。由于将有效的创新局限在少数几个专家内部，创造性解决产品和流程开发问题的重要来源就被切断了。

福特和其他公司的经验表明不存在任何单一的最优组织模式，关键在于保证潜在的价值观和信仰与组织结构之间的一致性，从而使得创新能够蓬勃发展。例如，虽然“臭鼬工厂”模式可能适合美国的产品开发组织，但在日本可能就不合适，日本需要更加严谨和结构化的组织模式。一些成功的创新型组织是基于团队合作建立的，还有一些组织是基于关键个体建立的——这两种情况都反映出关于创新怎样在特定的组织中运作的一些潜在信念。同样，成功的创新可能在非常官僚的组织中发生，也可能在非常松散的组织中发生——如果创新行为和这些结构之间存在着内在一致性。

因此，创新管理的关键挑战就是匹配——在特定的环境中采取最合适的结构形式。创新的日益重要性和整个组织的高水平变革对正常情况下稳定的组织结构提出了挑战。因此，传统的机械官僚模式——以汽车装配厂为代表——在本质上开始变得越来越模糊，倾向于朝着机械、灵活的结构发展，（在一定限度内）积极鼓励创造力和灵活性。精益生产强调团队合作、参与问题解决、灵活的基层组织和扁平的层次结构，它通过给原先的模式松绑来提高创新能力。[54]

3.3　关键个体

另一个重要因素就是关键人物。创新的不确定性和复杂性意味着很多有前途的发明在公之于众之前就失败了。解决这个问题的关键在于是否有一个关键个体（有时是一群人）来追究失败的原因，并通过组织系统提供一些资源支持并给予热情鼓励。这类关键人物或成功项目促成了很多著名的创新——例如皮尔金顿的浮法玻璃流程和埃德温·兰德（Edwin Land）的宝丽来摄影系统。[55]案例研究 3.4 给出了一个关于关键个体詹姆斯·戴森的例子。这种作出贡献的关键个体大多为初创企业家，他们在识别机会、配置网络和寻找资源方面表现出了相当强的能力，能够将想法付诸实际行动。

案例研究 3.4

创意之袋——詹姆斯·戴森的案例

2000 年 10 月，在伦敦皇家司法院，有关“无袋灰尘收集”“旋风技术”“三重旋涡”“双气旋”的专利战终于画上了句号。一方是胡佛（Hoover），一家在消费类家电帝国拥有真空吸尘器的国际公司。另一方是唯一的发明者——詹姆斯·戴森，他在家庭清洁领域引入了一种新的方法，随后发现他的发明被胡佛公司明显模仿而受到威胁。最终，法庭裁定戴森获胜。

这表明一段漫长而艰辛的旅程结束了，戴森在此期间将自己的发明推向了市场。

具有讽刺意味的是，这个发明源于1979年他使用胡佛公司的一款初级真空吸尘器在房间里除尘。他对该吸尘器的低效率感到惊讶，由于袋子被灰尘阻塞，吸尘能力大大降低。他尝试过很多种改进方法，如采用细网过滤袋，但结果不太理想。真正的突破来自对工业气旋技术的新应用——当时主要是为了解决国内清洁工人遇到的问题。

戴森早已是一位小有成就的发明者，他的发明之一是使用球来代替前轮的手推车。为了在一个涂料设备内喷洒黑色粉漆，他安装了一个气旋——这是一种很完善的解决除尘问题的工程解决方法。一个小壳子里会产生小型龙卷风，旋涡中的空气流动很快，促使灰尘粒子向边缘靠拢，能够很好地将灰尘收集起来，同时空气得到净化。戴森想，为什么这种原理不能应用到真空吸尘器中？于是问题很快解决了。他早期的实验——和胡佛公司一起进行——并没有完全成功，但他最终在1980年因为一项使用旋风技术的真空清洁设备而申请到了专利。

又花了四年的时间，5127号原型产生了，即使这样，他也不能以单一的旋风应用来申请专利，因为这仅仅表示在一项现有的已得到证明的技术上作了改进。他必须开发一个双旋风系统，先将室内废弃物中的大件（如烟蒂、狗的毛发、玉米片等）分离开来，再将细小尘粒吸起来。但是当他证明了这项技术后，发现以胡佛、飞利浦和伊莱克斯为代表的一些公司对该项技术在真空吸尘行业中的应用明显不感兴趣。这就是典型的"非此处发明"效应的例子，这些公司仍然致力于开发使用袋子的真空吸尘器，对无袋技术并不满意。（这并不奇怪，因为像伊莱克斯这种供应商就是靠出售真空吸尘器更换袋而获得大量收益的。）

最终戴森开始辛苦地筹集资金创办自己的企业，并逐渐得到了回报。公司创办于1993年——在他提出最初构想14年后。现在戴森经营着一家价值约5.3亿英镑的设计公司，公司拥有一系列真空清洁产品，正在开发的其他产品试图重新审视现有的家电（如洗衣机和洗碗机），以将类似的新创意应用进去。初级双旋风吸尘器是英国设计委员会（UK Design Council）确定的"千禧年产品"之一。

真空吸尘器巨人企业如胡佛最终看到了机会并开始开发自己的版本。戴森又一次展示了个体在创新方面的作用——成功不仅仅取决于一个好的想法。爱迪生的名言"天才就是99%的汗水加上1%的灵感"，在此是一句非常合适的座右铭。

资料来源：Dyson，J.，*Against the odds*. 1997，London：Orion.

事实上，关键人物可以起到多个作用，对项目的结果产生影响。首先是作为关键技术知识的来源——通常是发明者或团队领导者。他们能够理解创新背后的技术，并有能力解决从实验室研究到形成实际产品这个过程中出现的开发问题。除此之外，当技术遇到瓶颈时，关键人物通常会带来灵感、充满激情并全力投入。

虽然这类技术的拥护者可能很有影响力，但他们不能帮助一项得不到组织支持的创新获得成功。并不是所有的问题本质上都是技术问题；其他的问题也要处理，如在组织内获得资源或说服内部持怀疑或敌对态度的评论家。这里，第二个关键的角色出现了——组织发起者。

极为典型的是，这种人拥有权力和影响力，能够凝聚组织的各种力量（通常在董事会有一个席位）；靠这种方式能够扫除创新成功的障碍，至少可以使发展之路变得顺畅一些。这类发起者不一定需要懂得创新的具体技术知识（虽然这显然是一种资产），但是他们确实相信创新的潜力。

近年来关于产品开发过程的研究突出了团队成员特别是项目团队领导者的重要作用。随之提出了一些与支持者模式（champion model）很接近的模式：有影响力的角色包括克拉克和藤本（Clark and Fujimoto）所称的“重量级”项目经理到“轻量级”项目经理。重量级项目经理参与较深，拥有确保各种元素凝聚在一起的组织力量，轻量级项目经理参与较浅。对日本产品开发的研究突出了团队领导者的重要性；在一些公司（如本田），团队领导者甚至有权推翻董事长的决定和意见。[56]这里要重点提醒的是，所选择项目经理的类型要与环境相匹配——而不是使用重量级经理这个“大锤”来完成简单的任务。

关键角色并不仅仅是指技术和项目经理：对于创新的研究（追溯到 SAPPHO 项目和类似项目）也强调了商业创新者的重要性，他们可以代表并影响更广阔的市场或更广泛的用户的观点。[16]

虽然创新历史上存在着很多关键个体——独自或联合行动——他们对于创新成功具有显著的影响，但是我们不应忽视其缺点。也存在一些消极的拥护者——“项目杀手”，他们对创新成功的影响也很显著——在扼杀项目方面。例如，可能存在一些政治原因，使得一个组织的某些部门不希望特定的创新获得成功，通过在项目团队中安插某些人，对董事会进行游说，或者通过其他一些可以设置障碍的方式来加以阻挠。同样，我们的技术拥护者并不甘心放弃他们心爱的想法，即使组织内的其他成员认定这不是一个明智的、通往成功的方向。他们在组织内争取支持并克服障碍有时会导致追逐一个错误的方向，或者走进一个死胡同。

另一种值得一提的关键个体就是“技术桥梁人员”。正如前文所述，创新成功与良好的信息流动和沟通密切相关。研究显示，这种网络都是由发挥技术桥梁作用的关键个体在组织的非正式结构内形成的——从各种渠道收集信息并传递到相关人员手中，这些人最可能或最有兴趣使用这些信息。在麻省理工学院工作的托马斯·艾伦（Thomas Allen）对包括阿波罗火箭计划在内的大规模技术开发活动中工程师的行为进行了详细的研究。她的研究突出了非正式沟通在创新成功中的重要性，并对技术桥梁人员给予了重点关注——他们并不总是处于信息管理人员的位置，却被组织的非正式社会结构连接在一起——他们是创新过程中的核心成员。[17]

这个角色在知识管理领域变得越来越重要。在知识管理领域，有价值的知识资源的有效共享和交流并不是简单地通过先进的 IT 和高级软件就能完成的，需要考虑强大的人际因素。[57]这些方法在一些分散的团队或虚拟团队里变得特别重要，管理知识空间和其间的知识流动具有重要意义。[58]研究札记 3.5 阐述了个体在促进组织创新中的不同角色。

研究札记 3.5　　个体创新者的角色

相关实证研究通过对来自德国、美国、英国和瑞士的跨国公司的 190 名研发人员进行多变量分析，来确定人们在创新项目中可以承担的不同角色和相关的个人特征。这些角色包括专家推动者、权力推动者、过程推动者、人际关系促进者以及冠军。每个角色表现出独特个人特征模式。

专家推动者的主要特征是高度综合的监管，这比内在动机更重要。强烈的情感上的职业承诺会将专家推动者与其他创新者角色区分开来。此外，专家推动者表现出强烈的利他感，反映出他作为信息中心的作用。他的特点是在日常工作中对自主权的要求高，他需要提出另类创新概念。

权力推动者的主要特征是对自主权的要求高，这也符合在无须向他人证明的情况下执行其决策的角色规范。因此，他支持一个有资源和保护的创新项目。情感上的职业承诺对权力推动者角色的影响是负面的，这也反映了权力推动者的任务是在不迷失于技术细节的前提下，战略地领导整个组织或部门。

过程推动者的主要特征是高利他主义，这反映了他作为所有相关人员之间的调解者的地位，他可以促进联系和向其他人提供有关创新过程的知识。此外，他表现出强有力的综合监管能力，证明他重视自己作为中介的工作。他不像研究人员那样有在工作结束时展示完整的产品等具体目标，他的动机体现在帮助他人和推动创新项目上。这一特点也体现在他较高的组织承诺上。

人际关系促进者需要自主培养自己的人际关系，他之所以追求这种关系，是因为他从与他人的互动、召集成功创新所需的各方等过程中获得满足。人际关系促进者把人际关系放在首位，比起他所在的组织和从事的职业，他对自己关系网中的人更有责任感。

冠军的主要特征是对自主性的要求高，他依靠自主性来全面支持创新。他对创新的热情体现在强烈的内在动机上，这种内在动机不是外部创造出来的，而是来自他对创新工作的激情。他对独立性的高要求也体现在外部监管的负面影响上。与此相一致的是，我们发现冠军没有表现出情感上的职业承诺，他更多的是一个内部创业者和榜样。尽管他在争取自治，反对过于官僚的监管，但在支持他人方面，他也表现出明显更高的组织承诺和利他主义。

资料来源：Mansfeld，M. N.，K，Holzle，and H. G. Gemunden，Personal characteristics of innovators. *International Journal of Innovation Management*，2010. 14 (6)，1129-47.

3.4 全员参与创新

然而，创新通常被看成是研发、营销、设计或IT专家的职责，他们都拥有潜在的创造性技能和问题解决能力。如果在整个组织能够找到一种机制将这些能力集中于一个适当的基点，由此产生的创新潜能是巨大的。虽然每个个体只能够进行有限的和渐进性的创新，但所有这些努力会产生深远的影响。

这方面的一个例证就是日本制造业在第二次世界大战后创造的“质量奇迹”，日本人将成功归因于他们所说的“kaizen”——持续改善。像丰田和松下这样的公司每年能从员工那里收集几百万条改进建议，其中很大一部分得到了采纳。[59]很多国家的个案研究证实了这种模式。一位英国管理人员说：“我们的经营成本比去年同期减少了，而效率提高了。通过改进质量，我们的成本在过去两年半的时间内下降了35%。与1990年的零条建议相比，现在每位员工平均有21条建议。我们做到了。”案例研究3.5给出了另一个例子。

案例研究3.5

全员参与创新

乍一看，XYZ公司并不像大家所说的世界一流的制造商。它坐落在一个以农业为主的小镇上，雇用了大约30名员工为加油站生产量规和其他测量装置。它的产品被用来监控和测量加油站的大油箱和给加油站运油的油轮的各个参数。尽管规模很小（是一个更大的但分散的组织的一部分），但XYZ公司已经占据了80%的欧洲市场。这个地位是通过竞争甚至是和一些大制造企业进行竞争获得的；它的交付和服务水平得到了行业内其他企业的认可。它获得了大量的质量方面的奖项，然而在一系列产品中做到这一点花了大约30年，并且这些产品仍然需要提供服务和维修。XYZ公司使用的技术很多，从复杂的电子学、遥感技术到一些基本原理，例如它们仍然制作木制标尺。

作为英国最好的工厂，它的成功可以用盈利数据来衡量，也可以通过它已经获得的和即将获得的其他奖项来衡量。

走进XYZ，你可能想弄明白该公司是如何获得令人羡慕的地位的。说它是一家高度自动化的公司也许并不恰当。公司里并没有现代化的设施，却创造了现有的环境，并对环境进行合理组织以使其发挥最佳效果。

区别在哪里呢？根本区别在于员工的工作方式。这是一个非常重视培训的组织——培训的投入远高于行业平均水平，每个人都得到了大量培训，培训不仅提高他们的特殊技能，而且涉及广泛的任务和技能。这种培训的成效就是劳动力非常灵活，能够处理大多数业务，快速转移到最需要他们的地方。薪酬系统鼓励这种合作，其结构简单，主要按照技能、质量和团队合作付酬。战略目标清晰简单，在制定政策的过程中和每个人都进行充分的讨论，随后战略目标被分解为一系列小的管理改进项目。围绕工作有一些简单的“保龄球图”副本（如“保龄球评分表”），阐明改进项目的待完成任务以及这些任务怎样构成公司的总体战略目标。如果员工达到或超过了这些战略目标，将通过利润分享和员工持股计划获得收益。

作为一个小公司，很少有等级感，通过积极的领导以及鼓励一起讨论和解决问题，增强了团队合作意识。这也不会影响运营总监的四处走动式管理。

真正的秘诀可能在于，员工受到激励去探寻和解决问题，经常尝试不同的解决方式——即便失败也至少获得了学习的机会，而且与他人交流信息以便他人能够找到解决办法。环顾工厂四周，可以很清楚地看到工厂并不是一成不变的——尽管新机器方面的大投资并不是每天都有，但是小的改进项目到处可见。更重要的是，运营总监通常会对员工正在做的事感到惊讶——很显然他并不是很清楚员工正在完成哪一个项目以及他们正在做什么。但如果问他是否担心，答案很明确并且富有挑战性——“不担心，尽管我并不是非常清楚他们在干什么。他们都知道公司战略，也都知道公司要做什么（通过保龄球图）。他们都经过培训，知道怎样改进项目，他们是一个团队。我相信他们……”

虽然这类全员参与计划和全面质量管理、精益生产一起在20世纪后期受到了广泛的关注，但它们并不是新概念。这些概念的提出可以追溯到1871年，当时，丹尼（Denny）在苏格兰敦巴顿的船厂有一项制度，要求工人带来一些“变化，这些变化要么是在质量上有显著改进，要么是在成本上更加经济”，并给予奖励。美国国家收银机公司（National Cash Register Company）创始人约翰·帕特森（John Patterson）在1894年左右提出一项建议，奖励那些利用他所称的“集思广益的创意”的计划。

很多员工参与创新主要关注增量变化，因此效果甚微。然而研究显示，从长远来看，它是影响组织战略发展的关键因素。[60]

持续的渐进性创新的隐含之意就是组织文化支持和鼓励创新。这在很多领域已经被意识到，所有的研究都强调这样一种观点：更高水平的创新参与度代表着一种竞争优势。例如：

- 在质量管理领域可以很清晰地看到，主要优势来自更好的和更加一致的产品和服务。克劳士比（Crosby）对质量成本的研究显示，战后很多日本制造商节省费用的实效（一般为营业总额的20%～40%）和经验提供了令人信服的论据。[61]
- 在过去20年间，“精益思想”这一概念深入人心，应用于制造业、服务业以及化学品生产、医院管理和超市零售。[62]它最初源于对汽车组装厂的研究，强调最好的工厂和一般的工厂在一系列维度上的差异，包括生产率、质量和时间。关于优势来源的研究发现，主要差异不是来源于高水平的资本投资或者更加现代化的设备，而是生产的组织和管理方式。[28]进行该研究的学者得出结论：“……我们的研究令人大开眼界。日本工厂生产一辆豪华汽车所付出的努力是美国工厂的1/2，是欧洲最好的工厂的1/2，是欧洲一般工厂的1/4，是欧洲最差豪华车生产商的1/6。同时，日本工厂的质量远远超过欧洲工厂的质量，除了一家工厂之外——但这家欧洲工厂需要付出四倍的努力来组装相关的产品……”
- 这种替代模式的重点就是强调团队合作和参与创新。
- 精益思想背后的原理来自日本制造技术的经验。[63]与电子、汽车、钢铁制造业不同，这一系列做法（包括如“实时管理”等想法和防错措施等具体技术）被认为是帮助日本制造商赢得强大的行业竞争力的关键。[64]在这些技术背后隐藏着一种原理，强调员工在创新过程中的高水平参与，特别是通过持续的渐进的问题解决方式——持续改善。[21]

这种想法在不同地点以及在不同应用领域的可转移性受到了关注。从相关研究中可以看出，精益制造的原理能够延伸到供应和分销链、产品开发和研究，以及服务活动和业务营运中。[65]此外，不存在特定的国家文化方面的障碍：创新中的全员参与方法已成功地移植到很多地方。案例研究3.6描绘了不同组织中的全员参与创新。

案例研究3.6

全员创新的推广

这种方法推广得有多远？为什么组织选择利用这种方法？这些组织得到了什么好处？什么阻碍了组织进一步沿着全员参与的方向发展？

这类问题为一项在欧洲许多国家实施的大型调查提供了动机，澳大利亚在20世纪90年代末期实施了这项调查。这是合作研究网络的成果之一，合作研究网络的建立是为了在全员创新领域分享经验和宣传好的实践。该项调查涉及 7 个国家的 1 000 个组织，提供了一张实施和体验全员创新的有用的地图。（调查仅覆盖了制造业，虽然后续工作也关注了服务业。）主要的调查结论如下：

● 总的来说，大约 80%的组织意识到了这个概念及其相关性，真正实施且以较先进的方式实施的大约有一半的企业。

● 企业系统地实施全员创新的平均时间为 3.8 年，这说明并不存在快速解决方案，必须作为一项重大战略承诺来执行。事实上，那些被认定为“CI 创新者”——运行良好的全员参与系统——的企业在这方面平均已投入 7 年。

● 全员参与对于很多企业仍然名不副实，它们的大多数努力都集中于车间，而不是组织的其他部门。企业的成熟水平与全员参与的发展之间存在一定的联系——“CI 创新者”群体更可能在整个组织推广这种做法。

● 不同企业实施员工参与创新的动机大不相同，但目的主要集中于提高质量、降低成本和提高生产率几个方面。

● 在全员创新的产出方面有一些有力的证据，每年人均提出建议 43 条，有一半已得到采纳。这个数据在测度和定义上可能存在差异，但是它确实支持了这样一种观点，在广泛的地域范围内劳动力存在巨大潜力——这不仅仅是发生在日本的现象。样本企业也报告了所产生的间接收益，包括提升士气和动力以及对变革的态度更加积极。

● 当然，这些建议能对提高绩效发挥作用才是最重要的，从调查中获得的证据表明核心战略目标受到了影响。

● 平均有 15%左右的改进涉及过程方面（如质量、运送、生产提前期和总生产率），平均有 8%的改进涉及产品成本方面。具有重要意义的是绩效的提高与企业在全员参与行为方面的成熟度相关。“CI 创新者”——将全员参与作为做事的方式取得成功的公司——也是获得最大盈利的公司，在上述过程方面平均盈利率为 19%～21%。

绩效区域（变化百分比）	英国	瑞典	挪威	荷兰	芬兰	丹麦	澳大利亚	样本平均（$n=754$）
生产率改进	19	15	20	14	15	12	16	15
质量改进	17	14	17	9	15	15	19	16
运送绩效改进	22	12	18	16	18	13	15	16
提前期缩短	25	16	24	19	14	5	12	15
产品成本降低	9	9	15	10	8	5	7	8

● 几乎所有的全员创新活动都是发生在“规范之内”的基础上，也就是说，作为正常工作模式的一部分，而不是作为一种自愿的“规范之外”的活动。这类活动大多以工作组的形式进行，虽然几乎有 1/3 的活动是基于个体的。

● 为了支持全员创新，工具和技术被广泛使用，特别是那些与发现和解决问题相关的技术和工具，80%的样本企业在使用。除此以外，在质量管理、过程控制和想法生成方面也使用了大量的工具，更加专业化的技术（如统计过程控制或质量功能展开）的应用并不那么普遍。更重要的是，即使是一般的发现和解决问题的工具，也只有大约 1/3 的员工接受了正规培训。

资料来源：Adapted from Boer et al.，*CI changes：From suggestion box to the learning*. 1999，Aldershot：Ashgate.

公司层面的研究支持这一观点。Ideas UK 是一个独立机构，为希望制定和维持员工参与计划的公司提供建议和指导。它起源于英国建议计划协会，为企业提供了解和分享全员参与方法和经验的机会。Ideas UK 对约 160 名组织成员进行的年度调查显示，其公司节省的成本超过 1 亿英镑，实施的创意平均价值 1 400 英镑，投资回报率约为 5∶1，员工参与率约为 28%。

具体的例子包括西门子标准驱动器（SSD）建议方案，该方案产生的想法每年为公司节省约 75 万英镑。这家电气工程巨头每年收到大约 4 000 个创意，其中约 75%付诸实施。制药公司辉瑞的方案节省了约 25 万英镑，Chessington World of Adventures 的创意计划节省了约 5 万英镑。当然，这在很大程度上取决于企业规模——例如，宝马 Mini 在考利的工厂节省了近 1 000 万英镑，它将此归功于员工的参与。

类似的数据也可以在其他国家找到。例如，美国员工参与协会（Employee Involvement Association）的一项研究表明，通过实施建议制度，公司每位员工每年可以节省近 200 英镑。据 Idea America 报道，大约有 6 000 个项目在运行。在德国，Zentrums Ideen 管理层报告的公司节省额如下（2010 年的数据）：德国邮政 DHL 2.2 亿欧元，西门子 1.89 亿欧元，大众 9 400 万欧元。重要的是，这些好处并不仅限于大型企业，也惠及中小型企业，比如 Takata Petri 节省 630 万欧元，Herbier Antriebstechnik 节省 310 万欧元，Mitsubishi Polyester Film 节省 180 万欧元。对 164 家德国和奥地利公司的 150 万名工人调查发现，约 20%（32.6 万）的工人参与其中，贡献了近 100 万个创意。其中有 2/3 实施，节省 10.86 亿欧元。在投资约为 1.09 亿欧元的情况下，这样的回报十分惊人。表 3-3 总结了这些成就。

表 3-3　德国和澳大利亚公司的全员创新

关键指标	数据
创意/每百名工人（个）	62
参与率	21%
创意实施率	69%
节省额/每工人（欧元）	622
投资额/每工人（欧元）	69
实现每个创意的投资额（欧元）	175
实施的每个创意的节省额（欧元）	1 540
创意/每年每员工	平均 6 个，最多 21 个

资料来源：Zentrums Ideenmanagement，2011.

来自欧洲各地的调查数据表明，大多数大型组织已经开始实施全员创新。另一项涉及七个国家 1 000 多个组织的大型调查提供了一份有用的资料，说明制造业中全员创新的实践和经验。总体而言，大约 80%的组织了解这一概念及其相关内容，但是实际的实施，特别是以更进步的形式进行全员创新，只有大约一半的公司能做到。[66] 研究札记 3.6 明确了支持员工主导型创新的四个促进因素。

研究札记 3.6　　员工主导型创新

英国的许多组织中，各级员工定期提供创意。朱利安·伯金肖和丽莎·杜克 (Julian Birkinshaw and Lisa Duke) 通过对这些组织的研究确定了四个关键因素。[28]

- 暂停：为员工在工作日提供创造性思维空间；
- 广阔的角色：帮助员工超越其指定工作的范围；
- 比赛：刺激行动，让创意的源泉流动起来；
- 开放式论坛：给予员工方向感，促进合作。

资料来源：Birkinshaw，J. and L. Duke，Employee-led innovation. *Business Strategy Review*，2013. 24 (2)，46-50.

越来越多的人意识到这一点，使得管理问题从是否需要员工参与变为如何做到。启动全员参与创新的难度远比不上维持参与以使组织真的发生变化。很多组织都有启动这个过程的经验——在“蜜月期”最初的想法和热情猛增，随后逐步消退直至很少或没有任何全员创新活动。我们对此不必感到惊讶，很明显，从长远来看，想要改变人们的思维和行为方式，就需要一个战略发展计划。蜻蜓点水式的培训加上一点总经理的热情，对于从根本上改变“我们在这里做事的方式”——组织的隐性文化——不可能有太大用处。

3.5 过程路线图

关于实施全员创新的研究表明，全员创新过程包括几个阶段，成效主要表现在系统发展、让员工参与进来的能力以及最终效益等方面。[22] 每一个方面都要花费时间，并且不能保证组织一定会成功进入下一个阶段。前进意味着必须找到克服不同阶段特定障碍的方法（见图 3-1）。

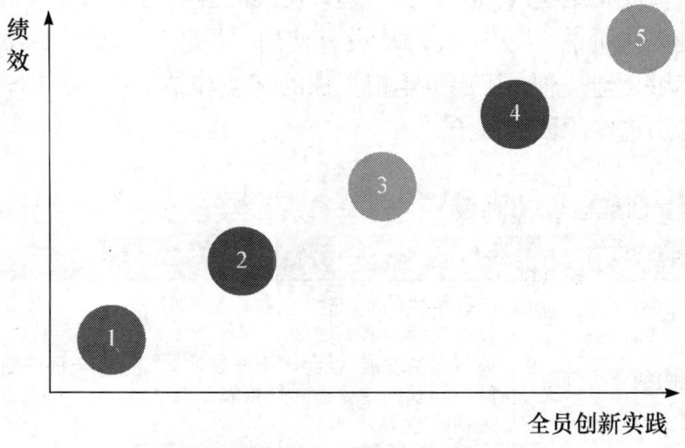

图 3-1　全员创新的五阶段模型

阶段1是我们所说的“无意识的全员创新”阶段。全员创新活动即使有也很少，而且本质上是随机的和偶然的。人们时常会帮助解决一些问题，例如，他们聚在一起解决一些涉及新系统或工作程序的问题，或者找出新产品的缺陷。但是，他们并没有正式地尝试去启动或组织这些活动，并且很多组织可能会阻碍这类活动。这一阶段正常的状态是，全员创新不是刻意追求的，没有得到认可，没有得到支持，甚至没有意识到。毋庸置疑，这类变革对组织几乎没有什么影响。

阶段2代表了组织动员全员创新的第一次正式尝试。它包括为了结构化和系统化地发现和解决问题建立一种正式程序，并培训和鼓励员工来使用。为了动员和鼓励员工持续参与而给予奖励/认可就是很好的支持形式。通过一定形式的系统管理想法，可以处理尽可能多的问题和取得尽可能大的进展，以及处理一些无法执行的想法。在整个系统的背后是有着合适机制的基础结构（团队、任务组或其他）、服务人员和一定形式的领导小组，领导小组保障全员创新的实施并对其运作进行监督和调整。如果没有高层管理人员的支持及承诺做后盾，所有这一切都不可能发生。为了保持进步，有必要进入全员创新的下一个阶段——关注战略重点和系统改进。

阶段3涉及将全员创新习惯与组织战略目标联系起来，使得各种本地团队和个体的改进活动能够与组织战略目标保持一致。为此，有必要增加一些关键的行为——战略部署、监控和测量活动。战略（或政策）部署包括对组织整体战略进行阐述，并将其分解为可管理的小目标，不同领域的全员创新活动参照小目标进行定位。与此相关的是，有必要学习监控和测量一个过程的绩效并由此来驱动持续的改进。阶段3的活动揭示了一个观点，全员创新会最终取得显著成效，例如，减少吞吐量次数、降低废品率、减少过多库存等。全员创新中大多数的“成功故事”能够在这个阶段找到，但这并不是旅程的终点。

阶段3中全员创新的局限性在于活动的方向很大程度上由管理人员制定，并限定在一定的范围内。创新活动可能出现在不同的层面——从个体到小组再到跨职能团队，但仍然是被动型的并受外部指挥。阶段4引入了一种新的要素——对个体和小组的授权，有助于员工主动试验和创新。

阶段5是名义上的旅程终点——每个人都充分参与试验和改进过程，分享知识，积极创建学习型组织。表3-4展示了每个阶段的关键要素。最后的任务就是建立共同的价值观将组织成员凝聚在一起，使其能够参与组织的发展。正如在一项研究中一名管理人员所说，“……我们从没有使用‘授权’一词！你不能对人进行授权——你仅仅能够创造一种员工愿意承担责任的环境和结构……”[46]案例研究3.7给出了一个组织经历这些阶段的例子。

表3-4 全员创新能力演化阶段

发展阶段	典型特征
1.“自然的”/不显眼的全员创新	问题解决的随机性 没有正式的努力或结构 偶尔迅猛发展，但会因不开展活动和不参与而中断 解决问题的主要模式是依靠专家 短期收益 不产生战略影响

续表

发展阶段	典型特征
2. 结构化的全员创新	正式尝试建立和保持全员创新 使用正式的问题解决过程 鼓励参与 对使用基本的全员创新工具进行培训 结构化的想法管理系统 认可系统 通常是平行的操作系统
3. 目标导向的全员创新	上述所有方面，加上正式的战略目标部署 监控和测量背离这些目标的全员创新活动 协调系统
4. 主动的/授权的全员创新	上述所有方面，加上责任机制和准时机制等，都是为了形成问题解决单元 内部指导而不是外部指导的全员创新 高水平的试验
5. 完全的全员创新能力——学习型组织	将全员创新作为主要的生活方式 自动获取和分享学习经验 每个人都积极参与创新过程 渐进的和突破性的创新

案例研究 3.7

为全员创新创造条件

Dutton Engineering 公司第一眼看上去并不像世界一流企业。一家拥有 28 名员工、专营钢铁行业电子设备的小型公司，应该是那种仅能糊口的企业。然而，Dutton 的营业额已经翻番，在 8 年的时间里员工人均销售额增加了一倍，退货率从 10%下降为 0.7%，超过 99%的送货都是在 24 小时内完成的——几年前仅有 60%的送货能在一星期内完成。这种转变不是在一夜之间发生的，而是始于 1989 年，最终取得了成功。Dutton 为其他小企业树立了一个榜样，表明小型工程企业也能进行变革。

发生这种转变的关键是承诺通过人的作用来改进，公司的创始人和变革的设计者肯·刘易斯（Ken Lewis）曾进行这种变革。工人被分成自我管理的四个组，自己制定工作计划，与顾客打交道，确定订单的成本，甚至确定自己的薪酬。公司已经从传统的周薪支付转换为“按年计算的小时制”，按照合约他们必须在一年之内工作 1 770 小时——这样灵活安排的目的是适应业务的高峰期和低谷期。公司对好的想法支付 5～15 英镑，同时拿出 20%的利润进行分享，公司简单的奖励制度和奖金计划对解决问题有很大的帮助。

资料来源：Lewis，K. and S. Lytton，*How to transform your company*. 2000，London：Management Books.

3.6 有效的团队合作

“这个国家要花 5 年来开发一款新车。那又怎么样，我们将在 4 年内赢得第二次世界大战……”罗斯·佩罗（Ross Perot）在20世纪80年代后期对美国汽车产业的尖锐评论抓住了很多现行的设计和汽车制造方式的失误之处。在随后的若干年里，美国汽车产业在缩短开发周期上取得了显著的进步，福特和克莱斯勒等公司极其成功地缩短了时间并改进了质量。大多数进步都是通过广泛的团队合作取得的。正如福特公司金牛项目团队的经理卢·瓦拉尔蒂（Lew Varaldi）所说，“……你会对团队成员所作出的贡献和承诺感到惊奇……我们永远不会走老路，因为我们很清楚它们会给团队带来什么……”[67]

实验证明，相对于个体而言，小组能够更加顺畅地生成想法和更加灵活地找到解决办法。这是我们在完成创新任务时倾向于进行高水平团队合作的主要驱动力，因此要在项目团队、跨职能团队和组织间的问题解决小组以及一些关注渐进性和适应性创新的工作组内进行高水平团队合作。

许多人将“群体”（group）和“团队”（team）这两个词混用。一般来说，群体指的是彼此很靠近的一群人。群体可以被认为是某种统一体，或者由于某种相似性而被归为一类的一些人。对我们而言，团队是指组织中为一个共同的目的或目标而聚集在一起的个人的组合。团队是一个群体，必须在某个企业或某个任务上进行专业工作上的合作，并为结果共担责任。有多种方法可以将工作群体与团队区分开来。与我们共事过的一位高管将群体描述为除了邮政编码以外没有任何共同点的一些个体。团队的特点是有一个共同的愿景。

对于解决创新性任务的高绩效项目团队的特征已有大量的研究，主要结论是这种团队很少是偶然形成的。[68]高绩效团队取决于团队建立过程中的选择和投资过程，对团队作用和任务的明确指导，以及对团队过程和任务管理的关注。[18]在阿什里奇管理学院（Ashridge Management College）团队合作计划中进行的研究为“超级团队”开发了一种模型，该模型包括建立和管理内部团队的一些要素以及与组织其他方面的接口。[19]

霍尔蒂、纽曼和斯坦丁（Holti，Neumann and Standing）对开发团队合作的关键因素进行了有益的总结。[69]虽然目前大量的研究都强调团队合作，但是我们应该清楚团队并不总是解决问题的办法。特别是，在将名义上的一些团队进行整合时可能存在风险，未解决的冲突、个性冲突、缺乏有效的组织过程以及其他一些因素可能会削弱团队合作的效果。特朗菲尔德（Tranfield）等人对不同环境中的团队合作问题进行了研究，强调根据任务和环境来选择和建立合适的团队。[70]

团队已逐渐成为一种跨越组织内部界限的机制，事实上，在处理组织间的问题时也是如此。跨职能团队既能够汇聚完成诸如产品开发和流程改进等任务所需的不同知识集，也能够消除一些深层次观点上的差异。[71]劳伦斯和洛施（Lawrence and Lorsch）在对组织差异化和整合进行的开创性研究中发现，部门间的冲突是产生摩擦的主要来源，降低了组织的工作效率并造成组织运作中的一些困难。成功的组织是那些使用多种方法进行跨小组整合的组织——跨职能团队是最宝贵的资源之一。[49]但是，正如我们之前指出的，建立这样一种团队是一项重大的战略任务——它们不是偶然形成的，需要付出额外的努力来有效地解决一些潜在的价值观和信仰冲突。

在一定的自主范围内，自我管理团队的合作是非常有效的。例如，霍尼韦尔公司

(Honeywell）的国防航空电子设备厂由于自我管理团队的作用在准时交付上有很大改进——从20世纪80年代的低于40%到1996年的99%。[72] 荷兰最成功的一家巴士公司是Vancom Zuid-Limburg，该公司各方面的绩效都提高了，并拥有较高的顾客满意度。公司将成绩归功于自我管理团队的使用和管理费用的减少。在其系统内，一个管理人员管理超过40名司机，而该行业的平均比率是1∶8。公司也鼓励司机参与诸如维修、顾客服务和计划等方面问题的发现和解决过程。[73]

影响高效团队合作的关键因素包括：

- 明确定义的任务和目标；
- 有效的团队领导；
- 团队角色和个人行为风格的良好平衡；
- 小组内部有效的冲突解决机制；
- 与外部组织的持续联络。

通常，团队会经历四个发展阶段，广为人知的是“形成、震荡、规范化和执行”[74]四个阶段。也就是说，各种力量汇聚在一起，然后经历一个解决内部的领导、目标等方面分歧和冲突的阶段。从这个过程中得到的就是对管理团队工作方式的共同价值观和规则的承诺，只有经历这个阶段，团队才能有效地完成任务。

团队绩效的核心在于团队本身的组成，以及小组角色要求与个体行为偏好之间的良好匹配。贝尔宾（Belbin）在提供团队角色匹配方法方面进行的研究很有影响力，详见研究札记3.7。他将人分为几种角色类型，例如，“深藏不露者”（新想法的来源)、“资源调查者”、“塑造者”、“完成者/终结者”。研究表明，最有效的团队是那些拥有不同背景、能力和行为风格的团队。在一项著名的试验中，由非常聪明的但十分相似的人组成的“阿波罗”团队的表现，始终比由智力一般、不同的人组成的小组的表现差。[20]

研究札记3.7　　贝尔宾研究中的团队角色

贝尔宾提出了一个开发团队的流行框架，提供了九个关键的团队角色，认为大多数人只适应两个或三个不同的角色：

- 协调者——有效识别人才和代表，但可能被视为免费搭便车和支使别人。
- 团队工作者——合作，但可能优柔寡断。
- 资源调查者——开发联系人，但可能过于乐观。
- 深藏不露者——创造性问题解决者，但不太注意细节。
- 专家——有深厚的知识和丰富的经验，但可能太狭隘。
- 塑造者——高度驱动，但可能不敏感并具有侵略性。
- 实施者——务实，但可能不灵活。
- 监督评估员——聚焦战略，但可能过于挑剔。
- 完成者/终结者——打磨和完善结果，但倾向于悲观。

资料来源：Belbin，R. M.，*Team roles at work*. 2nd ed.，2010，Routledge，www.belbin.com.

随着对跨边界和分散的团队活动越来越关注，一系列新挑战出现了。在极端情况下，一个产品开发团队可能在伦敦开始工作，然后当天将任务移交给他们在美国的同事，在美国的同事又转交给他们在远东的同事——24小时不停地进行开发活动。这使得生产率的提高成为可能，但是只有当分散的和虚拟的组织的管理问题得到解决才行。同样，要实现跨边界分享知识，取决于良好的结构和机制。[75]

很多尝试使用小组来解决问题的人发现，使用小组并不总是简单的、愉快的或有效的。表3-5总结了一些关于使用小组进行创新的积极作用和消极影响。

表3-5　使用小组可能产生的积极作用和消极影响

使用小组可能产生的积极作用	使用小组可能产生的消极影响
知识和信息的极大可获得性	来自统一思想的社会压力限制了贡献并增加了一致性
有更多的机会相互交流；在他人想法的基础上形成和完善想法的可能性增加	小组思考：小组在选择上一致，似乎达成了高度一致，但忽视了质量
更多的经验和观点可以利用	强势的个体主宰局面并对结果产生不公平的影响
参与问题解决过程可以增进对结果的理解、接受、承诺和享有	个体在小组内不太富有责任感，小组作出危险性的决定
更多的小组发展机会；更多的凝聚力、沟通和友情	冲突的个体偏见可能导致低生产率的竞争；导致出现“赢家”和“输家”

资料来源：Isaksen and J. Tidd，*Meeting the innovation challenge*．2006，Chichester：John Wiley & Sons，Ltd.

研究札记3.8探讨了不同的团队实践如何提升突破性项目的创新绩效。

研究札记3.8　　突破性创新的团队合作

一项针对1 207家公司的调查旨在确定不同的组织实践如何提升创新绩效，研究了包括跨职能团队、团队激励、质量圈和ISO 9000质量标准在内的12种常见实践对成功开发新产品的影响。该研究发现，根据开发项目的新颖性，不同实践的效果存在显著差异。例如，质量圈和ISO 9000都与渐进性的新产品开发有关，但这两种实践都对突破性的新产品开发产生了明显的负面影响。这与其他关于新产品开发的研究结论是一致的，我们将在第9章进一步讨论。然而，研究发现团队和团队激励的使用对渐进性和突破性的新产品开发都有积极的影响。这表明在运用所谓的最佳实践方式时要非常谨慎，因为它们的影响往往取决于项目的性质。

资料来源：Prester，J. and M. G. Bozac，Are innovative organizational concepts enough for fostering innovation? *International Journal of Innovation-Management*，2012. 16 (1)，1-23.

我们对于高绩效团队的研究与以前的研究一致，即以下一些特征能够促成有效的团队[7]：

● 一个明确的、共同的、鼓舞人心的目标。拥有一个明确的、鼓舞人心的目标意味着在小组面对的主要任务上达成了相互理解的、共同的协议。当团队成员对未来的理想状态拥有共同的愿景时，朝着共同目标迈进的团队合作就会发生。创造性的团队拥有明确和共同的目标。目标是明确和令人信服的，但也是公开并富有挑战性的。低创造性的团队在议程上有冲突，拥有不同的使命，对最终结果不能达成共识。缺乏创造性的团队需要完成的任务是被严格限制的常规工作，过于结构化。

- 以结果为导向的结构。当高绩效团队内部个体的努力得到充分认可时，他们感到很有成效。公开的沟通、明确的任务协调、清晰的角色和责任、监测绩效、提供反馈、基于事实的判断、有效率和公正的管理，所有这些结合起来创造了一种以结果为导向的结构。
- 有能力的团队成员。有能力的团队由能干的、有主动性的成员组成。成员必须拥有必要的技能和能力、强烈的作出贡献的愿望，能够有效地合作，并有一种责任感。他们必须了解与任务相关的知识（或者其他相关领域的知识）以及合作的程序。创造性团队认识到各成员的优势和才能并有针对性地使用。
- 统一的承诺。拥有一个共同的承诺涉及小组成员的反应方式。有效的团队有一种共性：成员相互支持，忠诚于共同的目标与愿景，并愿意牺牲自我以达到组织目标。团队成员乐于贡献并庆祝他们的成就。
- 合作氛围。创造性的团队并不是简简单单能够造就的，需要一种支持合作和协作的氛围。这种情形的特征是彼此信任，每个人在讨论想法、提供建议时都很舒心，并且想要考虑多种方法。
- 卓越的标准。有效的团队建立了明确的卓越的标准，涉及个人承诺、动机、自尊、个人绩效和不断改进。团队成员对他们将要依赖的规则有清晰明确的理解。
- 外部支持和认可。团队成员需要获得资源、奖励、认可、知名度和社会成功。作为个体受人喜爱和崇拜，为属于一个团队并为之作出贡献感到骄傲，对于保持高水平的个人能力往往是有帮助的。随着在更大、更复杂的组织内对跨职能和跨部门的团队的使用越来越多，团队必须获得支持和鼓励。
- 有原则的领导。领导对于团队很重要。无论是正式任命的领导者还是紧急安排的领导者，对重要的事情施加影响并鼓励取得成绩的人通常遵循一些基本的原则。领导者提供清晰的指导、支持和鼓励，使大家一起努力向前迈进。领导者也会努力从团队外部和内部获取资源和支持。
- 恰当地使用团队。当任务和实际情况确实需要使用团队时，团队就会形成。有时应对团队在何时使用和为何使用设置清晰的界限。最容易摧毁一个高效团队的方法就是过度使用或不恰当地使用。
- 参与决策制定。鼓励团队合作的最好方法就是让团队成员参与到识别挑战和机会、生成想法并将想法转化为行动的过程中。参与问题解决和决策制定事实上就建立了团队并增加了决策得到接受和实施的可能性。
- 团队精神。有效的团队知道如何干得高兴以及缓解紧张情绪和放松管制的必要性。有时关注的重点是发展友谊，在参与任务过程中获得快乐和互动。形成良好的团队氛围不仅仅需要合作精神。创造性团队能够在没有重大个性冲突的情况下工作，对他人的贡献表现出高度的尊敬。低创造性团队的特征就是敌意、妒忌和不同的政治立场。
- 接受适当的改变。团队在组织和确定任务时面临挑战。团队要保持高效，必须学会对程序作出一些必要的改变。当团队在如何运作方面进行了一些根本性的变革时，对不同的价值观和偏好也可能需要调整。

团队在进行有效管理时也会遇到一些挑战。我们都见过团队“出错”。研究札记3.9提出，单一认知方式占主导对团队创新可能是不利的。随着团队的发展，有一些方法或准则对于帮助团队进入正轨可能是有益的。哈克曼（Hackman）确定了一些与设计、领导和推动团队发展的人相关的特征。在对大量组织的工作团队进行研究后，哈克曼发现，一些看似微不足道的因素在团队管理过程中如果被忽略，就会摧毁团队的运作能力。这些影响大问题的微小且通常隐蔽的“绊脚石”包括[76]：

- 群体与团队。管理团队时经常犯的错误之一就是将群体叫作团队，事实上却将其看作一群人的松散集合。重要的是必须清楚潜在的目标和奖赏结构。人们常常被要求以团队的形式执行任务，后来对于绩效的评价却是基于个体的。这种情况传递了相互矛盾的信息，可能会对团队绩效产生负面影响。
- 目的和手段。管理团队的权力要进行微妙的平衡。这仅仅是决定授予多大权力给团队让其完成团队任务吗？那些把团队召集起来的人经常通过明确结果以及规定团队应该如何达到目标对团队进行过度的管理。对结果、方向或外部界限的限制应该予以明确，但达到目的的手段应该在团队的权力和责任范围内。
- 结构化的自由。将一组人集合起来并仅仅以一般的和不明确的口吻告诉他们需要完成什么，接下来就让他们自行决定一些细节，这是极其错误的。有时候，我们认为如果是创造性的团队，就不应确定其结构。但事实证明，大多数有结构的团队是可行的——如果结构和团队相匹配。团队通常需要一个清晰定义的任务。团队应该由适当数量的成员组成，既便于管理，也可以保持一定的多样性。他们应该对团队的权力界限和职责有清楚的了解，有足够的自由采取主动并充分利用团队成员的多样性。这就需要在结构、权力和边界，以及自由、自主和主动性之间建立一种适当的平衡。
- 支持性的结构和系统。通常团队目标会遇到挑战，组织往往因未能提供足够的支持而难以使目标变成现实。一般来说，高绩效团队需要一个认可和强化优秀团队绩效的奖励制度。高绩效团队也需要得到高质量和足够的信息，以及相关工具和技能上的培训。良好的团队绩效也依赖于足够的物力和财力。将群体称为团队并不意味着群体会自动获得完成任务所需的所有支持。
- 假定的能力。技术技能以及相关领域的专长、经验和能力往往是有些人进入小组的原因，但这些并不是使团队取得有效绩效唯一须具备的个人能力。团队成员无疑需要接受相应的培训以便在团队中更好地工作。

研究札记 3.9　　团队-成员认知风格

本研究考察了团队成员的不同认知风格对创新项目绩效的影响，特别关注了具有以下三种认知风格——创造性、服从规则和团队、注重细节的成员在团队的构成比例。通过对20个研发团队（331名参与者）和21个制造团队（137名参与者）的数据分析，研究人员发现在一个团队中包含创造性成员和遵从性成员能够促进团队的突破性创新，包含注重细节的成员则会阻碍创新。创造性成员增强了任务冲突，阻碍了团队对标准的遵守。相比之下，遵从者减少了任务冲突并增强了团队对标准的遵守。然而，虽然创造性成员加强了任务冲突，而遵从性成员阻碍了任务冲突，但任务冲突并不解释突破性创新。

研究人员发现，突破性创新的理想团队构成是22%的创造性成员，16%的遵从性成员，以及11%的注重细节的成员。在大多数创新团队中，效能水平和团队对标准的遵守程度都低于平均水平，但任务冲突水平处于平均水平。团队效能在认知风格对创新的影响中发挥中介作用。团队效能是指团队成员对团队完成任务的能力的普遍信念。效能与团队创新呈非线性关系。低水平效能表示对团队能力缺乏信心，高水平效能则与项目进展相关，但团队满足于平庸的结果。由创造性成员主导的团队有较高水平的任务冲突、较低水平的效能和对标准的遵守，但创新水平并不高于平均水平。由注重细节的成员和遵从性成员主导的团队有最高水平的效能，但创新水平最低。

团队成员如果只关注细节并坚持严格的标准，可能会阻碍团队承担风险和即兴创新。正如谷歌前视觉设计师道格拉斯·鲍曼（Douglas Bowman）所说：

> 当一家公司满是工程师时，它就会转向工程学来解决问题。将每个决策简化为一个简单的逻辑问题。去掉所有的主观性，只看数据……［例如］谷歌的一个团队无法在两种蓝色中做出选择，所以他们测试了每种蓝色的41种色调，看哪一种表现得更好。我最近有一场关于边框应该是3像素、4像素还是5像素宽的辩论，而且被要求证明我的观点……这些数据最终成为每个决策的拐杖，使公司陷入瘫痪，阻止它做出任何大胆的设计决策。（Bowman，2009，Why designer Doug Bowman quit Google，http://stopdesign.com/archive/2009/03/20/goodbye-google.html）

资料来源：Miron-Spektor，E.，M，Erez，and E，Naveh，The effect of conformist and attention-to-detail members on team innovation. *Academy of Management Journal*，2011. 54 (4)，740－60.

研究札记3.10揭示了多元文化团队面对的一些挑战。

研究札记3.10　　多元文化团队

多元文化团队被视为创造力和创新性的潜在来源，但也存在认知、沟通和行为方面的挑战。这项纵向研究在两年内跟踪了五个创新团队。

跨文化团队被发现有很高的创造潜力，却面临不同的工作和沟通方式所带来的困扰。其优势包括有更广泛和更多样化的信息和知识。团队能快速适应表层的文化差异，例如沟通方式的差异，但是，团队领导者与团队成员之间权力距离的不同会引发冲突，从而对创新过程产生深刻的影响，尤其是降低动力和凝聚力。

资料来源：Bouncken，R.，A. Brem，and S，Kraus，Multi-cultural teams as a source for creativity and innovation：The role of cultural diversity on team performance. *International Journal of Innovation Management*，2016. 20 (1).

3.7　创造性的氛围

> 微软的唯一资产就是人的想象力。
>
> ——比尔·盖茨

很多伟大的发明都产生于幸运的偶然发现，例如，维可牢尼龙搭扣、即时贴使用的黏合剂或者浮法玻璃生产原理。但是如路易斯·巴斯德（Louis Pasteur）所说，“机会青睐那些有准备的人”，我们可以依据对创造性过程的理解来创造此类“意外”能够发生的条件。

创造力的两个重要特征与此相关。首先要认识到创造力是每个人都有的一种特性，但是人们习惯的表现方式有很大差异。[77]一些人习惯提出质疑宇宙运作方式的想法，一些人喜欢小的增量变化——提出慢慢地改进他们的工作或工作环境的想法。（这部分解释了为什么如此多的有创造力的人——艺术家、作曲家、科学家——被认为“难以理解”或者其行为方式很难被一般人接受。）这对我们如何在组织中管理创造力有所启发：正如我们所看到的，创新包括新想法从产生到广泛使用的过程，而不仅仅是发明。尽管在这个过程中最初的灵感需要一个巨大的创意上的飞跃，但剩下的很多步骤涉及无数小的发现和解决问题的活动——每一类活动都需要创造性的投入。前者需要特定个体的技术或灵感，后者则需要许多不同的人在一段连续的时间内的投入。电灯、即时贴或任何成功创新的发明实际上都整合了很多创造性个体的努力。案例研究3.8讨论了谷歌的方法。

案例研究3.8

谷歌中创新的组织氛围

谷歌似乎已经向其他的创新型组织（如3M公司）学到了一些东西。技术人员现在将20%的时间用在自己喜欢的项目上而不是核心工作上；同样，管理人员将20%的时间用在核心业务以外的项目上，10%的时间用在新产品和业务的发展上。如果有可能或有必要，他们花在新的非核心业务上的时间可以不按月或按周均匀分配。这些是合同中规定的义务，受到绩效评估和同行压力的强化，是员工25种测量方式中的组成部分，也是组织为员工设定的目标。新想法将通过正式的资格审查过程，包括提交原型、新产品试制和真实用户测试。新的想法和项目的评估是高度数据驱动的且实证的——反映企业的IT基础，并且是基于300名员工用户、谷歌的1.32亿用户群和可信任的第三方的严格试验。方法是不断变化的，从某种意义上讲，很多想法是在鼓励之下产生的，虽然大多数失败了，但也有很多成功了，这取决于市场的淘汰和选择。产生大量备选的产品，让它们经受市场的检验，并容忍快速的失败，是这个过程的关键。为此，公司声称要生产100种新产品，包括Gmail，AdSense和Google News。

然而，我们应该认真分析原因，确定哪些方面可以被其他公司借鉴。迄今为止，谷歌的成功主要是通过在技术基础设施（估计超过100万台电脑）上投巨资占领全球搜索引擎服务市场来实现的。它的商业模式是基于“普及第一，利润第二”的思想，并仍然依靠基于搜索的广告。用这种方式获得的利润使得它可以雇用最好的员工，并提供创新的空间和动力。尽管如此，估计谷歌只有大约120种产品，有的重量级产品是通过收购获得的：YouTube的视频内容，DoubleClick的网络广告，以及Keyhole的绘图（现在是Google Earth）。在这方面，谷歌更像微软，而不是3M公司。

资料来源：Iyer B. and T. H. Davenport，Reverse engineering Google's innovation machine. *Harvard Business Review*，April，58-68，2008.

组织结构可以说是一种创新文化的有形实体，这种文化有利于创新蓬勃发展。文化是一个复杂的概念，但是它基本等同于影响创新行为的共同价值观、信仰和一致认可的准则，换句话说，它就是任何组织的“我们在这里做事的方式”。沙因（Schein）认为文化能够从三个相关的层面上进行理解，其中最深层次、最难触及的是每个人对于世界所持有的信念——那些被视为“理所当然”的假设。这些塑造了个体的行为方式，这些行为方式在与社会和集体进行磨合后就确定了团队的主要行为准则和价值观。最后，与这些准则相一致的行为创造了一系列的人为现象——结构、过程、符号等，这些现象又强化了行为模式。[78]

基于这种模式，我们清楚地发现，管理不能直接改变文化，但是能通过提供模式并强化想要的行为风格以及通过改变结构或过程来从人为现象层面进行干预。这种文化变革行动已在向全面质量管理和其他需要更多参与文化的组织模式转变的环境中广泛试行。

很多学者对促进或压制创造力的条件进行了研究。[23]坎特（Kanter）[8]列举了一些扼杀创新的环境因素，包括：

- 严肃的纵向垂直关系；
- 低效的横向沟通；
- 有限的工具和资源；
- 自上而下的命令；
- 变革过于正式化且空间有限；
- 强化自卑文化（如来自外部的创新总是好的）；
- 没有重点的创新活动；
- 不支持创新的会计活动。

这些因素的作用就是创造和强化组织行为准则，这些准则抑制创造力并导致创新中的文化缺失。从这个方面来看，开发一种创造性的文化并不是一件简单的事情，因为它由复杂的行为网络和人为现象组成。这种文化的改变不可能很快发生或者由单一的行动产生（如一种新技术的重建或大规模培训）。

相反，建立一种创造性的文化涉及组织结构的系统发展、沟通政策和程序、奖励和认可制度以及战略部署。包括库克和理查兹（Cook and Richards）在内的很多学者对在不同类型的组织和不同的国家文化中建立创造性组织的机制进行了描述。[24]

设计有效的奖励制度很重要。很多组织的奖励系统注重的是重复执行任务的绩效，而不是鼓励新想法的开发；认为成功总是源于“一板一眼地做事”，而不是质疑和改变事情。相比之下，创造性组织研究如何鼓励和奖励创新性行为。奖励系统的典型例子就是“双重阶梯”的设立，这使得技术型创新员工不需要走上管理岗位就能够在组织内获得晋升。[79]

研究札记3.11考察了领导力和文化对新产品开发成功的相对贡献。前沿视点3.1提供了领先的创新咨询公司对组织创新的见解。

研究札记3.11　　领导力与文化

企业文化和领导行为都可以独立或共同地驱动企业创新。以创新为导向的企业文化反映了大量组织成员共享的价值观、规范和工作，与此相反，领导行为试图从高层引导创新。

本研究考察了高管变革型领导和创新型企业文化对新产品频率的相对影响。根据136位高管和414名下属的配对数据，创新型企业文化比高管变革型领导更有效地提高新产品推出的频率。

资料来源：Stock，R. M. and N. L. Schnarr，Exploring the product innovation outcomes of corporate culture and executive leadership. *International Journal of Innovation*，2016. 20（1），1650009.

前沿视点 3.1

提升创新的能量

创新是企业界最看重的事情，并不仅仅是一个时髦的词。创新在商业领域是很关键的，它帮助组织在经济繁荣时期获得增长，在困难时期存活下来。在21世纪，可以毫不夸张地说，对于大多数商业部门，固步自封就是等死。这就是为什么几乎每个企业都接受了创新这一商业规则。

为什么有些企业取得了成功而有些企业失败了？成功的企业区别于失败的企业的组织特征是什么？创新只是与运气或规模有关吗？

我们花了16年的时间来研究全球最大、最成功组织的数千个创新项目。为此，我们曾卷起衣袖一直工作到深夜，以完成增量创新项目和市场变革行动。我们发现有些公司的创新非常厉害，而有些公司无论怎么努力就是不能成功。我们得到了一些独特的关于创新的见解，这些见解在很多国家和部门得到了检验。

好消息是已经存在一种清晰的模式，它可以确定你的组织是否具有创新天赋，坏消息是没有一个商业概念可用来描述这种模式、这个“法宝”。事实上，它比传统的商业概念（如战略分析、仔细思考）更糟糕，通常是弊大于利。创新是对新事物进行尝试，不能过于谨慎。我们的大脑无法使用传统的战略方法计算得到答案。

成功创新背后的模式是什么？我们将其称为创新能量。概括地说，它是三种力量的融合：个人的态度、团队行为动力以及组织提供的支持。三种力量的融合构成一个完美组合，无论组织是偶然找到还是仔细找到，它都来自社会化或人性化的方面，而不是一种商业概念。其核心就是创新以人为本。

我们都知道，是人而不是过程让事情发生。大多数公司善于建立过程，但在最大化利用人力资源方面非常糟糕。有多少次你听到领导者说“我们最大的资产就是我们的员工”？然而就是这些领导者将“最大的资产”关在灰色的办公大楼里，用公司琐事来限制他们，使其每天被困在数百封邮件中。工作不一定只消耗能量，工作也能够创造能量。创新能量是指一群拥有正确态度和行为的人在一个有利于创新的结构化组织中一起工作产生的力量。能量不是就这样产生的。想想是什么让你充满激情——你最喜欢的足球队，和你的孩子一起玩耍，有一个为之奋斗的理由。缺乏激情的生活会让人变得呆滞和迟钝。商业中也是如此，除非聚集一大群人。将50个人聚在一起，集体的惰性和能量都是巨大的。要么互相鼓励学习，要么互相攻击。因此，能量比其他任何资源都需要管理。能量决定了创新的成败。

我们对管理创新能量的三个要素即态度、行为和结构进行了细分。

态度

一个明显的事实是创新需要我们对自己的工作和如何利用自己的时间进行敏捷的思考。创新本身就是具有威胁性的和令人振奋的。在一个组织内并不是每个人都能以敏捷的思维进入工作岗位——我们都知道每个部门和每个团队都有愤世嫉俗的人。创新团队需要大量具有正确态度的人和一些至少“中立”的人。

我们在大型企业的经验显示，金钱几乎不能激励或影响态度。我们见过的大多数能对公司现状作出改变的人在内心深处都想要做一点有意义的事，想要留下一点印记，想要得到团队的认可。这些听起来很简单、很明显，但经过深入思考会发现，管理的任务就是要回答如下问题：为什么有些人这么在乎夜以继日地工作，对细节进行争论，反复深入地思考？唯一的原因就是他们喜欢法人团体所追逐的目标。这种感觉很好，他们因为是其中的一分子而感到高兴。这也就是为什么愿景和目标对创新如此关键。它们是创新能量的命脉。

但是怎样使员工受到公司宏伟愿景的激励呢？危机将会帮助你做到这一点。假如每个人都真正了解如果没有任何变革，公司面临激烈的竞争将会有什么后果，那么这将是激励员工创新的催化剂。

20世纪90年代初期，挪威的一家报业公司认识到作为一个传统的媒体将不会获得持续的发展，因此它决定采用达尔文式的创新方式，宣称“不是最强大的物种能生存下来，也不是最聪明的能生存下来，而是最适应变化的能生存下来”。该公司在新传媒上投入巨资，有意识地将其打造为一个传媒公司而不是一家报业公司。在这个过程中，它有效地将旧商业模式进行拆解以适应新的模式。到2007年，公司成为斯堪的纳维亚最成功的传媒公司，收入超过10亿英镑。更关键的是，到2009年公司将近60%的收入来自网上业务。

但仅有野心是不够的。公司需要在个人层面上对员工进行鼓励。这意味着要确保组织中的每个人都拥有自己的快乐时刻。

我们发现，将某人的认识从“那又怎样，那又如何”转变为“那就是我们工作的原因”的力量是惊人的。将高级管理人员与现实中的人们和顾客联系起来时，通常会发生这种状况。某公司在过去20年里一直以同一方式生产同样的吸入器，当这个公司的总裁面对面接触一个痛苦的哮喘患者，看到患者在他的孩子面前很不好意思使用这种“吹气机”时，一定会被深深触动。

那些真正成功进行创新的公司能够设法将个人的愿望整合到某类更大的、共同的目标之中。这类目标往往很明确并出奇的简单。宜家家居公司在经营中并不是销售简单包装的家具，而是在朝着“为人们创造更美好的日常生活”这一方向努力。在苹果公司，史蒂夫·乔布斯对其团队提出的挑战就是创造并销售一些“好到你想要亲吻它们”的产品。这些公司基于共同的目标，成功地将从董事会到车间的所有人联合起来：他们的工作也是值得称道的。

行为

行为与过程是紧密相连的。我们的每一次互动都会对以后的谈话或会议产生强大的持续的影响。如果意识不到这一点，我们在进入会议室之前就都是糊涂虫——我们和某些人一起承担风险，和某些人一起阻碍组织发展。因此，打破现有的行为模式需要不可思议的强大力量，公司需要清晰地说明它们需要员工怎样围绕创新开展工作。

许多我们已经学会的并成功帮助我们工作的行为实际上与创新行为是相悖的。我们暂且不考虑判断性思维方式，而是考虑酝酿——通过合作来形成想法。我们有必要忽略幻灯片里图表中的数据，重视真实顾客的经验，因为顾客正忙于对付我们粗制滥造的东西。

最有用的创新行为强调新颖（试验新的东西）、酝酿（通过合作来形成想法）、真实（快速地将一个想法转换成顾客能够购买的形式）、勇敢（否决的胆量）和发号施令（帮助一个团队在创造性行为和分析性行为之间抉择）。让我们来详细分析最后的行为。我们发现必须至少有一个足够聪明的人能够对组织动力进行评判。我们将之称为"发号施令"，这确实是一门艺术。这听起来就像是：伙计们，让我们退一步，我们陷入对这个想法的分析中，可能会毁了这个想法。如果没有这种行为，分析和创造的边界就会变得很模糊，创新就会失败。

问题是很多组织陷入了一种思维定式，使用一些无意义且乏味的语句来描述行为。它们在宣传中都强调"诚实""激情""顾客至上"，却没有付诸行动。很多首席执行官非常积极地开展价值观方面的活动——只是提出几个词，他们本身并不支持，却又不敢公开承认。他们的沉默令人深思。

创新需要对什么是好的、什么是不好的进行清晰的表述，而最有效的方式就是讲故事。加利福尼亚斯坦福研究院（Stanford Research Institute，SRI）的库尔特·卡尔森（Curt Carlson）讲了一个故事：他问你是否会跳入一个有一点粪便的水池。答案肯定是不会，无论那个水池有多大，如果有人在水池里留下了一点点恶心的东西，没有人会跳下去！故事很粗俗，却以一种很有效的方式提醒我们玩世不恭是创新的最大敌人。抬一抬眉毛或不屑一顾的冷笑就会扼杀一个刚刚萌芽的想法。这个故事被多次讲述，它传递的一个信息就是某些特定的行为在组织内是不能容忍的。SRI 的每个人都知道不能有破坏性的行为，即使是很轻微的。

其他一些公司用故事来表扬好的行为。好的故事需要明确提到某些人，解释他们的行为，详细阐述他们取得成功的方式，接着解释是什么原因使得这些人的行为这么特别并值得关注。

作为国际半导体行业的龙头企业之一，赛灵思公司（Xilinx）的董事长维姆·鲁兰茨（Wim Roelandts）在组织内部分享了一个关于团队的故事，这个团队在一个项目上花了几个月的时间，最终没有取得想要的结果。在项目失败后，鲁兰茨公开宣布该团队将参与另一个高端项目。他解释说："作为一家技术公司，最容易失败的项目就是最难的项目，因此如果你仅仅奖励成功的项目，那么没有人愿意承担难度大的项目。你必须奖励失败，并真正相信如果员工从失败中学到了经验，那么失败是一件好事。"

这种故事具有激励作用并很容易被团队里的每个人理解。讲故事比那些使命陈述、信条卡或海报上用词优美的价值观更加振奋人心。如果使用恰当，故事能够帮助人们将行为转化为习惯。一旦成为现实，组织就开始创造自己的可持续能量源，其他竞争者几乎无法复制或窃取。

结构：组织的创新支持

创新能量并不仅仅是利用正确的态度和正确的行为就能得到的，组织对于创新的支持和指导也很重要。最具创造力的公司就像一条拥有清晰的路径的河，比一条充满障碍和支流的河流动得快得多。这种公司拥有简单而集中的结构和过程（可以打破），使得员工能够更自由地工作而不是挡道。

有多种方式可以疏通河流：奖励、资源、沟通、灵活的过程、环境和领导，我们看看最后两项。

一个企业的物理环境对能量具有重要影响。工作空间对于在组织内创造所需的能量提供了巨大的机会，但也是扼杀能量的陷阱。通常是企业的政策而不是战略目标决定了企业的结构！很多组织都是在灰暗的、普通的办公楼内办公，相同的办公桌整齐地分排摆放；我们发现在这种办公室工作的人倾向于提出一些灰暗的、常见的和一致的想法。那些创造了充满活力的空间的公司获得了最大的回报，充满活力的空间有助于企业创造自己的品牌并将员工凝聚在一起。

在加利福尼亚埃默里维尔设计新总部时，皮克斯电影公司（Pixar）采用了从内到外的设计风格，确保想法能够在公司内部不同的专家之间交流。确保想法在像大型飞机机库那样的空间交流的关键是建筑的"心脏"——大的开放的核心区域，在这里，公司的左脑（技术人员）和右脑（创意人员）能够彼此碰撞，即使他们属于不同的独立领域。为了促使员工进入共享区域，设立了收发室、餐厅、游戏室和放映室。空间的巧妙利用消除了障碍，员工能够和临时团队以外的成员交流。

然而，如果没有正确的领导，创造性结构和精巧的建筑所起的作用会很小。公司的领导对组织的创新至关重要。领导者要有野心，对公司的目标和自己的角色有所理解，以保持创新能量的流动。

最优秀的领导者工作有重点，更关键的是，使员工工作有重点。许多时候，我们发现许多公司关注太多事情，结果只取得了极少的成功。这就像机场有很多飞机却没有足够的跑道让其着陆一样。飞机就是想法，而跑道是将创意转化为现实的商业能力。从本质上讲，创新需要很多空余时间，需要很多没有计划的时间，因为你永远也不知道想法会朝哪个方向发展或者你需要为此花费多少时间。因此，如果你的日程安排得很满，那么你永远也不会创新，永远也不会真正成为创造性人才。

从大多数关于伟大的创新的故事中，你会发现它们有一个共同点：突出重点。创新型领导者是这样一类领导者，他们减少了机场的飞机数量，仅仅关注着陆的极少数飞机——非常重要的事情。

创新型领导者对自己的优点和缺点也非常坦诚，他们不怕让公众知道自己在优势上与别人的差距。有些人天生就富有激情——他们很善于强化积极的行为并鼓励员工。有些人是非常好的工头——他们并不回避向人们透露坏消息或者告诉人们一些不够好的事情。一个完全由激情主义者领导的团队或公司可能是一个激情洋溢的工作场所，但可能在商业上并不是很成功。而一个完全由工头领导的团队或公司可能会实现目标，但最终会成为一个缺乏创造力的工作场所。因此，必须在这两种领导方式之间找到一种平衡，唯一的方法就是老实地承认你的技能和缺陷。如果你还没有准备好让他人知晓你不擅长的领域，你就不会允许任何拥有互补技能的人填补你的空白。

伟大的领导者的特点是诚实和谦虚，有重点和灵感。

创新能量的完美结合

创新能量是创造性变革背后的力量。这意味着成功的创新与用完能量是不同的。通过在组织中促成正确的态度、行为和结构，创新能量能够生成、利用和管理。它能够使衰落的公司变成行业的强者。正确地使用它，你就创造了一个激励人的、高效的和有趣的工作环境。这样你就能吸引并招募到人才——生机勃勃的人，他们能够增强组织的能量并增加成功的可能性。

创新能量确实是非常强大的！

资料来源：Matt Kingdon，www.whatifinnovation.com. 迈特是与别人于1992年合伙成立的创新咨询公司？What If！的董事长和主要工作人员。

氛围和文化

氛围被定义为经常性的行为模式、态度和感情，这些都是组织的生活特征。在个人分析层面上，我们通常说的是心理氛围。在这里，氛围指的是个人对行为模式、态度和感情的内在看法，这些都是从个人体验中得到的。将个人层面的概念进行聚合，就得到了工作单位或组织氛围的概念。这就是某一特定工作单位或大型组织的观念，被组织中所有人熟知。氛围和文化是不同的两个概念，氛围在组织的表层，更容易察觉，文化则指的是组织中更深层次和更加持久的价值观、准则和信仰。

“文化”和“氛围”这两个词经常被很多学者、研究人员和业内人士交叉使用。我们发现，以下一些区别可能对关注组织有效变革和转型的人有帮助：

- 不同的分析水平。文化是一个更广泛和更具包容性的概念。氛围可以看成是更一般文化下的概念。如果你的目标是理解文化，那么你应该将整个组织作为你的分析对象。如果你的重点是研究氛围，那么你可以将个体和个体对团队、部门的共同观念作为分析的对象。氛围是分层的或逐级扩展的。
- 涉及不同的学科。文化属于人类学的研究领域，氛围属于社会心理学的研究范畴。这两个概念来自不同的学科，意味着应采用不同的方法和工具进行研究。
- 描述性与规范性。文化维度相对来讲是描述性的，这表明一种价值观或隐性假设没有好坏之分。这是因为对于最好的社会状态并没有形成广泛认可的概念或定义。氛围通常更加规范，因为我们不仅要找到不一样的环境，而且要找到对某事更有利的环境。例如，我们可以研究不同类型的氛围，并综合考虑其他产出或测量指标（如创新、动力、增长等），对其进行比较。
- 可观察性和受到的影响不同。氛围和文化截然不同，因为氛围在组织内更容易从表层进行观察，并且更容易配合变革和改进的努力。

领导者往往通过对我们需要什么施加直接和有目的的影响来进行变革。

氛围和文化是不同的：传统的对于组织文化的研究是定性的，对于组织氛围的研究是定量的，但是一种多维度的方法帮助整合了各种方法的优点。

研究表明，组织在实践活动中显示出的差异比价值观的差异更大，如不确定性规避程度上的差异很大。

表3－6对关于氛围如何影响创新的研究进行了总结。表中列举了很多影响创新和企业家精神的氛围因素，在这里我们讨论六个最关键的因素。

表 3-6　影响创新的氛围因素

氛围因素	最具创新性的（得分）	最不具创新性的（得分）	差异
信任和开放性	253	88	165
挑战和参与	260	100	160
支持和创意空间	218	70	148
冲突和争论	231	83	148
风险承担	210	65	145
自由	202	110	92

资料来源：Derived from Scott Isaksen and Joe Tidd，Meeting the innovation challenge. 2006，Chichester：John Wiley & Sons，Ltd.

信任和开放性

信任和开放性维度指的是关系上的情感安全。当员工很能干并拥有共同的价值观时，这种关系就被认为是安全的。当组织中存在高度信任时，每个人都敢于提出自己的想法和意见，不担心行动失败后会遭到报复或嘲笑，沟通是公开和直接的。如果失去信任，就要付出因错误导致的高成本。人们也很害怕自己的好想法被别人窃取。

当信任和开放性水平很低时，你会发现人们囤积资源（如信息、软件、材料等），对新想法也不会有反馈，因为担心概念被窃取。管理人员可能不会在个人之间或部门之间公平地分配资源。然而，信任也可能是盲目的。如果信任和开放性水平太高，会导致关系太密切，以至于将时间和资源花在了个人问题上。这也可能导致彼此之间缺乏质疑，进而导致错误或更低的创造性。一味高度信任可能会导致派系形成，其原因可能是人们有着共同的难忘经历并渡过了难关（如缩减规模、一个重大产品的发布）。这在一定程度上可能有助于部门和团体之间交流信息和想法。研究札记 3.12 提出了一些影响团队内知识共享的因素。

研究札记 3.12　　团队成员交换和知识共享

本研究旨在探讨团队成员交换（team-member exchange，TMX）、情感承诺与研发团队知识共享之间的关系。研究基于对来自一个国家不同公司的 52 个研发项目团队 301 名成员的调查。

在工作单位层面，TMX 通过增加团队成员的团队承诺来增强知识共享的意愿，但并不直接影响团队绩效。在团队层面，TMX 的质量与团队成员之间共享知识的意愿以及对团队的承诺有关。最后，团队层面的知识共享与高项目绩效相关。然而，研究人员发现 TMX 的差异调节了 TMX 与团队绩效的关系，如果团队成员之间交换工作关系存在较大的差异，那么更大工作单位的 TMX 可能不会对团队绩效产生积极的影响。换句话说，团队成员与同事之间的工作关系的一致性会影响工作单位 TMX 对团队绩效的影响。

资料来源：Liu，Y.，R. T. Keller，and H-A. Shih，The impact of team-member exchange，differentiation，team commitment，and knowledge sharing on R&D project team performance. *R&D Management*，2011. 41 (3)，274-87.

信任会受到个人性格和经验的影响，也会受到组织氛围的影响。例如，我们知道奖励会对信任产生某些影响。个人竞争性奖励往往会减少信息分享并增加对他人动机的怀疑，然而团队或公司奖励更可能促进信息共享并减少对他人动机的怀疑。信任也和拥有一定角色自主权的员工相关。角色自主权是员工在解释和执行任务过程中的自行决定权。将角色定义得过窄会限制决策的自由度。角色自主权也会受到组织鼓励员工内化集体目标和价值观的程度的影响，例如，所谓的"家族"文化聚焦于在组织成员中形成共同的价值观、信仰和目标，对合适的行为给予强化和奖励，而不太关注与任务相关的行为或结果。当任务很难预测或处理，并且绩效很难评估时，这种方法最合适。个人特征也会影响角色自主权，包括个体在组织中长期积累的经验、能力和权力水平。

挑战和参与

挑战和参与主要是指员工参与日常运营、长期目标和愿景制定的程度。高水平的挑战和参与意味着员工从内心深处受到激励，并承诺为组织的成功作出贡献。这种氛围有一种动态和鼓舞人心的特性。员工能够在工作中找到快乐和意义，因此会投入更多的精力。在相反的情况下，员工并没有参与进来，会产生疏远和冷漠的感觉，通常表现为对工作毫不关心、缺乏兴趣，认为工作枯燥无聊。

如果挑战和参与水平太低，你会发现员工对自己的工作漠不关心，对自己的职业发展不感兴趣，或者对组织的未来感到沮丧。可能的原因之一就是员工并不是从感情上认同组织的愿景、使命、宗旨和目标。改善这种状况的一种方式是让员工参与解释愿景、使命、宗旨和目标。

如果挑战和参与水平过高，你会发现员工筋疲力尽，没有能力达到项目的目标，或者在工作上花费了太多的时间。这是工作目标延伸太多导致的。改善这种状况的一种方法就是研究并阐明战略重点。

关注工作挑战和专业知识而不是正式权力的领导者会营造一种更可能被创新型和高绩效成员认可的氛围。研究表明，结果控制（如特定的目标、认可和奖励）与创新有着积极的联系。必须在各种组织氛围之间保持一种平衡，创造一种令下属认为得到支持和授权的氛围，必须向下属提供目标并影响组织的方向和进程。例如，有些领导者能够提供具有较大开发潜力的反馈意见，为下属的改进、学习和发展提供有用的信息，而这又导致了高水平的创造力。

智力激发这一领导力要素尚未得到有效利用，它涉及增加他人对问题的认识和兴趣的行为，以及开发他们使用新方法解决问题的倾向和能力。领导者所进行的智力激发对不确定性环境下的组织绩效具有深远影响，同时与组织承诺相关。案例研究3.9讨论了组织如何将低挑战水平和低参与度提高。

案例研究3.9

电气工程技术部面对的挑战和员工参与日益增加

电气工程技术部是总部位于法国的大型国际电力和产品供应公司的一个部门。该部门位于美国东南部，拥有92名员工。它致力于在汽车、制药、微电子、食品和饮料行业帮助顾客实现自动化。例如，该部门会制造出一个用于汽车行业进行汽车组装的机器人或者提供公共过滤系统。

该部门每年亏损800亿美元，为此，母公司任命了一位新的总经理来扭转形势，以使该部门快速盈利。

在对组织氛围进行评估后发现，这个部门喜好争辩，但是一旦涉及挑战与参与、趣味性和幽默以及冲突等方面，该组织就停滞不前。定性和定量评估的结果与该部门对自己的印象是一致的，该部门的特征是由冲突驱动，不追求取得成果，员工普遍很沮丧。在经过一番争论后，领导层决定着眼于挑战和参与，这与他们鼓励员工参与的战略重点也是一致的。他们很清楚，要改善组织氛围，形成一种更温暖、更包容、更注重沟通、更充满活力的氛围。

管理团队对培训和开发体系进行了重建，并鼓励员工同时提高个人技能以及与企业相关的技能。管理团队还为所有员工提供强制性的安全培训。通过举办月度全员会议、分享季度绩效考核意见以及利用跨职能的战略评估会议，管理层致力于增进组织内的沟通。通过强制推行跨层级的会议，让高级管理人员与所有层级的员工有更直接的沟通。总经理每年与所有员工至少举行一次15分钟的会议。鼓励所有员工提出意见和建议，组织会及时反馈。每个月的表彰和奖励计划将在不同部门进行，涉及管理人员和员工，评选准则是由同事提名候选人。管理团队组建了员工审查小组，主要是为了讨论和分析员工的意见，以鼓励员工更多地参与企业总体战略的制定。

在18个月的时间里，该部门的收入达到700万美元，还在2003年获得了国际创新奖。该部门的总经理晋升到更高管理岗位上。

资料来源：Isaksen，S. and J，Tidd，*Meeting the innovation challenge*. 2006，Chichester：John Wiley & Sons，Ltd.

支持和创意空间

创意时间是指员工能够（并愿意）用来详细阐述新想法的时间。在创意时间较多的情况下，员工也有可能讨论并检验一些冲动的想法和新的建议，这些都是在任务计划之外的。当创意时间较少时，每一分钟都已预先得到明确安排。时间压力使得组织计划和日程以外的事情不可能发生。研究证实，在时间压力下，个体明显不太可能具有创造力。

如果没有足够的时间和空间来产生新的想法，你会发现人们仅仅关注目前的项目和任务，可能承受巨大的压力。人们认为专业发展和培训是完成日常工作和项目的障碍。你可能还会发现管理人员也会规避新的想法，因为他们不得不从完成日常项目和计划的时间中抽出一些来处理新想法。相反，如果为新想法留有太多的时间和空间，你将发现人们表现出厌烦情绪，决策过程变得缓慢而官僚，因为有太多想法需要评估，或者新想法的管理已经成为一项繁杂的任务。

这表明存在一个最优的时间和空间，以促进创造力和创新。“组织松弛度”这一概念被用来识别目前所需的资源与组织所能获得的全部资源之间的差异。当环境不确定性或变革需求较低时，要重点关注生产率；太多的组织松弛度意味着静态、无效率。然而，当创新和变革成为必然选择时，松弛度可能会作为一种动态减震器，给实验留出余地。这是一种自我强化的过程，因为组织与环境之间存在积极的反馈。

当组织很成功时，组织创造了更多的松弛度，这为长期的、有意义的创新提供了宝贵的资源（人、时间和金钱）；然而，当组织不太成功或者绩效下降时，组织倾向于寻找紧迫而具体的问题以及问题解决方案，这也就减少了长期创新和增长所需的松弛度。

研究证实，合理水平的组织松弛度与组织长期绩效之间存在联系。对于高绩效组织，组织松弛度与绩效之间的关系曲线呈倒 U 形：太少的松弛度（如太倾斜或太集中）将导致没有足够的时间和资源进行创新，但是太多的松弛度对创新难以起到激励或导向作用。然而，对于低绩效组织，任何本可以有的松弛度都会受到绩效的牵制，因此仅仅代表一种无效率，而不是一种利于创新和增长的机会。通常管理者将时间看作产出的限制或衡量指标，而不是影响产出的变量，时间能够激发并促成创新和变革。通过提供一些有限的时间和资源，个体或团队可以将刚性和松懈水平降到最低，刚性来自超负荷工作，松懈来自太多的松弛度。

对高级管理人员的建议是平衡直接参与和在组织内创造空间并提供支持这两方面。

冲突和争论

组织内的冲突指的是在个人、人际关系或感情方面出现紧张情绪。虽然冲突是一个消极的维度，但是所有的组织中都有一定程度的个人冲突。

冲突可能在任务、过程或关系上发生。任务冲突主要集中于对工作目标和内容的分歧，即需要做“什么”以及“为什么”要做。过程冲突主要是关于“怎样”完成任务，即手段和方法。关系冲突或情感冲突更加情绪化，其典型特征是敌对和愤怒。一般来说，任务冲突和过程冲突是建设性的，有助于避免群体思维，综合考虑更多的不同意见和替代战略。然而，任务冲突和过程冲突仅仅对开放和合作氛围中的组织绩效具有积极的影响，否则会转变成关系冲突或关系回避。关系冲突一般来说会削弱和毁灭能量，情感冲突会产生焦虑和敌意。

如果冲突水平过高，团队和个人彼此厌恶，这时氛围的特征就是“战争”。阴谋和陷阱在组织生活中是很常见的。流言蜚语和背后伤人无处不在。你可能会发现冷言冷语（包括人格污辱）、信息囤积、公开攻击、撒谎或者夸大自己的真实需求等现象。在这些情形下，你应该采取主动，与关键的个人或部门开展合作。

如果冲突水平太低，你可能会发现个体缺乏任何动机或对他们的任务不感兴趣；开会只是传递信息，并没有达成共识；到最后期限可能无法实现目标。这可能是因为太多无效率的人陷入一个过于严格的等级制结构中。这时就需要重构组织结构并确定一个拥有组织所需技能的领导者。

因此，我们的目标并不一定是最小化冲突和最大限度地达成一致，而是保持一种建设性的冲突水平，以满足多样化和创造性解决问题的不同偏好。拥有相似创造性偏好和问题解决方式的团队成员可能会相处得更加和睦，但是与那些拥有不同偏好和风格的团队相比，效率可能会差很多。因此，如果冲突水平是建设性的，人们的表现会更加成熟。他们拥有洞察力，并对自己的冲动和情绪有更强的控制能力。

争论主要关注问题和想法（冲突与之不同，冲突主要关注人们及相互之间的关系）。争论涉及发挥创造性和尊重多样化的观点和视角，以及观点、想法及不同的经验和知识间的交流或冲突。人们通常会听到很多不同的观点并迫不及待地想要提出自己的观点。当不存在争论时，人们会顺从专断的观点而不质疑。当争论的水平很低时，你可能会发现人们不停地嘀咕并抱怨身边的事物，而不是想办法改变现状。这不同于公开争论，你可能会发现走廊里一对一的谈话更少了并且更安静了。

但是，如果存在太多的争论，你会发现说得多做得少。个体很少考虑到自己观点的影响。过度的交谈和争论可能导致更多地关注个人目标，而不是关注公司的目标和共同的行动。原因在于存在过度的多样性或者人们拥有完全不同的价值体系。在这种情况下，最好是开展结构化的讨论并确定共同的价值观。研究札记 3.13 探讨不同类型的多样性如何鼓励或阻碍创新。案例研究 3.10 展示了一家医疗设备公司如何促进跨职能工作和用户洞察，从而帮助开发新产品。

研究札记 3.13　　组织多样性与创新

本研究以 1 648 家公司为样本，从性别、年龄、种族、受教育程度等方面考察了员工多样性与创新之间的关系。计量经济学分析揭示了教育和性别多样性与创新的可能性之间正相关。就教育而言，雇用几个教育背景多样化的高学历员工与创新的可能性之间存在正相关关系，但有趣的是，高学历员工的比例对创新没有影响，这表明教育的多样性更为重要。就性别而言，最佳平衡点似乎是相同性别占 60%～70%，而不是男女平等或任何一方占主导地位。此外，逻辑回归揭示了促进多样性的开放文化和创新绩效之间的正向关系。然而，研究发现年龄多样性对创新有负面影响，尽管平均年龄没有影响；另外种族多样性对企业创新的可能性也没有显著影响。

资料来源：Østergaard，C. R.，B，Timmermans，and K. Kristinsson，Does a different view create something new? The effect of employee diversity on innovation. *Research Policy*，2011. 40（3），500-9.

案例研究 3.10

一家医疗技术公司发展一种创造性氛围

芬兰的一家全球健康护理组织拥有 55 000 名员工，年收入达 500 亿美元。它的使命就是开发、生产、营销麻醉和关键护理产品。

一个部门的高层管理团队做过一项评估，发现公司在生产质量和经营性活动方面已经做得很好了，销售额和营销业绩显著改善，但是仍然有很多领域需要改进，特别是在创造力和创新方面。

“我们举办了一个邀请高层团队参加的研讨会，在会上公布评估的结果，让他们参与决定需要做些什么来改善公司绩效。我们在研讨会之前和首席执行官碰了一下，汇报了总体的结果并对不同部门进行了比较。她对结果并不惊奇，但对一些部门拥有不同结果很感兴趣。”

在研讨会上，高层团队将挑战与参与、自由、创意时间和创意支持作为改进的关键维度，以达到公司的战略目标。该组织面对越来越多的市场竞争和日新月异的技术进步。虽然在生产领域取得了巨大的进步，但是他们仍然需要通过内部和跨职能的参与以及获得外部消费者的深刻见解来改善产品开发和营销效果。他们制定的主要战略就是在关系到组织生存的新产品开发中“启动”创新。

新产品开发和营销部门中的关键人员在接受创造性解决问题方面的培训后，将所学到的知识应用于现有的和新的项目中。

其中一个项目是对重构主要产品线进行重大投资。由于临床医师对目前设备的设计不满，最初的决定是对外科手术中的关键控制系统进行重新设计。项目领导者决定采取一些措施，请终端用户（包括来自研发和营销部门的项目团队成员）来阐述存在的问题。结果，项目领导者对问题有了新的认识，决定撤出用于重构产品线的几百万美元，开发一种新的触觉工具来解决临床医师总是满手器械的问题。由于研发实验室的专家也直接参与到获取和解释顾客看法的过程中，因此他们知道终端用户的需求，并对项目充满极大的热情。

“我们也发现，在不同部门之间存在着大量跨职能和非正式的合作。一些员工被更换，新的奖励和认可制度逐渐建立。公司针对顾客看法的研究越来越多，而且在产品终端用户和临床医师之间建立起更密切的联系。在此期间，首席执行官密切跟踪部门的收入增长和盈利情况，发现取得了两位数的增长。”

资料来源：Isaksen，S. and J. Tidd，Meeting the innovation challenge，2006，Chichester：John Wiley & Sons，Ltd.

风险承担

对不确定性和模糊性的容忍就是风险承担。在一个敢于承担高风险的氛围里，人们即使不知道最后的结果，也会大胆尝试。人们觉得在一些想法上可以“赌一赌”，经常会冒险第一个提出自己的想法。

在一个规避风险的氛围里，人们总是小心翼翼，犹豫不决。人们试图追求安全可靠，并希望得过且过。他们会成立委员会并在考虑众多方面后才作出决定。如果承担的风险太小，员工就不会提出很多新的想法，即使有一些想法也是安全的或常见的。在一个规避风险的组织里，人们抱怨工作令人厌烦、太简单，并对一些冗长的、乏味的办事过程感到不满。

与此相反，如果承担的风险过大，你会发现人们感到困惑。有太多的想法产生，但是只有极少数被认可。人们通常很失望，因为什么都做不了。组织中存在大量的“孤家寡人”，没有一点团队合作。这种情况可能是因为组织中的个体感觉不需要与团队中的其他人达成共识或者得到认可。补救的方法就是建立团队并改善奖励系统以鼓励合作，而不是强调个人主义或竞争。

关于新产品和服务开发的研究已经确定了处理风险的一系列战略。个人特征和组织氛围都会影响人们对风险的看法以及规避、接受或寻求风险的倾向。正规的技术——如失效模式和效应分析（failure mode and effects analysis，FMEA）、潜在问题分析（potential problem analysis，PPA）和故障树分析（fault tree analysis，FTA）——都有一定作用，但是来自组织氛围的信号和支持比特定的工具和方法更重要。

自 由

自由被描述为组织内成员行为的独立性。在一个十分自由的氛围中，人们拥有决定自己工作的自主权，能够在自己的日常活动中行使自主决定权。他们主动寻求并分享信息，制定工作相关的计划和决策。在一个只有极少自由的氛围中，人们基于严格定义的角色和规则工作。他们按照规定的方式开展工作，没有太多的空间重新定义自己的任务。

如果没有足够的自由，人们很少主动提出新的和更好的工作方式。他们可能在寻求许可和支持（内部和外部）上花费大量的时间，或者完全照章办事，过分关注交代给他们的事情有哪些要求。这是因为领导方式非常官僚或独裁。对于这种情况，最好是通过多种途径（包括指导和管理技能方面的培训、360度反馈等）改进领导方式。

如果自由太多，你会发现人们按照自己的想法办事。他们在个人和工作团队或组织之间没有保持适当的平衡。人们做事时并没有考虑到重要的政策/程序，彼此独立行事，每次办事的方式和风格都会有所不同。研究札记3.14比较了更正式的组织惯例和日常实践对创新的贡献。

研究札记3.14 组织创新的惯例

作为常规的和可预测的行为模式，纳尔逊和温特（Nelson and Winter，1982）关于惯例的定义对于演化经济学和创新研究至关重要。按照定义，惯例的特点是：

- 常规的和可预测的；
- 集体的、社会的和隐性的；
- 指导认知、行为和绩效；
- 承诺在（经济学和认知）理论与（管理和组织）实践之间搭建桥梁；
- “我们在这里做事的方式”。

贝克尔（Becker，2005）在研究综述中指出，“经常性互动模式”这个词可能为组织惯例提供了一个更准确的描述，它可被理解为一种行为规律。他认为，在实践中惯例可以：

- 创造和谐；
- 提供一定程度的行为稳定性；
- 使得任务能够被自觉地执行，能够节约有限的认知资源；
- 与知识（包括隐性知识）紧密联系在一起。

然而，在实践（和管理研究）中，惯例很难观察、测量和管理。鉴于这些原因，我们很少将研究重点放在惯例本身或个人认知上，而是转向惯例对集体行为和绩效的影响。基于对两个对立组织的产品和项目发展的实时观测，发现惯例发挥着三个有限但重要的作用：作为行为的事先和可靠的表现形式，如标准的模板、手册和过程；作为权力、规范和一致性系统的一部分，如正式的决策点和标准；作为执行行为和结果的强制性的标准，如审计和基准（Hales and Tidd，2009）。惯例不会直接影响或规定行动或行为，但普遍存在于本部门的工作实践及日常的知识管理和生产中。黑尔斯和蒂德（Hales and Tidd）相信这比那些创新和经济学文献中对于惯例的广义解释要更加实际和有价值。

资料来源：Hales，M，and J. Tidd，The practice of routines and representations in design and development. *Industrial and Corporate Change*，2009，18（4），551-574；Becker，M. C.，Organizational routines-a review of the literature. *Industrial and Corporate Change*，2005. 13，643-77；Nelson，R. R. and S. Winter，*An Evolutionary Theory of Economic Change*，1982. Harvard University Press，Boston，MA.

3.8 跨越边界

本书反复提及的主题就是创新在何种程度上成为一个包括组织间和组织内网络的开放过程。这突出了成功的创新型组织的一贯特征——对来自外部的刺激保持开放。[80]无论来自外部的信号是机会还是威胁，这些组织都有办法接受并在整个组织内交流。

开发一种外部导向的意识——例如，关注重要技术针对的核心顾客或资源——并保持这种贯穿组织各个层面的意识在建立创新型组织的过程中非常重要。例如，通过开发广泛的顾客意识（在组织内部与外部），质量和创新明显得到改进。作为全面质量管理思想的基石，这种方法与传统的模式形成了鲜明的对比，在传统模式中，问题往往是在创新过程中的连续要素之间传递，没有反馈或共同调整的环节。[81]当然，并不是所有的产业都拥有相同的顾客参与度，在很多产业中关注的重点都是技术。这并不意味着关注顾客是一个不相关的概念：关键在于建立关系，以进行清晰的经常性的沟通，同时为解决问题和分享创新提供资源。[82]

但是更多的参与不仅限于顾客和终端用户。开放式创新需要与形形色色的人建立关系，包括供应商、合作者、竞争者、管理者和其他的主体。[83]

上面的所有讨论都假设我们研究的组织是单一实体，是一群以一定方式组织起来的有着共同目标的人的集合。但我们越来越多地看到，单一组织开始以某种形式与其他组织——供应链、产业集群、合作学习俱乐部或者产品开发联盟进行联合。对组织间行为的研究包括多个方面的学习行为：共同的产品开发项目[25]、复杂的产品系统结构[84]、技术融合[85]、战略联盟[86]、区域小型企业集群[87]、产业联盟[88]、“主题网络”[89]、行业协会[90]中的学习。

考虑以下一些例子：

- 关于集体效率的研究已对不同背景下的集群现象进行了探索。[91]从这些研究中可以发现，这种模式并不是仅仅存在于意大利、西班牙和德国，而是在世界各地扩散，并且在一些条件下非常有效。例如，巴基斯坦的一个小镇（锡亚尔科特）生产的不锈钢专业手术器械在世界市场上占据主导地位。那里的3 000家小企业形成了一个核心团队，得到1 500家更小供应商的支持，90%的产品（1996年）用于出口，占据世界市场份额的20%，仅次于德国。又如，巴西的华人谷拥有500家小型制造企业，生产高质量的皮鞋。1970—1990年，它们的市场份额从0.3%上升到12.5%，在2006年出口占到总产量的70%。在两个案例中，收益都源于与合作网络的紧密联系。
- 也有很多关于技术合作的讨论，特别是在复杂产品系统开发环境下。[92]这类创新网络在整合不同知识库及减少开发时间和成本方面很有优势，但往往难以实施。[93]

● 对于发展合作性而不是对抗性的供应链关系已进行了大量研究。[94] 人们越来越清楚，前面所讨论的集体效率能够在这种环境下实现，不仅能够改进过程效率（更高的质量、更快的反应速度等），而且有助于共享产品开发。丰田的案例就是很好的说明——丰田公司一直处于领先地位，尽管西方国家企业持续追赶并进行产业整合。这种竞争优势主要归因于它有能力保持一个高效的知识分享网络。[95]

● 网络是解决资源问题的一种有效方案——不再依靠一家企业获得创新所需的所有资源（特别是涉及专门知识的资源），如果你知道在哪里可以获得这些资源以及怎样和它们建立联系。强大的信息和沟通技术的出现进一步使得开放式创新成为可能，而且虚拟组织越发成为商业领域的重要特征。[96] 但是经验和研究表明，如果没有细心的管理以及形成一致的承诺，就可能导致这种网络无法有效运行。[26]

● 对供应链中学习行为的研究表明存在相当大的潜力——其中最著名的一个例子就是 20 世纪下半叶日本制造商的 "kyoryokukai"（供应商协会）。[97] 今井惠理（Imai）在描述日本制造商的产品开发时说道："日本企业对学习表现出了几乎狂热的兴趣——组织中的成员是这样，组织间网络中的成员也是这样。"[98] 拉明（Lamming）[27] 将这种学习确定为精益供应的核心特征，与供应关系中的创新紧密联系。马什和肖（Marsh and Shaw）对葡萄酒行业的合作学习经验（包括供应链学习（supply chain learning，SCL））进行了描述，澳大利亚农林渔业部（AFFA）研究总结了澳大利亚农业和食品产业的其他经验。[99] 荷兰和英国的食品产业、建筑部门和航天机构的 SCL 案例为不同的 SCL 组织模式提供了例子。[100] 汉弗莱（Humphrey）等人对发展中国家印度出现的 SCL 进行了描述。[101]

然而，从网络中获益并不是一个自动的过程——需要在协调方面作出大量的努力。有效的网络拥有系统理论家所说的"自然发生的属性"，也就是说，整体大于各部分之和。但风险也很大，简单地将一群企业聚集起来也许会导致整体绩效远远低于各部分之和，因为可能存在摩擦，缺乏沟通，出现持续的关于资源或目标的冲突等。

关于组织间网络的研究表明，网络就像是一种特殊的组织形式，网络中的一些核心过程需要管理和有效利用。[102] 例如，拥有清晰的、普遍接受的准则——一种能够处理一些不可避免的冲突的网络文化——的网络，比没有清晰的解决冲突路径的网络效果更优。

网络的建立和运行会受到多种投入的推动，例如，先进的信息和通信技术对信息处理的效率具有显著影响。特别地，研究强调了一系列有助于建立和保持有效网络的有利因素，包括：

● 关键个体——通过将精力投入网络的形成和运作过程来创建和维持网络。关于成功网络的研究表明，关键个体的作用主要体现在作为拥护者和发起者，提供领导和指出发展方向，特别是在任务中将人们聚集起来并确定一个系统层面的目标。[103] "网络经纪人"的角色越来越受到个体和机构的重视，特别是在创建一个基于区域或部门的网络时。

● 协作人员——另一个非常重要的因素，为网络化进程提供支持，但不一定是网络的成员。几项研究表明，这样一种中性的和催化的角色能够起到促进作用，特别是在建立阶段以及处理关键操作流程（如解决冲突）时。

● 关键组织角色——能够反映出个体角色的是那些关键组织，例如，组织集群的区域发展机构或者将产业网络聚集起来的商业协会。耶雷菲（Gereffi）和其他人讨论了关于网络管理的概念，并识别出了核心机构发挥的关键作用，如由买方驱动的供应链中主要顾客的作用。[104]，它们的缺失通常会限制网络的效率，例如，对供应链学习行为的研究发现，核心管理者的缺失在一定程度上限制了组织间创新。[105]

案例研究3.11展示了3M公司如何通过一系列组织实践和政策持续发展并加强创新行为和成果。

案例研究3.11

建立创新型组织——3M公司的案例

3M是一家著名的公司，在全世界200个国家雇用了大约7万名员工，每年有150亿美元的收入来自多样化的产品（大约5万种），但所有产品都是建立在核心技术优势的基础之上，很多产品（如涂料）是公司发展的基石。该公司从成立到现在已超过100年，在此期间作为重要创新者获得了声誉。值得注意的是，在关于公司的采访和出版物中，我们发现3M一直非常重视创新，致力于创造一种有助于创新的文化，使这种文化真正成为“我们在这里做事的方式”。这种理念在很多案例中都可以看到——成功的关键是创造一种创新能够随处产生的环境，包括幸运的意外事件，并且有意地避免很多方面的结构化，因为这会限制创新。

这个复杂环境中的因素包括：

● 认可和奖励——在整个公司内部，存在很多承认创新活动的计划，例如创新者奖认可的是为创新所作的努力，而不是成就。

● 强化核心价值观——创新受到尊重，例如在组织内设有一个“名人堂”，其中的成员都是基于创新成就被挑选出来的。

● 保持“流通”——允许具有不同视角的人进行流动和整合，以便进行创造性的整合。这是一个大而分散的组织的关键问题。

● 要有一定的松弛度并允许一定自由的创新——允许员工将一定比例的时间用于由好奇所驱动的活动，这可能并不能带来什么，也可能会带来突破性的产品。

● 耐心——认为创新性的想法在演变成型的过程中不可避免地会遇到波折。像即时贴和思高洁等创新产品并不是一夜之间完成的，在这些创新产品正式进入市场之前，花了两到三年的时间来完善。

● 接受错误并鼓励冒险——一位前总裁的一句名言经常被引用：“错误总是会出现，但如果一个人本质上是对的，那么他所犯的错误从长远来看并不严重，如果他很专制，并且命令下属应该怎么做自己的工作，这就是在进行错误的管理……当错误扼杀了主动性时，管理就非常关键，如果我们想要继续保持增长，那么组织需要一些有主动性的人。”

● 鼓励“私下交易”——给员工一种授权感，同时对于员工提出的一些规避体制的创造性方法不加干涉，以抵消严格的官僚主义的不良影响。

● 聘用创新者的政策——招募那些具有创新倾向和特征的人。

● 意识到联合的力量——不要将不同的职能部门分开，而要将它们整合到团队和其他组织中。

● 鼓励拓宽视野——例如，在开发投影仪业务时，通过让技术开发人员与用户保持密切联系，创造了用户友好型的产品并取得了成功。

● 强烈的文化——这可以追溯到1951年，在Technology Forum这一组织的倡导下，鼓励许多组织、协会等举办非正式会议和研讨会，目的是“鼓励自由而积极的信息交换和想法交流”。这是一种自愿性的活动（虽然公司承诺提供资源），使得公司内部建立起一所“大学”以促使想法和见解的顺利交流。

● 招募志愿者——试图开辟一个新的领域；鼓励顾客和其他外部成员作为开发团队的一部分参与进来，从而使各种观点得到整合。

小　结

● 创新的组织远不止是一套流程、工具和技术，创新的成功实践需要三个不同层次的管理的互动和整合：个人、集体和氛围。

● 在个人层面，关键是使领导风格与任务要求和团队类型相匹配。创新项目的领导要求有与项目相关的专业知识和经验、阐明愿景、鼓舞人心的沟通、智力激发、提高LMX的质量。

● 在集体或社会层面，没有普遍的最佳实践，但成功的团队需要明确的、共同的和不断提高的目标，统一的承诺，跨职能的专业知识，协作的氛围，外部的支持，以及对决策的认可和参与。

● 在背景或氛围层面，没有最佳创新文化，但创新受到许多因素的推动或阻碍，包括信任和开放性、挑战和参与、支持和创意空间、冲突和争论、风险承担和自由。

第3章　扩展阅读

第3章　参考文献

第4章 制定创新的战略

Developing an Innovation Strategy

大量的商业成功取决于产生新知识的能力，以及对这种新知识作出快速机智反应的能力……我相信战略思维是商业成功的一个必要但估计过高的因素。如果你知道怎样设计出性能优越的摩托车发动机，那么我可以在几天之内教会你有关战略的所有知识。如果你已经拿到了战略方面的博士学位，那么只工作几年是不可能让你有能力设计出性能优越的摩托车发动机的。

——理查德·鲁梅尔特（Richard Rumelt，1996），《加利福尼亚管理评论》，
关于本田在美国摩托车市场取得成功原因的持续讨论

上面的引文来自一位非常杰出的战略管理教授，从表面上看并没有强烈支持他所从事的专业。事实上，这段引文间接支持了本章的核心观点[1]：

1. 企业特定的知识——包括探索知识的能力——是企业在竞争中取得成功的本质特征。

2. 公司战略的本质特征应该是一种创新战略，其目的就是积累这种企业特定的知识。

3. 一种创新战略必须能够应对外部复杂的千变万化的环境。

4. 内部结构和过程必须与可能的冲突性需求保持平衡：

(a) 在技术领域、业务职能和产品部门中识别并开发专业知识；

(b) 通过对技术领域、业务职能和产品部门进行整合来探索专业知识。

鉴于复杂性、持续的变化和由此产生的不确定性，我们相信制定创新战略的理性方法不太可能比渐进方法更有效，尽管理性方法仍然在实践中和很多商业院校的教学中占据主导地位，但渐进方法强调根据新知识和学习作出持续性的改变。我们也认为，由迈克尔·波特率先提出的方法正确地识别出了来自技术进步的竞争性威胁和机会的本质，并且为了使企业能够在竞争中准确定位，正确地强调了开发和保护企业特定技术的重要性。但是该方法低估了通过修改产业边界、开发新产品和改变进入壁垒等技术方式改变竞争规则的力量，高估了高级管理人员识别和预测外部重大变化的能力、执行激进变革的能力和在组织内实施组织活动的能力。

本章提出了我们认为最有用的定义和实施创新战略的框架。我们认为，戴维·蒂斯和加里·皮萨诺（David Teece and Gary Pisano）提出的框架是最好的。它特别强调了企业的动态能力，并且区分了公司创新战略的三个关键因素：(1) 竞争和国家地位；(2) 技术路线；(3) 组织和管理过程。我们首先总结公司战略在“理性主义”和“渐进主义”方法上的基本争论，然后基于创新过程中不可避免的复杂性和不确定性，讨论为何后一种方法更现实。

4.1 理性主义还是渐进主义的创新战略

理性主义和渐进主义之间长期的争论对于技术应用和公司战略目标至关重要。我们回顾争论的主要内容，可以得出以下结论：当企业在复杂和快速变化的竞争性环境中进行决策时，基于“选择”或“实施”的两种战略间原以为清晰的差异不存在了。在这种情况下，正规战略必须被视为广泛的持续性学习过程中的一部分，通过从经验和其他公司中学习来应对复杂性和变化。

公司战略的概念最早出现于20世纪60年代。从那时开始，不同的学派对此进行了持续的讨论。这里我们主要关注两个最具影响力的学派：理性主义学派和渐进主义学派。主要的代表人物是理性主义学派的安索夫（Ansoff）和渐进主义学派的明茨伯格。[2]这两派在20世纪90年代针锋相对的争论可以参见《战略管理》（*Strategic Management Journal*），惠廷顿（Whittington）对争论的主要观点进行了详细的总结。[3]研究札记4.1分析了创新战略的研究主题。

研究札记4.1　　创新战略的研究主题

关于1992—2010年发表的342篇创新战略管理的研究论文的综述提出，文献主要涉及以下几个主题：

1. 主要的计划举措和新兴举措。涉及企业旨在促进绩效改进的手段、措施和活动，包括收购和多样化，往往经过深思熟虑，也包括诸如学习之类的方法，表现出较强的新兴特点。该领域的许多研究都集中在新产品开发或技术项目上，较少研究过程和管理创新的贡献。

2. 内部组织采用。涉及实践、结构、过程、组织和行为。该领域的大多数研究都是关于结构和过程的，而未关注实际的实践和行为。惯例、实践和过程的相关主题似乎是未来创新研究的沃土。

3. 高管和所有权。涉及治理、CEO、高层、董事、董事会、代理和所有权。CEO和董事会是战略管理的传统焦点，个人和代理的影响可能被高估了。223个实证研究中只有8个包含与所有权结构相关的自变量，表明研究还不充分。此外，在创新研究中，没有与领导力和实施相关的主题；在综述的342篇论文中，“实施”和“领导力”这两个术语分别只出现了3次和5次。

4. 资源的利用。涉及能力、知识、资产和财务，其中包含企业资源基础观和动态能力路径，这些都是创新研究和实践的核心。但是，大多数研究都聚焦资源如何促进创新和改善其他绩效结果，而非支持创造、利用资源和能力的过程和实践。换句话说，在大多数研究中，资源只是一个自变量，很少是因变量：在223个实证研究的综述中，资源是108个案例中的一个自变量，只有3篇论文选择以此为因变量。

5. 绩效提升。涉及创新成果，如增长、回报、绩效和优势。最常见的评估结果是基于新产品和专利。流程和组织创新的影响很少被研究，这表明研究应该包括更广泛的创新成果衡量标准，如生产力提高和增值。已有的研究很少关注与时间相关的结果，例如，创新对企业寿命和生存的影响，创新、知识传播、个人利益和社会利益分配之间时滞的重要性。

6. 外部环境。涉及市场、竞争和行业——指的是企业特定的商业环境，还涉及其他环境、不确定性和偶然性——代表更基本的偶发事件和情境。尽管声称这些方面都具有普遍性，但几乎所有的研究都以高科技行业的公司为样本，只有8项研究针对中低技术行业，这极大地限制了创新战略研究的中肯度。此外，由于大多数研究仅仅考虑了行业和国家的环境突发事件，这种研究的结果只能捕捉实际关系在特定背景下的子集，而非更基本的具有不确定性和复杂性的偶发事件。

资料来源：Keupp，M. M.，M，Palmié，and 0. Gassmann，The strategic management of Innovation：A systematic review and paths for future research，*International Journal of Management Reviews*，2012. 14（4），367-90.

理性主义战略

理性主义战略很大程度上受到军事经验的影响，战略（原则上）由以下步骤组成：（1）描述、理解和分析环境；（2）根据分析确定行动方针；（3）执行决定的行动方针。这就是理性行动的“线性模式”：评估、决策和执行。与此相同的模式是SWOT：根据外部机会和威胁分析公司的优势和劣势。这种方法的目的在于帮助公司：

- 意识到竞争性环境中的趋势。
- 为未来的改变做准备。
- 保证对长期发展的足够关注，以及对每天的压力的关注。
- 对于功能专业化和地域分散的组织来说，保证目标与行动大体一致。

然而，正如约翰·凯（John Kay）所说，军队的隐喻可能会产生误导作用。[4] 与军事目标不同，公司的目标是建立一种杰出的能力，使得它们能够比竞争对手更好地满足顾客，而不是动用足够的资源来消灭“敌人”（一些互联网公司除外）。过多地关注“敌人”（如公司的竞争者）可能导致在牺牲有利可图的利基市场和满足顾客需求的条件下，为了掌握垄断权而过于强调资源。研究札记4.2讨论了研发支出与创新绩效之间的关系。

研究札记4.2　　现实世界中的创新战略

2005年以来，国际管理咨询公司博思艾伦（Booz Allen Hamilton）对世界1 000家最大企业的创新支出和绩效进行了调查。最近的调查显示，不同区域和产业的创新支持存在显著差距。例如，就研发强度（研发占销售收入的比重，以百分比表示）而言，软件和医疗产业是13%，电子产业是7%，更加成熟的一些产业只有1%～2%。这1 000家公司的总研发支出为4 470亿美元，其中95%的支出来自美国、欧洲和日本。

然而，正如大多数创新和绩效方面的研究所述（见第11章的述评），研究人员发现研发支出、增长和财务（或市场绩效）之间并没有相关关系。他们认为，管理研发活动并成功地将研发成果转化为新的流程、产品和服务对于创新更有意义。他们识别出了那些一贯能够较好利用研发支出的公司的两个共同点：创新与公司战略高度一致；密切关注顾客和市场需求。这并不是说存在一种最优的创新战略，他们只是识别出了三种典型创新企业：

- 技术驱动者，主要关注搜寻和开发新技术，并将其与未来需求相匹配，这需要极强的项目和风险管理能力。
- 需求探索者，目的在于通过识别新的顾客需求第一个进入市场，需要极强的设计和产品开发能力。
- 市场观察者，目的在于成为快速的追随者，详细地进行竞争者分析，需要极强的流程创新能力。

他们得出结论："存在一种最优的创新战略吗？不存在……对于一家特定的公司，存在一种最优的创新战略吗？是的……创新成功的关键不在于你花多少钱。它与创新和战略、顾客的匹配程度相关，与整个过程的严格和透明管理相关。"

资料来源：Jaruzelski，B.，J. Loehr，and R. Holman，*The Global Innovation 1000*，Booz Allen Hamilton Annual Innovation Survey. Strategy and Business，2011. 65，https://www.strategy-business.com/article/11404.

更重要的是，专家以及管理人员很难准确评估他们的真实情况，主要原因有两个。第一，外部环境很复杂，涉及竞争者、顾客、监管机构等，而且变化很快，涉及技术、经济、社会和政治变化。因此，很难了解目前情况的本质，更不用说预测未来(见案例研究4.1)。第二，大企业的管理人员就公司优势和劣势不能达成一致，部分原因在于他们对企业内部的具体情况并不十分了解。

案例研究4.1

现实世界中的战略制定

越南的战争进展得很顺利并将会获得胜利。

——麦克纳马拉（R. MacNamara，1963）

我认为有一个需要5台计算机的市场。

——沃森（T. Watson，1948）

爽快是苏联最突出的特征。

——斯大林（J. Stalin，1935）

预测是非常难的，尤其是对未来的预测。

——博尔（N. Bohr）

我想象不出发生在这艘战舰上的任何灾难。

——泰坦尼克号的船长（1912）

以上引文来自威廉·斯塔巴克（William Starbuck）[5]的一篇文章，他在文章中对正式战略规划提出了批评：

第一，形式化削弱了计划的贡献。第二，几乎所有的管理人员对他们所处的企业和市场环境并不是很清楚。第三，没有人能够对未来作出准确的预测……然而，规划人员可以更加现实地制定战略规划，并且使用它来建立更加健康、警觉和快速响应的企业。他们可以作出理智的预测，并据此提高警觉性；利用独特的能力、进入壁垒和专利信息；拓宽管理人员的视野并帮助他们建立更加现实的信念；以更加容易改变战略的方式来制定规划（p. 77）。

可见，在从实践经验中获得知识之前，企业内部的优势和劣势很难识别，特别是在新的和快速变化的技术领域。例如：

● 20世纪60年代，石油公司Gulf将其独特的能力定义为生产能源，因此购买了一家核能源企业。这个项目并不成功，部分原因在于一家石油公司的优势是寻找、开采、提炼和销售石油产品，体现在地质勘探和化学处理技术、物流、顾客营销等方面，这种优势在很大程度上与核反应堆的设计、建设和销售是不相关的，这里的关键技能是指机电技术和销售技能。[6]

● 20世纪六七十年代，很多电力企业将赌注压在未来的核技术上，认为核技术是一项革命性的技术突破，能够提供几乎无成本的能源。但核能并没有实现预期的设想。企业后来才认识到重大的革命性机会和威胁来自几乎零成本的信息存储和操作，而这又源于半导体和相关技术的改进。[7]

● 20世纪80年代，分析师和从业人员预测由数字化引起的电脑和通信技术的连接可以降低电脑企业进入通信设备市场的壁垒，反之亦然。很多企业试图通过并购或联盟进入其他市场，如IBM收购了Rohm公司，AT&T收购了NCR公司。事实表明大多数企业是不成功的，部分原因在于通信市场和办公市场的软件需求截然不同。[8]

● 20世纪90年代，许多企业对快速发展的信息和通信技术有大量的投入，然而最初的期望却未能实现。例如，主要媒体公司于90年代后期在互联网领域的投资在十多年后才被证明是盈利的：问题在于向顾客交付产品和收款方面存在困难，同时广告仍然是无效的。[9]迄今为止，电子娱乐的发展同样令人失望。[10]

● 互联网泡沫始于20世纪90年代后期，2000年破灭，当时对利用电子商务创业的新公司给予了过分乐观和不现实的估价。特别是，大多数针对顾客的新电子商务企业1998—2000年在美国和英国的证券交易所上市，随后损失了大约90%的价值或者破产。这一时期臭名昭著的失败案例包括英国的Boo. com和美国的Pets. com，Boo. com试图通过互联网销售体育服装，Pets. com试图通过互联网销售宠物食品和配饰。

渐进主义战略

鉴于不确定性的环境，渐进主义者认为完全了解复杂性和变化是不可能的，因此人们理解现在和预测未来的能力必定是有限的。结果，成功的从业人员——工程师、医生和政客以及企业管理人员——一般来说并不会遵从理性主义者主张的战略，而是遵从渐进主义战略，渐进主义战略明确承认企业只部分了解环境、自身优势和劣势以及未来变革的速率和方向。因此必须有意识地搜寻和了解新信息，根据新的信息和理解对战略作出适当调整。在这种情况下，最有效的程序就是：

1. 为实现上述目标采取谨慎的措施（或变革）；
2. 测量和评估措施（变革）的效果；
3. （如有必要）调整目标并决定下一步措施（变革）。

对这一系列行为有很多种说法，如渐进主义、试错、逐步调试和学习。当基于强大的背景知识仔细考虑时，有一个更体面的说法：

- 症状→诊断→治疗→诊断→调整治疗→痊愈（医生与病人打交道）；
- 设计→开发→测试→调整设计→再次测试→运行（工程师进行产品和流程创新）。

不承认当前环境复杂性以及变革和未来不确定性的公司战略肯定是刚性的，很有可能是错误的，如果完全执行，很可能带来灾难性的后果。案例研究 4.2 提出了一些理性战略规划方法的局限性。但这并不是我们在创新管理中拒绝分析和理性的原因。正好相反，在复杂和持续变革的环境下，渐进主义战略比理性主义战略更合理（也就是更有效）。这不是拒绝所有战略规划概念的原因。理性主义战略规划最初的目标仍然是完全合理的。没有任何战略的公司，特别是大公司，将无法应对新出现的机会和威胁。正如巴斯德所说，“机会青睐那些有准备的人”。[11]

案例研究 4.2

理性战略制定的局限性

乔纳森·萨普赛德（Jonathan Sapsed）对进入新数字媒体领域的公司战略进行了深入的分析[12]，认为新兴产业采用理性主义战略方法容易失败。由于新兴产业内在的不确定性，不可能准确作出预测，也难以预测适合理性主义战略（如波特提出的战略）的条件。萨普赛德在其著作中介绍了一些公司的案例，这些公司采用了经典的理性主义战略方法，后来发现战略失败了。

一个典型例子就是大型媒体集团培生（Pearson）为顺应数字媒体的发展进行了 SWOT 分析，发现集团的优势在印刷出版和广播上，劣势在新传媒上。在意识到能力上的“差距”后，它开始搜寻一家有吸引力的多媒体企业来弥补不足。培生以高价收购了 Mindscape——加州的一家小公司。四年后 Mindscape 因亏损 2.12 亿美元被卖出，该战略失败，培生宣布从新兴的消费者多媒体市场退出。

战略失败的原因是多方面的。第一，不熟悉技术和市场；第二，对 Mindscape 的定位作出了错误的评估；第三，对集团内部已经出现的多媒体业务缺乏认识。在行动之前，正规的战略被误解和误传。理性主义战略中的建议与运营脱节，使信息问题更加严重。理性主义战略的重点不是评估来自运营方面的信息，而是坚持不含个人偏见的逻辑思维方式。

萨普赛德认为，尽管正式的战略制定所起的作用是有限的，但可以视为一种指导管理人员在不确定条件下运营的方法。它有助于思考如何将技术与市场联系起来，并将注意力转向新信息和学习。在危机或增长发生时，它主要关注产品、资金流和预备方案。它能够使企业对不可预见的变化做出准备，而不是决定将来的行动。

对管理的启示

这种争论对于管理人员有两种启示。第一种启示就是公司战略实践应该看成公司从分析和经验中学习的形式——学习怎样更加有效地处理复杂性和变革。对于战略形成过程的启示如下：

- 鉴于不确定性，探讨未来各种可能趋势的影响。
- 保证广泛的参与和非正式的沟通渠道。
- 鼓励使用多种信息来源，允许争论和质疑。

● 根据新的（通常是出人意料的）证据改变战略。

第二种启示就是成功的管理实践永远不可能完全重现。在复杂的世界里，无论是最严格的管理人员还是最严谨的管理学者，都不可能识别——更不用说评价——成功的管理实践中的所有必要因素。此外，任何成功管理实践的重置环境（必然会不完美）与原先的环境是不同的，无论是在企业、国家、产业、物理条件、技术知识形态方面，还是在组织技能和文化规范方面。

因此，在复杂的变革条件下——换句话说，在管理创新条件下——并不存在成功管理实践的简单可用的秘诀。这也就是管理方式持续变化的原因之一（见案例研究4.3）。从其他的经验和分析中进行有益的学习必然有如下要求：

1. 对一些声称已经识别出管理成功相关因素的证据进行批判性的审视。例如，对20世纪60年代本田公司进入美国摩托车市场的解释进行比较：(1) 由波士顿咨询集团给出的解释为：通过对制造领域进行投资，在特定的目标市场和细分市场上研究产品，从而降低成本[13]；(2) 由理查德·帕斯卡莱（Richard Pascale）给出的解释为：产品-市场对计划外市场信号有灵活的反应，有高品质的产品设计，为了在市场上获得成功而对制造领域进行投资。[14] 这项争论在《加州管理评论》(*California Management Review*) 持续许久，仍没有得出结论。[15]

2. 仔细比较成功实践的背景，包括企业、产业、技术和国家，在这些背景下实践经验可能会再次使用。例如，从管理研究和经验中得出的一项重要结论就是，企业内各职能部门间，以及与企业外部相关科学和营销知识源之间的有效联系是创新成功的重要原因。虽然这一点对管理很有用，但是存在局限性。由一家制药公司得出的结论对于一家汽车公司会产生极大的误导，制药公司的关键联系存在于大学研究和公司的产品开发之中，汽车公司的关键联系存在于产品开发、制造和供应链中。即使是在各产业中，关键联系也一直在变化。在医药产业，重点学科从化学转向生物学。在汽车产业，计算及相关的技能对于虚拟原型的开发以及产品开发、制造和供应链之间加强联系越来越重要。[16]

案例研究4.3

管理方式的波动

扩大规模。在要求公司缩减规模10年之后，管理学家开始高调呼吁企业增长。

——《经济学家》(*The Economist*) 专题 (1996-02-10，p. 81)

20世纪90年代美国公司一直处于重构、再造和缩减规模的困境中，现在美国公司担心会失去组织的技能资源。

——《经济学家》专题 (1996-04-20，pp. 69-70)

以上是管理方式和实践波动的两个非常典型的例子，这两个例子揭示了任何管理秘诀都不能反映真实事物的复杂性，也不能将过去的成功经验应用于不同的职能、企业、国家和技术等背景下。贝恩咨询公司（Bain and Co.）对475家全球性企业进行了调查，调查显示自20世纪90年代中期以来使用与业务流程重组、核心能力和全面质量管理相关的管理工具的公司比重下降了。但是这些工具的使用率仍然比最近开发的与知识管理相关的工具的使用率要高，与知识管理相关的工具的应用并不是很成功，特别是在北美以外的区域。

资料来源：Management fashion：fading fads. *The Economist*，22 April 2000，pp. 72-3.

研究札记 4.3 讨论了蓝海战略，这是更具突破性的创新的一个特例。

研究札记 4.3　　蓝海创新战略

在过去的 10 年内，欧洲工商管理学院教授钱・金和勒妮・莫博涅（W. Chan Kim and Renée Mauborgne）对创新战略进行了研究，包括新市场空间和价值观创新研究。他们的贡献就是蓝海战略概念的提出。

按照定义，蓝海代表那些目前并不存在但必须创造的所有潜在市场。在少数情况下，整个新产业是创造出来的，如那些由互联网引发的产业，但是大多数情况下，新产业都是通过挑战现有产业和市场的边界形成的。因此，现有企业和新进入企业都能发挥作用。

他们将蓝海战略与传统战略（即他们所称的红海战略）进行比较，指出蓝海战略的特点为：

1. 创造无竞争的市场空间，而不是在现有市场空间竞争。
2. 使得竞争无关紧要，而不是打败竞争对手。
3. 创造并捕捉新需求，而不是争夺现有市场和顾客。
4. 打破传统的价值/成本平衡：将整个系统与公司的活动保持一致，同时追求差异化和低成本。

在很多情况下，公司通过同时降低成本和提供一些新的或不同的东西创造价值来生成蓝海。他们对 108 家公司的战略进行研究，发现只有 14%的创新创造了新市场，84%都是渐进的线性延伸。但是这 14%的蓝海创新产生了 38%的收入和 61%的利润。

成功创造蓝海的关键就是识别和服务无竞争的市场，标杆管理或模仿竞争对手将会适得其反。它通常涉及完全不同的商业模式，以较低的成本提供不同的价值主张。它可能会受到技术或其他突破性创新活动的推动，但大多数情况下这些都不构成强大的推动力。

资料来源：W. Chan Kim and R. Mauborgne，Blue Ocean strategy：from theory to practice. *California Management Review*，2005. 47（3），Spring，105-21；（2005）*Blue Ocean Strategy：How to Create Uncontested Market Space and Make the Competition Irrelevant*. 2004，Boston，MA：Harvard Business School；Blue Ocean strategy，*Harvard Business Review*，82（10），October，76-84.

4.2　创新的领导者和追随者

按照波特所说，企业必须在两种市场战略之间作出抉择[17]：

1. 创新的领导者——企业致力于基于技术领先地位第一个进入市场。这需要公司大力鼓励创造和冒险，与相关的新知识源保持密切联系，关注顾客的需求和反应。

2. 创新的追随者——企业致力于基于模仿（学习）技术领导者后进入市场。这需要公司努力进行竞争者分析、情报获取、逆向工程（即测试、评估以及拆解竞争对手的产品，以了解它有何功能、是怎样制造的以及为何吸引顾客），以及成本削减和制造方面的学习。

但是在实践中，创新者和追随者之间的区别并不太明显。例如，对2 273家企业产品战略进行研究后发现，市场开拓者的研发支出持续较高，但是随后的研发主要关注小的渐进性创新。这就形成了一种模式，开拓型企业并没有保持其作为创新领导者的历史战略，而是侧重于在小的渐进性创新上提高能力。相反，后来进入的企业似乎追求两种截然不同的战略中的一种。一种战略是基于能力，例如良好的分销渠道、强大的促销或支持能力，而不是新产品开发和研发。另一种战略更有趣，关注重大的新产品开发项目，积极与开拓型企业竞争。[18]研究札记4.4讨论了不同的创新战略对企业绩效的影响。

研究札记4.4　　创新战略与绩效

本研究以226个样本为基础，分析了制造业中小企业的战略-创新关系。研究人员考察了创新的技术、市场和组织方面及其与迈尔斯和斯诺（Miles & Snow）提出的不同战略方向，比如低成本战略、差异化防御者战略、探索者战略和分析者战略之间的关系。研究发现不同的战略姿态和创新类型之间存在很强的一致性：

- 基于技术的创新在采用分析者战略的企业中最强，其次是差异化防御者。
- 基于市场的创新在采用分析者战略和探索者战略的企业中最为常见，探索者更加注重产品创新。
- 组织创新没有发现显著的联系或者差异，但流程创新与采用分析者战略的企业相关，其次是差异化防御者。

资料来源：Chereau P.，Strategic management of innovation in manufacturing SMEs：The predictive validity of strategy-innovation relationship，*International Journal of Innovation Management*，2015. 19（1）.

然而，这个例子也揭示了波特的分析和行动框架的缺陷。正如马丁·弗兰斯曼（Martin Fransman）所指出的，20世纪70年代，像IBM这类企业的技术人员清楚地意识到半导体技术的发展趋势，以及对主机生产商竞争地位的可能影响。[19]事实上，IBM对革命性新技术至少作出了一项重大贡献：研发了RISC微处理器。然而，尽管有这方面的认识，现有公司中没有一家在接下来的20年里达到波特定义的主要战略目标："……找到一个位置……公司能够最好地抵御这些竞争力量或者按照自己的方式来影响它们。"

像很多主流产业经济学家一样，波特的框架低估了技术变革对于改变产业结构的影响，高估了管理人员对决定和执行创新战略的影响。也就是说，它低估了技术的重要性，低估了企业特定的技术能力和组织能力的重要性。电脑产业中的大型企业不能控制半导体产业的发展轨迹。虽然它们具有必要的技术能力，但它们的组织能力是面向重点市场销售昂贵产品，而不是在一些日益分散的市场上销售大量的廉价产品。

波特的框架在公司技术和组织层面的不足导致低估单个企业在选择创新战略上所受到的限制。特别地，企业已建立的产品基础和相关的技术能力会影响技术领域和产业部门的范围，企业希望将来能够在这里竞争。以化工为基础的企业并没有为了实现多元化而生产电子产品，反之亦然。对于一家生产传统纺织品的企业而言，采用创新战略去开发和制造电脑是非常困难的。[20]

此外，技术机会总是来自知识更新，因此：

● 企业和技术并不是正好符合固定的和静态的产业结构。特别地，化工和电子、电气企业通常活跃在很多产品市场上，也创造新的市场，比如个人电脑市场。真正的新创新（不同于突破性或渐进性创新）涉及企业技术或营销方面的一些非连续性创新，这种创新事实上是很常见的，并且通常产生新的业务和产品线，如索尼随身听或佳能激光打印机。[21]

● 在所谓的成熟产业中，技术进步能够增加盈利性创新的机会。例如，想想贝纳通和 Hotpoint 这类企业在过去15年通过在营销、分销和协调过程中应用 IT 技术所产生的机会。[22]再想想基于技术的创新在传统服务活动中所带来的越来越多的机会，如银行业的发展就是基于对 IT 设备和相关软件的投资。[23]

● 企业并没有像波特预言的那样处于夹缝中。约翰·凯已经证明拥有中等成本和中等质量的企业获得的投资回报率要高于那些执行低成本-低质量或高成本-高质量战略的企业。[24]此外，一些企业相比竞争对手实现了高质量和低成本的组合，获得了较高的经济回报。这些以及相关的产品战略将在第10章讨论。研究札记4.5对比了先动者战略和追随者战略。

研究札记4.5　　蓝海和先动者创新战略

先动者或蓝海战略关注的是通过差异化创造新市场，由此获得垄断利润。有人认为，其风险太大，最佳创新战略是快速成为第二名或随者。布森和西尔伯扎恩（Buisson and Silberzahn，2010）研究了24个创新案例，发现两种战略都不是天生优越的。他们认为，市场主导地位是通过四种突破分别或同时实现的。

他们用两个维度对不同的产品进行分类——一个产品是否代表了一个细分市场的创造，以及一个产品是否取得了有效的统治地位，从而提出四个象限。

● 戴森的无袋真空吸尘器、比亚乔（Piaggio）的 MP3 倒三轮摩托车，以及雀巢 Nespresso 个人浓缩咖啡机等都是创造和主导细分市场的例子。

● 苹果的 iPod MP3 播放器和谷歌的搜索引擎是主导已存在的细分市场的例子：iPod 对应 MP3 阅读器市场，谷歌对应搜索引擎市场。

● 苹果 Newton PDA 是一个著名的例子，它试图统治一个已经存在的细分市场，却以失败告终：尽管苹果首席执行官在1992年1月7日的消费类电子产品展览会上介绍了 PDA 这个术语，但卡西欧 PF-15155-36 被公认为第一款 PDA，早在1983年5月就发布了。

● 铱星是摩托罗拉创建移动卫星市场的尝试，铱星于1998年11月1日开始服务，但在1999年8月13日进入破产保护程序。IBM Simon 是 IBM 与贝尔南公司（BellSouth）合资开发的产品，是不太为人所知的世界第一款智能手机。

研究表明，导致细分市场主导地位的创新并非蓝海战略或快速追随者战略的结果，而是通过使用四种突破分别或同时实现的。

● 技术突破：最终主导现有技术的新技术。

● 商业模式突破：利用商业机会创造价值的新途径。

● 设计突破：一种设计产品的新方法，无须进行非常大的改变。这与产品和客户之间的联结与交叉有关，是采用的一个重要因素。

● 流程突破：一种新的做事方式（制造、物流、价值链等）。

一项对于高增长公司的研究为这项工作提供了进一步的支持。林迪卡等人（Lindica et al.，2012）分析了500家公司的数据，发现蓝海战略与高增长无关，高增长的关键不一定是创造一个新的市场，而是首先开发和利用这个市场。亚马逊和苹果就是很好的例子，这两家公司都不是第一家进入这一市场的公司，但都是第一家真正开发和利用这一市场的公司。此外，他们发现，技术创新不足以实现高速增长，而价值或商业模式创新是一个更重要的因素。

资料来源：Buisson，B. and P. Silberzahn，Blue Ocean or fast second innovation? *Intemationol Journal of Innovation Management*，2010. 14（3），359－78；Lindica，J.，M，Bavdaza，and H. Kovaclc，Higher growth through the Blue Ocean strategy：Implications for economic policy，*Research Policy*，2012. 41（5），928－38.

波特的框架中对于战略实施的阐述比较少：

● 一些大型和专业化的组织必须拥有学习和变革的能力，以应对新的和通常难以预测的机会和威胁。这些不会自动发生，必须有意识地进行管理。跨职能、跨部门的知识和信息的转移是创新成功的必要条件。研究证实，对不同业务部门能力的管理有助于突破性创新，但是这种交互作用需要对领导角色、团队组成和非正式网络予以关注。[25]

● 鉴于组织变革和相关的技术变革，波特的框架中的要素相互冲突。与供应商和顾客之间保持非对抗性关系的益处已经很明显。通过提高顾客创新价值以及服务效率，组织与顾客和供应商之间的合作关系能够增强竞争力，而不需要在所谓的零和游戏中进行谈判。[26]

对欧洲大型企业的创新战略进行调查后发现，仅有超过35%的被调查企业回答说它们从供应商和顾客那里获得的技术知识对自己的创新活动非常重要。[27]

克里斯滕森和雷纳（Christensen and Raynor）近来对理性主义和渐进主义战略方法的相对优点进行了客观的总结：

> ……核心能力被很多管理人员使用，核心能力是一个危险的内向型概念。竞争力并不是指做顾客喜欢的事情，而是做你认为你擅长的事情……区分核心能力与非核心能力会遇到这样一个问题：当前似乎不是核心的一项活动，将来如果能合理利用就可能成为绝对的关键竞争力，反之亦然……在某些情况下，紧急程序应该占据主导，如果未来很难预料并且企业不知道应该采用什么战略……一旦形成了一种制胜战略，这时特意设计的战略过程就应该占据主导，因为在这种情况下，有效的战略实施通常会决定成败。[28]

4.3 企业动态能力

蒂斯和皮萨诺[29]对以上所识别的创新战略的不同维度进行整合，得到了他们所称的公司战略的“动态能力”，强调了动态变化和公司学习的重要性：

> 这种竞争优势来源——动态能力——强调两个方面。第一，指出环境的变化

特征；第二，强调战略管理对于恰当适应、整合以及重构组织内外部技能、资源和业务能力的关键作用（p. 537）。

一项能力要想成为战略性的能力，必须满足顾客需要（以便能够吸引顾客），很独特（这样产品/服务不会有太多的价格竞争），并且很难复制（这样利润就不会因竞争而流失）（p. 539）。

我们认为企业的战略维度就是它的管理和组织过程、它目前的地位，以及能够获得的发展路径。我们认为管理过程就是企业做事的方式，或者是被认定的组织惯例，或者是目前的实践和学习模式。我们认为地位就是组织目前拥有的技术和知识产权，以及顾客基础和与上游供应商的关系。我们认为路径就是企业所能获得的战略选择，以及摆在企业面前的机会的吸引力（pp. 537－41）。

制度：财务、管理和公司治理

企业的创新行为受到管理人员的能力、绩效评估与奖惩方式的极大影响。评估和奖励的方法在不同的国家大不相同，取决于各国的公司治理系统，即行使和改变公司所有权和控制权的系统。从广义上讲，我们可以区分两种系统：一种是美国和英国采用的系统；另一种是日本、德国及其邻国（如瑞典和瑞士）采用的系统。米歇尔·艾伯特（Michel Albert）在著作《资本主义对资本主义》（*Capitalism against Capitalism*）中，将第一种系统称为“盎格鲁-撒克逊式”（Anglo-Saxon），将第二种系统称为“日本-莱茵式”（Nippon-Rhineland）。[30] 此后对于两种系统在创新和其他绩效变量方面的本质特征的争论不断。表 4－1 基于大量的资料试图识别出影响创新绩效的两个系统之间的重要差异。

表 4－1 公司治理对于创新的作用

特征	盎格鲁-撒克逊式	日本-莱茵式
所有权	个人、养老基金、保险公司	公司、个人、银行
控制权管理	分散的，有距离 依靠商学院（美国） 依靠会计师（英国）	集中的、密切的和直接的 依靠接受过商业培训的工程师
对研发投入的评估	公布的信息	从业人员的知识
优势	快速响应全新的技术机会 资本的有效利用	相对于股东分红，优先考虑研发 对失败公司的补救投资
劣势	短期行为 不能评估企业特定的无形资产	应对糟糕的投资时决策很慢 利用全新的技术很慢

在美国和英国，企业所有权（股东）和公司控制权（管理人员）是分开的，并由股市进行调解。只要公司有盈利和分红的可能，投资者就会持有股份。他们能够相对容易地转移投资。在诸如德国或日本等国家的公司治理结构中，银行、供应商和顾客与它们所投资的公司之间保持着更稳固的关系。直到 20 世纪 90 年代，深受德国和日本传统影响的国家坚持投巨资于技术和企业研发，从那时起美国企业在 IT 和生物技术领域利用新机会更加有效。

在 20 世纪 80 年代，日本-莱茵式模式似乎表现得更好。总研发支出一直保持健康增长趋势，总经济绩效指标也是如此。之后，总体技术和经济指标却越来越差。日本企业证明它们不能将消费电子等行业的技术和竞争优势成功复制到通信、软件、微处理器和电脑等行业。[31]德国企业在IT和生物技术领域创新的速度越来越慢[32]，公司为错误的战略付出沉重的代价，投资回报已不佳，像戴姆勒-奔驰进入航空航天领域就是如此。[33]

国家创新系统无疑影响着国内企业创新的速率和方向，反之亦然，但是大公司也会从其他国家学习和利用创新（见表4-2）。

表4-2 国内外的技术知识来源的相对重要性

	母国	其他欧洲国家	北美	日本
附属公司	48.9	42.9	48.2	33.6
合资企业	36.6	35.0	39.7	29.4
独立供应商	45.7	40.3	30.8	24.1
独立客户	51.2	42.2	34.8	27.5
公共研究	51.1	26.3	28.3	12.9
逆向工程	45.3	45.9	40.0	40.0

说明：表中显示的是认为某个知识来源非常重要的企业的百分比。

资料来源：Arundel，A.，G. van der Paal and L. Soete，*Innovation Strategies of Europe's Largest Industrial Firms*，PACE Report，MERIT，1995，University of Limbourg，Maastricht. Reproduced by permission of Anthony Arundel.

企业对国家创新系统中的技术、生产和组织能力进行监测和学习，尤其是对那些发展的和强大的国家进行监测和学习，至少有三个原因：

1. 这些是企业通过创新获得竞争力的源泉。例如，除了日本，其他东亚国家和地区都正在发展强大的创新系统。特别是韩国和中国的商业企业，现在用于研发的费用超过GDP的2%，这一水平达到了先进OECD国家的水平。20世纪90年代初，韩国很快追上了意大利、荷兰和瑞士。诸如马来西亚等其他亚洲国家也拥有了强大的技术能力。我们也可以预测强大的创新系统将会在捷克和匈牙利再次出现。

2. 这些也是公司创新管理和引进国家创新系统的可能来源。然而，正如我们将要在下面看到的，从国外创新系统中了解和学习一般的经验是一项艰巨的任务。创新的成效与国家和意识形态相关，这使得现实与信仰很难分离。商业媒体和商业教育中占主导的都是英语资料和盎格鲁-撒克逊式的例子：在德国关于创新管理的资料很少使用英语；在日本关于创新管理的大量信息都是来自北美学者的解释。

3. 企业能够从国外创新系统产生的技术中学到更多内容。欧洲很多大企业非常重视国外技术知识来源，无论是通过附属公司（即外国直接投资）和合资企业，通过与供应商和顾客的联系，还是通过逆向工程。它们发现从日本学习比从北美和欧洲其他地方学习要困难得多，可能是因为差异太大——涉及企业自身、语言和文化。更令人惊奇的是，欧洲企业发现从国外公共基金支持的研究中学习是最困难的。这是因为与直接的市场交易相比，有效的学习包括更多微妙的联系，例如，非正式专业网络成员的参与。这种公共知识通常被视为潜在创新优势的来源，企业越来越积极地试图获得国外资源。通过市场交易和逆向工程获得的知识使得企业能够追赶并跟上竞争对手。在过去25年里，东亚国家和地区的公司非常有效地利用这些渠道进行快速的技术学习（见案例研究4.4）。

案例研究4.4

东亚发展中经济体的企业技术战略

在过去25年内，东亚“四小龙”——中国香港、韩国、新加坡和中国台湾——的现代化进程引发了关于其原因的激烈争论。迈克尔·霍布迪（Michael Hobday）对于这些国家和地区的商业企业如何在国内科学和技术系统不发达以及缺乏技术精湛的国内客户的情况下，实现快速学习和技术进步提出了重要的新见解。

政府政策提供了有利的总体经济环境：出口导向；基础教育和职业教育；极其重视产业需求；稳定的经济；低通货膨胀率和高储蓄率。极为重要的是特定的商业企业为有效吸收国外技术制定了战略和政策。

电子、鞋类、自行车、缝纫机和汽车产业发展的主要机制是一样的，即原始设备制造（original equipment manufacture，OEM）系统。OEM是一种特定的分包形式，这些国家和地区的企业所生产产品的规格要符合国外跨国公司（trans-national company，TNC）的标准，国外跨国公司一般来自一个更富有且技术更先进的国家。国外跨国公司的目的就是削减成本，为此，它们在质量控制、设备选择、工程和管理培训方面向发展中国家提供援助。

OEM始于20世纪60年代，在70年代变得更加专业化。在80年代中期便形成自己设计和制造（own design and manufacture，ODM），后发企业开始学习为顾客设计产品。最后的阶段就是自有品牌制造（own brand manufacture，OBM），后发企业（如三星、宏碁）利用自己的品牌进行产品营销，并且和领先者正面竞争。

在每一阶段，公司的技术定位必须和相应的市场定位相匹配，如下所示：

阶段	技术定位	市场定位
1	组装技术 基本生产 成熟产品	被动的出口拉动 廉价劳动力 由买方分销
2	渐进的流程变革 逆向工程	积极销售给国外买家 基于质量和成本
3	成熟的生产技术 流程创新 产品设计	先进的生产销售 国际营销部门 营销自己的设计
4	研发 产品创新	产品营销推动 自有品牌产品的范围和销售
5	前沿研发 与市场需求相结合的研发 先进的创新	自有品牌推动 内部市场研究 独立分销

资料来源：Hobday，M.，*Innovation in East Asia：The Challenge to Japan*，1995. Edward Elgar，Cheltenham.

研发国际化的进程缓慢但意义重大，也是企业从国外创新系统中学习的一种方式。跨国公司选择将研发职能置于母国之外的原因很多，涉及管理体制和激励机制、较低的成本或更多的专业化人力资源、更接近领先供应商和顾客，但是很多情况下，更明显的动机是进入国家或区域创新网络。总的来说，母国以外研发支出的比例从1995年的15%增至2009年的25%。然而，一些国家的研发国际化水平比其他国家更高（见图4-1）。在这方面，欧洲企业的国际化程度最高，日本企业最低。

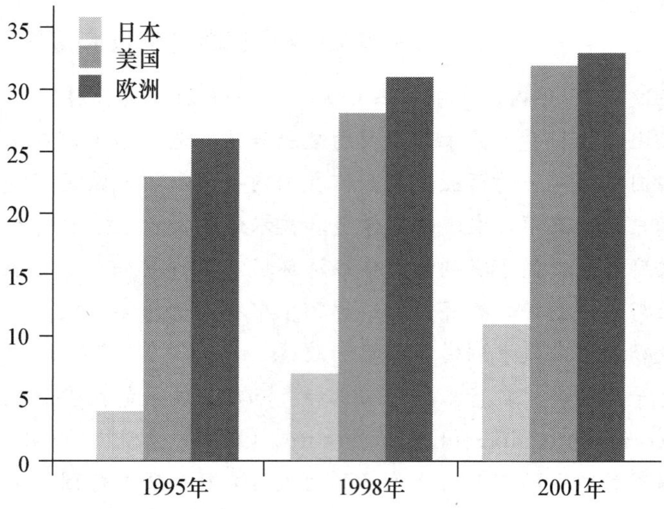

图4-1 按区域划分的研发国际化

说明：图中显示的是母国之外的研发支出的百分比。

资料来源：Derived from J. Edler，F. Meyer-Krahmer and G. Reger，Changes in the strategic management of technology：results of a global benchmarking study，*R&D Management*，2002. 32（2），149-164.

学习和模仿

虽然获得关于竞争对手创新的信息的费用相对较低，但是企业经验表明，获得关于怎样复制竞争对手产品和流程创新的知识要昂贵得多，并且很费时。这类模仿的成本通常占原创成本的60%～70%，并且一般要花三年的时间。[34]

日本和韩国企业的例子证明了这些结论，在日本和韩国，有效的模仿归功于企业在相关的教育、培训和研发方面的大规模投资。[35]如表4-3所示，管理人员认为学习竞争对手的创新的最重要方法就是独立研发、逆向工程和专利许可，这些方法的成本比阅读出版物和专利文献要高得多。获得有益和有效知识的成本不会很低。最近在500多家大型欧洲企业中进行的一项类似的创新战略调查也发现，几乎一半的企业认为通过针对竞争对手产品的逆向工程获得的知识对于自己的创新活动极为重要。[36]

表4-3 学习竞争对手的方法的有效性

学习方法	总体样本平均值*	
	流程	产品
独立研发	4.76	5.00
逆向工程	4.07	4.83
专利许可	4.58	4.62
从创新型企业中雇用员工	4.02	4.08
出版物或公开的技术会议	4.07	4.07
专利披露	3.88	4.01
向创新型企业中的员工咨询	3.64	3.64

* 范围：1 = 完全无效；7 = 非常有效。

资料来源：Levin，R. et al.，Appropriating the returns from industrial research and development. *Brookings Papers on Economic Activity*，1987. 3，783-820. Reproduced by permission of The Brookings Institution.

更为正式的科技情报收集方法应用得并不普遍，并且各个公司和产业所使用的方法存在很大的差异（见图 4－2）。例如，在医药行业，很多知识都是来自出版物和专利，人们定期对这些信息源进行扫描，而专家小组的广泛应用更反映了该产业注重科学基础的趋势。在电子产业，产品技术路线图和领先用户分析被广泛使用。令人惊讶的是（根据对 26 家企业的研究），历史悠久的成熟的方法（如德尔菲法、S 曲线分析方法和专利引用方法）并没有得到广泛应用。

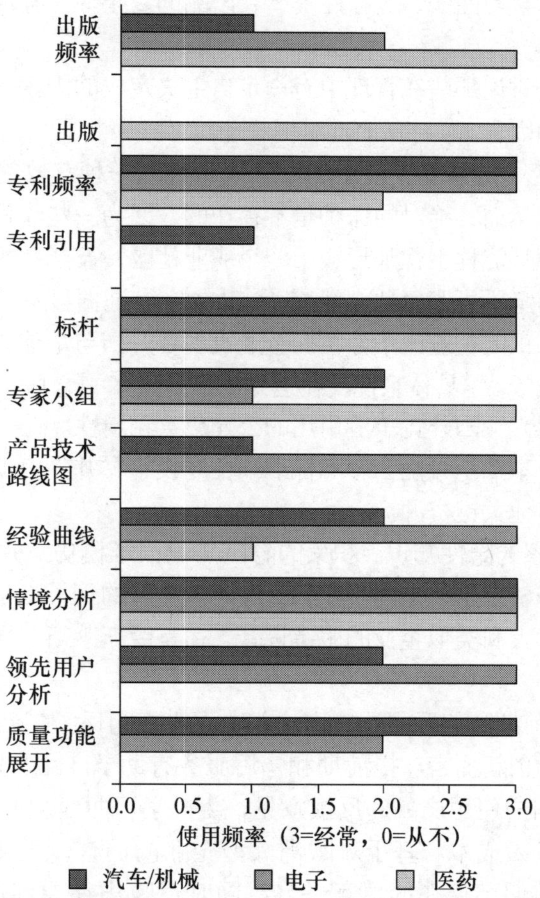

图 4－2　不同部门中收集技术情报方法的应用

资料来源：Data derived from Lichtenthaler，E.，Technological intelligence processors in leading European and North American multinationals. *R&D Management*，2004. 34（2），121－134.

4.4　获取创新收益

技术领先并不一定会自动转化为经济收益。[37] 蒂斯认为企业从技术投资中获利的能力取决于两个因素：企业将其技术优势转化为商业上可行的产品或流程的能力；企业防止其竞争优势被竞争者模仿的能力。因此，有效的专利保护使得皮尔金顿能够保护在玻璃制造上的技术突破，柯达难以模仿宝丽来的瞬时摄影技术。由于在生产和营销等互补性资产上缺乏能力，EMI 公司对医疗扫描技术、施乐公司对个人电脑技术未能有所突破而无法获得商业效益。德・哈维兰公司（De Havilland）研制的“彗星”号喷气式客机在消除高空飞行中的不适感方面投入了很大成本，但是详情马上被所有竞争者获得。在录像机领域，日本松下在实施标准上成功击败了更具创新性的索尼公司，部分原因是拥有更宽松的对付竞争者的专利许可政策。

一些促使企业从自身技术领先优势中获得商业利益的因素受到管理的深刻影响，例如用于发掘领先优势的互补性资产。其他一些因素受到企业管理的影响很小，更多地取决于技术、产品市场和知识产权体制的一般特性，例如专利保护强度。我们识别出了影响企业从技术中获得商业利益的九种因素：保密、积累的隐性知识、提前期和售后服务、学习曲线、互补性资产、产品的复杂性、标准、开拓性的全新产品、专利保护强度。

我们先讨论那些在管理中有一定自主决定权的因素，然后讨论那些选择范围受到更多限制的因素。

1. 保密。这被各产业中的管理人员视为一种有效的保护形式，特别是对于流程创新而言。然而，绝对的保护是不存在的，因为一些流程的特点能够从最终产品中识别出来，并且流程工程师形成了一个职业社区，彼此互相交流并在不同的企业之间流动，因此信息不可避免地会泄露。[38]此外，有证据显示，在很多产业中，与国家创新系统分享知识的企业比不分享的企业表现要好，与全球创新系统交流最多的企业拥有最优创新绩效。[39]具体来说，在达到一定研发水平之后，那些经常将自己的研究（出版物和专利）让国外竞争者引用的公司更具创新性。在一些情况下，这是因为与全球创新系统分享知识可能会影响标准和主导设计，并且有助于吸引和留住研发人员、联盟伙伴和其他关键资源。

2. 积累的隐性知识。积累的隐性知识很难模仿，并且要花费很长时间，特别是当隐性知识植根于特定的企业和区域时。典型的例子就是产品设计技能，不论是贝纳通公司和意大利类似企业的服装设计，还是劳斯莱斯公司的飞机发动机设计，都很难模仿。

3. 提前期和售后服务。这被业内人士视为保护创新不被模仿的主要方式，特别是对于产品创新而言。提前期和售后服务有助于产品开发，建立品牌忠诚度和信任，加速获取用户使用产品的反馈意见，生成学习曲线从而带来成本优势，因此增加了模仿者的进入成本。基于对欧洲大型企业的调查，表 4-4 显示了不同产业间在产品开发提前期上存在的显著差异，同时反映出在专利保护强度和产品复杂性上的差异。

表 4-4 产品开发提前期的产业间差异（%）

产业	重大产品创新的开发和营销超过5年的企业的百分比
所有的产业	11.0
医药	57.5
航空航天	26.3
化工	17.2
石油产品	13.6
仪器	10.0
汽车	7.3

续表

产业	重大产品创新的开发和营销超过 5 年的企业的百分比
机械	5.7
电气设备	5.3
基本金属	4.2
公用事业设备	3.7
玻璃、水泥和陶瓷	0
塑料和橡胶	0
食品	0
通信设备	0
计算机	0
金属制品	0

资料来源：Arundel，A.，G. van der Paal，and L. Soete，*Innovation strategies of Europe's largest industrial firms*，PACE Report，MERIT，1995，University of Limbourg，Maastricht. Reproduced by permission of Anthony Arundel.

4. 学习曲线。生产中的学习曲线能够创造较低的成本，并产生一种特殊的积累的隐性知识，这种隐性知识能够很好地被从业人员识别。在某些产业和技术领域（如半导体、连续操作过程），先发优势可能是巨大的，因为随着累积产量的增加可能会极大地减少单位成本。然而，这种经验曲线并不是自动形成的，需要在培训和学习上持续投入。

5. 互补性资产。一项创新的有效商业化往往取决于生产、营销和售后服务资产（或能力）与技术资产的互补性。例如，EMI 公司并没有在电子扫描领域进行投资。蒂斯认为强大的互补性资产使得 IBM 在个人电脑市场赶上了领先者。[40]

6. 产品的复杂性。然而，蒂斯是在 20 世纪 80 年代中期说这番话的，IBM 在个人电脑上的绩效从那时起就不怎么好了。在此之前，IBM 可以依靠电脑的规模和复杂性形成一种阻碍模仿的有效壁垒，因为设计和制造复制的产品需要很长的时间。随着微处理器和标准软件的出现，这些防止模仿的技术壁垒都不存在了，IBM 在 80 年代后期面临来自美国和东亚"克隆"自己的强大竞争者。波音和空中客车在大型民用飞机领域没有面临类似的竞争威胁，因为模仿的成本很高且提前期非常长。管理人员认为产品复杂性是一种有效阻碍创新模仿的壁垒。

7. 标准。若公司的产品标准被广泛接受，将拓展公司的市场并提高竞争者的模仿壁垒。卡雷尔·夏皮罗和哈尔·瓦里安（Carl Shapiro and Hal Varian）写出了互联网经济竞争动力的标准文本（迄今为止）[41]，标准兼容是市场增长的一个基本特征，"标准大战"也是竞争过程的一种基本特征。他们指出这种战争总是发生在每一代全新技术被采用时，例如，19 世纪铁轨宽度计量方式的变化，20 世纪初期是采用直流电还是交流电，以及之后彩电的不同技术系统都引发了标准大战。他们认为市场领导者通常在标准大战中占有优势，但是这会由于突破性技术变革或者对顾客需求的较好响应而改变。[42]竞争性的企业可以采用渐进性战略，最小化顾客转换成本（如与前几代的产品进行后向兼容），或者采用革命性战略，基于非常好的绩效-价格特征，使得顾客愿意接受较高的转换成本。[43]当失败者采用获胜者标准的成本较低时，标准大战并不是那么激烈和残酷。这在研究札记 4.6 中进行了讨论。

研究札记 4.6　　标准和“赢家通吃”产业

查尔斯·希尔（Charles Hill）认为标准竞争创造了“赢家通吃”的产业。[44]这源于“通过创新增加收益”，随着采用某个标准的用户数量的增加，顾客采用该标准的激励更大，因为互补和兼容的商品和服务（如录像机内容方案、电脑操作系统应用程序）更容易获得。虽然微软和英特尔在个人电脑上的经验支持了这一结论，但并不总是这样。VHS 标准的全胜并没有让索尼公司停止在视频市场上开发成功的业务，而且索尼公司是基于竞争对手的标准进行开发。[45]同样，与竞争对手相比，IBM 并没有从自己的个人电脑标准上获得很多收益（有些人认为没得到一点好处）。[46]在两个案例中，竞争企业能够成功地复制标准并阻止赢家通吃，是因为厂家改变标准的成本相对较低。当为了鼓励应用而将一项技术标准授权给竞争对手时，这种情况就会发生。当竞争对手的标准的差异较小时，这种情况也会发生。若情况真是这样（如在电视和移动电话产业），同一企业可能会经常改变标准。

费尔南多·苏亚雷斯（Fernando Suarez）近来对有关标准的文献给予批评，指出很多研究都是“事后”行为，对于管理者关心的标准形成的“事前”动力并没有给出多少见解。[47]这表明企业层面的因素和环境因素都会影响标准设定。

- 企业层面的因素：技术优势、互补性资产、基础设施、信誉、战略部署，包括进入时间、专利许可、联盟、管理市场预期。
- 环境因素：规定、网络效应、转换成本、独占制度、竞争者数量以及竞争和合作程度。独占制度表示环境的法律和技术特征，这种环境使得技术拥有者从技术中获利。强大或严格的制度使得竞争企业很难模仿或获取技术。

不同的因素会在标准形成过程的不同阶段产生影响。在早期阶段，为了说明技术可行性，技术优势、互补性资产、公司信誉、其他企业的数量和特征以及独占制度等因素是最重要的。在下一阶段，创造一个市场、战略部署和管理是最重要的。在决定性阶段，基础设施、互补性资产、信誉和转换成本的影响以及网络效应是最重要的因素。然而，建立一项标准，实际上很难在成功之前追踪到这些因素（见表4-5）。这也就是越来越多的合作发生在标准形成过程的初期，而不是出现在赢家通吃标准大战的后期的原因。[48]在复杂的技术环境中，整个系统必须具有兼容性，对通信产业和复杂的技术环境的研究表明，通过早期结为标准联盟，倡导者更可能创造标准并在产业网络中占据主导地位（参见关于爱立信和 GSM 标准的案例研究 4.5）。[49]飞利浦和索尼在建立模拟视频标准和可录式数字媒体标准上都失败了，而 VHS、CD 和 DVD 标准都获得了成功，这得益于早期联盟。如果存在较强的独占制度，兼容标准相对于顾客界面标准就显得不太重要了，顾客界面标准有助于锁定顾客。[50]苹果公司的图形用户界面就是一个很好的例子。

表4-5 标准化及其创新成败的案例

标准	结果	关键主体和技术
磁带（Betamax）	失败	索尼，开拓性技术
家用录像系统（VHS）	成功	日本松下和日本胜利公司结盟，追随者技术
播放器（CD）	成功	索尼和飞利浦联盟负责硬件，哥伦比亚和宝丽金联盟负责内容
数字通信和数字控制（DCC）	失败	飞利浦，模拟磁带的数字化
小型磁盘（Minidisc）	失败	索尼与DCC竞争，在DCC撤出后重新启动，随后的成功有限
微软磁盘操作系统（MS-DOS）	成功	微软和IBM
导航器（Navigator）	混合	美国网景公司是开拓者，提出互联网浏览器早期的标准，但是微软的浏览器超越了它

资料来源：Derived from Chiesa，V. and G. Toletti Standards-setting in the multimedia sector. *International Journal of Innovation Management*，2003.7（3），281-308.

8. 开拓性的全新产品。在一项全新产品开发的早期阶段，当产品特点和用户重视的功能并不是很明确时，成为技术领导者并不一定是一种重大优势，对于厂家或用户也是如此。特别是对于消费品，有价值的功能只有在经过动态竞争之后才会慢慢显现，这需要厂家和用户进行大量的实验、试错和学习。对于一项产品，用户珍视的新功能可能很容易被竞争对手识别，并应用于之后的产品中。这也就是在个人电脑开发的早期阶段市场领导力如此不稳定、开拓者经常被新进入者取代的原因。[51]在这种情况下，产品开发必须与监测竞争对手产品和向顾客学习紧密结合。根据特利斯和戈尔德（Tellis and Golder）的研究，突破性的顾客创新中的开拓者很少成功建立长期的市场地位。成功属于那些具有眼光、耐心和灵活性的“早期进入者”，它们能够建立一个大众消费市场。[52]研究显示，产品开拓者的成功率介于25%（对于消费品）和53%（对于高技术产品）之间，取决于市场条件。例如，对市场战略的利润影响（Profit Impact of Market Strategy，PIMS）的研究表明，（存活的）产品开拓者往往比追随者拥有更高的质量和更广泛的产品线，但是追随者即使拥有成本劣势，也往往在价格上进行竞争。当购买频率很高或者分销很重要时（如快速消费品），开拓者战略似乎更加成功，但是当产品变化过于频繁或者广告费用很高时（如耐用消费品），开拓者战略不会有任何优势。[53]

9. 专利保护强度。正如我们在前面的例子中见到的，专利保护强度能够成为创新者和模仿者获得的商业利益的一个重要决定因素。表4-6总结了欧洲和美国大型企业管理人员对于专利保护强度的判断的调查结果，企业所属产业显示在第一列，该表反映了专利保护强度对于欧洲企业产品创新的影响。总的来说，欧洲企业比美国企业更重视专利保护。然而，除化妆品外，专利保护强度的产业间差异在欧洲和美国十分相似。在所有产业中，除了石油炼制产业外，与流程创新相比，专利对于产品创新的保护更加有效，这可能反映了提高流程效率的驱动因素的重要性。同时，与其他产业相比，专利对于化工相关产业（尤其是药品行业）的保护更有效。这是因为一般来说，绕开一个明确的发明方法去“近似发明”比绕过其他发明形式更难。案例研究4.5讨论了标准、知识产权和先发战略的相对竞争优势。

表 4-6 专利授权有效性的产业间差异

产业	产品		流程	
	欧洲	美国	欧洲	美国
药品	4.8	4.6	4.3	3.5
塑料材料	4.8	4.6	3.4	3.3
化妆品	4.6	2.9	3.9	2.1
塑料制品	3.9	3.5	2.9	2.3
汽车零件	3.9	3.2	3.0	2.6
医疗器械	3.8	3.4	2.1	2.3
半导体	3.8	3.2	3.7	2.3
飞机及零部件	3.8	2.7	2.8	2.2
通信设备	3.6	2.6	2.4	2.2
钢材	3.5	3.6	3.5	2.5
测量装置	3.3	2.8	2.2	2.6
石油炼制	3.1	3.1	3.6	3.5
纸浆和纸张	2.6	2.4	3.1	1.9

范围：1=无效；5 =非常有效。

说明：由于欧洲与美国之间缺乏可比性，因此忽略了一些产业。

资料来源：Arundel，A.，G. van de Paal，and L. Soete，*Innovation strategies of Europe's largest industrial firms*，PACE Report，MERIT，1995，University of Limbourg，Maastricht and Levin，R. et al.，Appropriating the returns from industrial research and development. *Brookings Papers on Economic Activity*，1987. 3，783−820. Reproduced by permission of Anthony Arundel.

案例研究 4.5

标准、知识产权和先发优势：全球移动通信系统

全球移动通信系统（GSM）标准的开发始于1982年左右。大约140项专利组成了GSM标准的基础知识产权。在专利数量方面，摩托罗拉最多，有27项，接着是诺基亚（19项）和阿尔卡特（14项）。飞利浦也占据着很重要的地位，拥有13项核心专利，不过后来却作出战略性的决定，退出了移动电话业务。爱立信很不寻常，因为它只拥有4项核心专利，后来却成为市场领导者。原因之一是GSM最初是由爱立信提议的。另一个原因是爱立信在与相关企业建立网络联盟方面仅次于飞利浦。摩托罗拉在基础的技术决策得到认同后继续申请专利，但是其他企业并没有这么做。这使得摩托罗拉对可获得的GSM市场拥有极大的控制权，也使它能够影响专利许可情况并得到其他公司的技术。事实上，所有的设备都是由获得核心知识产权的使用许可的公司供应的：爱立信、诺基亚、西门子、阿尔卡特和摩托罗拉，这几家公司共占有交换系统和交换站市场份额的85%，市场价值1 000亿美元。

由于GSM标准已经从欧洲和北美进入其他国家，像北电网络和朗讯科技这些供应商开始通过技术许可方式提供这种系统，但是从未像五位开拓者那样成功。日本企业也对这种技术授权以提供基于GSM的系统。这种技术的使用费很高，占GSM手机成本的29%。

资料来源：Bekkers R.，G. Duysters and B. Verspagen，Intellectual property rights，strategic technology agreements and market structure. *Research Policy*，2002. 31，1141−61.

目前，全新的技术使知识产权保护以及专利制度面对新的问题。在美国，旨在保护软件技术的专利数量增加了，涉及专利的金融机构的数量也第一次增加。[54] 相关的争论主要集中于以下方面：如数字技术对于版权保护可能产生的效果[55]，专利对于保护生物体的有效性，以及生物技术领域专利保护的适当范围。[56]

最后，我们应该注意到，企业可以使用上述九种因素来保护它们的创新领先地位。例如，在制药产业，保密在研发的早期阶段最重要，但是在研发的最后阶段，专利变得非常重要。诸如全球销售和分销等互补性资产在后期阶段变得越来越重要。尽管在这个产业存在着大量的合并和收购，这些因素以及对于大规模研发的需求导致各国在过去 70 多年里保持相对稳定的国际地位。企业通常会采用所有有效的并且能够获得的方法来防止创新被模仿。[57]

4.5　探索技术轨迹

本节主要关注企业和广义的技术轨迹。[58] 这是因为企业和产业部门在基础技术方面存在很大的差异。例如，设计和制造汽车与设计和制造药物或个人电脑是不同的。我们处理的不是一种技术，而是多种技术，每一种技术都有自身的发展模式、技术需求和战略意义。因此，很难开发出一种框架，将变化的技术整合到战略分析之中，有效地应对公司和产业的多样性。下面将介绍在过去 10 多年里为包容多样性而开发的框架。[59] 该框架受到克里斯·弗雷曼和他的同事[60]，以及戴维·莫厄里和内森·罗森伯格（David Mowery and Nathan Rosenberg）[61] 对过去 150 年里出现的重大新技术的分析的极大影响。

大量研究显示，不同产业在技术变革的来源和方向上存在显著的、相似的和持续的差异。可以总结如下：

● 创新型企业规模：通常，化工、公路车辆、材料加工、飞机和电子产品等行业的企业规模较大；机械、仪器和软件等行业的企业规模较小。

● 产品类型：通常，大宗原料和消费品是价格敏感型的，处方药和机械是性能敏感型的。

● 创新目标：通常，制药和机械行业关注产品创新；钢铁行业关注流程创新；汽车行业同时关注产品创新和流程创新。

● 创新来源：农业和传统制造业（如纺织业）中的设备供应商和其他生产投入；仪器、机械和软件行业中的顾客；化工、电子、运输、机械、仪器和软件等行业的企业内部技术活动；制药行业中的基础研究。

● 创新的场所：化工和电子行业在研发实验室；汽车和散装材料行业在生产工程部；机械制造业在设计部；服务业（如银行和连锁超市）在系统集成部。

在面对这种多样性时，存在两种截然不同的风险。一种是基于一个企业或产业的经验概括创新的本质、来源、方向和战略意义。在这种情况下，很多结论极有可能误导读者或是错误的。另一种风险是所有的企业和产业都是不同的，没有什么经验可以概括。在这种情况下，就不会存在有用知识的积累和发展。为了避免这两种风险，我们区别了五种主要的技术轨迹，每一种都有独特的性质和创新源，每一种对于创新管理和技术战略都有重要的意义。在对英国 2 000 多项重要创新的信息进行系统总结以及阅读大量的历史资料和案例材料之后，我们完成了这项工作。在表 4－7 中，对于每种轨迹，我们识别出其典型的核心产业、主要技术来源和战略的主要任务。

表4-7 五种主要的技术轨迹

	供应商主导型企业	规模密集型企业	基于科学的企业	信息密集型企业	专业化供应商企业
典型的核心产业	农业 服务业 传统制造业	散装物料行业 耐用消费品行业 汽车行业 土木工程行业	电子行业 化工行业	金融业 零售业 出版业 旅游业	机械行业 仪器行业 软件行业
主要技术来源	供应商 生产学习	生产工程部 生产学习 供应商设计部门	研发基础研究	软件和系统部 供应商	设计 高级用户
创新战略的主要任务					
定位	基于非技术优势	有效益的、安全的、复杂的产品和流程	开发技术相关的产品	新产品和服务	监测和响应用户需求
路径	在金融和分销中使用IT技术	新知识的渐进整合（如虚拟原型、新材料、B2B*）	利用基础科学（如分子生物学）	复杂信息处理系统的设计和运作	使得变化的技术与用户需求相匹配
过程	灵活地响应用户	设计、生产和分销中最佳实践经验的推广	获得互补性资产，重新确定部门边界	使得基于IT的机会与用户需求相匹配	与领先用户保持密切联系

* B2B表示企业对企业。

关于这些重大技术轨迹的知识能够改进对于特定公司技术战略的分析，这就需要回答以下问题：

- 公司技术从何而来？
- 它们如何促进竞争优势的形成？
- 创新战略的主要任务是什么？
- 可能的机会和威胁在哪里？如何应对？

虽然上述分类在后来的分析中被证明是比较合理的，但还是过于简化。[62] 例如，我们可以在电子和化工行业发现供应商主导型企业，但是它们不可能成为技术排头兵。此外，有些企业可以同时属于多个轨迹。特别地，为了保证有效生产，所有行业的大型企业在规模密集型技术（主要涉及机械和仪器仪表）上都很有实力。软件技术开始在所有行业广泛发挥作用。基于对约1 000家企业创新活动的调查和访谈，我们对这种分类进行了扩充（见表4-8）。研究札记4.7提出了不同技术和市场战略的结合。

表4-8 “新”经济和“旧”经济中的创新模式

变量	新经济	旧经济
研发限定了企业的战略愿景	5.14	3.56
研发部门积极参与制定公司战略	5.87	4.82
研发部门对开发新业务负责	5.05	3.76
将学术研究转移到产品中	4.64	3.09

续表

变量	新经济	旧经济
加快管理部门的审批	4.62	3.02
可靠性与系统工程	5.49	4.79
制造符合实际标准的产品	3.56	2.71
预测复杂的顾客需求	4.95	3.94
与潜在顾客和领先用户一起探索	5.25	4.41
在初步设计的基础上探索用户需求	4.72	3.59
使用产品生成路线图	4.51	3.26
计划更新现有产品	3.56	2.53
与商业伙伴建立联盟	4.18	3.38
与供应商一起创造互补价值	4.32	3.61

范围：1（低）～7（高）；仅列出了在统计上有显著差异的变量，$n=75$ 家企业。

资料来源：Derived from S. Floricel and R. Miller，An exploratory comparison of the management of innovation in the new and old economies. *R&D Management*，2003. 33（5），501-25.

研究札记 4.7 创新战略的多样性

加拿大蒙特利尔综合理工大学（Ecole Polytechnique）和英国苏克塞斯大学（University of Sussex）SPRU 中心共同开展的“新经济中的创新管理”（Managing Innovation in the New Economy，MINE）研究项目，对于理解创新战略的多样性进行了定性和定量的研究。调查范围涉及全球所有产业的 925 名首席技术官（CTO）和高级研发管理人员（来自亚洲、北美和南美以及欧洲）。调查工具可以从网站 www. minesurvey. polymtl. ca 上获得。受访者来自英特尔、新思科技、摩托罗拉、IBM 全球服务部、诺华制药和波音公司。管理人员一般会被问及竞争力对创新有什么影响，创新过程中一般会追求什么价值创造和价值捕捉活动，以及使用什么战略和方法。

创新的游戏涉及很多独立的主体，并且会持续一段时间，在战略上比较复杂。每个创新的游戏都是迥异的、连贯的价值创造和捕捉过程，包括合作和竞争活动。

- 每种游戏都涉及创新活动的完全不同的逻辑，很大程度上取决于产品结构和市场生命周期。
- 它们遵循一贯的轨迹，并受到一些基本的经济和技术力量的限制，因此往往会落入少数自然轨迹中。
- 它们导致不同的绩效水平。创造市场的竞争手段包括突破性创新、快速增长，显示出较大的盈利差异。与此相反，适应市场的竞争以流程创新、增长缓慢但盈利水平高为典型特征。
- 然而，竞争并不是完全由环境决定的，而是允许部分自由度，在一定程度上允许与相关系统的成员接触，允许采用合作和竞争方式来扩大市场。

集群分析识别出七种不同的但稳定的群体，每一种都至少包含 100 家企业，这些企业以相似的方式创造和捕捉价值。每一种规则都以统计不同的价值创造和价值捕捉活动为特征：

- 由专利驱动的发现；
- 基于成本的竞争；

- 系统集成；
- 系统工程与咨询；
- 产品平台整合；
- 大规模定制生产；
- 创新支持与服务。

资料来源：Miller, R. and S. Floricel, Special Issue, *International Journal of Innovation Management*, 2007. 11 (1).

4.6 开发企业特定的能力

企业追踪和利用上述技术轨迹的能力取决于它们特定的技术和组织能力，以及竞争对手模仿它们的难度。“企业的特定能力”这一概念对于经济学家越来越重要，它被用来解释为什么企业是不同的，企业在一段时间内怎样变化，同时，这一概念对于企业从业人员和咨询者也越来越重要，它被用来解释竞争成功的原因。[63]

哈梅尔和普拉哈拉德对于能力的研究

完善和发展“核心能力”这一概念的最具影响力的研究人员是加里·哈梅尔和普拉哈拉德（Gary Hamel and C. K. Prahalad）。[64] 他们的基本观点总结如下。

1. 企业的持续竞争优势不是来自产品，而是来自核心能力：“优势真正来自管理人员整合全公司技术和生产技术的能力，使得单个企业能够快速适应变化的机会”（p. 81）。

2. 核心能力支持多个核心产品，核心产品反过来支持多个业务单元。他们用树来打比方：

最终产品＝叶、花和果实
业务单元＝小的枝条
核心产品＝树干和大的枝条
核心能力＝根系

核心能力的例子包括索尼的小型化产品、飞利浦的光学媒体产品、3M的涂料和黏合剂，以及佳能对精密机械、精细光学和微电子技术的整合，这种核心能力存在于它们所有的产品中（见案例研究4.6）。核心产品的例子包括本田的轻型高压缩引擎和松下的录像机关键组件。

案例研究4.6

佳能的核心能力

产品	能力		
	精密机械	精细光学	微电子
普通相机	√	√	
小巧时尚相机	√	√	
电子相机	√	√	

续表

产品	能力		
	精密机械	精细光学	微电子
EOS的自动对焦相机	√	√	√
静态视频照相机	√	√	√
激光打印机	√	√	√
彩色视频打印机	√		√
气泡式喷墨打印机	√		√
普通传真机	√		√
激光传真机	√		√
计算器			√
普通纸复印机	√	√	√
彩色复印机	√	√	√
激光复印机	√	√	√
彩色激光复印机	√	√	√
录像系统	√	√	√
激光成像仪	√	√	√
细胞分析仪	√	√	√
掩模对准系统	√		√
步进定位仪	√		√
准分子激光定位仪	√	√	√

资料来源：Prahalad，C. and G. Hamel，The core competencies of the corporation. *Harvard Business Review*，May-June，1990，79-91.

如克里斯特·奥斯卡松（Christer Oskarsson）所言[65]：

> 20世纪50年代末……佳能将精密机械和光学技术应用于其他领域（而不是照相机）……如企业设备。到1964年，佳能开始开发世界上第一台10键的全电子计算器……1965年开发电子复印机模型，之后开发可使用铜版纸的复印机，接着开发……革命性的佳能普通纸复印机技术在1968年亮相……随着产品的多样化，佳能将产品线建立在精密光学、精密工程和电子产品的基础上。
>
> 背后的原因……产品、技术和市场数量的增加……信息技术和电子技术的快速发展、从模拟技术到数字技术的转变、音频和视频技术的融合以及电子和光电物理技术的融合。

3. 相关组织能力的重要性也被意识到："核心能力就是沟通、参与以及致力于跨组织边界合作"（1990，p. 82）。

4. 核心能力要求关注："很少有公司能够在五六种基本能力上建立世界领先地位。一家拥有二三十种能力的公司可能无法创造一系列核心能力"（1990，p. 84）。

5. 正如表4-9所示，"核心能力"这一概念表明大型的事业部制企业应该不仅被看成战略业务单元（strategic business unit，SBU）的集合，而且被看成能力的集合，这些能力并不一定完全适合一个业务单元。更具体地说，传统的事业部制结构在特定的市场上可能会有效地促进创新，但是可能会限制学习新能力的范围：拥有较少事业部的企业采用的是基于能力扩展的战略，而拥有很多事业部的企业采用的是基于能力深化的战略。[66]

表 4-9 关于公司结构的两种观点：战略业务单元和核心能力

	战略业务单元	核心能力
竞争的基础	目前产品的竞争力	企业间关于形成能力的竞争
公司结构	相关产品市场的业务组合	能力、核心产品和业务组合
业务单元地位	自治：SBU 拥有所有的资源，而不只是现金	SBU 是核心能力的可能来源
资源分配	SBU 是分析单元，资本分配给 SBU	SBU 和能力是分析单元，高层管理人员分配资本和人才
高层管理人员的附加价值	通过在 SBU 中权衡，实现收益最大化	阐明战略架构，建立未来的竞争力

对核心能力法的评估

哈梅尔和普拉哈拉德所提出方法的最大优点是，它将企业特定的技术竞争力放在公司战略的中心地位。许多同时代的公司通过强调实践做到了这一点，但是早在 20 世纪初，以科学为基础的企业正是依靠科技取得了竞争优势。例如，戈特弗尔德·普伦佩（Gottfried Plumpe）已经证明，20 世纪 20 年代有机化学行业的龙头企业德国法本公司（IG Farben）探索变革，在公司层面建立了多个“技术委员会”，以发掘跨部门的新兴技术。[67]这使得公司能够顺利地从染料行业扩展至塑料、医药和其他相关的化工行业。

化工和电子产品行业的其他企业案例也证明了这一点。[68]哈梅尔和普拉哈拉德认为公司基于竞争力的观点对于组织研发、资源分配和战略决策具有重大影响，我们稍后会讨论。但他们的方法也有局限性，至少有三个关键问题没有回答。

a. 基于技术的多样化具有不同的可能性吗？是否所有行业的公司核心能力都会为产品多样化提供基础，目前还不明确。对大多数大型化工和电子企业以及大多数钢铁和纺织企业的经验进行比较，在大型化工和电子企业中，基于技术的产品多样化已经成为规则，而在钢铁和纺织企业中，基于技术的产品多样化被证明是非常难以实现的（例如，日本钢铁工业在 20 世纪 80 年代进行多样化的尝试都失败了）。[69]

b. 是否应成为多技术企业？关于企业应该集中资源用于少数重要（或者“特殊”）的震惊世界的技术能力的建议存在潜在的误导性。通常大型企业掌握了很多种技术，但是只有几项技术能够在全球占据特殊的地位。[70]在其他技术领域，技术能力背景有利于企业与外部合作并从外部联系（特别是与组件、子系统、材料和生产设备供应商之间的协作和联系）中获益。在拥有复杂的产品或生产流程的行业中，企业技术能力的很大一部分来自这种能力背景。[71]

例如，在创新战略方面，很有必要对以下两类企业进行区分：一些企业将 IT 作为自己的核心技术和凸显竞争优势的来源（如互联网设备供应商思科）；一些企业则将 IT 作为一种技术背景，尽管需要重大变革，但可以通过专业供应商实现，因此不可能成为独特的、可持续的竞争优势的来源（如美国连锁超市乐购），如表 4－10 所示。

表 4－10　公司技术的战略作用

战略作用	定义	典型例子
核心或关键	对于公司竞争力至关重要，独特并很难模仿	用于产品设计和开发的技术；流程技术的核心元素
背景或辅助	可以为所有竞争者获得，对公司产品的有效设计、制造和运送非常重要	生产设备、仪器、材料、部件（软件）
新兴或关键	与现有的核心技术和背景技术结合时，在快速发展的知识领域中存在潜在的机会或威胁	材料、生物技术、信息和通信技术软件

在所有行业中，新兴（关键）技术最终能够对企业战略和经营产生广泛和重大的影响，如软件。新兴/关键技术改变一个公司的典型例子就是瑞典通信企业爱立信。表 4－11 对数代移动蜂窝电话和通信电缆的技术能力进行了追踪。在两个例子中，每一代新产品都需要在若干技术领域具有实力，并且只有极少数已形成的能力是过时的。考虑到产品的高度复杂性，技术的积累过程包括加强与外部知识源的联系，大力增加研发支出。这必定不是一个集中的过程，而是一个技术和产品实现多样化的过程。

表 4－11　几代产品的技术积累

产品代际	重要技术数量			研发成本		从外部获得的技术所占的百分比（%）	主要技术领域（d）	专利分类数（e）
	(a)	(b)	合计	(c)	基数＝100			
蜂窝电话								
1. NMT-450	n. a.	n. a.	5	n. a.	100	12	E	17
2. NMT-900	5	5	10	0	200	28	EPM	25
3. GSM	9	5	14	1	500	29	EPMC	29
通信电缆								
1. 同轴电缆	n. a.	n. a.	5	n. a.	100	30	EPM	14
2. 光缆	4	6	10	1	500	47	EPCM	17

n. a. ＝不可用的。

注：

(a) 来自上一代的技术数量。

(b) 与上一代相比，新技术的数量。

(c) 与上一代技术相比，目前已经过时的技术数量。

(d)“主要”是指大于等于 15% 的总工程存量，种类如下：E ＝电子；P ＝物理；K ＝化学；M ＝机械；C ＝计算机。

(e) 四位数水平上的国际专利分类（IPC）的数量。

资料来源：Derived from Granstrand，O.，E. Bohlin，C. Oskarsson and N. Sjorberg，External technology acquisition in large multi-technology corporations. *R&D Management*，1992. 22 .

“核心能力”这一概念可能被基于技术的“分布竞争力”取代，因为在大型企业中竞争力是这样分布的：

- 分布在广泛的技术领域；

● 分布在公司内不同的位置——研发部门、生产工程部门和采购部门，以及公司实验室；

● 分布在公司不同的战略目标中，不仅包括在现有业务上建立独特优势（包括核心技术和背景技术），而且包括探索和建立新的业务（包括新兴技术）。研究札记 4.8 考察了四种能力与创新绩效之间的关系。

研究札记 4.8　　单一能力还是多种能力？

本研究探讨了组织应该专注于单一能力，还是将它们结合起来同时在多种能力上竞争。通过对 1 438 家公司的大规模全球调查，实证检验了创新与四种运营能力即成本效率、产品或服务质量、交付速度和运营灵活性之间的关系。

研究人员没有发现这四种运营能力之间存在取舍的证据，而且这四种能力都与创新绩效显著正相关，因此支持了多种能力路径，而非单一能力路径。此外，除了成本效率、质量等较窄的运营指标，灵活性和交付能力都是相对较强的创新预测指标。

资料来源：Nand，A. A.，P. J. Singh，and A，Bhattacharya，Do innovative organisations compete on single or multiple operational capabilities? *International Journal of Innovation Management*，2014. 18（3）.

c. 是否应具有核心刚性？正如多萝西·莱昂纳多-巴顿（Dorothy Leonard-Barton）指出的，当现有能力占据主导地位时，核心能力也可能具有核心刚性。[72]除了纯粹的习惯外，这也可能是因为现有能力对于产品非常重要，并且大量高层管理人员在接受这种能力的培训。结果导致重要的新能力可能被忽略或低估（例如通过改进主机而产生的小型和微型电脑对大型机造成威胁）。此外，已建立的创新优势可能超出目标。在研究札记 4.9 中，莱昂纳多-巴顿从日本汽车业中选了一个非常好的例子：为什么 20 世纪 80 年代非常成功的“重量级”产品管理人员在 90 年代做得过头了。很多例子表明，当核心刚性在企业内部变得根深蒂固时，通常需要变动高层领导者来加以消除。

研究札记 4.9　　“重量级”产品管理人员和过多的产品设计

日本汽车业一些最受推崇的特征……已识别出的……竞争优势是：（1）工程和制造部门交叉问题的解决，导致更短的模式变化周期；（2）拥有多项任务的小型团队，带来更高的开发效率和更短的提前期；（3）使用一位“重量级”产品管理人员——一位对项目具有广泛影响的能人……他领导一支具有凝聚力的项目团队并拥有自主权。20 世纪 90 年代后期，其中很多特征被美国汽车制造商效仿，美国和日本公司在开发提前期和生产率上的差距实际上已经消失了。

然而……日本竞争优势的丧失还有另一个原因——过多的产品设计……产品种类过多，模式改变速度过快，以及不必要的选择……20 世纪 80 年代对于创造竞争优势的能力的过度使用是 90 年代出现新问题的根源。昔日强调精益的日本制造商（如丰田）已经超越让顾客满意的目标，过于注重细化产品，满足于开发众多功能，对质量的追求达到极致，这些在 1993 年可能是不合理的……此外，使用“重量级”管理人员来指导重要项目导致汽车部件设计的过度复杂化，因为这些强势的人并不喜欢与其他车型拥有相同的部件。

资料来源：Leonard-Barton，D，*Wellsprings of Knowledge*. 1995. Harvard Business School Press，Boston，MA，p. 33.

核心能力的开发和保持

关于“核心能力”这一概念的最后的问题非常实际：管理人员怎样识别并开发核心能力？

定义和测量。关于竞争力并不存在广泛接受的定义或测量方法，无论是技术竞争力还是其他的竞争力。一种可能的方法就是测量一种通用产品、组件或子系统的功能特性，例如测量小巧、高效燃烧的引擎在设计、开发、制造和性能方面的绩效。对于像本田这类具有战略技术目标的企业而言，这种方法显然是可行的。这就需要整合不同知识领域的技术能力，而这些领域一段时间内会发生变化（并增加）。20 年前，这些领域包括力学（静力学和动力学）、材料、传热、燃烧和流体流动，现在还包括陶瓷、电子、电脑辅助设计、模拟技术和软件。这就是基于不同技术领域能力整合的测量方法对于形成创新战略更为有效的原因，事实上这种方法在企业中已广泛应用。[73]

理查德·霍尔（Richard Hall）对于识别和测量核心能力做了一些研究。[74]他对无形资产和无形竞争力进行了区分。资产包括知识产权和声誉。竞争力包括员工、供应商和分销商的技术和知识秘诀，以及组成组织文化的集体属性。他的实证研究是基于调查和案例，研究表明，管理人员相信在这些无形资产中最重要的是公司声誉和员工知识秘诀，这两个方面可能都是组织文化的函数。因此，组织文化被定义为一个组织单位成员共同的价值观和信仰以及相关的事物，对组织学习至关重要。

悉尼·温特（Sidney Winter）将竞争力的概念与组织惯例的概念联系起来，其目的是采用其他通用的方式来比较竞争力，以保持竞争优势或管理变革。[75]惯例是高度模式化的组织行为，部分来自隐性知识，具有特定的目标，并可重复。他认为组织能力是一种高水平的惯例或者惯例的集合，并区分了“我们现在怎样谋生”的能力和改变产品、流程、规模或市场的能力，例如新产品开发能力。这些动态能力并不是独特的，也许就是最常见的组织改变方式。他使用“专门的问题解决方案”一词来描述管理创新的其他方式。动态能力通常包括专业资源的长期投入，并由模式化的活动组成，这些模式化活动是为了完成相关的特定目标。因此，动态能力包括现有能力的利用和新能力的开发。例如，在新产品开发中利用现有能力，可以从一系列现有产品中将现有技术或商业竞争力剥离出来，并以一种不同的方式联系起来以开发新产品。新产品开发也有助于新能力开发。例如，一种现有的技术能力可能要求新商业能力进入新市场，或者一种新技术能力可能必须服务于现有顾客。[76]

诀窍就是在现有竞争力的利用和新竞争力的开发之间找到恰当的平衡。研究表明，随着时间的推移，企业在这种情形下比在其他情形下更成功，产生这种绩效差异的一个重要原因就是管理者在建立、整合和重构组织竞争力和资源的能力上存在差异。[77]这些动态管理能力受到管理认知、人力资本和社会资本的影响。认知指的是影响决策制定的信念和心智模式。这会影响有关未来事件的知识和假设、可获得的替代选择以及因果之间的联系。这会限制管理人员的视野，影响他们的看法和解释。案例研究4.7在关于宝丽来和数字成像的案例中对认知的（有限）作用进行了讨论。人力资本指的是学到的技能，需要企业在教育、培训和社会化方面进行投资，这些技能可能是一般性的，也可能是产业或企业特有的。企业特有的技能似乎成为动态管理能力中最重要的因素，在面对同样的环境时可能会导致不同的决策。社会资本指的是内部和外部关系，会影响管理人员的信息获取，以及管理人员的影响力、控制力和权力。

案例研究4.7

宝丽来的能力和认知

宝丽来是瞬时摄影技术的开发者。它于1948年开发出第一台快速照相机，于1963年开发出第一台彩色快速照相机，并于1978年引入声呐自动对焦技术。除了在卤化银化学领域具有竞争力外，它还在光学和电子、大规模制造、营销和分销专业知识方面具有技术竞争力。宝丽来自1937年建立以来就是一家技术驱动型公司，公司创始人埃德温·兰德拥有500项个人专利。当柯达在1976年进入瞬时摄影市场时，宝丽来起诉该公司侵犯专利权，获得了9.245亿美元的赔偿。宝丽来坚持并成功地推动引入新相机的战略，公司几乎所有的利润都是来自胶片销售（类似于吉列公司使用的剃须刀刀片营销战略），1948—1978年，年销售增长率为23%，年利润增长率为17%。

宝丽来早在1981年就成立了电子成像小组，因为它意识到该技术的潜力。然而，数字技术被认为是一种潜在的技术转变，而不是对市场或业务的颠覆。到1986年，该小组5年的研发预算达到1 000万美元；到1989年，42%的研发经费都用于数字成像技术；到1990年，公司28%的专利都与数字技术相关。宝丽来当时的定位非常准确，就是要开发数码相机。然而直到1996年，公司才成功转型生产商业数码相机，当时市场上有40家公司，其中包括很多实力强大的日本相机生产企业和电子企业。它面临的问题之一是调整产品开发和营销渠道以满足新产品需求。但是，更根本的问题与长期存在的认知问题有关：一贯关注销售胶片的商业模式，并追求图像质量。数码相机新市场的利润主要来自相机，而不是消耗品（胶片）。具有讽刺意味的是，由于（早期）产品的质量相对较差，因此宝丽来拒绝开发喷墨打印机，喷墨打印机的利润主要来自消耗品（墨盒）。宝丽来一直致力于改善其印刷质量，以与35毫米胶片竞争。

资料来源：Tripsas，M. and G. Gavetti，Capabilities，cognition，and inertia：evidence from digital imaging. *Strategic Management Journal*，2000. 21，1147-61.

高层管理人员和未来的战略构架。哈梅尔和普拉哈拉德强调高层管理人员对于开发未来技术竞争力的战略架构具有决定作用，这种观点是有争议的。经济学家指出[78]：

> 能够准确预测未来的公司比那些不能准确预测的公司赚的钱更多，这一点不足为奇。事实上，企业想知道的正好是哈梅尔和普拉哈拉德没有告诉它们的：怎样正确地猜测。也许是不想让它们过于忧虑，作者对那些冒险的和失败的案例有所保留。

事实上，证据表明，核心能力的成功开发和利用并不依赖于管理人员准确预测长期技术和产品发展的能力。[79]相反，新技术及其商业潜力并不是来自高层管理人员的灵光一现（或是掷色子），而是在知识构建和战略定位过程中通过全公司的渐进性学习获得的。新的核心能力并不会在没有测试和试错的情况下马上被识别出来。[80] 正是由于经过了长期的测试和试错，爱立信在移动电信领域的新竞争力初现端倪。[81] 案例研究 4.8 是对日本企业如何开发和利用光电子领域竞争力的写照。研究札记 4.10 将讨论不同的企业能力是如何发展的。

案例研究 4.8

日本公司对光电子的学习

综合使用文献资料和访谈数据，宫崎九三子（Kumiko Miyazaki）对日本企业中光电子技术的开发和利用进行了追踪。她的主要结论如下：

> ……竞争力的建立与企业过去的成就密切相关。路径依赖和累积性等概念拥有非常坚实的基础。竞争力的建立注重核心领域以提高企业的核心能力。
>
> 通过对过去 13 年间有关半导体激光器的不同类型的文章进行研究，发现在大多数企业中，实验类型的文章减少了，而标注“新发展”或“实际应用”的文章增加了。对于大多数企业，楔形图式的存在证实了……竞争力的建立是一个累积的、长期的过程，经过试错和实验，最终可能会产生丰硕的成果。通过使用……INSPEC 和专利数据，搜寻轨迹这一概念得到了检验。企业在基础和应用研究中进行广泛的搜寻，在技术开发的相对较窄的范围内搜寻……换句话说，在竞争力建立的早期阶段，企业探索广泛的技术可能性，因为它们不确定技术对自己有什么用。随着逐渐学习和积累知识，企业能够缩短搜寻过程以找到多种应用方式。

资料来源：Miyazaki，K.，Search，learning and accumulation of technological competencies：the case of optoelectronics. *Industrial and Corporate Change*，1994.3（3），631－54.

研究札记 4.10 能力发展

本研究考察了动态能力在能力发展过程中的作用，提出在渐进性发展之外，动态能力如何通过转型和替代两种不同的机制来修正运营能力。新的能力可能执行与先前能力相同的功能（转型），也可能使现有功能过时（替换）。

知识通过边做边学和常规方式积累，运营能力可以随着时间的推移而发展，因此学习、变革和适应不一定需要动态能力的干预。然而，动态能力是在发展中起带头作用，并引导进化路径进入超出渐进演化范围的新领域。因此，动态能力开启比仅仅进化更具突破性的发展机制，并以深思熟虑的方式改变公司的能力或资源基础。研究认为，动态能力可以促进、引导市场和技术能力向新的战略目标发展。所有类型的动态能力都同与创新相关的运营能力的发展相联系，重新配置能力的作用不仅仅是修改资源基础，感知和理解方面的能力也可以促进市场和技术能力的发展。实际上，感知和理解能力可能间接导致运营能力的发展，而其最初目的是捕捉外部知识并将创新理念变为现实。

随着时间的推移，企业层面的许多变化都涉及企业管理者的决策，而动态能力的部署需要管理者投入大量的时间和精力。这意味着动态能力与高层管理人员的战略决策密切相关。

资料来源：Ellonen, H-K., A. Jantunen, and O. Kulvalainen, The role of dynamic capabilities in developing innovation-related capabilities, *International Journal of Innovation Management*, 2011. 15 (3), 459-78.

对于突破性技术创新的研究说明了愿景如何影响竞争力的开发或获取，并识别出三个相关的机制：动机、洞察力和阐述，企业通过这些机制将技术与尚不存在的市场联系起来。[83]动机有助于集中注意力并集聚能量，促使资源集中。这需要高层管理人员传达突破性创新的重要性，建立和强化具有挑战性的目标来影响创新努力的方向。洞察力表示技术和潜在应用之间的关键联系。对于突破性技术创新，这种洞察力很少来自营销功能、顾客和竞争者，而是由具有丰富的技术知识和技术专长以及对市场需求和机会高度敏感的人推动的。阐述包括证明技术可行性，在组织内部验证想法的合理性，建立原型，以及建立和测试不同的商业模式。

至此，概念已经得到充分阐述，足以用于与营销部门和潜在顾客沟通。对于突破性技术的市场远景规划肯定是个人或技术领导者的工作。“有多种方式可以使得愿景符合组织发展要求……我们的期望是，某个人能够创造一种未来的愿景并在整个组织内实施。但是正如我们发现的，突破性创新并不一定仅仅因为关键技术的出现而出现，愿景也不是来自某个杰出的具有预见性的个人”（pp. 239-44）。[82]案例研究 4.9 介绍了康宁公司如何发展陶瓷技术和深加工能力，以满足汽车产业对催化转换器的新兴需求和通信产业对玻璃纤维的新兴需求。案例研究 4.10 显示了技术在互联网搜索引擎业务中的有限作用，以及整合方法对于流程、产品和企业创新的关键作用。

案例研究 4.9

康宁公司的市场愿景和技术创新

康宁公司长期以来致力于开发突破性技术以帮助创造新兴市场。康宁是 1908 年美国第一批建立研究实验室的公司之一。设立该机构最初是为了帮助解决玻璃制造中的一些基本流程问题，结果带来铁路信号灯的改进。这导致在 1912 年开发出高硼硅（高硼硅是德国发明的硼硅酸盐玻璃），从而在医疗供应商和消费品中创造了新市场。

20 世纪 40 年代，该公司开始为新兴的彩色电视机市场开发显像管，利用的是它在战争时期开发雷达时形成的技术能力。康宁在黑白电视机显像管领域并没有占据强势地位，但彩色电视机显像管遵循的是另一条差异化且更具挑战性的技术轨迹，要求对基本的光电原理有更深刻的理解，使得数百万的光点能够打到相似的小孔中。

1966 年，为了应对来自英国邮政局（British Post Office）和英国国防部（British Ministry of Defence）的联合调查，康宁公司提供了一个高质量的玻璃棒样品，以确定其在传送光时的性能。基于铜导线的性能，公司确定的目标是光纤损耗最多为 20 分贝/公里。然而，那时光纤损耗（波导）是这个目标的 10 倍：200 分贝/公里。考虑到二氧化硅的属性，该目标在理论上是可行的，因此康宁开始了对光纤的研究。康宁采用的是另外一种不同的方法——使用纯硅，这就要求高温，而在这种条件下很难开展工作。公司在早期项目中就已经开发出这种隐性知识，其他公司要获得这种知识可能要花费很长时间。1970 年，公司开发出复合物和光纤设计方案，超过了目标性能。除了与美国 AT&T 公司签订协议以外，康宁公司与五家来自英国、德国、法国、意大利和日本的公司签署了五年的联合开发协议。康宁随后开发出波导关键技术，在该领域申请了12项专利，在针对欧洲、日本、加拿大企业的一系列专利侵权诉讼胜诉之后，康宁公司开始占据主导地位，到1982年年销售额达到1 000万美元。

作为汽车大灯的供应商，康宁与主要的汽车制造商保持着密切的联系，但是未能成功地说服这些公司选用康宁的安全玻璃作为汽车挡风玻璃，因为康宁公司的玻璃成本高，而且当时对安全问题并不是很重视。康宁公司还为汽油涡轮发动机开发了一种陶瓷换热器，但是汽车制造商不愿意撤出对内燃机生产的巨大投资。然而，康宁与通用汽车、福特和克莱斯勒等公司探讨后发现，将来的立法应该会要求减少车辆废气排放量，因此一些催化转化器可能会成为美国汽车的标准。但是，当时没有人知道怎样生产这种产品。1970年通过的《清洁空气法案》(Clean Air Act) 要求到1975年减少废气排放量，这促进了产品的开发。虽然竞争对手包括3M和通用汽车公司，但是康宁公司具有一定的优势，它已经为（失败的）换热器项目开发出新的陶瓷，并在研发组织和生产流程上具有竞争力。与竞争对手按照部门进行开发不同，康宁公司能够利用自己的研究人员来完成项目，该项目后来被称为“弹性临界质量”。康宁公司在1974年为新的挤压生产技术申请了专利，在1975年为新的瓷器材料开发申请了专利。竞争对手的技术被证明无法满足减少排放量的要求，到1994年，催化转化器为康宁创造了10亿美元的销售额。

资料来源：Graham，M. and A. Shuldiner，*Corning and the Craft of Innovation*. 2001，Oxford University Press，Oxford.

案例研究4.10

互联网搜索引擎的创新

互联网搜索引擎需要一种整合的创新方法，包括流程、产品和业务创新。令人惊讶的是，诸如谷歌和雅虎等领先公司的创新战略并不是基于技术研发，而是基于技术、流程、产品和业务创新的新组合。

例如，美国在1999—2001年授予的126项搜索引擎专利中，市场领导者雅虎和谷歌均只有一项专利，IBM以16项专利引领技术竞争，但是没有重要的搜索业务。然而，在同一时期，雅虎发布的新性能有1 000多项，谷歌有300多项。这些新性能包括：搜索引擎的新配置；现有搜索引擎的新部件；新功能和得到改进的用途。

此外，这种多类型创新的战略不是只关注技术创新，也不遵循经典的产品-流程生命周期。从公司发展历程来看，要对流程创新始终保持高度关注，进行很多重要的产品和业务创新，特别是整合核心搜索功能和其他服务的新创新。这种模式表明，即使在高技术产业，其他竞争力对于业务的持续成功同等重要，甚至更加重要。

资料来源：Lan，P.，G. A. Hutcheson，Y. Markov and N. W. Runyan，An examination of the integration of technological and business innovation：cases of Yahoo! and Google. *International Journal of Technology Marketing*，2007. 2 (4)，295-316.

4.7　创新的全球化

许多分析师和从业人员认为，随着产品市场、金融交易和直接投资的全球化，大型企业的研发活动也应该全球化——不仅要发挥支持本地生产的传统作用，而且要在世界层面与创造专业技能和创新机会联系起来。[83]这与近年来提出的概念“开放式创新”是一致的，而不是依赖内部开发的“封闭式创新”。然而，虽然能够找到一些突出的创新国际化的例子（如荷兰的大型企业，特别是飞利浦[84]），但更全面的证据令人对这种趋势的优势产生了怀疑（见表4-12）。这种证据来自对359家世界上大型技术型企业的专利来源的分析，结果表明约有一半来自美国授权。这些信息被证明是大型企业研发活动实现国际化的准确指南。

表4-12　企业创新活动的地理位置指标（%）

大型企业所属国（数量）	1992—1996年美国专利来源百分比		外国进行研发活动支出的百分比（年）	1992—1996年美国专利国外来源百分比				1980—1984年以来，美国专利国外来源变化百分比
	母国	国外		美国	欧洲	日本	其他	
日本（95）	97.4	2.6	2.1（1993）	1.9	0.6	0	0.1	−0.7
美国（128）	92.0	8.0	11.9（1994）	0	5.3	1.1	1.6	2.2
欧洲（136）	77.3	22.7		21.1	0	0.6	0.9	3.3
比利时	33.2	66.8		14.0	52.6	0	0.2	4.9
芬兰	71.2	28.8	24.0（1992）	5.2	23.5	0	0.2	6.0
法国	65.4	34.6		18.9	14.2	0.4	1.2	12.9
德国	78.2	21.8	18.0（1995）	14.1	6.5	0.7	0.5	6.4
意大利	77.9	22.1		12.0	9.5	0	0.6	7.4
荷兰	40.1	59.9		30.9	27.4	0.9	0.6	6.6
瑞典	64.0	36.0	21.8（1995）	19.4	14.2	0.2	2.2	−5.7
瑞士	42.0	58.0		31.2	25.0	0.9	0.8	8.2
英国	47.6	52.4		38.1	12.0	0.5	1.9	7.6
所有企业（359）	87.4	12.6	11.0（1997）	5.5	5.5	0.6	0.9	2.4

资料来源：Derived from Patel，P. and K. Pavitt，National systems of innovation under strain：the internationalization of corporate R&D. In R. Barrell，G. Mason and M. O'Mahoney，eds，*Productivity*，*Innovation and Economic Performance*. 2000，Cambridge：Cambridge University Press；and Patel，P. and M. Vega *Technology Strategies of Large European Firms*，In：Strategic Analysis for European S&T Policy Intelligence. TSER Project 1093；Paris：OST，1998，pp. 195-250.

综合起来，这些证据表明[85]：

- 当时，世界上的大型企业大约有12%的创新活动是在母国以外进行的。目前，大型企业大约有25%的生产活动在国外进行。
- 每个企业在国外的创新活动所占比例中最重要的就是国外生产所占比例。一般来说，小国家的企业的国外创新活动所占比例较高。平均来说，与母国生产相比，国外生产的创新密集度要低一些。
- 大多数国外创新活动都是在美国和欧洲（实际上是在德国）进行的，并未实现全球化。
- 自20世纪80年代末以来，欧洲企业——特别是来自法国、德国和瑞士的企业——将越来越多的创新活动放在美国，很大一部分原因就是为了在某些领域（如生物技术和IT领域）获得当地的技术和知识。

在对一般情况的解释和对未来意义的认识上仍然存在争议。重大创新的发展依然很复杂，成本高昂，并主要依赖于隐性知识的整合，很难跨越国界。因此，企业仍然倾向于在一个国家关注重要产品和流程的开发。有时候，当重大创新在开发或进入领先市场所需的技术和资源上有明显优势时，它们会选择外国。[86]

IT 领域的进步使得编码知识以操作说明、手册和软件的形式在国际上流动越来越频繁。通过电话会议也可能对隐性知识的国际交流产生积极的影响，但并不是在所有地方影响程度都一样。因此，主要的影响集中在产品周期的第二阶段[87]，当产品设计已经稳定，生产方法已经标准化并记录下来时，就会促进生产的国际化。产品开发和产品周期的第一阶段仍然需要频繁和密集的人员交流。因此，与流程创新国际化相比，IT 领域的进步更可能支持生产的国际化。

推动全球创新有两种极端形式，一种是以专业化为基础，另一种是以整合为基础或呈现网络结构。[88]在以专业化为基础的结构中，企业在不同的领域发展全球卓越研发中心，负责全球范围内特定技术、产品或流程的开发。这种全球专业化的优势有助于实现资源的临界质量，并使得协调更加容易。正如一位研发主任所说：

> ……全球卓越研发中心这一结构是最可取的。特定领域的竞争力得到了重视，协调更加容易，实现了规模经济。任何研发主管都梦想按照这种方式使研发结构化。然而，合适的条件很少出现。[89]

研究札记 4.11 对比了创新全球化的两种不同的策略。

研究札记 4.11　　创新的全球化战略

对两种相互冲突的全球创新战略进行区分是完全可能的：扩张（augmenting），在这种战略下，企业在海外实行创新战略的主要目的是从国外的公共或私营创新系统中学习；开拓（exploiting），与扩张完全相反，这种战略的主要目的是在海外环境中基于公司特定的能力赢得竞争优势。事实上，企业会综合采用这两种不同的方法，并在特定的技术和市场之间进行权衡。

克里斯琴·勒巴斯和帕里·帕特尔（Christian Le Bas and Pari Patel）在 8 年时间里对 297 家跨国公司的专利申请行为进行了分析。他们发现，总的来说，扩张战略是最常见的，但是随着企业所属国家和技术领域的不同也会有所差异。与此研究一致的是，他们证实欧洲企业的扩张战略是最强的，而日本企业是最弱的。日本企业更可能采用在海外开拓本国技术的战略。对技术领域依据扩张战略的重要性排序（扩张战略最常见），依次为仪器仪表、消费品、土木工程、工业加工、工程机械、化工、医药和电子等。此外，他们认为这些不同的战略在一段时期内是不变的，并且不会受到创新国际化变革的影响。

资料来源：Le Bas，C. and P. Patel，The determinants of homebase－augmenting and homebase－exploiting technological activities：some new results on multinationals'locational strategies. *SPRU Electronic Working Paper Series*（*SEWPS*），2007，www. sussex. ac. uk/spru/publications.

事实上，这两种极端结构的混合体很常见，通常是为了应对历史、收购和政治等方面的问题而作出的妥协和权衡。例如，全球卓越研发中心的专业化可能包括其他单元的贡献，整合结构可能包括专业单元的贡献。按照重要性顺序，影响在全球范围内确定研发地点的主要因素包括[89]：

1. 项目关键能力的可用性。
2. 负责项目的研发管理人员的国际信誉（在组织内）。
3. 外部技术和市场知识的来源（如技术、供应商和顾客）的重要性。
4. 内部交易（如工程部门和生产部门之间的业务往来）的重要性和成本。
5. 将核心员工调到选定地点的成本和由此带来的损失。

案例研究 4.11 介绍了中国创新战略和能力的发展。

案例研究 4.11

中国创新能力建设

自 1978 年改革开放以来，中国经济以每年 9%～10%的速度增长，而工业化国家的增长率仅为 2%～3%。中国 GDP 在 2004 年超过意大利，2005 年超过法国和英国，2014 年仅次于美国。

乔治·伊普和布鲁斯·麦克恩（George Yip and Bruce McKern）的研究探讨了这一现象的原因，强调了国内经济的关键驱动力，包括工资、生活水平的不断提高，以及通过更高的价值活动和国际化推动经济持续增长的预期。他们提供了大量的案例数据阐释中国惊人的加速创新，而且特别关注“4C”。

- 客户（customer）——还包括日益复杂的需求模式；
- 能力（capability）——包括基础设施和日益增长的人力资源，中国高素质毕业生的产出令大多数经济体相形见绌；
- 现金（cash）——中国的战略投资潜力仍处于较高水平；
- 文化（culture）——在这个主题下有越来越多的自下而上的创业驱动和战略导向的自上而下的努力，以创建一个可持续的创新生态系统。

在为世界经济提供了 20 年廉价劳动力之后，中国正在成为一个创新、研究和发展的平台。2014 年研发支出达到 GDP 的约 1.8%（相比之下，OECD 发达经济体平均水平为 GDP 的 2.4%，尽管日本超过 3%），中国政府的目标是到 2020 年将研发支出增至 GDP 的 2.5%，并在 2050 年使中国成为一个重要的科技力量。

中国的政策遵循了东亚模式，这种模式的成功依赖于技术和商业投资以及与外国公司的合作。通常韩国的企业基于低技术水平的制造，开发更高水平的技术能力，如设计和开发新产品，例如通过原始设备制造商（OEM）为国际公司生产。然而，技术的流动和能力的发展不是自动实现的。经济学家提到了外国投资和合作带来的技术“溢出效应”，但这需要国内企业做出极大努力。

最重要的是，中国鼓励外国跨国公司在中国投资，这些公司现在也开始在中国进行一些研发。1992 年，摩托罗拉设立了第一家外国研发实验室，到 2005 年，中国有 700 多个研发中心。向中国的技术转让（特别是在制造业）被认为是中国经济增长的一个主要因素。中国吸引的外国直接投资（FDI）约 80%是技术（硬件和软件），FDI 流入继续增长。但是，我们必须区分外国公司转让给其在中国的全资或控股子公司的技术与本土企业获得的技术。只有本土企业（其中许多仍为国有企业）成功获得技术能力，中国才能成为一个真正具有创新力和竞争力的经济强国。

外国技术的引进可以对创新产生积极影响。对于大型企业来说，引进国外技术十分有利，但对于中小企业来说并非如此。大企业具有一定的吸收能力，可以利用国外技术提高创新能力，而中小企业由于缺乏吸收能力且技术上差距巨大，更有可能依赖外国技术。政府鼓励大量购买技术，包括具体化的技术和可编码的技术：硬件和许可证。如果通过一系列创新活动来分解创新支出，则机器和生产设备等的购置成本占创新总支出的约 58%，内部研发占 17%，外部研发占 5%，新产品营销占 3%，培训成本占 2%，工程和制造新创企业占 15%。

很明显，大型外国跨国公司在中国的专利申请最活跃。国外专利申请始于 1995 年左右，自 2000 年以来，专利申请量每年增加约 50%。跨国公司的专利活动与总收入或整体中国市场规模高度相关。这有力地支持了中国的外国专利主要受需求因素驱动的观点。中国的专利专业化与其出口专业化并不相符。汽车、家用耐用品、软件、通信设备、计算机外围设备、半导体和电信服务是主要领域。例如，2005 年，半导体行业的发明达到前一年的 4 倍。外国跨国公司的专利占中国所有专利的近 90%，最活跃的是日本、美国和韩国的公司。30 家跨国公司已获得 1 000 多项专利，三星、松下、索尼、LG、三菱、日立、东芝和西门子这 8 家公司各拥有 5 000 多项专利。这些专利中几乎有一半得到应用，1/5 用于发明，其余的用于工业设计。在18 000项没有优先海外权利的发明专利中，只有 924 项来自这些跨国公司的中国子公司，仅占总数的 0.75%。跨国公司本国和中国的专利申请平均滞后时间超过三年，这是中国与跨国公司之间技术滞后的一个指标。

在治理或财务结构方面经历重大变革的公司有许多，比如夏利变成与丰田的合资企业；TPCO 将债务融资转变为股权，从而增加了对生产能力和技术开发的投资；天津金属成型公司进行了重组，旨在取消债务，并在更有利的位置进行投资，成为更具吸引力的外国投资候选人。联想、TCL、（宁波）伯德、华为等民营企业蓬勃发展，在海外取得了成功：华为一半以上的收入来自中国境外；海尔家电的海外收入超过 10 亿美元；2005 年，联想收购了 IBM 的 PC 部门；2004 年，TCL 通过收购法国汤姆逊的电视部门成为全球最大的电视机制造商。

然而，中国不同地区的创新和创业活动存在显著差异。东部沿海地区高于其他地区，尤其是上海、北京、天津等地创业活动水平较高且持续增长。北京和天津地区、长江三角洲地区（上海、江苏、浙江）和珠江三角洲地区（广东）是最活跃的地区。在大多数调查中，上海排名第一，其次是北京，但这两个地区的差距一直在扩大。西部和西北部是创业活动水平最低和最不完善的地区，几乎没有变化。计量经济模型表明，创业活动的主要决定因素是区域市场需求、产业结构、融资可用性、创业文化和人力资本。技术创新和消费增长率对中国创业没有显著影响。

对中国成功和失败的新企业进行的比较研究证实了创业质量对于新企业成功的重要性，尤其是商业和管理技能、行业经验和社交网络的力量。然而，由于复杂的所有权结构、不良的公司治理和模糊的知识产权问题，在公共研究、前国有企业、大学衍生企业和学术型企业方面仍然存在重大的监管和体制挑战。

资料来源：Yip，G. S，and B，McKern，*China's next strategic advantage*；*From imitation to innovation*. 2016，MIT Press；Woo，J.，*Technological upgrading in China and India*：*Whot do we know*? OECD Development Centre Working Paper no. 308，2012；Wang Q.，S. Collinson，and X. Wu (eds.)，*International Journal of Innovation Management*（2010）Special Issue on Innovation In China，14（1）；*East meets West*：15th International Conference on Management of Technology，Beijing，May 2006.

前沿视点4.1讨论了全球创新活动地点设置的不同动机。

前沿视点4.1

全球创新的地点设置

大型公司之所以在“分布式研发”和“集中研发”之间摇摆不定，是因为这两种方法各有优点。分布式研发增进了研发人员（基于小型业务单元）对于企业战略的理解，集中研发改善了世界级专家的招募和开发。任何在集中的研发条件下工作的人必须充分利用优势并克服劣势。集中研发最大的挑战就是与小型业务单元的衔接。

在欧洲夏普实验室（Sharp Laboratories），我们发现项目成功的概率就是技术成功的概率乘以商业成功的概率。技术成功从本质上讲更容易实现，因为如此多的参数都在我们的控制之中。我们很容易付出更多的努力，引进外部专家或尝试不同的路线。商业成功对于我们而言更难实现，而且我们发现商业关系的质量是成功的基础。在研发和其他公司职能（如制造或营销）之间，存在明显的动机和文化的差异。对于制造，可以通过质量、产量、有效性、低库存和低成本来测量。随着新产品的引入，参数都被打乱了。营销是为了准确提供顾客想要的东西，但是这些目标在技术上可能无法达到。对于研究人员，可以通过技术实力来衡量，更好的衡量方法仍在寻觅之中。

无法有效连接不同的动机和文化是产品创新的一大障碍。参与短期研发项目是连接集中研发中心和小型业务单元最有用的方式。这种方法可以增进双方的了解，根据我们的经验，这种方法也是重大技术转移的重要前兆。这种方法也存在风险，重要的长期研发资源可能会用于短期的紧急活动，因此对这种行为需要管理。根据我们的经验，通过加强关系来管理商业风险对于项目成功是非常重要的。

资料来源：Dr Stephen Bold FREng，Managing Director，Sharp Laboratories of Europe Ltd，www.sle.sharp.co.uk.

4.8 促进战略制定

对环境进行扫描和搜索可以识别出一系列可能的创新目标，并有效回答“我们可以做什么?”但即使是拥有最好资源的组织，也需要在不同的选择之间进行权衡，以决定采用哪一种选择，放弃哪一种选择。这个过程不应仅仅是对竞争对手或顾客的市场需求作出反应，也不应是跟随最新的技术潮流。成功的创新战略需要理解竞争规则的核心参数（市场、竞争者、外部力量等）以及技术知识的作用（技术知识能够作为创新的资源）。技术知识应该怎样积累和分享，应该怎样在新产品/服务和流程中利用，互补知识怎样获得并运用？这类问题关注的是组织内学习过程的管理以及投资和收购。为了支持这一过程而建立的有效惯例是成功的关键。

虽然开发这种框架很复杂，但是我们可以识别出一系列组织用来创造和部署这种框架的核心惯例。这些惯例能够为以下三个关键问题提供答案：

- 战略分析——实事求是地讲，我们能够做什么？
- 战略选择——我们将要做什么（如果选择将资源用于我们确定的项目，那么我们会忽略什么）？

- 战略监控——过一段时间进行审查，这仍然是我们想要做的吗？

有助于战略分析的惯例

研究一再表明，仅仅靠冲动进行创新的组织表现欠佳。例如，大量研究列举了那些以高成本进行复杂的创新的企业，它们想借此改进组织流程，却未能从流程创新中获得竞争优势。[90]相比之下，那些理解整体业务（包括它们的技术竞争力和想要的发展轨迹）的企业，更可能获得成功。[91]按照相似的方式，有关产品/服务创新的研究经常将缺乏战略支撑作为一个核心问题。[92]为此，很多组织花费时间——通常是在别处或者在没有日常运营压力的情况下——进行思考并开发一种共同的创新战略框架。

很多结构化的方法能够帮助组织解决相关问题，有些方法通常用来帮助小型或没有什么经验的企业增强管理能力。[93]中介机构（创新咨询机构和顾问）的作用越来越受到重视，它们能够在一定程度上帮助企业思考创新战略——一些区域和国家的政府支持项目就借助了中介机构的力量，例如 IRAP 项目（在加拿大开发，但广泛应用于其他国家，如泰国），欧盟的 MINT 项目，芬兰的 TEKES 咨询项目，英国的 Advisory Service 项目（部分根据美国的 Manufacturing Extension Service 项目建立模型），以及爱尔兰的 AMT 计划。[94]

在进行这种系统分析时，采取多个视角很重要。审查可以采用由外到内的方法，使用针对竞争对手和市场分析的工具，或者采用由内到外的模式，寻求发挥竞争力的方法。可以对未来进行探索，如本章前面描述的情境，可以使用技术路线图来帮助识别行动步骤，行动步骤反映了广泛的战略目标。[95]但是在执行过程中必须记住，战略并不像形成共同观点和开发风险决策框架那样，战略并不是一门科学。

不要忽视对这种战略分析的交流和分享，这也很重要。除非组织中的成员对分析过程足够了解并承诺遵守，否则很难让他们使用这种框架来规范自己的行为。如果组织想在创新过程中避免只知道技术诀窍而不知道为什么，进行战略部署——与人交流并让他们使用框架——是必要的。这类政策部署需要合适的工具和技术，例如 hoshin 参与计划、操作方法图、保龄球图和简报组。第 10 章对这个问题进行了更详细的阐述。

组合管理方法

很多种方法被开发用来处理广义上称为“组合管理”的问题。这些方法各不相同，包括简单的对风险和奖励的判断，乃至基于概率论的复杂的定量分析工具[96]，但基本目的是相同的——提供一个一致的判断基准，在此基础上决定应该实施哪个项目，并保证在风险与潜在利益之间保持良好的平衡。如果不能作出这种判断，会导致一些问题（如表 4-13 所示）。

表 4-13 评估不同类型研究项目的标准

目标	技术活动	评估标准（在所有研发项目中的占比）	决策接受者	市场分析	风险属性	高波动性	更长的时间范围	外部联盟的特点
知识构建	基础研究，科技前沿监控	人头费分配（2%～10%）	研发部门	没有	小，主要是研发成本	反映了广泛的可能性	增加了搜寻的可能性	研究基金

续表

目标	技术活动	评估标准（在所有研发项目中的占比）	决策接受者	市场分析	风险属性	高波动性	更长的时间范围	外部联盟的特点
战略定位	重点的应用研究，探索性开发	评估期权（10%～25%）	主要的研发部门	广泛的	小，主要是研发成本	反映了广泛的可能性	增加了搜寻的可能性	研发合同权益
商业投资	开发和生产工程	净现值分析（70%～99%）	部门	特定的	大，包括全部投入市场的成本	不确定性导致净现值减少	减少现值	合资企业由联盟中的多数控制

一般来说，我们能够找到三种建立战略组合的方法：效益测量技术、经济模型和组合模型。效益测量技术通常基于相对简单的主观判断（例如审核内容清单），关注一些指标是否实现。一些更先进的方法尝试使用打分或权重比较项目的总体吸引力，但主要缺点是对每一个项目进行相对孤立的考虑。[97]

经济模型尝试将一些财务数据或其他定量数据纳入方程，例如，计算项目的投资回收期或贴现现金流量。这种方法只考虑了单一的项目，而不是一个项目组合，并且非常依赖良好财务数据的可获得性——在一个风险项目的开端并不总是如此。第三种方法——组合方法——试图对若干不同的项目进行审核，并找到一个平衡点。一个典型的例子是构建矩阵来衡量风险和回报，如项目成本 vs. 期望回报。研究札记 4.12 介绍了创新战略中组合管理方法的广泛运用。

研究札记 4.12　　战略创新组合管理

我们以 292 家公司为样本，通过案例研究调查了不同部门间和部门内各种创新管理实践（IMP）的运用情况和有效性。我们发现只有极少数创新管理实践可被视为积极的，包括外部技术情报收集以及技术与产品组合管理。我们还发现大多数 IMP 的使用和有效性因行业和创新环境而异。

值得注意的是，创新组合管理（包括技术、产品和过程）被发现是创新战略和开发之间的潜在桥梁，因为它提供了一种机制，通过这种机制，创新活动与企业战略保持一致，并且可以发现提升活动间协同作用的机会。

组合管理与卓越的创新和财务绩效相关联，因为它有助于识别多个产品和项目之间的关系，识别新的应用和业务，并在已有产品、市场和业务外建立自主性。对组合进行基准测试和评分的公司表现更优。

资料来源：Tidd，J. and B. Thuriaux-Aleman，Innovation management practices：Cross-sectorial adoption，Variation and Effectiveness，*R&D Management*．2016.

不仅可以根据以上标准来审查项目，还可以构建多样化图表来形成一个整体图景，例如，比较市场或技术的相对熟悉程度——这将突出未开发领域的项目与熟悉的技术或市场领域的项目之间的平衡（因此风险更低）。其他可能的要素包括进入市场的门槛与市场吸引力（规模或增长率）、组织在项目领域的竞争地位与市场吸引力的关系，或者到达市场的预期时间与市场吸引力的关系。然而要认识到，即便是先进的、强大的预览工具，也只在公司有意愿实施这些决策时起作用。库珀和克兰施米特

(Cooper and Kleinschmidt) 发现，研究过的大部分企业（885家）都在这个方面表现得很差，常常不能成功克服弱点。[98] 表4-13显示了评估不同类型项目的不同标准。研究札记4.13指出了支持创新战略发展的实践方法，而不是理论方法。

研究札记4.13　　实践中的战略制定

我们研究在一段时间内战略如何发展和演化，以及不同的方法和工具在实践中如何使用。与大多数研究依赖事后的调查和访谈不同，本研究收集的数据来自对两个案例公司几个月的实时观测。我们总结的数据包括：

(1) 1 392张数码照片——我们在两个案例中拍摄的照片包括项目和客户会议期间的照片以及视频材料，个人工作和办公室谈话的照片。

(2) 实地笔记——每个观察人员都使用笔记本记录他们实地观察到的情况，快速记下所见所闻以及时间和日期，有时直接让工程师和设计人员替他们记录。

(3) 34小时的音频材料——在参与项目会议期间进行录音，将之作为观测工作和随后访谈的一部分。这也是转录。

(4) 数字和物理文件——与新产品开发项目相关的其他文件，以电子版和纸质版的形式存档。

我们所观察到的更有用的实践包括：

● 企业战略表和路线图：这些关于时间进度的图表显示在幻灯片中，被总经理用来传播企业战略，反映了企业毛利率和竞争路线。这些图表在一次由总经理召集、各部门全体成员参与的会议上使用，拷贝后发布在服务器上。

● 技术开发路线图：这是一张关于硅植入技术的产业层面的路线图，同时显示了研发和产品发布计划。它反映出产品模型的寿命，同时附带有研发和持续改善的季度数据。产品经理助理的桌上有一份纸质版。服务器上发布了幻灯片版本。

● 财务预测报表：用来对成本削减和收入预测进行管理；报表有一个时间维度。例如，由高级管理人员制作的成本削减报表在跨职能团队会议上使用时，没有考虑时间维度，工程和采购部门的代表参与会议并就实现目标和完成成本削减任务进行协商和协调。

● 战略项目时间表：这是反映项目目标的时间表，也反映了与此相关的不同的公司和顾客关系。总经理使用白板描绘最初的计划，随后经过数周形成更加正式和详细的计划组合。

● 甘特图：计划活动具有时间维度。随着项目的推进，这种时间表被项目团队广泛用来理解目前的活动，按期完成生产任务。产品经理助理的办公室墙上贴有一张甘特图。在跨职能产品开发团队会议上使用了纸质版和幻灯片版本的甘特图。

● 进度表：这是一种以标准形式描述项目各阶段进度的时间表（因而产生利润），使用微笑曲线来表示项目经理对项目风险的评估。质量经理使用进度表来管理通用产品的开发过程，在每两周举行的跨职能例会上对所有新产品开发活动的进展进行审核。

资料来源：Whyte, J., B. Ewenstein, M. Hales and J. Tidd, How to visualize knowledge in project-based work. *Long Range Planning*, 2008. 41 (1), 74-92. Reproduced by permission of Elsevier.

小　结

在制定和实施创新战略时，组织不能忽视嵌入其中的国家创新系统和国际价值链。通过对需求和竞争条件产生强烈的影响，人力资源的供应、公司管理的形式和国家创新系统为组织的发展提供了机会，但也限制了组织的活动能力。

虽然企业的战略受到本国国家创新系统和在国际价值链中地位的影响，但并不是由这些因素决定。从竞争对手和外部创新源中学习（即吸收知识）对于开发能力是必不可少的，但并不需要为了开发必要的吸收能力而过多地进行研发、培训和技能开发方面的投入。这部分取决于管理人员自身的行为（管理人员在生产、营销、服务和支持等互补性资产上进行投资），以及企业在本地和国际创新系统中的地位。它也取决于其他一些因素（如知识产权和国际贸易体制），使得从创新中获取收益或多或少有些困难，管理人员对这些因素的影响有时非常小。尽管如此，能力是制定创新战略的核心。

资源可以是有形的，包括资产、工厂、设备以及位置，也可以是无形的，如员工技能和知识产权。然而，由于这些在市场上通常是自由可得的，因此它们不一定能单独带来可持续的竞争优势。

能力比资源更具功能性，从定义上讲，能力是难以模仿和能够为组织创造价值的稀有资源的组合。

动态能力允许组织适应、创新和更新，因此在不确定和长期增长的条件下是至关重要的。

能力在许多方面创造价值并促进竞争力提升，包括辨别难以模仿的产品和过程的能力。

第4章　扩展阅读

第4章　参考文献

第5章
创新之源
Sources of Innovation

创新从何而来？说到这里，我们可能会想到正在洗澡的阿基米德一丝不挂地从澡盆中跳出来，迫不及待地告诉人们他发现了浮力；在苹果树下徘徊的牛顿被一个苹果砸出了牛顿力学；睡着的詹姆士·瓦特被一阵开水的响声吵醒，发明了蒸汽机。这种“灵感突现”的时刻显然是民间故事中有关创新的描述——这里强调的是创新中的顿悟。如果用卡通的形式来表示，创新就是思想的泡泡中那个闪亮的电灯泡。这样的创新确实存在。比方说，帕西·肖（Percy Shaw）通过观察猫眼对夜晚的反应而发明了世界上使用最广泛的道路安全设施。乔治·德梅斯特拉尔（George de Mestral）则在瑞士阿尔卑斯山散步时注意到植物毛刺会粘到狗毛上，获得了发明尼龙搭扣的灵感。

当然，创新远不止这些——这一点在本书第2章中已有所涉及。创新是推进思想前进的过程，在这个过程中不断修改和完善这些思想体系，并把“知识乱麻”梳理整合成有用的产品、机制或者服务。激发创新的不仅仅是一时的灵感，还可以是其他许多因素，而想要有效控制创新，就需要考虑因素的多样性。

5.1 创新从何而来

创新无处不在——这些创新可能是由许多不同的因素导致的。图5-1显示了激发创新的各种机制，本章将选取其中一些重要的因素进行讨论。

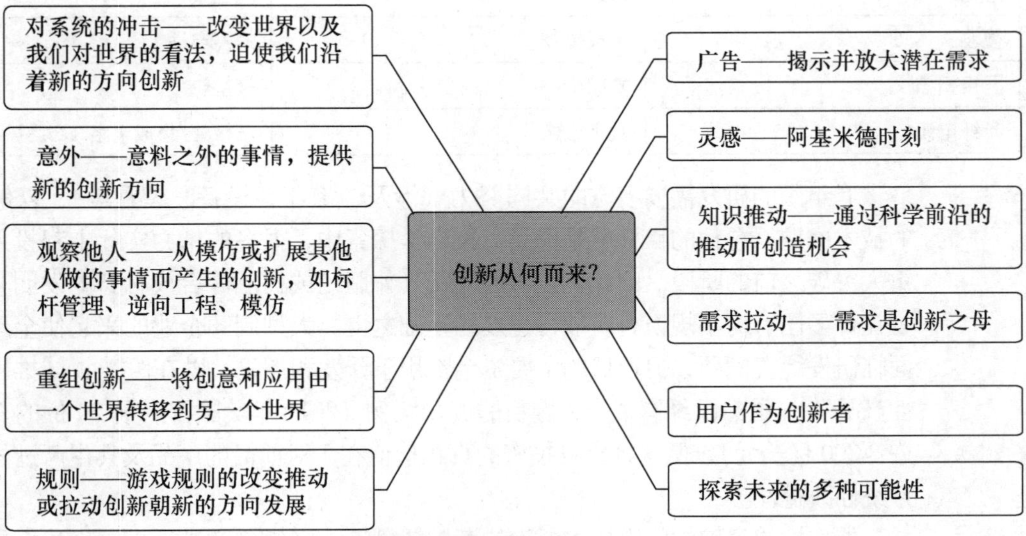

图5-1 创新从何而来

值得注意的是，创新的广泛来源意味着我们需要类似的、多样的方法去搜寻创新的关键信号——这也是本章讨论的内容。

5.2 知识推动

全世界每年大约有1.5万亿美元的经费投入到研究与开发中。实验室里的研究行为、公共或私营部门的科学研究设施并不是完全因探索的乐趣而存在。对研发的大量投入是由于人们深刻地认识到研发作为创新来源的重要性。一些早期的科学探索工作都是个体单独进行的，尽管如此，我们也应该记得，从很早的时候起，这种对前沿知识的探索和编纂就已经发展成为系统化的行为——这是一个博采众长的过程。在20世纪，现代大型企业的兴起带来了新兴的研究实验室，在很大程度上促进了科学技术的发展。这些实验室就是“创意发源屋”。

我们正处在一个研发变得更加开放与分散的新时代，从大型中央实验室转变为公司内部和公司之间的合作团队网络。这涉及一些巨大的变革。例如，创建于100多年前的荷兰飞利浦大型综合研究中心，已经从一个满是身穿白大褂的研究人员的公司实验室，变为一个包含许多不同的研究团队的科技园区。有些研究团队直接为飞利浦工作，有些是独立的小公司，还有些是合资企业。但其基本思想一致：产生创意，为源源不断的创新奠定基础。

知识推动模式在历史上取得了一定的成效。贝尔实验室、巴登实验室以及飞利浦、福特、西电、杜邦等公司的实验室都建立于20世纪90年代。[1]这使得创新可以稳定地进行。为了满足市场上对汽车、消费类电子产品、合成材料、化工制品日益增长的需求，工业生产不仅要围绕产品进行创新，为了适应新的技术支持型产业，还要掌握市场行情和信息/交流技术，而这需要有组织的研发过程。表5-1显示的是知识推动创新的一些例子，每一个创新都成为后续创新活动浪潮的源头。

表5-1 知识推动创新的一些例子

尼龙	雷达	抗生素
微波	合成橡胶	蜂窝电话
医用扫描仪	复印机	气垫船
光纤电缆	数字成像	三极管/集成电路

有组织的研发需要多方的共同努力（涉及专家组、设备、装置等），以解决关键的技术问题。总体的目标就是探索。在科学探索中，很多的精力实际上都投入到产生重大突破之前的阶段。因此，技术的飞跃（如腈纶或树脂等合成材料的发明）都是建立在许多已有的小规模科研取得进展的基础之上。大型制药企业的兴起使全球制药业面临研发耗资问题，但项目的主要资金都用于开发和加工，以在医药领域推出“轰动性产品”①。虽然已经有了令人瞩目的成功案例（2011年美国排名前20位的药物赚了近3 200亿美元），但这种研发投资的真正价值在于对前沿的产品及其生产过程进行了系统性改进。

偶然性的突破中间穿插着长期的渐进性创新，围绕创意进行巩固。我们可以在半

① “轰动性产品”通常是指为其生产商赚取超过10亿美元利润的药品。

导体和计算机行业中看到这种轨迹，即在早期的行业“突破年”之后形成了长期的发展轨迹。摩尔定律（以英特尔公司创始人之一命名）中有这样一条关于电器创新的理论：每隔两年，产品的型号会减小一半，能级会增大一倍。① 这种更新会影响到记忆芯片、处理速度、显示驱动程序以及许多其他的零部件。这样一来，电脑、数码相机、手机和其他家用电器的更新速度就会越来越快。

正如第1章所介绍，化学工业便从早期由植物燃烧产生苏打粉（一种制作肥皂、玻璃和其他制品的主要原材料），发展为进行一系列成熟的化学反应（勒布朗流程），这也成为工业革命的一个驱动因素。这一工艺主导了近一个世纪，但随后被新一代使用电解技术的连续工艺取代。电解工艺起源于比利时，由索尔威（Solvay）兄弟开发。勒布朗流程或索尔威流程的发展并不是一夜之间发生的，而是花了几十年的时间改进和完善，以及充分理解获得持续、高质量的产出所需的化学和工程技术。

另一个很好的例证是相机。相机最初发明于19世纪后期，一种相机构造逐渐成为主流设计——包括快门加镜头，采用对焦原理，使用胶片或底板等。但后来，这一设计被进一步修改，例如，采用不同的镜头、机动驱动器和闪存技术。以乔治·伊士曼（George Eastman）的作品为例，他创造了一种简单的“傻瓜式”相机（盒装布朗尼），将摄影对大众市场开放。这一款式在20世纪沿用了较长时间。到了20世纪80年代，新成像技术的研究激增，随着数码相机及其他成像设备（如手机和平板电脑）的发展，产品发生了巨大变化。虽然该行业的核心参与者已经发生了变化，但由科学研究驱动的创新的根本过程没有改变，相关的专利注册仍然很多。（苹果和三星之间的法律纠纷就是知识在创新中战略的重要性的一个例证。）

一些作者研究并描绘了偶然性突破之后沿着这条道路的长时间探索和经营。[2,3] 这是一种常见的模式，涉及如何引导我们的创新搜索活动这一关键的管理问题——我们将在第6章回到这一主题。它是大公司研发战略的基础，也为个体发明家发现新的利基市场和不同的方向提供了条件。

长期以来，在知识推动下创新型初创企业不断涌现，这些企业的创业者基于自己（或他人）的研究创立企业。这一模式支撑了许多高科技集群的成功，例如，美国硅谷和128号公路，德国纽伦堡周围的“医疗谷”，以及英国剑桥地区，如ARM（其芯片被大多数手机采用）等大型科技企业是从大学分离出来的。（我们将在第12章中对此进行更详细的讨论。）

5.3 需求拉动

知识是创新的原动力，为创新提供了无限的机会。然而，正如我们在第2章看到的那样——我们从大量的例子中得知，有了创意并不等于这些创意会被采纳。美国作家爱默生曾说：发明一个好一些的老鼠夹，全世界都会涌向你家门前。然而，在现实中，往往到处是失败的老鼠夹经销商。② 知识推动了创新的可能性，但不是每个创新

① Gordon, E. M., Cramming more components onto integrated circuits. 1965, Electronics Magazine.

② 爱默生说：“如果一个人有好的玉米、木头、或木板，或猪可以拿来卖，或者他能够做出比别人更好的椅子、刀具、坩埚或教堂风琴，你会发现通向他家的路将被慕名而来的人踩宽，哪怕他深居在山林里。”

的想法都能找到合适的出口，重要的是这种想法一定要源于特定的需求。仅有聪明的想法是远远不够的，因为它们可能并没有满足人们实实在在的需求，这样一来人们就会觉得没有必要改变。

我们应该意识到，创新的另一个重要的驱动因素是需求——这是相对于知识推动的一个拉动因素。“需求是创新之母。”创新通常是为了满足人们对改变的需求，包括一些最基本的需要（比如食物、穿衣、安全等方面的需要），早期的创新是社会演变所致。在当今社会，创新和变革同样是建立在更高层次需求的基础之上。在创新管理中，越来越多的精力投入到如何发现人们的需求，以及如何满足这些需求。比方说，亨利·福特可以将富人的奢侈品——早期的豪华轿车——变成一种“普通人的交通工具”。此外，宝洁公司创办的初衷就是满足人们对于室内照明的需求（使用蜡烛），随后其业务扩展到更大规模的家用产品，从肥皂、纸尿裤到清洁剂，再到牙膏和其他的产品。宝洁旗下纸尿裤品牌“帮宝适”很好地说明了这一过程。帮宝适创立于20世纪50年代，公司的一位研究人员维克·米尔斯（Vic Mills）在照看刚出生的孙子时，为洗尿布这一费时费力的工作所困扰。于是研究人员创立了一个开发项目，产品最终在1961进入市场。2015年，帮宝适全球销售额约100亿美元，占全球市场份额的41%，是纸尿裤市场重要的品牌。

前沿视点5.1给出了另一个日用餐具领域的例子。

前沿视点5.1

Churchill Potteries公司

200年前，Churchill Potteries公司在英国开始制造陶器和餐具，如今公司仍在生产这些产品。尽管处于竞争激烈的国际市场环境之中，但公司采取了一系列办法，确保了创新之源的稳定。首席执行官安德鲁·罗珀（Andrew Roper）强调，要倾听用户的心声并了解他们的需求。“我们承担了许多服务职责，所以您可以认为我们是单纯的生产商，也可以认为我们是一家同时从事生产的服务公司。”公司的员工花很多时间和主厨、酒店经营者及其他人交谈。“……销售、市场和技术人员花更多的超乎我想象的时间检查产品在使用中的问题，并向客户、专家和其他人咨询，发现下一步的需求。”

资料来源：“Ingredients for success on a plate,” Peter Marsh, *Financial Times*, 26/3/08, p.16. Copyright The Financial Times Ltd.

知识推动型模型的关键在于经过大量努力之后取得几个重要突破，要满足需求也是如此。有时候，要先找到领先世界的观念，再提供一个满足需求的创新方法，这个过程十分复杂且存在差异。根据产品的新颖程度，可以采用多种方法对产品创新进行分类。用数字表示和用百分比表示区别微乎其微，用图片表示则很清晰——“领先世界”的产品很少，但是围绕着这个中心点可以进行许多的延伸和改变。[4,5]图5-2中显示了一个特定的突破——我们可以为过程创新绘制一幅类似的图。[6]

了解买家/收购方的行为是研究市场的重要方向，因为这样可以为我们了解用户的需求提供框架和工具。[7]（我们将在第9章回到这一主题。）广告和标语在这一过程

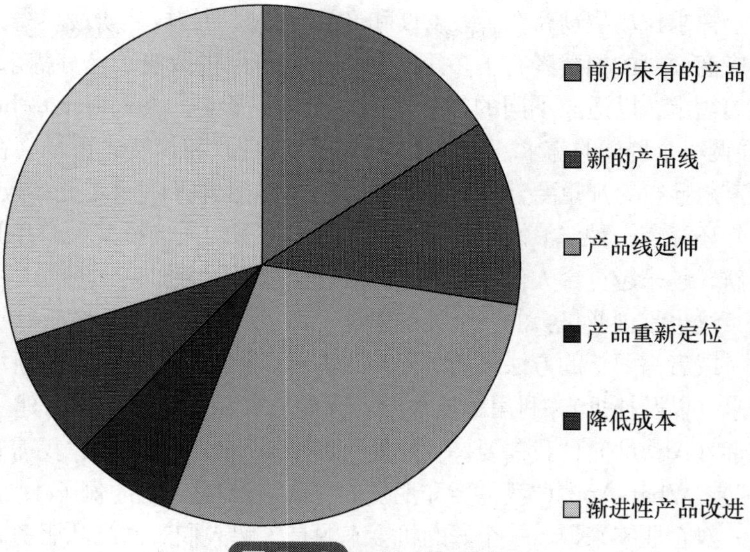

图 5-2 新产品的类型

资料来源：Based on Griffin，A.，PDMA research on new product development practices. *Journal of Product Innovation Management*，1997. 14，429.

中扮演了重要的角色，可以运用心理学的知识使消费者内心达到平衡，或者根据广告进行模仿和创造——这是基本的人类需求。[4] 许多近期的研究都关注人种学，试图了解人们如何使用产品和服务，人类学家用同样的方法研究新的群体，以发掘用户潜在的需求。[8,9]

案例研究 5.1 给出了现代汽车努力了解其客户的一个例子，展示了一家大公司如何利用技术来深刻理解潜在用户的需求。

案例研究 5.1

现代公司对用户需求的理解

全球生产商面临的一个问题是如何完善自己的产品，以迎合地方市场的需求。在现代社会，需要深入观察了解消费者的需求和愿景，这种方法被用来开发汽车“圣达菲”(Santa Fe)，它在 2007 年被重新引进美国市场。这一开发项目的要求是“接触市场”，该项目采用了许多工具和技术，例如，参观溜冰场，观看奥林匹克奖牌得主滑冰，以帮助获得如何使汽车的启动变得既优雅又快速的创意。韩国和美国的开发团队曾称之为“自信的优雅”。

分析现有的交通工具可以发现一些鲜为人知的设计特点，许多运动/功能型汽车(SUV) 都是“四四方方”的。市场调查显示，汽车可能对“魅力妈妈”产生吸引力。由于不同地方女性的生活方式不同，团队成员花整天的时间和女性一起购物，以了解女性的购物活动及其驱动因素。主要的驱动因素包括持续性、多样性、独一无二性、亲子性以及全体员工的良好服务态度等。

另一种方法是让团队的所有成员都体验绕南加州行驶的路线，选择与市场目标人群相似的旅程，在此过程中获得关于舒适性、特性和车内固定装置等的第一手资料。[10]

需求拉动型创新在工业发展和产品生命周期的成熟阶段显得尤为重要，因为这时供应商面对的消费者有了多重选择——竞争主要取决于区分需求和属性，以及/或者分离需求，以适应不同的需求类型。企业对企业（business-to-business，B2B）市场（强调一个群体的需求，如使用同一条供应链）和消费者市场（在这种情况下，个人的需求显得更加重要，如提供食物、房屋、运输等以满足更多人的需要）是不同的。此外还存在一种“浪潮”效应——当越来越多的人选择某种产品时，该产品就会不断更新，越来越符合人们的要求，然后这个过程就会加速。[10]

这也是创业机会的一个关键来源。许多新的商业理念源于存在以前没有发现的需求，或者需要新的方法来满足现有的需求。例如，杰夫·贝佐斯注意到传统零售业的需求（以及挫折），利用新技术以不同的方式满足这些需求，建立了亚马逊帝国。爱彼迎（Airbnb）（“我需要寻找住处”）、NextBike、Zipcar（“我需要方便的短期交通工具”）、WhatsApp（“我需要和朋友们交流”）都是著名的例子。

对企业家来说，一个好的机会来源是了解人们对商品和服务的潜在需求，然后探索是否有不同的方式来表达或满足这种需求。例如，向国内市场销售钻头、螺钉和其他设备的庞大行业，并不是为了拥有电动工具，而是反映一种更基本的需求——我怎么把照片挂到墙上去？是否还有其他方式可满足这种需求，这背后是否存在新的商业机会？

同样重要的是，要认识到创新并不总是与商业市场或消费者需求有关，社会创新也很重要。无论是在发展中国家提供医疗保健、清洁用水，还是在成熟的工业经济体提供更有效的教育或社会服务，变革的需求是明确的，并为不断增加的创新提供动力。为满足需求而产生的重大社会创新的例子包括幼儿园（为工作的父母提供托儿服务）、国家生育信托（向新晋父母提供生育相关的教育和信息）、开放大学（为一时不能获得财富和工作的学生提供高等教育），以及 Big Issue（为无家可归的人提供就业与身份）。

5.4 让过程变得更好

当然，需求不仅限于产品和服务的外部市场，在商业活动内部同样有需求拉动的现象，这也是整个创新过程的驱动因素。“吱吱作响的车轮”和其他挫败的经历都为变化提供了丰富的信息——这类创新通常来自在一线有过亲身体验的工人。成功的持续改善模型促使丰田等成功的企业高度参与这类创新过程。[11] 持续改善为 20 世纪 80 年代的“全面质量管理”活动、90 年代的“商业过程重组”概念和当代的“倾向性思维”理念提供了基本的理论基础，主要是扫除了现有进程中的障碍。[12-14] 案例研究 5.2 提供了一个例子。

案例研究 5.2

“红粉佳人”

走进日本 Ace Trucks（叉车的主要生产商）的工厂，首先映入你眼帘的是配色方案。你一定会注意到——在机床和其他设备常见的暗淡的灰色和绿色中，有闪烁的粉红色。这种柔和的色调充满活力、令人震惊。仔细观察你会发现，这些粉红色并不是随机的，而是出现在特定位置——引人注目的是分布在工厂车间和不同机器上的大量粉红色的零件。

这并不是对工厂进行重新装修的怪异尝试，也不是一次失败的室内设计。吸引眼球的效果是经过深思熟虑设计的——特定的颜色是为了吸引人们对机器和其他经过改造的设备的注意。每一处闪光的粉红色都是设备在某些方面改善的结果，以支持全面生产维护（TPM），即工厂的每一个设备在任何时间都准备好了。这是一个在总体质量上类似于零缺陷的目标——这当然是雄心勃勃的目标，在统计学意义上不可能实现，但它集中了所有相关人员的注意力，并使得大量深刻的问题得以发现与解决。在许多日本公司中，TPM项目每年能节省10%～15%的成本，得益于一个以精益著称的系统。

把改进之处涂成粉红色在吸引人们注意工厂的潜在活动方面起着重要作用，在这个工厂里，系统性地发现和解决问题是“我们在这里做事的方式”的一部分。视觉线索提醒每个人继续寻找新的想法和改进方式，并经常为其他想法在其他地方的应用提供激励。仔细观察工厂周围，你会发现其他形式的展示——视觉上不那么引人注目，但功能强大的各种形状和大小的图表，推动大家关注发展趋势、问题与成就。对方法或工作实践提出问题或改进建议的图片，布满鱼骨图的白板、挂图以及其他工具，正被用来推动流程的改善。

这种流程改善在公共部门尤其重要，因为公共部门的主题不是创造财富，而是提供物有所值的服务。精益和类似的概念都应用这一原则，例如，减少在医院的等待时间或提升患者的安全感，加快如汽车纳税、护照签发等服务的速度，甚至是改善税收征收过程。

大多数时间里，创新就是“把我们所做的做得更好”，但是有时会有一个大的飞跃。制造玻璃的例子（见案例研究5.3）对此作了很好的说明——经过几十年的努力，用于制作窗户的光滑的平板玻璃通过运用抛光技术研制成功了，其中在机械、设备和工作实践方面有大量的创新。但是这类创新在出现新的制品后都会渐渐退出舞台，这取决于你可以在多大程度上推动创新，但最终会遇到一个瓶颈，这就是需要创新的时刻。

案例研究5.3

玻璃行业中的创新

理解超越常规的创新是非常重要的。大多数时候，产品在价格、质量、选择性等方面的进步都是日积月累的结果。很多时候产品并没有大的改变或进步（产品和流程创新）。然而有时，一些厂家的部分产品却会发生巨大的变化。例如，玻璃窗业务已发展了大约600年，自从有了房屋、办公室、旅馆和商店，该业务就具有了很大的发展潜力。然而在600年间玻璃的制造几乎没有发生变化。玻璃被制成平板的条状，人们可以透过玻璃看到外面的世界。打磨技术有了进步，这得益于劳动密集型操作迅速被机械制造取代，以及制造玻璃的工具迅速更新换代。然而，打磨平板玻璃的流程没有发生变化。

1952年，阿拉斯泰尔·皮尔金顿（Alastair Pilkington）在英国一家公司上班，研制出一种制造玻璃的技术，该技术在此后几十年里发挥了巨大作用。他在洗玻璃碗时，见到盘子里的水和油是分开的，于是突发奇想，开始思考在玻璃的表面涂上一种涂料。如果可行的话，玻璃的表面就不需要一遍遍地打磨和抛光了。

5年后，数百万片玻璃得以生产，延伸了整个公司的生产线和销售链。由于省去了打磨、抛光等流程，节省了大约80%的人力和50%的精力。玻璃生产厂家的规模开始缩小，玻璃可以被自动切片。这种成功的玻璃生产技术到现在依然用于生产平板玻璃。

同样重要的是，要意识到创新并非仅限于商业市场或消费市场。社会需求对于新产品、流程和服务的开发也有着不可忽视的作用。一个例子是围绕“小额信贷”概念的创新开发，参见案例研究5.4。

案例研究5.4

小额信贷的兴起

生活在贫困线以下的人们面临的最大问题之一就是难以得到银行服务和金融服务，他们不得不依赖放债者和其他地下途径，支付过高的利息。人们很少有储蓄，更不用说投资了。这个问题成为穷人摆脱恶性循环的主要障碍。穆罕默德·尤努斯（Muhammad Yunus）作为孟加拉国吉大港大学（University of Chittagong）农村经济计划的负责人，意识到了这个问题，并发起了一个项目，探索通过设计一个信贷体系来为农村的穷人提供银行服务的可能性。1976年，“格莱珉银行项目”（Grameen Bank Project，“格莱珉”在孟加拉语中的意思是“农村”或“乡村”）正式成立，目标是：

- 将银行设施扩展到穷人中；
- 消除放债者对穷人的剥削；
- 为生活在农村的无业孟加拉人提供个体经营的机会；
- 给弱势群体提供一个他们能够理解并自我管理的组织形式；
- 颠覆长久以来“低收入、低储蓄和低投资”的恶性循环，使之变成“低收入、注入贷款、更多收入、更多储蓄、更多投资、更多收入”的良性循环。

最初的项目设立于Jobra（吉大港大学附近的一个村子）和一些邻近的村庄，从1976年运作到1979年。项目的核心概念在于“小额信贷”——让人们（主要是女性）得到做小生意所需的少量贷款。在国家中央银行的资助和国有商业银行的支持下，项目在1979年扩展到Tangail地区（孟加拉国首都达卡的北部地区）。项目在那里的进一步成功使得这种模式推广至孟加拉国的多个地区，并在1983年通过政府立法获得了独立银行的资格。如今，格莱珉银行的所有权属于它所服务的农村穷人们。银行90%的股份由借款者拥有，其余10%的股份由政府所有。它现在为500多万客户服务，每个月使1万个家庭摆脱贫困。尤努斯本人因为这项创新在2006年获得诺贝尔和平奖。

5.5 危机驱动

有时需求的迫切性和延伸性会成为创新的原动力。比如在工业革命期间，对铁和铁制品的需求增加，木炭冶炼法已经过时，这就拉动了发展冶炼技术的巨大需求。同样，随着油价上涨，新的能源危机使得使用新型能源的呼声日益高涨，由此产生了新的投资热潮。“精益思维”（lean thinking）——一种彻底改变了制造业和大部分公共和私营部门服务的方法——源于二战后丰田等日本制造商的经验。这些企业面对原材料、能源和熟练劳动力的严重短缺，不可能采用与大规模生产相关的资源密集型生产方式，而是被迫尝试和开发另一种方法——这被称为“精益”，意味着一种使浪费最小化的理念。[13] 案例研究5.5给出了其他一些危机驱动型创新的例子。

案例研究5.5

危机驱动型创新

人们很容易认为创新得益于丰富的资源——足够的资金、聪明的头脑和先进的技术。但历史表明，还有另一条途径。有时候，正是资源的匮乏激发了创新。看看下面这些例子。

- 在1943年战争最激烈的时候，洛克希德公司（Lockheed）伯班克工厂的一个小团队接到了一项不可能完成的任务：在6个月内设计和制造一架喷气式飞机。他们以前从未制造过飞机，没有任何相关技术，而且唯一的发动机在英国，在项目接近结束时才能用于实验，另外工厂因生产轰炸机已经精疲力竭。由于没有办公场所，项目经理凯利·约翰逊（Kelly Johnson）的首要任务就是租一个马戏团帐篷。时间很宝贵——德国人从1938年就开始研制喷气式战斗机，并已经在欧洲飞过他们的Messerschmidt 262战斗机。尽管存在这些障碍，约翰逊的“臭鼬工厂”团队仍提前几周完成了既定目标，成功建造并安全试飞了战斗机。

- 危机驱动型创新不仅仅出现在制造业，早在20世纪70年代，文卡塔斯瓦米（Govindappa Venkataswamy）博士就开始寻求为印度穷人提供安全、低成本的眼科护理。他开创的白内障手术非常简单，技术上完全可行，而这次创新正是在资源有限的情况下进行的。当时缺乏技术或设施，更重要的是缺乏资金——白内障的治疗费用平均为300美元左右，远远超出了贫困村民维持生计每天不到2美元的收入。文卡塔斯瓦米的Aravind眼科诊所借鉴了快餐领域的理念，将手术模式转变为类似于制造模式——平均成本为25美元，并主要依靠接受过培训的非技术工人实施。40年来，全球数以百万计的病人因他的创新而重见光明。他的想法也影响了德维·谢蒂（Devi Shetty）等人，他们开创了类似心脏旁路手术这样复杂的手术方法，并在保证安全的前提下大幅降低了成本。

- 艺术领域也能发现类似的创新。每一季，皇家莎士比亚剧团都面临时间跨度短的挑战，并且需要在37部有400年历史的剧目中找到新的东西——这些剧目已经上演过无数次。尽管如此，他们仍然改善了观众的体验。爵士钢琴家基思·贾雷特（Keith Jarrett）最受欢迎的作品之一是1975年的科恩音乐会——但这几乎从未被录制过。由于组织者没能在舞台上提供博森多弗大钢琴，他被迫用一种小得多、调音也差得多的乐器即兴表演。

● 在人道主义救援领域，人们在灾难情况下的极端需求引发了一系列突破性创新，其中包括可迅速分发的高能量饼干，可以快速部署和组装的建筑材料，可以在危机中快速搭建、改善信息交流的强大的沟通平台。

5.6 谁的需求

在将需求拉动作为一种刺激创新的因素时，我们应该认识到这并不适用于所有的情况。潜在用户的多样性可以为创新提供丰富的资源。颠覆性的创新通常与处于主流市场边缘的企业家的要求得不到满足相关。现有的问题是如何看待主流活动中的一些边缘群体——是否应该把这些问题当作次要问题予以忽视或无视。然而，用户的不同需求会引发不同角度的创新——有时这些边缘的需求却成为创新中的主流。克莱顿·克里斯滕森在多年的颠覆性创新研究中明确指出，这就是电脑光盘驱动器、地震测试仪、钢铁制造和廉价航空公司的创新轨迹。[15]

在多数情况下，为了做得更好而创新的市场都具有一定的稳定性。与现有客户之间稳定的关系已经形成，整个运行系统正在朝着一个固定的方向发展——通常是向着更多更高的需求跃进！（这种情形通常可以使用“技术脉冲”一词描述，这时的市场有很多自身的特点，尽管不一定有价值，但也是创新中不可或缺的一部分。）

但在另外一些地方，一群有不同需求的潜在用户需要更简单、更廉价的产品，这些用户在某些方面是很有价值的。比如，新兴的家用电脑行业中有一小群电脑爱好者，愿意购买比微型电脑价格低、功能简单的家用电脑。于是早期的个人电脑制造商使用简单的技术，尤其是成本低的技术来制造个人电脑，因为市场上现有的商用电脑技术复杂、造价高、要求多，更重要的是售价要高出许多。

尽管当时的技术对于制造个人电脑来说过于复杂，但从来没有人想过要重新生产一种设备来代替微型商用电脑——考虑到这些生产商已经习惯于生产高科技的设备，这不足为奇。史蒂夫·乔布斯在一次访谈中说道：“……于是我们去找雅达利（Atari）公司，然后说，‘你好，我们发明了一种新的设备，用你们电脑的一些零件就可以制成，你觉得这个发明值多少钱？或者这样，我们把这个发明送给你，然后你付我们工资，我们来给你干活’。雅达利公司的人说‘不需要’。我们又去了惠普公司，惠普的人说，‘听着，我们不需要你们这些大学还没毕业的小孩子’。”

就这样，个人电脑的早期生产者只能为他们的发明另寻出路——去找那些愿意冒险和尝试的企业家接纳他们，他们需要一个能进行试验的地方，让他们的想法变为现实，让他们构想中的产品真正活跃在市场上。后来他们成功了，但不是一夜之间就成功的，而是经历了多次失败。当然，最初他们的发明的驱动性能很差，和市场上的主流商用电脑无法相比。但个人电脑市场逐渐扩大，从最初的电脑爱好者扩展至日益普及的家用电脑用户，这得益于 IBM 个人电脑出现在市场上，并成为商务和办公的重要设备之一。个人电脑这一产品日趋成熟，并为大众所信赖，但它的造价比微型电脑低很多。个人电脑的硬盘驱动也同样得到发展——这一时期的小型创业公司渐渐发展壮大，成为大型可靠的产品供应商，但它们的产品价格低廉。

最终，起初被硬盘驱动供应商忽视的边缘市场在电脑市场上占据了主导地位，当所有人都注意到这个问题时，市场已经容不下那么多的硬盘驱动制造商了。很多制造商只能步其他公司的后尘，希望通过模仿和努力能够赶上。

创新过程到这里出现了中断——市场的游戏规则忽然发生了变化，产生了一批新的成功者和失败者。图5-3显示了新市场中供应商从现有玩家的手中抢夺市场资源的示意图。在许多行业中都能看到这种变化趋势，比如出现了廉价航空公司。廉价航空公司并没追随那些以高价提供最佳路线、高质量服务、合理飞行时间的航空公司。它们从边缘需求中找到了新的市场——接受低价但保证安全性（没有食品供应，没有座位分配，没有休息室，没有多余的装饰）的用户可以低价乘坐航班。这些新的用户开始使用这些新的服务并对这些服务作出评价，于是新的市场开始扩大，对于私人旅行和商务旅行者来说，短途旅行得到这样的服务已经"足够了"。最终，主要航空公司面临重大挑战——比如波音和荷兰航空公司都设定了低价限制，但它们发现难以适应廉价航空公司截然不同的业务模式。

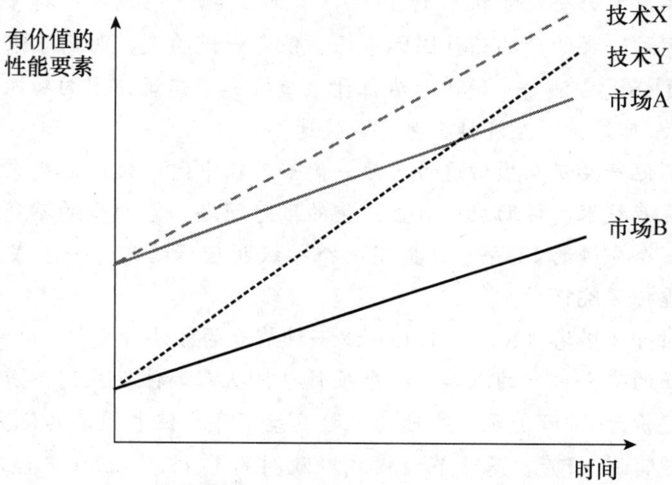

图5-3 颠覆性创新的模式

这种低端市场中断是一个潜在的威胁，设想一下，如果一个中国制造商准备生产价值10美元的简单的低价的家用泵，以替代高技术含量、高投入的价值为前者10～50倍的多功能商用泵，它会做些什么。也可以设想，医药设备制造商一旦申请专利得到批准，会怎样作出回应——此时市场会面临挑战。这类"逆向创新"正在发生，例如，通用电气开始制造一种简单的超声波扫描仪用于需要低成本、功能强大的便携式产品的印度市场，它可以由助产士带去偏远的村庄巡诊。该产品在其他市场也引起了相当大的反响，并成为畅销品——这改变了公司产品设计的方向。[16]案例研究5.6给出了一些节俭创新的例子。

案例研究5.6

节俭创新

说到"节俭"这个词，人们会联想到凑合过日子、寻找稀缺资源、小本经营等景象。在创新的世界里，很多例子表明这一原则引发了有趣的解决方案。例如，阿尔弗雷多·莫泽（Alfredo Moser）的创意是对可乐瓶进行再利用，在贫民窟里用于照明，这已经让全世界大约100万户家庭获得了家用照明。① 陶匠曼苏赫巴伊·普拉贾帕蒂（Mansukhbhai Prajapati）的Mitticool陶瓷冰箱提供了一种不需要电力、低成本的冷藏食品的方法。②

但是在资源稀缺地区，节俭并不仅仅是低成本的临时解决方案。③ 这是一种思维模式，即使对最先进的组织也具有重大影响。有时，危机和资源稀缺会引发新方向的探索，产生突破性和意料之外的替代方案。虽然低成本创新与购买力较低的新兴市场的条件有关，但这种创意也有可能转移回工业化市场。通用电气的简易心电图机（MAC 400）最初是为印度农村地区开发的，现在已经得到广泛应用，由于其简易性和低成本获得了成功。该产品在18个月的时间里开发出来，产品成本降低了60%，但提供了医疗保健专业人员所需的大部分关键功能。

西门子的Somatom Spirit也采用了类似的方法，在中国设计了一款低成本的计算机身体扫描仪（CAT）。该产品的目标是价格低廉，易于维护，低技能人员可以使用；该产品成本为全尺寸机器的10%，增加了30%的病人接待量，减少了60%的辐射，目前超过一半的产品销往国际市场。值得一提的是，西门子采取了一种基于关键原则的SMART方法——简单（专注于最重要和最广泛使用的功能，而不是追求工艺的完整性）、可维护、经济性、可靠、快速。④

其他产品正在模仿这种方法。例如，在中国，软件巨头东软软件率先使用先进的远程医疗技术，帮助应对日益严重的医疗问题。它的目的不是建立更多的医院，而是开发一个先进的IT平台，提供一个初级护理网络——一个成本低得多、覆盖面广得多的虚拟医院模式。

拉丹·塔塔（Ratan Tata）以一种节俭的方法开发“Nano”——一款面向印度大众市场的安全可靠的汽车。整个项目包括从零部件供应到下游的维修和服务，产品的目标定价为2500美元。早期的经验参差不齐，但也促使其他公司进入“节俭”领域，尤其是雷诺-日产。基于节俭模式（欧洲的Dacia/Logan平台），雷诺-日产在金奈建立了一个设计中心，为当地市场开发产品。尽管竞争激烈，2016年推出的售价4 000美元的Kwid SUV仍然打破了销售纪录。

人们常常认为这些例子只与低收入的新兴市场有关，这是错误的看法。节俭创新有重要的意义，因为：

- 资源越来越稀缺，组织正在寻找用更少的资源做更多事情的方法。节俭的方法既可以应用于物质资源，也可以应用于智力和技能资源——如今研发的生产率越来越重要。例如，印度曼加拉扬火星轨道飞行器在2013年首次发射成功。尽管项目非常复杂，但它的开发速度比国际竞争对手快3倍，而成本仅为它们的1/10。它的成功归功于节约原则——简化有效载荷，配备经过验证的组件和技术等。
- 危机往往会迫使人们产生新的思维——对创造力的研究高度重视这一点。因此，节俭创新者的即兴创业技能可能是实现“开箱即用”思维的重要工具。
- 节俭创新常从最初的环境迁移到其他更有价值的地方。例如低成本航空公司这

① http://www.bbc.co.uk/news/magazine-23536914.

② http://www.thebetterindia.com/14711/mitticool-rural-innovation-nif-mansukhbhai/.

③ 有关这一主题可以关注网站 http://frugalinnovationhub.com/en/.

④ http://www.nesta.org.uk/sites/default/files/our_frugaLfuture.pdf.

种模式基本上只保留了两点之间安全旅行的基本功能，其最初的目标客户是无法负担主流产品的旅行者，这种模式很快就颠覆了整个行业。

那么一个组织应该如何开始思考节俭创新呢？可考虑以下核心原则：

- 简化——不是为了简化而简化，而是要提炼出关键的、必要的功能。
- 关注价值——避免过度，避免浪费。
- 不要重新发明轮子——采用、适应、再利用、重新组合各处的创意。
- 横向思考——开放式创新，让更多的人参与到工作中来。
- 平台思维——构建一个简单的节俭核心，然后添加模块。
- 不断进步——进化和学习，“最好”常常是“更好”的敌人。

认识到市场结构中的相似性是很重要的，这一点厄特巴克已经指出。[17]当一群用户期望某些产品/服务的表现比现在更好时，就会促进新的产品和服务的开发以满足主流需求，比如国内宽带或者移动电话市场就是如此。

从这类颠覆性创新的例子可以看出需求是否得到满足，或者是否得到充分满足。[18]每一个引发创新的因子通常都具有破坏性，因为在现有的状态下，看不到创新的可能性和必要性。这种观点是基于“蓝海战略”[19]的概念，该战略指出，要通过发现潜在需求来探索和发掘潜在市场空间。案例研究 5.7 给出了一些蓝海战略的例子。

案例研究 5.7

通过满足新的需求获得竞争力

电脑游戏市场上的任天堂游戏就是使用蓝海计划的一个例子，这个产品从市场价值来说已经超过了好莱坞。任天堂的新一代游戏机 Wii 的技术并不复杂，计算功能、存储量或者其他功能都不如索尼 PS3 或微软 Xbox。任天堂取得巨大成功的关键在于它满足了用户的一些需求。传统的电脑游戏都是针对小男孩的，而任天堂通过设计满足了家庭所有成员的需求，比如添加的平台功能可以用来保健，于是这种游戏就进入了一个更大的用户群，甚至成为一些老年人或患者的首选游戏。

任天堂以其 DS 手动控制板打开了市场，这再一次证明通过满足用户的需求可以创造奇迹。许多 DS 用户都是中年人或退休人士，任天堂成为他们最好的益智游戏。

过度服务的市场包括一些办公软件市场和电脑操作系统市场，在这些市场中，产品的特点和功能可能被过分强调，以至于忽视了用户真正的需求。Linux 和基于开源的 Star Office 等软件提供“足够”的功能满足用户的基本需求，它们和微软一样，属于潜在的颠覆性创新。

这个想法的核心在于企业家——现有企业很难发现边缘市场或与边缘市场打交道，因为这不是其核心业务或关注的焦点，但企业家正在寻找创造价值的新机会，关注边缘市场可能会给他们带来灵感。因此，颠覆性创新本质上是企业家通过突破性创新来改变和重塑市场。聪明的组织希望通过设立小型创业单位来保护自己免受外界的颠覆，这些单位致力于探索，并且可以完全像自由代理人一样行事，它们挑战传统方法并关注边缘业务。

5.7 新兴市场的角色

边缘地带的一个强有力的创意来源通常被称为“新兴市场”，如印度、中国以及拉丁美洲和非洲的国家。这些市场的人口规模巨大且年轻，尽管可支配收入有限，但它们代表着巨大的机遇。普拉哈拉德在《金字塔底层的财富》(*The Fortune at the Bottom of the Pyramid*) 一书中首次提出了这一观点，指出全球近80%的人口每天的生活费不足2美元，但这可能代表着一个巨大的商品和服务市场。自该书2005年出版以来，人们对探索满足数十亿人需求的创新机会的兴趣大增。表5-2给出了这种挑战的一些例子。

表5-2 金字塔底层的挑战性假设

假设	现实与创新的机遇
穷人没有购买力，未必是一个有生命力的市场	尽管穷人的收入低，但是这个市场巨大。除此之外，穷人往往缺少得到产品和服务的途径，比如如何借钱，如何获得饮用水、通信服务、基本的医疗条件等，因为他们没有主流的获得渠道，比如商店或者银行。这种创新的挑战就是为4亿人提供低成本、低消费但是高质量的产品市场
穷人没有品牌意识	证据显示穷人有很强的品牌和价格意识，如果企业家可以提供高品质、低价位的产品，将会牢牢抓住这一市场，同时可以让自己融入其他的市场——这本质上属于颠覆性创新
穷人的需求很难得到满足	到2015年，发展中国家中大约400个城市的人口将超过100万，其中23个将超过1000万。这些人中有30%～40%在贫困线以下，因此潜在市场是巨大的。围绕颠覆性创新去构想——通过新的网络关系或代理制（如印度斯坦格尔的农村女性企业家和巴西乡村的“雅芳小姐”等）——是开辟市场的途径
穷人不会使用高技术产品，或对高科技无兴趣	在体验个人电脑、低价手机和互联网等的过程中，这一群体表现出对高科技很强的学习能力和掌握能力。在印度，借助软件公司提供的电子会议系统，农民可以了解其产品在当地市场的售价。农民还会使用互联网查看芝加哥的大豆的售价并在网上洽谈生意

资料来源：Prahalad，C. K.，*The Fortune at the Bottom of the Pyramid*. 2006，New Jersey：Wharton School Publishing.

满足这些人的需求要付出很大的努力，但可以获得一个巨大的潜在市场。宝洁公司首席技术官吉尔伯特·克洛伊德（Gilbert Cloyd）在《商业周刊》中指出：“……我们的服务需要面向更多的人。我们的目标是服务这个世界上的大多数人。如今，我们在全球可能拥有20亿以上的消费者，但是全世界有60亿人。所以我们一定要关注中低收入群体。这就促使我们必须注意产品的定价……”

普拉哈拉德早期的一本书中记录了在诸多领域（如保健、农业、白色产品和家庭用品等）中将要发生的创新。[20]随后，这些新兴市场领域的创新活动显著增加——部分原因是人们认识到，全球市场的主要增长将来自金字塔底层地区。

值得注意的是，金字塔底层市场的不同条件迫使我们重新审视，并形成截然不同的创新轨迹。案例研究5.8给出了一种革命性的眼部护理方法的例子，该方法从根本上提高了生产率，同时保持了关键的质量水平，在这个过程中为更广泛的人群提供了低成本医疗保健的可能性。这种模式已经应用于很多健康领域，包括髋关节和膝关节置换的择期手术、孕妇保健、肾移植，甚至心脏搭桥手术。印度医院现在能够提供更高质量的护理，而其成本只是欧美医院的一小部分。

案例研究 5.8

从极端情况中学习

Aravind 眼科诊所的总部位于印度马德里，是世界上最大的眼科保健诊所。这个眼科诊所的医生已做过 20 万例手术，并基于积累的经验开发了新技术来达到更好的效果。手术费用大多为 50～300 美元，60%以上的患者可以得到免费治疗。尽管只有 40%的客户付费，手术费用平均为 25 美元，该眼科诊所仍可获得高额利润。

Aravind 眼科诊所是文卡塔斯瓦米医生退休之后在 Government Medical College 的赞助下于 1976 年成立的，旨在治疗后天眼盲症。在印度，大约 900 万人（全球范围内 4 500 万人）有失明的危险。文卡塔斯瓦米医生根据自己的行医经验深入研究，找到了低投入、高效率的解决办法，并以他的家乡泰米尔纳德邦作为试点。

在发展 Aravind 的过程中，最关键的一点在于将另一个行业的想法引进来——借鉴克罗克兄弟为麦当劳开发低成本、高质量的连锁快餐业务的经验。通过在标准化、工作流程、基于技能的任务设计等方面采用与快餐行业相同的流程创新方法，他创造了一个不仅高质量而且可复制的模式。这种模式如今已经得到推广——在泰米尔纳德邦已经有五家医院提供了 4 000 个床位，而且多半是免费的。如今，Aravind 眼科诊所的业务已从白内障手术发展到教育、镜片制造、研发，以及其他围绕提高视力、改善医疗条件的相关活动。

文卡塔斯瓦米医生在这个过程中不仅提出了企业家的构想，还创造了一个先进的经济学构架。他所创立的机构为医疗保健事业的创新作出了贡献——不仅是对眼科手术的贡献，而且包括对其他多种医疗手术的贡献。

"逆向创新"的概念越来越受到人们的关注，即创新从新兴市场转移回来。例如，通用电气开发了一种简易的低成本超声波扫描仪，用于印度农村新兴市场。该仪器易于使用且坚固耐用，便于助产士骑自行车巡诊时携带。虽然目前主要经济体的妇产保健是由高度专业化的医院和诊所借助精密仪器提供的，但市场对更简易的仪器显然有需求。通用电气发现这是一个不断扩大的市场，宣布至少投入 30 亿美元，开发 100 项针对新兴市场的低成本医疗创新项目，这些项目同时也具有逆向创新的潜力。[21]

重要的是，边缘市场不仅会引发更简单、更便宜的创新，有时在新的条件下也会产生全新的创新轨迹。例如，在非洲，由于携带现金存在安全风险，移动货币便应运而生。移动货币是指人们使用移动电话系统来进行资金转移。像 M-PESA 这样的系统已经在非洲和拉丁美洲等新兴市场得到广泛应用——这也为工业化世界提供了一个创新模板。

5.8 大规模定制

亨利·福特的汽车工厂推行大规模生产，是对当时的市场环境的有效响应。20 世纪 20 年代，随着环境的迅速变化，生产的导向和趋势发生了巨大的变化。1909 年推出的T型车体结构在之后的15年成为行业中的领导者。尽管产品质量有所下滑，公司仍然通过控制工厂技术和组织结构确保持续获得利润。然而，随着竞争者的增加（尤其是当通用汽车公司实现多样化生产后），福特公司开始改变其生产模式，从最初的低造价转向多样化，例如在封闭式车体结构方面，逐渐添加各种元素以丰富汽车的外形，最终在1927年设计出新的T型车体结构。

问题在于，市场不是由需求相同的人组成的，因而要满足不同人的不同需求。这就成为创新的一个巨大的驱动因素——从最初的产品供不应求到后来的大规模生产导致差异化的需求增加。个性化的产品往往都有其市场，类似地，以客户为导向的服务（如个体经营、私人旅游代理、私人医生等）也有巨大的市场。这种高价的一对一服务已得到广泛认可，此前为消费者提供的都是大规模的标准化服务。[22]

然而，技术和需求的结合使价格和定制之间的平衡发生了变化。“大规模定制”是一个广泛使用的术语，融合了许多因素。[23]大规模定制能够使不同价格的产品满足不同的市场需求（朝着一对一市场定制的目标前进），但是不能因定制而提高产品或服务的价格。

当然，定制也有不同的层次——从简单地插入一个“特别为您……（添加用户的姓名）定制”的标签，到和设计师坐在一起讨论特殊定制的问题，每一个层次的定制都有其定价和特点。表5-3反映了这类选择。[24]

表5-3 定制中的选择

定制类别	特别之处	例子
分布定制	客户可以定制产品/服务包装，确定运输时间、运输地点等，但实际的产品/服务是标准化的	将亚马逊网站上的一本书送给一位朋友。他会收到个性化包装的礼物，还有一封私人信函，所有的一切实际上都是由公司在线完成的。iTune提供个性化的音乐，但实际上也是产品线大批量生产的
相似性定制	为客户提供一系列选择，产品/服务都是利用标准化元件完成的	向戴尔公司或其他网上零售商购买电脑，客户需要从包括丰富选项的清单上选择满足自己实际需求的内容，但是当订单确定后，戴尔仅仅进行相似的生产（使用标准化的零部件）。提供失业保障和金融产品的银行也可以提供标准化的选择
制作定制	为客户提供许多选择，产品/服务都可以定制生产	购买奢侈品（如宝马），客户会选择（“设计”）满足自己需求的汽车类型，如确定发动机型号、座椅高度、颜色、固定装置和临时装置等只有当所有的选择都符合客户的要求，才开始生产——客户可以参观汽车生产工厂 允许更高层次的定制服务，因为所需的资产基础较少，例如量身定制个人假期计划、养老金计划等
设计定制	客户信息在产品生产之初就会被输入并记录下来，客户下订单之后开始生产产品	共同制作，当终端客户不确定自己的需求时，可以和设计师一起讨论产品的生产——客户参与设计过程。这个过程和服装定制类似。不过客户没有一本可供选择的服装款式方面的书，而是和设计师进行讨论，设计出自己想要的产品。服务的共同参与常常出现在娱乐领域（如以客户为主导的YouTube等），以及医疗保健领域

资料来源：Lampel，J. and H. Mintzberg，Customizing，customization. Sloan Management Review，1996. 38（1），21-30.

大规模定制的愿景远远超出了制造和设计技术的能力，但这一领域的日益趋同和成本的不断下降，意味着现在已经达到了（大规模定制的）边界。有了简单易用的计算机设计工具和3D打印等新技术，现在几乎可以设计和制造任何东西，不过成本越来越高。科幻小说中的景象似乎变成了现实，现在可以设计和打印服装、鞋子、珠宝、家具、玩具、零部件——几乎任何三维形状。越来越多的在线服务企业涌现，它们提供将个人想法转化为实体产品的服务。相关爱好者可以用不到 5 000 美元的价格安装 3D 打印机和电脑辅助连接设备。微软发布了一款手机扫描程序，允许用户拍摄 3D 照片并创建设计信息，以便输入 3D 打印机。

这种趋势会对服务产生重要的影响，部分原因是很难将进入门槛保持很长时间。进行服务创新相对比较容易，因为不需要考虑进入门槛以及知识产权等问题。交换航线的航班服务就为这类创新提供了很好的例证——创新的脚步加快，但是当一项新的服务推出后，其他人马上会模仿。在这种服务中，个性化需求增加，只有通过个性化服务才可能“绑定”客户。[25] 当然，网上银行及保险公司的实践表明，尽管通过复杂的电脑科技进行了个性化定制，客户忠诚度还是很低，客户仍具有很大的流动性。在低资本投入中，增加相关服务会使客户多一些选择。而在一些需要复杂工具的行业（如电脑配件行业等）中，服务本身不会有太大的作用，因为这不如产品自身的低价更吸引人。客户感兴趣的服务会越来越多，比如软件开放资源、数字娱乐交流和社交网站（如 MySpace，Flickr 和 YouTube）等。

我们应该清楚，这不仅仅是商业市场的趋势，社会创新也越来越多地试图将不同群体的特定需求与适合他们的解决方案相匹配。为不同群体提供定制的公共服务正成为一项主要议程，特别是政府和服务提供者认识到“一刀切”的模式并不适用。在更广泛的非营利领域，这些技术正在创造极大的创新机会。例如，一家名为 Field Ready 的组织使用 3D 打印技术为应对灾情制造急需的备件和医疗设备。

前沿视点 5.2 给出了满足用户需求的生活实验室的例子。

前沿视点 5.2

生活实验室

越来越多的公司通过建立生活实验室的方式，让用户体验并向用户学习，从而产生关于创新的想法和观点。这些用户可能属于特定的群体。例如，在丹麦，这种实验室网络（http://www.openlivinglabs.eu/ourlabs/Denmark）特别关注老龄化的经验，以及日益老龄化的人口可能需要的产品和服务。有关该实验室及其运作的描述可在 http://www.edengene.co.uk/article/living-labs/上找到。

在巴西，诺基亚理工学院（INdT）开发用户驱动的创新平台，以支持移动产品和服务，并试图使大规模的有意愿的社区参与进来。其“移动工作空间”生活实验室正与农村和城市的社区在多个技术领域开展合作（http://www.indt.org/）。

5.9 用户自发创新

了解客户的价值和需求是实施定制化战略的关键，并且会带来下一个创新源泉，即用户本身将成为创意的源泉。尽管需求拉动是创新的一个重要的诱发因子，但是很容易掉进一个思维陷阱中，认为应该先确定用户需求，再根据这些需求进行创新。这个假设使得用户成为被动的一方，但实际情况肯定不是这样。经验告诉我们，用户有时会成为这场创新游戏中的主导者——对创新的渴求以及对现状的不满最终使他们自己成为创新中的主导者。麻省理工学院的埃里克·冯希普尔一生都在研究这一现象，并为轿车事业作出了贡献。最重要的创新并不是在底特律的研究所里，而是在农场上、家庭里、日常的生活中，由用户自己发现并创造。他们把汽车的座椅改装成可移动的，再在车顶焊接上新的部件，将轿车变成早期的卡车。之后，底特律的设计师学习这一改装方式，发明了现在世界上使用最广的一种交通工具。[26]还有许多其他例子也支持这一观点，即用户主导的创新分布在各行各业，如汽油加工、医疗设备、半导体设备、科技仪表、摄影和运动器材等领域。案例研究5.9给出了一些用户主导型创新的例证。

案例研究5.9

用户自发创新

● 麻醉师蒂姆·克莱夫特（Tim Craft）发明了一系列麻醉制品和设备，以解决他在手术室中所用设备的安全性方面的问题。[27]

● 梅根·格拉塞尔（Megan Grassell）和妈妈一起购物时想给13岁的妹妹买一件文胸，但找不到合适的内衣，这让她想起了自己在那个年纪的经历。于是她开始尝试创办一家公司，为青少年设计合适的内衣。她的公司Yellowberry是通过Kickstarter网站建立的，取得成功，稳步发展。[28]

● 许多人患有严重的疾病，但越来越多的患者根据自己的经验提出想法，以帮助他人更好地抗击病魔[29,30]，英国工程师塔德·戈雷斯沃西（Tad Golesworthy）被诊断出患有严重的心脏病，于是他发明了一种可植入的主动脉来解决这一问题！

活跃的、感兴趣的用户通常称为领先用户，他们在创新需求方面居于市场前沿。曼斯菲尔德（Mansfield）对烟煤、钢铁、酿酒和铁路行业的研究发现，在过去20年间，75%的创新案例都是由领先用户完成的。[31]冯希普尔指出，一些用户对产品创新的洞察要远远早于市场潮流。[32]

用户创新的领域之一是医疗设备，由于用户自己使用设备几十年，对设备的更新有敏锐的洞察力。在创新的过程中，他们的主要作用是接受新的观念——他们关注满足具体需求的方法，并且为下一次实验做好失败的准备。其中一个战略部署（我们将在后面详细阐述）是关于控制创新的，需要和领先用户一起努力，共同找到新的解决办法。下面的案例研究5.10提供了另一个实例。

案例研究5.10

创新活动中的用户参与——康乐保

创新成功的关键是贴近客户的需求。在一定程度上（正如埃里克·冯希普尔和其他创新学者指出的那样①），用户可以成为创新过程中重要的一部分，为创新提供必要的指导和建议。康乐保（Coloplast）是一家丹麦医药设备公司，成立于1954年，其创立源于一名叫埃莉斯·索伦森（Elise Sorensen）的护士在护理她患有胃癌的姐姐时发明了第一个自粘式造口袋。她的这个发明影响到塑料生产商，但是起初并没有人对

① Eric von Hippel (2005), Democratization on Innovation, MIT Press, Cambridge.

此产生兴趣。

最终，路易斯-汉森（Aage Louis-Hansen）和当护士的妻子讨论了这个概念，他的妻子看到了这种设备的潜力，说服他给这个产品一个机会。丹麦的 Dansk Plastic Emballage 公司 1955 年开始大批量生产自粘式造口袋，在多个国家获得专利后，产品销量在 1957 年超过预期。该公司最终发展成为康乐保，如今在 20 个国家设立了自己的工厂和分公司，并设有专门的皮肤科、外科、妇科、消费性产品科（特制服装等），同时还提供一些初级的医疗护理。

在这样一个领域与用户保持密切联系是至关重要的，康乐保开发了一种新颖的方法，通过不同国家的用户、专科护士和其他医疗保健专业人员组成的小组来构建这种洞察力。这样做的好处是可以从参与术后护理和治疗的人的视角了解情况，他们能够清楚地表达对个别患者来说难以表达或令人尴尬的需求。通过在不同国家设立小组，不同的文化态度和关注点也可以被纳入产品设计和开发。

Coloplast Ostomy Forum（COF）平台是另一个成功之举。COF 平台的重点是尝试与主要的用户建立合作关系。选择用户是基于对他们技术经验和能力的测评。由于用户的身份多样，有同事、政府官员、医务工作者和病人等，因此这些用户之间的关系对于 COF 平台的搭建也起到至关重要的作用。多年来，康乐保已经能非常熟练地识别谁将是良好的 COF 董事会成员——例如，通过跟踪临床文章作者或在不同操作类型中具有丰富经验的人员。这些人物在创新中主要起到以下两个方面的作用：

- 确定、讨论和优先满足用户的需求；
- 通过国际市场上的综合观点对产品开发进行测评。

重要的是，COF 平台在产品开发的过程中被视为一个整体，并为用户提供市场和技术支持。这种信息输入主要和早期观念的形成有关（在测试和改进阶段，新思想的输入至关重要）。这些用户还会共同讨论公司的设计的改进和适用等问题。

有时，用户主导的创新会使整个创新过程处于持续发展的状态。例如，电脑运行系统中的 Linux 社区或者网络搜索平台上的 Apache 服务器不断得到更新和发展——这种状态被称为“永远的测试版”，指的是软件测试版本不断发展和改进。[33]现在出现了越来越多的网络应用程序（比如 Mozilla 和 Firefox 以及其他产品），还有一些音乐软件及苹果公司新兴的产品（比如 iPhone 等平台设备）。[34]

在一些社区中，用户可以自由地与同行分享创新，这被称为“自由展示”，开源软件、音乐爱好者、体育设备和专业网络的在线社区就是如此。参与主要是由内在动机驱动的，例如帮助他人或开发、改进更好的产品带来的乐趣，同行的认可和社区地位。其中，更为重要的是社会关系和学习新事物的机会，而不是具体的奖励或尊重。这种知识共享和创新往往比创意竞赛更强调集体和协作。[35]

5.10 大众创新

并非每个人都是活跃用户，但是将大众作为不同观点的来源很重要。有时，拥有不同观点或专业知识的人可以为我们的思想提供新方向。运用众人的智慧的想法一直存在，但由于技术的限制，很难将大家的贡献集中起来。互联网的使用可以开阔视野、扩大参与范围以及增强人们所做贡献的丰富性。

2006年，记者杰夫·豪尔（Jeff Howe）在著作《群体的力量》(*The Power of Crowds*) 中创造了“众包”一词。众包是指一个组织开放性地建立一个大型网络，人们自愿参与或执行部分功能。其核心要求是网络是开放式的、足够大，形成“大众”。这种众包可以通过多种途径实现，例如创新竞赛、创新市场、创新社区，我们将在第10章详细讨论。值得指出的是，向大众开放不仅可以增加创意的数量，而且可以增加创意的多样性。越来越多的证据表明，正是这种特性使大众成为一个有效的创新来源。

研究札记5.1详细地描述了这种方法。

研究札记5.1　　使用创新市场

哈佛商学院的拉克尼（Karim Lakhani）和哥本哈根商学院的杰普森（Lars Bo Jepessen）研究了企业利用创新市场平台Innocentive.com的方式。该平台的核心模式是承载“寻求者”提出的“挑战”，以获得“解决者”提出的想法。他们研究了166项挑战，并对解决者进行了一项基于网络的调查，发现该模式的解决率达到约30%——对于寻求多样化视角和方法来解决问题的人尤其有价值。这种方法特别适用于大型知名的研发密集型公司未能在内部解决的问题。目前，创新中心拥有约20万名解决者，因此具有相当大的多样性。他们的研究表明，群体中独特的科学兴趣越多，成功解决挑战的可能性就越大。换句话说，解决问题的潜在科学方法的多样性是成功解决问题的重要预测因素。有趣的是，调查还发现，解决问题的人经常将不同知识领域联系起来——从一个领域（他们自己的专业）获得解决方案和方法，应用到其他的领域。本研究系统地证明了创新发生在学科边界这一前提。

众包这一理念在公共部门的应用越来越多，公民也为他们消费的服务充当用户创新者的角色。“公民分包”越来越多地被使用，英国的fixmystreet.com网站就是一个例子，在该网站上，英国公民可以报告与道路基础设施相关的问题并提供解决方案。这种方法还为社会创新领域提供了重要的选择，例如，危机应对工具“Ushahidi”在肯尼亚大选后的骚乱中诞生，通过众包来创建和更新地图，以帮助引导资源分配和避开问题区域。随后，它被用于抵御布里斯班洪水、华盛顿雪灾和日本海啸。

创新竞赛越来越受欢迎。《华尔街日报》援引麦肯锡的一份报告称，每年有价值20亿美元共3万多个重要奖项被授予。在过去10年里，219个大奖项的总价值翻了一番，而且大多数比赛都具有针对性。面对大笔奖金，一些组织看到了众包更简单的创新挑战的价值。例如，法国食品供应商Petit Navire为想出金枪鱼罐头新用途的人提供5 000欧元的奖励，荷兰皇家航空公司（KLM）和阿姆斯特丹史基浦机场为行李处理方面的新创意提供1万欧元的奖励，好时公司为防止巧克力在运往商店途中融化的创意提供2.5万美元的奖金。[36]

越来越多的人开始关注通过众包的方式来共同创新，寻找新的方式来创建社区并与之合作。这一思路不仅仅适用于软件和虚拟应用程序。例如乐高十分注重其工厂中开发者社区的运用，及与其产品相关的其他线上活动。[37]阿迪达斯采用这一模式，将

"我的阿迪达斯"作为品牌理念，鼓励用户使用网站（可以搜索和上传设计）和店内迷你工厂共同创造自己的鞋子。这样的模式具有稳定性，但也存在风险。2016年，由于未能在这一模式下创建可持续的商业模式，众包制造商奎里基（Quriky）宣告破产。[38]

用户的参与为创新的"前端"提供了强大的新资源。一个例子是加拿大黄金公司（Goldcorp）陷入困境，公开了自己的地质数据，并就应该在哪里勘探征求意见。根据来自50个国家的1 200人的见解，公司发现了110个新勘探地点，其中80%产出了黄金。其业务收入从1999年的1亿美元增长到今天的90多亿美元。像施华洛世奇这样的公司已经招募了一批使用众包方式的新设计师，在此过程中，他们的设计能力得到了极大的提高。

案例研究5.11提供了开放式集体创新的例子。

案例研究5.11

开放式集体创新

在创新模式中，一个日益重要的元素是共同创造——使用社区中许多人的想法、经验和见解来创新。例如，《大英百科全书》（*Encyclopedia Britannica*）目前约有65 000个条目。直到1999年，它只有印刷版。然而，为了应对越来越多的线上竞争对手（如微软的英卡塔电子百科全书），现在它有了一个线上版本。英卡塔（Encarta）于1993年推出，通过多媒体插图为大英百科全书提供了许多新的补充内容。和《大英百科全书》一样，它有几种语言版本。

可以免费使用的维基百科是2004年推出的一个网站，它已成为线上信息搜索领域的主导者，目前是全球访问量第六大的网站。它的商业模式从根本上不同——它是免费的，通过公众共享的贡献和更新来构建。对维基百科的一种批评是，这种模式意味着很可能出现不准确的内容。尽管存在风险，但维基百科有自我纠正系统，如果出错将迅速更新和纠正。2005年12月15日《自然》杂志的一项研究发现，维基百科和《大英百科全书》一样准确，但后者雇用了大约4 000名专家评审员，一次重写（包括更正）大约需要5年时间。

英卡塔在2009年底关闭，但是《大英百科全书》继续在知识市场上竞争。在沿袭300年的专家驱动模式之后，它在2009年1月开始扩展自己的模式，采取维基百科的一种变体方式，邀请用户来编辑内容。2010年2月，用户指出了爱尔兰历史上一起关键事件报道中的一个错误，以前的所有版本都没有发现。

与此类似，Facebook选择让用户参与帮助将网站翻译成多种语言，而不是委托专业翻译服务公司，其动机是试图与MySpace竞争。MySpace在2007年是市场领先者，提供五种语言版本。Facebook的众包项目始于2007年12月，邀请用户帮助翻译网站上约3万个关键短语：在两个月内有8 000名志愿开发人员注册，三周内该网站就有了西班牙语版本以及法语和德语的试用版本。不到一年，Facebook就有了超过100种语言和方言版本——就像维基百科一样，Facebook也受益于其用户社区的持续更新和纠正。

跨用户社区众包的另一个重要特征是具有处理长尾问题的潜力，即如何满足少数人对特定创新的需求。围绕这些需求动员用户社区，可以分享经验和共同创新。例如，一个网站将患有罕见疾病的患者社区和他们的护理人员集中起来，推动主流医疗健康系统边缘领域的创新。

5.11 极端用户

同时满足主要用户和边缘用户需求，要考虑的一个重要因素是创新的环境。有理论认为，用户在环境不允许的情况下会产生边缘需求——创新的解决办法会满足这种需求。例如，防抱死刹车系统（ABS）现在已经成为汽车的一般性功能，但最初是作为一个特殊的附加功能配置在高性能轿车上。创新来源于一些更极端的案例，虽然飞机安全制动的需求在困难的条件下不容易得到满足，但是 ABS 被开发出来并应用于汽车领域。[33]

对于创新而言，寻找极端的环境或用户会起到很大的作用——满足有挑战性的需求可以创造新的发展机会。正如罗伊・罗思韦尔在某著名的报纸中指出的，“难以应付的客户意味着好的设计”。[39] 例如，隐身技术使得制造隐形飞机成为可能。这就要求彻底颠覆飞机原先的设计、材料和能量来源等，从而为航空业和相关领域开辟新的天地。[40] 前面提到的金字塔底层同样属于极端的环境，在这种环境中很容易引发不同类型的创新。

比如在菲律宾，大多数人都会使用正规的银行系统，用户只在开展相关促销活动时才给手机充值，以获得一些特定时期的优惠和服务。在肯尼亚，用户越来越注重安全性，如果一个旅行者想在两地之间旅游，那么他不用带现金，只需要带手机，在手机中存入足够多的钱，到了目的地再从取款机上取出来。这只是在极端环境下使用的新方法之一——像诺基亚和万达华这样的大公司的客户就可享受到类似的服务。[41] 市场的潜力就在于利用这种极端的环境对客户的需求进行测试和开发，并发掘出客户更深层次的需求。在印度还有一种依靠生物识别技术的自动化的机器，这种机器在印度农村教育不够普及的地区得到广泛应用。这些试点的受益人群只有将近 5 万人，公司的发言人却说：“我们把这种创新看作一个世界级的创新。”

5.12 原型设计

我们强调了将理解用户需求作为创新的关键来源的重要性，但是，新的创意——无论是知识推动还是需求拉动——可能都不完美。创新不是天生的，而是创造出来的——我们需要考虑修改、调整和匹配原始想法。早期的反馈和学习可以帮助产生创意，以确保它满足最广泛的群体的需求，并具有人们理解和重视的功能。因此，获得创新的核心原则是尽早与潜在用户合作，而创建一个简单的原型正是合作的一种方法。每个人都可以提出自己的想法，从而使创新成为一个共享的项目。

原型设计可以推动模糊的概念、预感、半成型的想法变得更为可行，提供一系列的垫脚石、桥梁、脚手架——本质上是在构思创意。它成为戴森等公司的方法的核心，“……原型可以让您快速了解事物并发现微妙的设计缺陷……”

原型提供了一些重要的功能来支持创意的获得：

- 它创造了一个“边界对象”，其他人的观点可以围绕它聚集；可用于共享对问题维度和解决方案的见解。
- 它为我们的思维过程提供了一块基石，让创意变得更加真实、具象化和可操作，而不会产生锁定效应——我们仍然可以改变想法。
- 它允许多元化——我们不必局限于单一的想法，早期我们可以在多匹马上下注，而不是试图挑选赢家。
- 它允许学习——即使原型失败了，我们积累的知识也可能对其他方面有帮助。
- 它提供了更多的可能性——当我们运用原型时，它给了我们一把解决问题的钥匙，可以进行更深入的探索。
- 它允许我们使用半成形的想法和预感——实现“与模糊的想法对话”。
- 它允许“浮现”——有时我们不能预测当不同的元素相互作用时会发生什么，进行尝试有助于探索出乎预料的组合。

原型设计是创新的重要组成部分——即使解决方案的轨迹很清晰，也有足够的空间使用测试件来优化产品并改善缺陷。它被广泛用于改进产品概念，例如软件或试点项目的 beta 测试，有意进行这些测试是为了探索和学习，而不是为了提供成品或服务。它在创新过程的模糊前端扮演着越来越重要的角色。

这对创业者来说尤其有价值。例如，“精益创业”方法认为，这个过程需要的是对初始想法的快速学习和修改。向市场推出“最小可行产品”可以测试和调整创意，很可能需要围绕创意“转向”一种新的交付方式。这个原型并不一定是完美的，但是它提供了一个现场实验来帮助我们了解新企业需要改变什么。[42]我们将在第 9 章回到这个主题。

5.13 观察他人

创新的一个重要策略就是向他人学习——模仿不仅仅是一种简单的学习方式，更是一种创新的成功策略。比如，一种广为人知的找到新想法的路径就是对产品或流程的逆向工程（reverse engineering）和仿制——哪怕是围绕一些难以突破的专利。第二次世界大战之后，亚洲经济的快速发展就得益于模仿，所谓“模仿并发展”，是指吸收西方思想并在此基础上有所发展。[43]例如，韩国制造业（比如机床等）的早期发展就遵循了“模仿并发展”的战略——主要通过研究现有的产品进行学习（通常是为了获得许可证或者成为服务代理人），来了解当地的市场。这种学习的结果就是开发出更新换代的产品和服务。[43,44]

许多用于产品和流程的工具都是从竞争对手那里得到启发，然后研制成功的。[45]

在这一主题中，一个不容忽视的概念是标杆管理。[46]。在标杆管理过程中，企业将自己和其他的企业进行比对，试图寻找其他的生产模式或经营理念。由标杆管理引发的学习过程可能基于类似机构（同类公司、同类部门等）的比较，也可能基于在部门之外发现的类似的产品和生产流程。比如，西南航空公司通过限制机场的客流量而成为美国最成功的航空公司。同样，斯德哥尔摩的卡罗林斯卡医院（Karolinska Hospital）通过学习一些先进工厂的生产管理技术取得了重大进步。[47]

这类标杆管理被用来在公共部门中推动变革，通过排名表及其性能指标的对比分析，得出学校或医院的一些相关情况，如后勤和人员分布等。一个成功的标杆管理应用案例是精益思想被普遍应用于各种公开或非公开的场合中。[48] 这个潜在的创新驱动因素被发现，源于对 20 世纪 80 年代轿车生产工厂的研究。[49,50]

5.14 重组创新

另一个有关创新的简单的假设通常和新事物有关。实际的情况是在交叉的区间内常常有较大的活动范围——通常在一个世界中被看成是新理念的东西，会在另一个世界中被否定。这是从旧的观念中得到创意的一个重要原则。[51] 比如锐步跑鞋就是竞争市场上一个重要的创新产品——这在那个时代代表了思想上的进步，这种理念如今应用得越来越广泛。设计企业 Design Works 试图将研发辅助医疗设备的团队与研发舞台戏剧设备的团队结合起来。就如哈加敦（Hargadon）指出的那样，许多企业都能提供最初的创新的可能性，以及能最快解决手头问题的方案。他对设计咨询公司 IDEO 的研究表明了这种重组创新的可能性。[9,52]

这并不是一个新鲜的想法。托马斯·爱迪生著名的“发明工厂”于 1876 年建立于新泽西，他下定决心：每十天有一个小的发明，每六个月有一个大的发明。作出这样的承诺，不是因为爱迪生天才般的智慧，而是因为他很好地利用了重组的概念。爱迪生雇用了美国 20 世纪新兴领域中的科学家和工程师，他还将一些技术和方法应用于大批量生产和精益生产，应用于电报和电子通信、食物加工和罐装以及汽车制造等领域。早期的一些发明为他树立了声誉——比如为纽约证券交易所开发的电传打印机，实际上只是对其他产业中为人熟知的创新的简单应用。[51]

开放式创新的一个关键特征是强调知识在组织内和组织外的流动，这为重组创新创造了相当大的空间。在一个领域积累的知识应用到其他领域的例子包括在英国空中交通管制系统中使用地面管理系统进行飞机管控，应用了由麦克拉伦车队在一级方程式赛车中开发的软件。案例研究 5.12 给出了一些重组创新的例子。

案例研究 5.12

架起不同世界的桥梁——重组创新的力量

1912 年，在芝加哥漫步的威廉·克兰（William Klann）肩负着一项使命。他的团队为了实现亨利·福特的“大众汽车”的愿景，在探索降低汽车制造成本的方式。为了实现大规模生产，他们提出了许多创意——标准化和可互换零件、短任务周期及专业机械。当克兰走过斯威夫特肉类包装公司的工厂时，他获得了重要的灵感。工人们正在有效地拆解肉类，当家禽经传送带移动时，工人们将不同部位的肉和骨头剥离开。这让他看到了调整流程的可能性——在很短的时间内，福特工厂就拥有了世界上第一条移动装配线。随着新理念的实施和完善，生产率不断提高；采用这种新方法，福特将 T 型车的装配时间缩短到 93 分钟。

（这并不是说肉类包装工发明了什么新东西——早在 16 世纪早期，威尼斯人就已经开发出一条令人印象深刻的移动组装生产线。为了使船只能在运河上航行以适应战斗，他们能够以每天一艘的速度生产、装备和供应新的帆船。）

40 年后，雷·克罗克（Ray Croc）开始经营他与朋友麦当劳兄弟（McDonald brothers）共同创办的汉堡包业务。他一直在寻找提高生产率的方法，并开始将福特的流水线技术应用于汉堡包的生产。接下来就开启了快餐时代，其公司每秒销售超过75个汉堡包，每天为6 800万人提供食物。

Aravind眼科诊所从麦当劳获得了灵感，它发展和完善同样的原则，成为世界上最大和最多产的眼科护理服务集团，以低成本、高质量模式治疗超过3 500万患者。

所有这些都是基于解决方案适用于其他地方。周转时间是汽车行业面临的一项重大挑战，为了减少大型车身冲压机的安装和转换时间，丰田公司的工程师在新乡重夫（Shigeo Shingo）的指导下开发“单分钟交换模具”（SMED）方法，耗费的时间从几个小时减至不到5分钟。SMED的原则支持航空业的转机革命，以及法拉利车队成功打破纪录，他们可以在不到6秒的时间内完成一个完整的进站！

这不是一个单向的过程，重组创新的一部分力量来自通过分享处理相同的基本问题的不同经验来进行交叉学习。在访问伦敦大奥蒙德街儿童医院时，法拉利车队不仅为英国医院提供了一些重要的见解，还带回了一些适用于世界赛道的新想法。

在当今开放式创新格局下，这类重组创新提供了良好的机遇，具有以下优势：

- 它降低了学习成本，因为创新的初始发展大部分都是在不同的环境中进行的。虽然仍需要进行适应，但有机会在学习曲线的上游采用创新的做法，从而降低风险。
- 它开辟了新的和不同的创新空间；通过将搜索焦点移动到特定领域“框”之外，我们可以为进一步的创新建立新的轨迹。（例如，Aravind的安全、低成本医疗保健模式已应用于婴儿出生前后的保健、其他择期手术，甚至心脏搭桥手术——所有这些都取得了显著的效果。）
- 它开放了与新网络的连接，有效地丰富了两家机构合作的想法的“基因库”，并为进一步开放式创新创造了条件。

在大型组织中也可以进行重组创新，在这些组织中，可以利用在一个领域中创建、在另一个领域中得到应用的知识的机会。例如，杜邦公司的科学家在20世纪60年代就开始研究纤维，这种纤维与尼龙相似，但强度要大得多——这一想法有可能用于杜邦公司核心业务领域之一的轮胎帘线。1965年，斯蒂芬妮·克劳莱克（Stephanie Kwolek）开发了一种制造聚酰胺纤维的工艺，杜邦公司将其称为“凯夫拉尔”（Kevlar）——这种纤维的强度是同等重量钢的5倍。然而，轮胎制造商最初采用新技术的速度很慢，因此这项技术被提供给了其他部门，在防弹背心、头盔、绳索、船只等领域找到了新的市场，最终进入轮胎市场。

在许多方面，重组创新涉及研究人员理解人类创造力的核心原则，通常会经历萌芽、突破阶段而产生创意，通过亚瑟·凯斯特勒（Arthur Koestler）所称的“异类联想”，将毫不相关的事物汇集在一起，可能会产生有趣的见解。[53]在这里，管理创新的关键在于寻求原材料的多样性，这些原材料可能会以有趣的方式结合在一起——寻找不太可能的合作伙伴便成为一种有效的战略。

5.15 设计驱动型创新

市场？什么市场！我们不关注市场需求。我们向人们提出建议。

——Artemide董事长埃内斯托·吉斯蒙迪（Ernesto Gismondi）

创新的一个日益重要的来源是罗伯托·维甘提（Roberto Verganti）所说的“设计驱动型创新”。例如，许多苹果产品之所以成功，源于其用户对外观和体验感到惊喜，感受到产品的外在美。这不是分析用户需求的结果，而是通过设计过程实现的，这个过程试图赋予产品有意义的外观和形式——用户没有想象到的特性和特征。但苹果也不是给产品增加强大的新功能，基于知识或技术推出另一种版本——在许多方面，以设计为主导的产品的可用性看似简单。与 MP3 播放器市场相比，苹果的 iPod 是一个后来者，但由于其独特的外观和感觉——设计属性——创造了其他公司纷纷效仿的标准。iPad 和 iPhone 的成功很大程度上归功于乔纳森·伊夫（Jonathan Ive）的设计理念。伊夫的设计为整个产品系列带来了一种理念，为公司提供了核心能力因素。

正如维甘提所指出的，人们买东西不仅仅是为了满足他们的需求，还有重要的心理和文化因素在起作用。[54]他建议，我们需要了解产品在人们生活中的“意义”，然后开发将其纳入创新过程的方法。例如，苹果的 iPhone 改变了手机的意义，从一个通信设备变成了一个高度互动的社会系统的核心；任天堂的 Wii 改变了电脑游戏的意义，从一个基本孤立的活动变成了一个互动式家庭爱好。这是设计的作用——使用工具和技能在产品中表达和创造意义以及增加服务。维甘提用一个图（见图 5-4）展现出知识/技术推动和市场拉动的定位——设计驱动的创新代表了第三个空间，即创造对人们生活有意义的突破性新概念。

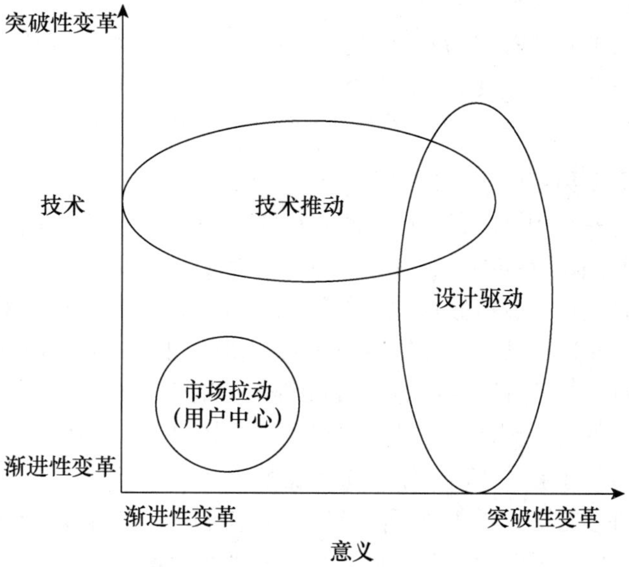

图 5-4　设计驱动型创新的作用

资料来源：Based on Verganti, R., *Design driven innovation*. 2009, Harvard Business School Press.

设计作为创新源泉日益重要，这也与服务领域有关。约瑟夫·派因（Joseph Pine）用“体验经济”这个术语来描述创新从满足需求到创造体验的演变过程。[55]在一个竞争日益激烈的世界里，差异化越来越多地来自这种体验创新，尤其是服务领域中体验的意义和心理上的重要性更甚于满足需求。例如，餐饮业从强调食物作为人类的基本需求，转向强调良好的体验，即围绕餐馆进行创新，将其作为涉及产品、交付、物质和文化环境等方面的消费体系。越来越多的服务提供商，如航空公司、酒店或娱乐企业，正沿着这样的体验创新路线进行差异化经营。[56]同时该模型还广泛应用于公共部门服务，如健康保健。[57,58]

5.16 规 制

英国中部的斯托克陶镇在20世纪初拍摄的照片中并没有留下城镇的明显痕迹。图片反映出的内容很少，不是因为拍摄设备简陋或者拍摄过程出错，而是因为拍摄的事物本身存在问题——城市的面貌被大雾笼罩，很难看清楚本来的样子。然而，60年以后，同样的图片却看得很清楚，不是因为工厂都关闭了（尽管确实关闭了一些），而是因为《清洁空气法案》和其他法律的实施。这就为创新提供了一个很重要的来源——商业和社会中规制的变化也是一种激励因素。《清洁空气法案》促使企业进行新产品的设计、制造和材料方面的创新，从而减少了污染。

这种规制是一把双刃剑——它既起到限制的作用（关闭了创新发生的渠道），也会打开新的渠道，这些新的渠道便促成了创新。[59]反过来也一样——解除管制和放松控制也会打开新的创新空间。例如在许多国家，电信业的自由化和私有化促使竞争加剧，创新率上升。

考虑到生活中存在的条条框框，我们可能不会对创新的产生感到惊讶。从早上起床打开收音机（收听的节目有限）到吃早饭（摄入的营养元素和吃饭的花销等有限），再到上车系上安全带，打开音响（安全问题要考虑在内），创新的限制规制所发挥的作用不容忽视。[60]

规制同样可以引发拒绝创新——针对现行规制设计的解决方案很可能导致朝相反的方向发展。道路摄像头数量的迅速增加有助于加强交通安全管理，但是在欧洲却产生了一个新的行业——教驾驶员如何躲避摄像头的拍摄。这属于环境改变带来的空间和机会。尽管安然已经破产，但我们仍然好奇它当初是如何从一个普通的管道服务公司发展成为行业巨头的。答案就是，它快速地抓住了发展机遇，利用了市场资源。[61]

案例研究5.13给出了一个政府管控驱动创新的例子。

案例研究5.13

强制金融创新?

2016年11月8日晚，印度政府宣布，为打击腐败，将在午夜禁用500卢比和1 000卢比的纸币。结果是戏剧性的：人们争先恐后地兑换货币，但新纸币的供应有限，ATM机前排起了长队，在主要以现金为基础的经济中交易下滑。尽管印度央行一再干预，但卢比对美元汇率跌至2013年以来的最低点。

尽管是短期危机，许多人认为这是将印度带入移动支付和无现金支付新时代的机会。印度最大的移动支付公司Paytm报告称，总体流量增长了700%，应用程序下载量增长了300%，每日交易达到500万笔。该公司的平台上现有8.5万家商户，其目标是到2017年3月再签约500万家商户。该公司得到了中国电子商务巨头阿里巴巴的支持。Mobikwjk和Freecharge等其他移动钱包公司也报告称，新客户数量大幅增加。印度各银行也鼓励人们通过使用线上银行和移动应用服务实现无现金化。金融科技公司将卢比禁令视为印度数字支付革命的开端。

助长这种乐观情绪的一个因素是，印度是仅次于中国的第二大智能手机市场，与此同时互联网用户也在迅速增长。印度目前有超过4.5亿互联网用户，预计到2020年这一数字将达到7亿。但对于一个拥有12.5亿人口的国家来说，印度总体用户基数仍然很小。

然而，大多数人只喜欢现金交易，这一现状要花费大量时间和精力去改变。此外，超过一半的印度人口生活在农村地区，那里的移动通信覆盖率仍然参差不齐，这进一步增加了挑战。

资料来源："*Can India really become a cashless society?*"，S. Hashmi，BBC News，25-11-16.

5.17 未来和预测

创新的另一个来源是想象和探索日常生活中的各种可能性。许多预测工具和技术都可用于战略制定，也可用于激发创新中新的可能性。比如说，壳牌公司通过实施"GameChanger"计划致力于探索未来和追求创新。[62]有时候我们会使用一些"过渡性的产品"，比如产品生产过程中的模型，为未来的服务和产品生产提供可能。[63,64]

第9章会深入探讨这一主题的相关内容。研究札记5.2讨论了未来思维的主题。

研究札记5.2　　思考未来

创新未来可能与当前情境大不相同——问题就在于我们不知道有怎样的不同！三个主要的研究项目一直在努力探究未来创新将如何应对挑战、提出解决方案，以及我们将如何管理创新。第一个项目中，洛瓦和斯塔姆（Anna Trifi Lova and Bettina von Stamm）收集了来自60多个国家近400名研究人员、从业者和决策者的见解，编写了一本书，建立了一个网站。这种"德尔菲"面板方法描绘了一幅"创新未来"的各种方式的画卷，参见www.thefutureofinnovation.org。第二个项目是欧盟的一个项目——欧洲创新未来（INFU），该项目一直与多个合作伙伴合作，为创新未来开发场景。研究人员提出了各种各样的场景，并通过一个互动网站www.innovation-futures.org进一步阐述和补充。第三个项目由蒂姆·琼斯（Tim Jones）与一个涉及研究人员、从业者和政策制定者的网络合作，试图将当前有效的创新管理的主题结合起来。具体来说，研究重点是创新和增长，以及公共和私营部门的领先组织如何应对这些挑战。详见www.growthagenda.com/。

5.18 偶发事件

在认真计划研发项目的过程中，偶发事件和非预期事件的发生可能会被视为恼人的工作中断。但是当偶发事件和非预期事件转化为创新后，就会有不同的认识。一个著名的例子就是弗莱明（Fleming）发现青霉素，从最初的失误和偶发事件演变为最后的创新。又如，3M公司著名的"发明"就是因为一个药剂师不小心弄混了实验用料而得到一种非常黏稠的东西。这次实验虽然失败了，却为公司带来了数以亿计的巨额收入。亨利·切萨布鲁夫（Henry Chesbrough）把这个过程称为"控制消极因素"，并举出了许多相似的案例。[65]比如，20世纪80年代，辉瑞公司（Pfizer）的科学家进行了UK92和480号药物综合实验。尽管当时许诺的是只在实验室和动物身上进行测试，但后来一些医生还是在人身上进行了实验，最终UK92和480号药物成功进入了市场。

案例研究5.14提供了一些偶发创新的例子。

案例研究5.14

意外总会发生

意外总会发生——对创新而言，这往往是件好事。虽然我们将大部分注意力集中在把新想法引入市场或以系统的、有计划的、有战略目标的方式实施流程改进上，但有时命运会捉弄人，一个看似失败的实验或一个奇怪但最终无用的结果，有时可能会成为改变游戏规则的创新的基础。看看下面这些例子。

- 珀西·斯宾塞（percy Spencer）1945年在雷神公司（Raytheon）研究基于微波的雷达设备时，发现口袋里的一块巧克力融化了——这不仅带来了干洗的发明，还推动了微波炉的发展。
- Kutol Products是一家苦苦挣扎的公司，销售一种发明于20世纪30年代的浆糊，用于清洁因烟灰和煤火残留物而变色的脏墙纸。到50年代，家庭供暖的变化意味着煤炭逐渐退出市场——公司的生意也将走到尽头。幸运的是，在濒临破产时，孩子们发现可以把这种糊状物作为模塑黏土玩具。重新包装后，培乐多（Play-Doh）一直沿用至今，在全球数百万家庭的地毯和家具中都有它的身影。
- 1938年，罗伊·普伦基特（Roy Plunkett）在杜邦实验室研究氯氟烃，试图改进制冷材料。当他回去检查最新的实验结果时，非常失望地发现一个罐子中并没有他预期的气体，而是一些白色片状物质。但他花了一些时间研究，发现了该物质作为一种具有极高熔点的润滑剂的惊人性能——可有许多军事应用，最终聚四氟乙烯用在煎锅上。

这里的秘诀与其说在于认识到存在着外部刺激，不如说在于创造一定的条件，使这样的机会能够被注意到，并能通过行动去捕捉它。正如巴斯德的那句名言，“机会青睐那些有准备的人！”要将失误作为新想法的来源，必须有使它滋生的土壤。比如施乐在其实验室里开发了很多种技术，但是这些技术并没有让它变成一个“文件公司”。其中包括以太网（由3Com和其他几家公司成功推向市场）以及PostScript语言（由Adobe Systems开发）。切萨布鲁夫称，11～35个曾经被施乐实验室否定的项目可成为它发展壮大的主要动力。

毫无疑问，需要创造一个有空间和时间进行试验的环境。案例研究5.14中的所有发现的产生环境都是个人可以探索、试验和接受失败，而不用担心受到惩罚，这并非巧合。

还要认识到时机在“偶然”创新中的作用。我们可以将这些创新视为知识推动模型的一个极端版本，在这个模型中，我们创建了一些没有明显的需要或者没有达到预期的东西。直到后来出现了另一种需求，创新的真正潜力才显现出来——而这种不同的需求往往来自一个完全不同的方向。

例如，冶金学家哈里·布里利（Harry Brearly）1912年就在他的实验室里努力改进枪支的设计。他需要一种不会随着时间的推移而腐蚀的合金，因为子弹会沿着带槽的枪管快速旋转，子弹会与枪管壁发生摩擦——但事实证明，他的努力是徒劳。几个月后，在一堆越来越多的废钢旁边，他注意到有一块废钢没有氧化，而是保持了原来的光泽。他进一步研究了这种12%铬合金，发现它能抵抗痕迹和划痕。虽然“不锈钢”在枪支制造方面用处不大，但给其他领域带来了改变。

1942年，哈里·库弗（Harry Coover）在伊士曼柯达实验室（Eastman Kodak labs）工作，试图完善精密枪械的材料，但是实验中氰基丙烯酸酯总粘在所有接触到的东西上。6年后，在尝试将其用于驾驶舱盖时，他突然意识到，这种令人难以置信的强大黏合能力可以有不同的应用，于是超级胶水诞生了。在他最初的实验16年后，最终产品上市了。

其他可能彻底改变系统的因素除了会对现状构成威胁之外，还会迅速发展为一些新的刺激因素。“9·11”事件唤起了公众的安全意识，同样也促进了交通、消防和人员疏散等安全政策的创新。[60]

小　结

创新并不是完美地呈现出来的，这个过程也不仅仅是改变世界的想象力的火花。创新有许多来源，这些来源会随着时间的推移而相互作用。创新的来源可以分为两大类——知识推动和需求拉动——尽管它们几乎总是同时发挥作用。创新来自它们之间的相互作用。

这一主题有许多变体，例如，需求拉动可以包括社会需求、市场需求、潜在需求、危机需求等。

很明显，并不缺少创新的机会——它们来自许多不同的方向。创新管理的关键挑战是如何利用潜在的投入，在资源有限的情况下创新。没有组织可以面面俱到，所以需要一些基本的策略来进行搜寻。一种方法是在搜寻空间中添加一些维度，以帮助我们搜寻创新的诱发因素。下一章将探讨我们如何确立创新的搜寻策略。

第5章　扩展阅读

第5章　参考文献

▶▶ 第6章

创新的搜寻策略

■Search Strategies for Innovation

很明显，并不缺少创新的机会——它们来自许多不同的方向。创新管理的关键挑战是如何利用潜在的投入，在资源有限的情况下创新。没有组织可以面面俱到，所以需要一些基本的策略来进行搜寻。在本章中，我们将尝试开发一个基于五个关键问题的简单框架，以帮助应对搜寻挑战。

应对这一挑战的一种方法是在搜寻空间中添加一些维度，以帮助我们确定搜寻创新诱发因素的位置和原因。可能包括以下内容：

- 主要内容（What）——以渐进性或突破性变革的方式寻求各种不同的机会。
- 时间阶段（When）——创新过程不同阶段的搜寻需求不同。
- 何人参与（Who）——参与搜寻过程的不同参与者，特别是组织内外越来越多的人的参与。
- 何处进行（Where）——从旨在利用现有知识的本地搜寻，到突破性的、超越现有知识的新框架。
- 如何达成（How）——推动搜寻的机制。

图6-1展示了这个框架。

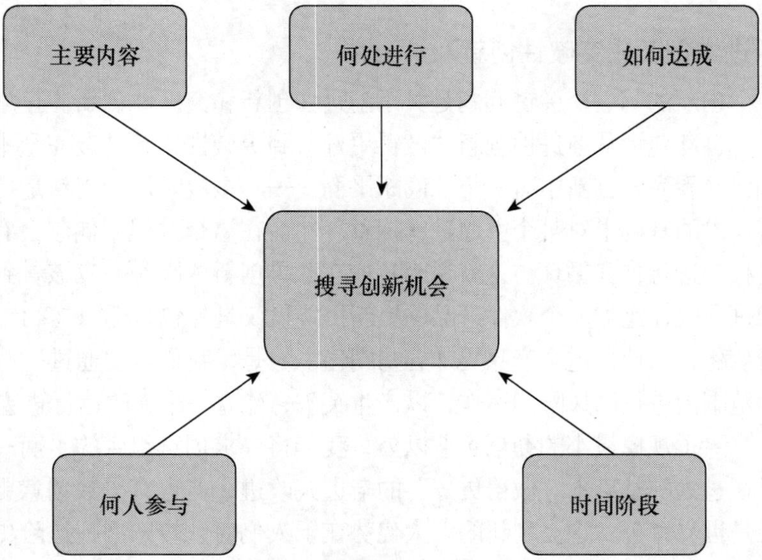

图6-1 五问框架

6.1 创新的机会

许多新的商业理念发端于之前没有人关注的需求或满足现有需求的新方法，因此要了解人们对商品和服务的潜在需求，从而探索满足需求的不同方式。

推动创新或拉动创新？

需要考虑的一个重要问题是推力和拉力的相对重要性。在过去的许多年里，这已经成为研究的重点，人们往往利用不同的方法试图寻找并搭建一个相对重要的研究平台（找到配置资源的最佳方式）。事实上，创新并不仅仅是一个关于拉力还是推力的问题，而是一个两者结合的问题。如克里斯·弗里曼（Chris Freeman）所说[1]，“需求是创新之母，但创造力的发展还需要其他的因素”。创新要解决一个问题——实现需求和外力的协同作用。这就将我们的注意力引向两个方向：创造新的可能性（或者至少是关注他人在研发前沿的进展），以及发现需求。重要的是，在创新中需求扮演的角色通常会通过知识推动体现出来。筛选所有可能性，我们最终会得到主流设计。[2] iPod并不是第一个MP3，但是它最大限度地满足了我们的需求。

实际上，许多创新源都包括推力和拉力两种力量的结合——比如，应用型研发项目大多需要将技术与特定需求相结合。在一些关键点上，规制会起到改变环境的作用。用户引导的创新可能是由用户的需求激发出来的，并通过一些新的手段解决旧的问题——总的来说，是在新的方向上进行新的研究。

将注意力集中在单纯的形式上，并不是解决推力和拉力问题的良好途径。如果我们把所有的鸡蛋放到一个篮子里，那么所有优秀的发明就不会转化为一个个有突破性的创新，这将对那些想成为企业家的人造成打击。然而，如果过于关注来自市场的看法，就会如亨利·福特所说的那样，“如果我当初在造车之前问一问大家的意见，他们会说我们想要更快一点的马！”这种市场调查研究方法只是反映人们固有的一些想法，但往往不会提出超出经验的假想。

渐进性创新或突破性创新？

创新的另一个关键问题是关于渐进性创新和突破性创新。正如我们在第1章看到的，创新包括从渐进性创新（“做得更好”）到突破性创新（“做完全不同的事”）。而且我们已经看到，创新中有一个“间断平衡”——多数时候，创新是指探索和发现，在现有技术的基础上对某个主题进行探索。然而在这个过程中偶尔会有一些突破——这个过程会进行自我循环。这就说明我们在探寻创新诱因时，应该看到创新中一些潜在的推进方式，比如一个软件产品的更新可能仅仅是外包装标识（2代、3代、4代）的不断变化，以使得这个产品更加容易销售。但是，我们需要通过一些元素的组合在较大的范围内进行高风险的运作，以产生突破，建立一个新的运行轨迹。

除了规模最小的初创企业以外，我们将寻求创意组合的平衡——其中多数创意都是在过去的基础上“做得更好”的渐进式改进，但也有少数创意更具突破性，甚至可能是世界首创。这类创新的一大优势在于人们对它较熟悉，风险更低，我们正沿着一条已经走过的道路前进。这样做的收益可能较低，但其效果是累积的。而我们寻找这些机会的方式——工具和方向——基本上是确定的和系统化的。

相比之下，跨越式发展可能带来巨大收益，但也会带来更高的风险。由于我们进入未知领域，需要进行实验，但大部分实验会失败。我们不清楚前进的方向，因此存在走进死胡同或被困在单行线上的风险。从本质上讲，我们所做的搜寻以及使用的工具将是不同的。

利用还是探索?

讨论创新的核心主题涉及搜寻中“利用”和“探索”之间的张力。[3]一方面，企业需要部署知识资源和其他资产以确保回报，这是“安全”的做法，也是为了通过“做得更好”获得稳定的收益。这个过程被创新学者定义为“利用”，因为在这个过程中我们做的事是“使用并发展已知的事物”。[4]“知识利用活动”[5]建立在现有基础上——但在此过程中导致高度的路径依赖——“企业积累的开发经验加强了领域内的既定惯例”。[4]

问题在于，在一个不确定的环境中，捍卫竞争地位的潜力取决于“做一些不同的事情”，也就是突破性的产品或流程创新，而不是模仿或提供其他公司产品的变体。[6]这种搜寻被称为“探索”，是一种“跳远或重新定位，使公司能够采用新的属性和获得其领域之外的新知识”。[7,8]

前面提到的张力源于支持这两种活动所需的组织惯例不同。渐进性利用型创新是一种高度结构化的过程，通常是在运营单位内进行的高频、小规模的创新，突破性创新则是偶然的、高风险的，往往需要特定的、跨职能的资源组合及更宽松的组织和管理方法。[9]

进行探索和利用活动没有捷径，但是大多数组织综合使用这两种方式，做到“两手抓”。[10,11]例如，技术搜寻活动是通过投资一系列研发项目来管理的，其中包括一些异想天开（blue-sky）型活动或高风险的外部投入，以及集中于核心技术轨迹的项目。[12]市场研究也使用类似的方法，对关键细分市场进行深度的、敏捷的理解，同时也围绕外围和新兴范围进行探索。[13,14]图6-2展示了这一概念。

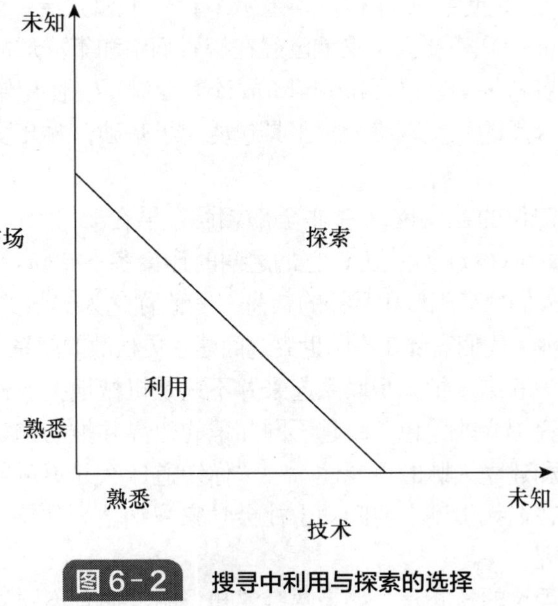

图6-2　搜寻中利用与探索的选择

6.2　何时搜寻

创新的另一个问题是有关时间的——在不同的产品或行业生命期的不同阶段，强调的重点或多或少和推力及拉力有关。比如，成熟的行业会聚焦于推力，对主要的用户需求作出回应。相反，一个新行业（比如新兴行业）会建立在基因技术或者纳米材料技术之上——这也常常和解决问题的办法类似。所以我们一定要考虑不同阶段的资源平衡问题。

这种观点在第1章介绍阿伯内西和厄特巴克的创新生命周期模型时已经讨论过[15]，揭示了近代产品生产过程中创新的方式——为创新提供了新的途径。随着主导设计的出现，注意力转向围绕核心轨迹的更多渐进式变化——随着行业的成熟，重点逐渐转向流程创新，旨在提高成本和质量等。这也有助于以特定的方式配置稀缺的搜寻资源。

说起创新，一个经常提及的话题就是创新的传播。创新不是一个一蹴而就的过程，而是要经过时间的洗礼慢慢地形成。[16]早期的创新发起者需要在探索中经受失败的磨炼，在前人的基础上向前发展。他们通过这样的方法使大部分人逐渐接受新的观点和解决方案，但也有一些人（比如罗杰）不愿意接受新思想。了解创新的过程及其影响因素（我们将在第9章中详细阐述）对于我们理解何时何地会对创新起到激励作用至关重要。主要的用户和早期的理论实践者都会提供重要的想法和创新的方向，这有助于在创新早期塑造创新，而创新前期和后期的大众更会成为创意的渐进性改进的来源。[17]

6.3 谁参与搜寻

创新是将知识转化为价值，而搜寻阶段关注的就是如何获取知识来推动这一过程。其核心是将知识视为一个社会过程，其中人是不同的方式的载体和传播者。知识具有生命力，在人们彼此交谈、分享、结合、扩展等时就会产生创新。创新研究提出了一些原则来帮助我们理解这一点，例如：

● 知识网络。大多数人认为社交网络是在21世纪发展起来的，但它有更古老的起源，早在19世纪90年代，埃米尔·涂尔干和乔治·西美尔（Emile Durkheim and Georg Simmel）等社会学家就已经在探索网络和集群形成的方式和原因。[18]20世纪30年代，雅各布·莫雷诺（Jacob Moreno）绘制了（使用铅笔和纸）人与人之间的互动关系，为今天的社交网络分析工具包奠定了基础，并开发了Facebook和Twitter背后的源算法。[19]

围绕知识的社交网络并非全部相同，早在20世纪70年代，马克·格兰诺维特（Mark Granovetter）就指出，它们之间的连接各不相同。[20]大多数时候，它们涉及紧密的联系或人们分享相似和互补的信息——他称之为“强关系”。但是，要使新知识在网络之间传播，我们需要在不同世界之间建立更松散的联系，这就是他所说的“弱关系”。

● 知识联结。把知识联系起来并不只是机械地把点连接起来。研究人员发现，人们需要研究中介的角色，跨越不同知识的边界并推动知识的流动。如今，我们意识到社会资本和建立人脉的重要性——“你知道什么并不重要，重要的是你认识谁”——这一观点在很大程度上要归功于社会学家罗纳德·伯特（Ronald Burt）在20世纪90年代的研究。[21]

他的理论的核心是，如果两个“知识圈”拥有不同的“非冗余”信息（有一些你不知道的东西），那么它们之间就存在一个“结构洞”。中介提供了它们之间的桥梁，并且是它们之间有效知识流动的核心。如今，一些新的知识技术可以在某些方面实现放大化甚至自动化。（想想Facebook找到你可能愿意联系的“朋友”的能力，以及

“知识交友”在组织间传播知识和建立网络方面的潜在应用。)

- 知识流动。知识流动所经过的人和他们的行为也很重要。汤姆·艾伦(Tom Allen)在20世纪70年代的开创性工作为我们提供了一些有力的见解,例如,技术守门人能够看到外部知识的相关性,同时也拥有内部的社会联结,使合适的人能够与之连接。[22]宝洁公司的“联系与发展”战略包括发挥“科技型创业者”的关键作用,一些突破性的开放式创新获得了成功,例如打印的Pringles芯片或Mr Clean魔力橡皮擦。

他的工作还强调了人与人之间物理联系的重要性。著名的艾伦曲线表明,人与人之间的物理距离和交流频率之间存在很强的负相关关系。史蒂夫·乔布斯对皮克斯(Pixar)进行了重新布局,使人们不可能不互相碰撞并引发对话。宝马在慕尼黑未来主义研发中心的基础架构中使用了相同的原理。[23]

- 知识集结。就像在大脑中,某些神经元群体与某些专门区域有关一样,在组织中,我们了解到实践社区的重要性。这个概念最初是由爱丁纳·温格和让·莱夫(Etienne Wenger and Jean Lave)提出的。这是一群有着共同兴趣的人,他们收集并分享在不同情境中处理共同问题的经验。[24]他们代表了潜在的宝贵知识库,例如,约翰·西利·布朗和保罗·杜吉德(John Seeley Brown and Paul Duguid)介绍了施乐公司在办公复印机领域的经验。[25]其技术销售代表以实践社区的形式工作,在非正式会议上分享技巧。最终,施乐创建了“Eureka”项目,使这些互动能够在其全球网络上共享;这代表了一个知识库,为公司节省了超过1亿美元。

- 知识架构。群体或网络中的知识集中有一个缺点。只要在这一架构情境中进行变革,一切都可以良好地运行,并且一个或多个组件的变化也可以得到有效处理,但当整个知识游戏规则发生变化时——例如,汽车行业突然进入一个机器学习、智能传感和无人驾驶的新时代——网络就需要发生变化。正如丽贝卡·亨德森和金·克拉克(Rebecca Henderson and Kim Clark)所表明的,现有组织的转变往往很困难,需要平衡主流架构的优势——正式的团队、紧密的联系、集中的注意力,同时也需要保留适应新架构的能力。[26]

- 其他维度。其他维度包括知识转化(如何激活和使用隐性知识)、知识表达(如何查明员工所拥有的相关知识即约瑟夫·朱兰所称的“矿山中的黄金”)和知识同化(如何将新知识从外部转移到部署点)。[27]

6.4 何处搜寻——创新寻宝

正如我们前面提到的,创新中一些经常讨论的话题都是围绕着“探索”和“利用”展开的——两者都属于搜寻行为,但其中一个在本质上是渐进性的,把手头的事情做得更好,适应性地学习;另一种是突破性的,做不同的事情,创造性地学习。[5,28]一个关键问题是组织如何将这两种不同的行为在运营中结合起来。怎样的“惯例”(结构、过程、行为等)可以被用来促进有效的探索和利用?文献中有关于如何利用的惯例的总结——本质上是一些促进持续的渐进性扩展和适应的创新方法,关于探索的总结则相对较少。①

① 事实上,一个悖论是探索性活动本质上涉及试验和对未知领域的探索,因此程式化的能力会受限。但搜寻的方法可以重复并构建到结构和过程——惯例中。

在处于稳定状态的创新条件下，要建立平衡不太容易。但克里斯滕森和其他人关于颠覆性创新的研究认为，在一些特定的条件下（比如有新市场兴起等），已有的企业会遭遇困难。它们太专注于自己原本的搜寻惯例（无论是探索还是利用），以至于无法应对与环境相关的要素（如对市场价值的认识），但是它们也因此未能对新的挑战作出及时有效的响应，等到发现时为时已晚。这主要是因为它们的搜寻行为已经固化到惯例中，嵌入报酬结构和其他强化机制中，使得组织对于其他信号失去了敏感。[29−31]

重要的是，这并不是创新管理本身的失败——以上提到的这些企业都是稳定状态条件下很成功的创新型企业，它们在自己的传统市场上采用教科书式的成功惯例，与顾客和供应商发展密切的合作关系网。只有在新市场出现非连续性条件时，才会在“正常”搜寻空间的边缘出现问题。

与之类似，当技术发生非连续性变化的时候，一些组织往往无法保住自己原先的竞争优势。它们建立了搜寻的惯例，在重视利用的同时限定了搜寻空间。这样做的风险在于，外部的发展可能产生很大的变革势能，而等公司注意到时已经来不及作出反应。[15]更糟糕的是，考虑到沉没成本，现有企业会更加受制于早期技术，而且由于帆船效应的影响，它们的创新利用惯例使得它们不断地对旧技术进行改进，并沿着这条路径发展下去——尽管市场上的新技术日趋发展成熟。[32]（帆船效应指的是，蒸汽船的发明刺激了帆船技术领域，后者产生了大量的创新。两种航船的竞争持续了很长时间，直到蒸汽船凭借技术的内在优越性最终胜出。）

搜寻中的“两手抓”

另一个关键问题在于如何在一家组织内整合这些不同的方法，以及如何在创新管理上学会图什曼（Tushman）所说的“二元性”或“两手抓”（ambidextrous）的本领。[33]近期的有关颠覆性创新、突破性创新、间断性创新的文献中，都强调了一些创新管理所造成的压力，以及某些惯例之间根本性的冲突。比如克里斯滕森的理论就提到，由于太善于“利用”惯例去倾听和了解市场，现有企业常常不能捕捉到新的边缘市场上的信号或对信号作出响应，发现时为时已晚。

在寻找创新机会的过程中，关键的问题并不仅仅是如何在探索和利用之间寻找平衡，更重要的是发现整个研究过程中的整体方向。在商业环境中，许多时候在研究中必须不断探索——但是从整体角度来看，仅有探索是不够的。比如在克里斯滕森研究的一些领域中，公司对研发部门的投资占公司总投资的很大比重，这是因为该公司认为，在科研领域取得的成绩将对公司的发展起到至关重要的推动作用。这就不再是缺乏搜索活动的问题，而是方向的问题。

实际上，在任何一个研究空间中都需要从多个角度看问题。亨德森和克拉克曾经指出，这不仅仅是核心知识概念的搜寻问题，也要看到重组——“组件/架构的挑战”。他们认为，创新不只是技术的创新或者市场的创新，更重要的是创新会带来信息的重组。而这种信息的重组会给知识和企业的架构带来改变——这就是他们所定义的创新架构。[26]

构建创新搜寻空间

研究搜寻问题的一种方法是依据组织构建创新空间的方式。正如人类需要发展认知模式来简化环境中的刺激一样，组织也需要利用简化的框架。它们“观察”环境，并注意它们认为有关的因素——需要警惕的威胁、利用的机会、竞争对手和合作者等。这种框架的构建可给组织带来一定的稳定性，并定义它的创新空间。尽管各组织有自己的商业模式，但在一个行业中往往存在共性。因此，某个领域的大多数公司会采用类似的构建方式——设置某些“游戏规则”，遵循某些共同的轨迹。

这种框架相当于公认的“架构”——企业创新配置的方式。随着时间的推移，主导架构出现，它一旦建立起来就会成为进一步创新的“盒子”。在这个框架之外思考和工作是很难的，因为组织（及其在更广泛的竞争对手、客户和供应商网络中的关键参照点）学习和嵌入的结构、流程和工具包（核心程序）会强化这一框架。

在实践中，这些模式常常围绕一个核心主题聚集，尽管组织不同，但它们使用共同的模式。因此，大多数特定行业的公司采用类似的构建方式。这就塑造了它们搜寻机会的地点和方式，机会一旦出现就会成为进一步创新的“盒子”。

在这个框架之外思考和工作是困难的，因为组织在日常工作中使用的结构、过程和工具会加强这一框架。问题还在于，这种工作方式与该组织价值网络中的其他参与者（主要竞争对手、客户和供应商）的复杂网络相关联，这些参与者进一步强化了主导方式。

案例研究 6.1 给出了一个例子。

案例研究 6.1

只有先进的技术是不够的

20 世纪 70 年代，施乐公司主导着复印机市场，成立之初就拥有切斯特·卡尔逊（Chester Carlsen）和巴特尔研究所（Battelle Institute）引领的突破性技术，并以此带动了这个产业的发展。尽管拥有核心技术实力，并且持续投入资源来保持竞争优势，但施乐公司还是发现自己受到市场新进入者所开发的新一代小型复印机的严重威胁，其中包括几家日本公司。尽管施乐公司在本行业拥有大量经验，对核心技术也有深刻的理解，但还是经历了几乎 8 年的错误和挫败才引进一种有竞争力的产品。那段时间，施乐公司失去了将近一半的市场份额并遭遇了严重的财务危机。

类似的情况早在 20 世纪 50 年代就出现了，电子行业巨头 RCA 公司运用自己熟悉的技术研发了便携式晶体管收音机原型。然而，它并没有看到推广这项低端技术的前景，而是继续开发高级设备。相反，索尼公司将这项技术引入消费市场，生产了一代便携式电子产品。在此过程中，索尼公司积累了大量的技术经验，得以进入更高价值、更复杂的产品市场，并成功地与对手展开竞争。

这种视角强调的是知识集的变动带来的挑战。有些公司是突破性创新者，但仍会被搜寻轨迹之外的发展“抢尽风头”。问题在于搜寻过程本质上是一种限制性的探索，并且面临若干挑战：

- 当转换为新的思维方式（认知框架）时，现有企业可能会遇到困难，因为需要进行思维方式的重构。这不仅要添加新信息，还要改变人们观察和解释信息的框架。

这时人们需要跳出框架思考，框架内只能进行有限的探索——这样做很难，因为思维已经高度结构化和固化。[34]

● 这个改变过程并不仅仅是个人或者集体的思维方式的改变——采用特定的思维方式所造成的后果是人为现象和惯例会强化现状，并阻碍进一步的变革。克里斯滕森指出，要看到或接受新兴市场的信号非常困难，因为既有的围绕销售或营销的报酬制度是偏向于强化既有市场的。亨德森和克拉克强调，照相印刷设备的新架构需要舍弃旧的社会和知识网络，并建立新的社会和知识网络。戴和休梅克（Day and Shoemaker）则揭示了组织如何看待事物，如何形成盲区。[35]这些都是创新过程的一部分——本质上是“作茧自缚”和“破茧而出”。

● 相对于组件创新而言，架构创新更强调放弃既有的网络，建立新的网络。[36]这对于新的公司来说可能更容易，但对于现有企业来说很困难，因为它们的惯性倾向就是回到过去的道路上，以获得所需的知识和其他资源。[36]

● 新的框架虽然不涉及技术或市场的突破性变革，但是要求对现存的一些要素进行重新组合。廉价航空公司不仅解决了航空方面的技术问题，更解决了低收入群体乘坐飞机出行的问题。[37]同样，“金字塔底层”的发展并不是和突破性技术相关，而是将现有概念应用于不同的未完全开发的市场。[38]通过渐进性创新解决问题、发挥作用，往往不是“世界首创”的创新，而是解决问题方面的创新。

6.5 创新搜索空间图

总结各种创新的来源，我们需要通过一张简单的图将各种关系联系起来，如图6-3所示。纵向的坐标轴是指创新的渐进性/突破性维度，横向的坐标轴指的是环境的复杂性——环境要素的个数以及这些要素之间的潜在互动联系。复杂程度提升意味着，随着要素的组合配置方式增多，预测特定的状态变得愈发困难。由此我们可以看到组件或架构层面的挑战。

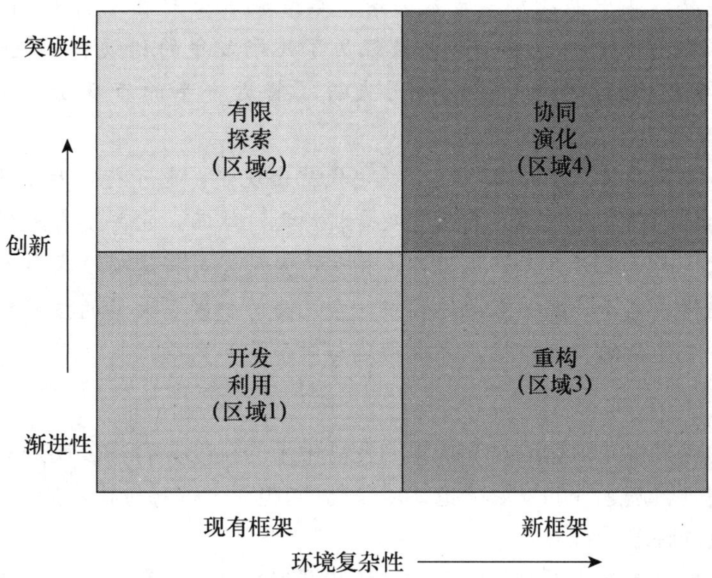

图6-3 创新搜寻空间

公司可以在组件层面上进行创新（图 6－3 中左边的一列），既可以是渐进性的，也可以是突破性的。但是这样的变革都假定存在技术要素和市场要素的一种核心匹配方式——主导架构。图 6－3 的右边主要介绍了复杂要素的组合配置中所形成的新兴架构的一些问题 。

在复杂的环境中，公司往往会主动对这些复杂性进行简化，它们选择关注一些关键特性，并通过共享的思维模式去解读和理解。它们学会在这个空间之内管理创新和构建惯例，通过嵌入结构、流程及建立关系网络等来支持工作。在成熟的行业中，一个特点就是某种方式会占据主导，从而使各个公司最终采取相似的商业模式。例如，在医药或集成电路设计与制造等行业中，少数公司在研发支出、销售和营销等方面遵循相似的规则竞争。

尽管这些模式代表了一个行业的“主导逻辑”或轨迹，但它们并不是唯一方式。[39]在来源多样的高复杂性环境中，存在设置替代模式的可能性——“重构”并实现替代性的架构。虽然重构的尝试可能会失败，但不时会出现替代方案来更好地应对环境复杂性并成为新的主导模式。

我们在图 6－3 中看到的几个不同的理论框架代表了在创新过程中所需解决和控制的不同问题。左边的区域 1 和区域 2——现在已发展得比较成熟，但是右边的区域 3 和区域 4 还需要进一步的探索和发展，这个过程可以通过采用一些研究方法和特殊工具实现。

区域 1

区域 1 和前文讨论的创新“利用”领域相辅相成，这里假定存在着稳定的共享框架，在其中可以进行适应性和渐进性的开发。这个区域里的搜寻惯例通常都是改进技术研究和市场研究的工具与方法，以此加深关键公司之间的关系。实际的例子就是与关键供应商合作，接近顾客，建立重点战略联盟，从而更有效地交付和利用既有的创新成果。

这种形式的探索和创新在前文已多次提及——负责市场调研以及产品（服务）开发的公司部门会在外部网络中与客户、供应商和其他相关参与者等建立紧密的联系。组织中的高度参与增强了研发等核心团队的工作——因为搜寻问题得到了清晰的定义和广泛的理解，非专业人员可以高度参与。因此，采购部门通过原料采购与供应商建立联系[40]，并为公司的发展提供建议和意见，形成一个高紧密度的持续改善模型[41]。

区域 2

区域 2 包括占领新产品市场、推动公司的前沿技术产品的开发等。这就会使公司内部一些已建立的框架——我们称为“常规的商业模型”——发生变化。研发投资大多用于潜力规划、专利申请、IP 规划、保护市场和带动技术进步等（比如半导体领域的摩尔定律）。市场调研的目的在于推动前沿技术发展并对人们的需求作出必要性分析。尽管这种活动的风险显得很高，但正如帕维特所指出的，公司某些部门的表现可以直接影响公司的整体经营效益和规划方向。[42]

公司的这种结构需要通过高度专业的探索工作进行整合。

以往公司的研发部门和其他专业技术部门都是相互独立的，公司还会从外部聘请相关领域的专家，比如从大学的研究所或者其他科研机构聘请专家。这种高度专业的研发工作使公司内部的一些普通员工无法参与进来，不能提出建设性的意见，从而使“经营”和“探索”之间出现了一道不可逾越的鸿沟。同样，市场研究是高度专业化的，可能通过外部专业机构来获得某个重点领域的复杂的商业情报。

区域3

区域1和区域2是创新搜寻中“探索”和“利用”方面熟悉的领域。但可以说，这些行为存在于公认的现有框架内，这种看待世界的方式塑造了对重要事物的感知。在前面提及亨德森和克拉克的创新架构实践时，我们指出，创新企业内部的潜能随时都可能被发掘出来。这种架构——如区域3中的重构，会改变公司原本的结构，并形成不同的环境因素之间的联系。我们应该看到，商业模式的建立和环境因素息息相关，具体可参见亨德森在边缘市场中所做的研究、普拉哈拉德关于金字塔底层的研究，以及希普尔关于极端用户的研究。[38,43,44]

比如，廉价航空公司是新的产品或流程得到开发的结果——经过创新，虽然飞机和机场等硬件设施没有发生变化，但是通过商业模式重组，航空业发掘出一些新的目标对象——学生、退休人士，等等——这些人只能接受低价格的机票。这一发现促使航空公司在飞行服务中加入新的元素，比如网上预订机票、增加航班数、开发员工多项技能等，最终通过重组解决了机票价格过高的问题。

区域4

区域4代表“混沌边缘”，在复杂的环境系统中，创新的产生往往是协同演化的产物。创新是通过相互独立的各种元素之间的复杂互动产生的，而不是由既定道路所决定的。[45,46]系统的扩增和反馈作用会导致方向上的一点点改变，从而逐渐形成一条发展轨迹。这就是“流变状态”的发展模式，此时尚未出现主导设计和相关标准。[15]因此这个过程中有非常频繁的实验。

搜寻策略面临很多困难，因为几乎不可能预测什么会成为主流，最初的变化会发生在哪里，以及哪些方面会产生扩增和反馈效应等。组织在这种情况下的最佳选择就是，使自己置身于环境中容易产生新事物之处，并对微弱的信号作出快速的反应。策略可以被提炼为三个要素：做什么，如何提早做，如何更积极地做（比如成为反馈和扩增机制的一部分）。

通过这四个区域的图示，我们可以得到一张探索创新惯例的图。本章的关注点在于创新的搜寻惯例：公司是如何发现和获得新知识，以此来促进创新过程的。当然也有一些关于组织如何吸收和转化（选择）创新知识，如何利用和实施创新的启示。但本章不以此为重点。我们已经提出，每个区域都代表了不同的挑战类型，因而要使用不同的方法和工具。区域1和区域2中有许多工具可以利用，区域3和区域4中则可以分享大量的实验和经验。

表6-1总结了这些挑战。

表6-1　搜寻创新源泉的挑战

区域	挑战	工具和方法	结构
区域1：常规业务——稳定状态条件下的创新，对核心商业模式的干扰很少	利用——延伸至理论和技术市场，是提高和进步的过程，与主要的创新者有紧密的联系	基于良好实践的新产品/服务开发 贴近客户 技术平台和系统的开发工具	正式和主流结构 跨组织高度参与 建立了角色和功能（包括生产、采购等）
区域2：一般商业模式——框架范围内的限制性探索	探索——通过先进的技术，推动技术与市场发展。知识来源与主要战略密切联系	研发、市场研究中的高级工具 开放式创新模式中的战略研究和基本资料	专业搜寻领域内的正式投资——研发、市场调研等
区域3：备选框架——加入新的/不同的环境元素、各类搭配以及备选架构	重构——寻找可替代的备选方案并加入新的元素 实验以及开放性研究 广度和外围的重要性	未来可变性 弱点测试 以消费者为导向的创新 极端用户和边缘用户 模型——探索和学习 创造性技术 模仿等	外围的/点对点模式 挑战——允许出错 风险投资单元 内部创业 侦察兵 未来的群体、中介、边界和咨询机构
区域4：突破性——领先世界创造可能性，联系未知要素和已知要素的新架构	新兴——需要与股东合作 ·做什么 ·如何提早做 ·如何更积极地做	复杂理论——回馈和发展，探索和学习，模型理论以及建立边界产品	远离主流 允许梦想 远离代理商和供应商

6.6　如何搜寻

管理创新面临的最大挑战不是如何区分各种消息来源，而是如何寻找与创新相关的诱因，并充分利用这些诱因。从发展的眼光来看，我们可以广泛地利用这些诱因，比如我们可以明确推力和拉力之间以及刺激和自发之间的关系。而要更好地理解这些诱因，就要了解创新型企业在寻找创新诱因时是如何做的。在寻找创新诱因的过程中，很多企业有宏伟的计划。比如欧盟创新调查（European Community Innovation Survey），就调查研究了所有欧盟国家的企业创新行为，如图6-4所示。

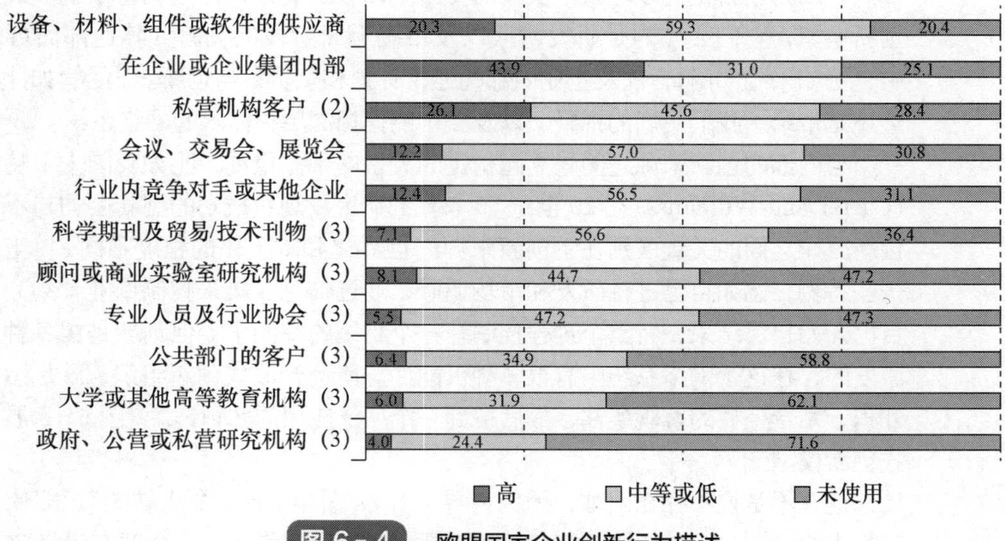

图6-4　欧盟国家企业创新行为描述

注：（1）不包括捷克、丹麦、爱尔兰、法国、拉脱维亚和英国，调查期为2010—2012年；
（2）不包括西班牙；
（3）不包括瑞典；
（4）不包括西班牙和荷兰。
图中显示了产品和流程创新信息来源的重要程度，EU-28，2010-12（1）（占所有产品和流程创新企业的百分比）。
资料来源：Eurostat（online data code：inn _ cis8 _ sou）。

英国国家创新调查的类似数据展示了按企业规模进行的细分（见表6-2）。

表6-2 按企业规模细分的创新来源分类（基于英国国家创新调查）

	10～250位雇员	250+位雇员	所有（10+位雇员）
内部			
企业集团内部	39	52	39
市场			
设备供应商	18	23	19
客户或消费者	39	50	39
行业内竞争对手或其他企业	14	18	15
顾问、商业实验室或私营研究机构	4	7	4
机构			
大学或其他高等教育机构	3	2	3
政府或公共研究机构	2	4	2
其他来源			
技术、行业或服务标准	8	15	8
会议、交易会、展览会	5	5	5
科学期刊及贸易/技术刊物	8	15	8
专业人员及行业协会	6	8	6

资料来源：First findings from the *UK Innovation Survey*, 2011, Department of Business, Innovation and Skills, London.

研究数据给我们提供了一个大概的轮廓——创新的成功源于尽量扩大创新的分布网络并利用多种渠道。尽管这类调查对我们很有参考价值，但是仍然不足以概括每个要点，因为创新在许多时候不仅仅需要激励因素。此外，这些调查不能准确定位商业创新模型，它们关注的是研发阶段以及市场调研阶段的创新（其他部门可能参与其中，例如采购部门），以及企业内部的建议计划和全员参与创新。[47]尽管如此，这些调查还是带给了我们更广的视野，以及一个能挖掘深层次需求的网络系统。

与内部的创新来源之间建立起稳定的关系网十分重要，比如英国人卡特和威廉斯（Carter and Williams）在20世纪50年代的研究发现，成功的创新公司与不太成功的创新公司之间的关键区别在于创新来源的世界化和本土化的程度不同。[48]当然，也有一些特例，比如自己进行研发和市场调研，通过信息收集来控制商业计划。可以选择自己开始自己结束，将整个过程控制在一个封闭的空间里。但创新是由各种激励因素激发的，在这个网络系统中有很多种可能性。所谓开放式创新组织，就是运用自身的知识，结合外界的客观条件，最后得到一个广泛应用的知识链。[49]图6-5展示了开放式创新模型。[49]

这并不是说不存在困难，因为世界“并不是围绕着一个人转的”。即使是研发开支最大的公司，比如宝洁（每年的财政预算有30亿美元，在全球有科学家和工程师7 000多人），也在不断采取新的思考方式——从注重研发与发展转向注重联系与发展，已经有50%的创新是从行业外进入行业内的。[50]我们应该深刻认识知识产权方面的问题（我们如何保护知识产权，以及我们如何获取他人的知识），围绕独占性的问题（我们如何确保在创造知识的同时获得投资的回报），以及确保我们能够合理使用他人知识的机制（我们从世界各地以各种渠道获取知识）。这种创新的机制将重心从创造知识转向管理知识。[51]

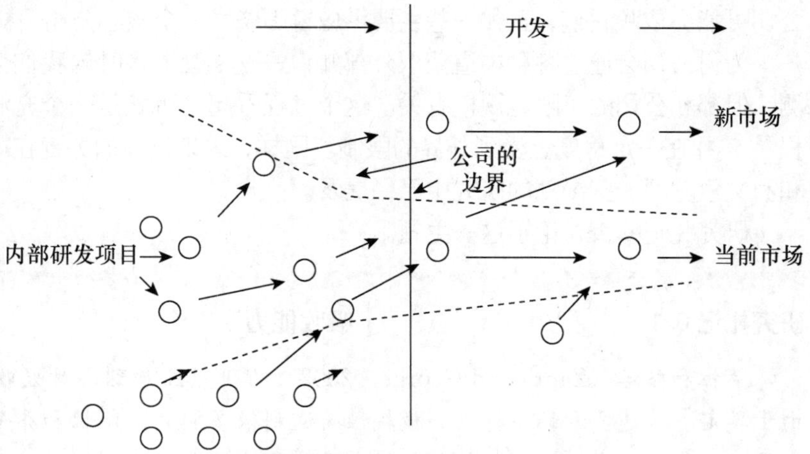

图6-5 开放式创新模型

资料来源：Chesbrough，H. *Open Innovation*：*The New Imperative for Creating and Profiting from Technology*，Harvard Business School Press，2003，Boston，MA.

我们将在下一章和第11章回到开放式创新的主题，并探讨如何实现。

6.7 吸收能力

另一个研究重点在于组织在何时、何地，如何利用外部的知识促进自身的发展。假设环境中有许多潜在的创新来源并不难，难的是如何让企业去发现它们并加以利用。当然，在现实中创新的来源有多种，并发出不同的信号——发现和利用新知识的能力被称为“吸收能力”。

吸收能力这个概念最初是由科恩和利文索尔（Cohen and Levinthal）引入的，他们将之定义为“让公司发现新的外部信息，加以模仿并在商业实战中加以使用的能力”。[52] 这个假设十分重要，因为这使我们关注的重点转向公司的结构如何有利于公司收集、选择以及利用知识。

关于吸收能力的建设并不是新的话题——阿罗（Arrow）、西蒙和马奇（Simon and March）等人对于公司学习形式的探讨奠定了一系列研究的基础。[53,54] 在创新研究领域中，技术学习是指公司获得和使用新的技术知识以及相关的组织和管理流程的过程。这个概念被一些学者广泛讨论，特别是弗里曼（Freeman）、贝尔和帕维特（Bell and Pavitt）以及拉尔（Lall）。[1,55,56] 科恩和利文索尔的原创性著作（通过数学建模）探究了这样的假设，即公司可能为了解新的信息而造成成本大幅持续增加，而研发应当被看作一种对于当今和未来科技的投资。在后期的工作中，他们拓宽和完善了吸收能力的模型和定义，不仅考虑了研发职能，而且探讨了技术机会和独占性在公司提高吸收能力的过程中所起的作用。

很明显，吸收能力在一个总体中的分布并不均匀。由于各种各样的原因，公司在通过获得和使用新知识来成长的过程中可能会遇到困难。一些公司可能不会认识到改变的必要性，更不用说有能力去驾驭改变了。这样的企业（会面对中小企业成长过程中遇到的典型问题）就不同于另一类企业，后者能够从战略上认识到改变的必要性，以及获取和运用新知识的必要性，但缺少定向搜寻的能力，或是发现了新知识却没有吸收和有效利用新知识的能力。另外一些公司可能会解决所有这些问题，经验较少的公司可能会依赖它们，正如一些主要供应链围绕着一个核心公司一样。[57]

为何公司会通过各种渠道获取外部知识——尽管很多时候我们会有这样那样的推测，但都和公司的年限、规模有关。这个过程看起来可能是一个充满了危机的变革过程[58]，并在一定程度上受到外界的限制。同样，未来进步的关键在于过去——在科恩和利文索尔的一些早期的研究中已经提及。

研究札记 6.1 讨论了这一主题。

研究札记 6.1　　吸收能力

萨拉和乔治（Zahra and George，2002）的研究注意到，对吸收能力的相关研究由于界定、构建要素的多样性和模糊性而遇到很多问题。萨拉和乔治决定重新审视和拓展吸收能力这个概念的建构，并提出吸收能力涉及若干不同的过程，相对于对新知识的简单吸收，它实际上包含搜寻、获取、吸收和利用等多个相对独立的活动。潜在的吸收能力这一概念来自科恩和利文索尔（1990）的研究。他们研究了一个公司会如何评估和获得知识——尽管不一定开发利用它。公司对知识的转化和利用能力被称为实际（可变现）的吸收能力。简单地说，吸收能力是一系列组织惯例和过程，用以创造动态的组织能力。他们认为，公司要在市场中保持竞争优势，就需要构建上述两种不同的吸收能力。

萨拉和乔治讨论了潜在吸收能力和实际吸收能力的区别和互补性，以及这种区分有何意义。通过对潜在的和实际的吸收能力进行区分，就可以确定哪些企业难以利用外部信息。这就为发展吸收能力提供了有益的启示。他们通过对潜在的和实际的吸收能力等概念的构建，建立了一个包含前因、调节变量和产出的理论模型。比如，他们提出，一个公司与外部知识的接触程度会影响其潜在吸收能力的发展。激活吸收能力的触发因子，例如改变主导设计，也会对外部知识源的搜寻重心有调节作用。最后，他们在缩小潜在吸收能力和实际吸收能力之间的差距问题上引入了社会整合机制。这个机制有助于公司内外的信息传播，并提供了一种有利于信息开发利用的环境。

他们的研究引发了广泛的讨论和应用，但由此导致的概念的扩散又引发了一些问题，莱恩等人（Lane et al.，2006）对此进行了讨论，他们试图评估在这个领域中究竟存在多大程度的分歧。[59]这些研究者对 14 种期刊中 289 篇与吸收能力相关的论文进行了分析，以明确这种概念建构如何使用，以及相关文章的贡献。从他们的分析可知，这种概念建构已经得以具体化。“所谓具体化，就是这样一个过程：我们忘记想法和理论的来源，将它们客观化（物化），并忘记我们曾这样做过。”他们指出，在这些研究文章中，只有 6 篇文章深入拓展了对吸收能力的阐述。

托多罗娃和杜里辛（Todorova and Durisin，2007）也将分析的焦点集中在吸收能力的动态特征方面，分析了相关知识的发现和获取之间的关系，以及将知识应用到商业中的能力。他们还特别指出，吸收和转化是两个相互独立的过程，转化并不是必然结果，由此提出了吸收能力的组成要素之间更为复杂的关系。此外，他们还强调了吸收能力的动态模型中权力关系和社会化机制的作用。[60]

有关吸收能力的主要研究都聚焦于复杂的建设机制——如何获得并使用新的知识，这就涵盖了研究、知识汲取、知识类比以及探索的过程。这些方面之间的联系十分重要。要完成这个过程，则需要各种类比和探索的能力（已实现的吸收能力）。重要的是，吸收能力与各种研究以及研究型活动密不可分，而且并不只是产生于大型研发公司中，也会产生在日常的活动中。这样就使探索的过程成为创新的过程，或者至少与之相关。

本质上讲，吸收能力与学习以及获取能力的过程（研究、获取、模仿等）有关，通过一个传统的进程（结构、过程、制度以及规范），需要创新的组织和机构重复着一条前人走过的路。吸收能力不同的企业所强调的要点也不尽相同，有的强调发展，有的注重建设，有的则强调在该过程中保持传统。提高吸收能力涉及两种学习类型：第一类——适应性学习，是指通过建立各种相关的规范，达到自身对环境的适应性；第二类——总体性学习，这对进程的复杂性有更高的要求。[61,62]

6.8 用于搜寻的工具和机制

在一个框架内，公司需要通过不同的方法和手段来组织和管理搜寻过程。例如，目前已有很多经验可以用来指导研发部门实现应用研究和更广泛的异想天开型活动之间的平衡。前者着重于利用型的知识搜寻，后者则促进平衡的“探索开发”。[12]这些方法沿着开放式创新的方向得到了进一步完善，他人的研发工作被引入系统，同时也借势于日渐发展的全球知识生产——例如制药巨头葛兰素史克故意在全球各地的几个主要研发机构采取研发竞争的政策。同样，在市场研究方面，围绕深入了解用户需求开发出了丰富的工具组合，并持续地开发出新的更精巧的技术——例如移情设计（empathetic design)、领先用户法和民族志方法（ethnography)。

对技术和结构的选择，取决于很多战略要素——例如在技术的成本和风险以及它所能带来的知识的质量和数量之间如何取得平衡。在本书中，我们一直在强调创新管理是一种动态能力——需要不断地更新和延伸以应对“移动的问题边界”。随着市场、技术、竞争、法规以及其他许多复杂的环境因素的改变，我们需要学会新的应变方法，有时候要舍弃一些旧的不再适用的方法。

在接下来的部分，我们将看到开放式创新的背景下出现的例子，在这种背景下，知识水平（市场、法律、技术等）越来越高，需要更有效地利用知识。

管理内部知识连接

对知识革新问题的描述可以借用这句话——“但愿×××（插入大型组织的名称）知道它们应该知道的!”换句话说，要考虑的问题是如何在现有体制下为大型组织注入丰富的知识（潜在的革新诱因）。

因此，总有一些人会为了解决旧的问题作出努力，比如，宝洁公司成功地通过注重“联系与发展”增强了其全球影响力。它利用“实践社区”[63]——网上的“俱乐部”将不同知识领域的人们连接起来，并且发明了一个小型的创新“链”，对组织的创新过程产生了重要的影响（我们将在第7章探讨）。网络技术将1万个人通过互联网联系起来，形成一个巨大的“思想市场”——这些内部的紧密连接促成了许多重要的成功案例。[50]

3M公司——一家以创新为指导方针的成功企业——也将成功归因于制造和控制的连接。合作研究中心（Corporate Research）的副主任拉里·温德林（Larry Wendling）曾经在讨论3M公司的“秘密武器”时指出，强大的网络连接功能为3M公司的发展作出了不可磨灭的贡献。从普通的录像带，到录影带，再到磁性录影带，通过不断创新，3M公司从人与人的连接关系中获益良多，最终脱颖而出。

重要的是，要意识到许多知识都来源于以往的经验以及“普通的”员工，而不是一些专家或者专门的研发部门。越来越多的机构希望将知识作为创新的基石，通过各种形式的全员创新系统解决创新中的瓶颈问题。

前沿视点6.1探讨了一个组织中采用的方法。

前沿视点6.1

创新之源

我们在这里讨论的是一些普通的方面，比如客户、供应商、贸易、贸易市场、技术论文、客户投资，以及其他领域的一些发展。我们现在希望能从别处得到一些资源。我们试着寻找各种途径，比如招聘新员工，或者采取一些不寻常的办法。但我们还是不知道这些办法是否可行……当然，如果在过去，新的视角是很难被人接受的。这就促使我们从另外的角度来看问题。我们会看到其他的方面，也会看到不同的技术。我们会从一些特定的角度来看问题，但是不采取我们以前看问题的那些视角。我们鼓励员工自己提出新的创意。

我们的一些产品概念是从公司里的某个人那里得来的。他是一个小项目团队的外围成员。这个项目团队瞄着不同的项目和不同的产品，试图找到公司未来的发展方向。有一天他有了一个主意。他在自己的车库里鼓捣出了个玩意儿，带到我面前，问“这个怎样?”于是我们看了看这个东西，讨论了一下，之后就跟管理团队商量将这个作为我们给一个供应商所做的开发项目。这可是我们日常运营范围之外的！这个点子来自我们的一个工作年限较长的员工，他不是新来的员工，但他以打破常规的方式思考。我意识到，他能够发现一个潜在的市场需求，是因为他在服务和维修领域就是做相关工作的。他说，没错，这个产品有市场机会。他用一段排水管和其他一些维修零件制造了一个功能性的产品原型。以此为出发点，我们创造了一系列小型手工工具，而这个领域我们公司已经有20多年没有涉足了。这一切都来自一个既有的员工，在我们原本的常规体系中是很难做到的。

对于创新的需求不是我们睁开眼就能看到的。他以自己的知识背景，结合长期和顾客的交谈，才发现了顾客对这种小产品的需求。这种产品很小，存在利基市场，它并不会对世界带来巨大的改变，但是能拓展我们的产品线，将我们推向新的领域。我们非常乐于接受这样的想法。我们创造了一个灵活的环境，鼓励人们质疑和挑战。在我们公司内部有一个激励机制，我们更看重员工的能力而不是业绩。如何看出员工的能力呢？那就是看他能否达到我们的要求，应对各种问题和挑战，把事情做得更好、更有效率，从而使我们的公司不断进步。但与此同时，我们还希望员工发现生产和销售中的各种问题，提出意见，加以改进。我们鼓励员工参与创新的创意征集。我们也建立了一个相关的激励机制，鼓励员工为我们提供新的概念……这样就可以扩大产品的开发领域。

我们会给有新想法的员工提供一个工作地点，让他们在那里研发一种新产品。我们的未来在哪里？我们怎样发展自己的企业？通过这些措施，员工可能会对这些问题提出自己的见解和答案。等到一个周期结束之后，我们至少会获得七八个新的创意。

资料来源：Patrick McLaughlin，Managing Director，Cerulean.

调动全员创新——挖掘员工的想法——是一种长期的和有效的方法，正如我们在第 3 章中所讲。内联网的新技术发展和更大的社交网络意味着许多建议方案正在获得新生。例如，法国电信（Orange 手机业务的母公司）多年来一直在运行其建议方案，每天从员工那里收集约 3 万个创意。[64]

内部创新的一个重要来源是员工的创造性的念头——不是来自公司正式批准的项目，而是热情、能力以及灵感的驱动下产生的新想法。企业“内部创业”[65]越来越普遍，像 3M 和谷歌这样的公司正尝试以一种半正式的方式来管理这种活动，给员工一定的时间和空间去探索他们自己的想法。[66]对此的管理需要达到一个精妙的平衡——一方面，要让员工的想法活跃起来，需要得到许可和一些资源；另一方面，这些资源投入可能有竹篮打水一场空的风险。

在很多时候，需要为员工创造这样一个氛围，允许开展一些未必有直接成果的项目。[67]比如宝马公司就有一个“U 形船计划”（U-boat project）——生产宝马 3 系的一种车型。对于这种车型，公司的主流认为不值得做，并且与宝马的高质量、高性能、运动型的品牌形象不符。然而还是有一小拨人从事该项目，甚至用旧的 VW Rabbit（大众小兔）上的零件来制成原型，最终这个车型成功地打开了新的市场。[68]

组织中也越来越多地使用内部线上平台来鼓励和支持创意的提交、开发和加速。

扩展外部联系

扩展外部联系网是创新成功的一个关键因素。创新研究还特别强调了与关键利益相关者建立密切联系。在 IBM 对全球 750 位 CEO 的调查中，有 76%将商业合作伙伴和顾客的合作列为首要的创新来源，而内部研发只排在第八位。这项调查还显示，在收入增长方面表现突出的公司比表现不好的公司采纳的外部意见要多 30%。其中的缘由并不难看出——被调查的管理人员列出的与商业伙伴合作的好处有成本更低，质量和客户满意度更高，能接触到一些技能和产品，收入提高，以及接触新市场和新客户。一位 CEO 指出：“我们通过客户实现的创新和改革，比我们之前预期的要多得多。”一位 CEO 则说：“如果您认为所有的问题都可以通过公司内部解决，那就大错特错了。”①

这强调了两方面的创新需要，一方面是更好地利用已有的主流创新资源——例如将销售作为观察和产生潜在创新来源的渠道，另一方面是建立新的角色和结构。前一种情况下，已有充分的证据表明了顾客和供应商作为创新来源的重要性，以及在管理这些知识来源的活动中相关员工的关键作用。例如在流程创新领域，精益生产对于成本、质量和交付的改善是一个重要主题，有证据表明通过供应链学习活动可以加速创新的扩散。[69,70]

① IBM 2006 Global CEO Study，1 March.

前沿视点 6.2 描述了许多组织为延展搜寻能力而采取的方法。

前沿视点 6.2

创新的搜寻策略拓展

“创新实验室”网络的研究将公司和研究人员聚集在一起，探索组织如何扩展搜寻策略以应对更开放的创新环境。其中包括：

搜寻策略	运行形式
派遣侦察兵	派遣“创意猎手”，去搜寻新的创新触发点
构想未来	使用预测技术对未来的可能性进行探究，并开发创新方案
使用网络	使用网络资源，通过网上社区和现实世界进行交流
与活跃的用户合作	让用户参与进来，以发现他们改进及发展现有产品和服务的方式
深度挖掘	研究人们实际的行为，而不是他们所说的
探索和学习	使用原型法对新现象进行探索，并以此作为媒介物，引导重要的利益相关者参与到创新过程中
激活主流群体	为产品和服务的发展带来主流的驱动因素
公司创业	创建和发展新的企业
企业合作和内部创新	激发和培育组织内部的创业人才
使用中介作桥梁	将收集创新之网广泛撒到其他的行业中，互相联系
实现多元化	建立多元化的团队和员工队伍
生成创意	使用创造性工具

正如前沿视点 6.2 所示，开放式创新的挑战将我们引向新的领域，需要进一步的实验来建立新的知识连接。接下来介绍常用的策略。

派遣侦察兵

这是一种广泛应用于市场的经营策略，在这个策略中，通过派遣员工（全职或兼职）来发现创新过程的驱动因子。（在德国这些人被称为“灵感猎头”——这是一个非常形象的定义。）这些人被派出后会寻找技术革新的诱因、新兴市场的趋势和潮流，以及竞争模式等。他们找到的创新诱因往往会出人意料。他们的研究并不仅限于公司或组织所处的行业，而是涵盖了更多领域，有一些领域甚至和他们的本行毫不相关。

比如，BT 公司通过自己的灵感小组每年在加州硅谷获得 3 000 多个技术创新机会。BT 公司的灵感小组仅由 4 人组成，组建于 1999 年，最初是为了争取风险投资，后来随着互联网的普及逐渐将兴趣转向了技术层面。这个小组的任务是观察 1 000 多家公司的经营管理策略，并结合英国本土研发公司的特点，将 BT 公司的需求和硅谷的技术结合起来。尽管通过这样的方式获得商业成功的企业所占的比例并不大——每年只有 4～5 家，但对于 BT 公司来说是技术创新的主要动力。[36]

构想未来

关于未来的各种研究都会为创新提供丰富的灵感源泉，特别是那些当前未开发的创新。壳牌公司的“GameChanger”项目就是一个典型的例子，它广泛使用构想未来的技术来发现将来的商业兴趣点，而这些想法可能是在当前主流活动之外的。这种关于世界可能如何发展（以及间断性创新带来的威胁和挑战）的丰富的“科幻”视角，越来越多地通过引入广泛而多元化的知识来实现，而不再是仅仅基于公司员工的相对狭窄的知识。这促使相关的专业服务公司应运而生，它们能帮其他公司建立起构想和探索未来情境所需的模型。

诺和诺德（Novo Nordisk）是丹麦医药行业的大公司，曾经开发过一个创新型医疗项目。该项目“糖尿病2020”中罗列了一系列创新型疗法。2003年在该公司的协助下，英国建立了非营利组织“牛津健康联盟”（Oxford Health Alliance），该组织的主要成员有药学家、医生、病人以及政府官员——这些人的观点往往是截然不同的。为了协调观点上的冲突，诺和诺德规定公司的经营目的在于控制糖尿病的发病率——这也就成为该公司存在的目的。后来诺和诺德公司首席执行官拉尔斯·雷宾·索伦森（Lars Rebien Søensen）解释道：

> 从疾病干预到疾病防治——这种具有挑战性的商业模式在医药界十分罕见！……我们相信，我们未来的目光会集中在一些世界性的课题上——主要是糖尿病，同时创造我们公司的商业机会。

另一个相关的建立“概念”模型的方法是探索各种不同的途径来创造/规划未来的产品和服务的发展方向。比如机动车行业的概念车，现在已经不再仅仅是一个产品模型，而是成为概念创新的先驱，引导着概念创新的发展方向。同样，空中客车和其他航空公司也建立了航空系统的相关概念，本田公司则在房地产、运输和能源领域有了相应的发展。

更多公司开始在其他的相关领域进行探索，希望通过跨行业的创新对自己的生产起到积极的作用（这通常意味着要建立新的市场）。

关注创新市场

在一定程度上，网络为我们提供的资源就像一个图书馆——而且是一个由各种机制联系起来的图书馆，使得查找更加方便有效。这就使网络变成现代社会最强大的资源库。

使用网络最简单的形式就是查找资料，当然也可以在网上发布招标信息。许多专业组织都会建立专门的网络搜索部门，并针对新兴的产品市场进行网上搜索定位。高速发展的电信技术、多功能的游戏和娱乐设施，都使网络为搜索和寻找新的创意提供了很好的平台。

通信技术的发展使信号的传递变得更加高效。Zara和贝纳通都通过复杂的IT技术传递时尚信息，并迅速从全球范围内得到反馈。

这类信息都有两条以上的传递途径。礼来公司（Eli Lilly）就通过互联网和相关的交流沟通工具，使时尚信息的传递更加及时准确。创新部门的首席执行官达瑞尔·卡洛（Darrel Carrol）说：“礼来公司从世界各地聘请了许多科学家，但是和其他公司一样，我们不可能聘请所有需要的人，没有一家公司做得到。”其他一些全球性的公司也会建立完善的交流沟通机制，以保证信息准确无误地传递。

可以以一种更加开放的方式使用互联网，将它作为一个实验室，在里面做市场实验或测试产品原型。比如宝马公司通过网络建立了一个虚拟创新机构——外部供应商可以在这一论坛上提供宝马公司会用到的创意。尽管存在风险，但这也可能为新的兴趣领域奠定基础。

与活跃的用户合作

就像我们在前面提到的，越来越多的用户会在产品的不断创新中沦为消极的产品用户，不参与产品的生产过程。而活跃的产品用户会为创造新的市场、产品和服务提供可能性。问题的关键就是要找到能起领导作用的用户。

活跃的用户的一个特点是，他们通常活跃在主流销售趋势的边缘——他们也许并不是潮流的最初接受者，但他们一定是最活跃的产品用户。他们可以容忍创新中的失败，同时对网上那些标有“测试版”的软件很感兴趣，随时准备进行新的尝试。通常情况下，活跃的用户很愿意参与产品的创新过程，因为他们对产品很感兴趣。微软曾经有一支“微软兄弟”队伍，由1 500个用户组成，他们为公司的网页设计、程序编辑和软件等作出了巨大的贡献。这些用户不仅参与公司的测试系统，而且为微软软件新功能的发布提供宝贵意见，在很大程度上促进了微软公司的早期研发。这些测试用户并没有金钱利益可图，他们只是出于自己的兴趣对公司提出相关建议，当然，他们得到的好处就是获得免费的测试版软件。

深度挖掘

大多数市场调查都会通过访谈、焦点小组、专家座谈等方式，听取“消费者的声音”。但是有的时候，人们说的和做的不一样。近些年来，人类学风格的市场调查技术逐渐受到重视，用以发现人们在实际情境中真正需要什么。“深度挖掘”只是指称这种方法的一个术语，它也可以被称作“移情设计”和“民族志方法”。[71]

许多研究强调以人为本的研究方法，采取观察和调查等方式，而不仅仅是提问。BAA航天公司曾经设计了一份问卷，调查2020年人们会变成什么样子，以及到那时人们的需求会是什么。显然，不同年龄段的人会给出不同的答案。比如，年纪大的人认为，到了2020年他们在机场使用厕所的次数将增多，于是他们给出建议，希望公司在机场多设计几个卫生间，实际情况却是，很多去卫生间的人并不是为了上厕所，而是因为卫生间里比较安静，他们能听清楚广播。

探索和学习

在有关未来的问题中，我们需要预见事物的可能性。有时通过一些强制性的手段或方法就可以从失败中得到通往成功的经验。采用这种方法，我们整个研究的进程就会加快。

这里有两个互补的因素——模型和模型测试。模型指的是了解和重新定义观念的方法；而模型测试的对象却是整个主流市场。在这两种情形下，我们都要学会在学习中取得进步，并通过一系列尝试接近我们最终要达到的目标。美国投资家杰夫·彭尼（Geoff Penney）曾指出：“为了减少风险，公司的每一个员工都要勇敢地为公司提出改进意见——或者提出反对意见。”

其实对于提供产品的公司来说，原型法特别重要。例如，Bang & Olufsen 公司让原型制造部门重新焕发活力，成为公司的创新枢纽。经验表明，原型制造部门在一些新想法的早期就参与进去有很大的支持作用。乐高公司在经历了玩具电子化的失败之后，决定使公司的开发方法更加贴近原型法。当想法成熟后，产品原型往往在几天之内完成，有时甚至只要几个小时。这些原型使公司内部以及公司与顾客的对话交流更加准确有效。最终，公司有了更加简单的技术，并在销售上获得了成功。

这一原则同样适用于服务业——比如，英国国家卫生部（UK National Health Service）和设计委员会（Design Council）为了防治糖尿病、心脏病和阿尔茨海默病等慢性病，会对一些新的方案进行测试。其目标是在实践中学习，同时也让多方利益相关者参与到新系统的开发中来。

公司创业

要建立一个特殊的机构，最重要的问题就是预算，这个问题总会带来各种不同的选择。风险投资（风投）的含义就是，将风险投资基金投给一些正处在创新阶段或开发阶段急需资金的企业，当这些企业获利并发展之后，再对投资者给予回报。风险投资为企业解决了暂时的资金流转问题，更为企业的创新和发展提供了良好的机遇。同时，风险投资解决了创新中的风险问题，鼓励所有新的想法，使得大部分企业不会由于资金问题而扼杀了好的创意。诺基亚公司就是通过风险投资项目进行企业新产品推广的。其子公司推出的新产品“IP 电话”使诺基亚公司具有更强的竞争力和更大的发展机会。

SAP 公司建立了风险投资部门，称为 SAP Inspire，主要负责收集创新的意向和技术可能的发展方向。这个部门的建立让 SAP 发展成为世界上最大的风险投资公司，商业创新和技术创新对 SAP 的发展产生了巨大的影响。该公司的发展主要得益于以下几个方面：

- 寻找 SAP 内部的企业家精神，并提供一个良好的测评环境。
- 积极培养 SAP 内部社区环境，并对创新的观点进行有效的管理和控制。
- 寻找新的商业机会，它们在既有的业务组合之外，但符合 SAP 的总体愿景和战略。

该公司建立风险投资的主要目的是为公司的一些创新性做法提供稳定的资金。其风险投资受到公司领导层的控制（或者受到专利公司的控制），公司吸收风险投资需要公司领导层一致通过。（相关内容将在第 12 章中进一步讨论。）

使用中介作桥梁

如前所述，创新通常可以有另外一种表现形式，威廉·吉布森（William Gibson）曾经指出，“未来已经在我们眼前，只是还没有整合到一起”。一些研究资料表明，公司内部的连接桥梁对于公司的发展至关重要，因为它“连接了一个小世界”。越来越多的公司通过外部和内部的连接发展公司的业务。但是，仅仅通过电信设备和互联网与外部进行连接是远远不够的——如果没有新的连接，或者没有有效的连接，公司内部的信息交流对公司的发展不会有多大的益处。网络技术——无论是知识群体内部的网络技术，还是外部的网络技术——都是 21 世纪面临的一个巨大挑战。因为在网上人和人之间的交流变得简单而方便，基于互联网建立的沟通桥梁是之前任何一种通信工具都无法比拟的。但同时，网上的交流使人们脱离社会，有时不能反映人们真实的心理预期。IDEO 公司就更注重通过现实中的桥梁将公司内外连接起来。[71]

网上经纪人在当今社会已经越来越多。除了我们前面提到的 Innocentive 之外，还有其他公司例如 Nine-Sigma 和 YET2. com。另一些则以更直接的经纪模式运作，扮演“婚姻经纪人”的角色，介绍伙伴和促进联系——例如完全开放和创新交易所。

小　结

- 面对一个充满创新潜力的环境，个体和组织需要关于如何搜寻机会的战略方法。
- 我们可以设想一个创新的搜寻空间并在其中寻找机会。有两个维度：“渐进性/做得更好与突破性/做不同的创新”以及“现有框架/新框架”。
- 寻找机会可以让我们进入“利用”开发的领域——创新建立在已知事物的基础上，以渐进的方式向前发展。另外还有“探索”创新，虽然冒险但有时会跨越到有价值的新领域，开拓创新空间。
- 利用型创新有利于现有企业，以及在现有框架内的利基市场中寻找机会的创业者。
- 有限的探索包括突破性的搜寻，但仍在现有框架内。这需要广泛的资源，例如研发方面的资源，这有利于现有企业，不过知识丰富的创业者比如高科技初创企业也有空间。
- 重构创新需要一种不同的思维方式，一种新的发现机会的方式，而且往往有利于初创企业。这对现有企业来说很难，因为这要求它们放弃传统的工作方式，因此，许多组织建立了内部创业团队来产生新思维。
- 探索混沌的边缘需要“管理”共同进化过程的技能。这也有利于具有灵活性、冒险精神和容忍失败的创业者，以及能够敏锐地捕捉并驾驭新兴趋势的企业家。
- 搜寻策略需要利用和探索方法的结合，但这通常需要不同的组织形式。
- 有很多工具和技术可以支持利用和探索方向的搜寻；随着开放程度的提高，网络（以及网络方法和技术）变得越来越重要。
- 吸收能力——吸收新知识的能力——是创新管理能力发展的关键因素。这本质上要求学会学习。

第 6 章　扩展阅读

第 6 章　参考文献

第 7 章

创新网络

Innovation Networks

人类最初居住在山洞时解决饮食问题不像如今这么简单。一开始，他们寻找树根和浆果充饥面临少许困难，但捕捉猛犸象更加冒险。生肉不利于食用和消化，需要用火来烹饪，这就需要木材、炊具和餐具。如果任何人试图独自完成所有任务，那么他将很快精疲力竭而亡，再也不用忍受饥饿之苦。很显然，与几乎所有的人类活动一样，这需要大家一起合作。但这并不是简单地分配工作，像现代绝大多数活动一样，关键在于创造性的共享——由于不同的人可以向组织提供不同的技能和经验，因此大家可以共同来解决问题。

人们很容易将创新理解为一场独角戏，孤独的天才在他的阁楼或卧室里拼命地工作，比如阿基米德，前一刻还在洗澡，而下一刻突发灵感，跑到大街上，大声喊着“尤里卡！(我知道了)”。即使这是一个共同的认知，也与实际相差很大。事实上，要想将任何好的想法付诸实践都需要集思广益。

例如，因技术突破创造出了更好的捕鼠器，若要使人们认识它并认为它是不可或缺的必需品，就需要营销技巧。要达到目的，需要制造技能、采购技能以及控制最终产品质量的技能。这一切都离不开资金，所以通过其他技能获取资金并且明智地分配至关重要。要协调捕鼠器的各种投入以获得实际应用，而不是为了吸引人的眼球，就要运用项目管理技能平衡各种资源，促使团队发现和解决过程中出现的众多小问题。

正如上一章所述，创新不是一个人的表演，而是一个多人游戏。创新取决于一起参与的不同玩家，创新者可能是发现机会的企业家，也可能是希望更新产品或改进工艺的组织。这就提出了有关小组工作的问题（使组织内不同的人一起生产和创新这一主题已在第 3 章中讨论过）。随着组织之间的联系逐渐加强，网络的开发和使用日益广泛，聪明的公司已认识到联系的重要性——接近客户，了解他们的需求，给供应商提供创新的解决方案，与合作者、研发中心甚至竞争对手联系，以建立和运营创新体系。在全球业务和技术高速发展的时代，人们使用高科技建立并管理网络和联系已经成为创新的关键要求。这与其说是知识创新还不如说是知识流动。即使是研究和开发的主力，诸如西门子、葛兰素史克等公司也意识到，它们不能涵盖所有需要的知识，所以需要在世界范围内寻找合作，建立广泛的联系。

本章将围绕这一主题来探讨以网络为基础的创新活动。当然，在 21 世纪这个游戏将在全球舞台上演。网络技术、互联网将拉近遥远的距离，增加合作的可能性。然而，即使运用技术使大家生活在地球村，也并不意味着我们能面对巨大的挑战——网络的组织和管理存在弊端。网络不是简单地将不同的人和组织聚集在一起，成功的网络具有整体大于部分之和这一特点。专栏 7.1 给出了一个例子。

专栏 7.1　　团队创造力的力量

以任意一群人为例，让他们思考一个日常物品（比如茶杯、砖、球等）的不同用法。先让每个人独立思考，然后分享各自的想法，他们通常会给出一个内容广泛的列表。这份列表不仅很长，而且包括多种不同的解决方案。例如，茶杯既可以做容器（花瓶、笔筒、酒器等），也可以做模具（用于制作沙堡、蛋糕等），还可以做乐器。由此可以想象，窃听装置（装在墙上）掉落或抛出时可以做武器用。

心理学家、太平绅士吉尔福德（J. P. Guilford）区分了两类个人特征：一是“流畅性”，有能力创新；二是“灵活性”，有能力提出不同类型的想法。[1]上述实验表明，团队比个人更加具有流畅性和灵活性。当人们一起工作时，思想的火花相互碰撞，相互改进想法，相互鼓励，通过微笑和认同的情感机制相互支持——以各种方式促进共享更高水平的创新。

（这就是“头脑风暴”和多年来广泛发展的技术创新的基础。第 3 章对此有更详细的说明。）

7.1 关于创新的“面条”模型

正如我们在第 2 章指出的，创新可以被看成是一个有着确定的结构和众多影响力的核心过程（如图 7-1 所示）。这种视角有助于我们将事情简化为几个清晰的阶段，并识别出，如果我们想要成功地管理这个过程，需要对哪些关键点施力。但是，简化的模型远远没有现实复杂。当我们在模型化过程中处理正在发生的事情时，实际的情形可能更复杂。一个创新项目中知识的实际流向是复杂的、互动的，不同的人以不同的方式相互交谈不同的事情，所有这些都像“面条”一样彼此交织。图 7-1 右边的图像给出了另一个视角。

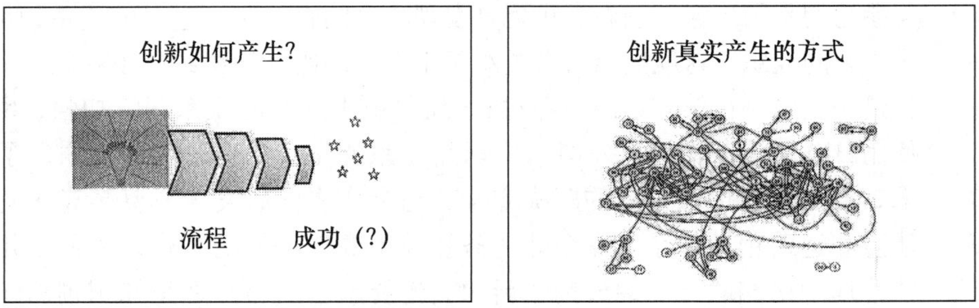

图 7-1　创新的“面条”模型

这种复杂的互动涉及知识、知识流动的方式以及知识是怎样结合从而使创新得以发生和展开的。无论是企业家建立一个网络，帮助他的捕鼠器进入市场，还是苹果公司推出最新一代的 iPod 或手机，在这个过程中都会涉及知识网络的建设和运行。此外，创新变得更加复杂，网络涉及多个不同的参与者，其中许多人可能来自企业外部。当我们实施复杂的大项目（如建造新的飞机或医院设施）时，参与者的数量和网络给管理工作带来的挑战会变得相当大。这同样会带来难题：伴随着越来越多的虚拟网络，我们必须学会利用遍布全球的丰富的人力资源，并通过互联网、宽带和共享计算机网络进行联系。

这一切都不是创新研究领域的新概念。这种研究可以追溯到20世纪50年代的英国，例如卡特和威廉斯（Carter and Williams）指出，注重技术进步的创新型企业远比本土化的、内向型的同行更加国际化。[1] SAPPHO项目、“知识财富”研究以及其他的一些研究工作（诸如艾伦在20世纪六七十年代对美国太空计划的详细研究），都得出了相似的结果。[2-4]安德鲁对托马斯·爱迪生和亨利·福特进行研究后强调，他们不仅仅是单个的天才，他们也了解创新网络的动力，并能够建立一个创造和维持创新网络的团队。[5]事实上，早期对佛兰德编织工人、意大利或英国的枪支制造业的研究表明，创新网络早已建立，并作为成功创造新产品和新工艺的方式加以应用。[6,7]

我们不应忽视在组织中管理知识的重要性。近年来，人们对于知识管理的兴趣增大，开始关注更好的知识流动机制，例如社区实践、守门人乃至最近的社会网络分析等。[8]

这种网络是罗伊·罗思韦尔在关于创新模型的开创性研究工作中所预见到的，他预测说，对于线性科学/技术推动或者需求拉动过程的思考将逐步转向对日益增多的网络间活动的关注。起初，这存在于拥有跨职能小组的公司和跨边界的活动中。渐渐地，它通过与外部行动者的联系转移到了外界。罗思韦尔关于“第五代”创新的构想(见专栏7.2)，实质上是指我们现在需要借助丰富多样的通信网络之间的联系，以及信息和通信技术来创新。[9]

专栏7.2　　网络对于创新的重要性

关于更高层次的网络创新有四个主要论点：

1. 集体效率——在一个要作出诸多反应的复杂环境中，除了最大的公司外，其他公司要在内部保持创新能力是很难的。互联网提供了一种通过共享的交流过程以接触不同资源的方法，这种强调集群式知识的交流机制已被意大利、西班牙以及其他国家的小公司证明是成功的。

2. 集体学习——网络不仅提供分享稀少或昂贵资源的机会，而且可以促进共同学习的过程，在其中合作伙伴交流经验，挑战模式和做法，带来新的见解和看法，并支持共享实验。在许多实例中“学习网络”已被证明是工业发展过程中成功的助推器，详见本章后面的一些例子。

3. 集体承担风险——基于集体活动的网络能比单一的活动参与者承受更高层次的风险。这也是许多竞争性联盟开展高风险研发活动的基本原理。

4. 不同知识集的交集——网络还允许在不同的知识前沿建立不同的关系，并为参与其中的组织提供新的刺激和经验。

7.2 创新网络概述

一个网络可以被定义为“一个复杂的、相互作用的系统”，网络的运行涉及安排完成特定的任务。正如我们所指出的，创新始终是一个多玩家参与的游戏，此类网络以越来越多的形式不断涌现。网络创新已成为近几年流行的话题，因为它能给组织内部发展带来许多益处，并能够减少协作方面的不足。(我们将在第 10 章更详细地探讨协作这一主题)。一些人认为网络本质上是虚拟公司，这种新型混合式组织有可能取代公司（层级制）和市场，一些人认为它是介于内部层级制和外部市场机制的简单过渡形式。无论如何，关于网络的构成究竟是什么，学术界并未达成一致意见，诸如“网络”和“集群”之类的概念早就因为过于模糊和庞杂而受到批评。[10]

不同的学者认同不同的网络含义和网络分析层次，并且根据不同的特性把网络分成不同类型。例如，大陆派学者侧重于网络的社会学、地理学和习惯性方面，强调创新带来的机遇和制约。[11]相对来说，盎格鲁-撒克逊式的研究倾向于采取一种系统的观点，并试图发现如何最好地设计、管理和利用创新网络。[12]图 7 - 2 展示了网络创新研究中不同分析视角的一个框架。

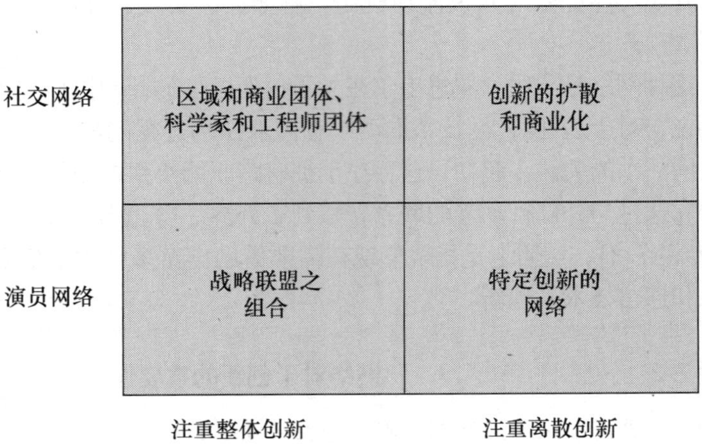

图 7 - 2　创新研究中不同的网络视角

资料来源：Derived from Conway，S. and F. Steward，Mapping innovation networks. *International Journal of Innovation Management*，1998. 2 (2)，223-54.

虽然人们对网络创新的目标和手段缺乏共识，但人们似乎都认同，网络不仅仅是双向关系的集成。因此，网络的要素配置、本质和内容都受到了额外的限制，但也提供了额外的机会。网络可以被认为是由一系列（位置）节点以及这些节点之间的联系组成的，在这些节点上的是个人、企业、业务单元、大学、政府、客户或其他成员。同样，基于网络的视角关注的是这些经济参与者如何受到置身其中的社会环境的影响，他们的行动是如何受到身处的网络位置影响的。

为什么采用网络?

网络适用于这样的情形：来自专业化合作、共享外部基础设施和标准以及网络外部的收益大于网络管理和维护的成本。在购买技术的交易成本过高时，通过网络可能比通过市场更合适，倘若存在不确定性，建立网络组织可能优于企业的纵向一体化或收购行为。从历史上看，网络往往由长期业务关系演变而来。任何公司都会有一群合作伙伴，并且与供应商、分销商、客户和竞争对手开展常规业务。经过一段时间的重复交易，信任增加了，交易成本减少了，从而促进了相互了解和社会关系的发展。因此，一个公司更有可能通过其网络内部成员购买或出售技术。[13]

企业可能通过直接或间接的关系从其他组织那里得到广泛的资源，这些关系涉及不同的沟通渠道和不同的组织化程度。通常，这些关系开始于一个公司和少数基本供应商之间，它们在概念发展阶段有着共同的理念。在这个方面，技术桥梁人物或重量级项目经理的作用很关键。在许多情况下，组织的联系可以追溯到每个组织中的关键人物之间所建立的重要人际关系。这些联系在后来可能演变成一个完整的二级和三级供应商网络，其中每个供应商都对子系统和组件技术的开发做出一定的贡献，但是公司与这些次级供应商的联系较弱，而且这种联系往往被主要供应商所把持。由于便捷的信息交流，一级、二级和三级供应商群体间的联系可能会更紧密。

这个过程即路径依赖：网络成员之间过去的关系增加了其未来建立关系的可能性，从这个意义上说，建立网络联系的过程会导致惯性并制约创新。事实上，许多早期的网络研究集中在网络对成员施加的限制上，例如通过控制供应和分销环节阻止引进更先进的技术或更优良的产品。组织网络有两个影响创新过程的特点：循环周期和不稳定性。[14]在一个网络中，活动链和交易链的存在会对创新产生约束。不同的活动在系统上是关联的，并通过重复而结合形成交易链。这种交易的重复是形成效率的基础，但系统性依赖对变革造成制约。

例如，瑞士钟表业是基于长期建立的小企业网络，它们在精密机械运转方面具有专门知识，正因为如此，它们在面临日本电子表业所带来的威胁时反应较慢。同样，在日本，正式的商业组织有着悠久的传统，从早期的家族企业发展为近期较松散的企业集团形式。最有名的组织是三个前财团——三井（Mitsui）、三菱（Mitsubishi）和住友（Sumitomo），以及三个新兴的、根植于商业银行的组织——富士（Fuji）、三和（Sanwa）和第一劝业（Dai-Ichi Kangyo）。日本有两种类型的企业集团，它们存在交叉。纵向型的企业集团（例如丰田汽车公司）将供应商和分销商严格置于产业特定的生产商之下。这些生产商与企业集团的成员（诸如一些大型银行、保险公司、贸易公司和大多数行业组织代表）不同。这些跨行业的企业集团为中间产品提供了一个重要的内部市场。从理论上讲，财团成员的利益包括：低成本可获得性、长期资本、行业相关专业知识的可获得性。

这对于高科技公司而言尤为重要。在实践中，研究表明，财团成员的获利和增长水平低于平均水平，独立的公司（如本田和索尼）经常被认为比稳定的财团成员更具有创新性。[15]然而，财团未必是最合适的分析单元，因为许多新生的、不那么正式的企业集群开始出现在日本。由于网络的作用对于所有成员有所不同，总有理由来改变网络，事实上也有可能这么做。因为没有一个单一的参考点，一个网络不会永远都是最优的，但本质上它可以适应环境的变化。这种固有的不稳定性和缺陷意味着网络可以随着时间的推移而发展。例如，贝卢西和阿尔坎杰利（Belussi and Arcangeli）讨论了在意大利一系列传统产业中创新网络的演进发展。[16]

最近的研究则考察了网络可能带来的创新机会，以及为了创新而明确设计或选择性参与某种网络的潜在可能。这是一种“路径创造”，而不是路径依赖。[17]对 53 个网络的一项研究发现了“形成”和“增长”两种不同的动态过程。第一种类型的网络的出现和发展是与环境相互依赖的结果，并源于共同的利益追求，这是自然产生的网络。然而，第二种类型的网络形成和发展需要一些触发实体，是刻意设计的网络。在一个刻意设计的网络里，若一个公司要积极地吸纳其他的成员，从而形成一个网络，并不会受到环境的影响，也不会涉及利益。[18]

表 7-1 提供了一些创新网络的例子。

表 7-1 产业网络中的竞争动态

	网络类型	
	缺乏联系的、封闭的	相互联系的、开放的
系统属性	不兼容的技术 自定义组件和接口	供应商、产品兼容 标准组件
公司战略	保护专有知识以控制标准	与竞争者共享资源、形成互补的市场以形成标准
优势来源	规模经济，客户锁定	范围经济，多部门

资料来源：Based on Garud，R. and A. Kumaraswamy，Changing competitive dynamics in network industries，*Strategic Management Journal*，1993. 14，351-69.

不同类型的网络可能提供不同的学习机会（如表 7-1 所示）。在一个封闭的网络中，一个公司通过规模经济和其他的行动来发展专有标准，从而锁定进入其网络的客户和其他相关企业。例如，微软在个人电脑上、英特尔在微处理器操作系统上提供开放的网络。[19]在开放的网络中，多元化的产品、服务和交易必须很好地相互连接，根据每个人的兴趣来分享信息，并确保兼容。

虚拟创新网络是通过内网、外网、互联网相连接并在企业内部交换信息以创造价值的。迄今为止，这种虚拟网络在供应链和客户自动下订单系统中是最常见的，最近也出现在产品开发领域。例如，在供应链管理中，法国的加热器和空调制造商 Hervé Thermique 使用外网来协调它的 23 个办事处和 8 000 个供应商；通用电气公司利用外网招投标交易系统来管理其 1 400 个供应商；波音公司基于 Web 订购系统为世界各地的 700 多个客户供应 41 万个零件；在产品开发中，卡特彼勒的客户可以在装配过程中修改设计；美国适配器公司 Adaptec 通过网络来协调位于日本、中国的芯片设计、生产工作。[20]

正如我们在第 5 章中看到的，越来越多的人使用基于网络的方法来“众包”思想，尤其是在创新过程的前端。创新可以通过多种途径加速，例如，创新社区（如为智能手机平台提供数千种不同应用的创新社区）、创新竞赛（对提出想法的人给予激励）和创新市场（将寻求者和解决者聚集在一起）。

网络中的聚合性

在一个复杂的世界里，创新网络不仅仅是一种整合和传播知识的方法，它还具有聚合性的特质——整体的潜力要大于部分之和。作为一种有效的创新，网络除了有效整合知识之外，还可带来更多的利益。其中包括访问不同的、互补的知识集，通过共享信息来减少风险，获取新的市场和技术以及其他互补的技能和资产。如果没有这样的网络，发明者将不可能独自使自己的想法成功地推向市场。这也是企业越来越多地转向合作和联盟以更多地获得关键性创新资源的主要原因之一。

例如，参与网络创新可以帮助企业接触新的想法和创意组合（对于成熟的企业亦如此）。众所周知，在开发创造性的过程中需要建立联系。有时候，不同观点的意外结合可能会导致令人惊奇的结果。在组织层面也与此类似：网络研究表明，以这样的方式合作可以帮助开创新的生产领域。[21]

学习网络

网络有助于创新的另一种方式在于为共享学习提供支持。很多过程创新是关于已开发的流程的设计和修改以及应用的——例如，许多组织致力于采用世界一流的制造方法（以及越来越多的世界一流的服务）。虽然这个过程有可能是独立存在的，但是越来越多的公司看到了网络的利用价值，这能使它们在学习过程中获得一些额外的动力。经验和研究表明，共享学习有助于排除个别企业可能面对的一些学习障碍。[22]例如：

- 在共享学习中有来自不同角度的挑战和结构化的重要反思。
- 不同的观点可以带来新的概念（对于学习者是新的，但其实是旧的观念）。
- 共享实验可以在尝试新的东西时降低实际成本。
- 共享经验可以提供支持，并开放新的探索领域。
- 共享学习有助于阐明系统原理，从而“见木又见林”。
- 共享学习提供了一个学习环境，这个环境有助于呈现假设和探索组织常规经验之外的心智模式——有助于防止“非我发明”观念和其他不良影响。
- 共享学习可以降低成本（例如，在利用咨询服务和关于外部市场的学习中），对中小型企业和发展中国家的企业特别有用。

学习网络的例子包括那些为跨供应链和网络、跨区域和部门集群以及围绕诸如质量改进或采用新制造方法等核心主题而建立的学习网络。[23-27]供应链学习包括建立知识共享网络；在汽车、航空航天和食品行业中可以找到很好的例子，并且经常涉及供应商协会等正式部门。[27]例如，丰田多年来致力于建立和管理一个学习系统，从而在本地和国际供应商间转移和提升其核心生产系统。[26]这种模式（已在日本以外的丰田供应商网络中复制）是基于：

- 一套用于交换隐性和显性知识的制度化程序。
- 关于知识产权的明确规则，例如，有关新的生产过程的知识是整个网络的财产，尽管它源于各个公司的专业知识。
- 保护产品设计和技术的核心专有知识的机制，以及保护作为直接竞争对手的少数供应商的利益的机制。
- 强烈的网络认同感（这是由丰田积极推动的），以及保证会员身份带来的好处。
- 丰田公司对网络的有效协调和促进。

同样，沃尔沃和宜家在中国的经验表明，公司可以与主要供应商分享知识，然后由主要供应商进一步传播。主要供应商（包括第一级和第二级）学习了沃尔沃管理系统（特别是质量管理和供应链管理）的部分内容，对中国下一级供应商产生积极影响。

另一个例子是波音 787 梦想飞机，它在日本、澳大利亚、瑞典、印度、意大利和法国制造，最后在美国组装。尽管存在文化差异，但供应商能够使用相同的技术语言即通用工程设计软件、通用订单/输入系统等进行沟通。因此，尝试在这些广泛分布的参与者之间构建一个积极的合作网络是有意义的。

创新需要承担风险并对可能不会成功的项目的资源（一般是稀缺资源）进行配

置。因此，网络的另外一个作用是帮助分散风险并拓展可能正在尝试的项目。在较小规模的企业缺乏资源的情况下，这样做尤其有效。网络也是许多产业集群成功的关键特征之一。案例研究 7.1 提供了一个例子。

案例研究 7.1

小而美

在意大利家具行业中，一些企业虽然员工不足 20 人，但已连续多年取得骄人的出口业绩。通过建立联盟网络，它们维持产品设计和质量方面的创新，企业的业绩持续位居前列。总部设在艾米利亚罗马涅区的卡迪夫学院（CITER）是世界上最受推崇的纺织品研究机构之一。与其他世界顶尖的研究机构不同，它并不是按自上而下、组织严密的传统方式组建的，而是由建立联盟的、共享风险和资源的纺织品生产商组成，这些生产商都致力于创新。该研究机构最初在染色和电脑辅助设计方面创新流程。自 1980 年成立以来，它已经帮助 500 多个成员企业（大多是小企业）形成了强大的创新能力。[30]

突破性技术合作

另一个有意义的合作领域是探索新技术的前沿。以网络方式实现这一目标的优势包括降低风险及增加学习和实验过程中的资源，这通常出现在竞争前的研发联盟中，在这一阶段有大量的实验，会共享隐性和显性知识。例如，日本第五代计算机项目、20 世纪 80 年代的 ESPRIT 合作项目，以及刀片式服务器社区（www. blade. org）项目等，其中关键参与者之间的网络学习促进了关键思想的快速发展和传播。[28]

这种网络通常由政府组建和支持。例如，以色列的 Magnet 计划通过在纳米技术、军事系统和软件等关键技术领域创建集群，鼓励发展该行业的长期技术优势。丹麦的 DNATF 计划支持建筑、能源和环境、食品链、生物医学和 IT 等各个领域的先进技术研究和创新项目。

区域网络和集体效率

持续创新的网络有助于形成应对技术和经济环境中的重大波动的能力。诸如美国的硅谷、英国的剑桥或者新加坡岛等地是创新的动力源泉，但它们局限于一定的地理区域，正通过一系列创新来壮大。[29-31]

当人们聚在一起分享想法并使之成为影响他们的生活和工作的行为时，就产生了一种非正式的最简单的网络。但是我们更加关注用于激发创新的正式网络，不论这种创新是开发一种新产品或服务，还是向其他组织学习从而更有效地运用新的流程。

表 7-2 展示了通过不同的网络来促进创新的不同方式。在后面的章节中还会进一步研究这些网络是怎样运行及带来利润的。

表7-2 创新网络的类型

网络类型	实例
基于企业家的类型	将不同的互补的资源结合在一起以便利用机会。经常组合正式和非正式的信息，依赖企业家的能力和热情使人们有兴趣加入并留在网络中。这类网络为获取关键资源提供了杠杆，它们也可以提供支持和指导，例如，企业家俱乐部
内部项目团队型	将知识和关键技术的正式、非正式网络汇集在一起以便利用一些机会，诸如在组织内部建立企业家网络。由于跨越内部组织边界，网络可能会面临一些困难
内部企业家网络	这一模式旨在挖掘员工的想法，随着在线技术的使用，创新竞赛和社区的发展，这一模式得以加速发展。通常是临时调配员工参与内部风险项目而建立网络。这并不是一个新想法，它来自两种传统——员工参与和内部创业，但社交和通信技术已经增加了其丰富性，扩大了其覆盖面
社区实践型	这是包括内部参与者和外部组织的网络——它们因关注某一特殊方面或领域的知识而联系在一起。它们一直很重要，但随着互联网的兴起，分享想法并加速创新的在线社区大量涌现（例如，Linux，Mozilla 和 Apache）。线下社区也很重要（例如，制造实验室和技术商店出现，为围绕 3D 打印和“制造者运动”产生的新想法搭建网络）
空间集群型	由于参与人员相对集中而形成的网络，比如位于同一地理区域。硅谷正是以这种地域上接近的方式成长的典型例子——由于地理位置相近、关键成员容易沟通，知识在网络内部成员之间自由流动
行业网络型	由于处于同一个行业，网络使得不同的成员聚集在一起，以共同创新为目的来保持竞争力。通常是由行业或企业联合会代表它们的成员来组建网络。例如通过 SMMT 产业论坛或石油天然气行业领先竞争力论坛等，在一个行业或产品市场共享已开发的产品创新
新产品或流程开发联合型	通过共享知识来洞察和创造市场上的新产品或开发新流程。例如，Symbian 财团、索尼爱立信或其他公司致力于为手机和 PDA 开发一种新的操作系统
新技术开发联合型	共享和学习新兴技术，比如日本和美国在半导体项目中进行前沿性研究，IBM 组建的 BLADE 服务器联盟也包括设计新服务器架构的主要参与者
新兴标准型	围绕创新技术探索和发展新的标准，比如 MPEG 已成为影音压缩标准
供应链学习型	发展和共享好的创新实践，包括价值链上可能共享的产品开发，比如“实施的供应链关系”（SCRIA）被应用于飞机制造业
学习网络型	个人和组织团体聚集在一起学习新方法并分享学习经验
重组创新网络	跨部门分组，允许跨界联网和思想交流
管理开放式创新网络	基于“并非所有的聪明人都为我们工作”这一核心理念，企业越来越多地寻求以有计划和系统化的方式构建外部网络。其根本目的是扩大获得想法和资源的渠道。这可能涉及加入已建立的网络，也可能需要建立新的网络。在这个领域，“中介”机制（个人、软件等）的作用越来越大，它可以帮助建立连接并支持网络构建过程
用户网络	扩展上述想法，这些网络的目标是连接到用户并将之作为创新投入的来源，而不是简单地作为被动市场。通常采用宣传手段，通过众包方式向大型开放式网络开放。问题是如何将前端的兴趣转化为有意义的长期合作的创造活动
创新市场	开放和用户网络方法的一个极端是传播创新需求，与市场上潜在的解决方案联系起来。互联网使 eBay 这类创意模式出现，在很广的范围内建立连接来应对挑战。在公开市场上的关键参与者之间建立更正式的管理网络之前可以采取这种模式
众筹和新的资源途径	上述理念的另一个延伸是，不将动员大众作为创意的来源，而是作为资源和判断的来源（例如，网站 Kickstarter 允许围绕新创意进行评论和讨论，它是一个聚集资源的平台，常常围绕创新激活早期市场）

7.3 新创企业的网络

创新者独自成功开拓市场在某种程度上是一个神话——至少创新活动需要付出巨大的努力且有不同的资源需求。提到“托马斯·爱迪生”这个名字，人们会本能地联想到一个伟大的发明家，一个在20世纪给我们带来了许多新的产品和服务的天才。他其实也是一个很聪明的网络沟通者。他在位于新泽西州门洛帕克市的工厂雇用了一个工程师团队，他们在一个摆满了工作台、化学品、书籍以及其他资源的独立房间中工作。[32]毋庸置疑，他们成功的关键在于整合了来自不同背景且有企业家精神和创业热情的年轻人，以及允许新兴团队解决各种各样的问题。这使得不断涌现的灵感在整个团队中得以整合，从而实现令人惊叹的创新。[5]

虽然个人的思想、精力和热情很关键，但成功的企业家认为通过复杂的关系网来收集资源同样重要。他们在建设和维护这些网络方面有着非常熟练的技能，可以帮助建立一个可持续的商业模式。

从有关企业家的实例中可以清楚地看到，他们最大的挑战在于如何低成本或无成本地动用广泛的支持资源，并将它们融合在一个网络中以使新想法能够落地。案例研究7.2表明，这需要网络建设和管理方面的超高技能。

案例研究7.2

给人民力量——生命线能量

特雷弗·贝利斯（Trevor Baylis）曾是个游泳运动员，他15岁时曾代表英国队参加比赛。后来，他辞去在萨利一家游泳馆的工作，开办了自己的公司，延续他对游泳的热情，并兼职水下电视特技演员。他同时对发明小东西有一定的兴趣。他于1991年开始研究的一个项目在当时产生了广泛的影响，因为他用“低技术含量”的方案解决了一个大问题。

在看到一部关于非洲艾滋病的纪录片后，他开始认识到信息沟通方面的一些潜在需要。大部分艾滋病患者是由于对艾滋病缺乏了解，以及在偏僻的乡村缺乏知识而患病的——人们不知道病因，或者说不知道如何预防这种灾难性的疾病。这反映了一个更深层次的问题——信息沟通。据专家估计，世界上不到20%的人口拥有电话，更少比例的人口能够得到正常的电力供应，更不用说拥有电视或互联网。许多人不识字，无法阅读报纸以及其他出版物。

使用收音机显然是一个有效的解决办法，但无线电接收器工作的动力从何而来？许多地方无法提供电力，替代方案是使用电池，但同样存在问题，即使电池的质量好、可以在乡村商店买到，但人们并不总是能够买得起。在一些标准工资仅为每天一美元的国家，电池甚至可以花掉一天到一周的薪水。艾滋病的流行使一些赚钱养家者因病丧失劳动力，同时家庭的开销主要用于医疗保健，家庭的压力越来越大，人们更不可能去购买电池。

真正需要的是一种可以利用不同电力来源的收音机。贝利斯在思考这个问题时想起了在战前手摇发电的老式电话。他开始试验，将一些奇怪的东西如手柄、电动马达和小收音机连接在一起。他发现，用手柄转动马达能充当发电机，可以提供足够的电能使收音机正常工作。通过增加一个发条装置，就可以上紧一个弹簧——随着弹簧自己松开，收音机就能开始工作。第一个原型机在手柄转动两分钟之后运转了 14 分钟。贝利斯就此发明了一个发条收音机！这个可能解决信息沟通问题的办法具有真正的价值。麻烦的是，像许多企业家最初遇到的那样，贝利斯无法说服他人相信这个想法。他花了近 4 年联系像飞利浦和马可尼这样的无线电产品制造商，都没有成效。在关于发明创造的故事中，运气往往起着重要作用——此时同样没有例外。这个想法得到了一些电视研究者的关注，1994 年在英国广播公司的电视节目《明天的世界》中，这个有趣的、令人兴奋的新发明得以展示。

对这个产品感兴趣的人当中，有一位企业财务专家克里斯托弗·斯塔内斯（Christopher Staines）和一位南非企业家罗里·斯特尔（Rory Stear）。他们看到了这个无线电手摇收音机并对它产生了浓厚兴趣。他们从贝利斯那里买下了专利权，并得到了英国政府的资助以进一步开发该产品，包括增加太阳能电池板。在南非，该项发明的详细情况在广播中被专门报道，并被自由生活基金会（Liberty Life Foundation）的领导人希尔顿·阿佩尔鲍姆（Hylton Appelbaum）听到，他看到了其中的潜力。即使在相对富裕的南非，也有一半的家庭没有用上电，在非洲和其他地方，这一问题则更加严重。

自由生活基金会是由南非一家保险公司设立的团体，安妮塔和戈登·罗迪克（Anita and Gordon Roddick）是这个组织的所有者，他们有很强的社会责任意识。该基金会的部分工作是为残障人士提供就业机会，其中有 1/3 是盲人、聋哑人或精神病患者。通过阿佩尔鲍姆，自由生活基金会提供了高达 1.5 亿美元的风险资本，支持创办企业。斯塔内斯和斯特尔于 1995 年在开普敦成立了 Baygen 电力实业公司。其 60%的股份由一群支持残疾人的组织所掌控，这也是自由生活基金会的支持条件。技术开发由英国布里斯托尔大学（Bristol University）电子工程系负责。此后不久，这种收音机由 BayGen Products PTY 南非公司在开普敦生产。它于 1996 年初进入市场，一年后售出约 16 000 台。早期产品大部分由在卢旺达以及其他非洲国家中的援非慈善机构所购买。

这不是一个富有魅力的产品——正如《纽约时报》描述的那样，“它对索尼随身听没有丝毫威胁，它的重量为 6 磅，它的构造像一个便当盒，有一个小喇叭”。但它的批发价格仅为 40 美元，它有调幅、调频和短波，这意味着它可以收听英国广播公司或美国之音，打开收音机就可能通向信息时代（Donald G. MaNeil Jr.，New York Times News Service，1996）。

这种影响是巨大的。1996 年英国广播公司的另一档电视节目 QED 播出了相关的内容，并且出现了纳尔逊、斯塔内斯、斯特尔和曼德拉的镜头，他们在节目中介绍说：“这是一个梦幻般的产品，可以给那些被社会所忽视的人提供一个机会。”

7.4 内部网络

“如果 X 公司掌握了 Y 公司的知识会怎么样?”我们可以用 X 或 Y 指代现代几乎所有的大公司——西门子、飞利浦、葛兰素史克、花旗银行等。它们都面临一个悖论，那就是虽然整个公司里有成百上千的人，并且都具备各种不同的知识，但问题在于，除非有一些正式的项目活动把他们聚在一起，否则许多知识不会建立任何联系，就像一个巨大的拼图中只有一小部分被拼在了一起。这种思维源于20世纪90年代末流行的知识管理，当时普遍的做法是极力使用信息技术来尝试改进要素间的连接。麻烦的是，虽然计算机和数据系统在存储和传输方面做得很好，但它们并不一定有助于建立一些联系，将数据和信息转换为有用的和使用过的知识。越来越多的公司认识到，虽然先进的信息和通信技术能够起到一定的支持和促进作用，但真正需要的是改善组织内部的知识网络。

回到创新的"面条"模型——如何确保人们能够与他人交谈，分享并形成彼此的想法。这对只需要三四个人的企业来说不是很困难，但对于一个典型的庞大的跨国公司而言就困难得多。虽然这是一个长期存在的问题，但在近几年已有相当多的研究关注如何在这些公司内部建立更有效的创新网络。汤姆·艾伦对美国太空计划的研究强调了社会网络的重要性，并且创造了"技术守门人"这个专业术语。

案例研究7.3和前沿视点7.1提供了两个例子。

案例研究7.3

宝洁公司的"联系与发展"战略

宝洁公司的"联系与发展"战略的成功很大程度上归因于促进员工，特别是那些对庞大的全球性项目运作非常了解的员工之间加强联系。公司内部网络的众多成功项目中，比较突出的是"佳洁士"产品，它将口腔护理专家、薄膜技术专家与漂白和家庭清洁专家联系在了一起。另一个项目是"玉兰油每日面部护理"，它将有关护理液中的表面活性剂的专业知识与来自纸巾和毛巾领域及纺织业的人联系在一起——在有弹性的织物柔软剂开发方面提高技能。

要使创新成为每天生活的一部分，而不是作为一种特殊的项目计划，这才是最大的挑战。公司使用多种方法，包括通过一个叫作"问我"的内网来建立广泛的社交联系。该网站连接着全球各地的1万名技术人员。它作为一个指示牌和网上市场，反映出整个公司的想法和问题。公司还经营了21个"实践者社区"，这些社区中聚集了主要领域的专家，如高分子化学家、生物科学家和与香水打交道的人。公司拥有全球性技术委员会，成员是来自所有经营单位的代表。

前沿视点7.1

联系与发展

罗伊·桑德巴奇（Roy Sandbach）是宝洁公司的一位研究人员，他的工作是激发公司内各部门的和整个公司的创新思路。他一直在负责各种创新科技，包括"汰渍"去污笔。

Roy Sandbach 的访谈播客探讨了大公司内部的网络是如何促进创新的。播客内容和其他资源可从 www.wiley.com 的产品主页获得。

7.5　外部网络

创建并综合不同的知识一直是企业内外部的游戏规则。近几年，对开放式创新的关注度显著增加，它是由宝洁、葛兰素史克、3M、西门子和通用电气等公司倡导的。这意味着——正如我们在第6章看到的——21世纪，在一个封闭的系统中进行大规模研发（如一个公司单独进行研发）是远远不够的。[33]。专栏7.3中切萨布鲁夫的开放式创新原则概括了开放式创新的一些关键特征。

专栏7.3　　切萨布鲁夫的开放式创新原则

切萨布鲁夫的开放式创新原则可以概括为：

1. 并非所有聪明的人都为你工作。
2. 外部的想法可以帮助创造价值，但需要消耗内部的部分研发资源。
3. 最好是建立一个更好的商业模式，而不是首先进入市场。
4. 如果你最好地利用了外部和内部的想法，你就会赢。
5. 你不仅需要从别人使用你的知识产权中获益，而且需要购买别人的知识产权，只要它有助于推动你的商业模式。
6. 你应该扩大研发的作用，不仅形成知识，而且发挥知识的中介作用。

资料来源：Chesbrough，H. *Open Innovation*. 2003，Boston，MA：Harvard Business School Press.

知识产品正在呈指数级增长，经合组织国家在公共和私营部门的研发上花费了上万亿美元——这个数字可能被低估，因为它忽略了官方统计数据中未包含的研发支出。[34]如何让一个组织能够跟上——甚至只是持续关注——知识的更新？如今，研发不再只受到先进工业国家（如美国、德国或日本）的重视，在印度和中国这样的新兴经济国家发展得更迅速。在这种环境下，跟上每一步的发展不太可能，即使是卓越的公司也会错失一两个机会。[28]

前述宝洁公司的案例提供了方法转变上的一个很好的例子。20世纪90年代后期，传统的关注内部的创新方法受到重视。然而在具体运作时出现了问题，尤其是研发成本急剧上升。此外还有很多失败的创新案例。首席执行官艾伦·拉弗雷（Alan Lafley）解释说，我们的研发生产力趋于稳定，我们的创新成功率——达到财务目标的新产品的百分率——稳定在35%左右。由于灵活的竞争对手、扁平化的销售、毫无新意的新产品发布及每季度盈利的减少，我们的股票市值从每股118美元跌至52美元。警钟已敲响。

宝洁公司认识到，许多重要的创新来自小的创业企业、个人或大学实验室。像IBM、思科、微软和美国礼来等公司已经开始建立自己的创新体系。因此，宝洁公司提出的“联系与发展”是基于开放式创新原则的一个创新过程。

拉弗雷的最初目标是获得50%的来自外部公司的创新；与2000年的15%相比，2006年超过35%的产品中的新元素来自外部。在过去的两年中有超过100种新产品来自企业外部，此外在新产品的筹备过程中，有45%的创新的主要元素也是在外部发现和开发的。宝洁公司估计，研发生产力提高了近60%，创新成功率翻了一番以上。

这使得公司在增加创新的同时降低了研发支出，研发支出占营业额的比例从 2000 年的 4.8%降至 3.4%。

该模式的核心概念是调动创新网络。作为首席技术执行官，吉尔伯特·克洛伊德解释说："它改变了我们定义该组织的方式……我们有 9 000 名研发部人员和多达 150 万名研究人员通过外部网络工作。这两者之间的分界线很难划清……我们越来越多地关注我们所谓的 360 度创新。"但这并不是把以前的内部业务外包出去那么简单。副总裁拉里·休斯顿（Larry Huston）评价："人们误以为它是外包，但它肯定不是……在外包情形下，我雇人执行任务，他们做好了，雇佣关系也就结束了。如今的雇佣方式没有什么不同，但我们考虑的是如何将外面的人带进来并且让他们融入创意和协作过程。这是一个全新的模式。"

启动外部关系网涉及一些机制。One 是由 80 位科技创业者组成的团体，其任务是在全球漫游，发现和建立有趣的社会关系。他们参加会议和展览，与供应商交谈，访问大学，刷新互联网——基本上是以各种方法来寻找新的可能。

他们也广泛使用互联网。例如，他们参与网址为"www.innocentive.com"的网站的创建，该网站最初是在 2001 年由制药巨头礼来公司创立的。这实际上是一种基于网站的交易市场，在这里提问者可以与解答者相连接，目前大约有 9 万名来自世界各地的解答者。这个商业模式很简单，杜邦、宝洁、波音等公司将问题放在这个网站上，给予解答者一定的报酬。重要的是，解答者是一个非常广泛的组合，从企业和大学实验室的工作人员到独立的发明人、退休的科学家和工程师以及专业设计公司。InnoCentive 公司首席科学官吉尔·帕内塔（Jill Panetta）说，网站上超过 30%的问题已经解决，"这些问题使用传统的内部方法是无法解决的"。

其他机制包括运用名为"YourEncore"的网站，让企业寻找和雇用退休科学家完成一次性的任务。NineSigma 是一个在线的创新市场，旨在将有需求的公司与解答者联系起来，类似于 InnoCentive 公司。首席技术执行官克洛伊德评价："NineSigma 让我们更加高效地找到答案，让我们尽早获得潜在的颠覆性技术，让有价值的合作变得非常便利，超乎我们的想象。"Yet2.com 在寻找新的技术和市场方面有非常广阔的前景，在其网络中有大约 40%的全球研发人员。

开放式创新的挑战不仅限于对概念的理解，而是在于形成机制以促进实际运作。宝洁公司"联系与发展"的方法提供了强大的模式，但仅仅适用于特定形式的组织，适用于其他组织的新模式正在开发之中。对许多组织来说，这将涉及不同类型的共享平台的建设，在这里不同的合作伙伴可以共同创造新的产品和服务，例如英国广播公司的 Backstage 项目。这是一个雄心勃勃的五年计划，旨在向外界开放 BBC 的数据和发布信息，邀请他们"用我们的东西来建立你们的东西"。它通过一个在线平台和一系列相互关联的实体活动来运作，在这些活动中，创意可以得到推广、探索和进一步发展；外部开发人员参与，提出了 500 多个新产品和服务的原型。类似地，英国公共部门的测绘机构英国地形测量局（Ordnance Survey）已经开放其地理信息，与合作伙伴共享。其在线/离线程序 Geovation 就是邀请外部企业家和开发人员使用 OS 信息在地理信息空间构建的新的应用程序。[35]

一些人在创造开源社区方面作出了很大努力，在该社区中，不同利益相关者共同进行创造性活动。谷歌对安卓平台的支持就是一个很好的例子，期望在这样一个环境中集体创新能够加速和扩散创新。案例研究 7.4 给出了开放式创新的例子。

案例研究 7.4

开放式创新

许多大型组织正在尝试各种方法来扩大思路，增加进出公司的知识流量。例如，强生公司向外部参与者开放了研发实验室，其中大部分是小型初创企业；强生目前在 6 个地点孵化了大约 140 家公司，这些公司可以获得从强生的综合图书馆到监管和商业专家的所有资源。强生实验室的工作人员还为解决各种经营障碍提供支持，这些障碍往往会拖慢生物技术创业者的步伐，比如获得必要的许可证，确保达到健康、安全和环境标准。对创业者来说，最大的优势在于成本——在强生租用一个工作台的成本约为每月 1 000 美元，其中包括强生的运营费用。对强生来说，好处是多方面的，包括尽早发现潜在的新化合物，深入了解能够帮助其内部团队并将网络扩展至快速发展领域的不同方法。

西门子采用不同的模式，广泛利用组织内外的众包平台。例如，该公司内部的“快速启动”模式旨在捕捉创新想法，并将其推广到早期的初创企业。它吸引了 170 多个地点的 3 万多名研发人员，并将他们聚集在创新团队中。通过竞争已经产生了 78 个创意，其中 26 个创意给投资者留下了深刻印象，他们投票决定提供资金，还有 15 个创意获得了下一阶段的探索资金。项目的主题各不相同，许多项目与数字技术有关，也有一些项目更具冒险精神，例如海上藻类养殖，旨在探索风力发电场附近的藻类床如何帮助稳定发电。西门子积极实施开放式创新方法的另一个例子是西门子创新基金（Siemens Innovation Fund），这是一个 1 000 万欧元的风险投资基金，向所有有想法并能在 3 年内实现想法的员工开放。

在开放式创新中，企业需要拓展其创新过程，广泛地搜寻外界资源，努力做好各种网络连接的管理，以及处理好董事会中的各种关系。[36] 企业面临的挑战是改善组织中知识的输入和输出，或者使知识的流动与产品和服务的交易一样频繁。为了达到这个目的，出现了一种新的服务性组织，它提供各种知识，发挥中介和桥梁作用。例如，主流设计咨询公司（如 IDEO 和? Whatif!）帮助客户在技术和市场方面采用新创意或建立新联系，技术中介公司将不同需求和手段匹配起来（包括网络和面对面两种形式），知识产权转让代理机构（如 Innovation Exchange 公司）试图识别、评估和利用可能被忽视的公司知识产权。

毋庸置疑，开放式创新的挑战无法通过单一途径解决，在过去的 20 年中已经有大量的实验予以证明。在第 11 章中，我们将更详细地介绍选择适当的开放式创新战略所涉及的一些参数。

研究札记 7.1 考察了一些不同的开放式创新模式。

研究札记 7.1　　开放式创新模式

促进开放式创新的一些模式正在显现，例如南比桑和索尼（Nambisan and Sawhney，2007）确定了其中四种。[38] 采用“乐队模式”的典型是波音公司，它围绕 787 梦幻飞机项目，与供应商建立了活跃的全球网络，将它们既作为合作伙伴又作为投资者，并且从“按照合同建造”转变为“按照高性能标准自主设计建造”。在此模式下，供应商对于自己的专业任务保留相当大的自主权，而波音公司保留了最后的整合和决策权——在这种关系中，供应商的角色类似于乐队中在指挥领导之下的专业乐手。

相比之下，“创意市集”模式涉及更多的是“众包”的方法。即一个大公司花钱买来一些创新投入要素，再进一步将其整合和开发。例如宝洁、礼来和Dial等公司都在使用该模式。Dial公司推出了它的“创新伙伴”网站，在这里发明者可以提交意见。宝马公司的虚拟创新机构启动了一个相似的模式。

第三种模式称为“果酱中心”，它涉及建立一个中心愿景，然后调动各种各样的参与者相互协作来实现。这是许多前竞争联盟和财团在面临很大的技术或市场挑战时使用的方法，如日本第五代计算机项目就是由许多组织共同完成的。一旦挑战得到应对，就转移到创新利用模式。例如，在第五代方案中，来自所有主要的电子和IT公司的研究人员努力创造了1 000余项专利，这些成果在所有参与者中分享和开发利用，之后便转变为一种传统的竞争模式。飞利浦在内部通过其InnoHub采用了一个类似的模式，从外界和企业内部选拔人员组成一个团队，涵盖技术、营销和其他方面。公司有意鼓励具有不同专业知识的人员的融合，希望借此增加产生突破性思维的机会。

第四种模式称为“改装站”，这借用了个人电脑业的一个术语，用户能够对游戏及其他软件和硬件加以改变。许多开放资源计划都使用这个模式，例如太阳微系统公司的OpenSPARC，谷歌面向开发人员社区公开的安卓发展平台（以及之前诺基亚塞班智能操作系统），旨在为手机应用程序的开发搭建一个开放式平台。英国广播公司、乐高和其他组织也使用该模式，试图动员外部社区参与自己的研究工作，同时保留开拓新的发展空间的能力。

其他的模式包括美国国家航空航天局（NASA）提出的“注入”模式，一个重要公共机构利用其“创新合作伙伴计划”（Innovative Partnerships Programme，IPP）来共同开发关键技术（如机器人）。该模式基本上是把与美国国家航空航天局的科学家一起工作的伙伴们拉进来——由美国国家航空航天局或由一个或多个合作伙伴产生的点子，经过这种“注入”模式得以开发。它特别强调广泛的网络传播和以“非同寻常”的眼光发现潜在的合作伙伴关系。企业、大学和其他部门可能还未意识到，它们其实能够提供有价值的东西。[37]

资料来源：Nambisan，S. and M. Sawhney，*The Global Brain：Your Roadmap for Innovating Smarter and Faster in a Networked World*，Philadelphia Wharton School Publishing. Cheeks，N. How NASA uses “Infusion Partnerships” *in PDMA Visions 2007*，Mount Laurel，NJ：Product Development Management Association，pp. 9－12.

7.6 通向未知的网络

大多数时候，创新的挑战是“做我们做过的，但要做得更好”——不断改进产品和服务以及流程。涉及的范围很大——既包括特性的渐进性改进和增加，也包括交付过程的成本节约和质量提高。表面看来，这些可能不会像新产品的发布那么吸引眼球，但证据表明，持续的渐进性创新会带来巨大的经济效益。这是冰川模式，而不是激流——从长远来看对经济领域有重大的影响。

但正如我们所看到的，在非连续性事件发生时，现有的参与者往往表现得不好，而新加入的企业更容易取得成功。这与既有的参与者对于现有网络的投入有关。长期的关系被认为是渐进性创新的强大的积极资源[26]，但在一定情况下“具有约束力的关系可能使人盲目”。[5]例如，克里斯滕森在他的关于颠覆性创新的著作中提出，新的市场出现时往往位于现有市场的边缘，容易被忽视和错过。在这种条件下，企业需要用不同的方法来管理创新——要有更多的探索性，并致力于开发新的网络。[37]

研究表明，企业在建设新网络时所面临的挑战可以分解成两个不同的活动：确定有关的新的合作伙伴，以及学习如何与它们合作。必要的关系一经建立，就可能进一步形成紧密的伙伴关系。与高效工作团队的特点（形成、震荡、规范化和执行）相似，它是一个三阶段的过程：发现、形成和执行。[21]

发现的关键在于搜寻的广度。要找到匹配的合作伙伴有多难呢？这不仅取决于当前经营的范围和多元化程度，还取决于超越行业的主导性心智模式的能力。这个发现阶段也会被地域上、技术上和制度上的障碍所阻碍（见表 7-3）。形成是指潜在的合作伙伴的态度。建立联系的可能性有多大？优势或者障碍是什么？

表 7-3　形成新网络的障碍[23]

首要目标	障碍类型	描述
发现候选合作伙伴	地理	间断点出现在世界意想不到的角落；地理和文化的差异让复杂的机会变得更加难以获得，通常机会会大打折扣
	技术	间断的机会经常出现在两个技术领域的交汇点
	制度	不同的目标和两个群体的来源会导致制度障碍，如公共部门和个人部门的划分
与候选合作伙伴建立关系	意识	很多潜在的合作伙伴不分享核心企业的价值观和规范，往往在两个世界观的交界处面临威胁和机遇，致使看不清这个障碍
	人口	创建有效网络的障碍会因不同的价值观和不同人口群体的需求而出现
	民族	民族障碍因世界各国或区域根深蒂固的文化差异而出现

资料来源：Birkinshaw，J.，J. Bessant and R. Delbridge，Finding，forming，and performing：creating networks for discontinuous innovation. *California Management Review*，2007. 49 (3)，67-83.

考虑对立的两个方面，我们可以界定四种相互独立的方法[21]（见图 7-3）。

● 区域 1 的挑战相对简单，是与容易寻找和热衷于合作的潜在伙伴建立新的网络。虽然这是传统商业关系形成的模式，但是即使商业伙伴相互了解，也存在不确定性。

例如，乐高公司开发下一代乐高机器人（Mindstorms）的决定涉及第一代产品的领先用户网络。在生产出第一个机器人之后，乐高认为热情的用户社区是一项财富，尽管它会侵入老的软件系统并在网站上分享资源。乐高的高级副总裁马斯·尼佩尔（Mads Nipper）这样描述：“我们才明白，这是一个让产品变得更棒的伟大方式，这是一个完全不同的商业模式。”

● 区域 2 中的重点是新的网络合作伙伴。这里的典型障碍是地理障碍、民族障碍和制度障碍，面临的挑战是要从许多预期的合作伙伴中作出选择。正是在这里，“侦察兵”和其他跨边界代理商可以发挥关键作用——正如宝洁的“联系与发展”模式。

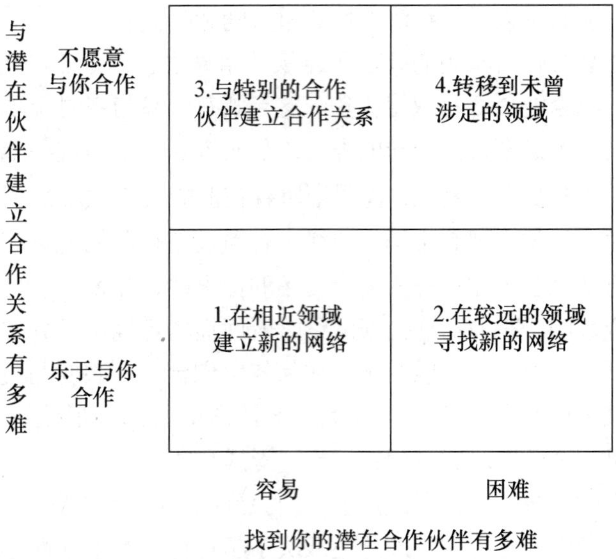

图7-3 创建网络的四种通用方法

资料来源：Based on Birkinshaw, J., J. Bessant and R. Delbridge, Finding, forming, and performing: creating networks for discontinuous innovation. *California Management Review*, 2007. 49 (3), 67-83.

- 在区域3中合作伙伴容易找到，但可能不愿意参与。这可能是意识形态造成的，也可能是由于存在制度或人口的障碍。丹麦制药公司诺和诺德就是一个例子。由于商业环境的长期变化，肥胖和糖尿病的治疗成本不断上涨（其核心市场），诺和诺德公司意识到它需要探索关于产品和服务的间断性创新机会。诺和诺德启动了“糖尿病2020”项目，包括探索慢性疾病治疗的实质性替代方案。作为公司的后续活动，2003年它协助成立了“牛津健康联盟”。诺和诺德公司清楚地表明，其目的是预防或治疗糖尿病——如果这个目标实现了，它将有可能侵蚀企业目前的主要业务范围。诺和诺德首席执行官拉尔斯·雷宾·索伦森解释说：

> 从干预转向预防，这是在挑战行业中的传统商业模式，在挑战医药行业赖以生存的利益来源！……我们相信我们能聚焦于全球主要的健康问题——主要是糖尿病，同时为我们的企业创造机遇。

- 在区域4中潜在伙伴既不容易找到，也不热衷于参与。一种方法是通过消除阻碍他们的制度和人口障碍，来减少不愿意加入的合作伙伴——从根本上将未来的关系推向区域2。关于英国广播公司的Backstage项目的案例对此方法做了很好的阐述。

到目前为止，我们考虑了新网络关系的发现和形成。下一个要解决的问题是如何让它们有效运作。在这方面的挑战包括：保持网络及时更新和便于参与，建立信任和互利互惠，确定在网络中的定位，从现有网络中分离。

7.7 管理创新网络

在本书中我们看到，一种越来越重要的视角是将创新看作一种需要系统管理的事物，且认识到它的本质在于越来越多的组织间合作。网络联系和小企业产业集群的出现，开放式创新原则的广泛使用，以及知识生产和应用的全球化，都是罗思韦尔的第五代创新模式的指标。这对我们在实践中组织和管理创新过程颇有启示。[5]

我们在本章中使用的基本模型仍然有效，但在不同阶段采用的方法应基于日益增长的网络化导向。例如，网络提供了更强大的机制来延展和覆盖一个更丰富的选择环境，并且在捕捉信号方面能创造一定程度的集体效率。“联系与发展”战略的潜力，要通过企业可获得的联系范围来预测。

配置创新网络

不论建立网络的目的是什么，经营创新网络都不容易。它需要一套新的管理技能。网络可以通过两种方式影响其成员的行为：通过网络内部的信息流动与共享，以及通过导致权力和控制失衡的网络节点的差异。因此，组织在网络中的位置是一个具有重大战略意义的问题，反映了它在网络中的能力和影响力。权力的来源包括技术、人才、信任、经济实力以及合法性。网络可以是紧密型的，也可以是松散型的，取决于互动或联系的数量（数目）、质量（强度）和类型（与核心活动的接近程度）。这种联系比个体联系需要更多资源乃至时间上的投入。

经营创新网络在很大程度上取决于网络类型和创建它所要实现的目标。例如，创新网络的需求有很大的不同，对有些前沿的创新网络来说，重要的是知识产权及其风险管理，有一些创新网络则拥有特定的创新方案，如利用供应链来促进产品和流程创新。我们可以将一些不同类型的创新网络映射到一个简单的图上（见图 7－4），确定区域的依据是：

1. 和当前创新活动相比，创新目标有多大的突破。
2. 参与公司的相似性。

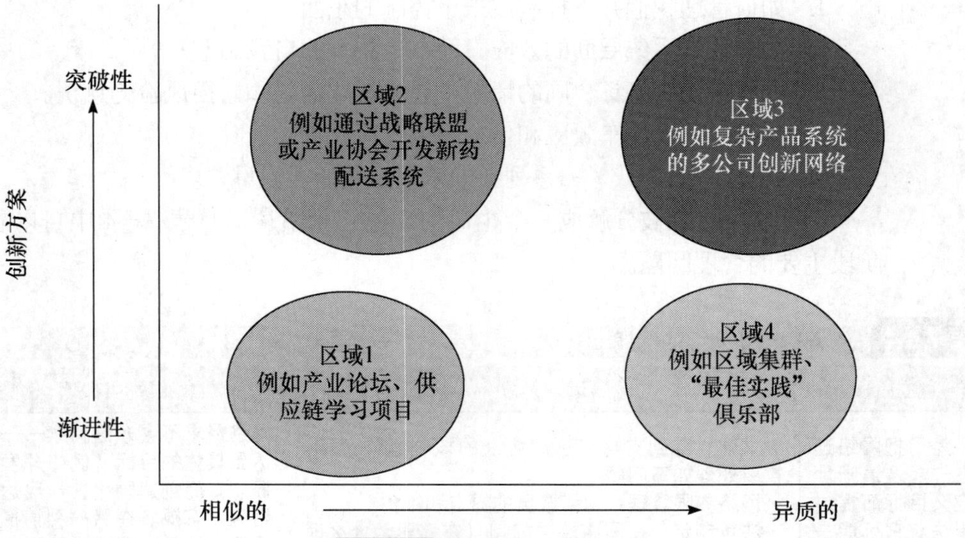

图 7－4　创新网络的类型

不同类型的网络需要解决的问题不同。例如，在区域 1 中公司在战术性创新的层面有相似的导向。通常情况下，这里有某种产业集群或行业论坛，关注采纳和运用生产上的“最佳实践”。这里的问题将涉及促进公司去分享经验、发布信息、建立信任和透明度，并在系统层面上建立一个共同的创新目标。

区域 2 的活动可能是来自行业的参与者一起探讨和创造新的产品流程概念，例如，围绕前沿技术的开发兴起的生物技术/制药公司网络，也在寻找两个临近行业之间有趣的联系和结合。在这里，值得关注的是探索和挑战现有的界限，但这一定程度上又依赖于信息分享和风险共担的程度——通常是以正式的合资企业和战略联盟的形式来分享信息和共担风险。

在区域 3 和区域 4，公司高度分化，带来不同的重要知识。在披露知识方面，其风险甚高，所以确保知识产权管理和建立基本规则至关重要。同时，创新可能面临相当大的风险，所以确定风险分担和利益共享也至关重要。例如，在评选英国的“高价值创新网络”时，高级管理研究所（Advanced Institute of Management Research, AIM）的研究人员发现，以下特点是重要的成功因素。[38]

- 高度多样化：网络合作伙伴涉及广泛的学科并拥有不同的背景，有助于促进系统内交流想法。
- 第三方把关：诸如大学、顾问和贸易机构等合作伙伴可作为网络知识中介提供专业技能。
- 财务杠杆：通过天使投资人、风险投资公司和企业投资获得资金，分散创新的风险，收集市场信息。
- 积极的管理：参与者把网络作为一种有价值的资产，积极地管理以获得创新效益。

学习管理创新网络

尝试在传统的商业领域管理创新网络面临很大的困难，因此，创新网络的挑战是带领我们克服困难。这些挑战包括：

1. 如何管理我们并不拥有或未予控制的东西。
2. 如何认识系统层面的效应，而不是狭隘的自我利益。
3. 如何在没有签订合同的情况下建立彼此信任和共担风险的意识。
4. 如何避免搭便车效应和信息溢出效应。

这是一项新的游戏，一系列新的管理技能变得很重要。

创新网络可以被分解成一个生命周期的三个阶段。从表 7－4 中可以看出每一个阶段主要的管理问题。

表 7－4 管理创新网络的挑战

创立阶段	运行阶段	维持（关闭）阶段
·为了把网络连在一起及清晰地定义目标而提供想法。它可能是通过创新来满足迫切的需要，也可能是为了共享机遇——进入新的市场和开发新技术。网络中介、桥梁人物和政策执行者和辅助者是重要的第三方角色。	尝试建立得到支持和达成协议的核心运作过程。需要处理如下问题： ·网络界限管理：网络成员的界定和维护； ·决策制定：在网络层面如何（在哪里，什么时候，谁）作出决定； ·冲突解决：冲突如何高效解决； ·信息流程：如何让信息在成员之间流动，如何管理； ·知识管理：如何在网络中创造、捕捉、分享和使用知识； ·动机：如何激励成员参加并留在网络中； ·风险/效益共享：如何在网络的成员中分担风险和分享回报； ·合作：网络项目如何整合与协调	网络需求不会永远持续——有时是为了达到具体的目标（例如开发一个新产品概念）而创建网络，一旦达到目标，网络可以解散。在另一种情形下，持续开展网络活动直至成员看到收益。这可能需要周期性地检查来维持积极性。例如，一项关于近海的石油和天然气的发展项目 CRINE，在 1992 年被行业中的主要参与者 BP、壳牌和其他主要的合同商实施，并获得美国政府的支持以降低成本。使用网络模式，它传递了在产品、服务和流程方面的广泛创新。在达到降低成本的要求之后，这个项目转移到第二个阶段——聚焦于通过创新获取全球行业更大的出口份额

小　结

在本章中，我们讨论了创建和运行网络的特殊挑战，设计网络的目的是启发创新。我们考察了不同类型和模式的网络，并试图把重点放在被称为“刻意设计”的网络上，专门建立和运作这一网络以启发创新。本章研究了网络发展初期的创业理念，以及组织内部的网络和日益重要的外部网络，这促使创新模式更加开放。我们还研究了特殊的案例，涉及发现、形成、从预期的合作伙伴那里获得新的网络来支持创新。最后，我们研究了如何建立、经营和持续维护网络。

第 7 章　扩展阅读　　　　**第 7 章　参考文献**

第8章 不确定性下的决策

Decision Making Under Uncertainty

无数经验告诉我们，关注最终损失（常常超过先驱者）的想法总是被搁置一边，正如一个健康的人把死亡的预期放在一边一样。

——凯恩斯（Keynes，J. M.），《就业、利息和货币通论》，2007，Basingstoke：Palgrave，

在第5章我们已经了解到，创新的触发机制无处不在。就变革而言，这个世界充满了有趣而富有挑战性的可能，问题在于，即便是财力最雄厚的组织也未必能为所有的可能性埋单。一个组织迟早要面临“在所有备选项中，我们接下来要挑选哪一个”这样的问题。解决这个问题并不简单——决策事关资源投入，因而选择进入某一领域意味着同时将失去来自其他领域的机会。组织是无法认同随意创新的，它们需要某种工作框架来阐明创新是如何帮助其生存发展的，同时它们应能够基于这种观点，将稀缺的资源分配到创新项目的组合当中。这和我们在第4章探索的主题一样，强调了制定创新战略的重要性。

但是在一个复杂且充满不确定性的世界里，若认为在面对竞争时就能制定出详细方案并且能够系统地执行，无疑是不切实际的。生活并不如我们想象的那样，更不用说组织生活了。因此，创新的战略框架应具有一定的柔性，这样随着时间的推移，当想法发展为更加具体的对策时，我们就能更好地检测并调试项目；该框架同时应具有一定的刚性，这样随着实践知识不断取代对不确定性及风险的预测，我们就能够判定是应该继续还是终止创新活动。

创新决策的挑战变得愈发复杂——毕竟，这不单单是在几种明确的选项中作出选择。创新在本质上与未知性、各种可能性以及涉及新事物的机遇息息相关，因此创新过程涉及对不确定性的处理。问题在于，我们无法预知一项创新是否行之有效。比如，技术是否如我们预期的那样可行，市场是否还存在并像我们期望的那样运作，竞争者是否转向了另一个成功的方向，政府是否会改变游戏规则，等等。以上这些都是不确定因素，使我们的决策行动仿佛雾里看花。我们能够获得更多确定性的唯一方式就是启动项目、边做边学。所以说，初始决策更像是在计算不同选项的风险，接下来的决策则涉及是继续上一个选择还是转变方向以减少损失。在本章，我们将探讨组织在不确定环境下处理这些决策难题的方式。

8.1 面对不确定性带来的挑战

创新管理和赌博的异同在哪里？共同点在于，二者都涉及投入一定资源而产出未知(除非作弊)。但是创新管理旨在将一开始的不确定性限定在一个可量化的风险范畴，尽管仍然不能确保成功，至少在该过程中我们能尝试去重新审视创新选项，这样就增加了

最终成功的可能性。这不仅仅是个机械的过程，因为一方面我们的风险评估仍建立在十分有限的信息之上，另一方面我们还需权衡相关的风险以及创新项目成功时的潜在回报。

某些“赌注”风险较低，相对而言也就更加可靠——渐进性创新就是这样一个知行相长、循序渐进的过程。由于先前已拥有了一些关于市场、技术及规章框架等方面的知识，我们能利用这些知识作出相对准确的风险评估。还有些“赌注”属于突破性创新，该过程涉及的情况与以往截然不同，并且由于缺乏信息而具有很高的风险。其结果有可能是大获全胜，也有可能遭遇始料未及的不测。

同时我们不能忽视，在这种情况下，决策不仅受到有限的事实与数据的影响，而且会受到感性力量的约束。经济学家凯恩斯曾指出“非理性的动物精神”在形成决策时所发挥的重要作用。一个有说服力的理由，或者充满激情的言辞，或者被强大的恐惧（因未按预定方向行动所导致）或回报（由创新如愿成功所带来）驱使，都能够令人们铤而走险。[1]

8.2 不确定性之漏斗

知识是整个创新过程的核心，它能将不确定性转化成风险。我们知道得越多，也就能够越准确地判断是否该进行下去。这就要求我们在竞争环境中尽早掌握相关的知识，因此也就不难理解赌马场和股票交易中那些知情人透露的消息有多重要了。在创新管理过程中，为获得早期信息以实现决策，通过对技术研发、市场调研、竞争者分析、趋势识别以及其他众多途径进行投资而最终获取早期知识，是一项富有挑战性的工作。罗伯特·库珀以“俄罗斯轮盘赌”为例做了十分形象的比喻，他说，大多数人在面对扣动扳机前的不确定性时都乐意“付费预览”，确认一下枪膛里是否有子弹。[2]

如果我们将创新视为消除不确定性同时增加资源投入的过程，则可以得到如下经典的图示（见图8-1），即我们对一个项目开展得越深入，那么支出得越多，同时我们获取的知识也越多。

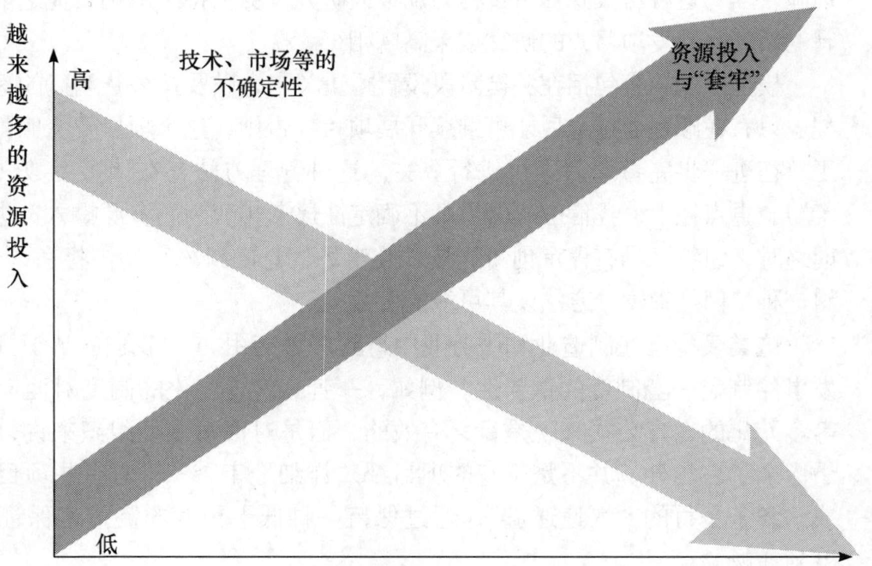

图8-1 创新项目中的不确定性和资源投入

在实践中我们将上述过程称为“创新漏斗”，它有助于我们针对资源投入作出(或重审）决策（如图8-2所示)。

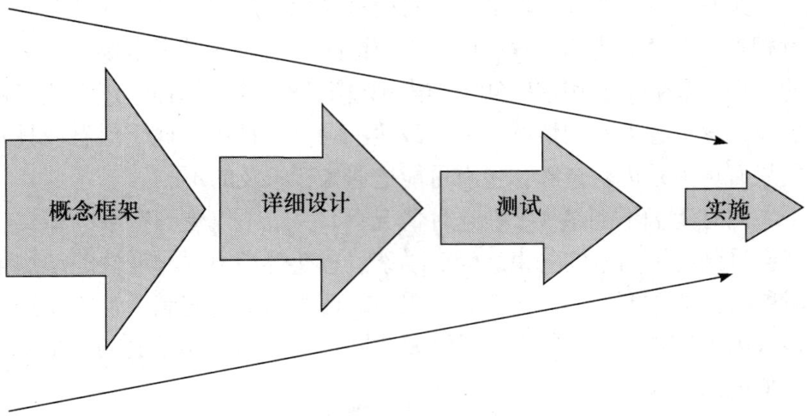

图8-2 创新漏斗

在项目伊始，似乎任何事都行得通，但随着项目的深入，对其投入的资源增多，转移目标愈发艰难。企业若坚持开发最终有可能失败的项目，则会面临损失（即相对其他备选方案的机会成本)，若中途草草放弃项目，则会面临在丰年颗粒无收的窘境，创新管理就是一种在二者之间寻求平衡的艺术。这种决策通常能很容易地实现，但是实践经验表明，通过利用一些具备明确决策点和约定规则的结构化发展体系来确定最终决策，是一种更加行之有效的途径。[3]

图8-1表明，在一开始不确定性十分高的情况下孤注一掷是行不通的，应循序渐进地作出决策。在进行风险/回报评估以确定下一步决策可行之后，接下来的每一步决策都需要投入更多的资源，但同时我们也将得到更多的关于技术、市场以及竞争者等因素的信息。通过进行风险/回报评估，我们将不确定性逐步转化为日趋缜密的风险管理。这种阶段式评审过程与加拿大研究者罗伯特·库珀（他之前研究过数以千计的新产品开发项目）的研究成果高度相符。[4]

模型中的内容包括在关键阶段设置重重关卡，以及按公认明确的标准评审项目过程。只有在顺利通过之后才可继续开展项目，否则，这个项目要么叫停，要么至少返工，在进一步完善之后才可进行下去。这种管理方法存在诸多变数（比如“模糊关卡”)。重点在于，我们应确保当高不确定性逐渐转变为高资源投入、进展情况愈加明朗之时，组织已具有评审创新的技术及市场信息的机构。我们将在本书的第10章探讨这种“门径管理”方法及其可能的变数。

这类模型已在制造业和服务业中得到广泛应用。[5-7]我们应认识到针对组织的突发事件制定一套制度的重要性。例如，一套高度程序化的制度对西门子或通用汽车等多元化的全球公司来说是行之有效的，但是对很多小型组织来说，这种制度就过于庞杂了。另外，并不是所有的项目都须详细地审查——对有些项目而言，需要形成一条条平行的“快速通道”，通过保持一种低干预度的监控来保证项目进展的速度与通畅。

同时，我们也应认识到任何门径管理制度的效力其实都受到不同程度的约束，而这种约束程度的高低，是由用以评审创新过程和持续分配资源的制度框架能否良好地运作所决定的。[8]这就强调了共享的制度设计形式的重要性——倘若没有可共享的制度，组织将面临对决策的投入不足、一些“鸡肋”项目导致的抱怨增加及对其他项目的阻碍等风险。

8.3 渐进性创新的决策

渐进性创新基本上就是对现有的工作进行改善，所以当我们对其进行决策时，整个过程也就简单一些（相对于突破性创新）。由于渐进性创新涉及将新事物与现有事物进行比较，因此在创新漏斗形成之初或推进过程中，我们可据此建立一套标准和方法。这类系统化的决策在产品开发体系中较为常见，我们将在第 9 章进行详细讨论。[9,10]当涉及风险时，这些决策会汇集成量化的信息，帮助我们以一种相对机械的方式进行判断。这也就解释了为何门径管理制度能够成为创新管理的有力工具——Coloplast 就是一个例子（见案例研究 8.1）。

案例研究 8.1

加速针对市场的创意的形成——AIM 流程

Coloplast 是丹麦的一家公司，其生产线广泛涉及多种医疗产品。该公司的门径管理流程叫作 AIM，其基本结构如下图所示：

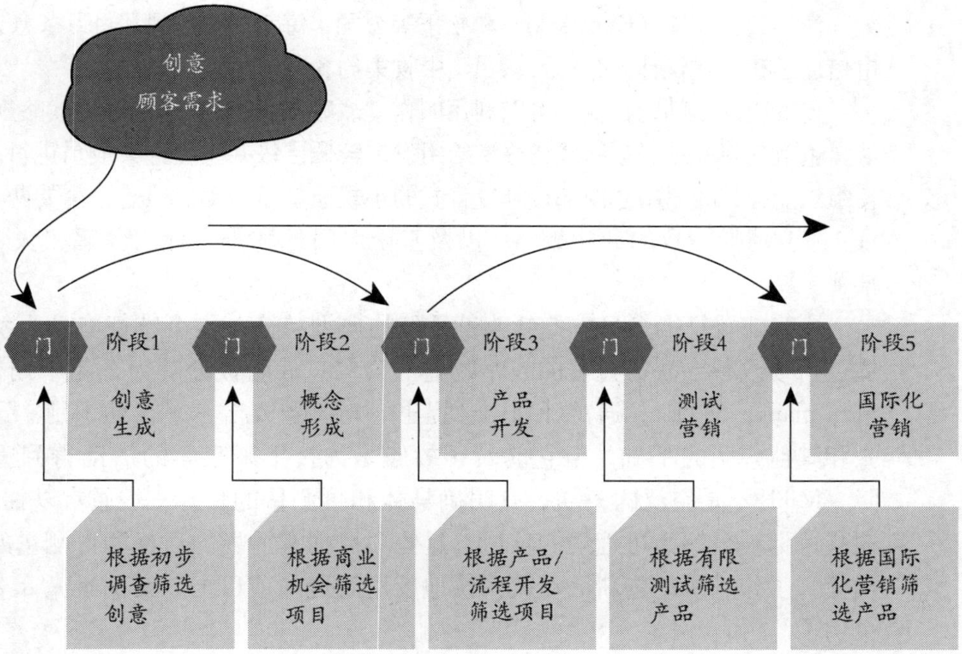

AIM 的宗旨可阐释为：

- 为 Coloplast 内部的产品开发提供通用准则；
- 适时作出清晰的决策；
- 明确责任。

整个 AIM 流程的目的是确保在产品开发过程中，保持一致的高水准的专业性来生产高质量的产品。

这一切都基于Coloplast的理念——公司必须提高新产品的成功率，缩短开发时间，成为世界一流创新者。

门径管理系统

从营销（产品部及子公司）、研发、临床事务及制造领域中甄选出的专家构成的项目小组负责公司大多数的产品开发工作。每个项目小组由一名具备熟练技能并极富工作热情的项目经理领导，遵循AIM流程制定的规章制度。

AIM流程将新产品开发分为5个可管理的“阶段”。每个阶段都由一系列平行可调的活动构成，以便完善对顾客需求的界定，同时开发出技术解决方案，提高制造能力。每一阶段之间都有一扇“门”，在该决策点，项目由“门卫”审查，担任“门卫”的高级经理有权确保有价值的项目快速推进。这些“门”在各个阶段之间发挥着关键性的质量控制检验点的作用。当“门卫”认为某个项目很可能在技术上和经济效用上满足顾客需求，并且能达到Coloplast在资产回报、质量、环境影响方面的高标准时，他就会作出“放行”的决策。

在大多数员工参与创新的情况下，渐进性创新的系统管理十分重要。[11-13]正如我们在第1章中所讲，这种管理改进或持续改善活动会产生显著的累积效应。这便带来一个问题——假如我们成功地说服大多数员工提出创新性的意见，那么又该如何管理由此产生的大量创意？（从这个角度来看，许多企业都有全员创新的优良传统——例如，像丰田、川崎（Kawasaki）和松下等公司，每年都要收到几百万条意见[14]，法国电信通过在线建议计划，每天从员工中收集约3万个创意。）

要解决这个问题，我们可以利用叫作“战略部署”（有时也称“战略规划”）的方法，也就是将高层级创新战略移交给组织的较低层级并且允许其成员进行决策。这就使组织能在其战略中心内部设计复合式的小规模创新活动。但是这需要两个重要的保证：建立清晰一致的商业战略，以及基于对目标和子目标的理解和认同进行工作部署。[13-15]

战略部署是很多日本持续改善系统的典型特征，这个特征有助于解释为什么通过持续改善会获得显著的战略收益。公司总战略被分解为三年中期计划（mid-term plans，MTP），通常计划中会提出一句口号或格言来帮助识别。这形成了主张和其他说明的基础，但它的真正效应是为接下来三年的活动得到重视提供保障。MTP不是空泛的条款，有明确具体和可测量的目标——通常以柱状图表示。这些目标被分解为可管理的项目，这些项目拥有清晰的目标和可测量的业绩考核指标，工作场所的创新活动被系统地应用到这些项目上。案例研究8.2列举了一个例子。

案例研究8.2

实际运作中的战略部署

日本一家大型厂商以生产起重叉车和相关机械为主，拥有约900名员工，生产线涵盖工业货车、建筑设备及其他新产品。

该厂眼下的战略是专注于“激荡30年”项目，这个项目反映了建厂30年来的历程，其中重要的主题有全面生产维护（TPM）以及间接成本削减。具有代表性的目标如下：

- 将生产率全面提高1.5倍；
- 将故障减至现有水平的10%；
- 将生产流程精简30%；
- 将新产品开发/引进时间缩减50%。

为实现以上目标，该厂提出了一个九支柱型项目结构，其中项目的总废品成本可量化，并且可细化成46个部分，每个部分都是改善的对象。

这种改进在自上而下和自下而上的模式中都可行。每个工作小组都要研究出自己的“废品地图”，并且要确立一系列由部门经理领导的项目。每个部门都有需要达成的特定目标，比如，将机器利用率从49%提高至86%，或者将正在生产的车辆从100台削减至20台。

每个废品都要画在一个矩阵中，其中一个坐标轴用于详细描述废品形成的种类和属性。该矩阵用红点（=未解决的问题）或绿点（=已解决的问题）标示，勾勒出项目的目标。需要重点注意的是，一年内能完工的项目可以重新检查，未来几年的目标可以逐步增加以实现持续的改善。

将工作进行可视化处理是一个重要的主题——使用标示着红绿点的图表，可以时刻提醒员工进行全面持续的改进工作。同时，当每个项目完成时，则标以醒目的粉色，这样在工厂里走一圈就能清楚地知道工作进展到了哪一步、已做了哪些工作，虽然这往往会引发对其他领域的兴趣和专注，但至少能提醒组织坚持原则。

组织需要管理大量创新想法，这带来了挑战，随着组织通过创新竞赛和其他共同创造的方法向组织外部的人员开放创新前端渐成趋势，这一挑战进一步加剧。结果是组织迫切需要创意管理系统来根据创意的可行性进行分类和筛选，并确保创意带来积极的效果。风险在于，这将在选择和资源分配过程中占用越来越多的时间。在线建议方案和众包方法中越来越多地使用的解决方案是，让创意群体和社区本身参与到对好想法的评级、评论和支持中来。

8.4 制定商业计划

尽管渐进性创新项目可以以既有的经验为基础，但是制定一份有说服力的商业计划很重要，其中所运用的工具和技术能够让我们更深入地探究和推敲组织的核心理念。制定商业计划的目的是将想法概要变得更加清晰，这样就能据此作出资源投入的决策。当我们开展更具突破性的创新项目时，显然要面临更高的风险，因此商业计划应该制定得更加有效，这样才能够调动起感性和理性因素以便得到决策者的认可。

许多组织使用的方法是展示背后的“商业模式”。本质上，这些方法都是关于创新如何创造价值的，例如广泛使用的“商业模式画布”和讲故事的方法。[16] 这些方法的价值在于，从不同的角度来思考创新并提出问题，有助于创新进一步清晰和成形。也可以从不同的利益相关者的角度提出挑战，例如，引入客户信息。我们的想法是对所提议的创新进行彻底的探索。案例研究8.3给出了商业模式思维的轮廓。

案例研究8.3

开发商业模式

商业模式清晰地反映出价值创造和价值捕捉的地点和方式。

● 它为创新如何创造价值提供了一个路线图——创新不会凭空发生，它需要一个框架。

● 它提供了一种与他人分享创意的方式——使商业愿景更加明确。这对于试图向风险投资或创新团队推销自己的想法，从而为内部创新项目赢得资源和支持的创业者来说很重要。

● 它列出了清单，对某些部分仔细考虑，以确保这个创意及其创造价值的途径是经过深思熟虑的。

任何创新都可以看作一个对人们有意义的故事。亨利·福特的故事是“一辆人人都能买得起的车”。乔治·伊士曼的目标是让摄影走入普通家庭——“你负责拍摄，其余的就交给我们吧！”埃德温·兰德女儿的问题给了他灵感——“爸爸，为什么我看不见你刚拍的照片？”他无法回答这个问题，于是开始研究基于宝丽来的即时摄影技术。穆罕默德·尤努斯讲述了一个“白手起家”的故事，普通人有能力和勇气创办自己的企业，只要在他们起步时给予资金上的支持。基于这种商业模式，他的乡村银行成长为全球最重要的银行之一。

这些例子有一个共同点。创新不是一个单一的想法，而是一个详细的、建构好的故事，为创意赋予意义、指明方向，并有助于与他人沟通。创造价值——无论是社会价值还是商业价值——都取决于获得一个好故事，并以一种引人入胜的方式讲述。

重要的是，这不仅仅是向潜在客户讲故事。创业者要与他人分享其愿景，以获得人们的支持、投入和承诺。这个过程还涉及寻找资源，同样需要引人入胜的故事。随着一次又一次地讲故事，故事会变得更加精练和完善，点缀新的创意，并根据观众的反馈改进。

一个好的商业模式就像一个好的故事，不会凭空而来——它是在讲述和复述的过程中形成和发展的。故事情节出现了，人物形象成型了，场景变换了——每一次我们讲述这个故事，故事都会精练和变化。向他人讲故事会帮助我们获得关于添加内容和删除内容的新见解。人们提出的问题或建议会改变我们下次讲述故事的方式。他们把这个故事传播给其他人，这个故事就会逐渐有自己的生命力，并开始在其他人的生活中变得有意义。在这个过程中，它会变得更加强大和清晰。

表8-1给出了一些商业模式的例子，以及代表其价值主张的信息，从而获得他人投资决策上的支持。

表 8-1　商业模式的例子

例子	价值主张	为了谁	由谁供给——供应端的主要角色	传递价值的关键活动
剃须刀片	每次用新的锋利的刀片剃须，而不需要磨快剃须刀	男性（后来是女性）	制造商，如吉列	刀片的设计、开发、制造、销售、广告、营销等
英国国民健康服务	为所有人免费提供医疗健康服务	所有人（而不是负担得起医疗保健的人）	调动整个初级和二级医疗系统	医疗健康服务
网上银行	全天候营业，独立于实体银行办事处运营	不能或不愿在“正常”的银行营业时间办理业务但看重便利性的客户，最终会扩展到所有客户，成为主导模式	IT 平台、呼叫中心人员、其他客户界面、后台系统和供应商	客户服务与关系管理
流媒体音乐服务，例如 Spotify	租用大型音乐库，在许多移动设备上可用	渴望随时获取大量的各种音乐的客户	IT 平台、建立 IP 关系的音乐供应商	访问控制 IT 分销和流媒体权限管理 租赁管理

探索和学习概念开发的方法

探索早期创新的一个有影响力的模型是基于精益创业和敏捷开发的概念。[17-19] 该模型起源于软件行业，将创新视为一系列实验性的学习周期，并在此过程中收集信息，以有效率的方式聚焦未来的发展方向。该方法的核心是两个概念——“最小可行产品”和“转向”。前者指的是早期的原型，可以用来收集信息、获得反馈、探究假设，本质上是一个帮助优化创新的学习工具。根据所获得的信息，最初的想法可能需要修改、转向，以更好地适应市场需要、具有技术可行性。

我们常用的方法有模拟与制造原型，例如，在引入新产品管理软件时，通常利用计算机和模拟来查看核心流程的运行过程。近年来，科技的重大进步拓展了工具的种类，使得以多种途径进行探索成为可能，实现了排除时间、成本障碍来开展更高层次的实验。道奇森、甘恩和索尔特（Dodgson，Gann and Salter）用“想、练、做”来形容该创新过程，他们提出，在提高效率和效果的压力日渐增大的情况下，创新的参与者采取了多种有效的工具，来扩展“练”这一阶段，并且将最终的投入延迟到过程的最后一刻。这类工具包括支持模拟和大规模实验的高级计算机建模、能表现物质外观和材质的快速原型制造，以及支持探索不同工作的模拟技术。[20] 随着 3D 打印和加层制造等技术的成熟，原型制造方法的应用更快、成本更低，因此可以更早、更频繁地将其引入创新过程。

我们将在第 9 章对制定商业计划这个主题进行更加广泛深入的探讨。

8.5　概念测试和建立同盟

尽管正式决策需要作出选择，但是这些选择本质上有着政治上或其他行为偏好方面的主观性。[21,22] 很多产品创新和流程创新问题都源自开发的多重性能，以及对研发产品或目标市场缺乏共识。常常有人提出：“关于 X 项目你没有咨询过任何人，要不别人肯定会告诉你这事做不成……”这就强调了应当尽早让所有部门参与进来，比如说在概念界定/产品分类的阶段。有一些程式化的方法可解决以上问题，其中包括质量功能展开（quality function deployment，QFD）和功能制图。[23]

对于创业者来说，资源限制的问题意味着他们需要在建立联盟和支持网络方面拥有专门知识。

正如我们在第5章中所看到的，用户作为新创意的来源发挥着越来越重要的作用。[24]在早期阶段就与用户合作有助于细化和阐述概念，重要的是，还能获得他们的支持。创新传播的一个关键原则是创新与所处的环境的兼容性，换句话说，它能否适应用户的世界。尽早让用户参与进来，可以让问题浮现出来，在设计中加以考虑，让下游更容易接受。

模拟技术和原型制造技术的应用，尤其是计算机辅助设计的应用，使我们对概念的初步讨论和完善变得更加容易。在流程创新中，关键用户的早期参与及其观点的融合与公司整体绩效的提高有着紧密的联系，同时这二者也关系到运作中的流程被接受的程度。上述方法已产生巨大影响，比如，大型综合计算机系统的应用跨越了职能的边界。[25,26]

随着组织越来越多地使用开放式创新方法，与供应商、用户等更广泛的利益相关者群体建立联系的可能性也在增加。引入终端用户的想法不仅可以提高最终设计的质量，还可以加速创新的传播。[27]供应商尽早参与，在后续的开发和生产环节就可能基于自己的专长提供出其不意的创意来节省成本和时间。产品开发越来越多地被视为一项合作活动，其中，具备独特知识集合的参与者构成了一个个网络，这些网络由一个共享目标来调节。在诸如汽车零部件、航空航天以及电子资本设备等领域，都采用了正式的供应商参与的方案。[28,29]

在与企业外部成员交流时，也应注意一些外部的规章，比如产品标准、环境限制和安全法规等。另外，当地一些相关组织参与进来以及公司内部人员参与到这些组织中，对概念测试有益。

8.6 分散风险

即便是规模很小的企业，也会进行许多创新活动。它可能会将大部分资源集中于主要产品/服务或者新流程，但与此同时，还会有许多渐进的改良活动和较小规模的变革项目，这些活动同样需要消耗资源并需要监管。像宝洁或者3M这样的公司产品线更宽，3M公司的产品多达6万种。随着通过创新实现利润增长的压力日渐增大，3M公司30%的销售利润来自近3年引入的产品——这意味着在流程创新及定位创新的支持下，新产品/服务有助于企业实现稳定、快速的运行。即使是以建设新桥梁和建造写字楼为主要任务的项目导向型组织，也会同时运作一系列子创新项目。

众所周知，创新过程呈漏斗状，从一开始的宽口径（此时有多种可能性）收敛成一个小得多的部分（这部分代表资源最终流向的项目）。这就提出了以下问题：如何选择项目和其他子项目才能在风险、回报、创新性、经验以及其他多种不确定的因素之间确保平衡？建立创新组合的挑战对非商业组织而言也是一个问题。比如，医院是否应投资新手术室、新扫描仪、病人护理方面的新型保障机构，或者新型灭菌方法。没有哪个组织不需要考虑相关问题，因此必须作出选择，并且通过丰富的创新组合来帮助我们在工作中既精益求精又另辟蹊径。

目前有很多成熟的方法能处理广义上的创新组合管理问题。这些方法小至简单的风险回报判断，大至复杂的基于概率论的定量工具。[10,30,31] 但是无论采用什么方法，其内在的目标都是一致的——为甄选执行项目提供依据，并确保组合内的各项目实现风险和回报的平衡。这类判断的失误将导致一系列问题（如表 8-2 所示）。

表 8-2　创新组合管理不力导致的问题[32]

缺乏创新组合管理可能产生的情况	影响
启动项目不受限制	资源过于分散
不肯停止或取消项目	资源不足或导致时间、成本的浪费
在项目群中缺乏战略性聚焦	高失败率，或造成非重点项目的成功和牺牲重点项目的机会成本
选择标准不高或不明晰	由于不同的政策、情感或其他因素而导致项目走向迷途，下游项目的失败率上升，并且要转移其他项目的资源
决策标准低	选择了很多平庸的项目，对下游项目的影响力微弱

建立创新组合法试图解决评审一系列项目的难题，在经济性与非金融性的风险/回报因素之间寻求平衡。第 10 章将更加深入地探讨组合方法和工具。

8.7　临渊决策

当所作决策是关于渐进性创新时，创新就相对更难了。有了必要的信息，就能撰写商业计划，也能讨论成本收益和现有创新组合的适宜性。但是当被选项目快结束时，资源的投入程度以及风险都随之增加，此时的决策就更像是一次赌博——情感和政策因素的影响变得更显著。最终，组织要面对为新路线作决策这一真正的难题——跳出原有的经验和主导的技术及市场路线构成的旧框框。[33-35]

在全新技术或新市场的出现、制度框架的改变引发非连续性创新的情况下，现任责任人通常要面临重大的挑战。启发法以及资源配置的内部规则此时毫无作用，而且很可能妨碍我们决定新的备选项，因为这些备选项大大超出了公司的常规框架。克里斯滕森认为，在对由新兴市场出现而引起的中断的研究中，现任管理者的决策以及潜在的奖励和强化明显更倾向于维持现状，继续与现有的客户和供应商合作。这种存在局限性的决策会为新进入者占领新市场并大举进军现任管理者的领域创造机会。[36] 无独有偶，亨德森和克拉克也认为，搬往新的“大楼”——涉及新知识集及其组合的新格局——会给现任管理者带来难题。[37]

选择与重构

挑战的关键在于组织面对重构的难题，这需要以不同的方式审视世界并随后改变作出选择决策的方式。人们无法处理所有接收到的丰富复杂的信息，于是需要利用各种简化的架构——心智模式——来了解这个世界。这一点对组织而言也是相同的，作为个体的集合，组织可建立共享的心智模式来体验复杂的外部世界。[38] 这类模式毫无疑问也是得到简化的，比如，提供多种视角以供组织全方位了解环境并引导战略行为的商业模式。

非连续性创新的问题在于它带来了无法契合现有模式并要求重构的挑战，而重构对于现任管理者而言很难做到。与心理学家定义的个体认知失调类似，组织通常会进行选择性的感知并结合它们已形成的世界观来理解新形势。[35] 由于非连续性转变本身通常在重大变革中作为微弱信号出现，因此组织在一段时间内自然而然地会沿用旧方式来阐释该信号。当二者的断层十分明显，无法回避突破性重构时，往往为时已晚。正如多萝西·莱昂纳多巴顿所言，核心能力变成了核心桎梏。[39]

下面的前沿视点 8.1 介绍了 Cerulean 公司的例子。

前沿视点 8.1

启动突破性创新

Cerulean 公司是为烟草业提供电子设备的市场领先者，专攻填料设备。公司已成立约 40 年，在产品持续改善方面有着相当长的历史，其“质量测试模块”（Quality Test Module，QTM）作为核心产品已有 10～15 年。大概在四五年前，公司产品开始走下坡路。我们一直以来很擅长循序渐进地改革。在过去的 10～15 年间公司多次作出微调，但是我们认为应超越这一点，我们希望看到新的、不同的东西。随后我们开始讨论如何才能创造出一个与以往产品截然不同的产品，于是就有了这个创新项目。

我们采用的方法是让渐进性变革在后台运行。我们精于此道，并为此做了相当多的工作。我们一步步地改进新产品的引入流程，进行门径管理。我们每前进一个阶段都要进行审查。如果有必要，我们会中途叫停部分项目。我们跟踪成本，主要是产品成本和项目成本。因此，一切都运作良好。此外，我们还进行相关项目管理。我们想做的是创造卓尔不凡的产品——可能迥然不同，可能独立运作，也可能相互交织，这能让我们做不同的项目，让我们创造出不落窠臼的项目，但它必然是全新的，要么来自外部的启发，要么来自内部的灵感。大约在七八年前，我们曾尝试同一家外部咨询公司交流思想，并支付了一笔可观的费用，但最终采纳的还是我们自己的方案。咨询公司所做的无非就是和不同的人谈话，然后再将这些想法用一份针对相关产品的表格呈现。在我看来，我们已经有了原材料，也有了激发企业产品理念的动力。我们需要的只是一个机制去关注这些想法并将其作为项目提案来完成，而且突破性项目以及突破性创新项目都由此而生。这套机制并非旨在替代渐进性创新，在我看来，它是为了与之并行，或行于其上，或与之交融。我最初认为，我们能将二者贯穿同一流程并能得到共同的结果，但很快就意识到这是行不通的。

（采访者：那么，从某种意义上讲，当你们试图创造两种不同的文化时遇到了问题，一种文化支持渐进性创新，而你所说的另一种新文化，或并行或单行，所做的事情都是截然不同的。你是否能在同一个人身上实现这些?）

是的，可以……必须用一种可以使人们标新立异的方式来管理。我们不希望丧失渐进性创新的能力。我们能不断提高，也能不断改善项目和产品，而且我们想保持这些能力。但是与此同时，我们也希望这群人能从公司内部或者外部甚至是行业外部汲取灵感，然后发掘合适的产品。我们并不希望创造出毫不相关的产品。这样的产品可能还不错，但是我们公司毕竟还没庞大到可以留着一块鸡肋。而且，我们认为，如果产品做得太不靠谱，就会显得很不和谐。我们目前还没有做到能够在这个行业高瞻远瞩，开发出一个领先行业六七年的产品。我们公司的规模还小，相对来说还是赚钱要紧，我们要维持原有的盈利能力。而为了保持这种发展势头，我们要有能够将两种不同的产品贯通的本事。我们需要重振公司，恢复一个创新公司应有的声誉。

帕特里克·麦克劳克林，Cerulean公司总经理

宝丽来公司也遇到了这种难题。宝丽来是一家技术制胜型公司，以快速成像开拓市场，享誉全球40余载，却在世纪之交濒临破产（参见第11章）。根据特里普沙斯和加维蒂的说法，难以适应数码成像的发展趋势“主要是由公司主观的认知惰性造成的。根据我们的记录，直接参与数码成像的经理对这片崛起的新大陆表现出极高的认可。我们猜测，对市场信息的解读存在偏差，加剧了高层管理者和数码成像工作组经理的认知失调”。[33]比德（Bhide，2000）和克里斯滕森（1997）也支持该观点：因未能重构而自己设置的障碍会给现有市场参与者带来困难。他们发现公司的员工通常能想出很多创意并构成间断性技术的基础，但是这一切最终被竞争对手或新兴组织利用和开发，对公司造成不利影响。

问题并不在于这些公司进行创新决策的战略资源配置机制不强或者无效，恰恰相反，这些机制相当好。这是因为，只有当决策在框架内进行时，它们才会有效，当挑战来自外部时，这套机制就失灵了。应当认识到，驳斥这些观点的理由看上去是理性的——换句话说，这些理由条理清晰，也符合决策原则和框架内的准则，但是正如经济学诺贝尔奖得主赫伯特·西蒙（Herbert Simon）所说，存在有限理性就会导致一系列严重的心理效应，如群体思维和风险偏移。[34]

案例研究8.4给出了一个关于柯达重构的例子。

案例研究8.4

柯达的重构

柯达的崛起源于摄影，通过简单的相机和可靠的高质量胶片使摄影走入每个人的生活。但是数码成像的出现以及这一领域的公司的激增，使得竞争越来越具有挑战性。2012年，柯达根据《美国破产法》第11章申请破产保护，步宝丽来后尘走到这一步。

但一段时间以来，柯达将自己重新定义为一家影像公司——其中一个方面就是重构一些核心知识，以服务于一项新的、可能具有颠覆性的创新。它在高速涂覆表面以及控制涂层和覆盖范围方面有专利和专有知识，在其涂膜业务中发挥了作用。但经过一些调整，如今这项技术大多用于印刷行业，其创新对诸如胶印等传统高速印刷工艺提出了重大挑战。

大多数关于突破性和非连续性创新选择的困难都来自框架问题。亨德森和克拉克指出，创新很少只涉及单个技术或单个市场，往往涉及一系列知识，这些知识由公司以特定的方式组合在一起。成功的创新管理要求我们不仅掌握并利用零碎的知识，而且要能将其整合，即完成创新的架构。[37]问题是，我们常常缺乏构想出备选方案、新异架构的能力。在出现技术进步的系统层面，多西使用“范例”来描述精神框架[40]，阿伯内西和厄特巴克则强调了“主导设计”在创新由孵化期转向被企业跟进的成熟期

的过程中发挥的重要作用[41]。马尔基德斯（Markides，1998）在提到“战略创新”时说：“对业务内容从根本上重新定义，会反过来导致人们用完全不同的方式来处理现有业务。”哈梅尔（2000）认为，经营理念创新可以定义为“重构现有商业模式，为顾客让渡新价值，为对手创造意外，也为对手创造新财富”。

最近的研究集中在商业模式创新这一主题上——已建立的模式被创业者推翻，寻求创造和交付价值的新方式。（这与我们在第1章中讨论的范式创新相对应。）例如，表8-3给出了一些创业者使用互联网工具实现商业模式创新的例子。

表8-3 互联网作为商业模式创新之路的例子

旧模式	互联网下的替代模式
航空和旅行预订	脱媒——DIY或其他在线整合
百科全书——专家导向	维基百科和开源选项
印刷和出版——实体网络和专家	线上协调、自助出版、长尾、按需印刷
零售——通过商店、配送中心等进行实体销售	亚马逊和线上销售、长尾效应、数据库挖掘等

我们可以看到一种通用的商业模式创新战略——这为企业家提供了重写游戏规则的众多机会。例如：

- 用户驱动而非供应商主导，其中活跃、见多识广的用户的角色正在重塑创新的轨迹。
- 服务化，即制造业务越来越多地被重新定义为服务产品。正如我们所看到的，飞机发动机制造商劳斯莱斯将其商业模式重新定义为“按时计费”，它认识到客户真正看重的是提供的动力，而不是发动机本身。它现在向用户按所用小时收费。化学公司越来越希望提供租赁模式，即它们提供服务以支持其产品的有效使用，而不是简单地提供大宗化学品。
- 租赁而非拥有，指的是价值主张转向获得功能而非资产。例如，许多人已经通过像Spotify这样的流媒体服务平台租赁音乐，而不需要购买唱片。同时，在城市中心自行车租赁甚至汽车租赁的想法取代了对所有权的需求。

案例研究8.5是关于音乐行业的商业模式创新。

案例研究8.5

音乐行业的商业模式创新

随着时间的推移，我们可以看到基础商业模式偶尔出现突破，然后围绕该突破进行长时间的细化（或更好的创新）。例如，音乐行业出现在20世纪初期，当时收音机和留声机使人们能够收听广播和拥有唱片。这种主导模式一直持续到20世纪末，消费类电子产品增长，随身听和其他形式的便携式产品，包括磁带、CD等出现。数字革命，特别是MP3压缩技术的发明，使MP3进入虚拟空间，商业模式的挑战变成在知识产权的法律范围内提供价值！一段时间里，各种非法但广泛使用的模式（Napster等）激增，主导模式变成iTunes，形成了一个截然不同的价值网络。但这也受到另一种商业模式的挑战，即通过在线流媒体和设备租用和存储音乐，而不是拥有音乐。

“非此地发明”以及“公司免疫系统”

当观念开始转变时，由于需要重构思维，现有市场参与者可能会面临一些问题。这对他们而言不仅仅是增加了新的信息，更多的是改变了他们日常用以发现和理解信息的框架结构。他们需要跳出思维定式，这往往很难，因为原有的思维方式已高度结构化，而且组织结构和流程也对其进行了强化。

毋庸置疑，这样做很困难。事后诸葛亮往往嘲笑一些明显愚蠢的决定，例如：

- “这是典型的柏林热空气，该产品毫无价值”，拜耳药理研究所负责人海因里希·德瑞瑟（Heinrich Dreser）发出的一封信表达了这一观点，他拒绝了菲利克斯·霍夫曼（Felix Hoffmann）发明的阿司匹林。当时，拜耳公司正致力于其“明星”止痛药二乙酰吗啡的研发，据报道，这种药物能让工厂工人感到充满活力和“英雄气概”，拜耳公司决定将其命名为“海洛因”。这些副作用最终迫使拜耳将药物从市场上撤下，拜耳董事长出面否决了德瑞瑟的决定，并接受将阿司匹林作为拜耳的主要止痛药。如今，每年有超过100亿片阿司匹林被服用。[42]
- “谁想要在白纸上复制文件？”这封拒绝信是1940年写给施乐复印机的发明者切斯特·卡尔森（Chester Carlson）的。事实上，超过20家公司在1939—1944年之间拒绝了他的“无用”想法。美国国家发明家委员会（National inventor Council）也对此不屑一顾。如今，施乐公司的年收入在10亿美元左右。
- “这个概念很有趣且完整，但为了获得比C更好的成绩，这个想法必须是可行的。”面对弗雷德·史密斯（Fred Smith）论文中提出的可靠的隔夜快递服务，耶鲁大学教授这样回应。史密斯后来找到了联邦快递。

如果我们考虑以下特殊情境——公司对拟拓展领域既无知识又无经验，且该领域不属于公司的核心业务，公司之前也没打算进入该市场，等等，对于著名的“非我发明”排斥现象就容易理解了。表8-4列出了一些在否定有关突破性创新的选项时看似合理的理由。

表8-4 不采用突破性创意的理由示例

理由	现行思维模式下的潜在观点
“这不关我们的事”	认可某项有趣的新业务，但是由于其与公司核心能力相去甚远而予以拒绝
“这算不上业务”	旧的价值观暗示该商业计划在某些关键维度上是有缺陷的，这往往低估了市场发展壮大的潜力
“对我们来说不够大”	对大公司而言，新兴市场的规模太小，远不能达到公司的增长目标
“不是公司研发的”	认可某项有趣的新创意却拒绝采用，通常是发现了缺陷或者认为其与公司当前的发展方向不符
“公司研发的”	认可某项有趣的新创意却拒绝采用，因为内部产生的观点会被高估
“我们没那么残忍”	意识到某个选择有潜力影响现有市场，但是不愿采纳潜在的竞争理念
“想法不错但不合适”	认可某个由内部产生的有趣观点，但是其应用范畴在现有业务领域之外，这常常造成提案被搁置或封存
“还没坏呢修什么”	没有意识到采用新创意的相对优势

续表

理由	现行思维模式下的潜在观点
“智者所见略同”	战略决策层面的“群体思维”，导致新创意最终被抛到了集体参考框架之外
“又不是顾客想要的”	新创意无法吸引现有顾客，从根本上讲这是个不同的价值主张
“我们之前又没做过”	认为从市场和技术的角度看，相关风险太高
“我们做得不错”	成功的陷阱——缺乏动机、组织松散，无法在现有业务之外进行探索
“我们先建个试点再说”	认可新创意的潜力，但是对其探索开发的投入不足——不温不火的支持

以上皆是保护现有心智模式的方式，也许按照基本框架中的标准来看是“正确的”，但它们仍旧是墨守成规的。更重要的是，这些会被“理性”的大旗所掩盖，比如，人们会罗列出一些有关市场规模的数据来拒绝对新领域的探索。他们就像“免疫系统”的排异反应一样，维持目前身体的健康。

了解重构的问题很关键，因为它提供了一些线索，这样我们就知道替代方法的进展，以便在高度不确定的环境下做出决策选择。由于这一类创新存在高度的不确定性，对于渐进性创新行之有效的“理性”方法也许就不再适用。同样由于高度的不确定性，我们很难整理“事实”来制定商业计划，而现有架构给出如表8-4所示的看似合理的拒绝理由。突破性创新选择与核心项目的潜在冲突（比如，抢占现有的有利可图市场的风险），以及公司对不同资源的需求，都使问题更加复杂。

在早期阶段，要考虑采用某种替代方法，跳出通常的决策渠道去探索机会，但当不确定程度降低时，要进入常规轨道。若要消除其中的压力，则需要发展出平行的组织架构，甚至在公司的常规结构以外建立卫星风险机构和组织。

当然，也可以采用观望这样的替代策略，让市场来消化早期的不确定性。由于采用快速跟随的策略，资源充足的大型公司较之小一些的早期进入者，往往能够更成功地探索创新。[43]例如微软公司，它在互联网和GUI（图像用户界面）领域并不是先行者，但是利用其相当丰富的资源基础进行了一次快速跟随。很多大型制药企业也是通过观察学习而非直接参与来管理生物制药业的高度不确定性的。可以说，这种战略既借助开发成熟的早期预警扫描系统来搜寻并监控机会，又要依靠另辟蹊径运用主流决策、资源配置系统来支持这种“可控的重构”。

8.8 划出选择空间

我们在第6章已经了解到，多数组织在探寻创新触发机制时，应该在“利用”和“探索”行为之间达到平衡，但是往往局限于何为“可接受的”探索活动——从本质上讲，每个组织都有舒适区，它们往往不愿或不能从中走出来。同理，其决策乃至突破性方案都要受到约束，这便促使组织迫切需要跳出原有思维方式进行思考。门径管理和创新组合系统依赖于利用从外部引入的标准，这就默认了资源配置流程始终运行良好、适合组织，即便决策发生方向性错误。在稳定的环境下，这些系统确实运行良好，标准也都明晰可依，恰到好处。但是，更高的不确定性给现有模式带来了压力，结果使组织无法舍弃不合适的创意，久而久之，它们就形成了“自我审查”机制。如某位正在研究其公司创新组合和门径系统如何处理突破性创意的受访者所说，“我们这儿已经不用漏斗，改用管子了！”

图 8-3 显示了一种查看创新选择空间的方法。该图的纵轴表示我们所熟悉的渐进性/突破性这两个创新维度，而横轴表示环境的复杂性——要素的数量以及要素之间潜在的相互关系。复杂性的增加意味着很难预测未来，因为要素的组合会发生很多变化。这时由于高度的不确定性，决策的难度也愈加明显。

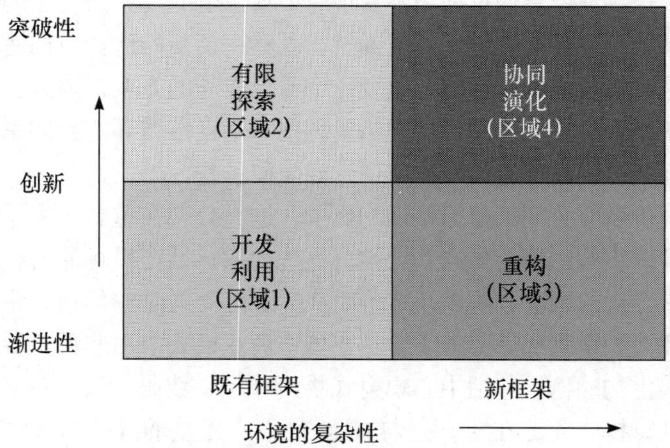

图 8-3　创新选择空间概貌[44]①

区域 1 实质上是创新文献中所说的应用范畴。其假定存在一个稳定共享的框架——企业模式/架构——渐进性改进就在其中进行。如前文所述，选择路径与稳定状态息息相关，涉及组合方法、门径管理重审、清晰的资源配置标准，以及项目管理结构，等等。该选择活动所涉及的结构由相关的参与者、明确的决策点、决策规则以及评判标准等决定，这些都是在产品/服务开发及流程创新方面被广泛认可的最佳实践。[4,10,45]随着各个行业日趋成熟，各种工具和方法也将日臻精良。

区域 2 表示进入新领域时的选择，这就延伸了已知的边界，并通过采用各种搜索技术来实现这种延伸。但这仍旧是在同样的基本认知框架下进行的，被称为常规企业模式。虽然这个“赌注”赔率比较大，但是决策依然要依据基本战略模型和核心能力来作出。在“突破性”选项的战略层面也许会产生分歧，但是基本的认知框架确定了大方向以及决策依据。通常在每个行业层面都会遵循某种路径，比如说，摩尔定律促成了半导体、计算机以及相关产业模式。尽管创新活动存在一定的风险而且要受到行业框架的强烈管制，但是根据帕维特的观察，在活动中，所有参与者的行为都受到了某种行业模式的影响。[46]

这类选择活动要求关注更高的层面——所谓更大的“赌注”——关键战略投入而非战术性投资。“利用”和“探索”这两种观点往往针锋相对，而资源往往短缺，会议室常常充斥着这两大阵营的冲突。由于探索具有高度的不确定性，其行为更像是一种“信仰”而无法与明确的基于事实的企业案例联系起来，因此情感因素（如激发人的激情——“拥护”行为，或者来自资深参与者的认可——“赞同”行为）在说服决策者时起了很重要的作用。[47]

---

① 这一模型的最初构想来自 Boulton，J. and P. Allen. Strategic management in a complex world，In BAM annual conference. 2004. St Andrews，Scotland：BAM。

上述两个区域表示的是我们所讨论的创新选择中利用/探索的领域。相对而言，区域3表示的是重构。它涉及从一个产生替代架构的空间中进行搜索选择，探索环境中不同要素之间的排列组合。这个过程（实际上就是创业）有很大风险，往往导致失败，但同时也会导致强大的新型商业模式（business model，BM）的出现。值得注意的是，这种现象是通过利用不受现有BM影响的要素而发生的，如果现行的BM很成功，就会给现任的管理者造成困扰。既然在创新的选择方面有确凿的信息，也有既定的套路来管理流程，为何要改变一个看似成功的方案？因为在搜索和选择的系统中存在不断增强的惯例，而价值网络呈现出一个良性循环的封闭系统的特征，一旦人们认为它能通过创新创造价值，它便开始阻碍重构。[48]

廉价航空公司就是很贴切的例子：这类公司在重新思考了众多要素之后，开始专注于开辟重构运输业务的新天地。这些要素包括在机场的转机时间、差异化的航班设计、差异化的网上订购以及定价模式，等等。同时它们也采用差异化的新要素，主要是关注诸如学生和退休人士这类在传统商业模式中由非重点要素构成的市场。其他商业模式重构的例子包括中心辐射式物流体系、数码成像、数字音乐发行，以及移动通信和计算机。关键在于，这样的创新不一定要推动前沿技术，而是要建立新的结构——对已有事物的新的组合方式。

如果使用对区域1和区域2有效的惯例，是很难在这种条件下作出选择的。尽管创新本身未必是突破性的，但必须透过一个不同的视角来考虑问题，而相关的信息类型（以及被感知的重要性）又可能难以理解或难以得到。例如，当进入一个新的潜在市场时，挑战在于传统的市场研究和分析技术对于这个几乎不存在的市场可能并不适用。表8-4中列出的许多拒绝创新建议的理由都可以对应于在区域3中有关选择的难题。例如“这不关我们的事”对应于公司在分析新的变量时感觉缺少必要的能力。“不是公司研发的”对应的是公司感觉在某个技术领域缺少经验、能力或参与，从而不能对此作出分析和理性决策。“这算不上业务”对应于一开始显得很小的市场规模，看起来不能满足企业的增长需要。但是这样的市场可能会增长，这就要求看到与既有商业模式的主导逻辑不同的一种可能性。[43,49]

这里的挑战在于想出一种新模式，并将新的元素吸收和整合进去。这很难做到，因为它要求认知上的重构，还要挑战既有的体系。马基雅维利（Machiavelli）在几个世纪之前就认识到了这一点。强大的趋向服从的社会力量——群体思维、风险转移等——在高层强化着主导观点。[34]这些观点得到情感上的支持后，如表8-4中列出的一些话那样显得合情合理——就是我们之前提到的“免疫系统”。显然，思维方式和战略方向的根本改变往往是由危机导致的——一种思维方式消失，或者新的CEO带来不同的世界观。

区域4中产生的是前所未有的创新。它代表着边界模糊的复杂环境，而创新是其中协同演化过程的结果。[44,51,52]与其说这是按预定轨迹形成的，倒不如说是独立元素之间复杂互动的结果。扩增和反馈的过程强化了起初很小的方向转变——“吸引盆”（attractor basins），并渐渐界定了一个演变轨迹。这就是我们在第1章看到的创新生命周期的“流变”。此时主导设计还没有出现，因而也未形成标准。[53,54]在这种情形下可以有多种选择，可以做各种各样的实验。此时很难制定选择战略，因为很显然在这个阶段无从知晓什么会变得重要、最初的变化在哪里发生、反馈和扩增作用于何处等。在这种情形下，战略只能分解为三个核心原则：做什么，如何提早做，如何更积极地做（即成为反馈和扩增机制的一个组成部分）。[51,55]

产品创新类别的首次出现就是这方面的例子。例如19世纪出现的自行车，将制铁技术和社会对于个人交通工具的大量需求所创造的可能性结合起来。[56]新的技术经济系统的产生本质上是一个大量复杂元素的协同演化过程，而不是对它们的重构过程。这些变化就是佩雷兹（Perez）所称的“范式转移”，工业革命或互联网社区的产生都是这样的例子。[57]

这个区域对既有的选择惯例构成了重大挑战。这些惯例本来是用于以“已知的未知”形式应对不确定性的，然而区域4本质上就是“未知的未知”领域。分析工具和基于事实的决策方法（例如商业案例评估）不合适用来作出判断。这场游戏中，下棋的规则尚不清楚，甚至需要去设计棋盘。一个例子是，互联网和它承载的产品服务的产生就来自一系列复杂的用户互动。另一个例子是，诸如糖尿病之类的慢性病在未来的发病率可能会上升，治疗成本会超过医疗保健预算的承受范围，那么应对措施就要牵涉许多不同的利益相关者——诊所、医药公司、保险公司、护理员和病人自身。

表8-5总结了我们在作出选择时面对的挑战，强调了在区域3和区域4中尝试新方法的必要性。

表8-5 选择的挑战、工具和辅助结构

区域	选择的挑战	工具和方法	辅助结构
1. 常规业务——在稳定条件下的创新，对于核心商业模式几乎没有干扰	决策是基于将既有的知识应用于已知的领域。以渐进性创新致力于改善和提高。需要与既有价值网络中的对象建立密切的工作联系	最佳实践用于新产品/服务的开发 产品组合方法加上明确的决策标准，有明确方向的门径管理评估	正式的主流结构——门径管理流程和评估会议 决策制定涉及组织中不同角色和职能部门的高度参与
2. 常规商业模式——在这个框架中做有限的探索	探索——通过适度冒险来推动技术和市场，通过对进一步研究的战略投资来“付费预览”。需要承担风险和不确定性	风险评估的高级工具，例如实物期权法 多种投资组合方法和模糊前端工具包——气泡图等。使用财务标准和非财务标准的组合。其判断方法允许发挥热情	可能构成门径管理评估体系的一部分，更加关注早期的高风险项目。也可能需要在体系之外有专门会议——决策是在战略层面而不是运营层面作出的
3. 备选框架——在环境中引入新的不同的元素	重构——研究备选方案，引入新元素。挑战在于在不确定条件下作出决策，但又不仅仅存在信息不充分的问题。承担风险要求学习更多知识。这里还涉及不熟悉参考框架的问题，以及舍弃主导逻辑的难题。认知冲突意味着现任者不能充分“忘记”过去，不能以“新的眼光”审视环境	使用现有工具包的变体，例如投资组合法，但扩展其参数，例如模糊前端、气泡图等 备选的分析未来和愿景的工具构建危机 原型法——试探和学习 创新技术 通过内外部创业者来分解早期商业开发活动 备选融资模型和分权的早期探索	不太可能兼容既有的决策结构——门径管理和投资组合，因为这些针对的是既有的商业模式框架。需要并行或备选的评估结构——至少在早期如此
4. 突破性的、前所未有的可能性——围绕未知的既有元素设计新的结构	突发——需要与利益相关者协同演化 ● 做什么 ● 如何提早做 ● 如何更积极地做	复杂性理论——反馈和扩增，试探和学习，使用原型和媒介	远离主流 卫星结构——臭鼬工厂，甚至在公司外部 允许梦想 外部代理机构和执行者

研究札记8.1介绍了在高度不确定性条件下决策的工具。

研究札记8.1　　高度不确定性条件下的决策工具[58]

面对区域3和区域4中的重构挑战和高度不确定性，组织应当如何管理其选择过程？“非连续性创新实验室”是由31家学术机构和140家商业机构组成的经验分享网络，其研究建议公司采用一系列方法，包括如下几种：

构建备选的未来道路

在“未来研究”方面一种重要的方法就是，使用预测、趋势外推、情境构建等工具来创造和探索未来的可能模式，洞察其中的潜在威胁和机会。[59,60]越来越多的未来工具正被应用于建立新的创新空间的框架。例如，“Game Changer”项目被诸如壳牌、惠而浦等组织广泛采用；宝马、诺维信（Novozymes）和诺基亚等公司则广泛使用与之相似的方法。[61,62]它们采用一系列技术（包括隐喻、讲故事和愿景构建），并尽量让多个部门共同参与。因为它们认识到未来可能会使传统的市场或人口边界变得模糊。这种方法的一个重要变体是“构建危机”，即故意探究一种突破性、挑战性的未来以产生不安，从而在这样一座“燃烧的平台”上产生新的前进方向。[63]

将原型作为选择过程中的桥梁

当面对常规框架之外的创新触发信号时，组织就面临经典的创业者挑战。创业者可能会看到新事物，但要进一步将创意变成现实，则需要调动资源。要做到这一点，他需要说服别人相信这个创意的潜力。这个过程涉及在潜在支持者的头脑中构建一座连接当前状态和未来可能性的桥梁。媒介因此变得很重要——它能够成为两者之间的“垫脚石”。原型能够提供一种创造这样的垫脚石的方式，连接新的选择。这个垫脚石很重要，因为它既有助于更好地理解创意，也能在创意的形成阶段进行修改和完善。[20,64]

有许多种构建原型的方法，包括物理模型、模拟等，适用于工业制成品乃至服务。也可以通过咨询来紧跟潮流，以帮助降低外包开发的风险。通过借助IDEO或?Whatif！这样的咨询公司，组织可以“安全”地做实验，并通过它们与外部代理方的合作来从事新原型的开发。

试探和学习

应对不确定性问题的一种方法是试探和学习，这就像是在迷雾中前行，每走一小步，就要用手电筒照照前方的路通向何处。这种方法与媒介密切相关，通过一系列有计划的实验，从常规框架的“盒子”之外移步到一个舒适区之外的新地方。这样做有两个作用：一方面，提供关于什么有用的新信息，另一方面，表示标明“不安全”领域的方式，从而减少情绪焦虑。从这个意义上讲，这是一种投资，即罗伯特·库珀所说的“付费预览”，并且有助于分析案例的产生原因，便于进一步给予支持和开发。[2]这种对“付费预览”的投资可能会失败——最后可能证实此路不通，但也可能会指出新的令人激动的方向，并在这个过程中为投资决策提供佐证。

使用其他衡量指标和评价标准

在任何选择系统内都需要标准，并普遍认同将这些标准作为决策依据。但是在不确定性条件下很难做到这一点。许多时候针对这个问题需要调整既有的系统，因为它往往只是部分有效。例如，使用传统的标准但增加限制条件（诸如投资回报的最低预期资本回收率）来减小不确定性相伴的风险，或者运用放宽边界的方式（允许损失的上限）来孕育突破性创新。

调动支持网络

关于突破性创新的大多数文献都识别了各种各样的"支持者"角色。[65]有若干种支持者角色，例如"权力推动者"可以带来资源、靠山等，"知识支持者"对某个特定的想法怀有激情并具有专长。这也适用于个体，例如詹姆斯·戴森，或者一个团队，如3M公司的阿特·弗赖伊和斯彭斯·西尔弗（Art Fry and Spence Silver）。赖斯（Rice，1998）等人界定了几种不同类型的支持者：技术支持者、项目支持者、高层管理支持者、业务单元支持者，在某些情况下一个体支持者可能扮演多个角色。

使用其他决策路径

为了提供一条路径，让突破性的创意得到开发并至少进入主流的创新漏斗流程，许多组织都尝试使用并行结构或可替换的结构以孕育突破性创新。其形式各异，但本质上都有一个模糊前端，从而允许建立高风险创意和选择的潜在组合，并通过某种机制逐步构建商业案例，尽管这个过程可能会受到越来越严格的资源分配标准的影响，但这本质上就是一个并行的漏斗结构。这些系统可能在后期重新加入主流漏斗，也可能仍然会并行运作（参见图8-2）。当然，还可能在主流项目的进展之外产生其他结果——分拆、许可、转卖等。

采用其他融资结构

正如外部金融市场认可风险投资在高风险和潜在高回报项目中的融资地位一样，越来越多的机构在发展可替换的和并行的融资方式，提供不同条件的融资渠道。其形式多样，包括专门项目团队、孵化器、新风险投资部门、公司风险投资单元和"特种团队"。其中一些有更加正式的地位，一些有更直接的权力或资源，另一些则依赖于内部资助方。

这种双重结构的一个关键问题在于，需要在合适的时机回到主流。该结构能够提供一个载体，让创意得以开发从而能够面对主流标准和投资组合选择系统的评估，但它也应当仅仅被当作临时性的而不是永久的机制。不然就有结构分裂的风险，极端情况下会失去对主流组织的知识和其他资产的利用机会。

使用备选的专门执行结构

处理突破性创意相关的选择问题，一个策略就是允许它们到别处孵化——脱离或至少远离常规资源分配系统的严格环境。本质上，这个策略需要面对选择和实施两方面的挑战，利用不同的机制来孵化早期开发。可以采用的形式是特殊的外部载体，它必须在既有组织结构之外运作，例如洛克希德公司（Lockheed）的"特种团队"（又叫臭鼬工厂）。其他变体形式包括设立外部风险企业以孵化这样的创新，例如西门子利用其控股的"卫星"企业来构建推进某些突破性创意的孵化环境。其他公司则采用新创企业的形式来开发创意，以使其能够被母公司正式收购或者成为分拆出来的衍生公司。另一种方法是借助第三方顾问来打造开发和探索突破性创意的短期环境。

激发创业精神

一些组织试图利用内部的创业精神来帮助自己实现突破性创新——内部创业。要创造这样的环境并不容易。它不仅需要资源投入，而且需要一系列机制来将好的创意推进下去。这包括各种各样的内部开发资助和复杂多变的内部融资流程。许多这样的计划都提供丰厚的奖励，以鼓励那些愿意扮演领导角色，将创意转变成可以推向市场的产品的人。此外还会有一种额外的激励方式，即不仅让他领导新想法的开发，而且让他参与新业务的经营。

促进创业精神的机制包括给员工提供额外的创新时间或资源，例如3M公司的15%规则，谷歌也强调了这种方法的重要性。培育一种自由探索的文化也许会有帮助，尽管在困难重重的环境中充斥着明显的规则和制约，但真正强大的创意会通过创业者而顶着这种高压浮现出来。

小　结

本章我们探讨了作出选择决策时面对的一些挑战——从考虑所有可能的创新触发信号到将资源投入其中几个特定的项目。这就不免要谈到不确定性问题，以及我们如何将它转化为可控的风险，并建立一个项目投资组合来分散风险。渐进性创新的工具和技术相对来说简单明了（尽管永远不可能保证成功），但随着突破性创新越来越多，我们需要不同的方法。问题的复杂性还在于，我们在描述复杂世界时作出了过分简化的假设，在选择符合我们的认知框架的项目时可能会错过重要的机会或未能认识到挑战。因此，我们需要利用一些技术来帮助组织在其常规参考框架之外认清事实并作出决策。

第8章　扩展阅读

第8章　参考文献

第9章 制定创新方案

Making the Innovation Case

拟定一份正式的商业计划书通常是为了获得支持、确保项目或企业的融资。实际上商业计划书起着更重要的作用，它可以将抽象的、含糊的目标转换成确定的可操作的需求，支持后期的决策，帮助权衡利弊。商业计划书可以更好地明确风险和机遇，发现未经察觉的盲目乐观和自我欺骗现象，规避将来在责任和报酬方面发生争执。

9.1 拟定商业计划书

商业计划书没有统一的标准，但是大多数情况下，风险投资家会提供他们自己的商业计划书模板。一般而言，商业计划书应当相对简洁，10～20页，开篇是执行摘要，然后包括产品、市场、技术、开发、生产、营销、人力资源，以及风险应急计划、时间表和融资条件等几个部分。一份典型的商业计划书应该包括以下部分[1]：

1. 产品或服务的详细信息；
2. 市场机会的评估；
3. 目标顾客的确定；
4. 进入壁垒和竞争者分析；
5. 管理团队的经验、专长和承诺；
6. 定价方针、分销渠道和销售战略；
7. 主要风险的确定和预防方案；
8. 现金流计算，包括盈亏平衡点和敏感度分析；
9. 企业的财务及其他资源需求。

大多数交给风险投资者的商业计划书在技术上都有优势，同其他方面相比，常常过于强调技术方面。如罗伯特所说，“创业者认为他们能够比其他人做得更好，但也许任何人都想做到这一点”。[2]他指出，商业计划书的一些通病集中反映在营销计划、管理团队、技术计划和财务计划方面。管理团队的承诺、经验和专长会依次被评估，然而，太多创业者过于强调他们的专长，却缺乏在团队中合作的经验，没有展示出他们的热情和对企业的承诺。

商业计划书通常在某些方面均存在不足，最严重的是市场和财务方面。不到50%的商业计划书提供了详细的市场战略，只有50%包括销售方案，75%没有指出或者分析任何潜在的竞争者。大多数商业计划书只包括基本的财务预算，只有10%对预测进行了敏感性分析。对市场和竞争分析不够重视已成为突出问题，而研究表明，这两个因素与日后的成败密切相关。表9-1总结了风险投资家评估商业计划书的标准。

表9-1 风险投资家评估商业计划书的标准

指标	欧洲（$n=195$）	美国（$n=100$）	亚洲（$n=53$）
创业者能够评估和应对风险	3.6	3.3	3.5
创业者能够持续努力	3.6	3.6	3.7
创业者熟悉市场	3.5	3.6	3.6
创业者具有领导能力	3.2	3.4	3.0
创业者具有相关业绩背景*	3.0	3.2	2.9
产品原型存在并且发挥作用*	3.0	2.4	2.9
产品被市场接受*	2.9	2.5	2.8
产品具有独占性或能够得到保护*	2.7	3.1	2.6
产品具有高科技含量*	1.5	2.3	1.4
目标市场具有高增长率*	3.0	3.3	3.2
企业将刺激一个现有市场	2.4	2.4	2.5
3年内竞争威胁极低	2.2	2.4	2.4
企业将催生一个新的市场*	1.8	1.8	2.2
10年内实现超过10倍的投资回报率*	2.9	3.4	2.9
投资很容易回收*（如上市或并购）	2.7	3.2	2.7
5年内实现超过10倍的投资回报率*	2.1	2.3	2.1

说明：1=不相关，2=值得做，3=重要，4=至关重要。

*表示在0.05水平上通过显著性检验。

资料来源：Knight，R.，"Criteria used by venture capitalists." In T. Khalil and B. Bayraktar，eds，*Management of Technology Ⅲ*：*The Key to Global Competitiveness*. 1992，Industrial Engineering & Management Press，Georgia，pp. 574-83.

比如，在早期，许多企业依赖几个大客户保证销量，因此经济实力非常弱，不堪一击。再举一个极端的例子，几乎50%的技术性企业第一年只依靠一个客户实现50%以上的销量。过度依赖少数客户有三个主要的缺陷：

1. 主导客户的战略和经营状况的改变会给企业带来致命打击；
2. 缺乏谈判筹码，可能会削减边际利润；
3. 没有发展营销和销售职能的动力，可能会限制未来的增长。

所以，深入了解市场和技术投入对于拟定商业计划书至关重要。通过财务估计可以相对容易地了解这些关键性投入的流向，当然对于风险和不确定性也需要估算。本章重点阐述创新性商业计划书中最重要却没有得到很好实施的几个方面。我们首先讨论预测市场和技术的方法，然后指出对技术应用和传播的更好理解如何帮助我们更成功地拟定商业计划书。最后，我们来看看如何估计完成计划的风险和所需资源。在第12章，我们将在创建新企业的情境下继续讨论商业计划书的撰写。研究札记9.1讨论了阐明创新项目的早期阶段的重要性。

研究札记9.1　　模糊前端是什么？为什么重要？如何管理？

严格来说，新产品开发项目往往在开发过程末期遭遇失败。然而，失败的基础却往往是在新产品开发过程的早期形成的，这个阶段被称为“模糊前端”。从广义上讲，模糊前端是指从发现一个新产品的开发机会到确定正式开发所经历的一个时间段。因此，模糊前端始于公司有一个新产品的创意，终于公司决定启动正式的开发项目，或者放弃这样的项目。

与之后的开发阶段相比，有关模糊前端的知识是非常有限的。因此，对构成模糊前端的关键活动、这些活动如何管理、哪些成员参与以及完成这个阶段所需的时间等，我们都知之甚少。许多公司在管理模糊前端的实践中都似乎面临很大的困难。从一定意义上讲这并不奇怪：模糊前端是一个复杂信息处理、隐性知识、冲突性的组织压力与一定的不确定性和多义性交汇的"十字路口"。此外，这个阶段被许多公司错误地界定和描述为作出临时性变通决策的阶段。因此，若能发现一些有助于公司提高模糊前端的管理水平的成功因素，将是很有意义的。这也就是本篇研究札记的目的所在。

为了更好地了解模糊前端应当如何管理，我们对关于模糊前端的实证研究文献做了大量的研究。总共有39篇文章构成我们综述的基础。基于对这些文章的分析，我们识别了17个管理模糊前端的成功因素。这些因素不按重要性次序排列，因为当前的知识还不足以进行客观的排序。

1. 有远见者或产品支持者。这样的人可以克服稳定性和惯性，因而能够确保一个新产品概念的推进。

2. 适度的正规化。正规化促进稳定性，降低不确定性。模糊前端过程应当是显性的、在组织内广为人知的。应当有明确的决策责任，并包含具体的绩效标准。

3. 创意精练和适当的创意筛选。公司需要一套机制来筛选出好的创意，并且要从商业分析和可行性分析两方面来考虑。

4. 早期顾客参与。顾客参与有助于设定明确的项目目标，降低不确定性和多义性，也可以协助产品概念的评估。

5. 职能部门之间的内部合作。一个新产品概念必须能够经受不同职能部门的批评而"存活"下来。不同职能部门的合作也能够使一个新概念具有合理性，并能促进随后的开发。

6. 跨职能整合和早期顾客参与之外的信息处理。公司需要关注竞争者的产品创意，以及自身新产品概念的法律授权问题。

7. 高层管理者参与。一个前期开发团队需要高层管理者的支持才能成功。而高层管理者也可调整个体的活动，使之跨越职能边界。

8. 先期技术评估。技术评估意味着尽早地关心产品能否开发出来，需要怎样的技术方案，成本如何。公司也需要判断产品概念转化成具体产品后能否生产制造。

9. 新产品开发和战略的一致性。新概念必须利用公司的核心能力，项目之间的协同增效也很重要。

10. 早期对产品的明确界定。产品概念表明了开发过程的目标。对产品的界定除包括产品概念外，还包括目标市场、顾客需求、竞争、技术、资源等信息。产品的明确界定能促进随后的开发。

11. 与顾客之外的其他方面建立有利的外部合作。许多公司都在模糊前端阶段得益于价值链视角，例如与供应商的合作等。这也是开放式创新的相关文献的关注点。

12. 项目初期团队从经验中学习的能力。项目初期团队成员需要识别关键领域，并预测其对项目绩效的影响，也就是要从前人的经验中学习。

13. 项目属性。项目初期团队要能够在项目的优势（产品性能）、时间安排（时机）和资源（成本）等方面作出取舍。此外，团队还要了解一系列优先级标准，例如关键产品性能的排序。这样，在由于成本等方面的限制而不得不放弃某些属性时，可以更容易地作出取舍。

14. 项目管理和项目经理。一个项目经理可以到处游说，争取支持和资源，并协调技术和设计方面的问题。

15. 创造性的组织文化。这样的文化能让公司员工发挥创造力和才华，因而可以保证新创意稳定地流入模糊前端。

16. 跨职能的执行评估委员会。仅有从事开发的跨职能团队是不够的，在评估产品时也要有跨职能的分析能力。

17. 产品组合计划。公司需要保证充分的资源来开发计划中的项目，同时也要平衡新产品创意的组合。

尽管成功的模糊前端管理要求公司有出色的单个因素和活动，但这只是必要而非充分条件。公司还必须能够整合或协调不同的活动和因素，因为不同成功因素之间存在相互依赖性。这往往被称为“一个整体的视角”、“因素之间的相互依赖性”或“匹配”。然而，如今似乎没有人知道究竟要整合哪些因素，如何整合。此外，还缺乏关于如何衡量模糊前端的绩效的具体指南。因此，目前有的仅仅是一些关于如何管理模糊前端的理论碎片。

更加复杂的是，模糊前端的管理过程不仅在公司之间有差异，而且在同一家公司的不同项目之间也不同。不同项目之间的活动、任务排序、重合程度和相对时间长度都各不相同。因此，管理模糊前端的能力弥足珍贵。发展中的公司首先需要在单个成功因素上下足功夫。其次，需要整合这些因素，使其成为一个连贯一致的整体，与公司的环境相协调。最后，还要掌握若干情形下的取舍，我们称之为“平衡行为”。

作为第一个平衡行为，公司需要掌握在筛选创意时是严格还是宽松。一方面，公司需要尽快舍弃糟糕的创意，从而节省进一步开发的成本。另一方面，严格的筛选也可能过早地扼杀了好创意。新产品的创意往往通过非正式的讨论而完善并获得进一步发展的动力。这个常识要求公司既不能太严格，也不能太宽松，要在二者之间达到平衡。

第二个平衡行为与正规化有关。正规化一般是有益的，因为它能够增加透明度，形成秩序，提高可预测性。然而，在强化有效性的过程中，正规化也可能阻碍创新和降低灵活性。尽管证据尚不充分，但目前看来正规化与绩效的关系呈倒U型曲线，即正规化过多或过少都不利于绩效的提高。由此可见，公司应当谨慎考虑其强加于模糊前端的正规化程度。

第三个平衡行为是关于减少不确定性与减少多义性之间的取舍。市场和技术的不确定性通常可以通过环境扫描和增加开发团队的信息处理量来减少，但是信息太多又可能会增加矛盾和多义性。多义性是指信息中多种含义并存，这种情况意味着公司需要确定一个合理的理解方式，从而能够继续推进项目，而不是止步于信息搜索和分析。因此，公司需要在减少不确定性与减少多义性之间实现平衡，因为两者往往是此消彼长的关系。更进一步讲，公司需要平衡的是对产品界定的灵活性的需要与最终将其完成的需要。模糊前端的一个关键目标就是有一个明确的、稳健的、清楚的产品界定。因为有了这样的产品界定才能有效推进后续的开发活动。然而，由于市场需求的变化或者技术问题的出现，产品特性往往在开发过程中需要作出修改。最后一个平衡行为是关于创新的优点与资源效率之间的取舍，从本质上讲，这涉及不同的价值导向。前端的创新和创造力是基于组织冗余，强调人本管理，资源效率则是基于纪律，强调过程管理。

此外，模糊前端的管理过程需要适应所开发的产品类型。对于实体产品来说，组装产品和非组装产品所采用的方式也不同。研究表明，新服务概念的开发采用的是第三种方式。总体来说，管理模糊前端着实不易，但对成功做到这一点的公司的绩效会产生巨大的积极影响。

资料来源：Florén, H. and J. Frishammar, From preliminary ideas to corroborated product definition: Managing the front-end of new product development, *California Management Review*, 2012. 54 (4), 20-43.

9.2 预测创新

在对未来的预测方面，人类并不怎么高明，但这项活动仍然在为创新而制定的商业计划中起最重要的作用。案例研究9.1提供了一些预测不尽如人意的案例，在大多数案例中，预言本身甚至不如预测的过程更有价值。如果基于正确的意义进行预测，应该可以提供用于收集和分享数据、诠释理由和推导假设的框架，那么挑战和风险会更明确。

案例研究9.1

预测的局限

1986年，施纳斯和贝伦森（Schnaars and Berenson）对20世纪60年代以来市场增长预测的准确度进行了评估，并思考了从中得到的启示。失败的例子和成功的例子一样多。以下是一些失败的例子。

20世纪60年代是美国经济高度繁荣和技术快速进步的时期……其中一项影响最广泛的关于未来市场增长的研究是由天合公司（TRW Inc.）进行的。研究结果……出现在20世纪60年代后期的很多商业刊物上……并不是所有的研究结果……都公布了。其中的一项研究中，几乎所有的内容都是错误的！核动力水下娱乐中心、月球上的一个500千瓦的核电厂、3D彩色电视、机器人士兵、洲际系统中的自动车辆控制系统，以及塑料抗菌房屋都是该项研究识别出的一些市场。

1966年，产业专家预测，“航运产业似乎准备进入喷气时代”，到1968年，安装燃气涡轮发动机的大型货船预计会进入商业市场。该项创新的好处是具有更高的可靠性、更快的引擎发动和更短的对接时间。

预见牙科领域会出现技术奇迹……1968年，美国公共卫生服务部（US Public Health Service）国立牙科研究所主任预测“在下一个10年，蛀牙和最流行的牙龈疾病将会真正结束”。根据该机构专家的观点，到20世纪70年代末，假牙和补牙将会

“过时”，取而代之的是塑料牙齿植入技术。一种针对蛀牙的疫苗也会广泛使用，这时钻牙术也就没什么用武之地了。

资料来源：Schnaars，S. and C. Berenson，Growth market forecasting revisited：A look back at a look forward. *California Management Review*，1986. 28，71-88.

使用预测法作出最恰当的选择取决于以下几个方面：

- 试图预测什么；
- 技术和市场的变化速度；
- 信息的可得性和精确性；
- 公司的计划范围；
- 预测可用的资源。

事实上，在预测的成本和稳健性之间会有一个权衡。比较常见的预测方法如趋势推算和时间序列，在针对新产品的应用上都有局限性，因为缺乏过去的数据。不过，回归分析可被用于验证影响一种特定产品的需求的主要因素，因此在基础的驱动因素方面有数据支持时，可提供关于未来需求的部分估算（见表9-2）。

表9-2 不同预测方法的类型、用途和局限性

方法	用途	局限性
趋势外推	短期，稳定的环境	依赖于过去的数据并假设过去的模式
产品与技术路线图	中期，平台稳定，运行轨迹清晰	渐进的，无法确定未来的不确定性
回归、计量经济学模型和模拟	中期，理解自变量和因变量之间的关系	自变量的识别和表现是有限的
顾客或市场调研	中期，了解产品属性和细分市场	用户的复杂性，区分干扰和信息的工具的局限性
标杆分析	中期，产品和工艺改进	确定相关的标杆候选人
德尔菲法或专家意见	长期，形成共识	成本高，专家们的意见不一或共识是错误的
情境分析	长期，高不确定性	费时，结果不理想

例如，根据经济增长速率、与竞争系统相关的价格和新企业形成的速度等，回归法可能推测出下一代使用数字移动电话的需求。由于数据是从最好地描述过去数据的曲线图中选择变量和系数收集而来的，因此预测的可靠性很大程度上依赖于一开始就选择正确的变量。回归法的优点在于，与简单推断和时间序列分析不同，预测以原因和结果的关联性为根据。计量经济学模型会考虑众多回归方程式，以及它们之间的相互影响。然而，当一个解释变量的未来取值不确定，或者解释变量和预测变量可能改变时，回归分析的用处就不大了。

领先经济指标和类似的指标能够提升预测的可靠性，并且对一些领域的未来走向发挥有效的引导作用。在两种情况下，两种走向之间都有历史联系。例如，在6个月里，创业者可能会成为预测传真机需求的主要指标。移动电话的商业用户可能与家庭用户在使用方式上相似。

这种“标准化”的技术对于评估现有产品、非传统的技术和新的商机的未来需求可能有效，但是在更根本的系统革新方面的效用十分有限。与之相比，探索性的预测则尝试探究未来可能性的范围。最常用的方法是：

- 顾客或市场调研；
- 内部分析，例如头脑风暴；
- 德尔菲法或专家意见；
- 情境分析。

顾客或市场调研

大多数公司都会进行几种顾客调研。在消费者市场上，这显然很容易产生问题，因为顾客并没有能力清楚地表达他们未来的需求。例如，苹果的 iPod 并不是进行大规模市场研究或了解顾客需求的结果，而是在很大程度上得益于史蒂夫·乔布斯的视野和承诺。在工业市场中，顾客倾向于交流他们未来的需要，因此，企业对企业（B2B）创新往往来源于顾客。公司也可以询问自己的直销队伍，但不一定总是得到关于未来顾客需要的最好的指导。公司往往会基于现有的产品和服务筛选信息，并且更关注当前的销售业绩，而不是长期的发展潜力。

没有一种最好的方式可用来识别新的商机，然而有一系列可供选择的方案。例如，新产品和服务在哪些方面非常新颖或复杂，潜在用户可能未意识到的或无法描述的是什么，他们需要什么。在这种情形下，传统的市场调研方法没什么用处，因此要开发全新产品或服务以培养潜在用户的开发者将面临更大的挑战。

我们自己的研究证实了不同的管理流程、结构和工具对于常规的和新颖的开发计划都适用[3]，本章稍后将详细讨论。例如，从使用的频率来看，高新颖度项目的最常用的方法是细分法、原型测试、市场试验和行业专家法，而较低新颖度的项目最常用的方法是加入顾客合作法、趋势推断法和细分法。在市场需求或技术不确定的情况下，使用市场试验和行业专家法可能是意料之中的事，但这类项目普遍使用的细分法难以证明其合理性。就有用性而言，在细分法、原型测试、行业专家法、市场调研和潜在需求分析方面的评分存在显著差异。对于常规的开发项目，细分法更有效；而原型测试、行业专家法、焦点小组法和潜在需求分析对新的开发项目更有效。[4]研究札记 9.2 确定了影响新产品销售预测准确性的因素。

研究札记 9.2　　新产品销售预测

预测新产品的销售情况很困难。研究人员比较了 215 家公司上市两年的产品的销售预测和实际销售情况。与预期相反，他们发现三组因素并不能提高预测新产品销售的准确性：

1. 一个公司的一般经验和创新经验；
2. 高技术能力和强大的知识网络；
3. 客户参与新产品开发。

虽然这三个因素在研发阶段是有用的，但管理者不能依赖这些因素来准确预测新产品的销售。客户参与和网络的影响不清晰：可以通过提供知识和信息来减少未来销售业绩的不确定性，但可能导致更为保守的创新，提高顾客的期望，以及泄露信息给竞争对手，因此增大意想不到的失败的概率。突破性创新是最难预测的，销售额要么远低于预期，要么远高于预期。

资料来源：Kleinknecht，A. and G. van der Panne，Predicting new product sales：The post－launch performance of 215 innovators，*International Journal of Innovation*，2012. 16（2）.

内部分析，例如头脑风暴

结构化的想法的生成，又称为头脑风暴，其目标是解决具体问题，或发现新的产品或服务。通常，一群专家聚在一起相互交流。一位主持人负责记录所有的建议，并且不予评论或批评。其目标是发现好的创意，而不是评估好的创意，因为许多机会或方案是可行的。最后，小组成员对所有建议投票。最好是各个职能部门的代表都在场，尽管这很可能难以管理。头脑风暴并不会产生预测结果，但会对其他类型的预测提供有用的内容。

我们在第3章讨论了各种创造性解决问题和产生新想法的方法。其中大部分都与这里的主题相关，包括如下几方面[5]：

- 理解问题——个体或群体通过分析手头的任务（包括产出、人员、环境和方法的选择）决定是否需要、何时需要专门的问题建构。这个阶段包括创造机会、研究数据和建构问题。
- 产生想法——生成开放性问题的答案选项。包括产生和集中两个阶段。在产生阶段，个体或群体可能产生许多选择（流畅思考）、若干可能的选择（灵活思考）、新颖的或非同寻常的选择（原创思考），或者一些细节性的改进选择（精细思考）。集中阶段则检验、评估、归纳和选择有前景的选择。
- 计划行动——适用于个人或群体认识到若干有趣的或有前景的选择，而它们却不一定有用、有价值或者有效的情况。其目标是开发有效的选择，从而为成功实施和得到社会认可做准备。

外部评估，例如德尔菲法

外部专家意见法又称为德尔菲法，适用于存在大量不确定性或时间跨度很大的情况。[6]当需要专家的意见达成一致时，就可以运用德尔菲法。专家关注的是时机、未来的技术目标或消费者需求，以及可能影响目标完成程度的因素等。这种方法特别适用于作出长期预测，以及反映新技术和其他因素如何在技术发展轨迹上触发非连续性变化。对专家的选择、对他们专业领域及专业水平的鉴别很重要，问题的建构则更加重要。相关专家可能包括供应商、交易商、顾客、咨询师和学者。也可以引入非技术领域的专家，从而保证经济、社会和环境领域的趋势不会被忽视。

德尔菲法始于对专家意见的邮件调查，主要内容是关于未来的关键问题和发展的可能性。接下来分析回信，并对同一个样本组的专家重做一次调查，这次采用新的、问题更集中的问卷。这个过程不断重复，直到观察到某种意见趋近，或者发现没有达成任何共识。通常这是一个开展问卷调查、受访者反馈的反复的过程。这个过程最后产生的就是对于一定时间内发生某个事件可能性的各种专家意见。这种方法力图避免面对面会谈中可能出现的问题，例如对权威或声望的遵从、不愿承认错误，以及服从他人的愿望和说服能力上的差异。所有这些因素都可能导致形成不准确的结论。预测的质量高度依赖于专家的专长和水平。因此，很重要的问题就是如何选择专家，以及要咨询多少位专家。如果是国际专家，这个过程可能会花相当长的时间，反复的次数也可能不得不减少。尽管寻找共识很重要，但也应适当关注与“正常”看法相去甚远的意见，因为这些标新立异的看法背后可能会存在一些原因。如果对德尔菲技术给予完善的设计、充分的理解和资源支持，其大部分缺点都可以被克服。如今它是一种很流行的技术，特别是在国家预测项目中。

在欧洲，政府和跨国机构使用德尔菲研究来制定政策，这通常被包装为“展望”活动。在日本，大型公司和政府经常性地调查专家意见，以便达成关于最具长期发展潜力的领域的共识。在这种情形下，德尔菲法在很大程度上就成为一个自我实现的预言。

情境分析

情境是对未来可能性的内在一致性的描述。不同的情境基于不同的假设，以及对变革驱动力的不同理解。[7] 输入包括定量的数据和分析，以及定性的假设和评估，例如社会、技术、经济、环境和政治驱动因素等。情境分析严格来说并不是预测，因为它本身假定了未来是不确定的，而当前开发的未来路径既可能是传统的，也可能是革命性的。它特别适合于考虑可能会引起路径分化的潜在的关键事件。

情境分析可以是规范性的，也可以是探究性的。规范性视角界定了所希望的未来愿景，并勾勒出从目标到当下的几条不同路径。常见的应用包括分析能源的未来和可持续发展的未来。探究性的方法则界定变革驱动因素，并由此延伸出不同的情境，但没有明确的目标或议程。

要让情境分析有效，就必须全面、可信、有趣（而不是片面、不可信或平淡无奇），还必须挑战利益相关者的假设。应当详细阐述其所用的假设和输入的信息，从而形成讨论、辩论、政策和战略以及最终行动的基础。产出通常是两到三个相互矛盾的情境，但对各种情境的分析和讨论过程才是最有价值的。

情境分析可能涉及不同的预测技术，包括计算机模拟。通常，这项工作始于对关键指标的识别。这可能要用到头脑风暴和德尔菲技术。接下来，要分析这些关键指标背后的原因，可能要用到回归技术。这样就能发现可能影响这些指标的未来事件，从而构建最好的、最差的和最可能的三种未来情境。最后，公司要评估每种情境对其业务的影响。这样做的目的是，针对影响最大的那种结果制定相应的计划，或者保持充分的灵活性以应对各种不同的情境。在那些资本投资很大、领先时间较长、环境不确定性较大的行业（例如能源、航空航天和电信等）中，情境分析是长期计划制定过程的关键部分。案例研究 9.2 展示了一个大型信息技术公司如何使用情境分析。

案例研究 9.2

思科的互联网情境

思科为互联网开发了大量基础设施，有探索未来情境的战略需求。然而，几乎所有组织都依赖互联网，因此这些情境与提供技术、连接、设备、软件、内容或服务等相关。

研究人员以三个焦点问题开始：

- 2025 年的互联网会是什么样的？

● 互联网将从今天的20亿用户和3万亿美元的市场增长到多大？

● 互联网能否充分发挥其潜力，以促进全球繁荣、商业发展、教育和社会互动的方式将全世界所有人联系起来？

接下来，研究人员确定了三个关键的驱动因素：

● 宽带网络的规模和范围扩大；

● 渐进的或突破性的技术进步；

● 互联网用户的无限制或受限的需求。

该分析产生了四种截然不同的情境。

● 流动前沿：互联网变得无处不在，连接和设备越来越多，价格也越来越低，而全球创业和竞争创造了各种各样的业务和服务。

● 不安全的增长：互联网需求停滞不前，因为用户担心安全漏洞和网络攻击，导致监管力度加大。

● 缺乏承诺：许多国家长期的经济停滞影响了互联网的传播，没有任何补偿性的技术突破。

● 爆满：对基于IP的服务的需求是无限的，但容量限制和偶尔的瓶颈造成了互联网使用的预期与现实之间的差距。

资料来源：http://www. dummies. com/how-to/content/strategic-planning-case-study-ciscos-intemet-scen. html. Olsen, E. , Strategic planning kit for dummies. 2011, Wiley, 2nd ed.

9.3 评估创新的采用

更好地理解创新为何被采用、如何被采用（或为何不被采用），有助于我们制定更实际的计划。研究札记9.3中关于开发与成功采用之间的鸿沟的论述表明，大约半数的创新从未进入其预期的市场。传统的营销手段对于许多产品和服务来说都是可用的，但对于创新而言就不顶用了。营销教材往往会提到“早期采用者”和“多数采用者”，甚至进行一些数据上的估计。但这些简单的分类是基于对农场社区中州政府资助的杂交种子扩散现象的早期研究，不具有普适性。为了制定更好的创新计划，我们需要更深入地了解哪些因素有助于创新的采用，哪些限制采用，以及这些因素如何影响不同市场和不同群体中创新扩散的速率和水平。

研究札记9.3 扩散前阶段

对各种新产品例如电话、杂交玉米和微波炉等的观察都证实存在一个S型扩散曲线。然而，扩散方面的一个重要问题还未得到充分研究，那就是在这个广为人知的S型曲线之前发生了什么。从管理的视角来看，需要认识到扩散以若干条件的满足作为前提：例如，产品要完成开发、生产、分销，还要有必要的基础设施。然而，很少有人意识到在S型扩散曲线之前，新产品的市场引入往往是一种无规律的扩散模式，这个阶段被称为扩散前阶段。主流研究和实践的一个主要局限就在于对这个扩散前阶段缺乏重视。

1. 新产品的扩散前阶段

我们将扩散前阶段界定为：从新产品的首次市场引入开始，到这种产品的扩散走上正轨为止。这个结束点也就是规则的S型扩散曲线的起点。在第一个产品引入之后，实际上会产生一个不规则的扩散过程，而不是平滑的S型曲线。此时市场是不稳定的。例如在电信领域，新通信产品或服务的扩散往往是一个周期性的引入、拒绝、再次引入产品变型的过程。在多次小规模应用之后才会产生主流的应用和产品设计，这时扩散才正式开始。

下表呈现的是对不同行业产品样本的扩散前阶段时长的估计。

不同行业产品的扩散前阶段的时长

产品	行业	市场引入（年份）	扩散开始（年份）	扩散前阶段时长（年）
喷气式引擎 雷达	航空航天与防务	1941 1934	1943 1939	2 5
防抱死制动系统 安全气囊	汽车和零部件	1959 1972	1978 1988	19 16
记忆金属 高分子聚乙烯	材料、化合物和金属	1968 1975	1972 1990	4 15
闪存 移动电话	信息技术和电信的软硬件	1988 1946	2001 1983	13 37
晶体管 电视机	电子部件和设备	1949 1939	1953 1946	4 7
避孕药 核磁共振成像	医疗设备和药品	1928 1980	1962 1983	34 3
微波炉 空调	个人商品和家用设备	1947 1902	1955 1915	8 13
				均值＝13 标准差＝11

资料来源：表中数据来自多个信息源，基于J. R. Ortt（2004，2008，2010）的原创工作。细节可参阅Ortt，J. R.，"Understanding the pre-diffusion phases，" in J. Tidd（editor），*Gaining momentum：Managing the diffusion of innovations*. 2010，Imperial College Press.

从表中可以看出，对于大多数创新来说都有一个显著的扩散前阶段。对于所选择的样本产品来说，这个阶段的平均时长超过10年。此外，数据显示，即使在相同行业内，扩散前阶段的时间差异也是较大的。

2. 关于扩散前阶段的产生、不同的视角和主要的原因

对于扩散前阶段，目前是从不同的科学视角描述的，每种视角都为这个阶段的产生给出了不同的解释理由。例如，马克思作为一位经济学家，在150年前就描述了为什么在公司中采用新的生产方法要花那么久的时间，以及为何在行业中这些新方法起初扩散得无比缓慢。马克思在描述这些生产方法的扩散时，聚焦于市场的供应层面（所谓的资本货物）。从这个视角来看，扩散前阶段被视作一种试错过程。只有通过这个过程才能改进生产方法，并调整这些方法使之适应公司的主流工作方式。如此，这些方法才能真正带来效益。

大约一个世纪后，扩散问题的研究者采用了一个不同的视角，聚焦于市场的需求层面（Rogers，2003）。这些研究者大部分是社会学家，他们倾向于将扩散看作顾客总体或细分群体的沟通过程。研究者中存在认为扩散是平滑S型曲线的偏见，但近距离观察后，他们发现了需求层面的因素会如何引起一个扩散前阶段。扩散研究往往会

评论跟风的顾客群的特点。最初的顾客群是创新者，和其他潜在顾客相比通常略显特立独行，因而可能会妨碍扩散所需的交流沟通过程。

摩尔（2002）详述了这个想法，并提出在跟风的顾客群之间存在一条“鸿沟”。在解释这个鸿沟时，摩尔聚焦于市场需求层面和供应层面的互动。第一类顾客是愿意尝试新产品的顾客，他们就是所谓的技术狂和空想家。然而，主流顾客很少与这个亚群体沟通，因而扩散并不会进展顺利。此外，主流顾客想要的是完全不同的产品类型：他们想要可靠的、简单的、完全包装的产品和服务。他们不愿意亲自测试，更愿意观察大公司或其他顾客怎样成功地采用了这个产品。技术狂或空想家却无法扮演这个角色。鸿沟由此产生。

3. 扩散前阶段对管理的主要影响

基于每一个视角都可以对这个阶段的管理意义作出自己的解释。根据马克思的视角，新生产方法的大规模扩散必须经历相当一段时期的实验过程。在这个扩散前阶段产生的成本可能是相当大的；而第一个掌握了这些方法并使其应用具有经济上的可行性的公司，其利润回报也会很大。马克思的视角说明了在采用新的生产方法之前，对创新过程进行管理的重要性。罗格斯和摩尔所注意到的扩散中的鸿沟，表明新产品的市场引入策略也相当重要。潜在顾客的细分群体可能难以区分，而跟风的顾客细分群体可能要求的是完全不同的产品和商业模式，这无疑是扩散过程中的一个障碍。

从管理的视角看，扩散前阶段的风险非常高。只要看看多少从事新产品发明的公司最后失败出局就知道了。在所有首次将成功的产品引入市场的公司中，大约半数的领先者未能存活到其产品大规模生产的那一天。主要原因之一就是，扩散前阶段可能会持续很久。一般来说，扩散前阶段需要可观的投资，却并不产生等量的收益。扩散前阶段的存在具有深远的管理启示：它表明引入新产品通常要考虑其在市场上受欢迎的程度和生命力问题。

资料来源：Marx，K.（1867），*Capital：A critique of political economy*. 1976，Penguin edition，Middlesex；Moore，G. A.，*Crossing the chasm. Marketing and selling disruptive products to mainstream customers*. 2002，HarperCollllns，New York；Ortt，J. R. and N，Delgoshaie，“Why does it take so long before the diffusion of new high-tech products takes off?” In B. Abu-Hijleh，M. Arif，T. Khalil，and Y. Hosnl，eds，*Proceedings of the 17 th International Conference on Management of Technology*（6－10 April），2008，Dubai；Ortt，J. R，and J. P. L. Schoormans，The pattern of development and diffusion of breakthrough communication technologies. *European Journal of Innovation Management*，2004. 7（4），292－302；Rogers，E. M.，*Diffusion of innovations*，5th ed. 2003，Free Press，New York.

创新的广泛采用面临许多障碍，包括：

- 经济的——个人成本和社会利益的权衡、信息渠道、回报不足；
- 行为的——优先级、动机、理性、惯性、改变或冒险的倾向；
- 组织的——目标、惯例、权力和影响力、文化和利益相关者；
- 结构的——基础设施、沉没成本、治理。

由于这些原因，历史上复杂的社会技术系统都倾向于渐进性的演变。然而，更具突破性的转变也会发生，只不过这往往始于战略上的空白领域。这些转变有着不同的目标、需要、实践和过程。随着这些缝隙领域通过社会实验和学习产生一些创新，它们也会开始影响甚至进入主流领域，可能是通过整个新利基市场，也可能是通过利基市场和主流市场相容的混合市场。

扩散通常涉及在特定的社会系统中对产品或创意的传播进行分析，技术转移则通常是一个点对点的现象。技术转移往往意味着将信息投入使用，或者更具体地说，将创意从实验室引入市场。采用、实施和利用的区别不那么清楚。采用被普遍认为是获取某物的决定，实施和利用则意味着某种行动和调整行为。

关于扩散的文献浩如烟海，并且高度分散。然而，我们可以识别出几种扩散研究的不同路径，其中每一种都聚焦于扩散的某个特定方面，并且采用不同的方法论。最主要的贡献来自经济学、营销学、社会学和人类学。经济学家开发了若干关于新产品和新流程扩散的计量经济模型，以解释过去的行为和预测未来的趋势。预测是营销文献的共同主题。营销研究广泛采用各种研究工具来研究购买者行为，但最近的研究聚焦于社会因素和心理因素方面。发展经济学和农村社会学都研究了农业创新的采用，方法是对二手数据进行统计分析，通过调查收集一手数据。许多人类学研究都是基于部落、村庄或社群中新想法扩散的案例。如今出现了越来越多的跨学科研究，关注教育、医疗和其他政策创新的扩散。

扩散的过程

关于扩散的研究试图找出是什么影响采用一项创新的速率和方向。一项创新的扩散通常是以S型（逻辑）曲线来表现的（见图9-1）。最初，采用的速率很低，并且仅限于创新者之间。接下来加入的是早期采用者，然后才是后期采用者，最后只剩下一些落伍者。这种分类事后来看也还有用，但对于未来的采用模式帮助很小。[8]

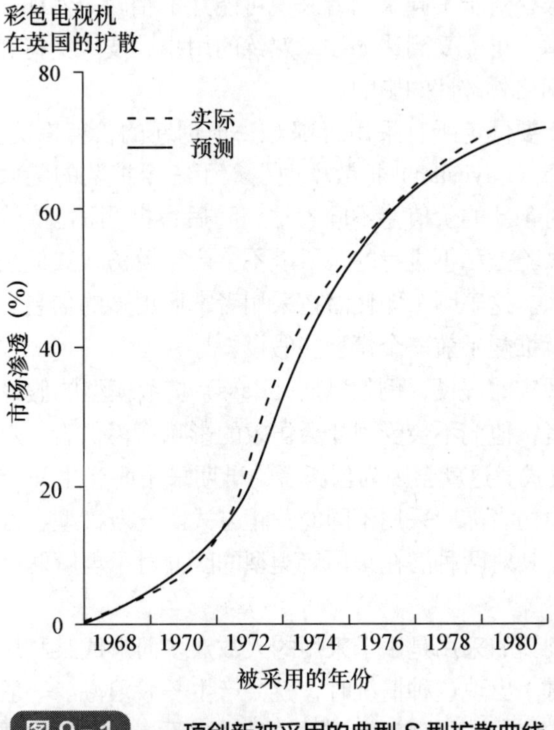

图9-1 一项创新被采用的典型S型扩散曲线

资料来源：Meade，N. and T. Islam，Modeling and forecasting the diffusion of Innovation-A 25 year review，*International Journal of Forecasting*，2006. 22 (3)，519-545.

数百项营销研究试图将某个具体产品的采用归入S型曲线，这些产品包括电视机乃至新药品。在多数情况下，数学处理技巧可以让历史数据与S型曲线相匹配，但目前的研究未能识别出稳定而普遍的采用模型。实践中，准确的创新采用模型将取决于需求层面和供应层面因素的互动：

- 需求层面因素——与早期采用者的直接联系，或对前者的模仿，采用者不同的利益感知和风险感知。
- 供应层面因素——创新的相对优势，信息的可获得性，采用的壁垒，开发者和用户之间的反馈。

S型曲线模型是最早的也是目前使用最普遍的模型。它假定潜在采用者是一个同质性的总体，而创新的传播是通过信息传递实现的，传递方式包括个人之间的接触、观察，以及借助既有采用者和潜在采用者之间的地缘相近性。这个模型表明，重点在于沟通，以及提供明确的技术信息和经济信息。然而，这个模型也受到了批评和质疑，因为它假定所有潜在采用者是相似的，有着相同的需要，而这一点不符合现实。

Probit模型对于潜在采用者总体的处理则采用了更加复杂的方法。它假定潜在采用者对于成本或利益设有不同的门槛值，并且仅在超出临界值或门槛值时选择采用。在这种情况下，门槛值的差异被用于解释所采用速率的差异。这表明，潜在采用者越相似，扩散就越快。

然而，除了在先进性或门槛值上存在差异外，采用者仍被假定为相对同质化。供应层面的模型并没有考虑到一种可能性，那就是采用某项特定创新的理性基础和带来的利润回报，对于不同采用者来说可能并不相同。例如，采用或使用创新的成本不同于购买成本，可能受到诸如技术熟练的用户、技术支持和维护、互补性技术创新或组织创新等网络外部性的影响。

同样，要假定所有采用者都对一项创新的价值有充分的了解也是不现实的。因此，贝叶斯（Bayesian）扩散模型引入了一个扩散的约束条件，即信息缺乏。潜在采用者可以对创新的价值持不同看法，随后根据测试创新的试用结果不断修正其看法。因为这些试验是私下进行的，所以不会产生模仿，其他潜在采用者也无法从这些试验中学到什么。这表明，即使潜在采用者掌握更多的信息，也不一定会更早地采用一项创新。这就推翻了前一个模型的假设。[9]

略微现实的假设，例如巴斯（Bass）扩散模型的假设，包括不同的两组潜在采用者：创新者，他们不会受到社会仿效的影响；模仿者，对他们来说扩散过程采用的是S型曲线模式。这就会因为创新者的早期采用而产生一个斜S曲线，同时表明创新者和随后的模仿者需要采用不同的营销方式。巴斯模型在经济学和营销研究中都产生了很大影响，其对两种潜在采用者类型的区分对于理解两个用户细分群体的不同机制有重要意义。

有时创新的采用是由于采用的人数众多而形成某种压力，并不是出于对创新效益的专门考量。出现这种情况时，就会产生一股浪潮。一般来说，只要采用者的人数达到一个门槛值，那么创新的效益越是模糊不清，它的跟风采用者就越多。这个过程可能使技术上低效的创新被广泛采用，也可能让技术上高效的创新被摒弃。例如，QWERTY键盘最初是设计用来防止专业打字员打字太快，以免卡住打字机的；个人电脑上的DOS操作系统也是由电脑狂设计和使用的。

浪潮的产生是由于竞争压力和制度压力的结合。[10] 当竞争对手采用某个创新时，公司也可能会采用该创新。这时要考虑的不是对创新效益的理性评估，而是失去竞争力的威胁。例如，许多公司在 20 世纪 80 年代采用了柔性制造系统（flexible manufacturing system，FMS）以应对日益激烈的竞争，但大部分都没能获得显著的效益。主要的制度压力来自失去正当地位的威胁，例如被同伴或顾客视为缺少先进性或能力不足。[11]

浪潮和其他类型的扩散的一个重要区别在于，早期采用者和后期采用者之间需要交流的信息相当有限。实际上，一项创新的效益越是模糊难辨，其浪潮的采用速率就越高。因此，对扩散的过程必须精心管理，像开发过程那样谨慎。简言之，更好的产品不一定卖得更俏；并不是每个人都要求有个更好的捕鼠器。

还有许多关于"采用"的社会学模型和心理学模型是以开发者和潜在采用者之间的互动和反馈为基础的。[12] 这些视角考虑了个体的心理特点（例如态度和感知等）是如何影响采用的。个体的动机、感知、喜恶等决定了他对什么信息作出反应，以及他如何处理信息。潜在采用者由经验所指引，会相应地形成偏见和认知地图来过滤信息和指引行为。社会环境也会影响个体行为。社会结构和意义系统是本地化构建的，因而是高度情境化的。这可能会扭曲对信息的理解和相应的行动方式。因此，一项创新的感知价值及随后的采用，并不是某种客观事实，而是取决于个体的心理和社会环境。这些因素在扩散的后期阶段尤为重要。例如，对生活方式的渴望（比如更多的运动、健康的饮食）为许多新产品和服务创造了机会。

最初，早期采用者或创新者的需要占主导，因而一项创新的特性是最重要的。创新会根据这些早期用户的要求而不断改进和变化，这可能会降低后期采用者的相对成本。然而，根据定义，创新的早期采用者是"非典型"的，例如他们往往有较强的技术能力。其结果就是，早期采用者的偏好可能对创新的后期开发有着不成比例的影响，导致最后产生了低端的技术，或者舍弃了好的备选方案。研究札记 9.4 考察了早期采用者和意见领袖在创新的采用中的作用。

研究札记 9.4　　顾客创新、意见领袖和创新的采用

本研究探讨两个因素如何影响创新的扩散：潜在采用者的创新能力及意见领袖。每一个因素都可能在不同的阶段产生不同的效果。潜在购买者的创新性可能会影响顾客的购买倾向，意见领袖则代表对其他顾客的决策有很大影响的采用者，尤其是通过社交媒体。

研究人员分析了这两个因素如何影响日本 3G 移动电话的采用。他们测试了三种扩散模型在预测技术采用方面的准确性。基本的 Bass 模型是最不适合的，倾向于高估早期采用的速度（主要由早期采用者的创新驱动），但是低估了采用的峰值水平（更多地由模仿和意见领袖所致）。因此，不同扩散模型的预测精度对早期采用者的创新能力与后期意见领袖推动模仿的作用之间的关系非常敏感。当早期采用者成为意见领袖时，创新的扩散尤其迅速。

资料来源：Shi，X. and K. Fernandes，Exploring the role of innovativeness and opinion leadership In diffusion，*International Journal of Innovation Management*，2014. 18 (4).

影响采用的因素

已经识别出若干变量影响着创新的扩散和采用，这些变量可以归为三类：创新本身的特点；个体采用者或组织采用者的特点；环境的特点。影响采用的创新的特点包括相对优势、兼容性、复杂性、可试验性和可观察性。影响采用的个人特点包括年龄、受教育水平、社会地位和对风险的态度。影响采用的环境和制度特点包括经济因素（如市场环境）、社会因素（如沟通网络）。然而，尽管人们对于相关变量有普遍共识，但对于不同变量的相对重要性很少有一致意见，有时甚至对因果关系有截然不同的看法。案例研究 9.3 确定了促进和阻碍中国互联网使用的因素。

案例研究 9.3

互联网在中国的传播

互联网是创新的一个很好的例子，互联网的采用依赖于众多宏观和微观因素的推动。在全球范围内，在国家层面，互联网普及率主要取决于识字率、电信基础设施和相关内容的可用性。

然而，更微妙的因素也会在特定的情况下影响互联网的使用。例如，在中国，人均 GDP 的增长和电信基础设施的改善对互联网使用的影响较小，而降低访问成本和提高内容的可用性产生的影响更大。

资料来源：Feng，G. C.，Determinants of Internet diffusion：A focus on China，*Technological Forecasting and Social Change*，2015. 100 (11)，176-85.

创新的特点

影响扩散和采用的创新的特点有：相对优势、兼容性、复杂性、可试验性、可观察性。

相对优势

相对优势是指在人们的感知中，一项创新超出它所取代的产品或其竞争性产品的程度。相对优势通常以狭隘的经济指标（如成本或财务回报）来考量，但非经济因素（如方便性、满意度和社会声誉）可能同样重要。理论上，感知优势越大，采用速率越快。

区分一项创新的一级属性和二级属性是有益的。一级属性（如大小、成本）是不变的、具体的创新所固有的，与采用者无关。二级属性（如相对优势、兼容性）则对于不同采用者来说存在差别，取决于采用者的感知和情境。在许多情况下，会存在属性差距。属性差距是指一个潜在用户对某项知识的属性或特征的实际感知与该用户倾向的感知方式之间存在的不一致。属性差距的总和越大，用户就越不可能采用这个知识。这表明，应当对一个创新做初步的测试，以检查是否存在显著的属性差距。并不是所有的属性差距都要求改变创新本身，这就需要对知识的内容和知识的格式作出区分。对信息进行预测试以提升其价值和接受度，这个观点并没有被广泛用于实践。

兼容性

兼容性是指在感知方面创新与潜在采用者的既有价值、经验和需要的一致性程度。兼容性包括两个方面：既有技能和实践；价值和规范。创新与潜在采用者的既有技能、设备、规程和绩效标准的匹配程度很重要，并且相对容易评估。

然而，创新与实践的兼容性或许不及与价值和规范的匹配那样重要。[13]一项创新与采用方组织之间如果有明显的不一致，就需要对创新或组织作出改变，或者两者都要改变。在成功的实施案例中，创新与组织双方相互调整适应。[14]然而，很少有研究对价值和规范兼容性与实践兼容性作出区分。创新与采用者的既有技能、设备、规程和绩效标准的匹配程度至关重要。很少有创新一开始就能适应其所进入的用户环境。与既有实践的最初的兼容性可能并不那么重要，因为那样产生相互适应的机会就颇为有限了。

复杂性

复杂性是指一项创新被认为难以理解或使用的程度。一般来说，对于潜在用户来说，易于理解的创新会更快地被采用，而较慢被采用的就是那些需要采用者发展新技能和知识的创新。

然而，复杂性也可能影响扩散的方向。扩散演化模型聚焦于网络外部性的影响。网络外部性即消费因素、金钱因素和技术因素的互动，这种互动会决定扩散的过程。例如，在一个区域内，采用和使用的成本不同于购买成本。前者会受到下列因素的影响：从其他用户那里得到关于技术的信息、具有熟练技能的用户、技术支持和维护、技术上或组织上的互补性创新。

可试验性

可试验性是指一项创新可以在有限基础上被实验测试的程度。一项可试验的创新意味着对潜在采用者来说有较少的不确定性，并且可以在实践中学习。可试验的创新一般来说会更快地被采用。只有当创新的不良后果大于其有益特点时才会有例外。总的来说，采用者希望从创新的功能性效果中受益，但避免任何不良效应。然而，当无法将有益的作用和不良效应分离时，可试验性就会降低采用的速率。

对于让潜在用户参与开发过程，创新的开发者可能有两种不同的动机。其一，是在开发过程中从所需用户那里获得知识，来保证可用性和增加附加值。其二，是获得用户认同，即用户对创新的接受和使用意向。第二个因素独立于第一个，因为增加用户认同不一定会提高创新的质量。参与反而会提高用户对不足之处的容忍度。在点对点转移的情况下，两种动机通常都存在。

然而，在扩散中，不可能让所有潜在用户都参与开发，因而首要动机在于提高可用性而不是获得用户认同。但即使是表述用户的需要，也只能通过间接的方式，即特别挑选一些用户群作为代表。这些用户群可能存在一定问题，原因在于：首先，由于他们可能具有非典型性的高水平技术知识，因此不具有代表性。其次，如果该群体要反映多样化用户的需要，包括有经验的老用户和新用户，那么这个群体可能无法良好地共事。最后，用户代表与开发人员长期密切合作后，他们可能不再代表用户，而是接受了开发者的观点。因此，用户参与和用户满意度之间没有简单的相关性。通常，若用户参与度很低，那么用户不满意度会较高；但广泛的用户参与并不一定产生用户满意的结果。

可观察性

可观察性是指创新的结果对于他人的可见程度。一项创新，越容易让他人看到所带来的好处，就越容易被采用。根据简单的扩散模型的假定，随着潜在用户接触到创新的既有用户，创新就会传播开来。

已经采用了某项创新的同伴，具有研究人员所称的“安全信誉”。潜在采用者在征询同伴的意见时会认为他们知道实施和使用该创新的真实情况，因此，早期采用者就被视为向同事传播“替代学习”方式的人。替代学习的概念很简单，就是从他人的经验中学习，而不是直接的个人实验性学习。然而，替代学习的过程既不可避免，又不那么有效率。因为根据定义，这是一个分散化的活动。集中化的扩散系统通常是作为技术信息源而设计的，并不是为了促进潜在采用者之间的学习。

学习和选择的过程会渐渐促进两个因素的演化：要采用的技术，以及实际采用者和潜在采用者的特点。因此，一项创新可能会通过早期用户的改进而演变，从而降低后期采用者的相对成本。此外，当一项创新要求发展互补性特征（例如某种特定的基础设施）时，后期采用者会从中受益。这表明，除了单一的扩散曲线外，在不同环境中还存在一系列扩散曲线。然而，这个模型有一个潜在的不足。早期采用者的短期偏好可能会导致构建了低端技术，却摒弃了高端选项。在这种情况下，可能需要一定的干预政策才能推迟这种锁定现象的出现。

从政策的视角来看，高可见性往往很重要。然而，高可见性最初可能是不利于生产的。如果用户对一项创新的期望高得不切实际，而且又迅速地采用了该创新，那么很可能会大失所望。因此在某些环境下，推迟传播或减缓采用速率是有意义的。然而，一般来说，研究者和知识传播者是不愿意推迟新知识的发布的。

在不同的扩散模型和影响采用的因素之间进行选择，取决于创新的特点和潜在采用者的本质。简单传染型模型适用于新流程、新技术和新规程的扩散，而巴斯模型最适用于消费品的扩散。然而，传染型模型和巴斯模型的数学结构都倾向于过分强调采用者特点的差异，而低估宏观经济和供应层面因素的影响。总的来说，这些扩散模型在总的潜在市场已知的情况下最适用，即用于描述既有产品和服务的衍生品，而不是描述全新的创新。

在系统性创新或网络创新中，需要管理多种因素来促进创新的采用和扩散。在这种情况下，在供应层面和需求层面会有更多相关的角色和制度，这被称为采用网络。[15]在供应层面，其他组织可能提供基础设施、支持及互补性产品和服务，这些可能促进也可能妨碍创新的采用和扩散。例如，2008年开始为期两年的高清DVD格式之战，其最终结果不是由价格或任何技术上的优越性所决定的，而是由于蓝光光碟（Blue-ray）成功地争取到更多电影工作室采用其格式，从而战胜了与之竞争的HD-DVD格式。未来格式的不确定性一旦消除，采用速率迅速迈上了新的台阶。案例研究9.4讨论了社交媒体在创新的采用中的作用。

案例研究9.4

“占领华尔街”！通过社交媒体传播信息

社交媒体在信息和思想的传播、政治立场的宣传以及产品的推介方面发挥着重要作用。本研究考察了YouTube和Twitter在“占领华尔街”运动发展中的影响。研究人员分析了每个社交媒体平台上参与社交网络的用户的结构、互动模式和地理分布。

分析显示，Twitter被更多地用于不同用户的组织和协调，用户形成了一个中心辐射网络，这个网络由几个极具影响力的中心用户组成，他们将轮辐连接到许多松散连接的小社区。相比之下，YouTube更多地用于传播想法和加强现有群体，因此围绕特定主题形成了一个更加密集和同质的网状网络，这增强了共同的信仰和兴趣。

资料来源：Park，S. J.，Y. S. Lim，and H. W. Park，Comparing Twitter and YouTube networks in information diffusion：The case of the "Occupy Wall Street" movement，*Technological Forecasting and Social Change*，2015. 95 (6)，208-17.

在需求层面，需要考虑潜在采用者的不确定性、与潜在采用者的沟通、潜在采用者之间的沟通。尽管早期采用者可能强调技术表现和新颖性，但主流大众市场还是更在意价格、质量、便利和支持等因素。这种从利基市场和早期采用者的需要到更加大众化市场的要求的过渡，被摩尔称为跨越鸿沟。[16] 摩尔研究了硅谷的成功和失败，以及其他许多高技术产品，提出面向早期采用者和大众市场的关键成功因素是截然不同的，并且大部分创新未能实现这个过渡。因此，要成功地推出和扩散一个系统性创新或网络创新，不仅需要关注传统的营销问题（例如时机和产品服务的定位）[17]，还需要在需求层面因素（例如潜在采用者之间的沟通和互动）上付出相当大的努力[18]。

在经济发达的国家，过去50年间健康状况的持续改善可以部分归功于新的诊断技术、新药和新的医疗规程的出现，也要归因于需求层面的变化，例如教育、收入和服务性基础设施的增加。然而，在医疗保健领域中，创新（和政策）往往聚焦于新药的开发和商业化，但这只是部分现象。这是一个明显的系统性创新的例子，公司和公共研发是必要的，但对于促进健康状况的改善来说又是不充分的。在这个例子中，使用创新的网络涉及法规实体、国家医疗评估和参考定价计划、区域健康代理机构、公共和私营保险公司，以及医院、医生、护士和病人等。[19] 然而，健康领域的创新管理和创新政策往往受到价格方面的规定和知识产权制度的影响。[20] 很明显，这还需要新的互动和参与方式。[21]

扩散研究和实践受到的批评在于其范围和方法论日益显现局限性。罗格斯总结了研究和实践的若干缺点：

1. 扩散被视为一种线性的、单向的沟通活动。活跃的研究或信息源试图影响被动的接受者的态度和行为。然而大多数情况下，扩散是一个互动性的适应和采用过程。

2. 扩散被视为一种一对多的沟通活动。但点对点的转移也很重要。集中化的系统和分散化的系统并存。分散化的扩散是当两个或更多个体就某个事件的意义交换意见时发生的趋近和融合的过程。

3. 扩散研究是以行为和事件为中心的沟通活动，如产品销售、行动或政策。然而，扩散也是一个社会过程，受到社会结构和地位以及人际关系网络的影响。

4. 扩散研究将采用（使用创新的决定）作为因变量，而不是将实施本身（创新的影响结果）作为因变量。多数研究都将态度变化而不是明显的行为改变作为自变量。

5. 扩散研究本身有一种支持创新的偏见，即认为一项创新应当尽快被社会体系中的所有成员采用。因此，对创新的适应或拒绝过程被忽视，并且关于如何阻止糟糕的创新扩散的研究相对较少。

研究札记9.5探究了为什么某些创新没有被采用。

研究札记 9.5　　为什么创新未被采用

这项研究基于一些成功的和不太成功的电子消费品案例，如索尼游戏站（PlayStation）和迷你光盘（MiniDisc）、苹果的 iPod 和 Newton、TomTom GO、TiVo 和 RIM 公司的黑莓（Blackberry）等，检验了影响创新的采用和扩散的因素。

研究发现，影响成功扩散的一个关键因素是对早期采用者的认可的细致管理。这会进而影响主流市场的采用。诸如定位、时机、采用网络的管理等战略问题也十分重要。这里采用网络被界定为用户、同伴、竞争者和互补性产品/服务与基础设施的一种组合搭配。然而，定位、时机和采用网络对于早期采用者和主流市场采用者来说是不同的，大部分未能广泛扩散的创新都是因为未能认识到这个差别。同样，创新的情况如突破性和非连续性的程度，也影响着这些因素如何互动以及如何得到管理以提高认可度。对于创新的突破性和非连续性的相关评估不是基于技术性方面，而是基于对用户行为和消费的影响。

为了促进早期采用者的使用，研究建议对四个辅助因素进行管理：通过顾客推荐人和可见的性能优势来使创新合理化；在专家实践群体中触发口碑传播；刺激模仿以增加用户基础和同伴压力；与意见领袖合作。很明显，这项研究主张，一项创新能否成功地扩散到主流市场，与产品自身的优点关系不大，而是取决于早期采用者的积极接受度，以及通过影响相关采用网络实现面向主流市场的重新定位。

资料来源：Frattini，F. “Achieving adoption network and early adopters acceptance for technological innovations，” in J. Tidd（editor）*Gaining momentum*：*Managing the diffusion of innovations*. 2010，Imperial College Press.

9.4 风险评估，识别不确定性因素

控制风险和不确定性因素是大多数创新项目评估的核心内容。风险通常被认为是可以估算的，通过定性的方式（分为高、中、低三个等级）或者定量的方式（概率）估算。顾名思义，不确定性是不可知的，但是我们可以通过识别它的涉及范围和程度，采取合适的评估方法来推断可能发生的意外。传统的风险评估方法关注的是对可预见的概率风险的评估，而不是真正的不确定性因素，也可能完全忽视了这些因素。这就是康纳德·拉姆斯菲尔德（Donald Rumsfeld）明确提出的“未知的未知因素”（美国国防部新闻发布会，2月12日）。

新产品开发和研发项目管理的相关研究为风险控制提供了一系列战略参考。个人特征和组织文化都会影响风险的感知以及规避、接受危险或寻求冒险的倾向。尽管运用正式的技术——如失效模式和影响分析（failure mode and effects analysis，FMEA）、潜在问题分析（potential problem analysis，PPA）和故障树分析法（fault tree analysis，FTA）能起到一定的作用，但是来自组织文化层面的更为广泛的信息和支持会比具体的某个工具更为重要。譬如，许多组织为了防范组织内部风险而过度强调项目管理，却因此没有识别或挖掘可接受风险中的创新机遇。[22]

风险评估有许多方法，考虑的因素如下：

1. 技术和商业成功的概率估计；
2. 风险的心理（认知）和社会感知；

3. 政策和政治影响，譬如“预防原则”。

风险概率

研究表明，30％～45％的项目没有顺利完成，一半以上的项目运营超出预算或预计时间一倍之多。图 9 - 2 呈现了来自研发管理人员的调研结果。结果表明，管理人员对技术问题（比如开发时间和成本）的预测相对自信，而对于项目的商业考量却少有自信。

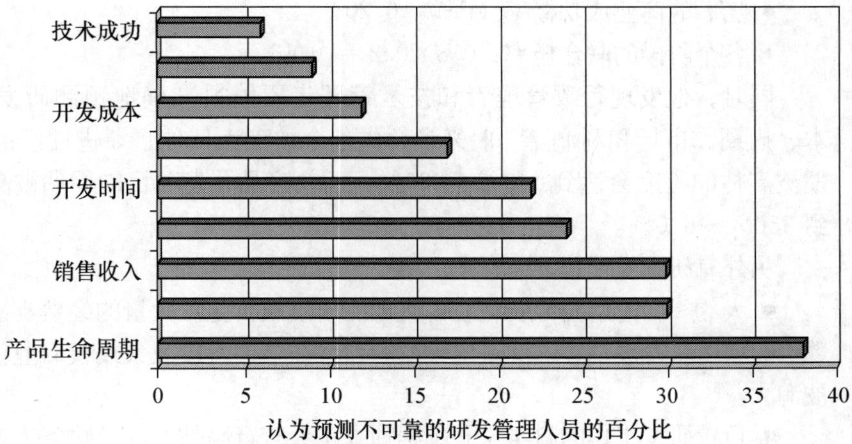

图 9 - 2　项目计划中的不确定性

资料来源：Freeman，C. and L. Soete，*The Economics of Innovation*，1997，MIT Press，Cambridge，MA.

我们对项目评估中普遍运用的不同方法的使用情况进行了研究。通过评估不同标准的使用情况和作用，我们对 25 个公司的 50 个项目进行了研究。表 9 - 3 汇总了研究结果。显然，针对技术和商业成功的概率估计法是可以普遍运用的，可以认为是所有的项目评估类型中最为重要的一种。这种方法通常伴随着财务评估的其他形式，并且同公司的战略和能力相匹配。

表 9 - 3　项目审查和选择标准的使用和效果

	高新颖性		低新颖性	
	使用率（%）	实用性	使用率（%）	实用性
技术成功的概率	100	4.37	100	4.32
商业成功的概率	100	4.68*	95	4.50
市场份额*	100	3.63	84	4.00
核心能力*	95	3.61	79	3.00
内在承诺	89	3.82	79	3.67
市场规模	89	3.76	84	3.94
竞争	89	3.76	84	3.81
净现值/内部报酬率	79	3.47	68	3.92
投资回收期/盈亏平衡点	79	3.20	58	4.27

实用性评分：5 表示非常关键；0 表示完全不相关。

＊表示实用性评分的显著差异为 5％。

资料来源：Tidd，J. & K. Bodley，Effect of novelty on new product development processes and tools. *R&D Management*，2002. 32 (2)，127-38.

由于非常复杂，创新项目的投资结果是不确定的，因此对项目成本、价格、销量等因素的预测不太可靠。约瑟夫·鲍尔（Joseph Bower）认为，在评价投资建议时，精确预测如何使生产成本降低比如何使销售扩张要更有效，同时，对新产品带来的财务收益的预测是非常有限的。[23]这个结论也在埃德温·曼斯菲尔德（Edwin Mansfield）和他的同事对美国大型公司项目选择的研究中得到了验证。[24]通过对项目预测结果的比较，曼斯菲尔德发现管理者很难在技术和商业两者之间作出选择：

- 项目的技术成功概率（Pt）= 0.80；
- 随后的商业成功概率（Pc）= 0.20；
- 各个阶段的联合概率：0.8×0.2 = 0.16。

同时，他发现行政管理者和技术管理者不能很准确地预测研发项目的开发成本、周期、市场和利润。一般来说，成本会被大大低估，渐进性产品开发项目的周期被高估的程度会达到140%～280%，而新产品开发项目的周期被高估的程度会达到350%～600%。

另外有研究发现：

- 大约一半的科研经费花在了失败的研发项目上。大量的经费支出并没有使相应数量的项目获得成功，这反映出失败的项目在早期阶段及大规模商业化运作之前就应被淘汰。[25]
- 负责研发工作的科学家和工程师经常会有意高估，以给财务人员和管理人员制造高回报率的假象。[26]

选择一个好项目是非常值得的，可以避免把时间和资源浪费在无意义的活动中，提高成功的概率。项目评价与评估旨在：

1. 通过描述获得对潜在项目的整体认知。
2. 对一组给定的项目进行优先排序，必要时剔除一些项目。
3. 跟进项目，比如，与项目的选择标准相比较。
4. 必要时结束项目。
5. 评估已完成的项目的结果。
6. 学习。回顾成功和失败的项目，进行反思，提高项目管理才能。

项目评估通常假设项目选择会有结果，但有时对项目无法选择，此时项目评估就非常重要，因为它可以用来衡量机会成本以及对项目实施结果的期望。不同的情境要求采用不同的方法进行项目评估。正如前文提到的，项目复杂性和不确定性是项目评估的两大维度。不同类型的项目需要具有针对性的方法，至少有评估标准。其中，风险评估矩阵是一种普遍适用的方法。

近年来许多方法得到采纳和发展，并沿用至今。这些方法中存在以下共同因素，这些因素是项目评估方法的核心：

- 输入。包括财务方面的成本和收益，技术或市场成功的概率，市场吸引力以及组织战略的重要性。
- 权重。有些数据比其他数据更重要（比如，市场投入与技术因素的关系就是如此），从而反映出公司的战略或独特观点。这些数据进而可以反映项目的输出。
- 平衡。在竞争有限资源的环境中，通过项目间的对比可以获知项目的相对价值。资产组合管理方法经常被用来解决这类问题。

经济和成本收益法通常是基于期望效用和贝叶斯假设。期望效用理论考虑了概率估计和主观偏好，因而能有效规避风险，但在实践中，人们很难绘制效用曲线，同时个人偏好因人而异且非常主观。贝叶斯概率可以很好地将新信息的效应进行融合，正如我们前面所说的，在技术扩散的条件下，这种方法对相关的输入和权重非常敏感。

由于管理决策是管理层的职责所在，因此没有哪种方法可以直接决定输出。现在流行的方法大多基于软件，有的完全基于软件，有的部分基于软件，这使得通过管理自动化可以获得额外的好处。但无论如何，对于所有方法来说，最重要的是管理者作出的解释说明。

世上没有所谓最好的方法。项目评估方法的选择是由项目的性质决定的，包括信息可得性、企业文化和其他因素。这样我们就可以清楚地知道这些方法是否理论上可行，以及在哪种程度上可运用于实践。总之，要根据组织的独特需求来选择、实施和适当调整项目评估的方法。在实践中，大多数评估方法结合了财务评估和人为评价两个方面。

风险感知

概率估计仅仅是风险评估的第一步。相关的主观评价标准通常被心理（认知）感知和偏见显著影响，或者完全受到同伴压力或文化情境等社会学因素的影响。研究表明，不同人（动物）对风险的感知和容忍力是有差异的。譬如，在一项对黑猩猩和倭黑猩猩行为的对比研究中，发现黑猩猩更偏好赌博和冒险。[27]乍一看，这个现象是由个性差异导致的，但实际上，这两个物种的基因有99%以上是相似的。因此，一个更为合理的解释是存在不同的环境因素：黑猩猩生活在一个食物缺乏和不确定的环境中，而倭黑猩猩生活在一个食物相对充裕的环境中。这不是要把创业者类比为黑猩猩，把会计师类比为倭黑猩猩，而是说明经验和情境会对风险评估和偏好产生深刻的影响。

在个人认知层面，风险评估具有过度自信、规避损失、认知偏见的倾向。[28]过度自信是人们在进行精确评估时经常犯的错误，它往往会导致不现实的假设和不可靠的评估。规避损失是个心理学术语，本质上是指相比承担风险，人们更愿意避免损失。认知偏见是一种普遍存在的现象，对风险识别和评估有显著的影响。认知偏见是指人们倾向于寻找和过度强调符合自己价值观的证据，同时规避和忽视不符合自己价值观的信息。[29]因此，我们要尽量看清和挑战自己存在的偏见，并鼓励他人讨论和批评我们的数据、方法和决定。

研究表明，认知能力的测量和项目的绩效有关。其中，反射、推理、解释和意会的差异会影响问题识别、分析和解决问题的质量，从而影响研发绩效。若认知能力不足，可能导致问题的复杂性和不确定性过于简单化，还可能导致问题形成和选择评估的简单化。[30]譬如，采用单一事先假设，选择有用信息以支持假设，低估选项的价值，或者对控制或预见性的错觉。同理，营销经理可能会分享相似的认知，使相同的假设包含对影响新产品成功的重要因素（譬如，消费者导向和竞争者导向的对比）以及这些因素相互关系的影响（内部职能协调程度）的考虑。[31]因此，认知过程对组织的高级管理层、职能部门、群体以及个人层面都非常重要。一般而言，对于问题的有限认知包括[32]：

- 通过类比进行推理，会导致复杂的问题过于简单化。
- 采用单一事先假设的偏见，即使信息和经验已经表明这是错的。
- 有限的问题集合，即重复采用某个狭隘的问题解决战略。
- 对结果的简单估算，人们着眼于简单、单一的目标和在这个目标之下的行动指示，忽视了对价值的权衡。
- 控制和预见性的错觉。这是由于对所选择的战略过分自信，对问题理解的片面性，以及对环境不确定性的有限识别。
- 低估选项的价值，即过分强调选项的负面因素。

在组织或社会层面，也有会影响风险感知和反应的因素。管理者如何评估和控制风险也是一个社会或政治话题。它受到先前经验、能力感知、地位和权力、自信以及在适当的时间和相关人员交流的能力等因素的影响。[33] 在创新管理领域，与个人的风险偏好或概率的理性评估因素相比，风险与经验、权力和情境等因素更相关。实际上，管理者会根据不同的情况进行风险管理。一般的战略会涉及延迟决策或授权委托决策，以及共担风险和责任。一般来说，管理人员在业绩较好并且达到目标时，通常不愿意去冒险。相反，在有压力的情形下，由于存在威胁，管理人员往往会接受较高的风险。

在大多数组织中，风险已经成为一种负面的术语，暗示着危险或失败，应该尽量避免。这一观点为“预防原则”所强调，常见于政策领域。由政策风险所派生出的许多管理制度已经尽可能地使风险得到规避。[34]

然而，这个解释歪曲了风险和机会的本质。危机也正是创新成功的机遇。“危险”一词源于拉丁文的“敢”，但如今已包含危害或威胁的含义。我们必须考虑成功的可能，或者不去改变的风险。[35] 伯格伦德（Berglund）为创新情境下的风险提供了一个良好的定义——“追求不确定性条件下可感知的机会”。[36]

在公司层面，他认为需要从三个方面进行风险管理：

- 符合正式项目及程序的要求，而非创新方面的要求；
- 内部控制、自治，影响和使用外部知识；
- 其他配置、组织的商业模式及实验具有灵活性。

在任何大型组织中都会对正式的项目和程序有要求。然而，这些可能与创新发生冲突。冒险需要对工作中的不确定性因素有一定程度的容忍。在高风险的环境中，即使结果是未知的，人们也可能大胆采取新措施，认为可以在自己的一些想法上“下赌注”。在这种情况下，人们通常会冒险率先提出想法。而在规避风险的环境中，人们抱有谨慎、犹豫的态度，试图待在“安全的地方”，并且针对问题无所作为。他们建立委员会，通过许多途径了解情况，然后才作出决定。当冒险意识太弱时，员工很少提出想法（包括新颖的想法），这些想法被认为不符合常规。在规避风险的组织中，人们通常抱怨工作乏味，对将理念付诸实践要经历漫长的过程感到失望。导致这种情况的原因有：组织不重视新想法，评价机制官僚主义，对“越过常规线”的人进行处罚。对此可以通过制定一个能加速理念付诸实践的公司计划来改变。当行动的风险过高时，人们将感到困惑。人们常常产生许多想法，但很少会得到认可。人们会因为什么也没做成而感到沮丧。在组织中，有很多人只做自己的事情，不参与任何团队合作。导致这种情况的原因有：在组织或部门中，有人觉得不需要别人认可自己的想法，或者自己不需要认可团队中其他人的想法。团队建设、完善的奖励制度、鼓励合作而非竞争或个人主义都可能改善这种情况。[5]

一项关于组织创新与业绩的研究证实，在风险与稳定之间需要保持微妙的平衡。冒险往往会带来相对新颖的创新（即与这个组织之前做过的很不同）、绝对新颖的创新（即与任何组织之前做过的很不同），这两种类型都关乎财务和客户的利益。[37]然而，研究的结论是："增量的、安全的、广泛的创新可能对内部因素更好，新颖的颠覆性创新则对市场因素可能更好……绝对新颖对客户和生活质量有益，而相对新颖使员工关系受益，（但是）风险不利于员工关系。"事实上，需要识别和管理的许多关键的风险来自组织内部而不是外部，如市场、竞争和规章。[38]例如在3M公司，100年的成功创新在首席执行官变更后发生转变，强调六西格玛质量管理，而不是保持创新的氛围和产品。

一些项目固有的不确定性制约了管理人员预测项目结果及收益的能力。在这种情况下，修改项目的计划和目标是司空见惯的事，这是由技术突破、市场变化等外界因素和改变组织的目标等内部因素引发的。改变项目计划和目标带来的所有影响能超过传统项目计划管理带来的收益（见表9-4）。[22]

表9-4 传统项目管理和风险项目管理的对比

传统项目管理	风险项目管理
适度的不确定性	主要的技术和市场风险
强调详细计划	强调机会风险的承担
谈判和妥协	自主行为
利益和规则的融合	个人主义和临时变通
同质文化和经验	异质背景

这一现实与风险项目投资的实物期权法是一致的，因为投资是连续性的，项目经理会对项目各阶段的时间、资源整合以及项目的推进或放弃作出决定。通过对一定数量的项目进行小额投资，可以挖掘更多的机会。一旦减少了不确定性，只有最优项目会继续下去。对于某一投资项目，这种实物期权法可以增加投资组合的价值。但是，由于选择之间会相互作用，因此关于一个项目的决策会影响其他项目的价值。[39,40]然而，实物期权的观点仍适用于风险的概念化，尤其是在项目组合层面。我们的目标不是计算或优化，而是帮助识别风险和报酬、关键不确定性因素、决策点和未来可能创造的机会。[41]当高波动性的环境要求一定的灵活性，并强调特定信息和决策时间选择的重要性时，结合诸如决策树等其他方法，实物期权法可以充分发挥自己的优势。

9.5 资源预测

人们可能从数学能力的角度考虑，期望研发管理人员致力于用定量的方法对创新活动进行资源分配。有证据表明情况恰恰相反：让研发管理人员扮演这种角色在很长一段时间里受到质疑（见案例研究9.5）。一项关于欧洲管理者评估研发项目的报告，详细划分和评测了100多种评估方法，并且描述了21个实践案例。[42]但它的结论是：没有一种方法能保证成功，没有单一的预评估途径符合所有的情况，而且无论使用何种方法，一个结构合理的评估最重要的成果就是改善沟通。这些结论揭示了企业对创新活动进行投资的三个特征：

1. 创新活动是不确定的，所以不能保证成功。

2. 创新活动包括不同的阶段，所以有不同的产出，这就要求有不同的评估方法。

3. 评估方法中的很多变量不能被简化成一组可信的数字填进公式，所以更多地依靠专家的判断：一方面强调沟通的重要性，特别是与研发相关的企业职能和相关创新活动间的沟通；另一方面强调财务资源的分配。

案例研究9.5

一位总经理衡量研发项目的方法

我会用我不会念的单词使你的项目变得复杂，
你那些已发表的文章在我看来就只有半盎司那么重要；
我会为那些真正的研究颁发年终奖。
（如果研究也是有用的，那你的工作就安全了。）
我按月汇总你的专利数量，
计算你在征服宇宙的这场比赛中的位置；
我用一些量表分析你的科学声望，
最后的检验标准是公司净销售额。
就这样，我创造了之前没有的一些数字，
我有大量的事实和数据，以及丰富的方程式；
这些定量的研究让整件事情如水晶般透明，
我们的研究成本应该严格按照今年的预算。

资料来源：R. Landon，cited in Dr A. Bueche (Vice-president for Research and Development of the US General Electric Company) in *From laboratory to commercial application*：*Some critical issues*. Paper presented at the 17th International Meeting of the Institute of Management Sciences，London，2 July 1970.

项目的财务评估

正如我们之前提到的，财务方法始终是评测创新项目最常用的方法，但通常与一些偏定性的方法一起使用。财务评估方法包括计算回收期、投资回报等简单的方法，计算净现值（net present value，NPV）和折现现金流（discounted cash flow，DCF）等复杂的方法。

用折现现金流法评估项目基于这样一个观念：今天的钱比未来的钱值钱。这不是因为通货膨胀的影响，而是反映了不同潜在投资收益的差异——这是投入资本的机会成本。

项目净现值的计算公式为：

$$NPV = \sum\nolimits_{0}^{T} P_t/(1+i)^t - C$$

式中，P_t表示周期为t时的现金流预测；T表示项目周期；i表示与被评估项目风险相同的证券的预期回报率；C表示$t=0$时的项目成本。

在实际应用中，更常使用诸如Excel这样的电子数据表来创建标准的NPV模板，而不是使用上述公式。

如何测量收益

然而，创新活动的潜在效益是双重的。一是，额外利润（extra profits）来源于增加的销售额或者优质产品的高价格，也来源于低成本或者因为先进生产流程带来的销售额增加。传统的项目评估方法可用于比较成本和收益。二是，累计的企业特有的知识（firm-specific knowledge）（如学习、无形资产）可能为将来的创新发展带来益处（如太阳能电池的新用途、碳纤维、机器人、文字处理）。这些收益在研发项目中更重要，因为其更具有长久性、基础性和投资性。

传统方法不能用来评估第二种收益，因为这是一种“期权”，换句话说，它为公司投资一个有利可图的项目提供了机会，但未来的收益的实现仍然有赖于进一步的资源投入。传统项目评估技术无法评测期权（见研究札记9.6）。

研究札记9.6　为什么传统财务评估方法在评估技术投资方面无效

假设公司为了在一个很有吸引力的市场立足而投资一个净现值为负的项目。为此，需要根据第二阶段的投资价值来判断当前的项目。但第二阶段必须依赖于第一阶段：如果公司可以跳过第一个项目而直接开展第二个项目，那么未来的机会对当前的决策就没有影响……

乍一看，这好像是另一个预测问题。为什么不预测两个阶段的现金流，再把两个阶段放一起，用折现现金流法计算净现值呢？

如果是这样的话，你将得不到正确答案。第二个阶段其实是个期权，而传统的折现现金流法难以正确测量期权。第二个阶段为什么是个期权？因为公司并没有承诺一定实现它。只有在第一阶段进展顺利，而且市场仍然显示有吸引力的情况下，它才会付诸实施。如果第一阶段失败了，或者市场变糟糕了，公司可以在第一阶段后停止项目以终止损失。第一阶段的投资买到了一项无形资产：第二阶段的认购期权。如果期权的现值抵消了第一阶段的负的净现值，那么第一阶段的投资也是合理的……

折现现金流（DCF）常应用于“现金牛”业务——那些相对安全的业务，能产生稳定现金流的业务……也应用于“工程类投资”，如机器更换，这些业务的主要好处就是以特定的方式减少了成本。

DCF在衡量那些有显著成长机会或无形资产的业务时不太有效。换句话说，用财务手段衡量项目，当期权在其中占很大比例时，并不能给出全面的答案。

DCF对纯粹的研发来说也不是很有用。研发的所有价值都是期权——无形资产的价值通常是期权价值。

资料来源：Myers，S.，Finance theory and financial strategy. *Interfaces*，1984. 14，126-37.

大多数研发项目固有的不确定性，限制了管理者预测项目产出和收益的能力。研究表明，研发计划和目标的改变是非常普遍的，这是由于受到外部因素（如技术突破）的驱动，或者受到内部因素（如项目目标的改变）的影响。这些变化共同作用，限制了正式项目规划和管理的质量。[22] 这一现实与投资研发的实物期权法是一致的，因为投资是连续的，管理者对不同阶段的项目的时间安排、资源配置、延续或放弃都有一定的影响。通过在各种项目中投入相对较少的资金，可以探索更多的技术。一旦不确定性减小，只有最有希望的项目可以继续下去。对于给定的研发投资水平，这种实物期权法应该增加项目组合的价值。但是，由于期权的相互作用，一个项目的决策会影响到另一个项目的价值（与净现值计算不同，净现值计算不包括交互作用）。因此，研发项目的未来期权可能不会影响这个研发项目组合的整体期权价值，但是，不同项目间期权的交互作用可以给组合的期权价值带来非线性增长。[39]

然而，在几乎所有的案例里，用实物期权法计算研发项目的价值不太可能，因为与财务方法不同，实物期权法在以下几个方面实施起来难度较大：预测技术突破，估计未来由研发带来的销售额（或项目收益），识别和建模评估项目特有的风险，预计过程和最终价值随着时间变化而产生的波动。[40]尽管如此，实物期权法仍然是概念化地理解研发投资的一种有效方法，特别是在投资组合层面。它能明确那些由研发带来的期权，识别未来的增长，即使这些收益与当前的研发目标无关。结合决策树法，实物期权法可以有效识别风险和收益、关键的不确定因素、决策点以及将来的选择。[41]当高波动性的环境强调灵活性、特定信息和决策时间选择的重要性时，这种方法特别有效（见研究札记 9.7）。

研究札记 9.7　　不确定性的价值

实物期权法从项目和公司两个方面评估研发项目。它的核心思想是，在研发项目上的投资，或者准确地说是支出，创造了很强的灵活性以及未来创新的期权组合，特别是当未来不确定时。面对这些不确定因素，管理者可选择继续对研发项目投资，来创建一个买涨期权（option to grow）或者选择延缓进一步的投资，掌握一个等待期权（option to wait）。

这项研究测量了市场和技术的不确定性，并综合分析了它们对公司研发投资的财务价值的影响。研究人员检验了 290 家成立超过 10 年的公司的行为和绩效，发现研发与公司价值间的关系取决于不确定性的来源和强度。他们识别了市场不确定性与研发资金间的 U 型曲线关系：增长的市场不确定性一开始减少了用于研发的单位投资的价值，但是在一个拐点后，不确定性的增长带动了投资的价值。市场增长率越高，拐点位置越低。相反，技术不确定性与研发资金间是倒 U 型曲线关系。此时建议投资者对技术价值设置一个限制：当技术不确定性水平较低时，创建的期权的价值是有限的，当不确定性水平较高时，维持这么多选择的成本太高了。

因此，为了更好地作出关于研发投资的潜在价值的决策，确认不确定因素的来源、技术或者市场是非常重要的。

资料来源：Oriani，R. and M. Sobrero，Uncertainty and the market value of R&D within a real options logic. *Strategic Management Journal*，2008. 29，343-61.

换句话说，对创新活动成功地进行资源分配，更多地取决于它们所处的组织流程，而不是决策技术的高低。根据米切尔和汉密尔顿（Mitchell and Hamilton）的研究[43]，有三个（部分重叠）类别的创新是大公司必须投资的。每个类别有不同的目标和选择标准（如表 9-5 所示）。

表9-5 不同创新项目的资源分配

目标	技术活动	评价标准（在所有研发活动中的占比%）	决策者	市场分析	风险性质	高波动性	时间跨度长	外部联盟的性质
知识构建	基础研发，检测	一般管理费用分配（2%～10%）	研发部门	不需要	小=研发费用	反映广泛的潜在可能	增加了研发可能	授权研发
战略定位	关注应用性研究、探索性开发	期权评价（10%～25%）	主要管理人员、研发部门	广泛的	小=研发费用	反映广泛的潜在可能	增加了研发可能	签订研发合同，拥有股权
商业投资	开发和产品制造	净现值分析（70%～99%）	各部门	独特的	大=所有启动费用	不确定性导致净现值减少	减少了净现值	合资公司，多数控制

● 知识构建。这是为培育和维持专门知识进行的一种早期的、费用相对较低的研究，可能带来未来的机会或威胁。这方面的投入常被视为企业必要的经营费用，但有时也受到高层管理者的质疑（甚至不理解），因为他们更在乎短期的财务回报以及开拓现有市场，而不是开发新的市场。

对那些知识构建项目来说，核心的问题是：“如果不掌控或进入这个领域，将有什么潜在的成本和风险？”没有哪个成功的大型制造企业能忽略探索IT开发的意义，即使IT并不是该公司的核心能力。也没有哪个成功的制药公司能回避研究生物工程领域最新的发展成果。对于这些项目，应由技术人员特别是那些考虑了项目长远发展的技术人员基于自己对技术的判断作出决策。市场分析在此时发挥不了任何作用。应与学者或者其他专家小组建立联系，并给予拨款支持。

● 战略定位。这种活动介于知识构建和商业投资之间，将二者联系起来非常重要，但也常被忽略。它包括应用性研发、可行性证明，以此来减少技术风险，并构建内部的竞争力，保证公司有能力将技术竞争力转化为投资收益。对于这类研发，需要考虑的问题是：“项目能否产生一个在日后有利可图的期权？”有时会把投资和金融股票期权相比较，后者是指公司可以在一个指定日期之前以特定的价格购买股票，以期望它们在未来有价值上的增长。

这类项目的决策应该有多个部门参加，研发部门管理人员和总裁也要参与，因为这些项目为企业未来的战略定位打开了一扇窗。在这个阶段，需要做广泛的市场分析（例如：对一个食品公司来说，基因工程可以为企业带来怎样一个新的蔬菜市场?）。一系列评估方法（如产品-技术矩阵）会被使用，而且比严格的定量分析更利于作出判断。其成本会比知识构建的成本高，但是远低于完全商业化的投资的成本。与知识构建一样，预测和期望的波动性大，时间跨度长，都会导致高风险而不受欢迎，但可喜的是，有丰富的可能性和足够的时间去探索它们。外部联络要求比知识构建更严格的管理，可以通过合同或者参股实现。

● 商业投资。这是指对新的更好的产品、过程和服务的开发、生产和营销。其支出相对较大，通常用传统的财务工具（如净现值）来评估。在这类项目中，需要考虑的问题是：“由项目产生的可能的成本和收益是什么？”决策需要权衡部门所能承受的成本和预期的收益。成功取决于是否满足了特定用户群的具体要求，因此也取决于细致的、有目标的市场营销。由于投资很大，因而技术和市场的波动是不受欢迎的——它们增加了风险。时间跨度大也是不受欢迎的——它们增加了财务负担。基于开发和商业化的规模和复杂性，外部联络需要严格控制，为此可以采用控股或者合资的形式。同时，基于所涉及的资源规模，对过程进行严格的监控是必要的。对于这些项目，大多数公司依靠财务方法来评估项目组合，最近的调查显示，约77%的公司是这样做的。然而，同样的调查显示，在高绩效的公司中，只有36%是依靠财务方法，而39%的公司采用战略方法。[37]财务方法的效用相对较差的原因在于，输入数据的质量远远达不到日趋成熟的模型的要求，特别是在项目早期阶段。

核对单是一种常用的简单定性技术。核对单是一份简单的清单，上面列出了针对特定案例作出决策时需要考虑的所有重要因素。其标准包括技术的和商业的细节、法律和财务因素、公司目标和战略。大部分有用的标准是独立于商业领域和商业战略的，但具体的标准和权重在不同的应用中有所不同。

这种技术的使用要求非常低，在应用过程中付出的努力通常也比较小。此外，它能较灵活地适应公司的做事方式。不管怎样，核对单能作为一个起点，使公司更好地关注一些基本信息，为之后使用复杂的方法打下基础。一个简单而且有用的工具就是SWOT分析，即分析项目的优势和劣势、机会和威胁。

因此，这种技术能得到进一步发展，而且能用一些简单的信息技术管理那些分析要素的交互作用和反馈。为了使这种操作方法更有效，需要做到以下几点：

- 在这个因素清单中加入一些定量的因素；
- 给不同的因素以不同的权重；
- 开发一个系统的方法以获得对这个项目的整体看法，如使用分数或指数。

一个简单的核对单由一系列因素组成，这些因素被认为能影响整个项目的成功，因此需要在一开始就加以考虑。在评估过程中，应对照每个因素，用线性量表给项目打分，通常是1～5分或者1～10分。这些因素也会依据各自对组织的不同重要性而被赋予权重。

这种操作方法的价值在于非常简便。通过恰当选择因素，有可能确保设计的问题描述了项目的所有功能性领域，并得到回答。如果这种方法得到有效使用，会激发有意义的讨论，从而对不同意见进行识别和归类，所有这些将保证得到最终的结果。表9-6给出了一个由产业研究机构开发的核对单的样本，可用于各种类型的项目。

表9-6 项目评估需要考虑的潜在因素

	分数（1～5）	权重（%）	分数×权重
公司目标			
与整体目标和战略的一致性			
公司形象			
市场和渠道			
潜在市场的大小			
市场产品的吸引力			
市场趋势和增长			

续表

	分数（1~5）	权重（%）	分数×权重
顾客接受			
与现有市场的关系			
市场占有率			
发展过程中的市场风险			
定价趋势、所有权问题等			
完全产品线			
质量改进			
发布新产品的时间选择			
期望的产品销售生命周期			
制造			
成本节约			
产品的制造能力			
仪器和设备需求			
原材料的可用性			
制造的安全性			
研发			
技术成功的可能性			
成本			
开发时间			
可用技术的能力			
研发资源的可用性			
研发设备的可用性			
专利的状态			
与其他项目的竞争力			
法律法规因素			
潜在产品负债			
监管机构的批准			
财务			
盈利能力			
投资资本需求			
年（单位）成本			
投资回报率			
单位价格			
回收期			
资产效用、成本下降和现金流			

与其他所有技术一样，项目评估也存在风险，那就是项目评估变成项目开展的桎梏，必须依照执行，失去了它本应作为一种设计和选择合适项目的辅助工具的作用（见研究札记 9.8）。如果发生这种情况，人们也许会忘记在运用该技术时所要求的严

谨和诚实，而只是一味浪费时间和精力，试图“欺骗”系统以达到效果。所以需要关注这些方法和标准背后的原因，将它们用于不同的项目，如果有必要，应根据环境加以改变。[44]

研究札记 9.8　　传统项目和产品评估的缺陷

克莱顿·克里泰滕森和他的同事们指出，三种常用的评估方法不鼓励在创新方面投资。首先，传统的评估项目的方法——如贴现现金流（DCF）和固定成本处理——都偏好计算现有资产的增量开发，而不是预测更具风险的新能力的发展。其次，诸如门径管理等方法需要有关预期市场、收入和成本的数据，但对那些突破性的创新来说，这些数据的获得将会非常困难。最后，高层管理者和公开上市的公司都是通过每股收益（earning per share，EPS）来作出评估的，这样就鼓励了短期投资和回报——在美国，很多组织的投资者持有股份的时间只有10个月，而且CEO的任期也在缩短。

他们认为这些财务评估方法会带来好处，但也需要进行调整以实现风险承担与创新所用时间的平衡。例如，在使用DCF方法时，应该通过比较来评估哪些期权没有回报，哪些投资未用于创新项目，而不是假设不做投资就不会丧失竞争力。与此相似，在门径管理过程中，人们提议减少对（不可靠）定量预测的关注，更关注商业计划中所做假设的挑战和检测。此外，他们认为短期测量（如EPS）已经不太适用，因为它带来了不当的激励。这种方法的最初原理是“委托-代理问题”——试图兼顾委托人（所有者/股东）和代理人（管理者）的利益。但是，随着大部分上市公司集体所有权的增加，以及新的“代理-代理问题”出现，需要通过更好地解决代理人的利益问题来促进创新。

资料来源：Christensen，C. M.，S. P. Kaufmann and W. C. Shih，Innovation killers：how financial tools destroy your capacity to do new things. *Harvard Business Review*，2008. January，98-105.

组合方法尝试处理多个交叉的项目出现的问题，以及寻求实现经济和非财务风险/回报的平衡的因素。一个典型的例子是构建矩阵来衡量风险和回报，如项目成本 vs. 期望回报（见图9-3）。

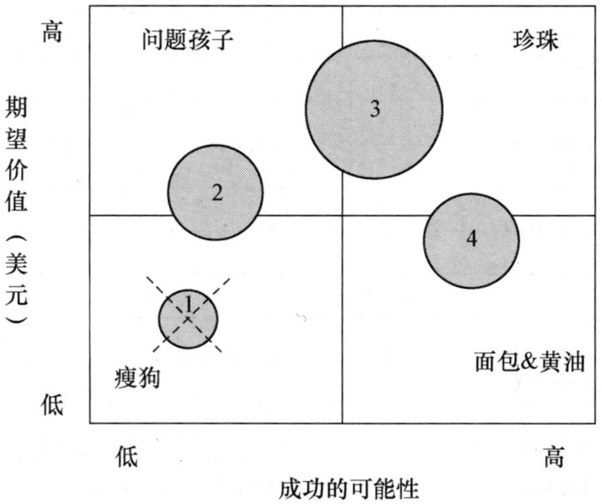

图9-3　基于矩阵的组合实例

比起仅用以上两个标准来检验，使用多种图表更可能得到关于项目的整体看法。例如，比较市场或技术的相对成熟程度会凸显不同风险项目之间的平衡。这些项目往往处于未开发领域，不同于那些有成熟的技术或市场的风险较低的项目。其他的标准可能包括：进入的容易程度与市场吸引力（规模或成长率），组织在项目所处领域的竞争地位与市场吸引力。研究札记9.9提供了更多关于矩阵方法的信息，用于项目组合评估。

研究札记9.9 **技术决策中的ADL矩阵**

大量的工具被开发用于帮助制定关于技术投资的战略决策。对于那些典型的工具，可根据其开放可用性以及受到保护以形成战略优势的简便性进行分类。例如，咨询公司Arthur D. Little（ADL）利用一个矩阵，把一些技术知识组分为四类：基础技术、关键技术、起搏技术、引擎技术。

- 基础技术描述了那些作为产品/服务创新之基础的技术，它们对企业来说很重要。然而，它们也被竞争者广泛知晓和运用，所以只能提供少量的潜在竞争优势。
- 关键技术构成了现有产品/服务或者流程的核心，有很大的竞争性影响，它们对组织来说有战略重要性，通过专利或其他形式予以保护。
- 起搏技术在现有竞争中占据领先位置，也许处于竞争者的实验阶段，它们有较大的但尚未实现的潜在竞争力。
- 引擎技术处于技术的前沿，仍处于发展中，它的影响是存在的但仍不清晰。

进行这样的区分有助于根据潜在影响的程度、技术对企业的重要性以及知识的可保护性确定收购战略。就基础技术而言，外包的方式是有意义的。就核心技术而言，为了维持潜在的竞争优势，采用内部化或者精心选择的战略联盟的方式更合适。对于引擎技术，最好采用观察战略，也可以通过与大学或研究机构的合作项目加以应用。

这些模型可以不断加以完善，例如，在矩阵中加入关于不同市场及其增长率/下降率的数据。一个快速成长的新兴市场需要在起搏技术上进行大量投资，以利用新机会占据一席之地。而在一个成熟或者衰退的市场，最好利用低成本的基础技术来维持公司的地位。

要了解更多细节，请关注 http://www.adlittle.com/。

基于这些组合管理方式产生了“泡泡图”，在泡泡图中，不同的项目以泡泡表示所处的不同位置，以圆圈的直径大小表示项目规模（如成本）。这种方法便于快速了解不同规模项目的风险与回报之间的平衡。案例研究9.6给出了一个例子。然而要认识到，即便是先进的、强大的预览工具，也只在公司有意愿实施这些决策时起作用。如，库珀和克兰施米特发现，研究过的大部分企业（885家）都在这个方面表现得很差，并且常常不能成功克服弱点。[45]

案例研究9.6

Fruit of the Loom品牌——流程创新的组合管理

服装品牌Fruit of the Loom利用组合管理来回顾其全球流程创新活动，以提供一个清晰的概述并且找到聚焦点。它使用了简单的分类：

- 渐进式——本质上持续改善的项目；
- 突破式——使用相同的基础技术，使用更先进的实施方案；
- 根本式——使用不同的技术，如用激光裁剪代替机械方式。

绘制一个简单的不同颜色的泡泡图，就能针对这方面创新给出一个关于战略创新组合的简单、快捷、可沟通的概述。

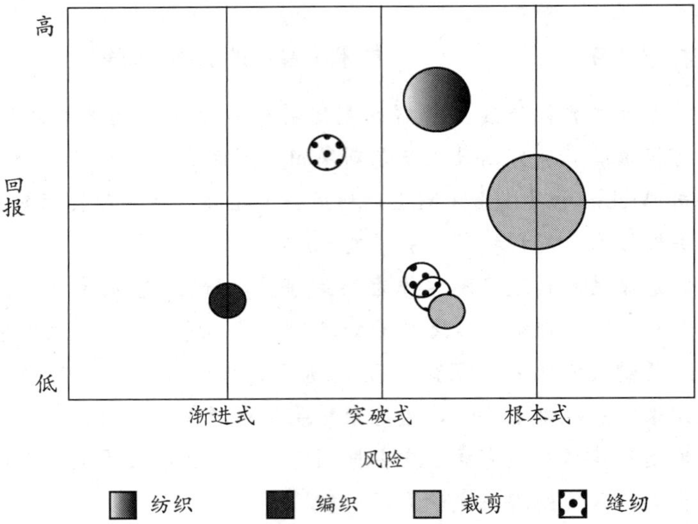

资料来源：Oke，Private Communication，2003.

管理实践者如何应对

两方面的难题会影响管理者为技术活动分配资源，其一是评估技术投资对公司特有的无形资产的潜在贡献；其二是处理不确定性问题，这对于管理者尤为重要。

- 鼓励渐进主义——根据新的趋势，一步步调整目标和资源。
- 利用简单原则模型来分配资源，以使改变了的内容很容易理解。
- 对最初的准则进行详细说明，便于终止项目。
- 进行敏感性分析，探索项目从稳定的（不变化的）状态到基于不同的假设时可能产生的结果（如："如果与现有的估计相比，项目所用的开支和时间都翻番了，该怎么办?"）。
- 在进行任何不可逆转的大规模的、高成本的商业化之前，努力减少关键的不确定因素（技术和市场）。
- 认识到不同类型的创新需要不同的标准来衡量。

前沿视点9.1提供了来自研发总监的见解：企业在实践中如何评估不同类型的研发项目。

前沿视点 9.1

证明研发的价值

研发部门的持久战就是获取资助并证明其工作为公司创造了价值。

在考虑研发部门对公司的回报的情况下，可根据不同的时长将项目分为三类：

1. 短期项目——现有产品的改进；

2. 中期项目——可靠的替代品或在充分开发的产品和市场上显著升级；

3. 长期项目——也许有良好前景的投机项目。

在电站建设企业中，我们的产品维持了40～50年（伴随着断断续续的检修和服务）。因此，对我们来说，短期是1～3年，中期是3～7年，长期是20年以上。

1. 短期项目——涉及小型的连续改进或成本减少的项目。每个项目的成本都是容易量化的，回报却很难量化。比如，改进一个价值10美元的雨刷器的成本是确定的，但是这个改进能使汽车销量增加多少呢？1台、10台、100台、10万台还是0台？然而，如果随着时间推移连细微的改进都没有实现，那么这款汽车就会变得不受欢迎，与竞争者比起来销售量也会下降。

当引入时尚这个概念时，上述问题变得更难以解决。因为时尚有感染力，不像绩效那样容易测量。

在汽车行业中，有许多当初是很细微的、如今变得很重要的改进，涉及制热、收音机、电动窗户、门镜、座位、空调、卫星导航、定速控制、iPod接口，等等。

2. 中期项目——涉及的项目最容易量化和识别，因为它是在一个相对稳定、已了解的市场上改进为人知晓的产品。

例如，从录音带、录像带、CD、DVD到蓝光HD，新产品层出不穷。市场的需求容易量化，因为新一代产品或多或少替代了较早一代产品。技术一直是不确定的，但都被人们所了解。这类项目可以使用传统的评估工具（如净现值法或期权定价法）来分析比较和确定价值。

在电力企业中，这类技术包括风力发电机组，甚至核动力。

3. 长期项目——有时涉及破坏性的技术和产品。个人电脑和移动通信是最近出现的产品。

这类产品的开发成本很高，进入市场较长时间后才会被接受。开发的成本非常难预测，潜在的回报巨大，也难以预测（如微软和沃达丰）。

那么什么样的公司可以在这些项目上运用净现值法呢？索尼随身听和iPod是怎样解决财务上的难题，取得新的突破的？

在电力企业中，我们力图证明碳收集与储存的回报——这是基于对技术未来10～20年发展的预测，乃至对潜在的上万亿商业价值的预测。对此使用净现值法进行分析却不太现实。

那么，研发管理人员为什么不执行这个项目？因为在未知的时间内进行投入（我不知道我们怎样创造未来），成本太高。但这会是一个很大的市场，相信我……

我们现在所能采取的最好方式是组合管理——这是从财务市场引入的，基本理念为“不要把所有的鸡蛋放在一个篮子里”——因为我们不知道未来。

资料来源：Richard Dennis，Director R&D，Doosan-Babcock.

小　结

创新的过程远比响应市场信号的技术改进复杂得多。在不确定情境下，要制定高效的商业计划，就要对创新的动态性（包括概念、开发、采用和扩散）有充分的了解和管理。

一项创新的采用和扩散取决于创新的特点、潜在采用者的本质和沟通过程。创新的相对优势、兼容性、复杂性、可试验性、可观察性都影响着扩散的速度。采用者的技能、心理、社会背景、基础设施也会影响采用过程。流行的模型假设创新是由采用者间相互沟通来扩散的，但形成潮流并不需要这种方式。早期的采用者影响创新的开发，但是后期采用者更多地受到竞争和同行压力的影响。预测创新的开发和采用是很难的，但是一些特殊的方法（如德尔菲法和情境分析）与创新和可持续发展高度相关。在实践中，预测的过程（包括咨询和辩论）可能比精确的结果更重要。

1. 商业计划无论多么非正式，都有助于阐明、分享和辩论新企业的关键假设、目标和资源。这对于获得支持和资源也是有用的。

2. 预测方法有助于识别和评估市场机会和潜在竞争，从简单的市场研究到情境规划。

3. 重要的是不要忽视风险和不确定性，而是要确定风险的类型、来源，以及规避、转移、减轻或接受此类风险的方法。

4. 财务规划是必不可少的，特别是现金流的分析，但还不够充分。此外，还需要更多的定性评估创新项目的方法。

第9章　扩展阅读

第9章　参考文献

第 10 章

创造新产品和服务

Creating New Products and Services

在本章我们将聚焦于开发新产品和新服务的具体问题。首先介绍最常见的开发过程——门径管理和开发漏斗。接下来分析影响产品和服务的成败的一些一般性因素。本章的主体部分研究的是市场环境和技术环境如何影响产品和服务的开发和商业化过程。例如，根本性的线性推广与更一般的线性推广有什么不同。最后比较开发新产品和开发新服务的异同。在美国和英国等服务业发达的经济体中，服务创造了 3/4 的财富和 85%的就业机会，然而我们对于创新管理的了解却绝大部分来自对制造业产品的研究和经验。

10.1 新产品开发过程

我们在第 3 章讨论了支持创新的许多组织因素，在本章将研究新产品和新服务开发的更加具体的需要。成功的产品和服务开发不仅需要运用一系列工具和技术，而且需要一个适合的组织来支持创新以及一个明确的流程来管理开发的过程。在本节，我们研究组织的关键角色，以及在新产品和新服务开发中面对的各种可行的选择。然而，本节的目的并不是提供关于组织行为和组织发展的理论和实践的总览，我们假定你对这个领域已有基本的了解。

开发新产品和新流程的组织面临的关键挑战之一就是大部分组织其实并非为此而存在，它们的创办是出于不同的目的——通常是为了满足运营的需要。在大部分组织中，新产品或新服务的开发是非同寻常且少见的，因此组织的第一个决策就涉及组建怎样的团队来做这项工作。

一般而言，要么选择职能性团队，要么选择跨职能项目团队，要么选择介于两者之间的某种矩阵组织。例如，团队可能来自某个单一职能部门，如研究部、营销部或设计部；也可能会成立一个特殊的跨职能团队，由来自许多（而非全部）不同职能部门的代表组成；矩阵组织并不会组建一个专门的团队，其成员继续留在原有的职能部门，但是同时被分配到一个项目组中。关于新产品开发的研究提供了四种主要的团队结构类型：

1. 职能性结构—— 传统的层级式结构，职能领域之间的交流主要由职能经理依据标准和规范化的程序进行。

2. 轻量级产品经理结构—— 同样是传统的层级式结构，但项目经理对跨职能部门的工作进行统筹协调。

3. 重量级产品经理结构—— 本质上是产品（项目）经理领导的矩阵结构，对参与项目的职能部门员工有广泛的影响，对项目的关键贡献领域的战略方向也会产生影响。这种结构本质上带有一定的组织权威性。

4. 项目执行团队—— 全职项目团队。职能部门员工脱离原有工作，在项目领导的指导下专门从事项目相关工作。

项目管理结构与产品的成败是强相关的，而在所有可选方案中，职能性结构是最弱的一个。在不同的结构中，团队成员特别是项目经理有不同的角色。例如，重量级项目经理需要扮演许多不同的角色，包括在不同职能参与者之间进行大量的说明和沟通。与之相似，团队成员也有多重责任。这表明团队建设和发展需要付出相当大的努力。例如，要使团队掌握探究问题的技能、解决项目进程中不可避免的冲突的技能，以及管理项目内外部关系的技能等。研究札记 10.1 回顾了跨职能团队在不同类型的开发项目中的作用。

研究札记 10.1　跨职能团队的作用和项目的不确定性

这项研究考察了消费类电子产品和医药领域的 40 个开发项目，来确定在不同类型的研发项目中跨职能团队的作用和影响。他们发现，跨职能工作的影响取决于市场和科技方面的机会的类型，特别是高水平跨职能合作与项目团队，最有利于技术和市场风险高的创新。但是，研究人员没有发现跨职能工作可提升项目对外部信息和知识的开放性。他们总结认为跨职能团队在新产品开发中的优势与局限包括：

- 跨职能团队是资源密集型的，并非对所有类型的项目都必要。
- 高风险的项目可能有更高的回报，在使用跨职能团队时尤为如此。
- 跨职能合作倾向于提高信息处理能力，但是这必须与不良的结果，比如增加冲突和团队成员离职相权衡。
- 在涉及很多技术和市场的新颖、高风险、高价值的项目中，跨职能合作的好处往往超过心理社会成本。
- 对外部信息和知识的开放可以提高新产品的性能，但是如果所涉及的信息或知识能够被功能专家识别和解释，则可能不需要跨职能合作来从中获益。

资料来源：Gemser. G and M. Leenders，Managing cross－functional cooperation for new product development success，*Long Range Planning*，2011，44（1），26－41.

新产品或服务的开发过程——从创意到成功的产品、服务或流程，是一个通过一系列解决问题的阶段减少不确定性的渐进过程。它在从搜寻和选择阶段到实施阶段的过程中将相关市场流和技术流联系起来。

在事情伊始一切皆有可能，然而随着项目的推进，越来越多的资源投入使得改变方向愈发困难。管理新产品或服务的开发需要保持一种微妙的平衡，一方面是控制一个最终可能不会成功的项目的成本（这代表着其他可能性的机会成本），另一方面是防止过早终止项目而失去潜在的多种机会。此外，开发过程中的压力还来自更短的产品生命周期以及对产品多样性的更大需求。这意味着开发过程需要关注更广泛的新产品机会组合，并且要应对从新产品开发到销售这一项目推进过程中的相关风险。

这些决策可能建立在一个特别的基础之上，但经验和研究表明，某种结构形式的开发系统，即有着清晰的决策点和共同遵守的决策规则的系统更有效。为了整合和优化诸如并行工程、跨职能协作、先进工具、早期参与等方式，需要特别注意内部机制的重构。为此，人们已将注意力集中于系统搜索、监控和进度框架，例如库珀的门径管理方法（见图 10－1）。[1]

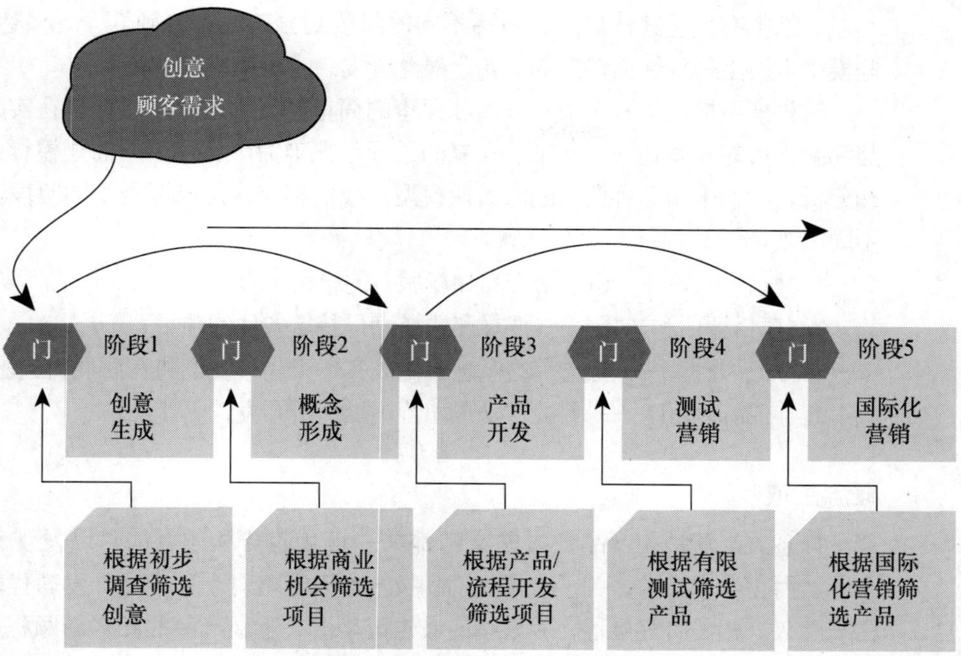

图 10-1　新产品开发的门径管理过程

正如库珀所指出的，成功的产品开发需要某种结构化的阶段性过程的运作。随着项目的开发推进，会形成一些独立的阶段，每个阶段有不同的决策标准或必须经过的“门”。这个基本理念存在许多变体（例如“模糊门”），但重点在于确保通过一个结构体系在不同阶段评估技术和市场方面的数据。一个常见的变体是“开发漏斗”，这种方法考虑到不确定性随着过程的推进而减少，以及现实资源约束的影响（见图 10-2）。

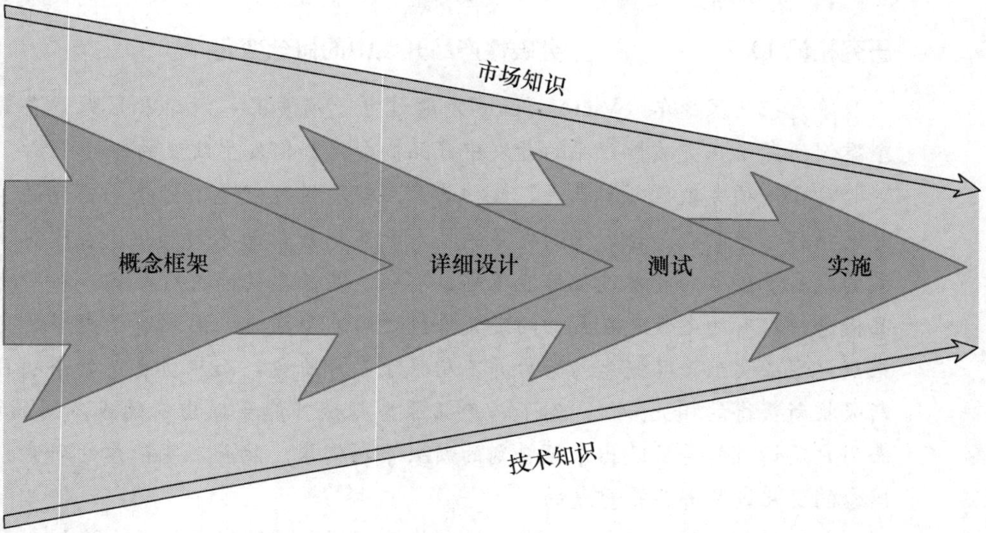

图 10-2　新产品开发的漏斗模型

文献中有大量其他模型，包括不同的阶段划分方式，少则3个，多达13个。这些模型本质上是线性而单向的，始于概念开发，止于产品商业化。

这种模型提出了一个项目开发和评审的简单的线性过程。然而，在实践中，新产品和新服务的开发是一个复杂、重复的过程，很难为了实用目的而建模。为便于讨论和分析，我们采用一种简化的四阶段模型，我们相信这足以区别不同阶段需要管理的不同因素。[2]

1. 概念生成—— 识别新产品和新服务的机会；
2. 项目评估和选择—— 搜寻和选择满足特定条件的项目；
3. 产品开发—— 将选定的概念转化成实体产品（我们将在后面讨论服务）；
4. 产品商业化—— 测试、发布和营销推广所开发的新产品。

概念生成

许多关于营销和产品开发的文献都关注市场趋势和顾客需求以发现新产品的概念。然而在学术界中，关于市场拉动和技术推动策略对于新产品开发孰优孰劣的辩论由来已久。相关研究显示，应采纳的最佳策略取决于新产品的相对新颖程度。对于渐进性改进或产品线扩大来说，市场拉动可能更优，因为顾客熟悉产品类型并且能够比较容易地表达其偏好。然而，也有许多顾客未意识到或难以说清的需求，在这种情况下则倾向于选择技术推动策略。不过多数情况下，顾客买的不是技术，而是产品能够带来的好处；技术推动策略必须为顾客的需求提供解决方案。因此，一定的顾客或市场分析对于新技术来说也是很重要的。我们在第9章中详细讨论了概念开发问题，这个阶段有时被称为“模糊前端”，因为它通常缺乏结构和秩序，但有一些工具可以帮助系统地识别新产品概念（稍后将介绍这些工具）。关于突破性产品的概念变化的研究说明了这一点。研究札记10.2讨论了客户投入在概念开发中的作用。

研究札记 10.2　突破性产品开发中的概念变化

维克托·塞德尔（Victor Seidel）通过电子消费品、汽车和医疗设备等领域的6个案例研究了在突破性产品的开发中产品概念是如何发生改变的。

对于一项突破性创新来说，最初的产品概念很可能是不完整而模糊的。然而随着时间推移，产品概念会因得到更多的技术和市场知识而不断演化。在这种情况下，正式的、基于任务的开发过程可能不那么有效。塞德尔的研究观察到，在所有的最终产品概念中，有约半数是在最初的定义阶段之后才形成的。因此对于更多的突破性创新来说，形成明确产品概念的努力并不局限于早期阶段，而应当贯穿整个项目过程，不断吸收新获得的相关知识。例如，产品原型测试可能会提出新的或不同的技术要求，而用户反馈可能会反映出未预料到的新兴市场需求。然而，塞德尔的研究指出，产品概念的变化过程并不是重复的。

与运用新知识对整个产品概念进行修改不同，该研究中的几个案例公司都是聚焦于具体的概念元素，选择冻结某些元素，替换另一些，有些情况下还会保持双重概念并存。允许两种概念并存的策略与门径管理过程这种策略有很大差异，后者旨在通过叫停/继续这种方式来过滤概念。对于突破性创新来说，双重概念允许开发团队在面对重大挑战时可以推迟对某个具体概念元素的决定而继续进行开发，直到不确定性进一步降低。

资料来源：Seidel，V. P.，Concept shifting and the radical product development process. *Journal of Product Innovation Management*，2007. 24，522-33.

项目选择

这个阶段包括开发阶段进行之前对产品概念的搜寻和选择。如果未能选择“最佳”项目，会产生两种成本：一是投到糟糕项目上的资源；二是那些只要再增加一点资源投入就可能成功的边缘项目的机会成本。

评审有两个层面。第一个层面关注产品的综合计划，这个计划决定了要开发的新产品组合。产品的综合计划试图整合不同的潜在项目，来保证开发的项目整体上实现了公司的目标，并有利于构建所需要的能力。第一步是保证资源被用于正确的项目类型和项目组合。第二步是开发一个能力计划来平衡资源和需求。最后一步是分析被提议的项目对组织能力会产生怎样的影响，从而保证可以满足未来的需求。

第二个层面考虑的是具体的产品概念。在这一层面最常见的两个过程是开发漏斗和门径管理。开发漏斗是一种识别、筛选、评估和集合开发项目的方法，贯穿项目从创意到商业化的整个过程。它基于一系列明确的决策判断标准，提供了一个评估备选方案的框架。与之相似的是门径管理系统，它提供了基于明确标准而筛选项目的正式框架。二者的主要区别在于，开发漏斗法设定了资源限制条件，门径管理法则无此限制。我们已在第 9 章详细讨论。

产品开发

这个阶段包括将选择的概念转化成产品并进一步商业化的所有必要活动。在这一阶段，产品被实际开发和生产出来，研发人员、设计师、工程师和营销人员必须合作解决一个又一个具体的问题，从而就各种细节作出决策（参见研究札记 10.3 关于跨职能团队在产品开发中的重要作用的介绍）。每当出现一个问题，即当前设计不能满足要求时，开发团队必须想办法解决。而团队实现这个目标的方法决定了解决问题的速度和有效性。解决问题的过程往往涉及“设计—测试—构建”的循环，并且要用到多种工具。研究札记 10.3 讨论了如何在实践中使用跨职能团队。

研究札记 10.3　　跨职能团队与新产品开发

High Tech（化名）是一家全球性公司中专司设计、建造与支持半导体制造工厂的分支机构。其设计工作是以科研为基础的，既有在 High Tech 位于两大洲的实验室中开展的实验工作，也在现场和供应商处进行测试和解决问题，还要为世界范围内客户的工厂提供委托作业服务和运营支持。在 24 周的时间里，我们观察了该公司为了在全球发布一个工程产品而制定决策以及形成设计概念的过程。这里我们简要概括两种重要的跨职能会议的作用。

启动会议

开发项目的启动会议是我们所观察到的最正式的活动。会议得到了广泛参与——

我们在24周里观察到的项目的所有利益相关者都出席了。对项目具体角色的任命被输入电脑上的一个项目管理系统，这是会议的现场活动的一部分。项目经理展示了新机器的投影图像以及机器的设计和推出的相关理由要点。这个启动活动很正式，会后项目经理便可以正当合理地调动财务资源和一些无形资源，例如召集和参与跨职能会议。

评估会议

所有进行中的开发项目都应按照要求在每两周定期召开的正式评估会议上汇报和讨论进展。会议的主要目的在于按照正式计划的日程安排实现资源的逐步退出。会议是由负责开发过程的经理按照正式的规范召集和主持的。这位经理扮演正式的质量管理角色，由一个不涉及任何具体开发工作的人担任。

会议分为几个环节，每个环节围绕一个具体的“仪表盘”式的观察板进行材料汇报和讨论。共有三个不同的观察板：(1) 一条图示的时间线（显示整个项目生命周期中的关键具体事件，按周分成单元，并且突出当前周）；(2) 用一个评分矩阵表来反映状态（从好到坏，用标准的“笑脸”来表示），需要对应于6个具体的责任维度；(3) 以文本要点来强调关键问题。这些会议有正式的记录，在会议前传阅正式的议程，并且在会议前发布每个项目要讨论的观察板的信息。一系列这样的会议最终促使项目结束，并且强制进行beta测试。

总的来说，我们观察到这方面的互动主要是通过讲述和阐释（以及质疑、修改、谈判和确认）关于参与者的行动过程的“故事”来实现的。这些故事的主题是“这个产品将如何有利于公司的生意”，“这个产品将如何在物理上、财务上和运作上被建构从而实现对公司的价值”，以及“我们如何组织各种活动和成果来实现beta测试版的发行”。鉴于开发过程的活跃性、战略的严肃性、参与者的高度专注以及活动富于技巧，我们或许该将其称为“开发故事”而不仅是“讲故事”。换句话说，“开发故事”看起来是产品开发工作中一个中心的内在的方面——或许就是主要模式。

资料来源：Hales，M，and J. Tidd，The practice of routines and representations in design and development. *Industrial and Corporate Change*，2009. 18 (4)，551-74

产品商业化和评估

许多时候，新产品开发的过程和产品商业化的过程难以区分开来。例如，通过顾客协同开发、市场测试、alpha测试、beta测试和gamma测试等方法，不仅可以收集顾客需求和使用中出现的问题等多方面的数据，而且有助于了解顾客的购买意向并占据初期市场。不同营销策略中哪一个更有效并不是本节关注的问题，直接影响新产品开发过程的因素才是我们要识别的关键。我们首先关注的是公司使用怎样的标准来评估新产品成功与否，这些标准又是否因项目创新程度的不同而有差异。在创新程度较低的项目中，我们会期望有较正式但狭隘的财务或市场标准；而在创新程度高的项目中，我们发现公司为了反映项目对于组织学习和未来新产品选择的潜力而采取更宽泛的标准。

精益和敏捷产品开发

改进产品和服务开发过程的强大驱动力之一是对速度的要求。人们对这类问题十分关注，更多地使用软件工程领域的方法来促进产品开发成功。这些方法越来越多地应用于新产品、服务甚至流程再造等开发项目。其核心是强调集中、高强度的团队工作，延伸目标和快速循环的原型设计，测试和学习的方法。传统的项目管理技术设定目标，然后将完成该目标所需的各种任务分解为关键活动并为其分配资源，敏捷方法则更加开放，允许在执行活动时具有相当大的创造力和灵活性，从而更接近延伸目标。

敏捷方法的基本框架涉及建立一个核心的自我管理团队，借助不同的职能，并有明确的和延伸的目标。团队使用各种创造性工具（例如头脑风暴和设计思维）来生成它们认为对最终用户有价值的关键特征列表。两个关键角色发挥作用——一个是代表最终用户的观点并从这个角度对这些特征进行排序的团队领导者，一个是帮助管理团队的支持和心理安全方面的过程推动者。

一旦延伸目标（愿景）被分解为项目的列表，团队就围绕这些问题在短时间内解决问题（“冲刺”）。通常，在每天的开始都会有一个简短的回顾会议，探讨进展、挑战，强化想法，并开发实验，然后在白天进行测试。这些实验的结果提供了反馈和数据，为第二天的审查会议提供了“燃料”，并推动了冲刺。实验可能是技术性的，例如编写代码或开发一个原型，也可能是市场测试，与潜在的终端用户一起尝试这些想法。在这两种情况下，我们的想法都通过快速的实验和学习周期推进。失败被视为学习机会，而不是进步的障碍。

敏捷方法是有效的——各种报告表明可以节省 10%～40%的时间，而且解决方案的质量通常更高。[3]这种成功很大程度上来自专注的创造性团队合作，许多核心能力得到发挥。延伸目标、拥有自主权和授权的实验团队所带来的心理安全、团队合作竞争过程中出现的建设性争议，都是敏捷方法成功的关键因素。

精益创业

精益创业是埃里克・里斯和史蒂夫・布兰克提出并推广的一种类似的创业方法。它借鉴了作者作为企业家的经历及其对这一过程中出现问题的反思。与敏捷创新一样，其核心观点是，创业是一系列短期的快速实验，而不是一个精心计划和执行的大项目。每个周期都经过精心设计，以产生信息，并在市场上测试想法——根据每个原型对创意进行调整。关键原则是“最小可行产品”，这是整个产品理念的简单、基本版本，可以在用户身上进行测试以获得反馈，并以这些反馈作为支点改变方向。

精益理念源于制造业中首创的减少废弃物的方法，广泛应用于所有行业。该理念已被应用于产品开发，以减少花费的时间和资源，特别是在软件行业中，它与敏捷开发相结合。在这里，主要项目被分解成一系列快速、短周期的原型和学习，开发团队的工作集中在竞争激烈的活动上。

精益创业在软件和互联网应用领域得到了发展，但其背后的哲学可以应用于任何项目。这种方法有一些核心要素：

a. 建立—衡量—学习。提出一个假设来测试一个想法，然后根据反馈调整项目。例如，可以测试一个特定的特征，假设人们会喜欢它；如果人们喜欢，就保留这个特征，如果人们不喜欢就放弃。

b. 最小可行产品（MVP）。这是新的企业想法的最小配置，可用于运行一个建立-衡量-学习周期——一个简单的原型，其目的是生成数据，帮助调整企业的核心思想。

c. 有效的学习。精益创业的一个重要元素是处理提供有用信息和帮助了解企业的数据。里斯谈到了“虚荣心指标”的问题，它可能看起来是衡量成功的指标，实际上并没有揭示任何有用的东西。例如，访问网页的人数本身并没有作用，但他们花费的时间或点击的功能可能是有用的，因为这些提供了有关人们重视的基本内容的信息——至少值得花一些时间。同样，回访人数也是一个有用的指标。

d. 创新会计。与有效的学习相关的概念是使用数据来确保资源被合理使用。这需要建立一个基线，然后通过 MVP 中的不同元素来改进与此相关的性能——这个过程称为“优化引擎”。例如，一个简单的基线可以通过市场调查来确定，即询问人们是否会购买产品或服务。之后启动 MVP 周期将产生数据，表明更多（或更少）的人会感兴趣——核心概念可以在重新测试之前进行调整。通过这种方式，可以仔细跟踪与创新相关的稀缺资源。

e. 转向。精益创业中的核心假设是，要想更接近顾客实际需要的东西，唯一的办法就是在他们身上测试你的想法，并根据来自多个学习周期的反馈进行调整。这就需要使用实验数据来调整——转向并不是要完全改变想法，而是要围绕核心来转变，使其更准确地满足市场需求。YouTube 最初是一个交友网站，它提供的功能之一就是分享短视频。在 MVP 测试中，这一功能特别受重视，所以最初的想法得到调整以强化这一功能；进一步的测试表明，它的价值足以使其成为新企业的核心特征。

转向和 MVP 的本质可以总结为“启动并看看会发生什么”——不可避免地会发生一些事情，如果实验的启动设计良好，将有助于在不浪费太多资源的情况下优化最终产品。即使 MVP 是失败的，我们也可以从中发现有价值的新方向。

转向有不同的形式：

- 放大转向。产品中的单个特征现在成为整个产品（如 YouTube）。
- 缩小转向。整个产品成为更大的产品中的单一功能。
- 客户细分转向。产品是正确的，但原来的客户细分市场不正确。通过重新考虑客户目标细分市场，可以更好地定位产品。
- 客户需求转向。验证性学习强调了更重要的客户需求或问题。
- 平台转向。单个独立的应用程序聚合成为一个平台。
- 业务架构支点转向。这实质上改变了基础业务模型，例如，从高利润率、低成交量到低利润率、高成交量。
- 价值捕获转向。其中的变化涉及重新思考营销策略、成本结构、产品等。
- 增长引擎转向。重新思考启动模式。里斯提出了三种核心模式——病毒式增长、黏性增长或付费增长——它们之间存在着变化的空间。
- 渠道转向。探索不同的到达市场的路径。
- 技术转向。使用替代性的新技术，但其余的商业模式——市场、成本结构等保持不变。

f. 单一单元流。源于丰田生产系统的理念是精益思维的基石之一。其本质是小批量工作并在此基础上完成任务，而不是大批量工作。考虑一下向顾客邮寄广告信函，封上信封，填写地址，贴上邮票，寄出去，等等。在高容量的情况下，一次只执行一项任务可能会比较慢，而且可能出现错误，例如将某人的名字拼错。一次只处理一个单元会更快更准确。

应用于精益创业的想法是采用小规模工作来开发系统，快速识别错误和问题，然后重新设计整个系统来解决这些问题。

g. 停产/安灯绳。另一个来自丰田公司的想法是，当巨型汽车工厂发生错误时，能够停止生产，员工发现问题时会通过拉绳在上方触发一盏灯。在精益创业中，它的原则是确保会检查错误，并且在修复之前停止进程。

h. 持续改善。丰田公司的另一个原则是不断地审查和改进核心产品及其交付过程。通过小批量工作，可以围绕核心想法进行实验和优化。

i. 看板。另一个精益特性是指与准时生产相关的库存管理系统。应用于精益创业，它将围绕核心产品/企业理念的项目放入“桶”中，并以系统的方式进行处理和推进。这对管理能力是一个有力的帮助，因为新项目只在系统中有空间时才能开始。

j. 五个为什么。一个强大的诊断工具应帮助找到问题的根源并指导解决这些问题的行动，而不是消除症状。

10.2 影响产品成败的因素

关于新产品成功因素的研究有 200 多项，大部分都采用配对比较的方法，即考察两种相似的新产品，其中一个比另一个成功得多。[4] 这使我们可以通过比较来区分好的和不好的实践方式，并有助于控制其他背景因素对分析的影响。表 10 - 1 汇总了在产品成败方面的一些主要研究。

表 10 - 1　关于新产品和新服务开发的一些主要研究

研究名称	关注点	参考注释
Project SAPPHO	配对比较公司中的成败因素，主要在化学和科学仪器领域	[5]
Wealth from Knowledge	成功企业的案例——企业都曾获得“女王创新奖”（Queen's Award for Innovation）	[6]
Post-innovation Performance	研究上述企业 10 年后的发展情况	[7]
Project Hindsight	对美国国防产业中的政府资助项目过去 20 年（从 1966 年开始）中关键成败因素的历史回顾	[8]
TRACES	与 Project Hindsight 相似，但是对 50 年的回顾也包括对民间项目的研究；主要目的是识别成功创新的来源以及影响成功的管理因素	[9]
Industry and Technical Progress	对英国公司的调查，研究同一产业中规模等各方面相同的公司，分析为什么有些公司比另一些明显更具创新性；形成了一个管理因素列表，其中包括技术进步	[10]
Minnesota Studies	在更广泛的时期内有关创新的详尽案例，得到了一个创新过程和不同阶段的影响因素“路线图”	[11]
Project NEWPROD	对产品开发和复制中的成败的长期研究	[12]
Stanford Innovation Project	产品创新的案例，着重强调学习	[13]
Lilien and Yoon	对有关成败的主要研究的文献综述	[14]
Rothwell	对成败研究和创新过程模型的 25 年的回顾	[15]
Mastering the Dynamics of Innovation	行业层面的 5 个深度回顾性案例	[16]

续表

研究名称	关注点	参考注释
Sources of Innovation	涉及不同层面和不同类型的用户参与的案例	[17]
Product Development Management Association	从一系列产品开发的成败研究中提取实践的关键因素形成手册	[18]
Ernst	对产品创新成功因素的广泛的文献综述	[19]
Interprod	收集关于新产品成败影响因素的数据的国际研究（17个国家）	[20]
Christensen	行业层面的颠覆性创新研究，包括磁盘驱动器、机械开凿机、小型炼钢厂	[21]
Eisenhardt and Brown	5个半导体设备公司的详细案例	[22]
Revolutionizing Product Development	产品开发的案例	[23]
Winning by Design	产品设计和创新的案例	[24]
Innovation Audits	综合了文献和报道中的关键因素形成的不同审计框架	[25]
Radical Innovation	对案例中公司的突破性创新实践的回顾	[26]
Rejuvenating the Mature Business	对欧洲成熟企业如何通过创新保持竞争优势的回顾	[27]
Innovation Wave	基于伦敦商学院创新交流中心的经验，研究制造和服务创新的案例	[28]
Tidd and Bodley	产品新颖程度对开发工具有效性的影响，基于50个开发项目	[3]
SPOTS	对108家公司的战略、流程、组织、技术和系统对于新服务开发的贡献和有效性的研究	[29]

这些研究在侧重点上有所不同，有些还彼此冲突。尽管在样本和方法上存在差异，还是能在成功的最佳标准方面找到共识：

- 产品优势——产品在顾客眼中的优越性，真正差异化的优势，高性价比，为用户创造独特价值，这些是区分成功者和失败者的首要因素。顾客感知是关键。
- 市场知识——准备工作至关重要：开发前充分的准备包括最初的评审、初步的市场评估、初步的技术评估、详细的市场研究和业务/财务分析。对顾客和用户需求的估计和理解是关键。竞争分析也是市场分析的一个重要部分。
- 明确的产品界定——包括目标市场界定、明确的产品概念界定和产品价值、明确的定位策略、产品要求及产品特性的清单，或使用在开发前协商同意的优先级标准清单。
- 风险评估——对于项目来自市场、技术、制造和设计等方面的风险源必须进行评估，并制定计划来应对风险。风险评估必须纳入商业可行性研究，从而充分考虑市场和公司能力来恰当地应对。
- 项目组织——使用跨职能多学科背景的团队自始至终负责项目。
- 项目资源——必须有充分的财务和物料资源以及人员技能；公司必须拥有设计和开发新产品所需要的管理和技术能力。
- 执行水平——确保技术活动、生产活动以及所有商业化之前的商业分析和市场测试等活动的质量；周密的市场调查为新产品成功打下基础。
- 高层管理者支持——从产品形成概念到产品推出，管理层必须创造充满信任、和谐和可控的环境；关键人物或高手常常在创新过程中扮演重要角色。研究札记10.4探讨了高层管理者支持在新产品开发中的贡献。

研究札记 10.4　　新产品开发中的高层管理者支持

自 SAPPHO 等开创性研究实施以来，许多研究也发现：高层管理者对新产品开发具有积极影响。这对于任何一个忍受过直线经理的人来说都是有违直觉的，所以更详细地理解这种关系很重要。

研究人员调查了受高层管理者影响的三个战略导向：客户导向、鼓励冒险与自主性。对于每个因素，他们都试图估计出最佳水平：

- 适度的客户导向最有利于新产品绩效（倒 U 型关系）。
- 非常低或非常高的自主性（U 型关系）与产品产出的提高有关。
- 与预测的曲线效应相反，研究发现经理们鼓励冒险与新产品绩效呈线性正相关关系。

资料来源：Zacharias，N. A.，R. M. Stock，and S，Im，Strategic givens in new product development；Understanding curvilinear effects on new product performance，*International Journal of Innovation Management*，2016.

研究发现上述因素都有利于新产品的成功，因而它们应当成为任何正式的新产品开发过程的基础。从上述内容以及图 10-3 和图 10-4 中所列的因素来看，成功的新

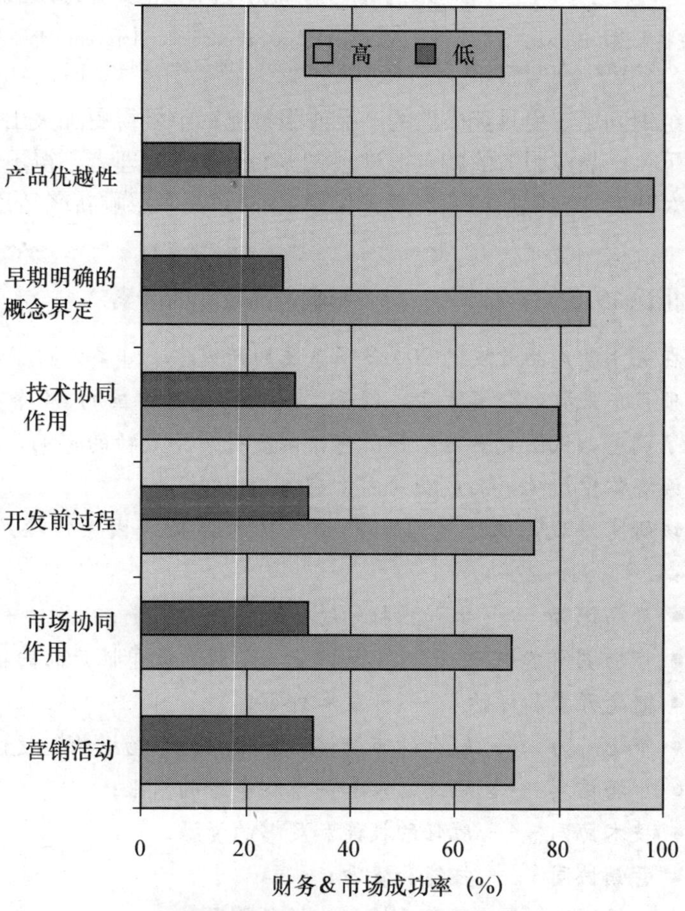

图 10-3　影响新产品成功的因素

资料来源：Derived from Cooper，R. G.，Doing it right：winning with new product，*Ivey Business Journal*，2006. 64 (6)，1.

产品和新服务开发要求同时对产品或服务的特性及开发的组织这两个方面进行管理。产品方面涉及产品聚焦、优越性和优势等；组织方面涉及项目资源、执行和领导力等。只对这些关键贡献因素中的某一个进行管理是不太可能持续成功的。

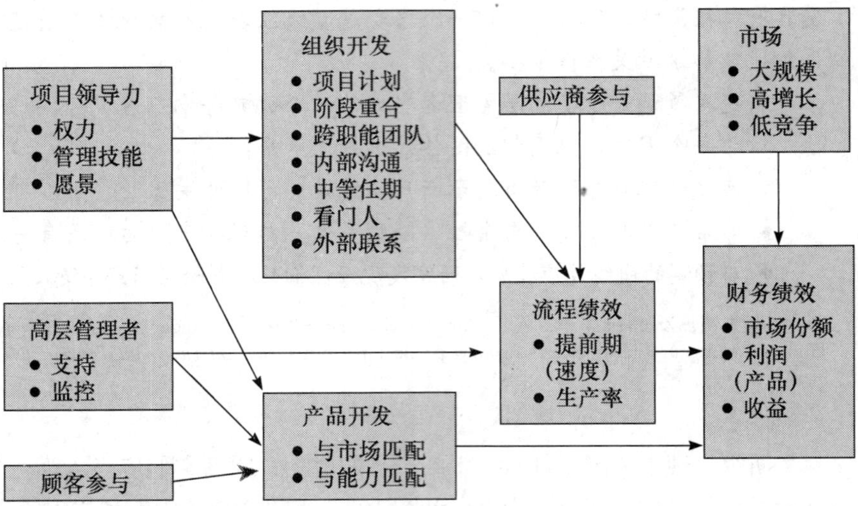

图 10-4　影响新产品开发的关键成功因素

资料来源：Brown，S. L. and K. M. Eisenhardt. Product development：Past research，present findings and future directions. *Academy of Management Review*，1995. 20，343-78.

组织问题在更具突破性的产品或服务提案中显得更加突出。这可能是因为在这种情况下，产品或服务的特点很难预先详细设定，管理者不得不使组织以正确的方式运行并对开发方向施加影响。研究札记 10.5 总结了影响新产品开发成功的因素。

研究札记 10.5　　影响产品成功的因素

在关于新产品开发的 200 多项系统的研究中，许多采用了库珀在著名的 NewProd 研究项目中采取的分类方法。例如，一项研究对中国的 84 个公司的 126 个研发项目进行了调查，试图更好地了解所有权制度对产品成功的影响，以及在新兴经济体和较成熟经济体中影响产品成功的因素有何不同。

该研究发现，以下是影响产品成功的最显著因素，按照重要性由高到低排列如下：

- 产品优势 —— 例如独特的特性或更高的质量；
- 市场调研水平 —— 对市场细分、趋势和竞争性产品的把握；
- 概念开发和评估 —— 开发和评审；
- 市场潜力 —— 较大的市场潜力和较快的市场增长速度；
- 市场信息 —— 顾客需求和关于竞争者的情报；
- 技术协同 —— 胜任的技能和足够的资源；
- 营销协同 —— 技能和资源；
- 市场测试 —— 顾客反馈、分析和学习；
- 预备开发和计划 —— 界定、跨职能整合以及明确的时间表和里程碑的设定；
- 市场推广 —— 促销、配送和销售能力；

- 技术水平 —— 设计和测试；
- 强大的财务和管理支持。

这些并无令人惊奇之处，因为上述因素在大部分研究中都被强调。然而，随着产品、技术和市场类型的变化，不同因素的准确排名和相对重要性也会有所变化。

资料来源：Jin. Z. and Z. Li，Firm ownership and the determinants of success and failure in new product development，*International Journal of Innovation Management*，2007. 11 (4)，539-64.

当我们请产品经理描述一下突破性产品或服务是如何开发出来时，他们的答案往往包括一些神秘而直觉的东西，许多人都会强调运气、意外和无心插柳的重要性。当然，有一些是纯粹出于偶然而产生的突破性技术或产品（例如青霉素的发现），但巴斯德的话颇有道理："机会青睐那些有准备的人。"

加里·林恩和理查德·赖利（Gary Lynn and Richard Reilly）曾尝试以一种系统的方式总结有助于产品成功开发的最普遍的因素。他们专注于自己所称的"轰动性产品"——在突破性和成功程度上远胜于大多数新产品。在 10 年里他们研究了超过 700 个团队和大约 50 个关于最成功的产品开发的详细案例，并将这些组织与不那么成功的对手进行比较。他们发现了成功的轰动性产品开发背后的五个关键行为[30]：

- 高层管理者的承诺；
- 明确而稳定的愿景；
- 即兴发挥；
- 信息交流；
- 压力之下的协作。

这五种实践行为是作为一个系统运作的，因此轰动性产品的开发团队必然采取上述全部行为。组织的规模和产品类型似乎与之无关。

高层管理者的承诺

那些开发了轰动性产品的团队无一例外得到了来自高层管理者的支持。这些高层管理者作为项目的发起者扮演了活跃的亲密的角色。而在那些没有创造出轰动性产品的团队，其高层管理者往往采取"打一仗就跑"的参与方式。

明确而稳定的愿景

对于开发团队来说，有一个明确而稳定的愿景非常重要，并且要有具体而持久的评价指标——被称为"项目关键点"的东西。这些是新产品的关键要求或必备特性。使命感是预测研发项目成功的重要因素，其程度有赖于项目所处的阶段。例如，在计划和概念阶段，使命感决定了后续项目成功的 2/3 的可能性。领导力也体现在清晰的团队目标、高参与度、对卓越的追求和对创新的支持等方面。可见，领导力是团队创新的良好预测因素。

即兴发挥

明确而稳定的愿景是必要的，但没有人从一开始就能看到产品的最终形态。他们至多知道最终产品可能看起来是什么样子，或者使用体验如何。这更像是与产品的互动——为了得到最终结果，你可能放弃一些已经做过的东西，并尝试一些其他的东西。你或许不得不接受这个现实——你最后做出来的可能是你从未想到过的东西。创造了轰动性产品的团队都完成了传统的产品开发步骤，但采用的方法有所不同。尽管看起来纪律不够严明，但这些团队几乎总是赶在截止日之前完成工作，并且比那些不太成功的团队更乐于监督项目的进度和成本。

信息交流

有效的沟通和信息交流是另一个关键行为。许多轰动性成果都需要跨职能团队的配合。在一个跨职能团队中，要做到开放而清楚地交流信息并非易事。且不说每个具体的职能工作有其自身的专业化语言，不同职能之间往往存在利益冲突。团队成员之间通过许多非正式的和个人的方式交流，例如偶遇时的谈话、电话和会议。此外，更加正式的知识交流则是通过一套记录、存储、检索和回顾信息的系统来实现的（参见第11章关于知识管理的介绍）。这两种信息交流方式都能通过虚拟网络实现，但所有的团队都需要进行一些面对面的交流。研究札记10.6提供了跨职能团队对新产品成功的影响的更多细节。

研究札记 10.6　　跨职能团队对产品绩效的影响

本研究考察了新产品开发过程中跨职能合作、26项创新和市场工具的应用与新产品成功间的关系。研究人员评估了201家公司的400多个新产品开发项目。

他们发现，将工具应用于新产品开发直接带来了优异的财务绩效。这种效应在以高科技为特征的市场中最为明显。工具也通过促进开发项目中更大的跨职能合作间接地做出了贡献。将跨职能工作和工具的应用相结合是企业积极提高新产品成功率的重要策略。

资料来源：Graner，M. and M. MiBler-behr，Method application in new product development and the impact on cross-functional collaboration and new produt success. *International Journal of Innovation Management*，2014. 18（1）.

压力之下的协作

轰动性产品的开发团队通常是跨职能的，但同样需要与外界沟通来引入新视角或者专家意见，同时，需要一些促进性因素才能应对冲突性的职能以及其他内外部的压力。创造轰动性产品的团队会完成产品开发的传统步骤，但在这一过程中采用的方法有所不同。他们专注于迅速完成一个早期原型来了解顾客会有什么反应，而不是一步步地通过不同阶段的"门"，等待上级作出是否继续推进项目的最终决定。一旦了解了顾客的反应，他们接下来会拿出新的产品原型来不断收集反馈意见。开发团队需要兼顾他们想要的结果和他们得到的反馈，在这个持续的平衡中，他们可以调整他们对于市场需求的认识以及对产品概念的理解。这种快速而重复性的学习过程对于成功至关重要。

10.3　技术和市场对产品商业化的影响

到目前，我们已描述了新产品开发的一般性过程，以及我们所知的影响产品成败的因素。然而，对创新进行开发和商业化的最佳方式还取决于创新的类型。

在创新方面的文献中，关于市场拉动和技术推动对新产品或服务的成败的影响孰强孰弱的辩论已久。双方最终往往在“耦合模型”上达成共识而得以休战。耦合模型描述的是技术可能性与市场机会的交互耦合作用，然而这种观点恐怕过于简单。40 余年的研究、案例、调查和计量经济分析清楚地表明：在有些情况下，显而易见的市场需求没有得到满足是由于技术上的局限，例如众所周知的癌症治疗问题；但在其他情况下，技术上的可能性并没有转化为直接而明显的商业应用，也无法预见或创造新市场。后者的典型例子是激光，它在许多年里都只是科学实验中的有用工具，最初应用于各种军事用途并取得了一些成功。然而之后它成为几乎所有的数据光学存储和传输的基础，从宽带网络到 DVD。在本节我们试图解释市场和技术环境是如何影响新产品和服务的开发的。

营销聚焦于顾客的需求，因而首先对顾客的要求进行分析，然后努力通过提供能够满足要求的产品和服务来创造价值。传统的营销组合是一系列公司可控的变量，即通常所称的“4P”：产品（product）、价格（price）、渠道（place）和促销（promotion）。这四个因素都有一定的创新空间：产品创新可以产生新的或改进的产品或服务，并改变竞争的基础；产品创新能够创造实施溢价策略的机会，流程创新则可形成价格的竞争力；物流方面的创新会影响产品或服务如何提供给顾客，涉及配送渠道和销售点；媒体方面的创新则为促销手段提供了新的机会。

然而我们需要对战略营销和战术营销加以区分。前者关乎是否进入一个新市场，后者则关注对既有产品和服务的差异化，以及这些产品的延伸问题。越来越多的研究表明，影响新产品成功的因素并非普遍适用，而是因一系列技术和市场特点不同而具有特殊性。对 110 个研发项目的研究发现，复杂性、新颖性以及项目是硬件开发还是软件开发，都会影响产品成功。[31]研究札记 10.7 考察了产品新颖性对绩效的影响。

研究札记 10.7　　产品优势、创新性和成功率

许多研究已经证明，产品优势与新产品的成功是正相关的，但这个建议并没有什么作用。本研究试图完善我们对产品优势、创新性和产品发布率（发布的产品与终止的产品的百分比）之间关系的理解。数据集包括 73 家制药公司的 7 524 种药物，时间跨度超过 10 年。

研究发现平均优势与产品发布率、平均创新性与产品发布率、平均创新性与公司利润率均存在正相关关系。一个意想不到的发现是，产品发布率与企业绩效呈负相关，这表明它不是一个衡量创新的好指标。高的产品优势和高的产品创新性与较低的产品发布率相关。研究结论是，企业需要考虑产品组合的平衡、深度和广度，而不是仅仅关注产品的发布率。

资料来源：Green. K. and R. Ramen, Innovation hit rate, product advantage, innovativeness, and firm performance, *International Journal of Innovation Management*, 2014. 18 (5).

我们自己的研究证明，常规性的开发项目和全新的开发项目适用不同的管理流程、结构和工具（见表 10-2）。例如，在使用频率上，高新颖度的项目最常用的方法是细分法、原型法、市场实验法和行业专家法，而低新颖度的项目最常用的方法是顾客合作法、趋势推断法和细分法。在市场要求或技术不确定的情况下，通常使用市场实验法和行业专家法属意料之中，但在何种情形下使用细分法就很难作出判断了。然而，在实用性上，细分法、原型法、行业专家法、市场调研法和潜在需求分析法的评分在统计上存在显著差异。只有细分法对常规开发项目更加有效，而原型法、行业专家法、焦点小组法、潜在需求分析法等对新颖的开发项目更加有效。例如，全球设计咨询公司 IDEO 发现传统的市场调研方法对于新产品和服务开发来说很不充分并且有误导性，该公司更偏好使用直接观察法和原型法。

很显然，对于新颖或复杂的新产品或服务的开发来说，许多标准化的营销工具和技术的效用有限。它们在以下方面存在弱点：

● 识别和评估新产品特性方面。诸如“联合分析”这样的营销工具被用于既有产品的改进或延伸，然而对于开发新颖的产品或应用来说则难有用武之地。

● 识别和评估新市场或业务方面。诸如细分法这样的营销技术对于相对成熟、已被了解的产品和市场来说最有效，然而对于新兴的、不清楚的市场则作用有限。

● 促进新颖的产品和服务的购买和使用方面。区分面向消费者的营销与面向企业的营销传统上是根据顾客或用户的特点，但对新颖而复杂的产品或服务来说，创新的特点以及开发者与用户的关系更为重要。

表 10－2 展示了产品新颖性对产品开发工具的有效性的影响。

表 10－2　产品新颖性对产品开发工具的有效性的影响

	高新颖度		低新颖度	
	使用频率（%）	实用性	使用频率（%）	实用性
细分法*	89	3.42	42	4.50
原型法*	79	4.33	63	4.08
市场实验法	63	4.00	53	3.70
行业专家法*	63	3.83	37	3.71
调研法/焦点小组法*	52	4.50	37	4.00
趋势推断法	47	4.00	47	3.44
潜在需求分析法*	47	3.89	32	3.67
用户行为观察法	47	3.67	42	3.50
顾客合作法	37	4.43	58	3.67
用户开发法	32	4.33	37	3.57
场景开发法	21	3.75	26	2.80
角色扮演法	5	4.00	11	1.00

* 表示实用性评分在 0.05 水平上存在统计显著性差异（样本量＝50）。

资料来源：Adapted from Tidd，J. and K. Bodley，Effect of project novelty on the effectiveness of tools used to support new product development. *R&D Management*，2002. 32（2），127－38.

因此，在采用标准化的营销技术之前，我们必须清楚地知道技术和市场的成熟度。图 10－5 展示了一个 2×2 的矩阵，将技术成熟度作为一个维度，将市场成熟度作为另一个维度。每个象限提出了不同的问题，并且要求不同的开发和商业化技术。

● 差异化。技术和市场都是成熟的，大部分创新都是将既有技术改良后用于满足已知的顾客需要。产品和服务是基于包装、定价和支持服务进行差异化的。例如，案例研究 10.1 提到了 IDEO 的例子。

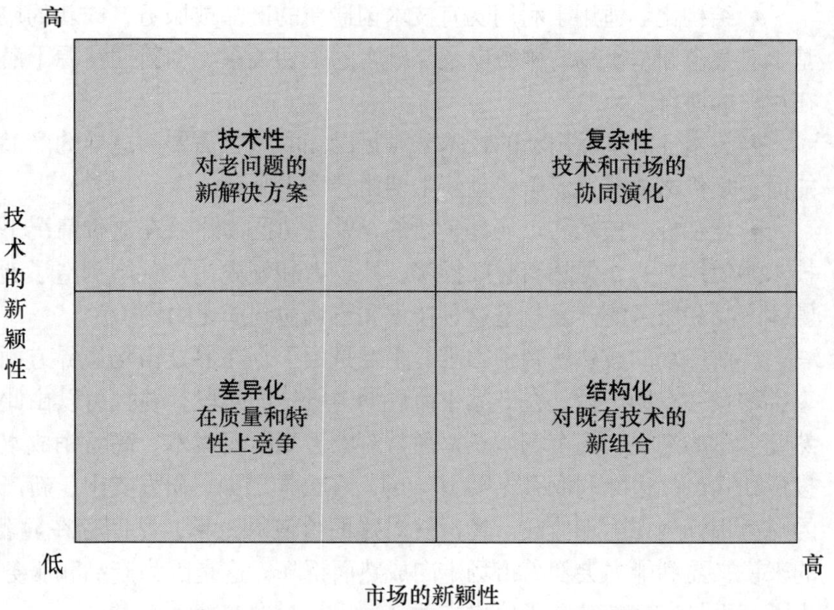

图 10-5 技术和市场的成熟度如何影响商业化过程

案例研究 10.1

IDEO 的"向用户学习"

IDEO 是世界上最成功的设计咨询公司，它在美国加利福尼亚州的帕罗奥多市和英国伦敦都设有总部。它帮助世界范围内的大型消费品企业和工业企业设计和开发创新性的新产品和服务。在其典型的加利福尼亚风格背后是一套保障设计和开发成功的久经考验的流程：

1. 理解市场、客户和技术。
2. 在现实生活的情境中观察用户和潜在用户。
3. 用原型法、模型法和模拟手段描绘出新产品概念和可能使用它的顾客。
4. 以循环迭代的方式在快速的反馈修正中不断评估并改进原型。
5. 实施新产品概念的商业化。

第一个重要步骤是通过对特定情境中潜在用户的密切观察来实现的。IDEO 的汤姆·凯利（Tom Kelly）说："我们不迷信焦点小组法。我们也不把传统的市场研究方法太当回事。我们直接去源头那里。不是去客户公司中的'专家'那里，而是去那些使用该产品或使用相似产品的人那里……我们认为你必须设身处地地了解客户，事实上我们认为仅仅询问人们对于产品或想法的看法是远远不够的……客户或许缺乏词汇或鉴赏力来清楚地解释什么东西不对劲，特别是指出少了些什么。"

下一步是开发原型，从而有助于评估和提取从用户那里得到的反馈。"我们的原型文化的重要基础之一就是循环迭代的方法……你可以对任何东西进行原型化——一个新产品或服务，或者一项特别的促销活动。重要的是让球滚起来，并让它朝着实现你目标的方向。"

资料来源：Kelly. T.，*The art of innovation*：*Lessons in creativity from IDEO*. 2002，New York：Harper Collins Business.

● 结构化。适用于利用既有技术创造新的产品或服务，或新的应用形式。竞争是基于对某个利基市场的服务以及与顾客的密切关系。创新通常源于潜在用户或者与潜在用户的协作。

● 技术性。开发出新的技术来满足已知的顾客需要。这样的产品和服务是基于性能而不是价格或质量竞争。创新主要由开发者驱动。

● 复杂性。技术和市场都是新的，并且协同演化。在这种情况下没有明确规定新技术的使用方式，但随着时间推移，开发者和领先用户共同创造了新的应用形式。多媒体产品和服务的开发就是这种技术和市场协同演化的例子。

评估市场的成熟度特别困难，主要是由于存在界定市场边界方面的问题。市场的真实增长率有助于估计在产品生命周期中所处的阶段，并且可以由此推断出市场的成熟度。总的来说，高市场增长率通常对应于高研发成本、高营销成本、对能力的持续投资和高产品边际利润（见图10-6）。在公司层面，研发支出、新产品的数量与绩效的财务指标（如附加值或市场价值对账面价值的比率）之间存在显著的相关性。[32]总的来说，盈利能力会随着市场走向成熟而下降。这是因为产品和服务差异化的空间减小了，于是竞争就转向了价格方面。

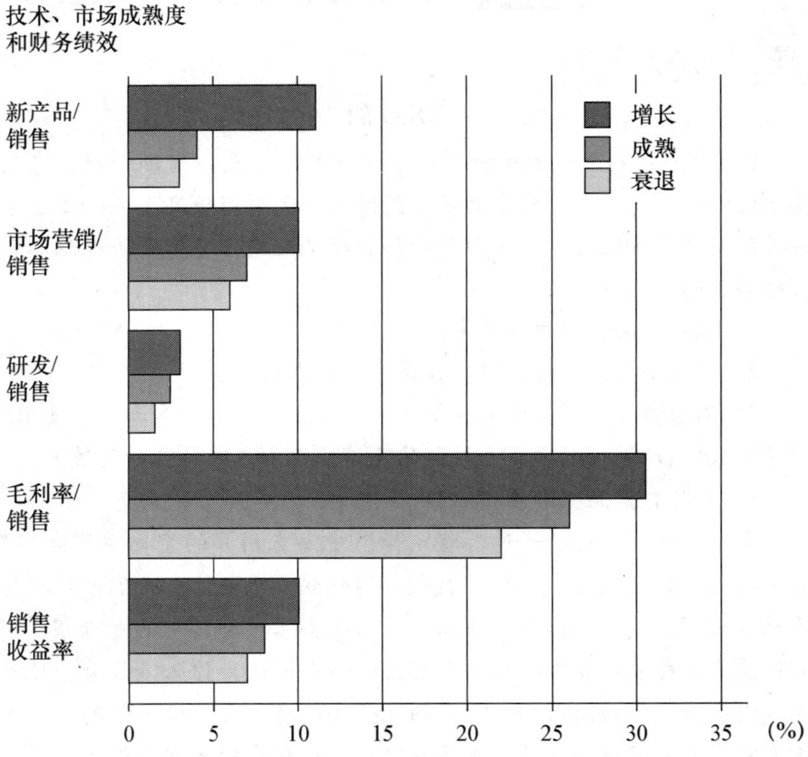

图10-6 市场成熟度如何影响资源和绩效

资料来源：Derived from Buzzell, R. D. & Cale, B. T., *The PIMS Principle*, 1987, Free Press, New York.

10.4 产品差异化

这里我们关注的具体问题是在一个技术和市场相对稳定的环境中如何实现产品差异化以便在竞争中脱颖而出。只有在这样的环境下，标准营销工具和技术才能发挥最大作用。我们假设读者已经熟悉营销的基础知识，在此将着重强调通过质量和其他属性来实现产品差异化。

差异化程度反映了竞争者在特定市场中彼此相区别的程度。竞争者之间产品质量的差异化程度很低或不显著的市场，通常是盈利能力很弱的市场；而基于相对质量或其他产品特性的差异化，则在任何市场条件下都是对高盈利能力的强有力的预测因素。一个公司如果实现了高差异化和高相对感知质量的结合，那么其投资回报率通常会两倍于毫无特色的公司。对战略计划研究所（Strategic Planning Institute）数据库中 3 000 多个企业的数据进行分析，可以了解市场战略的利润影响（PIMS）[33]：

- 高相对质量对应于高销售回报率。其中一个原因是具有较高相对质量的公司能够比竞争者制定更高的价格。此外，较高的质量还意味着可以通过减少浪费和改进流程来降低成本。结果就是公司相对于竞争者兼顾了高价格与低成本，因而提高了边际利润。
- 较高的价值对应于增长的市场份额。根据相对价格来考虑相对质量可以提供相对价值的一个衡量标准：高价格高质量代表一般的价值，低价格高质量则代表高价值。低价值的产品会失去市场份额，高价值的产品则占有市场。
- 产品差异化程度对应于盈利能力。差异化程度是由一个特定的产品细分市场中竞争者之间存在差异的程度来界定的。可以通过让顾客给竞争性产品的特性分级，并赋予特性一些权重来测量。顾客对产品特性赋予的权重很可能不同于技术或营销人员的看法。

对 PIMS 数据的分析反映了创新、价值与市场绩效的更加详细的关系（见图 10-7）。流程创新有助于提高相对质量和降低成本，因而提高了产品的相对价值。产品创新同样影响产品的质量，但对于声誉和价值的影响更大一些。创新、相对价值和声誉共同驱动着市场份额的增长。例如，在产品创新和市场增长之间存在着几乎是线性的关系：产品创新程度低的公司（过去 3 年中新产品少于 1%）的实际市场年增长率低于 1%；而产品创新水平高的公司（过去 3 年里新产品约占 8%）的实际市场年增长率在 8%左右。[34]这些实际增长率的差别所产生的复合效应在一个较短的时间段内对于相对市场份额有显著的影响。然而在消费者市场中，保持高水平的新产品引入是必要的，但远远不够。因为除此之外还必须建立和维持良好的声誉或者品牌形象，否则消费者不会愿意去尝试新产品，无论其价值或创新度如何。关于这一点，三星在手机市场的快速持续增长和诺基亚的衰落可谓是一个例证（参见案例研究 10.2）。

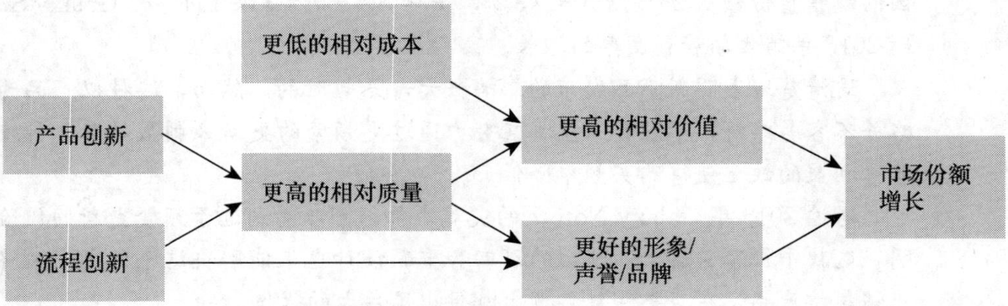

图 10-7 快速消费品的创新与绩效的关系

资料来源：Clayton，T. and G. Turner，Brands，innovation and growth. In Tidd，J. ed.，*From knowledge management to strategic competence*：*Measuring technological*，*market and organizational innovation*. 2012，London：Imperial College Press/World Scientific Publishing Co.

案例研究 10.2

三星和智能手机的崛起

智能手机是持续产品开发和创新的一个很好的例子，其生命周期通常以月而不是年为单位来衡量。苹果凭借其几代 iPhone 手机进入手机市场受到了最多关注，但三星也是一个有趣的例子，证明了产品开发主导的成功战略。

对于智能手机没有公认的定义，也没有将智能手机和功能丰富的手机区别开来。然而，许多人认为三星凭借其 BlackJack 手机于 2006 年 10 月进入全球智能手机市场，该手机在名称、外观和功能方面与 RIM Blackberry 相似（确实导致了 RIM 的法律挑战，类似于苹果与三星在 2012 年的法律纠纷）。BlackJack 智能手机首先在美国通过运营商 AT&T 推出，并运行 Windows Mobile，2007 年在美国无线通信和互联网协会（CTIA）获得最佳智能手机奖。一年多之后，BlackJack Ⅱ在 2008 年 12 月发售，2009 年 5 月第三代 Samsung Jack 推出，成为迄今为止销量最高的 Windows 智能手机系列。

另一个重要的里程碑是 2007 年 11 月三星成为开放手机联盟（OHA）的创始成员，该联盟旨在开发、推广和许可谷歌用于智能手机和平板电脑的安卓系统。另一家成员公司 HTC 于 2008 年 8 月推出了第一款安卓智能手机，但三星在 2009 年 5 月推出了自己的智能手机 I7500，其中包括全套谷歌服务、3.2″AMOLED 显示器、GPS 和 500 万像素摄像头。然而，三星在操作系统的选择上十分混杂，除了采用 Windows 和安卓系统外，三星还开发并使用了自己的系统。2010 年 5 月，三星推出了第一款基于自己的 Bada 平台的智能手机 Wave，触摸屏界面，为社交网络而设计。第二年又推出了六款 Wave 手机，销量超过 1 000 万部。

真正的成功故事是三星基于安卓的 Galaxy S 子品牌，于 2010 年 3 月推出，随后面市的是 2011 年的 Galaxy S Ⅱ和 2012 年的 S Ⅱ，与苹果的 iPhone 直接竞争。在 2012 年第一季度，三星在全球销售了超过 4 200 万部智能手机，占全球销售额的 29%，而苹果为 3 500 万部（市场份额为 24%）。到 2012 年，OHA 有 84 家成员公司，安卓系统约占全球销售额的 60%，苹果的操作系统占 26%。然而分析师对市场份额的估计各不相同，这取决于他们衡量新销售额的份额或现有用户基础的份额，而且市场份额也随新产品的发布而剧烈波动。例如，在推出新款 iPhone 的当月，苹果在美国的新销售份额从 26%跃升至 43%，安卓则从 60%暴跌至 47%。Galaxy S7 的推出导致 2016 年销售额和利润率的增长。

这清楚地表明新产品发布的影响极大却是暂时的。然而，这种以产品为主导的战略并不容易维持，苹果和三星都在努力通过更频繁的更新来刺激销售，但重大创新或客户利益的缺乏使得购买频率降低。

通过 2016 年 Galaxy Note 7 的灾难事件，可以看到过于频繁更新的风险。事实证明，这款手机容易着火，随后的召回和重新设计也未能解决这个问题。最终，三星停止销售该产品，在声誉和销售额上都付出了巨大的代价。

质量功能展开（QFD）是将顾客要求转化成开发需求的有效技术，并且能促进工程人员、制造人员和营销人员之间的沟通。与其他质量管理工具不同的是，质量功能展开被用来识别产品改进或差异化的机会，而不是用于解决问题。顾客的要求可通过一个矩阵“展开”为工程师所理解的语言（见图 10-8）。一个关系矩阵的构建——也叫作“质量屋”——需要大量的技术研究和市场研究。需要特别强调的是，要收集市场和用户的数据来了解潜在的设计利弊，并在成本、质量和性能上实现最佳平衡。

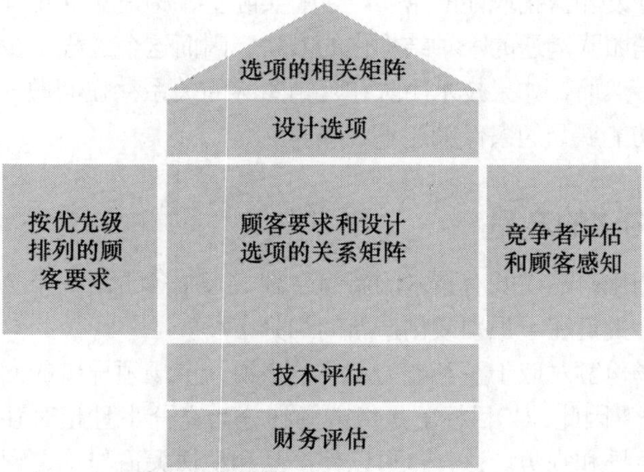

图 10-8　质量功能展开矩阵

质量功能展开矩阵的构建涉及如下步骤[35]：

1. 识别顾客要求，包括首要的和次要的要求以及顾客反感什么；
2. 根据重要性对要求进行排序；
3. 将要求转化为可衡量的特性；
4. 建立顾客要求和技术产品特性的相关性，并估计相关性强度；
5. 基于顾客要求和竞争者的参照基准，选择合适的衡量单位并决定目标价值。

可用记号表示顾客要求和技术规范的关联，并且赋予权重来表示关联的强度。没有关联记号的行表明既有设计是未完成的。没有关联记号的列表明该设计特性是冗余的，因为对于顾客而言没有价值。此外，也可以将既有产品与竞争性产品或参照基准进行比较，这很重要，因为相对质量比绝对质量更有意义：顾客期望主要取决于其他选择的水平，而不是某种绝对理想的选择。

在有些情况下，潜在用户可能会有一些自己也说不清的潜在需要或要求。在这种情况下可以识别出三种类型的用户需要：必须的、单向度的以及吸引性特性（或称“惊喜因子”）。[36]必须的需要是指在潜在顾客考虑你的产品或服务之前就必须有的特性，例如高级商务车空间大、价格高。单向度的需要则是更容易量化的特性，可以在竞争性产品之间直接比较，例如高级商务车具有非常好的加速和刹车性能。惊喜因子是实现差异化的最微妙的方式。这样的特性会吸引目标顾客，即使他们并未明显表露出自己的需要。在高级商务车的例子中，惊喜因子可以是超声波停车辅助系统、带有雨水感应的挡风玻璃雨刷或彩色照相镜。这些特性很少被顾客提及，也不会通过常规的市场调查反映出来，然而可以用间接提问的方式来识别这些潜在要求。

质量功能展开最初是由日本开发的，据说帮助丰田缩短了开发时间，减少了 40%

的成本。近来许多领先的美国公司也采用了质量功能展开，包括 AT&T、Digital 和福特，但结果喜忧参半：只有大概 1/4 的项目产生了可量化的价值。[37] 相反，欧洲的公司则较少采用质量功能展开的方法。这并不是由于它们不了解该方法，而是它们认识到实施质量功能展开还有一些实际的问题。

很显然，质量功能展开要求汇集大量的市场营销和技术方面的数据，更重要的是要实现开发和营销职能的密切配合。实际上，构建关联矩阵的过程提供了促进开发团队和营销团队沟通的一种结构化的方法，因而这个过程至少和任何可量化的产出一样有价值。然而，如果技术团队和营销团队的关系存在问题——事情往往如此，那么使用质量功能展开的条件就还不成熟。

10.5 构建结构化的产品

结构化产品以既有技术的新组合方式来服务于新的市场或新的应用形式。在这种情况下，关键在于识别或创造新的细分市场。

市场份额对应于盈利能力：平均来说，市场领导者的回报率是第五名或更靠后者的三倍。[38] 因此，其目标就是将市场细分为充分小且相对独立的细分市场，从而在其中占据主导和守势。这样也可以使产品和配送渠道与特定顾客群的需要相一致。

对市场或买方的细分是识别具有非常相似的购买行为的顾客群的过程，对于这样的群体可以用相似的方式提供有针对性的服务。因为不同的群体往往有不同的需要，所以细分很重要。相同市场细分中的顾客需求是高度同质化的。用专业的统计术语来表示，市场细分的目标就是在实现组间方差最大化的同时实现组内方差的最小化。

在实践中进行市场细分，首先要分析顾客的购买行为，并使用因素分析来识别影响行为的最显著变量——描述性细分，之后使用聚类分析来创造一个有助于识别未满足的顾客需要的显著不同的细分市场——说明性细分。市场细分的原则既可以应用于消费者市场，也可以用于企业市场，但这两者的细分过程和基础有所不同。

消费者市场的细分

许多关于消费者购买行为的研究都是基于来自社会科学和行为科学的理论。功利理论假定消费者都是理性的，并且其购买决定是通过比较产品效用能否满足要求作出的。该模型提出了购买决定的几个阶段：问题识别，信息搜索，备选项的评估以及最终的购买。然而，这个理性过程似乎对实际的购买行为没有什么影响。例如，在英国，消费者协会定期测试很大范围内的竞争性产品，并根据基本客观的标准提出购买建议。如果大部分购买者是理性的，并且消费者协会成功地识别了所有重要指标，那么这些购买建议会很受欢迎，然而现实并非如此。

行为方法有更强的解释力。这种方法强调态度的重要影响，并指出购买决定会经历对产品的一连串的态度变化——知晓、感兴趣、产生渴望和最后的行动。广告的目的就是刺激这一连串的事件。然而研究表明，态度仅能解释 10%的购买决定，并且很难预测购买者行为。

实践中，对理性和行为两方面影响的平衡取决于顾客参与度。很显然，购买飞行器或机床的决策制定过程和买牙膏或洗发水的决策制定过程不同。许多购买决定很少涉及成本或风险，因而顾客参与度较低。此时消费者的目标是使投入的资金、精力和物质最小化，广告在这种情况下是最有效的。相反，在高参与度的情况下，顾客面临高成本或较高的潜在风险，会搜寻更多信息以避免作出偏狭的决策，广告在这种情况下就不那么有效，通常仅限于提供竞争性产品的比较信息。案例研究 10.3 讨论了传统营销和广告方法的失败。

案例研究 10.3

Persil Power 的营销

1994 年，联合利华公司在欧洲推出了它革命性的新洗衣粉“Persil Power”（在某些欧洲国家市场上名为“Omo Power”）。它被称为 15 年来洗涤剂的第一个重大技术突破。该产品的研发过程历经 10 年，花费超过 1 亿英镑。产品中含有一种锰催化剂，被称为“加速因子”，联合利华声称它可以使衣物在低温下洗得更白净。锰的性质在行业中早已为人所知，但过去没有一家公司能够生产出不损伤衣服的催化剂。联合利华相信自己开发出了合适的锰催化剂，并申请了 35 项专利保护其研发成果。公司对 6 万户家庭做了试销，并且做了 300 万次洗涤测试，于是充分自信地在 1994 年 4 月推出了这款产品。然而，联合利华的主要竞争者宝洁的报告以及随后由英国消费者协会开展的测试都表明，在一定条件下，Persil Power 对衣服有明显的损坏。在一场激烈的公关战役之后，联合利华被迫撤回产品，并不得不冲销用于研发和营销的 3 亿英镑支出。到底哪里出了问题？

原因很多，但有两点特别突出。首先是试销和细分存在问题。联合利华的大部分测试选择了荷兰家庭。通常北欧人习惯于将白色衣服和其他衣服分开洗，并且会阅读产品说明。相反，南部的消费者习惯将白色和染色的衣服一起洗，并且无视任何说明，都放在热水中洗。锰催化剂仅在低温情况下对白色衣物产生作用，在高温下会与某些染料发生反应。其次是产品定位方面存在问题。Persil Power 是作为一种广泛适用于各种纤维的洗涤剂推出的，但实际上只是一种对低温下的白色衣物有效的利基产品。联合利华从这次产品开发中学到了许多，此后便从根本上重组了其产品开发过程来促进研究、开发和营销职能部门之间的沟通。现在，产品开发集中于少数几个创新中心，而不是分散在中心研发部和产品部门，并且整个公司都采用基于开发漏斗法的正式的新产品开发流程。

消费者市场细分的依据有很多，包括社会经济阶层、年龄组以及生活方式或消费心态等因素。消费心态细分的一个例子就是 Taylor-Nelson 这家著名的市场调研公司的分类，包括自我探索型、社会名流型、实验者型、成功者型、从属者型、生存者型以及无目标型。更加广为人知的例子包括“yuppy”（年轻上进的专业人士）、“dinky”（丁克，有双人份收入而没有孩子的家庭），以及最近出现的“yappy”（年轻而富裕的父母）、“sitcoms”（单人份收入，有两个孩子并且承担沉重房贷的家庭）、“skiers”（花掉孩子得到的遗产的人）。通常某个市场细分对应于特定的产品和服务。例如，偏爱苹果产品的人与选择安卓设备的人的个人特征和价值观截然不同。

这样的细分方法被普遍应用于快速消费品（如食物或化妆品）市场和耐久性消费品（如电子消费品或汽车）的开发和营销（见案例研究 10.3）。这对于产品升级或延伸有特别的意义，而且同样可以用来识别新产品的开发机会（例如针对健康意识强的消费者提供功能性食物），或用来发现新出现的一些要求（例如富有的老人所需的新的医药和保健服务）。

企业市场的细分

企业客户通常比消费者更加见多识广，并且至少会从理论上作出更加理性的决策。对企业客户可以根据一般购买因素或购买过程进行细分。细分的根据应当有明确的指标，如在偏好、定价、配送或销售策略上的差异。例如，可以根据客户的经验、复杂度或价格敏感性来进行细分。然而，这一过程会因为参与购买的人数不同而变得复杂：

- 实际的顾客或购买者，他们拥有选择供应商和同意交易条款的正式决定权。
- 产品或服务的最终使用者，他们通常会参与购买的发起和购买过程。
- 看门人，他们控制着流向购买者和使用者的信息。
- 影响者，他们可能提供对产品加以说明和比较的技术支持。

因此，了解组织中的所有相关方，并决定对各方施加怎样的影响非常关键。例如，研制产品的技术人员会注重性能，实际购买者则会强调性价比。

企业市场细分主要依据顾客从产品、流程或服务中得到的价值。有时顾客买同一种产品的原因千差万别，并且对产品的不同特性赋予不同的权重。例如，就数控机床来说，一类顾客可能非常在乎它能够减少单位成本，一类顾客可能更加强调产出的精确性或质量的潜在提高（参见案例研究10.4）。

案例研究10.4

Mondex的营销

Mondex是一种可以存储现金点数的智能支付卡，换句话说，就是一个电子钱包。这种卡内嵌了一个芯片，可以完成消费者和商家、商家和银行之间无须现金的货币转移支付。NatWest银行首先在1990年提出了Mondex的构想。系统开发的动因在于处理大量小额现金所带来的巨大成本，在英国估计达到45亿英镑，因而银行和零售商是主要的潜在受益者。对消费者来说，好处则不那么明显。

1991年，NatWest创办了一家企业，将这个系统在全世界进行特许经营，并在英国加入了Midland Bank和BT的联盟。同时，在英国、美国、法国、德国和日本进行客户焦点小组访谈，以判断对该服务的可能需求。这项早期的市场调研显示，高达80%的潜在客户表示Mondex上市后愿意使用。于是，以NatWest的6 000名员工为对象的内部技术试验在1992年启动。之后对产品进行了一些微小的改进，例如增加了一个可以读取卡的余额的密钥卡，以及一个加锁设备。市场试验于1995年在斯文顿率先开始。选择该镇是由于这里的人口具有代表性。全镇大约70%的零售商都加入试点，有几家大的连锁零售商因为计划开发自己的卡而拒绝参加。大约14 000个NatWest和Midland的客户申请了一张免费卡，但这只占镇上客户基础的25%。接受这项服务的主要障碍在于这对用户来说没有明确可观的利益，尽管银行和零售商都明显因减少了操作和保安成本而受益。

尽管如此，1996年企业宣布Mondex卡会提供给埃塞克斯大学（Essex University）的学生，该智能卡还会提供更广泛的功能，例如识别学生身份和作为图书馆门卡，并且校园内所有银行、商店和餐吧都可使用该卡。大学生是这种创新服务的理想消费者，校园由于可以保证普遍采用而提供了测试该服务吸引力的可控环境。随后另外 5 所大学也加入了 3 年试验计划。

1996 年，Mondex 从 NatWest 银行分离出来，现在由万事达国际财团控制。主要的竞争产品是 Visa Cash 和比利时的 Proton Technology。在 2000 年，只有 200 万张 Mondex 卡被使用，但是此后将增加至数千万张，日本的大型信用卡公司 JCB 就计划在未来几年替换 1 500 万张借记卡、贷记卡和会员卡。此外，Mondex 技术，特别是它优越的操作系统 MultOS，已在超过 50 个国家实现了技术特许销售。据称，在 2000 年 Mondex 技术被用于挪威的国家彩票系统，并且参与了英国国家彩票系统的投标。这项技术和与之关联的业务从电子现金的狭窄领域发展到了广泛的智能卡应用领域。

在实践中要通过利益来区分不同的细分市场是很难的，因为这与更加传统且易于识别的公司规模或行业类别这样的特点并不密切相关。[39] 因而利益细分仅当这样的偏好与更加易于观察和可衡量的顾客特点有关联时才具有实用性。例如，就机床来说，对生产量、批量规模、营业利润和附加值的分析可能有助于将重视效率的公司和重视质量提高的公司区别开来。

下面提出识别新的企业市场的细分过程包括的三个步骤：

1. 基于技术功能的市场细分将功能与潜在应用对应。

2. 通过行为细分识别具有相似购买行为的潜在顾客，例如考虑价格或服务水平。

3. 结合功能和行为两方面的市场细分，建立一个矩阵来识别具有相关应用需求和购买行为的潜在顾客。

此外，对竞争者产品和顾客的分析也可能揭示出未充分满足的细分市场，或者重新确定细分的依据。例如，对既有的顾客，可能根据公司规模进行细分，而不是根据具体行业或特定的应用进行细分。然而，由于每个顾客都有独特的特点，因此最后的细分市场分析一定会主导行为细分。

顾客要求是一个连续统一体——从既有需要、新的要求到潜在期望，所有这些都必须在既有和新兴的技术中有所对应。[40] 然而，许多传统的市场研究只是了解顾客的既有需要，并将这些与既有的技术方案匹配。现在，相关研究必须扩展到新的顾客要求。分析有三个不同的阶段：

1. 通过头脑风暴法、形态学和其他结构化方法，依靠跨职能团队和顾客来产生新的产品概念。

2. 使用质量功能展开（QFD）等技术，对这些概念进行修正和评估。

3. 进行平行原型开发和市场研究活动。原型并不是用来作为生产的主要模型，而是作为收集内外部顾客的评价的实验手段。

当潜在顾客不能界定或评价产品的设计特性时，就必须组织焦点小组或通过直销店进行深度访谈。在直销店里，市场研究人员和工程师要与顾客进行互动性访谈，使用营销研究的工具和方法来识别和量化对产品特性的感知。

产品地图可以用来显示产品开发的技术和市场驱动因素，并使产品经理可以探索产品延伸的意义。这有助于通过识别目标市场和技术来集中开发力量、限定项目范围，也有助于为设计、生产和营销提供更加详细的功能图。最初引入的产品或核心产品都可以采用如下几种方式延伸：

- 产品升级，包括为特定市场细分所设计的新增特性。
- 高端市场延伸。这可能会有困难，因为顾客可能会把公司和较差质量的市场细分对应，从事销售和支持工作的员工可能对新的市场细分缺乏技能和培训。
- 低端市场延伸。其风险在于可能有损高端市场的销售额，以及可能疏远既有的顾客和经销商。
- 根据特定顾客或配送渠道的要求对产品进行附加特性的定制。
- 混合产品，将两种核心设计融合成一款新产品。

如我们在第2章提到的，克莱顿·克里斯滕森在他对磁盘驱动器行业的深入分析中区分了两种不同类型的结构性创新。[41]第一种是渐进性创新，即面向既有客户和市场，持续提高既有产品的性能。第二种是颠覆性创新，即面向不同细分市场提供完全不同的一系列功能。既有的公司及其客户容易低估或忽略颠覆性创新，因为这种创新就市场上现有的功能来看是比不过既有技术的。这种情况说明了采用过于简单的方式获得建议（比如倾听顾客的意见）具有风险，同时也暴露出传统的管理和营销方法的局限性。因而，现有企业倾向于对颠覆性创新视而不见，行业新进入者则更容易利用这种创新去取得优势。对现有市场的细分以及同既有顾客的紧密关系会强化渐进性创新，但同时会难以识别甚至拒绝潜在的颠覆性创新机会。公司所应做的与之相反，要对潜在的应用和改变用户的需求有深入了解。

结构性创新中一个根本性的问题是识别改变结构本身的需要，而不是仅仅改变一个既有结构中的元素。新产品引入在一定程度上是与更高的销售额和盈利能力挂钩的，但产品引入的比例过大会适得其反，因为其研发成本的增加超过了新增的销售收入。汽车行业就曾经遇到这种情况。日本制造商在20世纪90年代将汽车的生命周期缩短到仅仅4年，但随后不得不将其延长。另一种可能的情况是，由于对新产品引入的期望，用户会为了得到预期的新一代产品而跳过某一代产品。这种情况在个人电脑和手机市场中都曾出现，并以连锁反应影响了芯片行业。由此可见，在新产品引入速度和产品生命周期之间存在一种此消彼长的制衡。共同产品平台的开发和模块化开发是应对新产品开发中的这种困境的一种方法。例如，案例研究10.5展示了产品开发如何改变了捷豹路虎。

案例研究 10.5

塔塔汽车公司对捷豹路虎的转型

印度塔塔汽车公司（Tata）因其命运多舛的Nano微型汽车而闻名海外。然而，人们较少提及它在汽车市场的成功。2008年3月，塔塔以23亿美元从福特收购了捷豹路虎，大约是福特收购捷豹路虎价格的一半。自那以后，塔塔通过对新产品开发的持续投资，使捷豹路虎实现了增长。到2012年，捷豹路虎年销售额在经济衰退期间增长了37%，这主要得益于2011年新款路虎揽胜Evoque的销售以及俄罗斯和中国的需求增长，这两个国家贡献了1/4的销售额，并贡献了57%的利润增长。20%的利润率是其母公司塔塔国内业务的三倍。

塔塔之所以廉价收购捷豹路虎，是因为福特未能开发该公司及其产品。2007 年，在出售给塔塔汽车之前，福特将约 4 亿英镑投入捷豹和路虎这两个品牌的研发，第一个新产品系列已经开发出来，并宣布为福特所有。中型豪华捷豹 XF 于 2007 年 8 月推出，2008 年 3 月首次交付客户。更具突破性的铝制豪华车捷豹 XJ 于 2009 年底推出，2010 年 4 月首次交付。到 2011 年，塔塔将年度研发支出增加了两倍，达到 12 亿英镑，约占两个品牌年收入的 10%（汽车行业通常为 4%）。这款以设计为主导、跨领域的 SUV 路虎揽胜 Evoque 于 2011 年推出，很快就获得了 6 个月的订单，尽管当时经济衰退且定价存在溢价。这三款车都获得了多个奖项。

2010 年 12 月，Halewood 工厂为了推出新的路虎揽胜 Evoque，增加了 1 500 个新工作岗位，揽胜 Evoque 于 2011 年 7 月投产。到 2012 年 4 月，塔塔需要为其位于索利赫尔的先进制造工厂额外招聘 1 000 多名员工，使 Halewood 工厂的员工总数达到近 4 500 人，是三年前的三倍。公司宣布投资 3.55 亿英镑建造新的发动机工厂，这将创造 750 个新的就业机会。捷豹路虎现在是英国最大的汽车设计、工程和制造企业，占英国对华出口总额的 20%。

塔塔已经在印度开发了一些路虎车型，并于 2012 年在中国选择了合资伙伴奇瑞汽车。2012 年，塔塔首席财务官罗摩克里希南（C. R. Ramakrishnan）承诺对捷豹路虎进一步投资，“在过去的五六年里，捷豹路虎每年在资本支出和产品开发上花费 7 亿～8 亿英镑，展望未来，我们将加倍”，并计划在未来五年内开发 40 种新产品和改进版。继 2015 年推出更实惠的 XE 之后，捷豹路虎在 2016 年生产和销售的汽车比之前任何一年都多，全球超过 50 万辆，价值 220 亿英镑。2017 年推出了三款新车型，其中包括公司首款电动汽车捷豹 i-Pace，公司计划再招聘 5 000 名技术人员。

在既有平台上的渐进性产品创新既可以给既有顾客带来价值，例如更低的价格或更好的性能，也可以吸引新的用户并进入新的利基市场。一项长达 22 年的对 56 家公司超过 240 种新产品的研究发现，在管理结构性创新时，一个关键问题是在对产品平台进行根本性改变的频率与基于当前平台的渐进性创新之间的精确平衡。[42] 这表明：不断加速的新产品开发和引入并不可持续，应当在开发平台的变化和基于当前平台的新产品开发之间实现最优平衡。这种逻辑既适用于制造业产品，也适用于服务（参见研究札记 10.8）。

研究札记 10.8　　服务中的产品策略

服务与制造业产品有许多不同，但最影响创新管理的两个特点是它们的无形性以及生产与消费之间的互动性。大部分服务的无形性使差异化不容易做到，因为识别和控制特性十分困难。而许多服务要求同时进行生产和消费，并且要求前后端操作的整合，从而使流程创新和产品创新的界限变得模糊。

例如，我们对英国和美国的 108 家服务公司进行研究发现，快速、重复的再开发（rapid，reiterative redevelopment，RRR）策略与更高水平的新服务开发成功率以及更高的服务质量相关。这种新产品开发方法结合了突破性创新和渐进性创新各自的许多优点，但成本和风险更低。这种策略对于内部职能关系的破坏性不如那些不频繁但更具突破性的服务创新，它鼓励通过积累大量的渐进性创新来实现知识的重复利用。例如，1995年美国运通旅游服务集团（American Express Travel Service Group）实施了快速重复再开发策略。在之前的10年间，集团只引入了两个新服务产品。1995年集团设立了一个负责产品开发的副总职位，建立了跨职能团队，采用正式的开发流程和计算机工具，包括原型和模拟技术。从那之后，集团开发了超过80种新的服务，成为市场领导者。

资料来源：Tidd. J. and F. Hull，Managing service innovation：the need for selectivity rather than "best-practice". *New Technology*，*Work and Employment*，2006. 21（2），139－161；Tidd. J. and F. Hull，*Service Innovation*：*Organizational Responses to Technological Opportunities and Market Imperatives*. 2003，London：Imperial College Press.

10.6 技术产品的商业化

技术产品的典型特征在于，它将新技术应用在既有产品上或相对成熟的市场中。在这种情况下，关键问题在于找到那些既有的应用，使新技术能够产生成本或性能上的优势。

关于产业营销的传统的文献大多偏向于研究相对低技术含量的产品，未对高技术产品及其市场的性质进行考虑。

首要的也是最重要的区分，就是对技术和产品的区分。[43]技术通常关注的是开发出设备，潜在顾客购买的则是通过设备制造出的产品。因而开发一个产品比仅仅开发一个设备费用更高且难度更大。无法运转或难以生产的设备相对来说容易识别和修正，但产品供应方面若有不周全之处就不那么容易被发现和解决了。一个产品可能会因为糟糕的物流配送和品牌宣传而难以售出，或因为未能充分注意对顾客的培训和支持而导致产品难以使用。因此，试图基于功能性或设备的性能来实现产品差异化可能代价高昂而徒劳无益。

例如，一台个人电脑是一个包含了大量设备或子系统的产品，包括基本的硬件和配件、操作系统、应用程序、语言、文件、顾客培训、维护和支持、广告和品牌建设。因此，一项微处理器技术例如RISC（精简指令集计算机）的开发，可能提高产品在特定条件下的性能，但这种益处可能因为一些更重要的方面没有做好而被削弱，例如缺乏对软件开发者的支持而导致缺少合适的应用软件。

在高技术产品中，仅仅对候选技术的性能进行简单的比较是不够的，而常规的市场细分方法又难以发现以新技术替换既有应用的机会，因此有必要了解为什么一个潜在顾客要寻找既有方案的替代品。顾客可能是为了寻求更低的成本、更优越的性能、更强的可靠性，或仅仅为了追求时尚。在这种情况下，有两个步骤可用来识别潜在应用和目标顾客：技术细分和行为细分。[44]

既有顾客的统计分析基本没什么用处，因为无法达到所需要的细致程度。典型的技术细分是通过对一小群潜在用户的采访来识别他们要求的异同。这样做的目的是广泛地识别特定潜在用户或应用。接下来，通过实施行为细分来发现三到四个具有相似环境和行为的顾客群。最后，将技术细分和行为细分结合起来界定特定的目标顾客群以及明确接下来可以进行商业可行性评估的市场（见图10－9）。克莱顿·克里斯滕森和迈克尔·雷纳在《创新者的解答：企业创造和保持增长》(*The Innovator's Solution: Creating and Sustaining Successful Growth*)一书中提出了相似的看法，并且认为传统的通过产品属性或用户类型细分市场的方法无法识别潜在的颠覆性创新(参见案例研究 10.6)。

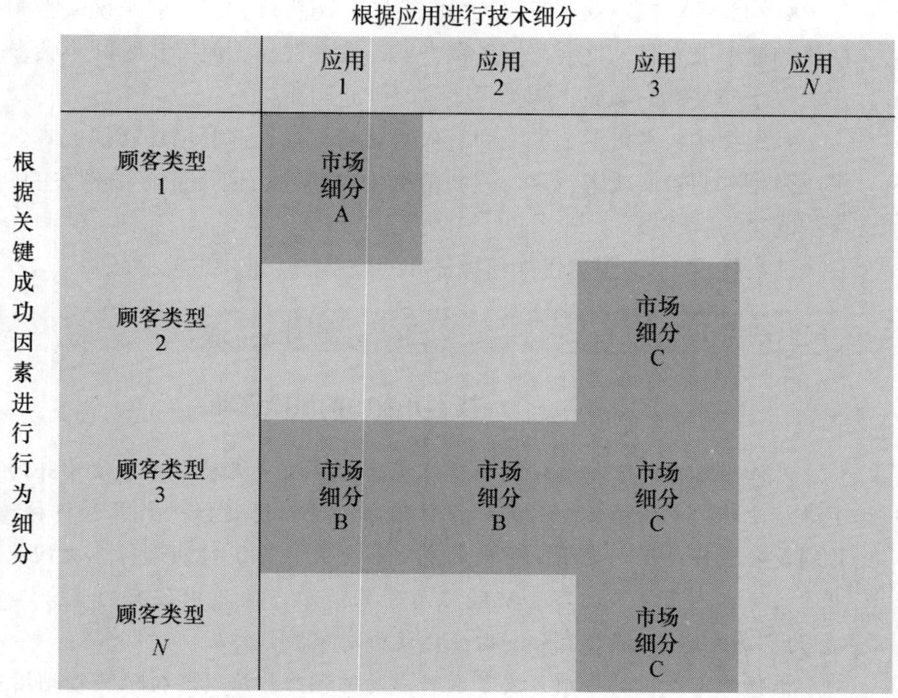

图 10-9 高技术产品与服务的技术细分和行为细分

案例研究 10.6

识别潜在的颠覆性创新

在《创新者的解答：企业创造和保持增长》(2003)中，克莱顿·克里斯滕森和迈克尔·雷纳认为根据产品属性或顾客类型来细分市场是无法识别潜在的颠覆性创新的。基于西奥多·莱维特创新性的营销研究，他们推荐一种基于环境的市场细分方法，专注于创新“所要完成的工作”而不是产品属性或用户类型。这种视角比传统的市场细分方法更可能产生截然不同的新产品和服务。这种方法提供的一个观念就是创新的创意来自非消费因素。该方法不是去与竞争性产品比较产品属性，而是识别那些想要完成其工作却由于种种原因无法接触既有解决方案的目标顾客，他们因财富、技能、地点等因素而受制于环境。这些潜在客户会将颠覆性创新与什么比较呢？会与创新的困难而非现有的产品进行比较。这可以催生一个全新市场，例如，美国和英国的廉价航空公司(如西南航空公司和瑞安航空公司(Ryanair))或 Intuit 公司的 QuickBooks 系统。与此类似，在 MBA 市场，远程学习项目曾经被认为比传统项目要低人一等，于是许多领先的商学院为了在好地段建造更大更豪华的大楼而激烈地竞争资金。然而，技术的完善以及为了创造多样化的学习环境综合多种学习形式，为 MBA 项目开创了全新的市场，为那些不能或不愿参加传统学习项目的人打开了一扇门。

对于高科技产品的营销来说，有一些独特的特点会影响购买行为[45]：

- 购买者对技术差异的感知会影响购买行为。一般来说，当购买者相信产品的技术相似时，就会进行更长时间的搜索；而当他们认为产品技术之间存在显著差异时则不然。
- 购买者对技术变化速率的感知会影响购买行为。一般来说，当购买者相信技术变化的速率很高时，就会花很多精力去寻找替代品，但寻找时间不会很长。若技术变化仅限于非关键的领域，购买者还可能推迟购买。
- 组织购买者可能和供应商有很密切的关系，这会增加转换成本。一般来说，与供应商相关的转换成本越高，寻找的努力就越少，但与兼容性相关的转换成本越高，寻找的努力就越多。

前沿视点 10.1 讨论了如何评估和开发石油工业中的复杂项目。

前沿视点 10.1

技术开发中的风险管理

采油平台中的矿物结垢沉积可能严重阻碍烃的流动，并导致油井的生产效率显著下降。此外，矿物结垢一旦沉积往往很难清除，进行修井作业和机械清除成本很高。特别是硫酸钡结垢，会带来巨大的危害和损失。为了对油进行二次回收，需要向油库中注入海水，而注入的富含硫酸根离子的海水与油库中已有的富含二价钡离子的水（称为“原生水”）混合在一起时会迅速形成硫酸钡结垢。

根据油田结垢的性质开发了两种成功的预防方法（对付硫酸钡结垢）：

- 通过添加化学防垢剂改变混合的水流中的化学反应，从而防止沉积；
- 使用纳米过滤技术将硫酸根离子从注入的水流中滤除，从而从根源上解决结垢问题。

前一种方法要求向产油井添加防垢剂，并慢慢产生作用（称为“挤注处理”）。这会使石油生产受到损失，并且给深水和海底油田增加相当大的成本。因为修井要花费数百万美元（每口井一年中要进行多次处理，而油井数量可能多于 10 口）。硫酸根离子滤除方法不需要修井作业，但也需要可观的支出（既包括对纳米滤膜厂的投资，也包括支持处理厂的海上结构的费用）。

有一个创新性的概念被开发出来，既不需要防垢剂处理，也不需要滤除注入的水中的硫酸根离子。这个项目有可能为全球的公司省下一大笔钱（并且有非常诱人的净现值和回报率指标）。新技术的基本概念就是制造极其微小、便于控制释放的防垢剂颗粒，它可以与注入的水融合。这些微粒会随水流进入产油井，在接近油井时慢慢释放出防垢剂从而保护油库、近井地层和井眼免于结垢。原则上，与当前其他可行的技术相比，这种方法通过最小化干预来控制井下硫酸结垢。它唯一明显的局限在于无法控制在注水之前产生的液体，因而还需要借助其他的控制方法，例如防止碳酸盐结垢的方法。尽管如此，相比于常规的“挤注处理”结垢控制法，它还是有许多优势。

研究表明，在去除深水硫酸钡结垢方面，可控微粒技术的成本比起挤注处理更具经济上的优势。从运营成本来看，它的优势还在于可以以最少的资本投资启动并将成本转移到项目的后期运营中。很显然，经济成本取决于微粒的剂量，而单位成本以及可行性取决于最终选用的方案的类型和成本。

在开发产品的过程中，采用了一个阶段性流程来保证每个环节都可评估相应的可行性。

开发注入型防垢剂的技术经历了以下流程：

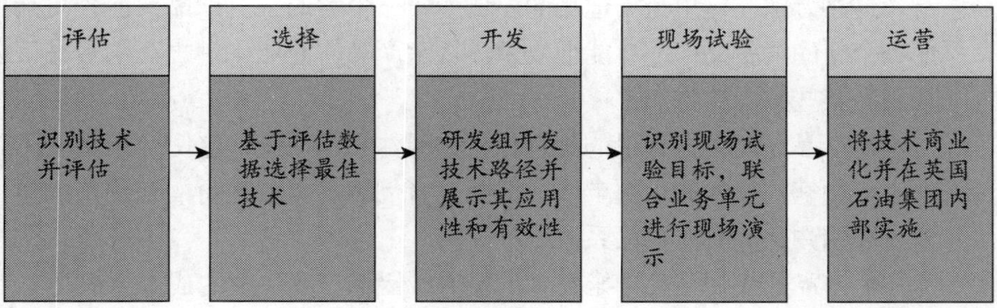

这一流程的采用促进了微粒状防垢剂的成功开发，通过将酸性产品和多羟基化合物结合形成了一种固体状可加工的产品。该固体防垢剂被碾磨成足够小的微粒，注入油库中不会阻塞渗透介质。尽管这些微粒没有特别的触发机制来释放防垢剂，但释放速率（通过水解发生）是可控的，使得大部分防垢剂在接近目标产油井时释放。

遗憾的是，尽管在实验室中开发出了成功的产品，业务单元的参与度却很低，现场试验的机会也没有，最终导致该技术被放弃。

为什么这项技术未能成功实现商业化呢？经分析发现，这项技术未能跨越实验室和现场演示之间的鸿沟，关键原因在于：

- 这不是一套完整的结垢管理方案，因而不是一个有吸引力的整合方案（纳米过滤技术也是如此）。
- 石油开采和生产企业是非常保守而不愿冒险的，而微粒技术太过新奇。
- 人们认为风险控制太复杂（要求多个现场演示），此外该技术不可能在深水开发中进行测试，因此第一个采用这项技术的人将在特定环境中为这项未经证实的技术承担可能损失数十亿美元投资的风险。
- 尽管不是太大的问题，但缺少现场试验的机会在英国石油集团内部被作为问题提了出来。这实际上可以通过与其他有更多合适的现场试验机会的公司合作来解决。
- 英国石油集团的大部分生产都是在海上作业，油井间距都很大。而任何试验都不得不在井间距较小的地面开展，这就导致试验中出现的反应在海上开发作业中可能不会以相同方式出现。
- 当我们没有能力去模拟整个过程时，就很难自信地预测该方法的试验结果。

资料提供者为伊恩·柯林斯（Ian Collins），英国石油集团 Exploration & Production Technology Group 技术项目主管。

10.7　实施复杂产品开发

复杂产品，或称复杂产品系统，在营销中比较特殊，因为对其技术和市场都没有清楚的界定和理解。因此，技术和市场在开发者与潜在用户的互动过程中随时间推移而协同演化。需要注意，技术复杂性并不一定意味着市场复杂性，反之亦然。例如，客运飞机的开发在技术上是非常复杂的，但市场界定很明确，潜在顾客也容易被识别。我们这里关注的是技术和市场都很复杂的情况，例如电信行业、多媒体行业和医药行业。

对消费品营销和工业品营销的区分传统上是根据用户的性质而非产品和服务本身，这种方法在这里是不适用的。例如，一个新的工业产品或流程可能相对简单，然而一个新的消费品产品可能很复杂。复杂产品的商业化过程在消费品市场和工业品市场具有某些共同的特点[46]：

- 产品一般包含大量的相互作用的组件和子系统，这使得开发和营销更加复杂。
- 顾客的技术知识更丰富，但开发者仍然肩负着教育潜在用户的重任。这要求开发者和用户之间有密切联系。
- 产品的采用往往要求长期的投入，因而产品失败的成本会很高。
- 采购过程往往很漫长，实际采用可能滞后收到最初的信息很多年。

复杂产品的本质

复杂产品通常包含大量组件或子系统。产品可能作为系统包整体提供，也可能只是作为子系统或组件提供，这取决于不同组件之间的接口标准的开放程度。对于系统包，顾客在系统层面而不是在组件层面评估交易。例如，许多医药公司现在提供保健服务，而不是仅仅开发和销售特定的药物。与此类似，机器人制造商提供的是制造方案，而不是仅仅提供独立的机器人操纵器。系统包可以通过使用了独家固件接口的优化的组件包来为顾客提供更强的性能，还可以提供一站式采购和售后服务支持。然而，系统包可能无法吸引那些有独特需要的顾客，或者那些具有丰富的知识可以配置自己的系统的顾客。

系统整合和“即用式”方案的增加表明开发和营销一整套系统会比仅推出元件获得更多的价值。通常，系统层面的附加值比每个组件的附加值之和要大。然而这条定律也有例外。当某个特定组件或子系统显著优于竞争性产品时，分拆销售更有利于创造更大的市场。[47]新增的市场是由不愿购买整个系统包的顾客带动的，他们更愿意把一个组件或子系统嵌入自己的系统中。例如，英特尔和微软分别在微处理器和操作系统市场占据了主要市场份额，它们都是通过销售元件成功的，而不是将组件嵌入自己的电脑中销售。

开发者和用户之间的联系

实现复杂产品、流程和服务的开发和采用特别困难。由于对潜在用户的价值很难识别和评估，而且鲜有直接的替代品，市场上很难给出任何参照基准。供应商的选择也很有限，更接近寡头垄断市场而非完全竞争市场。在没有直接竞争的情况下，价格并不像声誉、性能和服务支持等因素那样重要。

创新研究一直强调开发新产品时要“了解用户需要”[48]，但在开发复杂产品和服务的特殊情况下，潜在用户可能自己不了解或者说不清自己的需要，因此，仅仅理解或满足既有顾客是不够的，还需要引导既有顾客和发现潜在的新顾客。常规的市场研究技术用处不大，而开发者身上越来越多地肩负着“教育”潜在用户的责任。哈梅尔和普拉哈拉德将这个过程称为“远征式营销”（expeditionary marketing）。[49] 主要问题是如何通过针对实际产品和顾客的体验快速学习，预测未来的要求，在潜在竞争中抢占先机。

开发者和用户的关系会随着开发和采用过程而发生变化（见图 10 - 10）。需要管理三个相互区别的过程：开发、采用、对接。每一个过程都要求有不同的联系。扩散和采用的过程在第 9 章作了介绍。然而，关于管理一项创新的开发者和采用者之间的对接的指导相对较少。

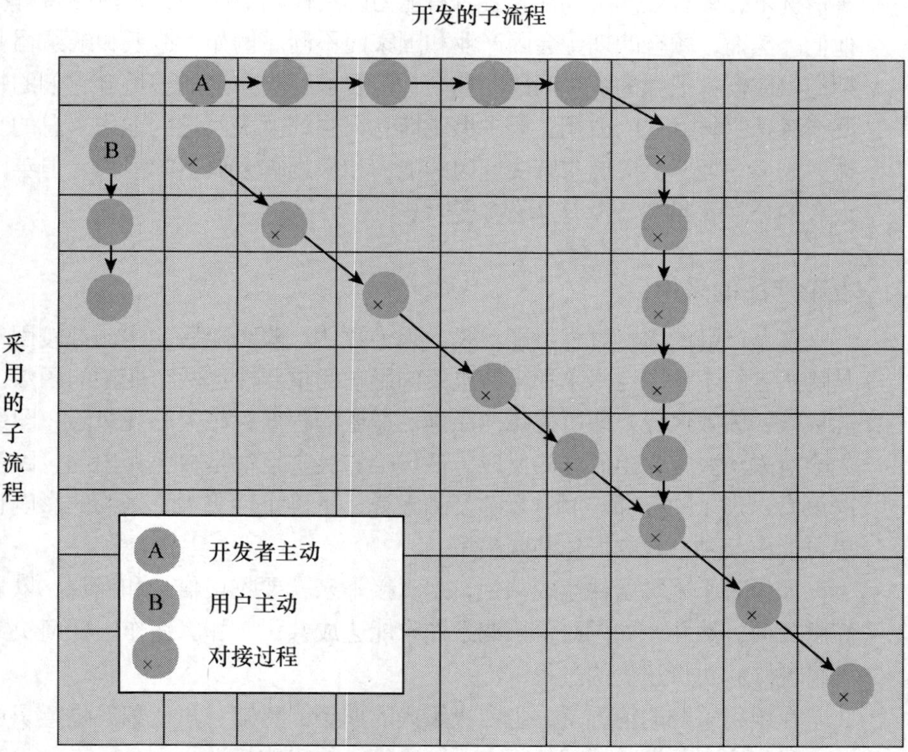

图 10 - 10　复杂产品的开发者和采用者之间的关系

对接过程可以被认为包括两个流：信息流和资源流。[50] 开发者和采用者会对信息和资源的流入和流出进行协商。因此，开发者需要认识到为了开发而投入的资源和促进采用而投入的资源不应被视为独立的或者“分隔的”。两者都对复杂产品、流程和服务的成功商业化有所贡献。开发者也应当认识到并处理好开发和采用过程的不同阶段中信息和资源流动的方向。例如，在早期处理信息流入可能是最重要的，但在后期处理信息和资源的流出就成为关键。此外，学习知识还要求对知识流进行管理，这涉及对所需员工的交换或借调。

要决定开发者和用户之间最恰当的关系有如下两个维度：一项创新的不同的应用范围；每种应用对应的潜在用户数量。[51]

- 较少的应用和较少的用户。这种情况下，关于技术设计和使用的直接面对面协商是可行的。
- 较少的应用和较多的用户。这是典型的营销情境，需要仔细进行市场细分，但与用户的互动较少。

● 较多的应用和较少的用户。这种情况下，在用户群中有多个利益相关者，有着各自不同甚至可能冲突的需要。要避免仅仅为某个群体实现技术最优化而忽视了其他群体的利益。技术的核心功能必须是独立的并受保护，为不同的用户群定制开发不同的界面。

● 较多的应用和不同的用户。这种情况下，开发者必须和多种典型用户协作，并尽量瞄准最普遍的市场，不要为任何单一群组提供定制。

总的来说，潜在用户相对较少的情况是面向企业客户的复杂产品常常遇到的。这种情况下，顾客倾向于要求开发者有能力解决他们的问题，并能够将解决方案转交给他们。然而，顾客的期望会因产业和国家而不同。例如，造纸和纸浆行业的公司并不期望供应商有很强的解决问题的能力，但要求解决方案能够适合它们的特殊需要。相反，特殊钢材行业的公司就要求供应商有很强的解决问题的能力。总的来说，德国和瑞典的公司期望供应商有解决问题的能力和根据需要调适的能力，但英国、法国和意大利的公司看起来就没有这么多要求。[52]

复杂产品的采用

复杂产品的采购过程可能很长，因为评估风险和随后的实施都较困难。风险感知是购买者的不确定性水平和采购决策的影响的重要性这两个变量的函数。有两种类型的风险：绩效风险，即所采购产品满足期望的程度；相关心理风险，即组织中的其他人会对采购决策作出怎样的反应。低风险的决定往往是自主作出的，因而更容易针对决策者识别采购标准。而对复杂产品来说，不确定性更大，采购的影响也更大，因而更可能由某种形式的群体共同决策。

如果对于采购条件达成共识，那么接下来就要收集信息和商议，以发现和评估潜在供应商。然而，如果对于采购条件未能达成共识，那么在作出任何决策之前必然有一个说服和讨价还价的过程。

在组织采购的情况下，主要决策人的期望、感知、角色和风险意识可能有很大差异。我们应当预期并了解组织内不同决策人的采购标准。例如，一个生产工程师可能偏好某个设备的可靠性和性能，而财务经理更关注生命周期成本和性价比（参见案例研究10.7）。可能影响组织采购决策的因素有三个[53]：

1. 政治和法律环境。这可能会影响关于竞争性产品的信息的可获得性。例如，政府法规可能会对新设备的开发和采购的投标过程作出明确要求。

2. 组织结构和任务。结构包括决策制定和采购的集权程度；任务包括采购服务于什么样的组织目的，采购方自身的业务所决定的需求性质，以及该采购的常规程度。

3. 个人角色和责任。需要识别和满足不同角色的需要。看门人控制着流向组织的信息流，影响者会补充信息或改变采购标准，决策者选择具体的供应商或品牌，而采购者负责实际的采购。因此，最终用户或许不是首要目标。

案例研究10.7

EMI的计算机断层成像扫描仪

1972年，英国公司EMI推出了第一台CAT（计算机断层成像）扫描仪，用于医疗诊断。CAT 扫描仪将传统的 X 射线信息转化成三维图像，并且可以用一台检测器检查。EMI 发明了这种扫描仪的所有关键技术并申请了专利。最初机器的扫描速度很慢，仅适用于扫描诸如大脑这样的器官。1976 年 EMI 推出了一款扫描速度更快的仪器，一次扫描仅需 20 秒，可以用于全身扫描。业界普遍认为，当时 EMI 的 CAT 扫描仪比同类竞争性产品的扫描图像质量更高，有助于更详细的诊断。

传统 X 射线设备的供应商如欧洲的西门子、美国的通用电气等大牌企业对 EMI 的新产品作出回应，它们的策略是对自己的扫描仪进行差异化开发。它们与技术上更先进的 EMI 扫描仪相竞争的方式是，强调自己的仪器具有更快的扫描速度，并且声称这有助于增加诊疗的病人数量。EMI 则反驳，扫描时间和成像质量不可兼顾，而且在任何情况下相对于病人总的咨询时间来说扫描时间都是微不足道的。然而，在北美的医院，也就是此种设备的最大市场所在地，病人的诊疗时间却至关重要。更糟糕的是，EMI 公司的早期仪器过于复杂并且稳定性不佳，而公司也迟迟未能提供世界范围内的服务和支持。早期用户于是将 CAT 扫描仪的稳定性与更加成熟且不那么复杂的 X 射线机作了不公平的比较，结果 EMI 的扫描仪留下了不可靠和速度太慢的声誉。其竞争者提供的仪器在扫描成像质量上虽然稍逊一筹，但通过精明的营销和更好的客户支持赢得了市场份额。1977 年 EMI 公司的医疗部亏损，1979 年公司被 Thorn 集团收购。

EMI 发明了 CAT 扫描仪，但未充分了解其关键顾客的要求，并且低估了现有的公司在技术和营销上的响应能力。

10.8 服务创新

在所有发达国家，就业趋势都是远离制造业、建筑业、矿业和农业，而转向各种服务业，包括零售、金融、交通、通信、娱乐、专业的公共服务等领域。这个趋势产生的原因包括：制造业已经变得如此高效率和高度自动化，以至于其创造的就业机会从比例上来看偏少；许多服务业都需要与顾客频繁接触，且必须在现场提供服务，因而往往是劳动密集型的。在最发达的服务型经济体（例如美国和英国）中，服务业创造了高达 3/4 的财富和 85%的就业岗位，而我们对于这个行业的创新管理却所知甚少。服务的重要作用已被广泛认识，但服务创新未得到很好的理解。

服务业的创新并不仅限于信息技术的应用。事实上，在服务业中 IT 投资的回报率令人失望，引起了关于其起因和可能的解决途径的广泛辩论，这也被称为“生产率悖论”。服务创新使顾客对所提供服务的使用和感知方式有所不同。它往往要求服务提供方主要投资于流程创新和技术，但也要求投资于技能和工作方法来改变商业模式，以及进行重大的营销变革。尽管各方的估计有所不同，但 IT 的投资回报率大约为 15%，通常有两到三年的时滞，在此期间生产率往往会下降，但是当 IT 投入与组织变革和管理变革结合起来时，其回报率会上升到 25%。[54]

服务业创新对增长的影响通常是积极的、持续的，但金融服务可能除外。零售和批发、交通、电信服务以及各种商业服务都有很有效的创新模式（见图10－11）。

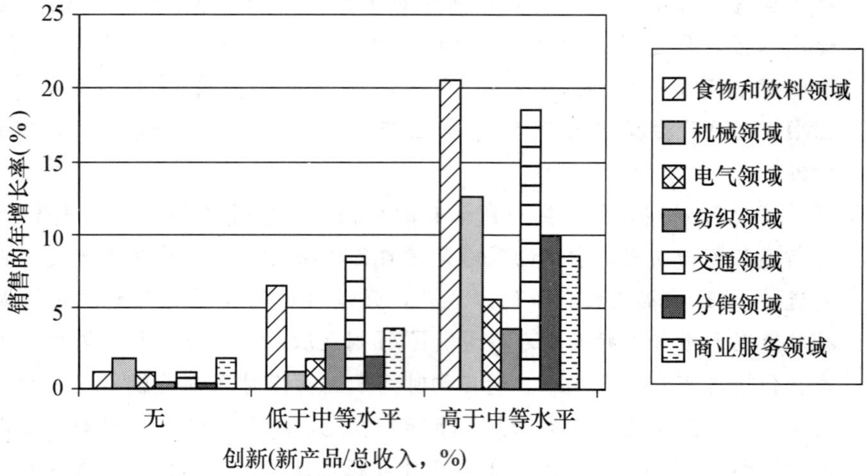

图10－11 服务业的创新与增长

资料来源：Based on data from European Community Innovation Survey，Based on a survey of 2000 UK seh/ice businesses.

大多数研究和管理方法是基于制造业和高科技产业的经验。许多研究者简单地假设这些实践经验对于服务业的创新管理同样适用，也有些研究者提出服务业具有本质的不同。我们有必要区分关于制造业的创新管理的知识，哪些是适用于服务业的，哪些必须作出调整，又有哪些是显著不同的。

我们会认为普遍的良好实践是存在的，也是适用于制造类产品和服务性产品的开发的，但这些普遍实践必须根据不同的情境加以调整，具体涉及规模和复杂性、产品定制的程度、技术不确定性和市场环境。将管理和开发组织的配置与特定的技术和市场环境相匹配至关重要。

服务业包括的业务非常广泛且高度多样化，从个人咨询师和店主，到大型跨国金融公司，以及重要的非营利的公共部门和诸如卫生和教育部门等第三产业的组织。因此，在泛泛讨论服务业时要格外注意。我们随后会介绍一些理解和分析该行业的方法，但首先需要在制造业和服务业之间找到基本的差异。

● 有形性。产品是有形的，而服务大多是无形的，即使你能看到或感觉到其结果。

● 对性能和质量的感知在服务业更加重要，特别是对期望的性能和察觉到的性能之间差距的感知。只有当一项服务超出了顾客的期望时，顾客才会给予较高评价。对服务质量的感知受到以下因素的影响。

—有形的方面：设施、设备的外观和员工的外在形象；

—热诚：及时的服务和热情的帮助；

—能力：以可信赖的方式提供服务的能力；

—自信：员工的知识和礼节，以及传达信任和自信的能力；

—移情：提供关怀和对个人给予关注。

● 同时性。产品和服务在生产和消费之间的时滞是不同的。大部分产品在消费之前早就生产出来了，以便有时间去配送、储存和销售。相反，许多服务在生产出来的同时几乎就被消费了。这给质量管理和产能计划带来了问题。此外，在服务中更难以发现和纠正错误，也更难实现供求平衡。

- 储存。服务通常是不能储存的，例如航班上的座位就不能存起来，当然也有例外，如水电是有可能实现储存的。由于服务难以储存，因此供求平衡即产能管理容易出现问题。对此有一些解决办法。可以通过定价来缓解需求波动，例如在低峰时提供折扣。在可能的情况下，可以在峰值时通过雇用兼职员工或外包来实现产能的增加。在最糟糕的情况下，也可以让顾客不情愿地排队等候。
- 顾客接触。大部分顾客无缘接触到产品的生产过程，许多服务则要求运作过程与顾客之间有高度的接触，尽管接触的水平和时间各有不同。例如，医疗服务就要求与顾客有持续而频繁的接触，但金融服务只要求零星的接触。
- 地点。由于服务对顾客接触的需要以及生产和消费的几乎同时性，服务运作的地点往往比产品生产的地点更加重要。例如，餐馆、零售店和娱乐服务场所都倾向于接近顾客。相反，制造类产品往往在不同的地点生产和消费。基于以上原因，制造类产品的市场往往更加具有竞争性和全球性，许多个人和企业服务则更加本地化且竞争力较弱。例如，在发达国家中只有大约10%的服务可进行国际交易。

在设计和管理新服务开发的结构和流程时，服务的特点应当被充分考虑，而有些研究发现新产品可能需要调适，也可能根本不适用。由于服务运作的多样性，我们需要为不同类型的服务情境专门设计组织和管理过程。

实践中，大部分运作产出的都是产品和服务的结合，因而可以将任何运作在一端是“纯”产品而另一端是“纯”服务的连续体中进行定位。例如，餐馆或零售店都提供实际的产品，但大部分情况下所提供的服务也同样重要。如今许多制造商提供售后服务和顾客支持。

然而，对产品和服务的区分仍然很重要，因为两者特性的差异对创新的管理和组织提出了不同的要求。或许可以将任何业务或运作的目的看成是提供一些价值，有些是有形的，有些是无形的，据此决定所要生产的产品和服务的适当组合。

服务业包括各种不同的运作，如清洁工提供的低技能的个人服务，店主提供的高技能的个人服务，律师和银行家提供的企业服务，以及交通、电信和公共行政部门提供的大众消费服务，等等。可以用来细分服务的重要维度包括运作的劳动密集度——劳动成本与设备成本的比值，以及定制程度或与顾客的互动程度。[55]

为了识别服务创新者的共同特点，我们在 PIMS 数据库中研究了超过 100 家服务企业，并选出了其中新服务的持续收益最高的企业（见表 10-3）。

表 10-3 服务业中高度创新企业的特点

业务描述	低度创新的企业	高度创新的企业
创新成果		
● 3 年内新引入的服务的销售额（%）	<1%	17%
● 新服务 vs. 竞争者（%）	>0%	5%
顾客基础		
● 聚焦关键顾客	一般	高
● 相对顾客基础	与竞争者相似	比竞争者更甚

续表

业务描述	低度创新的企业	高度创新的企业
价值链		
● 聚焦关键供应商	一般	高/战略性
● 附加值/销售额（%）	72%	60%
● 新增运营成本/销售额	36%	25
● 垂直整合 vs. 竞争者	相同或更多	相同或更少
创新投入		
● 研发什么	销售额的0.1%	销售额的0.7%
● 如何研发	销售额的0.1%	销售额的0.5%
● 固定资产/销售额	年增长10%	年增长>20%
● 日常管理费用/销售额（%）	8%	11%
创新情境		
● 近期技术变革	20%	40%
● 市场进入时机	>1年	<1年
竞争		
● 竞争者进入	10%	40%
● 进口/出口 vs. 市场	2%	12%
产品质量		
● 相对质量 vs. 竞争者	不断下降	不断提高
● 性价比	低于竞争者	高于竞争者
产出		
● 实际销售额	9%	15%

资料来源：Clayton，T.，in Tidd，J. and F. M. Hull eds，*Service innovation*：*Organizational responses to technological opportunities and market imperatives*. 2003，London：Imperial College Press. Reproduced with permission.

结果并不令人惊奇，高度创新的企业在研发上投入更多，以改变它们为顾客提供的服务内容，以及交付服务的方式。此外，它们还常常通过对固定资产的投资来进行技术变革。它们往往在不到一年的时间里向市场引入一种新的服务概念。竞争也是一个重要因素。最具创新力的公司非常有可能遇到重要的新竞争者进入其所在市场的情况。它们也更可能在一个开放的市场中竞争，其中国际贸易（无论进口还是出口）发挥着重要作用。

数据还表明，聚焦是能区别服务的创新水平高低的重要因素。首先，新服务水平高的公司倾向于避免使其顾客基础复杂化。通常，较少的关键顾客细分在其总收入中占据了较大比重。这表明顾客基础的复杂性对于服务业的有效创新是一个障碍。这种“聚焦”服务战略由20世纪90年代中期开始兴起的“不摆架子”的航空服务得到了完美的诠释，西南航空、瑞安航空以及易捷航空就是很好的例子。其次，对采购和服务配送流程的聚焦也是获得更高的创新绩效的辅助因素。高度创新的企业倾向于选择少数规模较大的供应商，并较少有垂直整合的情况，因而在整个价值链上聚焦于较少的内部流程。

然而，说服顾客以高价购买新服务是很难的。许多“创新赢家”都采用平价定价政策，并以其服务优势来实现利润增长，而不是榨取短期高额利润。它们的实际销售额增长明显更快，一般来说，它们在目标市场上的份额的增长也比其直接竞争者和非创新者要快，此外它们的资本回报率和资产回报率都不断提高。

研究札记10.9中的四种组织结构都对绩效有一种或多种显著影响。每一种都有广泛的实践基础，至少在利基市场中可行有效。顾客项目导向型通过聚焦于顾客要求和项目管理，缩短了进入市场的时间，提高了服务交付的质量；机械定制型通过设定标准和增加供应商与顾客的参与降低了成本；混合知识分享型通过促进团队合作和知识分享实现了创新和效率的组合优化；整合创新型则在群件及其他工具和技术的支持下以跨职能团队工作来提高创新水平和质量，尽管这种协调性的提高牺牲了服务开发的时间和成本。

研究札记 10.9　　创新的服务型组织的类型

我们通过一系列调查、采访和研讨会研究了 100 多个服务型组织，目标是识别服务策略、服务开发过程、组织、技术等因素与绩效之间的关系。我们发现了四种不同的模式或组合，它们有不同的优势。

1. 顾客项目导向型

项目领导者在初期就组织每个人参与并减少任务交接环节，这是并行产品开发的精髓。结构化的流程，例如质量功能展开（QFD）被用来识别和影响顾客要求。流程被绘制出来并得到持续改善。开发系统通过倾听顾客的心声和顾客的早期参与来满足需求。这种结构在组织上很强，但在工具/技术上较弱，比如知识或技术水平不高。然而，项目管理的艺术和技能，有点像制成品行业的批量生产，能够以强大而灵活的授权来控制开发和为目标顾客提供服务。它可以实现高水平的服务交付、及时的市场投放和成本控制。这些对绩效的影响与基于项目的系统内在的灵活性是一致的，并且在动态环境中也有效。

许多咨询公司和基于技术的公司都符合上述特点。例如，Arup 是一家国际工程咨询公司，提供计划、设计、工程和项目管理服务。其业务要求在客户和法规所规定的时间期限内完成创新方案。公司构建了广泛的知识管理计划来鼓励项目之间技术诀窍和经验的分享。这些计划包括组织流程和机制方面的，例如跨职能沟通会议和技能网络，也包括基于技术的方法，例如项目数据库和专家内网系统。如今，前者比后者取得了更大的成功。这可能是由于编码隐性知识难度大。隐性知识难以实现电子化的存储和检索，而且每个项目独特的环境条件限制了标准化知识和经验的反复利用。

2. 机械定制型

这是通过外部顾客参与对产品开发和交付流程的决策而形成的。标准化是控制内外部关系的一个关键因素，而电子化连接被用来与顾客和供应商交流数据。为项目和产品设定标准是流程控制的关键方法，顾客根据他们自身的要求来帮助设定这些标准。与顾客的电子信息交换提供了根据市场需要进行常规性调整的能力。此外，这种类型还对产品创新和产品质量有显著的积极影响，在这两种情况下其中心都是外部的顾客。

例如，在英国天然气集团公司（British Gas Trading，BGT），标准化的文书和流程被用作一种管理控制工具，然而存在许多不同类型的合同。在 BGT 内部，有正式的评估项目财务绩效的流程，并且对所有达到某个门槛的项目都要求业务负责人在项目完成后 3 个月内提交一份完成报告。一个项目完成的标志是：所有实际工作都落实到位，所有与工作有关的费用都已支付，并且所有价值都已实现。

3. 混合知识分享型

在这种类型的组织中，人们组成小组，交叉培训，相互奖赏以强化其团队身份。电子工具被分配到所有小组，小组成员可以绘出流程，分享最佳实践，在线交流经验教训。小组系统通常相当独立，可能导致这类公司更倾向于重视知识及其作用和分享，以实现一个平衡的绩效优势组合。这种类型在组织、工具以及系统整合上都很强，但缺少正式的流程。它对工具的使用弥补了缺少流程的不足，这些工具都聚焦于知识管理，例如分布式数据库、流程绘图模板等。它在一定程度上代表了混合系统，可以同时实现不同类型的绩效优势，但并不是在任何情况下都是最优的，而且与产品创新和质量、市场投放时机和服务交付的关联较弱。这种混合知识分享型的结构使得相对独立的一群人作为准专业人员成为开发和交付产品的专家。这种组织类型通过弱化官僚等级制实现了编码知识的一些优势，这与人们所认为的大多数服务创新要比传统产品开发有更多的知识分享是一致的。

CWGM（Cable & Wireless Global Markets）是英国电信专业公司大东电报局（Cable & Wireless）的一个子公司，是系统集成的服务提供商。它为跨国公司设计、整合和运作电信网络。CWGM公司的成立是为了处理越来越多的非标准化的高度复杂的外包项目。母公司开发的通用流程和标准对这种业务不适用。与适用于更简单的管理网络服务的正式的业务流程和矩阵结构不同，CWGM采用了更加灵活的团队方法（包括设立一个“战争室”）来建立关系，促进团队成员和顾客之间的交流。通过这种方式，团队可以更容易地与顾客配合开发出创新的标准化产品和定制化应用的服务包，从而达到外包服务协议的要求。

4. 整合创新型

整合创新型组织的特点体现在扁平化结构中位于同一办公地点的跨职能团队上。不管是面对面交流还是通过电子邮件交流，沟通都是开放式的，不会受到等级的影响。其技术基础在于对专家系统和管理信息系统的利用。在整个价值链中，工作责任共同分担，工作中相互合作。这种有机的设计有许多利于创造和创新的优点。跨职能、物理空间上的接近为密切沟通带来了便利条件。跨职能合作是将不同专家安排到同一个项目一起工作。许多公司已经将其作为一种改善产品开发过程的策略。不同职能的协作通常会给复杂的设计问题提供更好的解决方案。由于物理空间上接近，项目团队成员聚集在一起可促进交流。相应地，这种类型在创新方面远优于其他结构，但其他绩效都是最低的。

例如，在英国广播公司，根据其战略的特点，速度与及时性是流程的关键。流程是高度时间驱动的，可以用时间线来表示。流程界定了一系列明确的步骤，从最初收到项目大纲，到最后高层管理委员会的审批。英国广播公司在流程分析中将财务指标与以往成功的节目做比较。一个节目的质量取决于相关个人和部门定期提供的所需信息，以及稳健的投资回报分析和销售预测。然而，这个流程要能够对突然产生的业务需要作出响应。例如，如果出现了新的节目开发方式（定制视频、宽带视频），这些新媒体就可以被存档备案。在遇到突发事件需要紧急批准时，人们会利用非正式关系来缩短时间，这就要求灵活运用人际网络。

在这些不同的服务组织中，没有哪一种在任何情况下都是最优的。在不同的情况下，最适用的组织结构也是不同的。整合创新型最具创新性；机械定制型的成本最低；混合知识分享型的整体绩效最高；顾客项目导向型的服务交付效果最好。

资料来源：Tidd，J. and F. M. Hull，Managing service innovation：the need for selectivity rather than “best-practice”. *New Technology*，*Work and Employment*，2006. 21（2），139-61；Tidd，J. and F. M. Hull，*Service Innovation*：*Organizational Responses to Technological Opportunities and Market Imperatives*. 2003，London：Imperial College Press. Reproduced with permission.

对实践的检验表明，四种组织结构都提供了一些相同的要素，包括：

- 将人们聚集在一起的组织模式；
- 控制机制，要么是非人性化的（标准、文书、通用软件），要么是人性化的（同一办公场所的团队）；
- 共享的知识和技术信息库；
- 外部联系，例如顾客、合作伙伴和供应商。

在绩效方面，创新和质量可以通过跨职能团队和信息共享来改善，也可以通过顾客和供应商的参与来提高，还可以通过鼓励团队协作来改进。服务交付则通过顾客聚焦和项目管理，以及团队中的知识分享和协作而得到改善。市场进入时间可以通过知识分享和协作、顾客聚焦和项目组来缩短，但跨职能团队会延长这个过程。成本的降低可通过为项目和产品设定标准，以及顾客和供应商的参与来实现，但使用跨职能团队会增加成本。尽管单个实践活动对绩效也会有显著影响（见图 10 - 12），但很明显，在具体的情境下，诸多实践的结合和它们之间的互动创造了卓越的绩效。

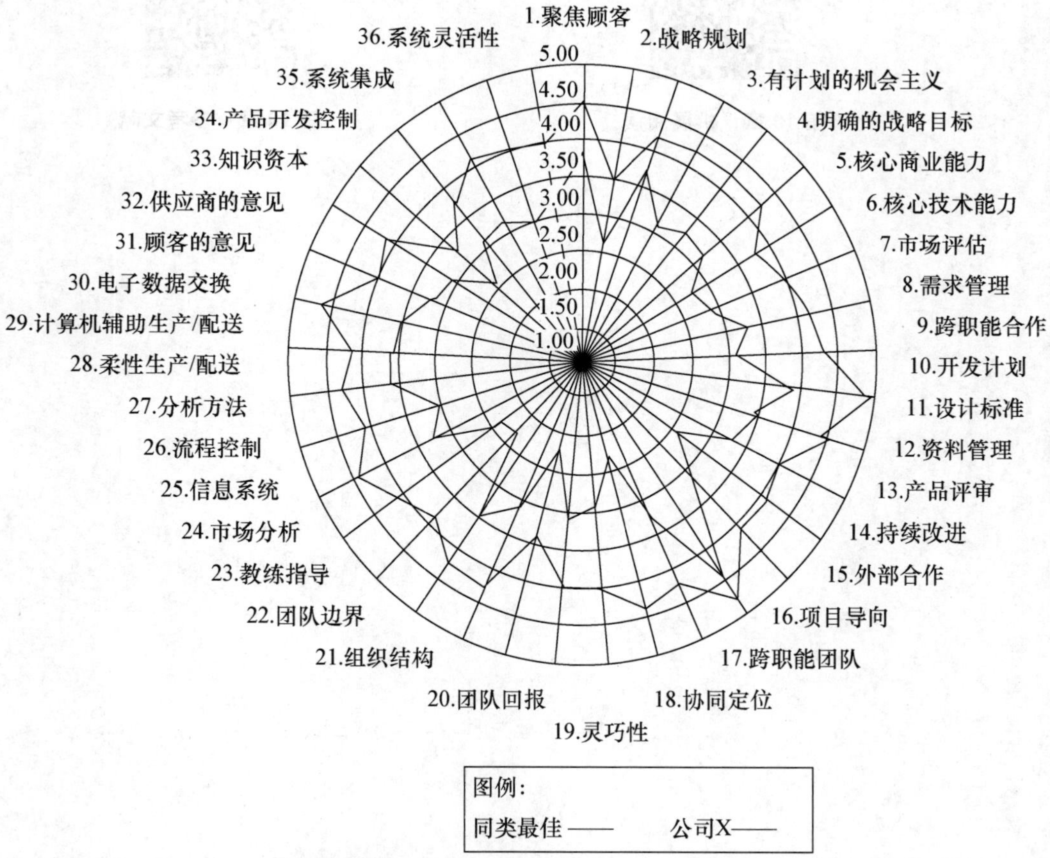

图 10 - 12 影响新服务开发的有效性的因素

资料来源：From Tidd，J. and F. M Hull，*Managing service innovation：the need for selectivity rather than "best practice"*，*New Technology*，*Work and Employment*，2006. 21 (2)，139-61.

小　结

通过大量关于新产品和服务开发主题的研究，我们现在非常确定哪些因素有效。没有人能保证采纳本章的建议就能创造出轰动一时的产品、服务或业务，但如果这些元素管理得不好，成功的机会就会大大降低。这并不意味着要阻止实验和冒险，而是要为有证据的实践提供基础。研究表明，一系列因素会影响潜在新产品或服务的成功：

- 有些因素与产品相关，例如产品优势、明确的目标市场和对产品的前期开发活动的关注。
- 其他因素更多地与组织背景和过程相关，例如高级管理层的支持、标准程序和外部知识的使用。
- 新产品和服务开发的正式流程应该由不同的阶段组成，如概念开发、业务案例、产品开发、试点和商业化，由不同的决策点或门分隔开，这些分隔点具有明确的标准，如产品契合度、产品优势等。
- 流程的不同阶段需要不同的标准及不同的工具和方法，在概念阶段有用的工具和方法包括细分、实验、焦点小组和客户合作；在开发阶段，有用的工具包括原型设计、生产设计和质量功能展开。
- 服务和产品在许多方面是不同的，尤其是无形性和感知利益，因此需要对新产品开发的标准模型和惯例进行调整。

第10章　扩展阅读

第10章　参考文献

第 11 章
探索开放式创新与合作
Exploiting Open Innovation and Collaboration

在第 10 章里，我们考察了基于第 4 章中发现的战略和能力，在公司环境中开发新产品和服务的必要过程。在本章中，我们将会探讨：在开放式创新的环境下，公司怎样利用自己与供应商、用户和合伙人的外部关系来开发新的技术、产品，开展新的业务。具体而言，我们将讨论一系列外部参与者在新技术、新产品、新业务的创造和执行过程中的作用以及管理方式。具体涉及：合资企业和联盟、合作的形式与模式、技术和组织的影响、与供应商合作创新、用户主导的创新、极端用户、开放式创新的优点与局限。

11.1 合资企业和联盟

几乎所有的创新都需要某种形式的合作——无论在开发阶段还是在商业化阶段，但是失败率很高。在第 7 章，我们讨论了创新网络的重要作用，本节将讨论双边合作或合资企业的更具体的问题。我们将讨论在新技术和新产品开发以及新公司创办过程中协作的作用，特别是以下几方面的问题：

- 企业为何合作？
- 不同环境下最适合采用的合作形式分别是什么？
- 技术因素和市场因素如何影响联盟的结构？
- 什么样的组织和管理因素会影响联盟的成败？
- 一个公司如何利用联盟来学习新技术和市场能力？

为何合作?

公司之间合作有许多可能的原因：

- 降低技术开发或市场进入的成本；
- 降低开发或市场进入的风险；
- 实现生产制造的规模经济；
- 缩短产品开发和商业化的周期；
- 促进分享学习。

就具体情况来说，一个公司可能有多个动机去建立合作联盟。然而，为便于分析，不妨将合作的原因归类为技术方面、市场方面和组织方面的动因（见图 11-1）。技术原因包括成本、时间和开发的复杂性。在当前竞争激烈的商业环境中，研发职能部门与公司的其他职能部门一样，不得不实现更高的财务效率，并且要批判性地检验内部开发是不是最有效率的途径。此外，人们越来越认识到一个公司的外围技术可能是另一个公司的核心业务，因而将这样的技术外包往往更加合理，因为这样可以避免相应的风险、成本，最重要的是节省内部开发的时间。

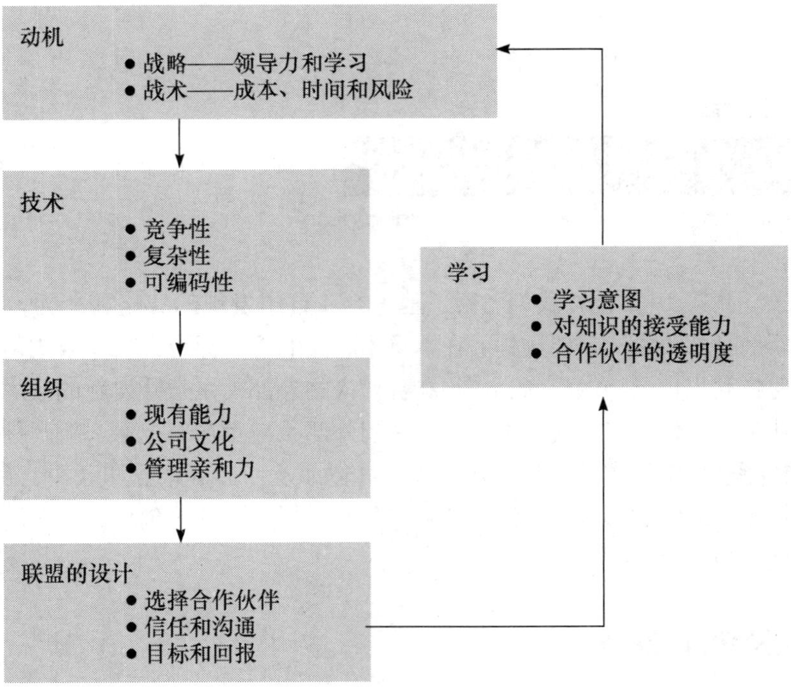

图 11-1　一个协作创新模型

技术变革迅速，许多技术日趋复杂，很少有公司能够在每一个潜在相关的技术领域维持内部的专业能力。许多产品的演变结合了越来越多的技术，例如汽车现在引入了许多计算机软硬件来监控引擎、传动装置、刹车和悬挂系统。大多数研发经理和产品经理认识到，无论多大规模的公司，都不可能作为技术孤岛而生存下去。例如，在开发捷豹 XK 车型时，福特公司与日本的电装公司（Nippondenso）合作开发了引擎管理系统，与德国的 ZF 公司合作开发了传动和控制系统。此外，外部技术源作为提供新兴或迅速发展的科技领域的进展的信息窗口，越来越受到重视，特别是当研发来自公司传统业务领域之外或海外业务时。

当决定自主研发或购买一项技术时，需要考虑两个因素：交易成本和战略意义。[1]交易成本分析聚焦于组织效率，特别是市场交易涉及很高的不确定性时的影响。风险可以估计，也可以以概率分布的形式界定；然而不确定性不同于风险，不确定性是指未知的结果。对于涉及技术创新的项目，不确定性主要与项目完成进度、性能和竞争对手先进入等有关。而对于涉及市场进入的项目，不确定性主要与缺少相关的地理知识或产品市场知识有关。在这种情况下，公司往往宁可牺牲高财务回报，以力求减少不确定性。

然而，技术知识或市场知识的卖方可能会采取机会主义的行为。这里的机会主义行为指的是以高价格出售低水平的技术等。通常，潜在技术源越少，买方的议价能力越弱，交易成本就越高。此外，在技术很复杂的情况下，很难评估其性能表现。因而当一项技术的潜在买家对于技术本身所知甚少时，交易成本会更高。技术购买不同于生产或维护这类常规任务的转包，因为很难通过合同具体指定交付内容。[2]

其结果就是，技术购买要求买家和卖家比普通的市场交易双方有更紧密的关系，这样才能形成多种可能的购买策略和购买机制。在某种具体情况下，最理想的技术购买策略取决于技术成熟度、公司相对于竞争者的技术地位以及技术的战略意义。[3] 如果一项技术是新颖的、复杂的或稀缺的，某种形式的合作通常是必要的。相反，如果技术是成熟的、简单的或广泛可得的，那么像转包合同或特许经营等市场交易形式就更合适。然而，长期基于交易成本的比较来外包不同的技术，其累积效应可能会限制未来的技术路径选择，并削弱长期竞争力。[4]

在实践中，影响外部技术购买决策的最重要因素并不是交易成本。像竞争优势、市场扩张和扩充产品组合这样的因素更加重要。[5] 采取更具战略性的视角可以将注意力集中在长期的组织效能上，而不是仅仅关注短期效率。早期的规范的战略研究强调了技术开发对于公司和商业战略的支持作用，因而技术购买决策的步骤始于对公司优劣势的评估。更近期的基于资源的观点则强调资源积累或学习的过程。[6] 能力开发要求公司有明显的政策或意图把合作作为学习的机会，而不是仅仅为了控制成本。这表明对外部技术的购买应被当作内部研发的一种补充，而不是一种替代。事实上，技术购买的策略有助于实现日益复杂的技术的多元化。[7]

无论是交易成本还是战略行为，都不能单独全面地解释现实，在某种程度上，这两者是互补的。例如，对高层管理者的一项调查发现，在评估技术合作时他们考虑的最重要的两个问题是技术的战略意义和降低开发风险的可能性。[8] 所以，战略因素和交易成本因素都很重要。战略思考会明确哪些技术应当内部开发，交易成本会影响如何获得其他所需的技术。公司在购买外部技术时会试图降低交易成本，具体表现为，比起其他技术来源，它们更偏向于选择现有的交易伙伴。[9] 简言之，为了实现成功的技术购买，选择合适的交易对象可能和寻找最好的技术同样重要。与熟悉的公司打交道对于双方来说都意味着更低的交易成本：它们更可能有某种程度的相互信任、相互分享的技术和商业信息以及个人层面的社会关系。研究札记 11.1 比较了创新型合作的正式治理与关系治理。

研究札记 11.1　　创新型合作的正式治理与关系治理

关于创新型合作的研究将治理机制分为正式治理机制（比如政策和合同）以及关系治理机制（比如文化、沟通和信任）。然而在实际中，根据合作伙伴目标的一致性和绩效模糊性，这些正式治理和关系治理模式会产生不同的相互影响。

一项对 289 家公司的调查发现：目标的不一致性和绩效的模糊性越高，合同的复杂程度也会越高，进而影响合作契约中的主导文化。合同模糊性的增加促进了更多的科层制和市场伙伴关系文化，但抑制了宗族文化。合同的复杂程度则和宽松灵活的文化发展呈负相关关系。

该研究展现了目标的一致性和绩效的模糊性通过合同复杂程度的中介作用，对创新型合作文化的影响。

资料来源：Schweitzer J., How contracts and culture mediate joint transactions of innovation partnerships. *International Journal of Innovation Management*, 2016. 20 (1).

人们愈发认识到，接触外部技术源可以给组织带来更多好处，例如，为内部研发提供“同行评议”从而减少“排外主义”的影响，或者以新想法和不同视角质疑和挑战内部研究者。此外，许多管理人员认识到某种类型的外部开发技术具有战术价值，其中一些越来越被视为获取顾客或政府好感的方式，被作为推广统一的行业标准的方式，以及影响行业法律法规的手段。

曼彻斯特理工大学（UMIST）调查了100多个总部设在英国的联盟，证实了市场诱导动因对于战略协作的相对重要性（见表11-1）。特别地，产品开发合作的最常见的理由是为了响应顾客和市场需求的变化。然而，这些数据仅仅说明了合作的动机而不是结果。该研究发现，尽管许多公司成立战略联盟以试图降低研发的成本和风险，缩短研发周期，但它们未必从这种合作关系中真正得到了好处。事实上，研究的结论是，大约半数被访者认为合作使得开发更加复杂而且费用更高。然而，还是要将所得利益与合作目标联系起来看。例如，专门为了降低研发成本或缩短研发时间而建立联盟的公司通常可以实现这个目标，为了其他目的而建立联盟的公司则更可能抱怨这种合作会导致开发成本和时间的增加。研究还发现了一些与战略合作相联系的潜在风险：

- 信息泄露；
- 丧失控制权或所有权；
- 目标分歧，导致冲突。

表11-1 合作的动机

	均值（$n=106$）
为了响应关键顾客的需要	4.1
为了响应市场需要	4.1
为了回应技术变革	3.8
为了降低研发风险	3.8
为了拓宽产品线	3.7
为了降低研发成本	3.7
为了加快进入市场的速度	3.6
为了回应竞争者	3.5
为了回应管理层的提议	3.3
为了在产品开发中更具创新性	3.3

说明：1＝低，5＝高。
资料来源：Littler，D. A.，*Risks and rewards of collaboration*. 1993，UMIST，Manchester.

大约1/3的被访者表示曾经遇到此类问题。信息泄露是与潜在竞争者合作时出现的最严重的问题，因为合资企业和其他企业很难完全区分开，因此不可能避免合作伙伴通过一定渠道获得额外的知识和技能。这些额外的信息可能是市场情报，也可能是更加隐性的知识或技能。其结果就是一家公司可能会失去对合资企业的控制，并导致合作伙伴之间的冲突。

一项对约200家公司关于技术是自主研发还是购买的决策的研究得出结论：来自外部的产品和流程技术常常带来立竿见影的效果，如更低的成本或在更短时间内将产品推向市场，但长期来看不利于公司产品的差异化，以及公司在市场上确立或维持定位优势。[10]相反，成功的成本领先战略或差异化战略（波特战略模型的两极，参见第 4 章）都是基于内部的流程技术或产品技术开发的。然而，在高度动态的环境中，市场不确定性较大并且技术变革很快，这种情况下将技术外包远远好于完全依靠内部能力。

例如，在高科技行业（比如信息通信技术和生物技术行业）存在高水平的合作互动，而在较成熟的行业合作水平较低。在更高科技的行业，公司通常寻找的是互补性资源，例如，许多生物技术公司（做基础研究）和医药公司（负责临床试验、生产、营销和配送渠道）都建立了合作关系。在医药行业，由与生物技术公司之间建立的研究联盟的数量可以推测出正在开发的产品数量，根据产品数量又可以推测其用于构建销售配送渠道的推销联盟的数量。[11]在更加成熟的行业，更常见的情况是合作伙伴投入相似的资源来分担成本和风险，或者努力达到某个资源门槛或实现规模效应。在合作伙伴的选择上也有差别。更高科技行业的公司偏重于它们与同行和竞争者的横向关系，而更加成熟的行业的公司往往重视与供应商和顾客的纵向关系。[12]在公司层面，研发强度与合作倾向之间存在相关性，那些正在开发市场上的新产品的公司比那些开发对于公司而言为新产品的公司更倾向于合作。[13]这是因为更新颖的创新需要更多投入，也要求投入具有新颖性，并且面对更大的市场不确定性。

11.2 合作的形式

合资企业，无论就形式来说是不是正式的，通常都是两家或更多家公司签订合同共同开发一项新技术或一个新产品。合作协议往往聚焦于更加基本的研究问题，战略联盟则涉及一些更加贴近市场的开发项目。然而，与许多正式的合资企业不同，战略联盟通常有明确的最终目标和时间表，并且往往不会为此专门设立一个独立的公司。正式的合资企业有两种基本形式：至少两家独立组织共同设立一个新公司，其所有权通常按照所持有的股份比例分配；更简单的基于合同的合作。这两种合资企业的关键区别在于，要进行股份权益的分配，就必须成立一个独立的法律实体。这种情况下，合资企业的管理层是委派的，而其他形式的合作就不是这样。多斯和哈梅尔（Doz and Hamel）总结了战略联盟的几个动因，并建议做到以下几点[14]：

- 通过利益分享达到资源临界点；
- 利用各自的专长和资源的互补性联合进入新市场；
- 通过组织学习获得新能力。

利益联盟往往通过临时性的结盟以达到资源临界点，可以与竞争对手结盟，也可以与顾客或具有互补性技术、产品或服务的公司结盟。通过利益分享，一个公司可以与其他实力相对较弱的公司合作来挑战一个占主导优势的竞争对手。当范围或网络规模是重要因素时，这种利益合作很常见，比如在移动通信和航空领域就是如此（参见案例研究 11.1 与案例研究 11.2）。例如，空中客车公司创办的初衷是打破波音公司独霸天下的局面，Symbian 和 Linux 两个系统的开发是为了挑战微软的统治地位。对于利益联盟来说，获得更大范围的国际联系是其普遍动机。富士通利用与 ICL 的联盟进入欧洲市场，本田和 Rover 的关系也是如此。然而，利益联盟本质上是不稳定的，很可能昙花一现。一旦市场地位得以确立，其中一方就可能试图通过收购夺取控制权，如富士通和ICL，或者成为单方面的控制关系，如本田和Rover。[15]

案例研究 11.1

空中客车公司

空中客车公司1969年成立于法国，当时是作为德国MBB公司（现在的DASA）和法国宇航公司（Aérospatiale）的合资企业，随后西班牙的CASA公司和英国宇航公司（现在的BAe Systems）于1970年和1979年加入这个联盟。空中客车当时并不像一个公司，而是一个经济利益集团（GIE）。这是法国的一种法律实体，不需要发布其财务信息，只是其所有盈亏都由成员公司共同承担。各合作公司根据其在空中客车公司的股份比例来生产组件：法国宇航和DASA各占37.9%，BAe Systems占20%，CASA占4.2%。

在当时的民航飞机国际市场上，美国的波音公司一枝独秀。1984年，它已经在机身制造市场上占据40%的市场份额。机身开发的成本和风险增加导致了行业内的一系列企业合并，形成了若干合资企业。此外，由于引擎技术的快速改进，产品开发周期缩短。诸多合作方发现了一个高容量、中短程客机的市场空白，因为超过70%的航空交通流量集中在不超过4 600公里的航线上。于是在1969年它们构想出了空中客车A300。A300本质上是法国和德国合作方相互妥协的结果——前者坚持要在法国完成最终装配，后者则要求获得法国方面的技术。第一架A300在1974年投入运行，之后又成功开发了一系列衍生产品如A310和A320。英国在随后的项目中扮演了主导角色，向合资企业注入了其资本和技术方面的专业资源。从那之后，空中客车以高度创新著称。它引入了电脑控制飞行技术，为所有飞机采用统一的平台和控制系统以降低机组培训和飞机维护的成本。2000年，空中客车宣布要开发双层巨型喷气式飞机A380，可容纳555名乘客，预计开发成本为120亿美元。空中客车估计全球市场可容下1 163架超大型客机，此外还可以有372架运输机，因而只要卖出250架A380就可以实现盈亏平衡。这将对由波音继续主宰的市场发起挑战。（然而，波音认为超大型客机的市场只能容下320架，并且认为航空业的未来制高点在于小型飞机的点对点飞行；而空中客车认为轴辐式空运市场将会有巨大增长，需要大型飞机往返于枢纽之间。）第一架A380于2007年先后在新加坡航空和阿联酋航空投入运营。在2016年之前，空中客车公司飞机的年销售量就已超过了1 000架，全球市场占有率高达57%，并且拥有价值达到1万亿美元的订单，相当于公司十年的生产量。

1999年DASA、Aérospatiale和CASA合并组建欧洲航空防务与航天集团（European Aeronautic Defence and Space Company，EADS），这使得BAe Systems公司成为空中客车联盟的唯一的非EADS成员。集团计划从欠灵活的GIE结构变成公司，这样可以实现生产运营流程的合理化精简——目前的生产运营在地理上分散于英国、法国、德国和西班牙。此外，变成公司形式还有助于实现财务透明，控制成本。而先前的模式曾招致一些顾客对服务支持的不满，因为空中客车不得不把这些工作推给相应的成员公司。

空中客车的例子充分展示了合资企业的复杂性。合作的首要动机是分担开发的高成本和高风险。一方面，法国和德国的参与得到了政府相应的资助。这个事实没有逃过波音公司和美国政府的眼睛，美国政府通过国家防务合同向波音提供了间接补助。另一方面，几乎所有参与联盟的公司都以国家航空公司的形式占有一定的市场——尽管大约3/4的空中客车飞机最终是在成员国之外的市场上出售。此外，合资企业的成立背后也存在技术动因。例如，BAe Systems专攻机翼的开发，法国宇航负责航空电子设备，DASA开发机身，CASA开发机尾。然而，如上所述，财务、制造和营销上的诸多原因促使空中客车将运营业务整合到一家独立的公司中。

案例研究11.2

应用程序开发的生成性合作：苹果与安卓

在一个关于iPhone和安卓移动手机平台的比较案例研究中，我们评估了不同种类的供应商关系的作用，并集中研究了创新以及价值创造与获取的影响。

生成性能力的概念被引入开放式创新的研究，它指出在合作中驱动价值创造的不是开放而是生成性。这两个截然相反的案例表明，生成性和创新性可用不同的方式实现：苹果经常被（竞争对手）描述为一个专有的封闭体系——“围墙花园”，但同时拥有更完整的用户体验的优势；谷歌的安卓平台更加开放、分散，但同时被（苹果及其追随者）批评过于碎片化和不协调。

研究发现，就促进生成性合作而言，开放的程度很关键，开放性和控制也非常重要。在这两个合作创新的案例当中，创新的整体价值是由生成性而非开放性带来的。在某种程度上，控制妨碍了生成：因为应用程序软件的外部供应商必须被允许成为产品的一部分；但在其他情况下，控制能够作为供应商的工具、标准以及指导方针促进生成。与此类似的是，开放性可能促进生成也可能妨碍生成。开放性带来了新的创意和机会，但在某些情况下，战略的一致性与协调性的缺失会妨碍探索与开发，因此合伙人必须找到自己的创新方式。

然而，研究也发现，在像安卓及其开发者的开放手机联盟这类更开放式创新的环境中，供应商往往会发挥更积极的作用；而在苹果的标准合作关系中，供应商仅仅作为合同的交付者。

资料来源：Remneland-Wikhamn, B., J., Ljungberg, M. Bergquist, and J. Kuschel, Open innovation, generativity and the supplier as peer: The case of iPhone and Android. *International Journal of Innovation Management*, 2011. 15 (1), 205-30.

在利益联盟中，合作伙伴通常来自相同的行业，而专长互补的合作伙伴通常来自不同的行业。在专长互补的联盟中，合作伙伴将各自的独特能力整合起来以创造进入新市场的机会，或者追求开发新产品、创办新公司的机会。在复杂产品系统或服务方面，专长互补的合作比较常见。然而，这种合作方式也有风险。合作伙伴必须认同彼此的技术和标准。当技术是新兴的且具有不确定性，而标准尚未建立时，很有可能其中一个合作伙伴的技术会成为冗余。这对于专长互补的联盟来说有多方面意义。首先，在新兴市场的早期阶段，主导技术尚未确定，像联盟这种比较灵活的合作形式更受青睐；而在随后的阶段，当市场需求逐渐明朗，相关技术已得到更好的界定时，更加正式的合资企业就更合适。[16]其次，这使得对联盟手段的使用局限于隐性的、费用高昂又费时费力的技术开发项目。如果技术不是隐性的，那么特许方式会更经济并且风险较低，而如果技术的费用并不高昂或者不费时费力，那么可以选择内部开发。[17]

战略联盟的数量增长惊人，与此同时，更加正式的合资企业作为一种合作手段日渐衰落。在20世纪80年代中期，每年组建的新的战略联盟不到1 000个，但到2000年已经增长到每年约10 000个（基于Thomson Financial的数据）。联盟数量的增加，特别是从合资企业形式转向更加临时性的联盟的增加，有多种原因。[18]

- 速度：临时性的联盟相比于细致周详的计划。在动荡的环境中，响应速度、学习和领先时间都比对合作伙伴的周密计划、选择和培养更重要。
- 合作伙伴的匹配：网络化相比于双向匹配。出于对速度的考虑，往往从既有的伙伴网络中选择合作对象，或者根据更大市场中的企业声誉作出选择。
- 合作伙伴类型：互补性相比于熟悉程度。跨传统行业、市场和拥有交叉技术的暂时性联盟越来越常见，而不是仅仅在某个行业内部结盟。微软和乐高合作开发了基于网络的电脑游戏，德意志银行和诺基亚一起开发了移动金融服务。
- 投入：目标一致相比于信任。战略联盟关系本质上的临时性使得相互之间的投入和信任变得更加困难，联盟更多地依靠一致的、双方共同的目标。
- 聚焦：少而精的任务相比于多重角色。为了降低管理关系的复杂性，双方互动的范围往往界定得更窄，不必将更多的精力用于关系的维护，可以更加专注于任务本身。

11.3 合作的模式

对合作活动的研究因为定义和方法的差别带来了一些麻烦。对于合作的研究一般有两种途径。一种是经济学家和战略学者所偏爱的，就是基于整合的数据，检验不同部门内部和部门之间的模式。这种类型的研究深入洞悉技术和市场的特点如何影响合作活动的水平、类型和成败。另一种是基于某些具体联盟的结构化的案例，通常是针对特定行业，但有时也会有跨国研究，从而为合作关系的管理及解决其中的问题提供更深刻的见解。

那些跨行业的合资企业，在行业结构和技术特点、市场特点的共同作用下，面临不同的机会。但在某个特定的行业内，其他因素将决定某家公司的战略。在行业层面，研发强度越高，技术导向的合资企业就越多，这可能是技术竞争加剧导致的。这表明，在进入门槛高、市场增长迅速而研发支出巨大的行业里，成立技术导向的合资企业被认为是一种有效的战略。然而，在一个特定行业里，合资企业的活跃程度与资本支出或研发强度的差别无关。一项对美国的合资企业的研究发现，技术导向的联盟数量会随着公司规模变大、资本支出增加或研发强度变高而增多。[19]与之相似，营销和销售渠道导向的合资企业的数量也随着公司规模变大、资本支出增加而增多，但不受研发强度的影响。在公司层面，不同的因素更加重要。例如，小公司和大公司的动机就有很大差别。总的来说，大公司利用合资企业来获得技术，小公司则更注重获得市场知识和财务支持。

合资企业的活跃程度在化学、机械制造和电力机械等行业较高，因为公司试图以此获得外部技术支持，从而降低行业内在的技术不确定性。相反，在消费品行业，合资企业就不那么常见，因为市场地位取决于产品差异化、销售渠道和支持。如果合作的首要动机是获取互补性资产或互补性资源，那么可以预料，联盟活动会主要集中在这样的行业——其中的公司对彼此的技术或市场不够了解。[20] 相似的是，合资企业更多地出现在相同行业中业务相关性不大的公司之间，而这类旨在相互学习的联盟往往短暂存在。针对软件和自动化等高科技行业内的联盟的调查证实了最普遍的动机是获得技术。获得市场则是计算机、微电子和电子消费品行业与通信行业合作的常见动机。

然而，这些数据需要谨慎对待，因为许多情况下合作伙伴之间以市场渠道换取销售渠道，反之亦然。例如，日本公司很少出售技术，但经常会用技术换取市场渠道。相反，欧洲公司普遍采用市场渠道换取技术。[21] 采用这种方式，公司可避免因缺少相关知识而为市场或技术支付高额的溢价。

按照地区分析联盟则提供了进一步的解释。不同贸易区内部和贸易区之间的模式完全不同。美国公司之间的联盟似乎在所有领域都很常见。欧洲公司之间的联盟则集中于软件开发和通信业，在自动化、微电子和计算机行业的合作活动相对少得多。日本公司之间的联盟则远比预想的要少。这可能反映了数据库存在的弱点，但更可能揭示出战略联盟的逻辑。组建国际联盟的最常见理由是获取市场渠道，而组建区域内联盟的最常见原因是获取技术。

三个贸易区之间的合作模式也支持这一论点。研究数据并未显示技术转移的方向，但对于国家优势和劣势的了解有助于对此进行一些分析。美国和欧洲的公司的联盟在所有领域都很突出。美国和日本的公司只在计算机和微电子领域开展联盟合作，据推测，大概前者是由美国主导，后者由日本主导。日本和欧洲的公司的合作相对较少，或许反映了欧洲电子行业的弱势。

考虑到管理和组织的问题、机会主义行为的可能性以及联盟相当有限的成功率，可以预料，随着公司在此类问题上积累经验，联盟的数量会有所下降。然而，根据合作协议和技术指标（Cooperative Agreements and Technology Indicators，CATI）数据库，技术联盟的数量在 1990—2000 年从不足 300 个增加到 500 个以上。从近几年的情况中可以看出一些明显的趋势（见图 11 - 2）。

整体上来说，联盟的数量不断增长，以不同行业的几个公司作为节点构成的合作网络也日趋稳定。这些网络不一定是封闭式的，但都代表了这些行业中的大型领先公司的动态合作模式。作为网络节点的公司相对稳定，它们的合作伙伴则不断变化。与全球化趋势相反，国内联盟的数量事实上比国际联盟的数量增长更迅速。在 1976—2000 年的所有新协议中，国际合作的比例从 80％下降到 50％。这个趋势在美国尤其明显。不同经济部门各有其模式。在高科技领域（如医药、生物技术和信息通信技术领域），大多数合作活动局限在三角区内，在欧洲、日本和北美地区，只有宇航和国防领域未局限在三角区内。相反，在化工、汽车行业，大部分活动是跨三角区的。这表明与国内公司合作的主要动因是获取技术，而在跨边境联盟中获得市场更加重要。这种区域内高科技领域合作相对集中的现象对于某些区域来说似乎带来了更多问题。例如，对于欧洲电子公司的研究发现，欧洲内部的研发协议对专利申请没有什么用，即使是欧盟资助也无济于事。然而，与欧盟以外的公司的研发合作对专利活动有积极影响，这里主要指与美国伙伴的合作。[22]

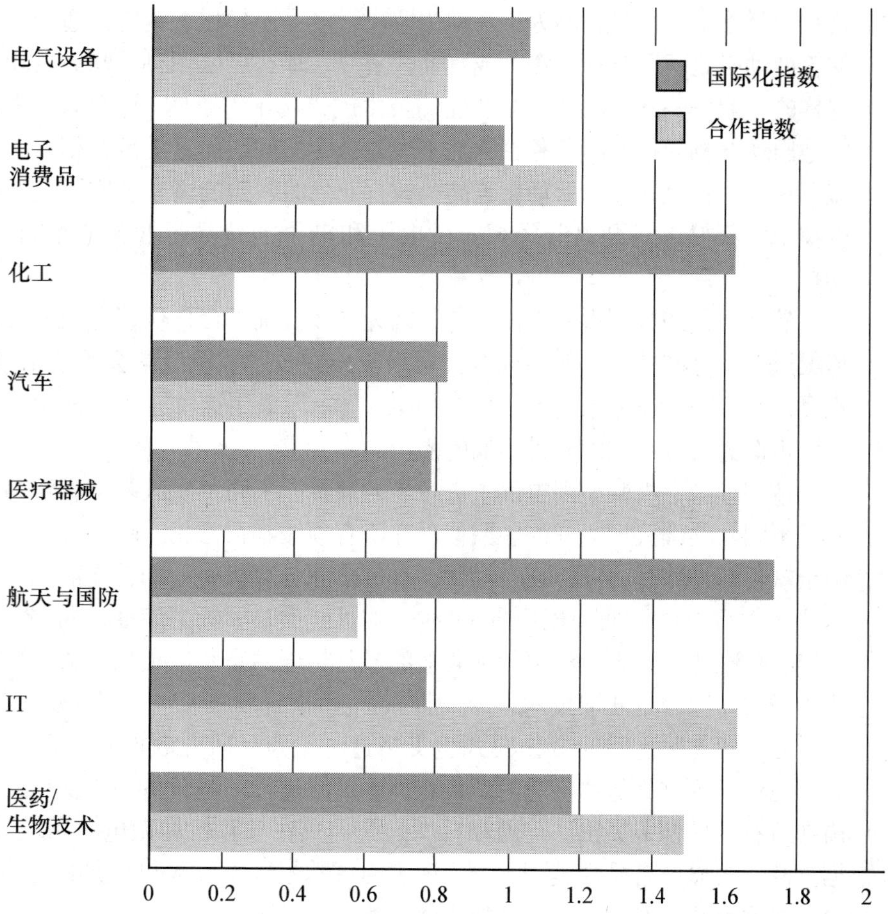

图 11-2　不同行业和区域的协作

说明：指数 1 为 1990—1998 年行业平均值。
资料来源：Derived from Hagedoorn，J. Inter-firm R&D partnerships. *Research Policy*，2002. 31，477-92.

来自 MERIT-CATI 数据库的最新数据表明，某些形式灵活的合作（如战略联盟）比合资企业这样更加正式的合作更受欢迎。1970 年，超过 90%的合作形式都是正式的股份制合资企业，这个数字在 20 世纪 80 年代中期下降到 50%，如今只有 10%。这是公司在合资企业和某种更加临时性的联盟之间取舍的结果。这个趋势在高科技产业尤其显著，因为公司都喜欢在转换技术方面保持一定的灵活性。医药（包括生物技术）和信息通信技术两个产业中的合作加起来几乎占 80 年代中期以来技术合作增长的 80%。另一些合作最为普遍的领域是航天、仪表测试与医疗器械，但航天与国防工业的合作有所下降。在中等技术水平的产业，例如化工、汽车和电子产品，同期的合作几乎没有明显增长。

11.4　技术和组织的影响

我们研究了 23 家英国公司和 15 家日本公司如何获取外部技术，并识别了每种特定方法最常用的条件。[23]有两个维度影响公司对获取技术的态度：技术的特点，以及组织的“遗传”。表 11-2 中的八个因素共同决定了公司的知识获取策略。相关的技术特点包括：

- 技术对竞争的影响；
- 技术的复杂性；
- 技术的可编码性，或者说技术是否容易编译；
- 潜在信誉，或者技术背后的政治势力。

表 11-2　影响购买机制的技术和组织因素

组织和技术因素	购买机制（首选/备选）	决策依据
Ⅰ. 组织的特点		
公司策略：		
领导者	内部研发/股份持有	差异化、先行者、私有技术
追随者	特许/顾客和供应商/合同	低成本模仿
与能力的匹配：		
强	内部研发	利用能力的方法
弱	合同/特许/协议合作	获得外部技术
公司文化：		
专注于外部	多样化	采购的成本效益
专注于内部	内部构建/合资企业	学习
对新技术的亲和度：		
高	内部公司/大学	高风险、可能的高回报
低	特许/顾客和供应商/协议合作	最低风险选项
Ⅱ. 技术的特点		
基础	特许/合同/顾客/供应商	成本效益/安全可靠的来源
关键	内部研发/合资企业	竞争优势最大化
追踪	内部公司/大学	未来的定位/学习
新兴	大学/内部公司	委托
复杂性：		
高	协议合作/大学/供应商	技术知识专业化
低	内部研发/合同/供应商	劳动分工
可编码性：		
高	特许/合同/大学	来源的成本效益
低	内部研发/合资企业	学习/隐性技术知识
潜在信誉：		
高	协议合作/顾客/政府	来源的好形象
低	大学/合同/特许	来源的成本效益

资料来源：Adapted from Tidd，J. and M. Trewhella，Organizational and technological antecedents for knowledge acquisition，*R&D Management*，1997. 27（4），359-75.

一个组织的遗传包括那些至少在短期内固定的特点，因而反映了研发职能在形成其技术获取策略时的内部限制因素，包括：

- 公司战略，例如，领导者相比于追随者的战略定位；

- 能力和既有的技术知识；
- 公司文化，包括对外部技术的接受能力；
- 管理层对某个技术领域的“亲和度”。

对竞争的影响

无疑，技术对竞争的影响是公司进行技术获取决策考虑的唯一的也是最重要的因素。

追踪技术是指有潜力成为未来关键技术的技术。公司获取追踪技术的战略各有不同。例如，有些公司（如 AEA 技术公司）力图在追踪技术方面开发和保持一定水平的内部专业技术，这样当环境改变或意外出现时，它们不至于做出错误的选择。在过去，这一政策使得公司认识到有限要素分析对于其构建核心能力的重要性，以及先于其竞争者获得这项技术的必要性。其他公司（如柯达）也认识到密切关注追踪技术的开发的重要性，但它们认为大学或合资企业是最有效的方式。这类公司资助世界范围内一流大学的大量研究，并与互补性行业的公司设立了许多合资企业项目。英国的吉尼斯啤酒公司（Guinness）认为基因工程是一项追踪技术，于是调派了若干员工在一所一流大学工作了 3 年。这项计划的成果是一个新的生物产品，并受到与大学的保密协议的保护。

对既有的内部研究的扩展通常涉及大学的参与——要么让大学从事基础研究，以对技术背后的科学原理获得更深入的理解；要么让大学从事对公司现有的内部计划的投机性扩展。这些扩展具有的风险使其无法得到公司内部支持，这可能是内部资源有限导致的。例如，捷利康（Zeneca）充分利用了大学对植物分子生物学和基因克隆的基础研究。尽管这并不是核心技术，但以这种渠道接触到最先进的知识无疑对支持组织的核心农业活动有重要意义。

由大学拨款开展的研究也可以作为了解快速发展的科技领域的窗口。了解这些信息对于公司的决策很重要，特别是在决定是否将一项新技术成果化、何时实施时。例如，Azko 公司于 20 世纪 80 年代末在美国启动了一系列由大学拨款的研究项目。在头 3 年里，这些项目申请了 40 项专利。

许多公司想要从外部获取基础技术，或者通过合作获得非竞争性技术。公司认识到它们的基础技术往往是其他公司的核心能力。在这种情况下，应当采取的策略就是从外部获得基础技术的某些部分。公司可以以更低的成本提供更好的技术，这比内部来源要好得多。诸如材料测试、常规分析和计算服务都是从外部获取的技术服务。

技术的复杂性

当今的许多技术和产品在本质上都是跨学科的，这意味着在许多技术领域，任何一家公司都不可能掌握所有必要的技能。这种复杂性的增加让很多公司认识到，要想站在关键技术的前沿，不仅要善用其内部能力，而且必须懂得利用可用的外部能力。例如，随着组件技术的增加，需要获得的外部技术也更多了。在极端复杂的情况下，专家开发网络可能会出现，并服务于那些专门从事系统集成和定制以满足终端用户的公司。

大型医药公司和较小的生物技术公司之间的联盟在过去几年中引起了管理界和学

术界的注意。一方面，医药公司试图通过与专门的生物技术公司结盟，或者收购这样的公司，来扩展自身的技术能力。对每一个领先的制药公司来说，在任何时候其手中的合作项目都保持在 200 个左右，其中半数是开发新药的。另一方面，小型生物技术公司希望通过与医药公司的合作来获得资金、开发、市场营销和销售渠道方面的支持。总的来说，医药公司和生物技术公司各自利用联盟获得互补性资产，而这样的联盟对于新产品开发和公司业绩都有显著贡献。[24] 对于医药公司来说，联盟数量和市场销售之间存在显著正相关关系。对于生物技术公司来说，这种合作关系的好处就不那么明显。生物技术公司有两种发展轨迹。一种是基于生物学猜想的日益细化，另一种是基于平台技术，用于生成和扫描化合物与分子微粒，例如综合组合化学、基因库、生物信息学和蛋白质组学等技术。前一种类型的生物技术公司仍然依赖于医药公司的互补性资产，而后者似乎有能力去开发各种网络关系并从中受益。[25] 通过生物技术公司与医药公司的开发联盟的数量可以有效预测开发产品的数量（以及技术多样性），而开发产品的数量又可以用来预测市场推广联盟的数量，市场推广联盟的数量可以反映公司在市场上的产品数量。[26]

然而，不同形式的联盟会产生不同的收益。与生物技术公司之间的研究合同和技术特许会增加医药公司基于生物技术的专利数量，对生物技术公司的收购则意味着医药公司的与生物技术相关的产品数量的增加。生物技术相关产品的增加是指收购之后开发出来的那些产品，而不包括连同生物技术公司一同买进的已有产品。有趣的是，医药公司持有生物技术公司的少数股权，或者医药公司与生物技术公司创办合资企业，都会导致生物技术相关的专利和产品的数量下降。这可能是由于合资企业的组织成本很高，或者由于合资企业倾向于更复杂、更具风险的项目，而不是相对简单的技术特许或研究合同。

技术的可编码性

关于一项特定技术的知识越容易编码（即以公式、蓝图和规则的形式描述），这项技术就越容易转移，并且扩散得更快更广。那些不容易编码的知识（即隐性知识）则更难以获得，因为只有借助经验和面对面交流才能理解。如果其他条件不变，那么更应该在内部开发隐性技术。当没有强有力的知识产权（intellectual property right，IPR）或专利保护时，隐性技术可比容易编码的技术提供更持久的竞争优势来源。

例如，尽管在其他方面存在明显的弱点，许多意大利公司的设计能力还是使它们在国际上保持着竞争力。当技术容易编码时，保持竞争优势的难度很大。英国吉尼斯啤酒公司的例子突出反映了这一点。它开发了一种小的塑料充气设备，使罐装啤酒产生像桶装啤酒那样的泡沫口感。这最初给公司带来了竞争优势，创造了更多销售收入，但这个创新很快被整个行业模仿，应用于几乎每一瓶高级罐装啤酒。

潜在信誉

公司是否要获得一项技术，一个重要的影响因素是这个技术或技术来源给公司的信誉带来的影响。获得信誉是一件有特殊价值的事情。它可以来自政府、顾客、市场分析，甚至来自公司自身的高层管理者、学术机构和潜在新成员。例如，英国 Celltech公司与一家大型的美国化学制品公司的合作就提高了前者的信誉。这个合作表明该公司有能力管理一个价值数百万美元的研发项目，不仅如此，这个合作所产生的诸多专利和学术文章也提高了公司的地位。与之相似，在日本，尽管移动通信服务商DoCoMo具备开发通信设备和产品所需的技术深度和技术广度，它还是与电信服务商NTT密切合作。这背后的逻辑在于，通过这种关系影响未来的行业标准，提高其电话产品在消费者市场的信誉。因为在消费者市场中，要根据产品或服务来实现差异化越来越难。

公司战略

影响公司内部研发技术和外部获取技术之间的平衡的最重要因素之一，就是公司战略要求的是技术差异化还是技术领先（参见第4章）。例如，柯达公司区分了两种类型的技术核心能力：战略性的，例如在某些活动中公司必须成为世界领先者，因为这是极为重要的竞争优势来源；辅助性的，例如成功所需要的一些不必内部控制的技能。尽管所有的战略活动都是在内部进行，但如果整体的技术复杂性很高，公司仍然愿意从外部获取辅助性的技术。

有些公司对于技术供应市场采取干预政策，直到市场上有足够的竞争来保证以合理的价格获得持续可靠的技术源。例如，英国石油公司对外部技术源的依赖程度取决于很多因素，其中之一就是供应市场的状态。当只有几个供应商时，英国石油公司会自主研发关键技术，并转交给供应商以保证其可获得性。然而，一旦市场上出现了足够多的供应商，有了相当大的竞争，英国石油公司的政策就是不再在那个领域从事进一步的开发。实际上，英国石油公司的内部研发活动的一个目标就是“加快整个行业的创新速度”。

公司能力

一个组织的内部技术能力会影响其是否购买某项技术。当内部能力弱时，公司往往别无选择，只能从外部购买，至少在短期内如此。内部技术能力较强的公司则倾向于内部研发，以有更大的控制权。这种情况下，购买策略的主要驱动因素在于进入市场的速度。在消费品市场，产品进入市场的速度对于有些公司来说是关键成功因素。这样的公司会选择商业化速度最快的技术获取方式。当从公司内部可以得到所需的专业能力时，这种方式是更优的选择。因为这种方式能更好地控制开发过程，开发速度往往更快。然而，当缺少相应的内部能力时，外部购买就会比构建内部能力更快。例如，吉列公司发现它的一个新产品需要激光点焊技术，但公司并不具有此技术。考虑到有限的市场机会，公司不得不从外部获取这项技术。

公司文化

每个公司都有自己的文化，即“在这里做事的方式”。我们将在下一章详细讨论文化，在此关注的是对于技术获取政策起到重要作用的潜在价值观和信念。“我们最棒”的文化往往导致对外部技术开发的忽视，并限制向外部伙伴学习的机会。然而，有些公司不断强化的理念是，重要的技术开发可能出现在世界的任何角落。结果，这类公司的员工就会去寻找外部开发的线索，并赶在竞争者之前将潜在的重要技术内部化。然而，现实中很少有公司专设负责“技术搜索”的员工或职能部门。

例如，葛兰素史克总是强调，公司要避免成为自身内部专长的“俘虏”，因为这会使其活动受制于内部资源。基于这样的认识，这家公司通过将专业化的研发活动转移到海外来拓展研究能力。它宣称这样可以使其研究从不同的文化和科学方法中受益，从密切接触它所服务的不同市场中受益。本地的视角对于产品开发尤其重要，而国际网络又可以用于获得基础研究的渠道。

海外实验室的一个重要作用就是监测所在国的技术开发进展。世界范围内的本土先进技术通过网络被紧密联系起来，从而使一个地理区域的技术进步可以在整个组织内迅速传播。葛兰素史克想要保持潜在技术源的“窗口”，与世界范围内许多公司都设立了合资企业，其合作伙伴包括三菱、佳能、尼康、美能达、富士和苹果。

管理者的亲和度

管理层对某项技术的亲和度会体现在研发经理或管理团队层面，而不是组织整体层面。管理者的亲和度涉及多个方面。其中一个方面是关于管理团队对技术的熟悉程度；一个方面反映了团队对于新技术的成功抱有多大信心，这种信心可能基于某个研究小组在相关领域的成功纪录；还有一个方面是对风险的态度。[27]

在其他条件相同的情况下，公司管理者对某项技术越有亲和度，内部开发这项技术的可能性就越大。例如 AEA 技术公司的核心技术——产品延伸、环境科学、建模和土地修复处理等——都是来自其原子能行业背景。高层管理者对这些技术的亲和度使他们愿意鼓励员工积累这方面的技能，并以此为跳板实现面向新科技领域的多元化发展。

面向学习的联盟管理

我们目前的讨论中，合作是作为一种接触市场或技术知识，或者获取资产的手段。联盟也可以作为学习新的市场和技术能力的机会，换句话说，就是将合作伙伴的知识内部化。从这个角度来看，联盟的成败很难衡量。

合作在本质上是一种有风险的活动，能够实现目标的不到半数。对约 900 家合资企业的研究发现，只有 45%是各方都认为成功的。[28] 其他研究所证实的成功率低于 50%。[29]

要评估合资企业的成败是很困难的，特别是合作关系的终止并不意味着失败——也可能是由于目标已顺利实现。例如大约半数的联盟合作都在 7 年内终结，但在有些情况下这是合作伙伴的合并造成的。常见的情形是随着时间的推移，合作的目标发生改变。例如一项技术特许协议合作可能最终演变成一个合资企业。此外，即使合作失败，也会积累一定的知识或经验，这有益于合作方未来的发展。一个联盟很可能有许多不同的目标，有的是显性的，有的是隐性的，合作的产出可能在计划之中，也可能在意料之外。因此，任何一种对成功的衡量都必须是多维度且动态的，这样才能捕捉到随着时间推移而变化的不同的目标。失败的原因包括战略分歧、规程问题和文化不合。表 11 - 3 基于对 16 项研究的分析列出了联盟失败的最常见原因。这些研究在样本和方法上虽然有所不同，但 1/4 的研究中都出现了 11 个因素，这反映了一定的置信水平。

表 11-3　联盟失败的常见原因（对16项研究的回顾）

失败的原因	研究中出现该因素的百分比（$n=16$）
战略/目标分歧	50
合作问题	38
强弱关系	38
文化不合	25
信任不足	25
运营/区域重合	25
员工冲突	25
缺少投入	25
不切实际的期望/时间	25
激励不对称	13

资料来源：Derived from Duysters，G.，G. Kok and M. Vaandrager，Crafting successful strategic technology partnerships. *R&D Management*，1999. 29（4），343-351.

公司对联盟的不同期望会影响到它们对成功的评估。那些将合作开发产品看成是有具体目标的独立事件的公司，更加倾向于用项目成本、项目时间以及最终的产品性能来考察合作关系是否成功。少数公司将合作看作学习新技能和新知识并发展长期关系的机会。这种情况下对成功的界定就应更宽泛。如果学习是主要目标，那么合作伙伴就应当有互补性的技能，并且双方力量的均衡也很重要。合作伙伴的能力越相近，联盟成功的可能性就越大。两个伙伴都必须在财务、技术、产品或市场等方面对合资企业作出很多贡献。管理咨询公司麦肯锡对49个国际联盟的研究发现，在合作伙伴实力相当的联盟中，2/3是成功的。但当双方实力明显不均衡时，60%的联盟会失败。[30]因此，在正式合资企业中，所有权对等是最成功的结构——50/50对等的股权控制结构的成功率是其他形式的两倍。其原因似乎在于，这样的结构要求合作双方持续协商和沟通，而这有助于预测和解决潜在的冲突和战略分歧等问题。我们对盎格鲁-日本式合资企业的研究发现，相互合作的母公司有三个战略冲突来源：产品战略、市场战略和定价战略。这些都是以不同的战略去利用互补性资源的结果，我们称之为“互补性陷阱”。本质上来说，具有互补性资源的母公司的长期战略目标不同几乎是必然的。合资企业大多是出于弥补短期资源的目的而建立的，很少是为了实现长期战略的匹配。[31]

这表明，公司必须学会“设计”与其他公司的联盟关系，而不是仅仅追求临时性的关系。这里的设计并不是指合同中的法律和财务细节，而是指选择一个能够提供彼此所需的合作伙伴、一个相互充分了解从而能彼此信任和沟通的伙伴，将产品或市场重合等潜在冲突予以化解。合作伙伴必须明确彼此对相应贡献和收益的期望。它们应当制定并认可一份商业计划书，其中包括对可能出现的散伙情况的应对方案，同时也要有足够的灵活性，让联盟合作的目标和结构得以改进。合作伙伴的定期沟通非常重要，有助于共同面对任何问题。没有这样的明确设计，合作反而可能使产品开发成本更高、更复杂，并且难以控制（见表11-4）。因此，联盟的失败很可能是战略分歧导致的，联盟的成功却很大程度上取决于运营方面的因素和人的因素，而不是技术、市场或产品匹配等战略因素（见表 11－5）。

表 11－4　合作对于产品开发的影响

	同意/非常同意	不同意/非常不同意
使产品开发的代价更高	51	22
使产品开发变得更复杂	41	35
使开发过程更加难以控制	41	38
使开发过程更加关注供应商的需要	36	26
使开发能够更好地适应不确定性	27	43
加速产品开发进程	25	58
使开发过程更加关注顾客需要	22	50
使开发更好地响应市场机会	15	63
增加开发带来的竞争优势	12	65
促进开发中的新技术吸收	7	70

资料来源：Adapted form Bruce，M.，F. Leverick，and D. Littler，Complexities of collaborative product development. *Technovation*，1995. 15（9），535－552，with kind permission from Elsevier Science Ltd，The Boulevard，Langford Lane，Kidlington OX5 1GB，UK.

表 11－5　影响合作成败的因素

因素	被访者提到的次数（$n=106$）
建立根本原则	67
清楚界定各方认可的目标	41
清楚界定各方认可的责任范围	19
符合实际的目标	10
界定项目里程碑	11
人的因素	54
合作拥护者	22
各个层面的投入	11
高层管理者的投入	10
人际关系	10
员工水平	3
过程因素	45
频繁沟通	20
相互信任/开诚布公	17
定期的进展回顾	13
如约交付	9
灵活性	3
保障平等	42
互惠互利	22
权力/独立性上的平等	11
贡献的平等	9

续表

因素	被访者提到的次数（$n=106$）
合作伙伴的选择	39
运营的文化/模式	13
相互理解	12
力量互补	12
以往的合作经验	2

资料来源：Adapted from Bruce，M.，F. Leverick，and D. Littler，A management framework for collaborative product development. In M. Bruce and W. G. Biemans，eds，*Product Development*：*Meeting the Challenge of the Design－Marketing Interface*，1995. John Wiley & Sons，Chichester，p. 171.

最重要的运营因素是明确界定的目标和责任，最重要的人的因素是高水平的投入、沟通和信任。对135家德国公司的调查有助于我们更好地理解这些不同因素的相对重要性。[32]研究发现，公司会考虑人的因素、经济因素和技术因素，但这三组变量基本上是相互独立的。因素分析证实了人的因素比另外两个因素更加重要，特别是建立信任、非正式关系和学习这三个变量。然而，管理者往往把更多精力投入到“硬”的技术和运营问题中去，而容易忽视“软”的却更重要的人的问题。他们更专注于形成联盟，却不那么重视维持联盟。一项针对高科技公司之间联盟的研究发现，联盟第一年中超过半数的问题与关系而不是战略或运营因素有关，最普遍的就是沟通问题。沟通的质量、沟通的频率都不尽如人意，并且存在由于国家和公司文化的差异而造成的冲突。[33]研究识别出三种策略来应对文化不合造成的问题。其一，一个合作方采用另一方的文化（这在收购以外的情况中很少出现）。其二，通过对项目运营方式的设计，限制所需的文化接触的程度。其三，指派文化沟通者或联络人来识别、解读和沟通不同的文化准则。

影响联盟成败的其他因素包括[34]：

- 联盟受到有关各方的重视。
- 合作“拥护者”的存在。
- 合作方之间存在极大的信任。
- 制定清晰的项目计划，界定任务里程碑。
- 合作方之间频繁的沟通，特别是营销和技术职员之间的沟通。
- 合作方的贡献达到预期水平。
- 利益分配被认为是均等的。

当合作方可能产生机会主义行为时，相互信任明显是一个重要因素。机会主义行为包括：未能如约完成工作或泄露信息等。信任可能在个人层面存在，也可能在组织层面存在，研究者试图区分出不同层面、不同质量和不同来源的信任。[35]例如，联盟中有如下信任基础：

- 合约——遵守交易的协议或法律规则，但也表明缺少其他形式的信任；
- 善意——相互期望有合同要求之外的投入；
- 制度——基于正式结构的信任；
- 人脉——由于个人、家庭或民族宗教形成的联系；
- 能力——基于知识技能和声誉的信任；
- 投入——互利共生，追求相同的目标。

这些信任的类型并不是互斥的，尽管过度依赖于合约和制度可能反映出其他信任类型的缺失。善意通常是人脉、能力或投入的次级影响结果。在从事创新时，若信任是基于人脉而不是能力或投入，那么可能会产生问题，对此前文有过讨论。很明显，合作中的沟通和学习离不开高度的人际信任，而组织间的信任更加微妙。组织信任可以通过组织的惯例、规范和价值来界定，这些因素不会因人员变动而改变。组织学习可以通过以下方式实现：新的做事方法（运营或更低层面的学习），通过多元化学习做新的事情（战略或更高层面的学习）。组织信任必须基于长期关系，这样才能保证公平的互惠互利。因为在任何一个特定的合作项目中，合作方的利得不可能完全公平，很可能某一方获利更多。基于长期关系，组织信任可以减小机会主义行为的影响。然而，现实中这很难实现，因为合作方的联盟动机可能不同，学习速度也不尽相同。

在第 4 章我们讨论了核心能力的本质。将公司看作能力的集合而不是产品或技术的集合，这种视角暗示合作的首要目的是获取新的技能或能力，而不是获取产品或技术。因此，必须严格区分“获得合作方的技能”和“接触到相应的技能”。后者是合约、特许等形式的焦点，而要将合作伙伴的技能内化，则要求更密切、更长期的接触，例如正式的合资企业或战略联盟。

我们可以发现，三个因素对通过联盟学习产生影响：学习意图、透明度和接受能力（见表 11-6）。学习意图是指一个公司的一种倾向，将合作看作学习新技能的机会，而不是仅仅作为利用合作方资产的手段。因此，当有这种意图时，学习就是通过设计实现的，而不是仅仅像默认的那样。这比仅靠信息泄露来学习要有效得多。透明度指的是合作方之间的开放程度或“可知性”，因而也就代表着学习的潜力。接受能力或吸收能力是指一方的学习能力。很明显，一家公司可以加强学习意图，提高接受能力，同时降低自身的透明度。学习意图会影响合作伙伴的选择和合作的形式。透明度取决于社会环境的可渗透性、对外人的态度（即排他性）、技能的离散程度和可编码性。显性知识（例如设计和专利）比隐性知识更容易编码。这表明关系和谐的联盟并不一定双赢。当合作双方都试图以相同的方式从联盟关系中获取价值时——无论是获取短期经济利益还是获取长期技能，管理人员之间会因价值分享问题频繁发生争论。当合作双方目标不同时，例如一方寻求短期利益而另一方想要获得新技能，关系就会和谐得多，至少在一方不再依赖另一方之前如此。例如，当一个公司与大学或商业研究机构合作时，双方参与联盟的目标很可能非常不同，因而影响成功结果的因素也不同（见表 11-7）。

表 11-6　通过联盟学习的决定因素

	促进学习的因素
A. 学习意图	
1. 竞争姿态	当下合作，之后竞争
2. 战略意义	大，构建能力，而不仅仅是解决问题
3. 资源定位	稀缺
4. 相对权力制衡	平衡带来的不是和谐，反而是不稳定
B. 透明度或学习的潜力	

续表

	促进学习的因素
5. 社会环境	语言和文化障碍
6. 对外来者的态度	排他的，但没有“非此处发明”现象
7. 技能的性质	隐性的、系统的，而不是显性的
C. 接受或吸收能力	
8. 对能力的信心	切合实际的，既不太高也不太低
9. 技能差距	较小
10. 学习的制度化	强，知识从个体向组织转移

资料来源：Adapted from Hamel，G.，Learning in international alliances. *Strategic Management Journal*，1991. 12，91.

表 11-7 影响公司与签约研究机构合作关系成功的因素

显著性因素	对公司	对研究机构
先前的联系	显著	显著
投入	显著	显著
合作伙伴的声誉	不显著	显著
目标界定	显著	不显著
沟通	不显著	显著
冲突	显著	不显著
组织设计	不显著	不显著
地缘相近	不显著	不显著

资料来源：Derived from Mora-Valentin，E. M.，A. Montoro-Sanzhez and L. A. Guerras-Martin，Determining factors in the success of R&D cooperative agreements between firms and research organizations. *Research Policy*，2004. 33，17－40.

因此，联盟的最优结构取决于要获取的知识的性质，联盟的结果则很大程度上取决于一方学习的能力。这个能力取决于公司的技能和文化。战术性联盟对于获得可迁移的显性知识来说是最合适的，但要获得一些内嵌的隐性知识就需要更具战略性的关系。[36]旨在获得显性知识的联盟聚焦于设计、技术或产品的交易，但这种知识的性质决定了只能带来短暂的优势——因为它易于编码和流动。旨在获得嵌入知识的联盟面临更微妙的管理挑战。这时要转移的是技能和能力，而不是零散的技术知识。这要求员工与合作伙伴的成员、设备、系统和文化有直接、密切而广泛的接触。然而，一个组织的吸收能力并不是一成不变的，而是取决于与合作伙伴的知识基础、组织结构和流程等的匹配程度。组织因素包括管理正式化程度及决策与研究的集中度。[37]研究表明，联盟关系更可能在意图和目标明确的情况下创造知识，与之相反，合作项目中的个体自主权下降，也会导致知识创造水平的下降。环境扫描的运用是影响联盟中的知识创造和学习的最重要因素之一，其效果随着项目复杂度的增加而更趋明显。[38]在这样的联盟中，扫描之所以重要有两个原因：首先，需要识别环境中的相关知识；其次，要保证开发过程始终与不断变化的环境保持关联。

从个体学习和组织学习之间的联系来看，背后的关键机制是隐性知识转化成显性知识的过程。[39]通过对话、讨论、经验分享和观察的过程，个体知识得以在群体和组织层面放大，于是创造了一个不断扩大的互动社群，或称“知识网络”，它跨越组织内和组织间的层级和边界，在组织中广泛分享，并存储起来以备未来之用。因而，在组织边界内外发生的群体与不同文化的互动，是学习和创新的一个潜在来源。

组织结构和文化会决定跨组织学习的吸收能力。文化是一个很难理解和衡量的概念，但是了解这一概念有助于我们区分国家、组织、职能部门和群体的文化。[40]国家文化的差异已经在跨国联盟和跨国收购的研究中受到了大量的关注，人们普遍认为，国家文化之间的确存在差异，并且会影响学习的意图和能力。总的来说，英国、美国的公司更专注于联盟的法律和财务方面，很少有通过联盟学习的意图或能力。相反，法国、德国和日本的公司更可能利用这个机会学习。[41]暂且不论国家偏见，这种学习倾向的差异或许有一些结构性的原因。

例如，日本公司将联盟作为学习机会有历史原因。最初，西方公司都是通过联盟进入日本市场的，它们提供技术换取在日本的销售和配送渠道。这种以技术换取市场渠道的交易对双方都有利。然而，当西方公司仍保持对日本公司销售渠道的依赖时，日本公司已建立起自己的技术能力，降低了对西方公司的依赖。结果，在 20 世纪 80 年代，欧洲和美国的公司开始在很多领域失去技术领导力，不得不以本土的销售渠道换取日本市场。这时合作形式就从相对简单明确的技术特许协议或合资公司，变成了更加复杂而非正式的关系。这种关系显然更加难以驾驭。

近年来，美国和欧洲的公司开始用联盟的方式开展运营学习。运营学习使它们可以密切关注日本的竞争者在做什么以及怎样做。例如，学习日本合作伙伴如何管理生产设备、供应商或产品开发流程。这是远距离不可能做到的，必须与潜在竞争者建立密切的联盟合作。然而，懂得充分利用联盟的潜力实现战略学习——获取新技术和新市场能力，这样的西方公司真是少之又少。

许多美国和英国的公司发现很难通过联盟学习。这是由于公司专注于财务控制和短期财务利益，而忽视了长期的学习潜力。例如，公司会试图控制它们投入日方合资企业的人员的数量和水平，并将投入时间最小化。结果是几乎没有任何学习活动或组织记忆的构建。

在更低的分析层面，不同的职能群组和项目团队可能有不同的文化。例如，技术文化和营销文化的差异已被证实，这种差异构成了组织内沟通的主要障碍。[42]当这样的群组需要跨组织沟通时，出现问题的可能性就更大了。有迹象表明，员工会基于他们对公司经济利益的感知进行信息交易，但这些感知是不同的。对钢铁行业中 39 个企业联盟的管理人员的研究识别出了关于信息交易的三种行为特点：价值导向、竞争导向和复杂决策。[43]价值导向的员工会根据信息对自己公司的重要性来采取行动，与信息对合作方的潜在价值无关。竞争导向的员工仅仅根据信息对竞争者的价值而行动。复杂决策者则考虑两种因素，还会考虑信息交易的可能性。有些公司十分注重保密性，有些公司则更加开放。无疑，这些截然不同的知识分享方式会引起博弈论者的兴趣，但实证经验表明，在控制研发支出水平和专利数量的情况下，通过会议和期刊等形式与同伴和竞争者分享知识的公司，比不分享的公司有更高的创新绩效。[44]如此慷慨的行为产生了明显的回报，这是因为可以激励和聘用外部优秀的研究者作为技术领导者，从而影响产品技术轨迹并利于吸引相关的战略合作伙伴。

11.5　与供应商合作创新

联盟具有多种特征。比如，联盟可以是横向的或者是纵向的。横向的联盟关系包括交互授权、联营企业，以及在前文提到的与拥有互补的技术或市场知识的潜在竞争者合作。接下来，我们将讨论纵向的联盟关系，包括分包以及与供应商和消费者的联盟。横向联盟的首要动机是接触到互补的技术或市场知识，纵向联盟的首要动机则是降低成本。另一种对联盟进行分类的依据是它们的战略重要性或者持续的时间长短(见表11-8)。在这些项目中，合约和特许经营是更加战术性的合作方式，战略联盟、正式的合资企业以及创新网络则是更战略性、更适合学习的联盟结构。

表11-8 横向合作和纵向合作的类型

合作的类型	一般持续时间	优势（基本原理）	劣势（交易成本）
分包/供应商关系	短期	降低成本与风险、缩短生产周期	搜寻成本、产品性能及质量
特许经营	固定期限	技术获取	合同成本和约束
联营企业	中等期限	专业、标准、股权融资	知识泄露后续分化
战略联盟	灵活	低投入的市场准入	潜在的知识泄露
合资企业	长期	互补的知识、专门的管理	战略漂移与文化不匹配
网络	长期	动态，学习的潜力	静态，效率低下

非核心活动的分包或外包在近些年变得流行。一般而言，支持分包的论据是从战略重心或者“忠于本行”的角度出发的，然而在实践中，大多数分包或者外包协议是基于降低成本的潜力：如果供应商为其他公司服务的话，可能有更低的管理成本和可变成本，并且可能从规模经济中受益。

资源依赖理论和代理理论经常用于解释纵向联盟关系，并且关注在价值链中掌控核心技术的需求。对日本制造商的做法的认识使许多公司与供应商建立了更密切的关系。实际上，通过专业化和成本信息共享，公司、供应商和客户之间更密切的联系可能有助于降低部件的成本。然而，很多因素都可能减少或者抵消供应商与用户之间的紧密关系带来的好处，比如：供应商和用户的选择，它们参与的时间和方式，以及正在开发的系统的新颖性和复杂性等。[45]

和供应商的关系的质量以及供应商在开发过程中加入的时机都是关键的因素。传统上，这样的联盟关系是短期的专注于降低成本的正式合约，供应商几乎未对设计或者工程有所投入。相反，“日本式”或者“合作伙伴式”的模式是基于长期的联盟关系，供应商对新产品的开发会做出重大的贡献。后一种模式提高了成本绩效权衡的清晰度，缩短了产品上市时间，并且提高了组件技术的整合水平（见案例研究11.3）。在某些领域，特别是机床和科学设备领域，制造商和领先用户之间在新产品开发方面的合作由来已久。图11-3展现了一系列与供应商之间的潜在关系。注意在该图中，我们并没有暗示从左到右的任何趋势，而是指在不同的情况下适用不同类型的关系。我们建议根据供应需求和供应商仔细地分类，而不是简单地全盘接受时兴的方式，比如合营公司或者B2B供应内联网。

案例研究11.3

台积电公司

台积电（TSMC）于1987年在中国台湾创建，成为全球第一家专门从事半导体制造的公司。这种代工企业代表了一种全新的商业模式，因为和传统的垂直整合的制造商不同，台积电的客户是诸如美国高通公司、博通公司、英伟达这样的无晶圆厂半导体设计公司，以及英特尔等更传统的晶圆厂外包生产企业。除了英特尔和三星等规模极大的公司外，其他公司都对建造和运营制造设施的成本望而却步，尤其是在复杂逻辑应用领域。即使是美国超微半导体公司（AMD）也在 2008 年将其设计和制造业务分离。

台积电公司总部和主要的工厂位于台湾新竹，有两家全资子公司（美国的 WaferTech 和 TSMC 中国有限公司），以及一家在新加坡的合资工厂 SSMC。它的核心业务是面罩生产，晶片制造、装配与测试，同时也提供设计和原型机制造服务。2010 年，它成为半导体研发投入排名前十的企业，总支出达到 9.45 亿美元，相当于销售额的 7%，是纯晶圆代工企业中最高的。相较而言，该领域研发支出最高的是英特尔公司，为 66 亿美元（占销售额的 17%）；第二高的是三星，为 26 亿美元（占销售额的 8%）。

2011 年，台积电公司的生产量达到 1 320 万个 8 英寸晶片，公司拥有超过 450 个客户，生产了超过 8 300 件用于电脑、通信或消费类电子产品的部件。2012 年，台积电公司和苹果公司建立合作关系，为苹果下一代 iPad 和 iPhone 生产 A5（双核）和 A6 芯片。台积电公司从智能移动设备的增长中受益，据估计，全球每卖出一个芯片，就会为公司带来大约 7 美元的收入。2015 年，公司销售额达到 260 亿美元。尽管盈利能力依赖于生产能力和需求的紧密匹配，但是通过专注于高科技、资本密集的合约制造，台积电公司的毛利率高达约 40%。苹果减小对三星芯片的依赖这一战略使台积电受益，2015 年台积电向苹果出售的芯片增加了 10%。

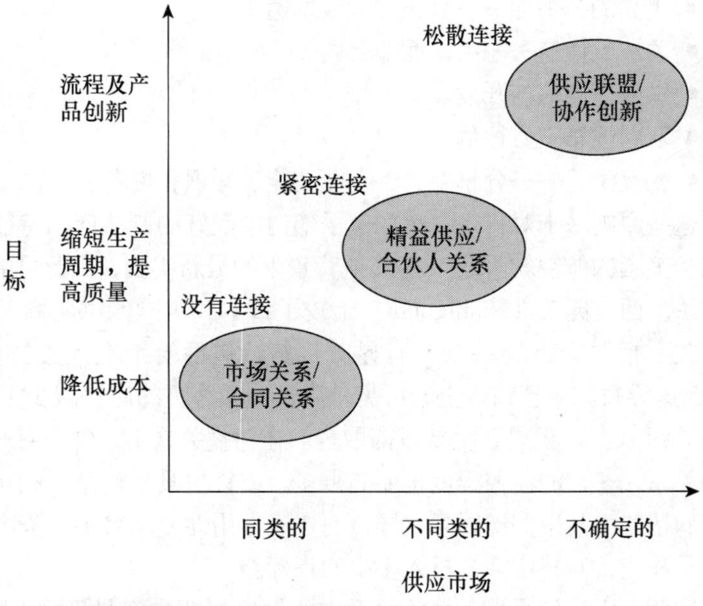

图 11-3　目标和供应市场的性质如何影响供应商关系

在图 11-3 的纵轴上，我们列出了不同的目标：从降低成本、提高质量、缩短生产周期到流程及产品创新。在横轴上，我们区分了三种供应市场的类型。

- 同类的：所有潜在的供应商都有非常相似的表现。
- 不同类的：供应商之间差异很大，并且有一个非常突出。
- 不确定的：在不同的情况下供应商之间差异很大。

在同类的供应条件和降低成本为首要动机的情况下，我们认为传统的市场或者合同关系是理想的方式。在最新的形式中，这可以通过 B2B 内部网交换或社群的方式来实现，特定客户或行业的潜在供应商可以将其价格、其他数据或对特定合同的投标集中起来。这样的例子包括汽车行业的科维森特（Covisint），它由福特、通用汽车和戴姆勒-克莱斯勒共同建立；钢铁行业的 MetalSite，它由美国最大的一些钢铁制造公司组成。这样的发展并不局限于制造业，英国航空、美国航空、美国联合航空、达美航空和美国大陆航空建立了一个日常用品电子采购中心，年营业额达到 320 亿美元。在英国，零售商翠丰集团（Kingfisher）、乐购（Tesco）和玛莎百货（Marks & Spencer）都加入了世界零售商联盟（WWRX），试图将购买成本降低 20%。这类交易通常能节省 5%～10%的费用，但与互联网技术的其他应用一样，节省最多的是交易成本，而不是购买商品的费用。虽然估计的方式和效率有所不同，但是报告表明交易成本只占传统供应链成本的 10%。这样的发展旨在利用买方力量让供应商的价格更透明。这是现实世界中最接近经济学课本中“信息完全公开”的市场的模式。虽然如此，仍有人担心，这可能会导致现有主导公司形成卡特尔，限制市场进入和潜在竞争。然而，当供应市场差异较大时，其他类型的供应商关系可能更合适。在这种情况下，通常提倡某种形式的伙伴关系或精益关系，这种关系基于日本耐用消费品（特别是汽车和电子产品）制造商的生产周期。拉明（Lamming）指出了这种伙伴关系或精益供应关系的几个特征[46]：

- 更少的供应商，更长期的关系。
- 更高的公平性——真正的“成本透明”。
- 关注价值流——关系而非合同。
- 供应商评估与开发。
- 双向或第三方评估。
- 相互学习——分享经验、专业技能、知识和投资。

这些原则基于对日本汽车和电子部门中最好的制造商的特征的提炼，以及在诸如英国和美国的航空航天业[47]等其他背景下的最新实验，因此可能代表特定情况下的最优方法。西口健二（Nishiguchi）比较了日本和英国的供应商关系，发现精益或合伙企业关系相对于市场关系具有显著优势，包括给予更大支持的客户和更稳定的贸易。[48]这导致了运营绩效上的可见差异，例如客户的库存减少了 90%，工具开发时间减少了约 70%。但是，仍要权衡取舍。在精益关系中，供应商对客户的要求明显高于市场关系，客户的监控程度也要高得多。或许更具战略意义的是，在精益关系中，供应商的销售由几个关键因素主导，而资产专用性要高得多。资产专用性是衡量供应商的工厂和设备对特定客户投入多少的指标。

这两个因素使得处于精益关系中的供应商非常容易受到关键客户的影响。例如，在英国，零售连锁企业玛莎百货经常被视为供应商关系的典范，但在 20 世纪 90 年代末，由于市场和财务表现不佳，该公司的许多长期合作伙伴被抛弃，或被要求削减成本，或被取消继续合作。然而，无论供应市场条件或关系目标如何，伙伴关系模式已迅速成为私营部门和公共部门的规范。例如，一项研究发现，采用精益供应主要是出于管理方面的考虑，而不是基于行业结构或供应需求等外部因素。[49]

然而，在供应市场不确定的情况下，伙伴关系或精益供应策略可能是次优的或失调的。我们稍后会讨论日本企业集团的情况，有证据表明，这种刚性的供应结构可能在节省成本、提高质量和缩短生产周期方面表现出静态的高效，但是在开发新技术、产品和流程时可能会出现动态的低效。一方面，全球技术采购的增加降低了现有合作伙伴成为最合适供应商的可能性；另一方面，技术知识的隐性或黏性表明市场交易是不充分的。[50]因此，如果创新是供应关系的主要目标，而供应市场既不是同质的，也不是高度分化的，那么与供应商建立临时的、特别的关系可能更合适。它们与横向战略联盟有一些共同的特点，因为它们都是明确重点、基于项目的协作形式。在这种情况下，这种关系既不是市场关系也不是伙伴关系，而是一种混合关系。如果多技术产品的特点是技术的进步速度不一致，技术顾问或系统集成商充当技术供应商和用户之间的缓冲，那么松散连接是合适的。[51]对于供应商来说，技术能力和解决问题的能力与较高的毛利率和更大的海外业务份额有关。[52]一项针对提供专业服务以支持新产品开发的公司的调查发现，最常见的服务是工业设计（58%的公司），但 30%的公司提供包括研发、市场研究、设计、开发和生产流程实施在内的全套服务。[53]在这些公司中，美国占了几乎一半；而在欧洲，英国占了一半以上。

表 11 - 9 列出了一些有助于开发新产品的供应商关系的管理实践。表中列出了合伙人关系或精益方法中常见的良好实践，但将这些实践与所需的长期稳定的相互依赖关系分开。对托管和共享设备的低评分表明二者之间的关系更为疏远，尽管为了项目而高度集成。要注意的是，“一致同意选择合适的供应商”的评分相对较高。

表 11 - 9 促进供应商创新的管理实践

因素	最成功	最不成功	差值*
供应商的高管承诺的力度	6.14	5.22	0.91
直接跨部门、跨公司的沟通	6.05	4.87	1.18
客户的高管承诺的力度	5.70	4.95	0.75
项目启动前对供应商的能力的熟悉度	5.64	4.58	1.07
客户需求信息共享	5.12	4.22	0.90
对绩效考核措施达成一致	5.07	4.20	0.88
供应商成员/参与客户项目的团队	5.02	3.73	1.29
技术共享	4.84	3.77	1.07
一致同意选择合适的供应商	4.83	3.88	0.95
正式建立信任的实践	4.14	3.07	1.07
共同和相关的信息系统	4.07	2.96	1.11
共享教育及培训	3.44	2.29	1.15
风险/回报分享计划	3.13	2.47	0.65
客户/供应商人员的托管	2.95	1.84	1.11
技术信息共享	2.44	1.62	0.82
场地和设备共享	2.44	1.62	0.82

* 所有的差值都在 0.05 的置信水平上有显著意义。1=没有用处，7=有显著作用。*N*（样本数目）=83。

资料来源：Derived from Ragatz，G. L.，R. B. Handfield，and T. V. Scannell，Success factors for integrating suppliers into new product development. *Journal of Product Innovation Management*，1997. 14，190-202.

11.6　用户主导的创新

主要用户对复杂产品的开发和采用至关重要。领先用户早于一般用户提出需求，在满足新需求的市场中显著受益。例如，在B2B市场（如科学仪器、资本设备和IT系统）中，潜在用户具有较高的成熟度，领先用户可以帮助共同开发创新，因此常常是此类创新的早期采用者。冯·希佩尔（Von Hippel）的初步研究表明，领先用户比一般用户平均提前7年使用创新成果，但准确的领先时间取决于包括技术生命周期在内的许多因素。一项实证研究确定了领先用户的一些特征[54]：

- 尽早识别需求——在识别和规划新需求方面领先于市场。
- 期望高水平的收益——基于他们的市场地位和互补资产。
- 开发自己的创新和应用——有足够的成熟度和能力来为创新的识别和开发做出贡献。
- 被认为具有开拓性和创新性——他们自己和他们的同龄人都这样认为。

这有两个重要的含义。首先，寻求开发复杂产品和服务的创新者，应该识别具有这些特征的潜在领先用户，从而为共同开发和早期采用创新做出贡献。其次，作为早期采用者的领先用户可以提供预测创新发展的洞见。例如，一项对55个通信计算机基础设施开发项目的研究发现，客户投入的重要性随着技术的更新而增加，而且，这种关系从重视客户调查和焦点小组转向共同开发，因为“传统的营销技巧被证明效用有限，常常被忽视，并且事后看来有时非常不准确”。[55]

除了领先用户，还有其他不同类型的用户，它们采用不同的创新方法，如图11-4所示。研究札记11.2回顾了不同类型的用户创新。

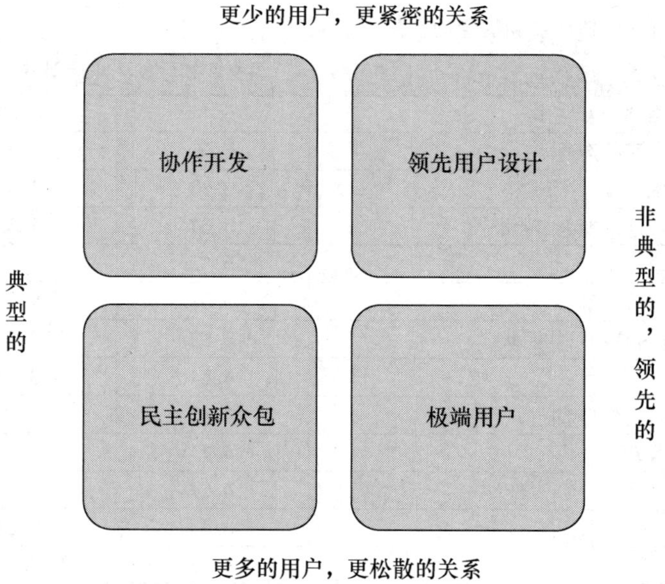

图11-4　用户创新的类型

研究札记11.2　　领先用户之外：创新的协作开发

我们看到更开放、更民主的创新变革，这种创新由个体用户网络而非公司驱动。

用户现在活跃在创新过程的所有阶段和多种类型的产业产出中，他们的影响波及许多部门。用户现在可以与公司积极合作，共同开发产品和服务，创新议程可能不再完全由公司控制。这些现象对我们理解创新管理有很大的影响。

学术界对用户作为创新者的角色的理解往往是支离破碎的，不同的文献侧重于特定的方面或观点。在创新研究文献中，“用户”一词一般采用以供应商为中心的视角，在这种背景下，“用户”（如领先用户、最终用户、用户创新、使用学习）往往处于企业层面。用户往往被描述为其需求必须得到理解的消费者、提出严格要求的“强硬客户”，改进或开发产品以达到其严格、非标准需求的“领先用户”，这些可能预示着未来的需求。另外，通过开发和分发供应商设计的“工具包”，用户可能会被吸引而参与公司的产品开发。

还有人提出，信息和通信技术（ICT）的进步使用户能够开发自己的产品和服务，创新过程正在变得民主化。用户经常会自由地与他人分享他们的创新，这被称为“自由展现”，已经被记录下来，并且成为快速传播用户主导的某些创新形式的关键因素。一段时间以来，用户作为个人或群体参与产品设计和生产的潜力已得到认可。然而，这些用户-供应商创新的概念倾向于描述的关系是，供应商能够以某种方式利用用户的经验或想法，并将其应用于自己的产品开发工作。

与创新研究文献相反，科学技术研究文献倾向于以用户为中心的视角，探索用户如何在创新和扩散的过程中积极地影响技术和被这些技术影响。这些过程被视为高度竞争的过程，用户、生产者、决策者和中介团体对技术给出不同的含义和用途。配置用户的方法之一是利用设计活动和其他活动来试图定义和约束产品的使用方式。用户积极寻求塑造他们与技术的关系、开发新的设计议程或“反程序”，以及开发新的使用情景。用户不顺从于产品和系统的设计者和推动者，这并非一种偏离常规的行为，而是我们理解创新和扩散过程的核心。

从这两派的文献可以明显看出，生产者和消费者之间的界限已不那么明显，一些用户能够开发和扩展技术，或者以完全新颖和意想不到的方式使用。在这种情况下，消费者和生产者之间，或者用户和实干家之间的界限更加难以识别。创新变得更加开放、更加民主化、更加复杂。用户可能会被创新的线性模型吸引，但是一些形式的用户活动可能代表了一个并行的创新系统的出现，这个系统与主流商业活动的目标、驱动因素和边界并不相同。这对我们理解创新以及包括产业结构、商业模式、市场运作和知识产权在内的关键领域具有潜在的重要意义。

资料来源：Flowers，S. and F. Henwood，*Perspectives on user innovation*，2012，Imperial College Press；Special issue on user innovation. *International Journal of Innovation Management*，2008. 12（3）.

11.7 开放式创新的优点与局限

我们在第 6 章中讨论了使用开放式创新作为一种寻找和识别外部创新来源的方法。然而，开放式创新也可以应用于创新过程的后期阶段，包括开发和商业化。开放式创新模式强调企业应从外部企业获取有价值的资源，并共享内部资源用于新产品或服务的开发，但企业何时以及如何获取外部知识和共享内部知识却不明确。开放式创新的概念在创新管理的研究和实践中非常流行，但也有人批评这一概念的模糊性和规定性。

开放式创新的最初理念是企业应该利用外部资源进行创新，这是一个很难反驳的理念[56]，但这并不是一个新理念，只是对现有研究和实践的重新包装[57]。然而，这一概念的广泛传播表明，研究和执行是困难的，以至于它现在已成为“万金油”，缺乏解释力或预测力。关于开放式创新的研究已经有很多，但关于开放式创新效用的实证证据仍然有限，实践方法过于笼统。从难以一般化的个案研究到外部资源和合作伙伴的简单调查计数，这些研究很少揭示开放式创新的条件、机制或局限。[58]

开放和封闭的方法之间的简单二分法是没有帮助的，也是不现实的，因此我们需要探索开放的不同程度和类型，以及企业在创新过程中从外部和内部资源及知识中获益的程度（见图 11－5)。这提供了一个机会来调查各种合作策略的使用以及创新来源的类型和背景，因此管理与外部公司之间不同类型和不同程度的关系以创造价值将涉及不同程度的开放式创新。[59]

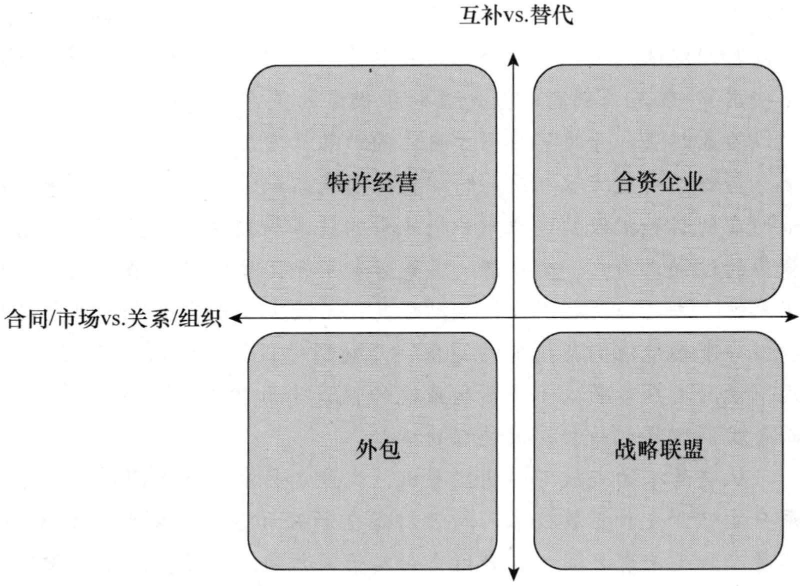

图 11－5 支持开放式创新的战略

开放式创新有很多方法，取决于公司合作伙伴的数量和类型，以及公司对外开放式创新过程的各个阶段。实施完全开放的创新战略通常不是最好的选择，不同程度、不同方式的开放都可以成功实现，包括采取完全封闭的方式。[60]例如，当外部机会出现时，一些公司会被动地做出反应，一些公司则会主动地寻找这样的机会，这就是所谓的探矿者策略。[61]

在开放式创新模型中，用户的角色和交互方式各不相同。创新的内部和外部来源以不同的方式互补地结合在一起，而不是简单的替代品。研究札记 11.3 更详细地探讨了这种交互作用。

研究札记 11.3　　封闭式创新 vs. 开放式创新?

开放式创新经常被认为是封闭式（内部）创新的替代品。然而，这种观点是错误的，几乎所有的研究和实践都表明，两者往往以复杂的方式相辅相成。

在本研究中，我们使用 325 家公司超过 5 年的面板数据，调查了内部研发和外部创新来源之间的相互作用。传统上，内部研发支出被用作吸收能力的一个指标，但在开放式创新的背景下，这可能存在问题。内部研发也可能由于许多因素限制当前和未来的吸收和开发，例如发展程度、结构、地理位置或与现有业务单元和市场的相关性。相反，外部创新来源可能难以识别、评估和吸收，但可能更显性，因为它们在市场上可得，发展程度更高，显示出较大的商业潜力。

重要的是，内部和外部知识与绩效之间的关系会随着时间的推移而变化，而理想的战略平衡需要考虑在不同时间做出的决策。我们发现，与内部生成的知识相比，外部来源的知识吸收和利用的时间更短，但从长期来看，内部知识可以创造更高的回报。如果之前没有得到内部研发的支持，对外部知识的依赖会产生负面影响。

资料来源：Denicolai，S.，M，Ramirez，and J，Tidd，Overcoming the false dichotomy between internal R&D and external knowledge acquisition：Absorptive capacity dynamics over time. *Technological Forecasting and Sochi Change*，2016. 104，57-65.

表 11-10 列出了应用开放式创新的潜在优势以及它带来的关键管理挑战。在每种情况下，有四个基本因素影响在实践中利用开放式创新的最佳方法：

- 条件和情境，例如，环境不确定性和项目复杂性[62]；
- 资源的控制和所有权[63]；
- 协调知识流动[64]；
- 创造和获取价值[65]。

表 11-10 应用开放式创新的潜在优势和挑战

开放式创新的 6 条原则	潜在优势	应用的挑战
利用外部知识	增加知识储备 减少对有限的内部知识的依赖	如何寻找和识别相关的知识资源 如何共享或传递这些知识，尤其是隐性的、系统性的知识
外部研发具有重要价值	降低与内部研发相关的成本和不确定性，增加研发的深度和广度	不太可能带来独有的能力，难以形成区分度 竞争对手也可以获得外部研发成果
不必为了从中获利而进行研究	减少内部研发成本，增加有关外部搜寻策略和关系的资源	需要足够的研发能力来识别、评估和适应外部研发
建立一个更好的商业模式优先于抢先进入市场	更强调获取而不是创造价值	先发优势依赖于技术和市场环境 开发商业模式需要与其他参与者进行耗时的谈判
最好利用内部和外部创意，而不是产生创意	更好地平衡资源，以搜索和识别创意，而非产生创意	产生创意只是创新过程的一小部分 大多数创意未经验证或没有价值，因此评估和开发的成本很高
从他人的知识产权（入站 OI）和他人使用我们的知识产权（出站 IP）中获利	知识产权对品牌、销售网络、生产、物流、互补产品和服务等互补能力非常敏感	商业利益或战略方向的冲突 协商合适的知识产权授权形式和条款

小　结

在本章中，我们探讨了促进创新的外部关系的理论基础、特征和管理，从合资企业和联盟、供应商和用户主导的创新，到更全面的开放式创新战略和实践。

本质上，公司之间相互合作以降低成本、缩短开发时间，减少面对不熟悉的技术或市场的风险。具体的合作形式取决于合作方的动机和偏好，但它们的选择范围又受限于技术和市场的性质，具体而言是指技术与市场的复杂程度和隐性程度。联盟的成功取决于一系列因素，最主要的是组织问题，例如相互信任的程度和沟通的水平。交易成本理论能够更好地解释合作的理由与偏好的形式、联盟的结构之间的关系。战略学习理论则更好地解释了联盟的组织和管理与随后的产出之间的关系。

开放式创新是一个非常广泛的概念，很受欢迎，但它对情境非常敏感，要谨慎应用。对合作伙伴和特定机制的合适选择将取决于创新项目的类型和环境的不确定性。

用户创新是开放式创新的一个特例，不仅仅包括良好的市场调查或倾听客户的意见。用户可以为创新过程的所有阶段做出贡献，作为信息来源、设计人员、开发人员、测试人员，甚至是创新的主要受益者。

在大多数情况下，开放式创新和内部创新能力是互补的，而不是替代关系。

第11章　扩展阅读

第11章　参考文献

第 12 章 创办新的风险企业

Promoting Entrepreneurship and New Ventures

在第 10 章中，我们基于第 4 章提出的战略和能力，考察了在既有的公司环境中开发新产品和新服务的必要流程。在本章中我们要探究公司如何超出既有的战略和核心能力去开发技术、产品和业务。我们将讨论在新技术、新产品和新业务的创造和执行中各种类型风险企业的角色和管理问题，特别涉及：

- 公司内部风险企业，或称内部创业企业；
- 新创风险企业和衍生公司；
- 影响成功和增长的因素。

12.1 什么是风险企业

从广义上讲，风险企业是指使用一系列有别于传统的新产品或新服务的内部开发流程的创新开发方式的企业。我们在第 9 章讨论了使用结构化的方法（例如门径管理和开发漏斗等）来开发新产品和新服务的好处。然而，这些方法也存在重大缺陷。由于各阶段的决策都倾向于与既有战略、市场和目标相接近的创新项目，因而容易剔除与组织舒适区相距甚远的潜在创新机会。因此，有必要制定其他的创新开发和商业化机制，涉及公司内部创业企业、合资企业、衍生公司和新创风险企业。

图 12－1 显示了不同情境下的风险企业类型。公司内部风险企业最适于组织需要利用其内部能力并对新企业保持较高的控制权的情况。外部合资企业和企业联盟涉及与外部伙伴的合作，因而需要让出一部分控制权和自主权，但作为回报引入了合作伙伴的新能力。衍生公司或新创风险企业代表了极端的例子，通常适于核心能力和新创风险企业之间相关性较低的情况。要注意上述企业类型并不是相互排斥的，例如一个衍生公司也可能成为联盟伙伴，一个公司内部风险企业也可能最终分化出去而成为衍

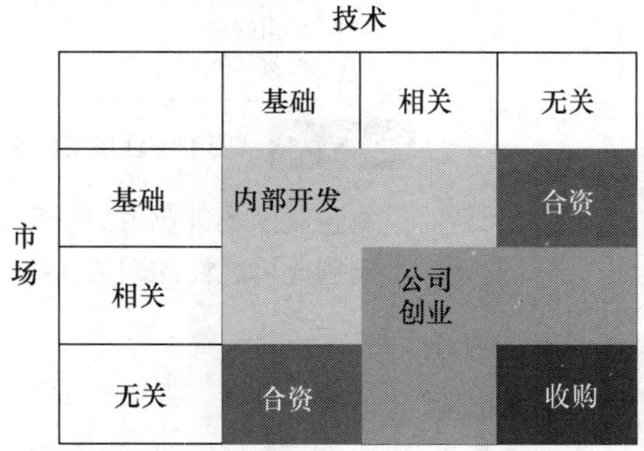

图 12－1 在创新的开发与商业化中风险企业的角色

资料来源：Burgelman，R.，Managing the Internal corporate venturing process. *Sloan Management Review*，1984. 25 (2)，33－48.

生公司。此外，所有类型的风险企业要想成功，都必须具备成功风险企业的资格、有说服力的商业实例和充足的资源。

成功风险企业概貌

埃德·罗伯茨（Ed Roberts）[1]的研究涉及156家新创技术公司（new technology-based firms，NTBF），这些公司都是美国麻省理工学院的衍生公司（这里我们将这项研究称为“美国研究”），雷·奥基（Ray Oakey）[2]则研究了英国的131家新创技术公司（这里我们称之为“英国研究”），二者对成功风险企业的概貌给出了一致的描绘。尽管对这两项大规模研究存在盎格鲁-撒克逊式的偏见，但其他研究还是证实了相关因素的普遍相关性。

风险企业的创办需要对个人的技能、性情及技术和市场特点予以综合考虑。“美国研究”强调了个人特点的作用，例如家庭背景、目标导向、个性和动机；“英国研究”则强调了技术和市场因素。创办新创技术公司的决定通常始于一种逃离大型组织（无论它是属于公共部门还是私营部门）的官僚机构并获得独立的愿望。因此，背景、心理状况以及工作经验和技术经验，对于一个技术创业者来说都是其创办新创技术公司的决策因素（见图12-2）。

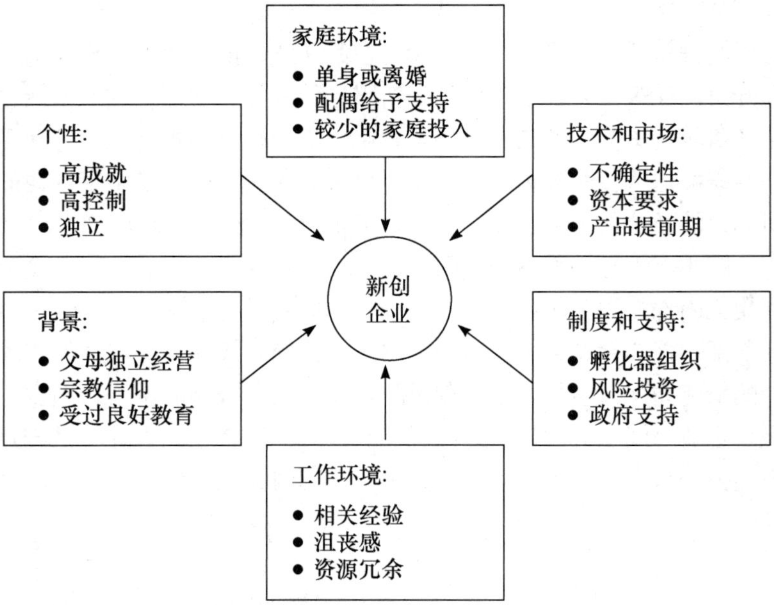

图12-2　影响创业决策的因素

在美国，许多关于新的风险企业以及创业者的研究都倾向于强调一个典型创业者的背景和特点。研究发现，影响创业可能性的因素包括：

- 家庭背景；
- 宗教信仰；
- 正规教育和早期工作经历；
- 心理特征。

许多研究证实了家庭环境和宗教信仰对个体的创业倾向有影响。在技术创业者中，父母是个体经营者或专业人士的占大多数。研究表明，50%～80%的创业者的父母至少有一人是独立经营者。例如，“美国研究”发现，父母从事专业工作的技术创业者，是父母为科学家和工程师的技术创业者的四倍。对于这种观察到的偏倚性，最普遍的解释就是父母起到榜样作用，并且可能对独立经营提供支持。

宗教背景的影响则更有争议，但很显然，在技术创业者中某些宗教更具代表性。例如，在美国和欧洲，犹太人进行技术创业的比例较高；而在亚洲，中国人占多数。这个观察到的偏倚性是由特定文化或宗教准则导致的，还是由少数族裔地位导致的，则是一个颇富争议且缺少研究的问题。“美国研究”表明其主导文化价值观比少数族裔地位更重要，但这项研究也表明家庭背景的影响比宗教要显著得多。或许更重要的是，无论什么情况下，家庭和宗教背景与新创技术公司的成功率都没有显著相关性。

受教育水平和培训是新创技术公司的创办者和其他创业者的主要区别因素。“美国研究”中，技术创业者受教育水平的中值是硕士学位，博士学位则未免多余，但生物技术方面的新创技术公司是个例外。值得注意的是，技术创业者的受教育水平通常与其他科学家和工程师没有太大差别。然而，若以发表文章或授予专利数来衡量，潜在的技术创业者的生产率则通常比他们的技术同行要高一些：发表文章 6.35 篇（平均水平为 2.2 篇）；获得专利 1.6 项（平均水平为 0.05 项）。这表明潜在创业者比他们的同事有更强的驱动力。

除了受教育水平达到硕士外，一个技术创业者在创办新公司之前平均有大约 13 年的工作经验。在波士顿的“128 公路”技术集群中，创业者的工作经历通常来自某个单个的孵化组织，而硅谷的技术创业者在创办自己的公司之前从许多公司中获取经验。这说明从工作经验来说并不存在什么理想模式。然而，开发工作的经验比基础研究工作更重要。由于正规教育和经验的缘故，一个典型的技术创业者在创办第一家技术公司时是 30～40 岁。比起其他类型的风险企业创业者，其年龄较大，而这有能力和机会两方面的原因。一方面，对于潜在创业者来说，要得到必要的技术和商业经验通常需要 10～15 年的时间。另一方面，此时许多人开始有更大的家庭责任和财务负担，因而机会窗口期出现在 30 多岁。研究札记 12.1 讨论了创业实施的概念，这一概念强调了企业家的背景和特征。

研究札记 12.1　　创业实施

实施已经成为企业家创业教学和实践中的重要环节。与传统商学院的规划分析方法相比，它采用了更加以个人为中心的控制重点。

21 世纪初，萨拉·萨拉瓦蒂（Saras Sarasvathy）采访了 27 位企业家，提炼出实现创业的“五原则”，这是该概念的开端。尽管经验基础较弱，但该概念与许多企业家的观点和经验产生共鸣，并拥有许多倡导者。

无论其理论或实证的优点是什么，创业实施都始于对企业家所用方法的评价，他们是谁，他们知道什么，他们认识谁，即所谓的“在手之鸟”（bird-in-hand）原则。在这方面，它与我们在第 4 章探讨的公司的资源基础观（RBV）有一些共同的假设。

资料来源：Sarasvathy, S., Effectuation: Elements of entrepreneurial expertise. 2008, Edward Elgar, http://www.effectuation.org.

许多关于创业者心理的研究是基于美国的小公司，所以研究发现的普遍性值得怀

疑。然而，在技术创业者的例子中，研究者对创业者必要的个性特征似乎达成了共识，即两个关键的要求是内部控制信念和高成就需要。前者是科学家和工程师的共同特点，后者则不是那么普遍的特点。创业者通常被高成就需要（need for achievement，n-Ach）而不是一种普通的成功欲望所激励。这种行为对应于适度的冒险，但不是赌博或非理性的冒险。具有高成就需要的人具有以下特点：

- 喜欢那种能够让个人对找到解决问题的办法有责任感的环境；
- 倾向于设定有挑战而又实际的个人目标，并承担可预计的风险；
- 需要对个人绩效给予实质性反馈。

然而，覆盖约130个技术创业者和约300位科学家与工程师的“美国研究”发现，并不是所有的创业者都有高成就需要，只有一部分人是这样的。技术创业者的成就需要处于中等水平，而归属需要（need for affiliation，n-Aff）很低。这表明对独立的需要，而不是对成功的追求，是技术创业者最重要的激励因素。技术创业者还倾向于具有内部控制信念。也就是说，技术创业者相信他们对外部结果具有个人控制力，而那些持外部控制信念的人认为事情的结果取决于机会、强大的机构或他人。更加复杂的心理测量技术（例如迈尔斯-布里格斯类型指标（Myers-Briggs type indicators，MBTI）测试）证实了技术创业者和其他科学家、工程师的差别。

大量的调查表明，大约3/4的技术创业者声称在先前的工作中感到沮丧。这种沮丧似乎来自潜在创业者的心理倾向与原公司中糟糕的选拔、培训和发展机制之间的冲突。某些特定的事件也可能触发建立新创技术公司的渴望或需要，例如重大的组织重组或母公司裁员等。

案例研究12.1描绘了应用程序WhatsApp的创建和兴起。

案例研究12.1

WhatsApp

2014年2月，WhatsApp以190亿美元的价格卖给了Facebook。自2009年推出以来，WhatsApp已悄然发展到Facebook近一半的规模，拥有4.5亿用户。

创始人简·库姆和布莱恩·埃克顿（Jan Koum and Brian Acton）并不是硅谷技术企业家的典型代表。两人于1997年在雅虎工作时相遇，他们在2009年推出自己的消息应用程序时都已30多岁。

在雅虎工作了近10年之后，2007年9月，库姆和埃克顿前往南美洲旅行一年，40万美元的资金来自库姆在雅虎工作时的存款。2009年初，库姆意识到创立仅7个月的App Store将催生全新的应用行业。他自己可以开发应用程序的后端，招募的来自俄罗斯的iPhone开发人员伊戈尔·索洛门尼科夫（Igor Solomennikov）可以进行前端开发。WhatsApp Inc. 于2009年2月24日注册，但当时这一应用程序尚未开发出来。

2009年10月，埃克顿说服了在雅虎结识的5位朋友投资25万美元的种子资金，他们因此获得了联合创始人的地位和股份。两位创始人合计持股比例超过60%，在技术创业中这是很大的比例。到2011年，该应用程序位于苹果前十，吸引了许多潜在投资者的关注。红杉合作伙伴吉姆·戈兹（Jim Goetz）承诺不会迫使他们接受广告模式，他们同意从红杉获取800万美元。2013年，WhatsApp又从Sequoia Capital筹集了5 000万美元的额外资金，但几乎没有对外宣传，公司的估值为15亿美元。

2012 年，库姆在推特上表示："为了快速卖掉公司而创业的人是硅谷的耻辱……下一个称我为创业者的人会被我的保镖当面打一拳。我是认真的。"

与大多数互联网初创企业不同，他们对服务收费，而不是免费提供服务并依赖广告。WhatsApp 不会收集 Facebook、谷歌及其竞争对手用于定位广告的任何个人或人口统计信息。库姆在 DLD 上说"没有广告，没有游戏，没有噱头。我们产品的简单性和实用性正是推动我们发展的原因"，并开玩笑说 WhatsApp"显然没有做到那么好"，因为它还没有实现占领世界上每一部智能手机的目标。

即使按照硅谷的标准，WhatsApp 也是精益运营。2014 年初，WhatsApp 只有 50 多名员工，其中 30 名是像其创始人一样的工程师。它的资金约为 6 000 万美元，仅仅是比它小得多的 Snapchat 的一半。2014 年，它迁至新大楼，计划将员工人数增至 100 人。

资料来源：Bradshaw, T., What's up with the WhatsApp founders? *Financial Times*, February 20, 2014; Olson, P., The rags-to-riches tale of how Jan Koum built WhatsApp into Facebook's new $19 billion baby, *Forbes*, February 19, 2014.

风险投资商业计划书

为新的风险企业撰写正式的商业计划书的首要理由是吸引外部融资。然而，它还有另外一个重要的功能，一份商业计划书可以为创始人就风险企业的立足之基和未来发展提供一份正式的协议，有助于减少创始人的认识错觉，避免之后发生责任和回报方面的争论；有助于将抽象或模糊的目标转化成更加明确的执行上的要求，并且支持之后的决策过程及权衡利弊。在创业者可控的因素中，制定商业计划的过程对新创企业的绩效有显著的积极影响。然而，还有许多不可控的因素（例如市场机会）对绩效有着更显著的影响。[3]巴斯德的话仍然适用："机会青睐那些有准备的人。"我们在第 9 章详细讨论了商业计划书的制定。

融资

新的风险企业与相对简单的新产品的评估不同，因为企业在成立前后的短期内往往没有可以推向市场的产品。因此，最初的企业融资无法像通常那样基于早期销售产生的现金流。准确的现金流情况取决于一系列因素，包括开发时间和成本，以及销售量和边际利润。尽管存在不同的开发和销售策略，但这些因素一定程度上都是由技术和市场的本质所决定的（见图 12-3（a）至图 12-3（c））。

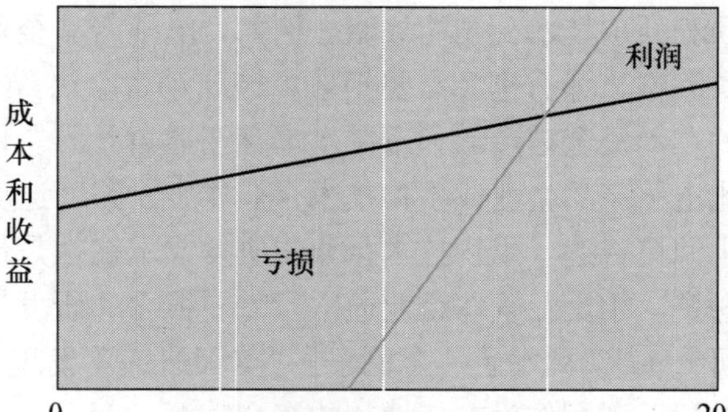

（a）基于研究的企业（如生物技术企业）

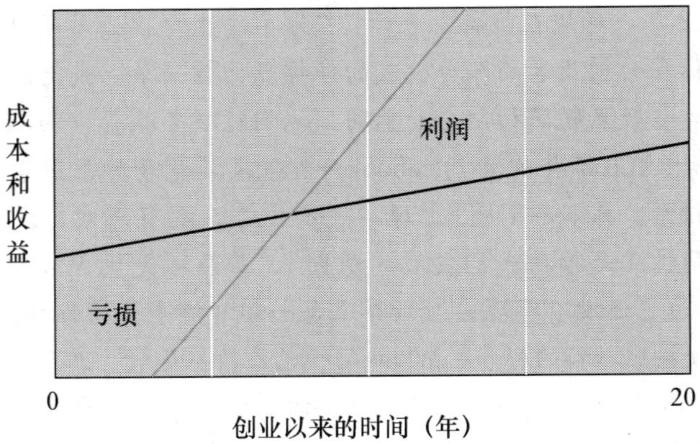

（b）基于开发的企业（如电子产品企业）

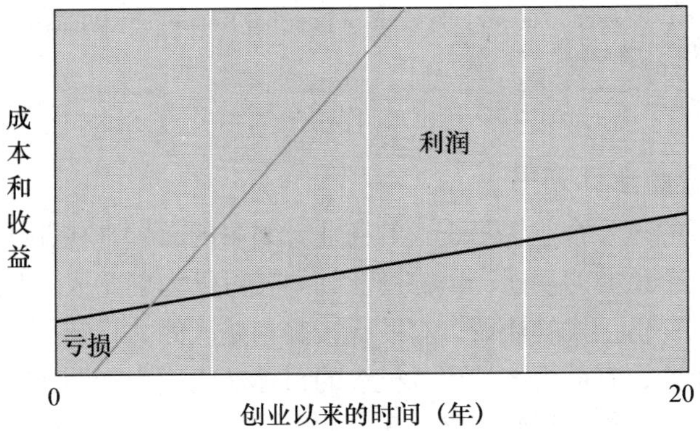

（c）基于生产的企业（如软件企业）

—— 成本 —— 收益

图 12-3 三种技术型企业的现金流概况

例如，生物技术企业通常比电子产品企业或软件企业需要更多的启动资金，并且有较长的产品开发提前期。因此，从潜在创业者的视角来看，理想的策略是，创办新企业之前，先在孵化器组织内完成尽可能多的开发工作。然而，这种策略存在一些实际的问题，特别是企业所依赖的知识产权的归属问题。

“美国研究”表明，创建新创技术公司的启动资本处于中等水平，通常少于 5 万美元，约半数企业不到 1 万美元（以 1990 年美元计）。然而，外部融资的程度取决于技术的性质和新创技术公司的战略。例如，电子产品企业或软件企业如果想要采取进取型增长战略，那么也会需要相当多的启动资金。“英国研究”表明，成立新创技术公司的启动资金在金额和来源上都存在显著差异。例如，软件企业需要的启动资金通常比电子产品企业或生物技术企业要少，因而这类企业中仅仅依靠个人储蓄作为资金来源更普遍。生物技术企业的研发成本往往是最高的，导致大多数企业都需要外部融资。相反，软件企业通常只需要很少的研发投资，因而较少寻求外部资金。案例研究 12.2 列举了一个例子。“英国研究”发现，几乎 3/4 的软件企业在 3 年后可以实现以利润作为支持增长的资金来源，而只有 1/3 的生物技术企业能够做到这一点。

案例研究 12.2

Seedcamp

Seedcamp 由 Index Ventures 的合作伙伴萨尔·克莱因和雷什马·索霍尼（Saul Klein and Reshma Sohoni）于 2007 年成立。它通过每月的 Seedcamp 日和一年一度的 Seedcamp 周，提供早期辅导和微种子投资，以及网络建设和建议。每年大约有 2 000 名企业家争夺高达 50 000 欧元的种子资金，但只有 20 个左右成功。Seedcamp 提供 50 000 欧元的标准投资，以换取 8%～10%的业务股权，但它的主要好处之一是可以获得广泛的导师网络，包括企业家、天使投资人和专业服务机构。Seedcamp 支持的主要是互联网、移动电话、游戏、软件和媒体等领域资本投入相对少的技术企业。

资料来源：http://www.seedcamp.com/.

成立新创技术公司时，缺少初始资金是一个主要问题。然而，彼得·德鲁克提出一个新创技术公司每 3 年需要进行一次财务重构。[4]其他研究识别出不同的开发阶段，每个阶段有不同的财务要求：

1. 用于启动的初始融资；
2. 用于初步开发和增长的第二轮融资；
3. 用于巩固和增长的第三轮融资；
4. 成熟或退出。

一般来说，专业的金融机构对初始融资兴趣不大，因为风险高且金额小。这根本不值得它们花时间和精力来评估和关注这样的企业。然而，正由于金额相对较小，通常只有几万英镑，因而个人积蓄、抵押贷款和亲友借款往往足以支付。第三轮的融资则较容易获得，因为到那时企业已经有了可靠的业绩记录作为商业计划的基础，风险投资家也可以看到清楚的退出路径。

考虑到自己对独立的强烈渴望，多数创业者倾向于避免从外部融资。然而，这在实践中并非总是可行，特别是在企业的成长阶段。成立新创技术公司所需的最初的融资包括场地、设备的费用和其他初创成本，以及日常运营中诸如工资、暖气、灯光等方面的成本。美国和英国的研究表明，大多数新创技术公司早期是创业者利用业余时间兼职运作的风险企业，其融资依次来自个人积蓄、亲友拆借和银行贷款。其中，大概半数企业还得到一些政府资助，但从风险投资那里争取到资金的聊胜于无。风险投资通常在后期阶段才会介入，基于被证实的开发和销售记录来推动企业成长。

风险投资家很乐于给那些具有可靠业绩记录和有说服力的商业计划书的企业提供资金支持，并往往要求得到一些股份或参与管理。此外，大多数风险投资家希望找到在大约 5 年后获得资本利得的方法。然而，技术创业者通常寻求独立和控制，有些人宁可牺牲企业的增长也要保证自己对企业的控制。基于同样的原因，很少有创业者愿意“公开上市”来实现未来的增长。因而许多创业者会选择卖掉其企业并另外新创一家技术企业。事实上，典型的技术创业者平均会创立 3 家新创技术公司。一个新创技术公司面对的最大问题可能是第二轮的开发和增长融资。要说服风险投资家提供资金支持是一个费时费心的过程。在这个阶段，正式的提案至关重要。专业的投资者会从以下方面评估企业的吸引力：创始人的能力和个性、正式的商业计划书以及产品的商业价值和技术价值，其权重也是大致按照上述顺序排列的。前沿视点 12.1 提供了对风险投资作用的一些见解。

前沿视点 12.1

风险投资在创新中的作用

最近有个在大型公司研发集团工作的朋友让我总结一下风险投资在创新中的作用。为了与他的经验结合起来，我解释说我们只是为那些通常拿不出研发预算的公司提供一些研发资金罢了。我进一步解释说我们支持的公司整体上是一些独立的研发组织，它们拥有知识产权并最终形成足以威胁某个特定行业现有企业的新产品。风险投资家相信，一家小公司要“创造价值”，就意味着其战略应当是要么成为全球大公司的合作者，要么成为它的威胁。那样，全球大公司就不得不竞价收购这个小公司从而掌握创新（或消除威胁），从而为风险投资家提供高额的投资退出回报。

这就是风险投资模式的最核心部分。风险投资家是专业的基金经理，他们将资金投入早期高风险的企业，换取股份，并寄望于日后通过某种形式的退出活动将这些股份卖出。投资界的黄金法则“低价买入，高价卖出”在风险投资界要改成“超低价买入，超高价卖出”才足以说明他们支持的早期风险企业的高风险性。

关于风险投资家的所作所为，人们探究的第二个问题是除了纯粹的财务投资之外，他们对早期风险企业是否提供了什么价值。这个问题往往引起争论，有时是关于做生意时引入风险投资之利弊的激烈辩论。在我看来答案很简单，风险投资公司更倾向于将明显欠佳的创意尽早地中止。通过将资金仅仅分配给持续获得成功的公司，风险投资家会剥夺表现不尽如人意的企业的现金，并通常加速其灭亡。这与大型公司的研发集团有所不同，其业绩或潜力较差的项目可能由于经理的优柔寡断或组织的保护苟延残喘多年。风险投资家提供了一个严格而持续的创新选择过程，使他们支持的公司专注于精确的目标，在很短的时间里取得成功。

因此，风险投资通过提供资金使一些小企业的创新以超常速度发展，同时通过严格而持续的监控过程快速反应以控制失败。最终，风险投资基于一个非常简单的选择标准：这一投资能否在未来 3～5 年的时间产生显著的财务回报？对这个问题的回答将会使即使看上去最难的投资决策也显得简单明了。

资料提供者是西蒙・巴恩斯，Tate & Lyle Ventures LP 的合伙管理人，Tate & Lyle 全球食品原料制造商独立投资者。

众筹

众筹是近些年出现的一种筹资方式。众筹活动通过门户网站进行，在门户网站上可以发布项目以吸引投资者，通常是对项目感兴趣的非专业投资者。Kickstarter. com 是最大的众筹服务网站之一。自 2009 年启动以来，Kickstarter 已经为 64 000 个项目提供了融资，650 万投资者承诺提供 10 亿美元。这表明每个项目的平均投资约为 1.6 万美元。这其中的重点是创意和媒体项目，而不是高科技项目。Seedups. com 是另一个例子，更关注科技初创企业。它筹集的资金规模更大，在 2.5 万～50 万美元之间，投资者有 6 个月的时间来审查和竞购项目。

公司风险投资

一项对英国新创技术公司的融资调查发现，大约 15%的大公司向外部新的风险企业投资，主要集中于它们自身所在的行业。[5] 与内部创业的情况一致，大公司的外部风险投资是周期性的，反映了商业环境的变化。例如，调查表明 1998 年主要大公司投资的外部风险企业大约是 110 家，到 2000 年增加到 250 家。[6] 典型的投资规模(1997 年) 超过 50 万英镑，并且投资者偏爱那些需要扩大融资规模的风险企业，而不是需要钱来初创或从事早期开发的企业。最普遍的问题就是关于回报率的协议，以及在风险企业中大公司的代表席位。平均投资周期是 5～7 年，公司投资者通常要求 20%～30%的回报率，比起专业风险投资 75%的回报率来说更受欢迎。

从专业的风险投资者的角度来看，如图 12-4 所示，要重视两个重要问题。一是世界范围内风险投资的可获得性是不同的，而这样的差异又会刺激创新，因为潜在的新风险企业会为了获取资金而搬迁。二是存在扩张融资优于新创融资的严重偏见，特别是在英国。这导致了一个潜在的风险融资缺口，即在初始的通常自我融资的阶段与专业风险投资第一次介入的阶段之间的断层。在英国，这个断层介于 20 万～75 万英镑之间。[7]

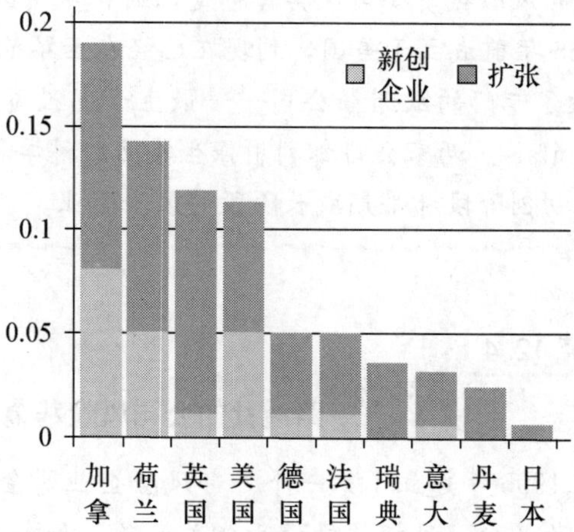

图 12-4　风险投资占 GDP 的百分比 (1997 年)

资料来源：CVCA (Canada)，NCVA (USA)，MITI (Japan)，OECD (other nations).

公司对新的风险企业的投资在高科技行业越来越普遍。这个领域中，大公司不可能掌握所有技术，而新兴技术又大多未经验证。[8] 医药公司对小型生物技术公司的投资通过专门的风险基金操作，可以是直接投资，也可是间接投资（参见案例研究 12.3）。当技术成功的可能性较大，可能在短期内对产品线产生影响时，直接投资更受推崇。间接投资则关注一系列有可能在未来影响产品线方向的早期技术，并为之提供机会。[9] 通过专门的风险基金进行投资的医药公司的数量有显著增长，如诺华和拜耳。同时，医药公司及其风险基金越来越多地投资于专注早期生物技术的独立的创业种子基金，例如 UK Medical Ventures (英国)、New Medical Technologies (瑞士) 和 Medical Technology Partners (美国)。此类基金的目标各有不同，但普遍强调战略性问题，而不是仅仅关注财务绩效。一个首要的投资条件是“不合适，不成交”，因而其投资决策主要是战略性的，用以“寻找‘存在于外部的’科学”。间接风险投资的另一种模式是参与到针对早期阶段投资的独立创业种子基金中。这包括通过母公司直接投资于创业种子基金，或通过公司风险基金间接投资于创业种子基金。可以预期，该投资的目标包括为早期阶段的技术提供机会。例如一个公司投资于医疗信息学基金，从而可以派代表出席该种子基金的董事会，使公司获得这个领域的能力。另一个投资原因是为了进入“交易流”，即获得参与种子融资阶段之后几轮融资的机会。这样做的目的是更加直接地投资于技术的后期阶段，特别是当这些技术对母公司显现出战略上的重要性时。很显然，医药公司对新的风险企业的投资目标与那些专业风险投资公司是不同的。在其他产业，如信息和通信技术领域，也存在相似的战略（参见案例研究 12.4)。公司风险投资基金的目标很大程度上是战略性的，聚焦于技术和潜在新产品，风险投资者的目标则完全是财务性的。

案例研究 12.3

强生开发公司

强生开发公司（Johnson & Johnson Development Corporation，JJDC）是强生集团内一个独立的风险投资公司，其目标是识别和资助医药和保健行业的新技术和新企业。JJDC 于 25 年前成立于美国，到现在已经在世界范围内投资超过 300 家新创企业。1997 年它创设了专门的欧洲分公司——强生开发投资公司（Johnson & Johnson Development Capital)。两家公司都利用强生集团的科学和市场知识，与专业的风险投资公司一起介入初创阶段和早期成长阶段的风险企业。

案例研究 12.4

路透社的公司风险基金

路透社在 1995 年建立了第一个外部风险企业基金“Greenhouse 1”。此后，它又增加了两个风险基金，目标是投资于相关业务，如金融服务、媒体和网络基础设施。到 2001 年，它已经投资了 83 家公司，共投入 4.32 亿美元，这些投资贡献了其利润的 10%。然而，财务回报并不是基金的首要目标。例如，它于 1995 年向雅虎投资 100 万美元，随后雅虎就将路透社作为其稿源之一。这提高了路透社在不断增长的互联网市场的可见性，特别是在美国——在这里它的知名度并不高。随后，其他门户网站也跟随雅虎，摘编来自路透社的内容。到 2001 年，在 900 多个网站中都可以看到路透社的内容，据估计每月有 4 000 万用户。

资料来源：Loudon，A.，*Webs of Innovation*：*The Networked Economy Demands New Ways to Innovate*，FT.com，2001，Pearson Education，Harlow.

风险投资

尽管对于好的商业计划书的构成已有普遍的共识，但在每一部分的相对权重上还是有明显的意见分歧。一般的风险投资公司通常只接受 5%的技术企业，而专门的技术风险投资基金更加挑剔，只接受大约 3%。与一般的融资提案相比，拒绝技术类提案的主要原因往往是缺少知识产权、管理团队技能不足，以及潜在市场规模太小。对于北美、欧洲、亚洲的风险投资的调查发现，在采用的标准上非常相似，但也发现在某些标准的权重分配上存在有趣的差别。案例研究 12.4 提供了风险投资的融资案例。选择标准与之前描述的相似，可以归为五类：

1. 创业者的个性；
2. 创业者的经验；
3. 产品特点；
4. 市场特点；
5. 财务因素。

总的来说，风险投资家需要一种能够领导他人并持续努力的成熟能力，熟悉市场，有在 10 年内获得高回报的潜力。（案例研究 12.5 提供了一个很好的例子。）创业者的个性和经验在重要性排名中位于产品或市场特点，甚至财务方面的考虑之前。然而，不同地域的风险投资者的偏好存在一些显著差异。美国的风险投资者比欧洲或亚洲的更注重高财务回报和流动性，但较少强调原型的存在或经过验证的市场接受度的重要性。或许令人吃惊的是，所有风险投资者都规避技术和市场风险。被视为高科技风险企业在美国风险投资者眼中并不重要，欧洲和亚洲的风险投资者则将这个特点视为融资的负面影响因素，与之类似，有潜力开发全新市场也被视为一种缺点和不利条件。

案例研究 12.5

安德鲁·瑞克曼和 Bookham Technology 公司

安德鲁·瑞克曼（Andrew Rickman）在 1988 年创办了 Bookham Technology 公司，当时他 28 岁。瑞克曼获得了伦敦帝国理工大学（Imperial College London）的机械工程学位、萨里大学（Surrey University）的集成光学博士学位以及 MBA 学位，从事过风险投资。与许多技术创业者不同，他并不是先开发了一项新技术然后想办法利用这项技术，相反，他先是发现了当时尚不成熟的光纤网络对光开关技术的潜在市场需求，随后开发了相应的技术方案。光学组件市场随着互联网和其他数据密集型网络的广泛应用而迅速增长。瑞克曼瞄准单芯片的集成光学电路的开发，以取代离散的组件，如激光、透镜和镜组。他选择硅而不是更加奇特的材料来降低开发成本，并利用传统的芯片生产技术。其主要的技术开发是在萨里大学和卢瑟福·阿普尔顿实验室（Rutherford Appleton Laboratory）里进行的。他曾在这里工作，获得了 27 项专利，此外申请了 140 项专利。在技术经过验证后，公司通过几轮融资筹集了 1.1 亿美元，资金来自风险投资公司 3i，以及电子企业的领导者英特尔和思科。最艰巨的任务是扩大规模和生产，“在这个领域，将技术从实验室中带到生产线上的难度非常大。与提出这个技术相比，这简直比登天还难”。Bookham Technology 公司于 2000 年在伦敦证券交易所和纽约纳斯达克上市，市值超过50亿英镑，安德鲁·瑞克曼因占有25%的股份而成为亿万富翁。公司基地设在牛津，雇用了400名员工，公司于2002年收购了北电网络公司（Nortel）和马可尼公司（Marconi）的光学组件业务，并在2003年收购了美国的光学产品公司Ignis Optics和New Focus，后者还在中国有芯片生产设备。这使得Bookham Technology跻身全球光电行业的前三位。该公司在2009年与Avanex合并为Oclaro，Oclaro已在美国纳斯达克上市。

一项对英国风险投资者的研究比较了他们在10年里对技术风险投资的态度，发现对技术公司的投资比例从1990年的11%上升到2000年的25%（按价值）。[10]在2000年英国新创技术公司总值16亿英镑的风险投资中，30%是面向早期阶段融资（按照价值计算，倘若按照公司数量计算则是47%），47%是进行扩张融资（按照公司数量计算也是47%），其余是用于管理层收购（management buy-out，MBO）。这一增长一方面是由于专业的技术风险投资的兴起，另一方面是由于一般风险投资公司对技术的兴趣更大。随着风险投资公司不断获得和积累此类投资的经验，以及诸如AIM，techMARK和Neuer Market等欧洲新的二级金融市场的发展带来更多的上市机会，它们的投资回报率得到显著增长。在20世纪80年代，英国早期阶段技术投资的回报率还不足10%，风险投资的正常水平是其两倍。但到了2000年，技术风险投资的回报率已上升到约25%，高于其他类型的风险投资。然而，对于新创技术公司获得的风险投资增加这一现象要有清醒的认识。尽管英国有欧洲最先进的风险投资团体，但在小公司的外部融资中风险投资仍旧仅占1%～3%。

另一个需要考虑的重要问题是风险投资对于新创技术公司的成功有何影响。风险投资可能扮演两种不同的角色。第一种是发现和选择那些最具成功潜质的新创技术公司，即“选择获胜者”或“星探”角色。第二种角色是在财务支持之外，通过提供管理技术和资源渠道，帮助所选的风险企业实现发展，即“教练”角色。就新创技术公司的管理和政策来说，区别这两种角色的影响非常重要。对于管理者来说，这会影响风险投资公司的选择；对于政策来说，融资和其他形式的支持需要实现平衡。一项对约700家生物技术公司为期10年的研究就两种角色的不同之处提供了一些见解。[11]研究发现，当风险投资者选择所要投资的创业公司时，最重要的标准就是一个经验丰富的管理团队、大量的新近专利以及产业链下游的联盟（相反，上游的联盟对于选择有负面影响）。对于投资决策来说影响最大的是第一个因素，以及总体上的人力资本因素。然而，对于风险企业绩效的跟进分析表明，这个因素对绩效的影响实际上是有限的，它对企业绩效的利与弊是差不多的。技术和联盟对后期绩效的影响要显著而积极得多。

简单来说，在选择阶段，风险投资者对人力资本特别是高层管理团队十分重视。在开发和指导阶段，风险投资者的确对所选企业的成功有所贡献，并且相对于那些不是由风险投资支持的新创技术公司，更倾向于较早引入外部专业管理人员。总的来说，这表明风险投资的教练指导角色至少和资助角色一样重要，尽管促进新创技术公司的政策干预往往专注于后者。

12.2 公司内部风险投资

公司风险投资或公司内部风险投资，有时也称为内部创业，以区别于投资外部业务的风险投资形式。如果得到有效管理，一个公司风险企业既可以拥有大组织的丰富资源，又可以具有小组织的创业特点。一个公司风险企业在目标和组织上不同于传统的研发和产品开发组织。传统的企业致力于利用既有技术和市场能力，然而新的风险企业的首要功能是学习新能力。

实践中，二者的区别可能不会这么清楚。20 世纪 90 年代的互联网泡沫导致许多大公司对信息通信技术产业不合时宜地进行风险投资，试图在网络创业公司的疯狂增长中分一杯羹。1996 年北电网络公司发起了企业风险投资计划（参见案例研究 12.6），1997 年朗讯公司建立了朗讯新创企业集团，2000 年爱立信公司成立了爱立信企业创新中心，英国电信公司创办了“闪亮之星”。

案例研究 12.6

北电网络公司的风险投资

北电网络是高增长、高科技产业的领导者，大约 1/4 的员工都是研发人员，然而它认识到要在既有部门之外创办新企业是极度困难的。因此，它在 1996 年启动了企业风险投资计划（Business Ventures Programme，BVP）来克服现有组织的一些结构性的缺陷，并在既有业务线之外发现和培养一些新的风险企业。“我们提供给员工的条件非常激动人心，我们说：带着一份好的商业提案来，我们就会资助和支持它。如果我们相信你的商业提案是可行的，我们会向你提供实现梦想所需的必要资金。”(BVP 提供。)

- 制定商业提案的指导；
- 协助获得董事会的批准；
- 为新创企业提供孵化环境；
- 为长期发展提供过渡支持。

BVP 选择最有希望的风险提案，并由 BVP 和员工一起向咨询委员会提交。咨询委员会依据商业和财务标准作出决策，以判断应当接受、拒绝还是寻求进一步发展。如果接受的话，最合适的执行发起人是谁，以怎样的结构运行，资助级别是怎样的。BVP 接下来帮助孵化新的风险企业，在员工和资源、目标和关键里程碑等方面给予支持。如果成功了，BVP 会帮助风险企业转移到既有的业务部门之下；如果不合适，就创造新的业务线或新企业，或将其变成衍生公司。

“计划的设计理念就是灵活。关于是否变成一个独立的公司，取决于北电网络内部关键资源的可获得性，以及现有分销渠道的相适性……北电网络的这个计划并不是为了对所有风险企业确保 100%的控制权。关键在于，通过将投资回报最大化来使股份增值，抓住可能错失的商业机会，以及提高员工满意度。”

1997 年，BVP 吸引了 112 个商业提案，考虑到员工和财务资源情况，最终将支持目标定为 5 个新风险企业。主要问题是，既有业务线的主管对他们自身业务线之外的提案产生了以下反应：

> 在执行委员会层面，关注所有业务线，也提供许多支持……而当将支持落实到基础层面时，那些中层和低层管理者感受到威胁……我们的营销计划的第一阶段只是“克服内部障碍”。那是我们需要解决的最大问题。

最初，如何从未能实现商业化的风险企业中获取经验教训也是一个问题。

失败通常被忽视，没有人谈论它们……这一点现在正在改变，我们成败同庆，因为我们知道我们从失败中学到的更多。新创企业的经验是我们所欠缺的。总的来说，失败的只是项目，不是人。

对新的风险企业最有效的组织和管理取决于两个维度：风险企业对于公司发展的战略意义，以及它与核心技术和核心业务的相近性。[12]通常，高层管理者是从组织内提拔上来的，因而会比较熟悉与既有业务线有关的提案。然而，新风险企业的提案往往需要评估新技术或新市场，或两者兼有。下面的问题可以用来评估新的风险企业的战略意义：

- 该风险企业是否会维持我们在新领域的竞争力？
- 它能否有助于创造可防御的利基？
- 它能否有助于识别不应向何处前进？
- 它在多大程度上可能将公司置于风险境地？
- 公司何时以及如何退出风险企业的控股？

对于第二个维度（即与现有技术和能力的相近性）的评估更加困难。一方面，一个新的风险企业可能是由新开发的技术和能力驱动的；另一方面，一个新的风险企业也可能会驱动新技术和能力的开发。前者与“渐进”战略是一致的，即多元化是自发演化的结果；后者则是“理性”战略的体现，以新市场机会的识别带动。这些相互矛盾的方法的相对优势及其启示在第 4 章中已作详细讨论。

无论创建新风险企业的首要动机是什么，都需要综合考虑技术、产品或潜在的市场机会。评估风险企业提案与既有技术能力的相近性的问题包括：

- 该风险企业需要怎样的关键能力？
- 公司将在何时、何地、如何获得这些能力？成本是怎样的？
- 这些新能力将对现有能力产生怎样的影响？
- 其他什么地方可以开发这些能力？
- 还有谁有能力做这件事，甚至可能做得更好？

沿着这两个维度对新的风险企业进行评估有助于决定该风险企业的组织和管理方式。其中，战略意义会决定所需的行政控制强度，而与既有技术能力的相近性会决定所需的运营整合程度。总的来说，战略意义越大，公司和风险企业的行政联系就越密切；相似地，技术能力与核心活动越相近，提高效率所需的运营整合程度就越高。将两个维度放在一起就形成了新风险企业的组织和管理的不同选择。在本节我们探究公司内部风险投资的设计和管理，之后是合资企业和联盟的角色和管理。

常规运营所需的管理结构和流程与管理创新所需的非常不同。压力一方面来自公司长期战略计划，另一方面来自短期财务控制，二者结合起来就产生了注重详细计划以及通过产品流程的渐进式开发实现稳定增长的公司环境。

- 预算体系偏向于渐进式改进带来的短期回报；
- 生产系统重视效率胜过创新；
- 销售和市场营销是基于现有的产品和服务进行组织和计算回报的。

这样的环境不太可能诱发突破性创新。一个公司内部风险企业在试图利用大组织的资源的同时，也要提供一个更加有利于突破性创新的环境。当公司想要进入一个新市场或者开发一项新技术时，可能就需要一个公司内部风险企业。将潜在的新风险企业与核心业务相区别的因素是风险、不确定性、新颖性和意义。一个公司内部风险企业是一个独立的组织或系统，专门为新颖、高风险而又有高增长潜力的业务所设计。“内部创业”这个概念有时候用来描述公司内部的创业活动。然而，仅仅在大组织内提倡创业是不够的。创业本身不是目的，应当追求商业产出。创业并不一定产生卓越的组织绩效，除非它与异质化或不确定环境下的合适的战略相结合。[13]这表明要针对公司风险投资制定明确的战略目标，并为了实现这些目标选择相应的组织结构和流程。

创建公司内部风险企业的动因有很多[14]：

- 实现业务增长；
- 开发未充分利用的资源；
- 对内部供应商施加压力；
- 剥离非核心业务；
- 满足主管的野心；
- 分散产品开发的风险和成本；
- 满足主流业务的周期性需求；
- 学习风险投资的过程；
- 实现业务多元化；
- 开发新的技术或市场能力。

下面逐一讨论这些动因，并提供例子。前三个主要是运营层面的，其余的则主要是战略层面的。

实现业务增长

想要达到和维持期望的增长率是公司接受风险投资的最普遍原因，特别是当核心业务日趋成熟的时候。依分析时间框架的不同，增长率高于国民生产总值（GNP）增长率的公司只有 5%～13%。[15]然而，对于公开上市的公司来说，实现增长率的压力很大，因为金融市场和投资者都期望增长率得到保持甚至提高。对于增长的需要也左右着公司风险投资的其他动因。

以新方式开发未充分利用的资源

这既包括技术资源，也包括人力资源。通常，一个公司面对未充分利用的资源有两种选择：要么将其分离并外包流程，要么从外部客户那里得到额外的回报。然而，如果公司想要保持对技术或人员的直接的内部控制，它可以成立一个内部风险团队来向外部客户提供服务。

对内部供应商施加压力

当外包和内部服务的市场竞争已成为潮流时，对内部供应商施加压力是必要的。当一个内部业务活动被分离出来形成市场竞争时，需要作出一个决定——这个业务是要经受住现实商业竞争的考验，还是仅仅在竞争中自我学习与提升。如果公司的客户可以撤销合同，那么对学习将毫无益处，公司应该变卖该业务，使它可以更好地在其他领域竞争。例如，通用汽车公司通过要求其主要供应商代顿工程实验室（Delco）必须有一定比例的外部收益，使其处于竞争压力之下。

剥离非核心业务

关于战略中心的好处已有许多著述，回归本源以及创造精益组织等思想都主张将可外包的业务分离出去。然而，这个过程可能会影响处于不断变化的竞争性环境中的能力的多样性。新的风险企业可以提供一种机制来释放外围业务活动，同时保留一定的管理控制权和财务利益。

满足主管的野心

随着业务活动发展到生命周期的不同阶段，它会需要不同的管理风格来取得最大回报。这可能意味着负责某个业务领域的管理团队会发生改变，无论是从孕育阶段到增长阶段，还是从增长阶段到成熟阶段，或是从成熟阶段到衰落阶段。若业务领域的要求发生改变，可能形成一个矛盾的处境：在位的高层管理者富有野心，希望业务增长，然而他们管理的业务已经到达了增长的极限。为了让这样的主管保持投入状态，公司不得不创造新的变革或扩张机会。这些主管不仅是风险投资机会的潜在促进者，而且可能成为风险投资机会的潜在创造者。例如，英特尔公司一直就有一个风险投资计划用于相关的外部的新风险企业，但在1998年它制定了新企业计划，从根本上支持自己的员工发展新企业。"员工看到我们把很多钱投到外部公司，认为我们应该投资于我们自己的想法……员工不断告诉我们他们想要变得更有创业能力。"这项计划仅仅投资于与核心微处理器业务不相关的风险企业，在1999年吸引了400多项提案，其中24项得到了资助。

分散产品开发的风险和成本

分散产品开发的风险和成本有两种可能的情况：(1)技术或专业能力需要进一步开发，然后才能投入到主流业务或转卖给当前外部市场；(2)某个待开发产品的销售额必须证明其财务可行性，其目标顾客必须超出现有顾客。这两种情况下的挑战都在于，了解如何在当前的市场之外发展风险企业。很多时候，当现有市场条件对于某个产品而言不充分时，研发部门会继续进行产品的开发和完善。如果中间市场得到开发，将有益于节约开发的财务成本或最终产品的成型费用。

满足主流业务的周期性需求

为了解决需求周期性变化的问题，波音公司组建了两个部门——波音技术服务部（Boeing Technology Services，BTS）和波音联合产品部（Boeing Associated Products，BAP），以实现其工程和实验资源在重大开发项目间隙的充分利用。对BTS的特殊要求是"在BTS与重大的波音产品线活动的日程或投入不冲突的前提下，将多余的工程实验资源售出"；BTS一直严守这个规定，并且确保当主流业务需要时将外围活动取消。BAP的创建则是为了将波音可用于自身产品之外的发明实现商业化开发。每年由员工提交的发明提案大约有600项，都要经过市场评估和专利评估。特许协议被用于创造这些发明，当前有 259 项协议正在执行中。除了公司和参与项目的员工会获得财务利益外，这项计划还被认为有助于培养组织内的创新精神。

学习风险投资的过程

风险投资是一项高风险的活动，因为与之相关的不确定性很高，而我们又难以按照主流业务的方式去理解其管理流程。如果要做一项学习性的练习，并且选择一个特定的活动来经历其过程，那么设定好目标和评估时间表很重要。这不仅是为了从中获得最大利益，对于作为风险企业带头人的个体也很重要。例如，NEES Enery 是 New England Electric Systems 公司的子公司，其设立一方面是为了带来财务利益，另一方面是为了作为实验室让母公司学习如何创办新的风险企业。[16]

许多公司会开展一些业务活动，提供"干中学"的机会，但很少为这种学习设定时间界限，因而很少有将这种风险投资活动视为"真正的业务"的正式决策。这会使进取型主管丧失热情，也会损害潜在机会的真正价值。

实现业务多元化

尽管目前的讨论中业务开发往往是以相对较小的规模进行，但未必一定如此。公司进行风险投资往往是为了创建公司层面的新业务，希望通过多元化实现增长。因此，内部创业的活跃度降低与公司重视战略重心和效率有关。例如，现有业务流程的识别和再造在 20 世纪 90 年代中期一度很流行，但随着这种方法的利益被挖掘殆尽，公司开始开发一些创造新业务的机会。这样的多元化可能是垂直的，即整合当前流程的下游或上游从而获得更大比例的附加值；也可能是横向的，即开发现有能力在新的产品市场的用武之地。

开发新能力

增长和多样化通常基于对新产品市场中现有能力的利用，但企业风险也可以视为学习新能力的机会。[17]

一个组织可以通过实验来获得知识，这也是正式的研发和市场研究活动的主要特点。然而，一个公司的不同职能部门如何发展其特定的信息参照和过滤体系会受到其经验和责任的影响，而这又会影响它们如何理解信息。只有存在多元化的理解时才能实现更深入的组织学习，而一个公司内部风险企业可以不受现有技术和市场需要的局限，因而可以更好地实现这一点。

与之相似，一个公司内部风险企业可以作为公司内部信息传播的"经纪人"或"清理员"。实际上，大型组织往往不知道自己知道什么。许多公司现在利用数据库和群组软件来帮助存储、检索和分享信息，但这些系统通常局限于硬数据。结果，具有潜在统合性信息的职能小组或业务单元却可能不知道这些信息可以应用于何处。只有当一个组织内多个部门获取新知识并认识到其潜在用途时，才能产生组织学习。

实践中，建立公司内部风险企业的首要动机是战略性的：随着既有市场日益成熟，实现战略目标和长期增长（见表 12-1）。然而，人员因素也很重要。产业和国家层面存在差异。在美国，新的风险企业也被用来刺激和促进创业管理；而在日本，新的风险企业有助于为那些从核心业务转岗出来的主管和员工提供工作机会（见表12-2）。然而，首要目标必须是战略性和长期性的，这样才可以在重要的管理和投资上得到充分的保障。研究札记12.2给出了支持企业风险投资的四种方式。

表12-1 英国的风险投资目标

目标	重要性的均值*
长期增长	4.58
多元化	3.50
促进创业行为	2.68
激发内部研发	2.23
短期财务回报	2.08
摊销研发成本	1.81
生存	1.76

说明：1=最不重要，5=最重要。
资料来源：Withers Solicitors，*Window on technology*：*Corporate venturing in practice*. 1997，London：Withers.

表12-2 美国和日本风险投资动机的比较

	美国公司（$n=43$）	日本公司（$n=149$）
实现战略目标	76	73
基础业务已趋成熟	70	57
让经理人面对挑战*	46	15
生存	35	28
培养未来经理人*	30	17
提供就业岗位*	3	24

说明：$n=90$；*表示具有显著的统计差异。
资料来源：Block，Z. and I. MacMillan，*Corporate venturing*：*Creating new businesses within the firm*，1993. Boston：NIA Copyright © 1993 by the President and Fellows of Harvard College：all rights reserved. Reprinted by permission of Harvard Business School Press.

研究札记12.2　　风险投资的四种方式

对美国约30家大公司的风险投资研究发现了两个重要维度，它们构成了风险投资的四种不同方式。这两个重要的维度是所有权的归属和融资，即涉及公司中哪个部门、什么人对风险投资负责。例如，采用中心式的风险投资单元还是分散式的项目？风险企业如何融资和获得资源？采用集中投入的融资方式还是临时专项资金的方式？这两个维度形成了四种不同的方式，每一种都有不同的管理问题。

1. 机会主义式——没有专门的风险投资制度设计或资源。这种方法依赖于支持性的组织氛围，以鼓励本地开发和评估基于一个个项目的提案。例如，Zimmer Medical Devices公司采纳一名外科手术医生关于新的髋关节修复技术的提案，成立了研究所，培训6 000多名外科手术医生来掌握这种新的伤害最小的手术方法。

2. 授权式——没有正式的公司所有权，但提供充分的流程和资源方面的支持。当新的风险企业可以作为既有业务部门的一部分时，最适合采用这种方式。例如，谷歌提供时间、资金和奖励，以鼓励和支持那些扩展核心业务的新创意的开发。

3. 支持式——组织所有权是明确的，但没有特别的资金支持。这种方式适用于公司有充足的资源从事风险投资，但是缺少专门的技能或支持时。例如杜邦发起了“Market Driven Growth”计划，包括为期 4 天的商业计划培训和研讨会，并允许高层管理人员参与和指导。

4. 生产制作式——既有正式的公司所有权，又有充足的风险资金。这要求公司对风险企业有大量的资源投入，因而也要有大量潜在项目以使这种方式可行，例如 IBM 的“Emerging Business Opportunities”计划和卡吉尔（Cargill）的“Emerging Business Accelerator”计划。在这种情况下，目标就是建立新的企业，而不仅仅是开发新产品或服务。

资料来源：Wolcott. R. C. and M. J. Lippitz, The four models of corporate entrepreneurship. *MIT Sloan Management Review*, 2007. Fall, 74-82.

12.3 管理公司内部风险企业

一个公司内部风险企业很少是自发形成或意外收获之物。公司风险投资是一个需要投入精力去管理的过程。管理的挑战在于创造一个鼓励和支持创业的环境，发现和支持潜在创业者。实质上，创业投资的过程比较简单，包括发现新风险企业的发展机会、评估以及提供必要的资源支持。在界定和发展过程中，有六个明显的阶段。[18]

界定阶段如下：

1. 创建一个鼓励产生新想法、发现新机会的环境，建立一个管理创业活动的流程。
2. 选择和评估新风险企业的发展机会，选择合适的主管负责执行风险投资项目。
3. 为新的风险企业制定一份商业计划书，决定风险企业的最佳选址和组织形式，并开始运营。
4. 发展阶段。
5. 关注风险企业的发展以及风险投资过程。
6. 随着企业成长并成为公司的一部分，认可风险企业的成果。
7. 从经验中学习，从而改善整体的风险投资过程。

创造一个有利于创业活动的环境是最重要的，但也是最难的。一些促成创业文化的肤浅的方法可能适得其反。事实上，风险投资应当是整个公司的责任，高层管理者应当提供充分的资源以及实施相应的流程，以表明自己对于风险投资的长期投入。

概念化阶段包括新想法的产生和机会的识别，新的风险企业可能以这样的机会为基础得以发展。研发和市场营销的互动联系是概念化阶段的重中之重，但新风险企业的概念化之范围比传统研发或营销职能都要广泛，并且受到现有业务需要的制约。在这个阶段有三个基本选择：

1. 依靠研发人员的技术开发发现新的商业机会，这本质上是技术推动法。
2. 依靠营销经理发现机会，并指导研发人员从事相应的开发工作，这实质上是市场拉动法。

3. 鼓励营销人员和研发人员共同合作创造机会。

技术推动法被称为“第一代研发”，市场拉动法被称为“第二代”，二者的密切结合被称为“第三代”，这表明公司应当进一步加强二者的联系。[19]战略定位问题已在第4章详细讨论。从理论上讲，第三个选择是最受欢迎的，因为它能够促使技术可能性和市场机会在概念化阶段就结合起来，此后才将实质性资源投入评估和开发阶段。然而在实践中，技术推动是更占主导性的策略。这是因为在概念化阶段，要想知道什么是可行的、什么是不可行的，以及由此判断最终产品可能具有怎样的特点，必须有高度专业化的技术知识。尽管如此，研发人员还是容易局限于某个特定的技术方案，或者将精力用于满足非典型用户的需要。因此，管理者必须确保研发人员在技术或市场要求等发生变化的情况下能够充分灵活地修改或放弃其提案。

彼得·德鲁克识别出一些创意和机会的来源，并且提出搜寻创意和机会应当是一个系统化的过程，而不应当仅仅依靠突发奇想。[4]他提出七个常见的机会来源，这些都应当成为经常关注的方面：

- 人口变化；
- 新知识；
- 不一致（例如期望和现实之间的鸿沟）；
- 产业或市场结构的变化；
- 意外的成功或失败；
- 流程上的需要；
- 观念的变化。

其他的创意来源包括贸易展、展会和行业杂志。对于新的风险企业来说，有四个主要的创意来源：

- “灵光一现”；
- 客户要求一种新产品或服务；
- 对公司能力和业务流程的内部分析；
- 对相关技术、市场或服务等外部机会的搜寻。

与常识不同的是，“灵光一现”是最不常见而且最具风险的新创风险企业的创意来源，因为其他来源都受到来自市场需要、技术专长或两者兼具的某种直接刺激。这类创意既可能来自运营层面，也可能来自管理层面。前者可能难以找到有效的拥护者，而后者可能太有权有势，以至于创意未必经过细致的测试就被强行推动。搜索提案和拥护提案之间应当实现某种平衡。相反，基于顾客要求的风险企业最有可能成功，因为潜在市场在一定程度上已经存在。然而，这样的风险企业通常是基于某种既有产品或服务的改进或扩展，因此较少产生突破性的新业务。这些往往是自下而上的倡议，而最大的问题在于决定潜在新业务与既有业务或部门的关系。到目前为止，最有前景的两种风险企业是在对内外部环境系统进行研究的基础上建立的，这也是我们在第2章所提倡的方法。

风险投资公司可以帮助企业关注外部环境并且不受干扰，甚至能以匿名方式掌握潜在合作伙伴的股份。这在医药行业很常见，医药公司用各种手段深入了解生物技术公司的知识，包括直接投资、特许交易和通过专业管理的风险基金间接投资。对于具有高度战略重要性的技术，首选方式是直接投资；流程和产品开发适用特许经营；新兴技术适用间接投资。[19]

发现新的风险企业的潜力之后，必须要有一个产品拥护者说服高层管理者：该商业机会不仅技术上可行，而且具有商业吸引力，从而证明开发和投资的合理性。潜在公司创业者可能会面对明显的政治障碍：

- 他们必须在公司有一定地位，以说服他人认可这个风险企业的重要性和可行性。
- 他们很可能缺少资源，但不得不和已确立地位的部门和经理开展内部竞争。
- 作为变革和创新的推动者，他们至少要面对组织的冷漠和无动于衷，在更糟糕的情况下还要面对有敌意的攻击。

为了扫除这些障碍，一个风险企业经理不能仅仅拥有一份可行的商业计划书，还必须具有政治技能和社会技能。此外，产品拥护者必须能够在计划之外的不可预测的环境中高效地工作。这与运营部门的许多研发活动是不同的，更具有连续性和系统性。因此，一个产品拥护者需要有奉献精神、灵活性和运气来实现关注点从产品概念转向公司内部创业，还要有扎实的技术和市场知识。产品拥护者往往需要一个与之互补的组织推动者，后者能够将潜在风险企业与公司的战略和结构联系起来。当一个新的风险企业成立时，需要如下一些关键角色[20]：

- 技术创新者，负责主持技术开发；
- 商业创新者或风险创业经理，负责风险企业的整体进展；
- 产品拥护者，帮助企业度过早期关键阶段；
- 执行推动者或组织推动者，作为保护者缓和公司和风险企业之间的冲突；
- 高层执行官，负责对风险企业的资源进行评估、指导和授权，但不必关心具体运营。

一个新的风险企业要有两种能力：开发产品、流程或知识库所需的技术知识，以及与市场和母公司沟通所需的管理专长（见表 12-3）。在具体情况下，需要解决的两难困境在于，是允许和支持技术专家扮演产品销售和商业管理的角色，还是在他们之上安排一个经理负责指挥。

表 12-3　技术导向和商业导向的系统的差异

	研发人员	营销人员
工作环境		
结构	界定清楚	界定模糊
方法	科学的、编码的	临时的、直觉的
数据	系统的、客观的	非系统的、主观的
压力	内部：需要多长时间？	外部：我们有多少时间？
专业导向		
假设	灵感	计划
目标	新创意：这能否改进？	大创意：这有用吗？
绩效标准	技术质量	商业价值
受教育水平和经验	深且专	广而博

让项目经理担任风险创业经理往往很危险。尽管这些人充分了解产品，但他们难以实现性能/价格之比的最优化，或许不能意识到产品的商业价值，并且在谈判过程中缺乏经验。很难找到一位符合要求的经理：他能够将产品特性准确有效地传达给具有实际需求的顾客，将这些需求转告产品开发团队，并向公司总部说明风险创业管理的需要。前沿视点 12.2 讨论了管理内部风险企业所要面对的挑战。

前沿视点 12.2

在 QinetiQ 发现新机会

企业往往倾向于将它们的战略愿景限定在既有行业的传统边界之内。它们相信这是不会变的。当它们被要求打破陈规或在商业模式上进一步发挥创造力时，它们仍在传统空间内竞争，因为它们并没有明确认识到自己的运营边界在哪里。

那些不允许自己被限定在现有行业边界内的公司往往能够创造新的利润空间。在传统战略中，只要找到“痛点”并找到解决方案即可。而我们用“痛点”来寻找“非顾客”。

这种打破边界的方法使探索过程可以深入非顾客的未知领域。通过运用每六个一组的备选“透镜”，参与者得以挑战和质疑传统边界背后的隐藏假设。

对于每种边界类型，我们运用“相反法则”，即一系列特定的批判性问题来提炼出对潜在新市场空间的洞察。并不是所有的边界都产生新的市场机会，但可能产生贯穿其他边界的见解。

对于识别新的市场机会颇为重要的是看见并描述先前被忽略的顾客的能力，并依次提供一个重构的价值主张。

整个过程包括：

1. 清楚地描述产品所在的行业，这需要涉及行业界定的诸多维度——战略群组、买方链、价值主张、吸引力、时间和趋势。

2. 对于每个现有顾客，以图示描述其购买体验周期，从而识别“痛点”。

3. 明确识别核心顾客，并将其排除在考虑范围之外。

4. 将“相反法则”逐一用于每个边界，以发掘在既有的行业边界之外是否存在新的顾客群。

5. 一旦新的顾客群被鲜活地描述出来，立刻实施现场调查以找到这样的人，从而证明新机会的存在。

6. 针对这个人的需要提出一系列假设性的服务。

7. 从所有新机会中剔除对于满足非顾客群体的需要来说最低效的一系列价值主张。

要清楚认识到，这个过程一开始可能让人感到很奇怪，这更像是打开潘多拉的盒子，而不是结构化的分析。市场边界分析的成果是一系列非顾客空间。要知道，并不是所有六个维度的替代市场都会产生结果，通常两到四个路径能够提供有意义的见解。

资料来源：Carlos de Pommes，QinetiQ，www. qinetiq. com.

12.4 评估风险企业

对于潜在风险企业最好的过滤机制取决于风险投资的动因。罗伯特对这一点作了如下说明：

> 要评判一个 CEO 是否有战略，最好的时机就是当管理团队在工作中评估机会，特别是面对与现有业务关系不大的选择时。在这些情况下，我们发现当面对不熟悉的机会时，管理层会使其通过一个分层级的漏斗系统。最高层级的漏斗就是考察产品、顾客和该机会创造的市场与该业务的一个关键元素或驱动因素之间的匹配。这表明管理层有一个合理的决策漏斗。[21]

在评估任何风险企业时，最重要的就是明确新市场、新业务或新技术的目标和成功标准。所采用的评估方式取决于潜在风险企业的规模、当前了解产品者的能力，以及随后的评估是否会引入新的合作伙伴或管理人员。（可参见案例研究 12.7 中对朗讯科技如何处理这个问题的描述。）风险企业中的相关管理人员需要撰写一份计划书，以检验他们是否对这项业务以及技术本身有充分的了解。内部管理人员充分参与市场调研是很重要的。市场调研顾问的作用应当仅限于提供通往潜在市场的第一条通路。关于产品，特别是新出现的、具有新应用机会的产品，没有人比产品开发者本人更了解与之相关的问题，更何况他们的未来职业生涯都可能取决于这项事业。

案例研究 12.7

朗讯科技的新风险投资集团

朗讯科技创办于 1996 年，是从 AT&T 享有盛誉的贝尔实验室分离出来的。朗讯在 1997 年建立了新风险投资集团（New Venture Group，NVG）来探索如何更好地利用其研究人才，着重开发利用那些不适合朗讯当前业务的技术，其使命是："……利用朗讯的技术创办新的风险企业，从而将创新成果更快地引入市场……创造更具创业性的环境，提倡和奖励速度、团队合作和谨慎的冒险。"与此同时，采取措施保护朗讯内部的主流研究和创新过程不受 NVG 的潜在干扰和影响。为了实现这个平衡，整个流程的核心是 NVG 管理层和朗讯研究人员的定期会议机制，会议中采用提名制对创意进行评估。这些被提名的创意首先交给朗讯内部的现有业务集团，这会给现有业务集团施加压力，使其作出关于前瞻技术的决策。正如 NVG 的副总裁所说，"我认为 NVG 带来的最大、最实际的好处就是调快了整个系统的运行速度"。

如果被提名的创意得不到现有业务的资源支持，NVG 就可以为此制定一份商业计划书。商业计划书中的风险投资退出策略包括：被朗讯收购，外部转卖，公开上市(IPO)，或者特许经营。最初的评估阶段通常要 2～3 个月，花费为 5 万～10 万美元。在随后的内部融资阶段，平均每个企业需要 100 万美元左右，之后的阶段往往会涉及外部风险投资公司，它们从事"尽职调查"评估，并在资金和管理方面作出贡献。截至 2001 年，有 26 家风险企业通过 NVG 得以创建，并且吸引 30 家外部风险投资公司共投入 1.6 亿美元。有趣的是，朗讯后来从 NVG 创造的风险企业中以市场价收购了 3 家公司，这 3 家公司都是基于之前被朗讯否决的技术创办的。这体现了公司风险投资的一个好处——挽回错误的判断，即那些最初被认为太糟糕而不值得支持，在传统开发过程中被否定的项目。然而，随着电信和其他科技股股价的下跌，2002年朗讯以低于1亿美元的价格将其在剩余风险企业中80%的股份卖给了外部投资集团。

资料来源：Chesbrough. H.，*Open Innovation*. 2003，Harvard Business School Press，Boston，MA.

商业计划书的目的和本质会因是新风险企业还是成型的公司而不同。对于新的风险企业来说，计划书的主要目的是考察是否要成立新公司，以及策划如何操作，从而吸引关键人员和资源。对于成型的公司来说，计划书的目的就是关注和控制绩效。新风险企业的计划书在技术和商业方面会比既有公司有更大的不确定性。新风险企业的计划书有10个必不可少的元素（见表12-4）。评估公司风险投资的商业计划书，主要标准是战略匹配性和对竞争地位的潜在促进作用。除了这些基本要求之外，美国公司和日本公司所采用的标准有显著不同（见表12-5）。

表12-4　新风险企业的典型商业计划书的构成

1. 业务描述，包括其目标和特点；
2. 新企业与母公司的战略关系；
3. 目标市场，包括规模、趋势、占有动因和具体目标顾客；
4. 评估当前和未来的竞争；
5. 所需的人力、物力和财务资源；
6. 财务预测，包括财务假设和敏感性分析；
7. 清楚界定里程碑和项目是否推进的判定条件；
8. 主要风险以及如何管理风险；
9. 对失败的界定，以及在什么情况下风险企业不应当被终止；
10. 对风险企业的管理层和所需报酬的描述。

表12-5　选择公司风险投资项目的标准

	美国（$n=39$）	日本（$n=126$）
战略匹配度	4.1	3.9
竞争优势	4.0	3.8
潜在投资回报*	3.9	3.6
存在市场*	3.9	4.4
潜在销售	3.9	3.9
风险回报比率	3.8	3.6
有产品拥护者	3.6	4.0
协同作用	3.5	3.7
开创新市场的机会*	3.1	3.8
接近现有技术*	2.9	3.5
专利性*	2.3	2.9

说明：1=不重要，5=至关重要。*表示具有显著的统计差异。

资料来源：Block，Z. and I. MacMillan，*Corporate Venturing*：*Creating New Business Within the Firm*. 1993，NIA，Boston. Copyright © 1993 by the President and Fellows of Harvard College：all rights reserved. Reprinted by permission of Harvard Business School Press.

风险企业的架构

新风险企业的选址和架构取决于一系列因素，最重要的是该活动与核心业务的相近程度。一个风险企业的核心活动与母公司的技术、产品和市场是否相近，决定了风险企业要面对多大的学习挑战，以及怎样与母公司之间保持最合适的联系。实践中，对学习的优化和对既有资源利用的优化之间很可能存在一定的取舍。风险企业需要从母公司那里获取资源、技术知识和信息，得到足够的关注和投入，同时得到政治上的保护，以便它们与目标市场建立最优的联系。对这些往往相互矛盾的因素的考虑，将最终决定风险企业的最佳选址和架构形态。

伯格尔曼和塞尔斯（Burgelman and Sayles）对一家大型美国公司的六个内部风险企业的经典研究说明了建立和管理内部风险企业的困难。[22] 该研究证实，没有任何单一的组织形式是最优的，在不同的环境中需要不同的结构和流程。组织结构的选择取决于风险投资活动的层级和紧急程度、要建立的风险企业的性质和数量，以及公司文化和经验。从本质上讲，这取决于学习新能力和利用既有能力两种意愿之间的平衡（见图 12－5）。例如，面对电子商务，已成立的公司需要决定是应该将其作为单独的业务来开发，还是将其完全整合到既有业务中。没有哪一种战略或结构在本质上胜出一筹，最终的选择取决于对资产、运作、管理和品牌等方面相关性的考虑。[23] 公司内部风险企业的设计选项包括：

- 直接与既有业务整合；
- 整合式业务团队；
- 在公司层面设立一个专门的职能团队提供支持；
- 独立的公司风险投资单元或部门；
- 撤资和分拆。

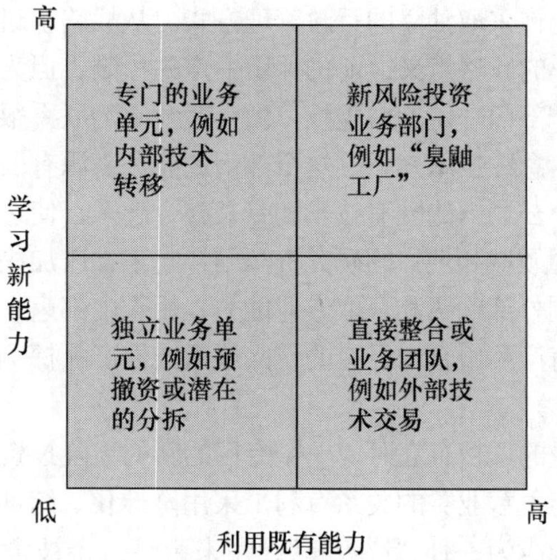

图 12－5　公司创业的最有效结构取决于利用与学习之间的平衡（开发与探索）

资料来源：Tidd，J. and S. Taurins，Learn or leverage? Strategic diversification and organisational learning through corporate ventures. *Creativity and Innovation Management*，1999. 8（2），122－9.

每种结构都需要有不同的指导和管理方法，即流程、汇报机制和问责制度。在欧洲和美国所做的风险投资研究对上述几个选择做了阐述。[24]

直接整合

直接将风险投资业务作为一项新增业务与既有业务整合，适用于产品或流程设计的根本性改变可能对主流运营产生直接影响，并且相关人员无法从日常运营中抽身的情况。例如，许多工程技术公司将咨询业务引入公司业务组合，而在其他有着大型实验设施的技术型组织中，它们也会把实验资源出售用于样品分析、材料检测等。在这种情况下不可能将这种活动外包，因为核心业务需要的是同一批人员和设备。

整合式业务团队

整合式业务团队最适用的情况是，当所需的专业能力需要在主流运营中培养，并且与开发相关的运营存在支持与被支持的关系时。从战略上来讲，产品与主流业务的关键技术或专长紧密相关，以至于管理层希望保留一定的控制权。这种控制要么是保护活动内在的知识，要么是保证未来开发的知识回流。为了协调内外部客户的采购，要成立一个由借调员工组成的业务团队。它们通常被作为独立的主体，以方便之后将其转变成特殊业务单元。

新的风险投资部

一个新的风险投资部是独立于常规管理层级之外的一个群组，专门负责促进外部交易。它最适用的情况是，当运营层面较频繁地产生新的项目，而这些活动提案却可能在现有市场之外，或者提供了不同的产品时。当既有的专长零散分布在组织中，每个来源都可能吸引不同类型的顾客时，这是最常用的交易方式。这个群组专门负责市场营销、谈判和签合同，但技术方面的谈判和服务在运营层面实现。

一个新的风险投资业务部门可以提供一个安全的庇护所，令许多项目在组织内产生。这里也允许采取独立的行政管理方式。从战略上讲，高层管理者可以在充分理解每个风险企业的战略意义之前仍保留一定的控制，但为了保证主流业务的效率不受干扰，必须授予部门一定的自主权。由于运营上的联系很松散，因而部门还可以与公司自由地交流信息和技术知识。这个部门的业务来源有很多种：

- 将整个公司内的既有技术和专长整合起来，使之适应新的或既有的市场；
- 将不同领域和地点的研究资源结合起来，以加快新产品开发；
- 从公司外部购买和获取专业能力，用于内部运作或辅助新的开发项目；
- 为现有产品组合中已有的产品或适应性产品探测新的市场空间，将之作为潜在目标。

当有大量的项目存在时，一个专门的新的风险投资业务部门就可以更加关注外部环境，而且与主营业务的关系有利于采用全球化、跨部门的视角。遗憾的是，这个业务部门也可能成为一种“垃圾箱”，用来装每一个被舍弃的新机会。因此重要的是界定其运作的范围，明确其使命，特别是明确某个具体项目是否应终止的决策标准。

特殊业务单元

专门的新业务单元是完全属于公司的。高度的战略相关性要求公司有较强的行政控制力。这样的业务单元之所以能够产生，是因为它被认为有足够的潜力成为独立的利润中心，因此可以作为独立的业务实体进行评估和运作。这就要求从主流业务的运营角色中寻找关键人物。

要让大公司拥有完全所有权和控制权的业务成功，就必须能够在中期产生大量现金流收入。平均来说，业务成功运营所需的现金流临界值大约是控股公司总营业额的12%——在营业额达 2 亿英镑的公司恐怕需要 2 000 万英镑。但有些情况下，独立业务单元的门槛要高得多。对一项潜在的新业务，不能仅仅通过其相对规模或盈利能力来评判，更重要的是它支付自身开发成本的能力。例如，一个盈利的子公司如果不能支持自身的产品开发，可能永远也不会成为独立的新业务单元。

然而，将业务活动分离出来并不一定意味着拥有自主权。这类业务单元在市场上难以有效竞争的最大障碍就是其过分在意大公司的态度。如果新业务的主管认为母公司总是会以非市场价格帮助提供业务机会以及专业能力和服务，那么这个新业务单元就永远无法面对商业竞争的压力。反过来说，如果母公司想要保持完全所有权，实际上不可能把这个业务单元视为完全独立的。

独立业务单元

对于独立业务单元的行政控制取决于不同的所有权，这种业务单元可以是子公司，也可以只拥有小额股份。控制只能通过董事会实现。之所以建立独立业务单元而不是将其活动部门化，有两个原因：一是通过转移与主流业务不相关的活动中的管理和技术事务，从而专注于核心业务；二是促进从外部资源中学习，从而推动新技术应用或业务活动。这种结构对于母公司和风险企业双方都有好处：

- 使母公司规避风险，使风险企业获得更大自由；
- 母公司的监督指导责任较轻，对风险企业的干预较少；
- 减少对母公司管理的干扰，风险企业则更加专注于自身；
- 母公司持续得到相应股份的财务回报，风险企业的管理人员有更大的贡献；
- 对母公司来说存在资金回流、流程改进或产品开发的潜力，对风险企业来说则是学习的机会。

在成立独立业务单元时，技术人员的指派是最困难、最棘手的问题之一。如果未来产品开发的协调工作所必需的人才不愿意离开相对安全舒适的大公司部门，虽情有可原，但可能导致新公司止步不前。发现工作中最需要的人才至关重要，而且要根据他们的技术能力和个人特点综合考虑。同样重要的是，公司需要考虑这些个体离开主流开发工作会产生什么影响，因为这可能轻易地削弱母公司的运营能力。

发展性撤资

当业务活动对于主流业务来说不重要时，就适合采用发展性撤资的方法。产品或服务很可能是主流业务的衍生品，可以支持这些产品的开发，但没必要实施战略控制。这种组织结构设计可以使公司免于承担特定业务领域的责任。在撤资之前，要先确保外部市场得以建立，并且要给予充分时间来安排哪些员工应该留在公司，给新的风险企业一个适应期。母公司可能保留一定的所有权，也可能悉数撤出。

完全资产分拆

在完全资产分拆中，母公司不保留任何所有权。这本质上是一种撤资行为，即公司希望不再对该业务活动承担商业和行政上的责任。这可能是由于公司战略重心转移，导致该业务失去战略相关性或成为战略冗余。完全资产分拆使得母公司可以实现风险企业的内在价值，同时母公司的高层管理者可以专注于他们的主要业务。我们在12.3节中会详细讨论这一点。

公司风险投资要有与之最相称的结构。此外，图什曼和奥赖利还发现了在其他三个方面需要注意的组织因素，只有兼顾到这些才能实现他们所说的“灵巧”组织——新兴的、创业的、有风险的组织与更加稳固、可靠的组织并存[25]：

- 清楚表达一个明确的、具有感染力的、一致的愿景。这有助于为主流业务和风险创业的多元化需求提供一个战略导向。
- 建立一个能力多元化的高层管理团队。高层管理团队的组成和人口特征是很重要的。同质性往往形成一致的意见、快速的决策、顺畅的执行，但创造和创新不足；而异质性可能导致冲突，但也提供了更加多样的视角。为了达到平衡，这两位学者建议在资历上尽量同质化，在背景和视角上则尽量多元化。或者，高层管理团队可以相对同质化，中层管理团队则要更加多元化。
- 形成良好的团队合作。对创造力的需要和对执行力的需要之间要有所平衡，因而团队成员必须能够解决冲突并实现合作。

然而，在文献中关于公司内部风险企业的整合程度对其成功与否的影响有不同观点。一项对约100家加拿大公司内部风险企业的研究有力地支持母公司和风险企业之间高整合度的方案。研究发现，风险企业的成功与母公司显著强相关——特别是对母公司的系统和资源的使用，与之相反，风险企业的自主性则对应于较低的业绩。[26]这似乎与大多数研究者的观点相悖，后者认为风险企业的管理独立性与成功呈正相关关系。例如，一项对施乐的衍生公司的研究发现，那些从母公司得到更多资助和高层管理者参与的风险企业，不如那些由专业的风险投资和外部管理者参与的企业成功。[27]造成不一致的原因可能是评估周期和成功标准的差异：加拿大的研究中对成功的衡量是基于里程碑目标的实现，新风险企业的平均年限少于5年；施乐的研究使用了两个衡量成功的指标，即平均增长率和财务市值，其考察对象已成立20年以上。无论怎样，这都反映出在自主权和整合度上实现平衡有多难。一项研究发现：

> 内部创业者面临两个选择：要么潜入地下工作，要么作为新风险企业分拆独立——无论母公司是否支持……因而值得推崇的模式是：分拆为独立的新公司，与母公司达成协议，由母公司提供技术、人员和可能的现金支持，以换得最小股权。母公司可以在董事会占有一到两个席位，提供指导建议、人脉资源和营销协助，还可以分享其研发和试制的生产资源等，但不得干预管理……但与母公司的持续合作也要付出代价……因为母公司在董事会占有席位，可以监控和影响技术的演变路径，更重要的是对市场的影响。[28]

上面的问题很重要，因为施乐研究发现，衍生公司从最初的计划演变为最终成功的商业模式，都与母公司非常不同，并且需要大量的实验来开发技术和探索市场。

通过内部风险投资学习

不同的公司风险投资的成功率相差甚远，但平均来说，大约半数的新风险企业能够成为运营部门，这表明风险投资相对于收购或兼并来说是一个风险较低的多元化策略。通常，一个风险企业会在两三年内实现盈利，大约半数的风险企业能够在六年内盈利。然而，整体的风险投资过程的盈利水平可能会因为几个重大失败而下降。能够持续成功地进行风险投资的公司，有以下几个特点：

1. 在评估失败的风险企业项目时，能够区分究竟是由于错误的决策还是由于运气不佳；
2. 根据预先达成共识的里程碑来考察风险企业的进展，并在必要时予以纠正；
3. 必要时终止一个风险投资项目，而不是勉强继续投资；
4. 将风险投资看作一个学习的过程，从失败和成功的项目中积极总结和学习。

内部风险投资的失败有两个主要原因：战略反转和紧急性陷阱。当新风险企业和母公司的时间表存在冲突时，就可能出现战略反转。一个内部风险企业的设立可能有很多原因：实现多元化战略、高层管理者的冒险、公司现金过多或者公司主营业务下滑。无论是哪个原因，内部环境或外部环境都不可能在整个新风险企业的生命周期中保持稳定。一次环境变化就可能导致一家风险企业胎死腹中。即使是正常的商业周期，也可能影响新风险企业的命运。例如，总公司利润和新风险企业的数量之间有明显的强相关关系。[29]

风险企业失败的另一个更加微妙的原因是紧急性陷阱。随着风险企业扩张，可能会导致内部利益纷争。成功招致嫉妒，最终难免会有人试图釜底抽薪。母公司和风险企业的文化和管理风格的差异可能会放大这些问题（见表 12 - 6）。特别是当新的风险投资业务部门高调风光，成为公司投资的重心时，它就更容易受到公司业绩变化或管理层情绪的影响。

表 12 - 6　母公司和风险企业的管理层的潜在冲突源

母公司管理层	新风险企业的管理层
中等程度的不确定性	技术和市场的高度不确定性
对计划细节的强调	对机会主义冒险的重视
谈判和妥协	自主行动
公司利益和规则	个人主义和灵活机动
同质性文化和经验	异质性的背景

实际上，在快速增长和学习之间存在取舍。一个新的风险企业不可能有无限长的时间来证明自己存在的合理性，大多数情况下公司管理层会设定很高的增长和财务回报目标，用以抵消新风险企业内在的风险和不确定性。如果成功，风险企业就能很快拥有良好的业绩记录，并因此获得公司管理层进一步的支持，从而走向增长与投资的良性循环之路。相反，如果风险企业在早期未能实现销售或回报的增长，它很可能得不到进一步的支持，因而更可能失败，陷入低投资和衰退的恶性循环。要避免这些问题，有如下几种方法[30]：

- 让公司或部门经理认识到风险企业的长期价值；
- 明确风险企业管理的职能、流程、范围和回报机制；
- 以独立的预算建立数量有限的风险企业；
- 为风险企业建立和维持多个资金渠道。

因此界定新风险企业的使命非常重要，只有如此才能相应采用最合适的资金规模和组织结构。公司成立新的风险企业可能为了充分利用现有技术知识，也可能为了促进学习，但不可能两者兼顾。因此，必须界定新的风险企业的业务范围和核心活动，以建立与其他职能的相应联系。当主要动机是学习时，必须建立支持新业务的系统和结构，而不是仅仅从快速的销售增长中获得好处。风险企业的具体结构及与母公司的联系形式将取决于产品技术和流程技术与产品市场的相关性（见表12-7）。

表12-7 新风险企业的类型以及与母公司的联系形式

风险企业类型	相关性			风险企业的核心活动	与母公司的联系形式
	产品技术	流程技术	产品市场		
产品开发	低	低	高	开发和生产	营销
技术创新	低	高	高	研发	研究、营销和生产
市场多元化	高	高	低	品牌营销	开发和生产
技术商业化	高	低	低	营销和生产	开发
异想天开	低	低	低	开发、生产和营销	财务

公司内部风险创业遇到的大部分困难，很可能是母公司未能清楚地界定风险企业的角色造成的。因此，只要确保从事风险投资创业的首要动机是明确的，并且母公司和风险企业的管理层都对此有清楚的认识，这种冲突就可以得到一定的化解。通过这种方式可以建立最合适的组织结构和管理流程。表12-8提出了公司内部风险投资的动机、结构和管理之间的恰当联系。

表12-8 公司风险投资的动机、结构和管理

首要动机	首选结构	关键管理任务
满足管理者的野心	整合式业务团队	激励和回报
摊销开发成本和风险	整合式业务团队	资源分配
利用范围经济	微型风险投资部	风险企业的重新整合
学习风险投资	新风险投资部门	开发新技能
业务多元化	特殊业务单元	开发新资产
从非核心业务撤资	独立业务单元	知识产权的管理

资料来源：Adapted from Tidd，J. and S. Taurins，Learn or leverage? Strategic diversification and organizational learning through corporate ventures. Creativity and Innovation Management，1999.8（2），122-129.

实践中很难评价公司风险投资的成败。简单的财务评估通常是基于与母公司其他投资项目在现金流收入、市场价值方面的比较。而投资项目的这两个指标都与考核时间高度相关。例如，在互联网泡沫的巅峰时期，金融市场估值表明公司风险投资的回报达到了70%甚至更高，然而几年之后这些所谓的回报根本就不存在了。又比如，一项对施乐的35家衍生公司为期22年的研究揭示，这些衍生公司的总市场价值在2001年是其母公司的两倍以上，在股市泡沫达到峰值时甚至达到母公司的五倍。[27]对公司风险投资的战略利益进行评估同样不容易，但如果时间足够长的话，最终是可以做到的。对1960—1990年通用电气超导体技术的开发和商业化的分析，反映了该技术是如何在内部研发中产生的，在达到某个阶段时，人们认为其市场潜力不足，必须调整进一步的开发投入。通用电气的两个运营业务部门曾得到这项技术，但都拒绝资助进一步的开发。由于不愿彻底放弃这项技术，通用电气在 1971 年建立了一家风险企业 Intermagnetics General Corp.（IGC）并控股 40%，以进一步开发。之后由于核磁共振成像技术的普及，通用电气旗下的医疗系统业务对这项技术的需求增长，通用电气成为 IGC 的首要客户。到 1983 年，这项技术对于通用电气的业务不可或缺，以至于通用电气不得不重新在这个领域开发自身的核心能力。[28]

12.5　衍生公司和新创风险企业

我们关于衍生公司和新创技术企业的知识，很多都是基于美国公司（特别是生物技术、半导体和软件公司）的经验。这些公司大多来自一个母公司或孵化器组织——通常要么是学术机构，要么是大型公司。大学孵化器的例子包括：斯坦福大学——它孕育了硅谷的大多数公司，麻省理工学院（MIT）——它造就了波士顿 128 公路创业园，以及英国的帝国大学和剑桥大学。特别是 MIT，已经成为学术孵化器的典型代表。其校友还在加利福尼亚北部创立了约 200 家新创技术企业，提供的就业岗位占硅谷的 1/5 以上。MIT 模式已经在世界范围内流传，但到目前为止成功的应用非常少。例如，1999 年英国剑桥大学成立了由英国政府资助的 MIT 合资企业，以在英国孵化衍生公司。然而，人们如何看待这个计划？风险投资家赫尔曼·豪泽（Hermann Hauser）说："斯坦福的校友创办了价值 1 万亿美元的公司，MIT 的校友创办了 5 000 亿美元的公司。至于剑桥，如果能得到 200 亿美元就算是幸运了。"造成这种差别的一个原因在于规模。软件公司 Autonomy 的创始人麦克·林奇（Mike Lynch）说："硅谷全长 60 英里，在过去的几个月里，规模在 5 000 万美元到 2 亿美元的融资活动有 70～80 个。在剑桥，恐怕能有一个就不错了。"

大型孵化器公司的实例包括施乐公司帕洛阿尔托研究中心（PARC）（参见案例研究 12.8）和美国的贝尔实验室。后者孕育了 Fairchild Semiconductor 公司，这家公司又产生了大量衍生公司，其中就包括英特尔、Advanced Memory Systems、Teledyne 和 AMD。类似的例子是工程研究协会（Engineering Research Associates，ERA），它产生了至少 40 家新公司，包括 Cray，Control Data Systems，Sperry 和 Univac（参见案例研究 12.9）。大多数情况下，孵化器公司提供了技术创业者，而相应的学术机构提供了其他所需人才。

案例研究 12.8

施乐公司帕洛阿尔托研究中心的衍生公司

施乐公司于 1970 年在加利福尼亚建立了帕洛阿尔托研究中心（PARC）。PARC 负责大量的技术创新，包括半导体激光、激光打印、以太网技术、网络索引与搜索技术。但舆论普遍认为，其最重要的创新大多来自离开公司的个人和从 PARC 分拆衍生的公司，而不是来自施乐自身的开发。例如，苹果公司的许多用户界面的开发最初都始于施乐。微软的字处理软件包也是一样。到 1998 年，施乐 PARC 已经拆分出 24 家公司，其中 10 家公开上市，如 3Com，Adobe，Documentum 和 SynOptics。到 2001 年，施乐的衍生公司的总价值是它自己的两倍以上。

关于这个现象的原因存在持续的争论。大部分人认为未能将这些技术留在公司内是施乐的失误和内部政治的结果。然而，其中的大部分技术并不是单纯的“泄露”，而是由施乐授权批准的，施乐通常签订非独家协议，并持有衍生公司的股权。这表明施乐的研究和业务管理人员认为在自己公司内部开发这些技术的潜力不大。未能在公司内部实现这些技术的商业化，其中一个原因是施乐过于关注自身产品并取得了巨大成功，这使得发现和开发潜在的新业务变得很难。

资料来源：Chesbrough，H.，*Open Innovation：The New Imperative for Creating and Profiting from Technology*. 2003，Boston，MA：Harvard Business School Press.

案例研究 12.9

麦克·林奇和 Autonomy 公司

麦克·林奇在 1994 年创办了软件公司 Autonomy——Neurodynamics 公司的衍生公司，后者是林奇的第一个创业公司。当时林奇是大学预科学校的毕业生，在剑桥学习信息科学。在那里他攻读博士，开展了关于概率论的研究。他拒绝了传统的研究职业，因为他觉得在 GEC-Marconi 公司的暑期工作“单调又无聊”。1991 年，25 岁的他去银行筹钱准备开办他的第一家创业公司 Neurodynamics，却“遇到了一个有趣的伙计，他笑了半天，说他只习惯于借钱给人家从事报纸经销业务”。随后他从一个朋友的朋友那里借到了 2 000 英镑。Neurodynamics 开发的是图形模式识别软件，它将这个产品卖给利基市场上的专业用户——例如英国警察局，用于识别指纹和找出证词中的不一致之处，或是卖给银行用于识别支票上的签名。

Autonomy 在 1994 年被分拆出来，以开发互联网、内网和媒体行业相关技术的应用。公司得到了 Apax、Durlacher 和 ENIC 等风险投资的资金支持。Autonomy 于 1998 年 7 月在欧洲伊斯达克上市，1999 年在美国纳斯达克上市，2000 年 2 月市值达到 50 亿美元。这使林奇成为第一个来自英国的软件亿万富翁。Autonomy 开发的软件用于管理非结构化的信息——这占所有数据的 80%左右。该软件通过运用贝叶斯概率工具来识别数据或文本的模式。与单一的关键词搜索相比，这种方法可以更好地将语境和关联考虑进去。该软件在美国获得了专利，在欧洲却没有，因为欧洲的专利法不允许对软件进行专利保护。公司的收入来自软件销售。它把软件直接卖给英国广播公司、巴克莱银行、BT、礼来、通用汽车、美林证券、新闻集团（News Corporation）、美国全国保险公司（Nationwild）、宝洁和路透社等客户，用于信息的编录和搜索。此外，公司还与 50 多家领先的软件公司签订了技术特许协议，包括甲骨文、太阳微系统和赛贝斯（Sybase）。一个典型的技术特许交易通常包括 10 万美元外加销售额的 10%～30%的专利权税。通过这样的特许交易，Autonomy 希望成为各种软件的基本组成部分，并成为智能识别和搜索的标准。在 2000 年 3 月财年末，公司公布其营业额为 1 170 万美元，利润为 44 万美元。公司聘用了 120 名员工，分别位于英国剑桥和美国硅谷，并将 17%的营业收入用于研发。2004 年公司销售额大约为 6 000 万美元，平均特许成本为 36 万美元，毛利润率高达 95%。其新客户包括美国在线、花旗银行、德意志银行、福特、希腊奥组委，以及美国、西班牙、瑞典、新加坡等国家的国防部门。公司的回头客带来的销售额占销售总额的 30%。2011 年，惠普以 103 亿美元的价格收购了 Autonomy。2012 年 5 月，麦克·林奇离开了这家他创立并助其成长的公司。

衍生出的新创技术企业通常聚集在其相应的孵化器组织周围，形成某个专门领域的区域网络。这些公司与母公司保持密切联系有若干技术和个人方面的原因。大多数新创技术企业与母公司保持联络是为了获得财务和技术上的支持，并且创业者往往不愿在创业过程中扰乱其社会生活和家庭生活。令人惊叹的是，新创技术企业的失败率比大多数类型的新公司都要低——10 年内只有 20%～30%，而其他类型的新公司的失败率超过 80%。[29] 新创技术企业的存活率高的一个原因在于，与其他类型的企业相比，其专业技术和资本的进入门槛都更高。因此，能够克服这些障碍的新创技术企业更有能力存活。由于示范效应，以及对支持性系统的需求和经验的增加，一个区域内新创企业的集中可以形成正反馈效应，从而改善环境，提高创业的成功率。支持性系统包括风险投资、法律服务以及研发和生产的合同外包等。失败也是这样一个系统也可能失败。在这样的系统中，风险投资保持着多样化的投资组合，并对失败者冷酷无情。新创企业提案不断产生和被淘汰，而整个系统也不断从成功的投资和糟糕的投资中学习。

然而，美国在 20 世纪 70 年代和 80 年代的环境特殊性，使得硅谷和 128 公路创业经验的普遍适用性受到了质疑。特别是国防工业的投资、自由开明的税收体制和风险投资的来源等，这些因素所起的作用都是非常独特的。此外，这种区域性新创技术企业集群的演化增长，与人们试图基于大学建立科技园也是不同的。90 年代欧洲和亚洲的科技园取得了成功，但其他试图效仿早期美国经验的努力都有一定局限性。[30] 这是由于新创技术企业不愿意和其他公司或组织分享其知识，即使和大学也不例外。一项调查比较了大学科技园内外的高科技公司，结论是两者在技术投入和技术产出方面没有显著的统计差异，这里的技术投入包括研发支出，产出则是新产品和专利。[31] 研究札记 12.3 分析了影响风险企业成功的因素。

研究札记 12.3　　影响风险企业成功的因素

一项为期 5 年覆盖 11 259 个美国新创技术企业的研究发现，36%的企业能够存活 4 年，22%能活过第 5 个年头。为了解释这些风险企业的成败，研究人员回顾了 31 项针对技术创业的关键研究，只发现了 8 个一定会影响成功的因素：

1. 价值链管理——与供应商、分销商、代理商和顾客的合作；
2. 市场范围——顾客和市场细分的多样性，以及地理覆盖范围；
3. 公司历史——存在了多少年；
4. 创业团队的规模——倾向于引入更加多样化的专长、更好的决策能力；
5. 财务资源——风险企业的资产和融资渠道；
6. 创始人的营销经验——不是技术经验，也不是先前的创业经验；
7. 创始人的行业经验——在相关市场或相关部门的从业经验；
8. 拥有专利权——拥有产品或流程技术的专利，但研发投资的影响并不显著。

前三个因素是到目前为止对成功最具预测性的因素。然而，很明显这些因素之间也会相互影响。例如，创始人的营销经验和行业经验会影响其对市场范围的选择和对价值链的管理，而拥有专利权也会使融资更加容易，反之亦然。

此外，他们还发现一些通常被提到的因素却没有起什么作用，包括创始人的研发经验或此前的创业经验等。其他因素的重要性取决于风险企业的具体环境。例如对于独立的创业公司来说，研发联盟和产品创新都对业绩有负面影响；但对混合类型的风险企业来说，研发联盟和产品创新二者都会对业绩产生正面影响。

资料来源：Song，M.，et al.，Success factors in new ventures：a meta－analysis. *Journal of Product Innovation Management*，2008. 25，7－27.

12.6 大学孵化器

知识产权的创造和分享是大学的一个核心作用，但将知识产权用于产生商业回报是另一个挑战。大多数从事外包商业研究的大学都懂得如何利用专利特许，并且学者、大学和商业机构各方的角色关系相对清晰。特别是学者，通常一边进行研究，一边做一些商业公司的咨询项目。然而，要成立独立的公司就是另一码事。为此，校方和科学家都必须认同成立公司是将技术商业化的最可行的方案，并就此进行协商。这可能涉及股权分配、专利权税、学者和校方的出资额、学者借调、知识产权认证和转移，以及创业期间对学校资源的使用等问题。一句话，事情很复杂。Chiroscience 公司（参见案例研究 12.10）的创始人克里斯·埃文斯（Chris Evans）说：“学者和大学……没有管理，没有力量，没有愿景，也没有商业计划书。然而要将科学应用于市场，90％都与上述几个方面有关。大学倾向于认为，‘我们发明了这个东西，因此已经完成了 50％的工作’。事实上他们还差得远呢。”（Times Higher，March27，1998）这句话特别有挑衅性，然而也强调了研究和成功实现商业化之间的鸿沟。许多大学都跟风进行技术的商业化开发，但往往过分强调技术和知识产权的重要性，“未能认识到商业知识和管理能力的复杂性和重要性，也没理解影响技术形成与开发的非技术方面……线性模型丝毫无助于理解技术推动和市场拉动两股力量的相互影响”。[32]

案例研究 12.10

克里斯·埃文斯和 Chiroscience 公司

Chiroscience 公司是微生物学家兼创业者克里斯·埃文斯创办的近 20 家生物技术公司之一。埃文斯博士自荣获大英帝国勋章之后，于 1987 年开办了他的第一家创业公司 Enzymatix，那年他 30 岁。他的商业计划书遭到了风险投资家的拒绝，他不得不以 4 万英镑的价格卖掉自己的房子作为初始资金。随后 Berisford International 提供了 100 万英镑的后续资金。房地产市场出现金融问题之后，公司就一分为二。其中一家是 Celsis 公司，专门制造污染检测设备。另一家就是 Chiroscience 公司，开发和利用分子手性技术。这项技术的基础在于，对于大多数分子来说，都存在其镜像分子，并且二者的性质不同——这本质上就是右手性和左手性的差别。在既有的药品配方中分离出更有效的一种镜像分子，可以提高其功效，或减少不必要的副作用。

Chiroscience 公司在 1990 年成立。其他主管人员都是从业内大型医药公司（包括葛兰素、史克必成和捷利康）招聘来的。公司于 1994 年在伦敦股票交易所上市。这得益于1992年股票交易所放宽了市场准入要求，不再要求公司挂牌上市之前必须连续3年盈利。Chiroscience将手性技术应用于既有药物的提纯和新药的设计。公司的手性技术有三个潜在应用：其一，也是最紧急的，就是通过分离出更有效的手性分子来改进既有药物。其二，为那些已经过了专利保护期的既有药物开发新的生产流程。其三，通过同分异构体技术设计新药。

1995年，Chiroscience公司成为第一家被准许销售右酮洛芬这种新药的英国生物技术公司。这是一种非甾体的消炎药，是旧药苯酮苯丙酸的右手性改版。该药品由意大利公司Menarini负责推向市场，Chiroscience公司参与了合作开发和营销交易谈判。1995年，它与瑞典医药公司集团Pharmacia成立联盟，以开发和推广其本地麻醉剂——左旋布比卡因。它还与Medeva公司建立了更加一般性的战略联盟，后者是一个不做基础研究、专攻产品市场推广的医药集团。

生物技术公司的股票比其他投资更加动荡难料，并且很难使用传统技术工具来评估当前市值或未来潜力。第一年的研发支出通常导致明显的亏损，而未来10年内的销售额都是可忽略的，因此根本不存在什么股价收益率或未来收益的折现。例如在上市后的两年中，Chiroscience公司的累计亏损达370万英镑，而这很大程度上是由于1 240万英镑的研发支出。尽管如此，Chiroscience公司的股票还是比金融市场上大部分生物技术公司的股票表现要好。公司1994年以150点的股价上市，很快跌到100点以下。然而，到1995年12月股价已经上升到364点。据估计，克里斯·埃文斯的个人资产在1995年达到5 000万英镑。

1999年1月，Chiroscience公司与Celltech公司合并成立了Celltech Chiroscience。随后这家公司收购了Medeva成为Celltech Group。新公司有约400名研究人员、5 100万英镑的研发预算，550人的销售团队更为公司新增了所需的销售和营销能力。Celltech Group的规模是Chiroscience的3倍，股票市值在2000年达到了30亿英镑。它是少有的几家在美国获准销售产品的英国生物技术公司之一，并且是第一个实现盈利的。克里斯·埃文斯先生（他在2001年被封为爵士）如今掌管着一家生物技术风险投资公司——梅林生物科学公司（Merlin Biosciences）。

从20世纪80年代中期开始，大学在技术商业化中扮演着越来越重要的角色。例如，美国大学获得的专利数量在1984—1989年间翻了一番，在1989—1997年间又翻一番。1979年美国大学获得的专利只有264项，1997年已经有2 436项。对于专利活动的显著增长，有若干解释。政府资助和知识产权法律的变化都起了一定作用，但细致的分析指出最重要的原因是技术机会。例如，20世纪80年代的政府资助和法律变化明显鼓励了许多大学建立负责技术特许和技术转移的部门，但其影响相对较小。有明显的证据表明，由于这些政策变化，从80年代中期开始，专利的科学水平和商业化效果都有所下滑，而且这些活动的分布非常不均匀，呈长尾形。若以持有或开发的专利数量来衡量，或者比较专利和软件特许带来的收益，技术商业化高度集中于少数几所精英大学。这些学校在资助政策和法律变化之前就已经很活跃：顶尖的20所大学的专利活动占总量的70%。[33]此外，在这些精英大学中，少数几项关键专利的收入占了特许收入的绝大部分，通常最成功的5项专利能占到总收入的70%～90%。[34]这表明，要想成功实现技术商业化，需要考虑研究水平和资源临界点，而做到这一点着实不易（参见表12-9）。尽管如此，技术机会还是降低了商业化的一些门槛。特别是生物科学和软件开发的重要性日趋显著，这给大学提供了通过技术商业化获利的新的机会。案例研究12.11给出了一个成功的大学衍生公司的例子。

表12-9 获得风险投资的大学风险企业

大学	获得风投支持的创业者人数	获得风投支持的新风险企业数	平均每个新风险企业获得的注资（单位：百万美元）
斯坦福大学（美国）	378	309	11.388
加州大学伯克利分校（美国）	336	284	8.493
麻省理工学院（美国）	300	250	9.666
印度科技学院	264	205	15.36
哈佛大学（美国）	253	229	14.13
特拉维夫大学（以色列）	169	141	8.89
滑铁卢大学（加拿大）	122	96	10.50
以色列理工学院	119	98	8.133
麦吉尔大学（加拿大）	74	72	7.458
多伦多大学（加拿大）	71	66	14.06
伦敦大学（英国）	71	67	15.94

案例研究12.11

智能能源公司

智能能源公司（Intelligent Energy）由拉夫堡大学的几位学者创立于2001年，但可以追溯到1995年由阿德科克、米歇尔、摩尔和纽伯尔德（Paul Adcock，Phillip Mitchell，Jon Moore and Anthony Newbold）组建的Advanced Power Sources Ltd.。智能能源公司基于1988年以来对化学、航空和汽车工程部门的研究建立。智能能源有限公司于2001年收购了Advanced Power Sources Ltd.，来自私募基金的融资帮助新公司获得了不可撤销的全球许可证——获准利用拉夫堡大学开发的所有燃料电池专有技术。

智能能源公司开发紧凑型风冷燃料电池，使用类似于ARM的技术许可模式，并将其500多项专利组合授权给许多汽车公司，包括日产、丰田、铃木、沃克斯豪尔、戴姆勒、里卡多、现代和塔塔（捷豹路虎）、消费类电子产品公司和分布式电力项目。智能能源公司拥有350名员工，并在日本、印度和美国设有办事处。

智能能源公司通过高调的项目和合作伙伴关系有效地推介自己，例如2005年开发世界首款燃料电池摩托车，2008年与波音公司在欧盟的合资企业实现首次燃料电池动力载人飞行，并与锰铜公司合作为2012年伦敦奥运会开发并运营15辆零排放黑色出租车。智能能源公司荣获由The Sunday Times Hiscox Tech Track 100颁发的2013年巴克莱社会创新奖。

通过2003年的二次筹款，智能能源公司收购了位于加利福尼亚州的Element One公司，扩大了业务范围。公司2012年筹集了2 200万英镑，2013年再次筹集5 100万美元。它于2014年7月在伦敦上市，又筹集了4 000万英镑，估值超过6亿英镑。新加坡主权财富基金 GIC 拥有该公司约 10%的股份，其中一位创始人菲利普·米歇尔（Philip Mitchell）拥有约 400 万英镑。

大学衍生公司是不同于技术特许的一种利用技术的方式，它是基于大学内开发的知识产权成立一种全新的风险企业。根据不同的估计方法，有 3%～12%的大学技术商业化是通过新创风险企业这种方式实现的。与技术特许的方式一样，这些风险企业的成功率相差很大。例如，麻省理工学院和斯坦福大学每年分别创办大约 25 家新公司，哥伦比亚大学和杜克大学则几乎很少产生任何创业公司。美国的研究表明，衍生公司给大学带来的财务回报远远高于普通的技术特许方式。一项研究估计，大学技术特许产生的平均收入是 63 832 美元，而一个大学衍生公司产生的平均回报是其 10 倍——692 121 美元。从样本中剔除极端情况后，衍生公司的平均回报仍然高达 139 722美元，是技术特许的两倍多。[35]关于为什么衍生公司比技术特许更好，除了这些财务方面的原因外，还有其他理由：

● 没有一家现有的公司愿意或能够仅凭技术特许的方式来承担这样的项目。

● 专利发明包括一系列产品，或者一项能够应用于许多领域的“支持技术”。

● 发明者非常想要成立一家公司，并愿意为新的创业公司投入时间、精力和金钱。

通过这样的方式，“学术创业者”得以参与市场进入策略的制定，而在其他的商业化形式中则很少如此。这还涉及参与者的重大职业生涯选择。因此，研究者突出强调了科学家试图处理学术和产业的衔接时面临的两难困境。一个人想要创办风险企业的程度取决于三个相关因素——先前影响、孵化器组织和环境因素：

● 先前影响，也常被称为创业者的“特点”，包括基因因素、家庭影响、受教育水平和职业经历，这些都会对创业者的创业决策产生影响。

● 创业前在孵化器组织中的个体经验，包括工作地点的特点、所得到的技能和知识、与潜在合伙人的联系，以及所得到的关于创业或小企业的经验类型。

● 环境因素包括经济条件、风险资金、创业榜样，以及支持性服务。

关于学术创业者的特点，我们的数据相对较少。这不仅是由于参与者人数不多，而且由于他们工作的传统环境使许多人不愿意被研究，特别是像他们申请知识产权和股权这样的活动，还可能是由于没有合适的大学数据采集系统。尽管如此，在美国大学中工作的科学家和工程师都早已倾向于将研究成果商业化。1990 年对美国大学的研究发现：“在过去 8 年中，我们看到大学和产业的研究互动越来越被认可。”[36]对在美国的三个大型国家实验室工作的 237 名科学家的研究发现，国家实验室中的发明家和麻省理工学院的技术创业者的受教育水平有显著差异。[37]研究发现创业者和非创业者在环境变量上有很大差异，如在实验室外的商业活动参与度或从过去的发明中得到专利税收入等方面均有不同。一项对英国四个研究机构的科学家的研究发现，对产业界的态度、在产业界的联系人数量都和商业化效果存在相关性。[38]由此引出了这样的问题：是创业型研究者在组织外发现了更多的联系，还是更多的联系促成了创业行为？

创业者，无论是学术的还是其他类型的，都需要一个支持性的环境。调查发现，大学科学家和工程师中，有 2/3 表示需要将他们的研究商业化，有半数表示期望得到创业支持。[39]对大学的环境可从两个层面分析：正式的制度规则、政策和结构，以及各部门内的“本土规则”。可能影响学术性创业的制度性变量有：

- 管理层对创业活动的正式的政策支持；
- 对创业所受限制的严重性的感知，例如知识产权问题；
- 成功商业化的发生率，这证明了可行性，提供了榜样。

鼓励和支持创业的正式政策，其后果可能是预料之中的，也可能是意料之外的。例如，一个大学的政策如果是校方支付初期的专利和特许费用，以此换取新创企业的股份，似乎会诱导许多新创公司的产生；如果给学术创业者提供慷慨大方的专利税分成，则会鼓励特许活动，反而会显著降低新创企业的数量。[40]与之相似，鼓励商业导向的研究或产业资助的研究，看起来对新创企业的数量没有影响，对一所大学的声誉则有很强的积极作用。前者的影响之所以小，是因为通常这类研究限制了对正式知识产权的占有以及推向市场的路径。声名显赫的大学通常能吸引到更好的研究者和更多的资金，商业投资方利用大学的声誉作为其产品质量的指示性标记。此外，一些常见的大学政策（包括大学孵化器和本地风险融资等）对于新创企业的成功并没有什么正面影响。而且，目标不明和监管薄弱的财务支持只会造就“创业型学者”，而不是学术创业者——在公共部门的科学家并不是真的想要创办新公司，只是利用这些来支持他们自己的研究计划。[41]这会造就一些毫无成长前景的创业公司，它们只会长期耗在孵化器中。

对40所美国大学的778位生命科学家的调查发现，制定正式的政策可能会传递一个信号，但这对个体行为是否产生影响很大程度上取决于这些政策是否会得到所期望的强化。[42]他们发现，个体特点和本土规则在预测创业活动时同等有效，但“对创业形式的预测力很弱而且很不系统”。当取得成功时，这会形成一个良性的循环。在成功的衍生公司的示范作用下，其他人也受到了鼓励而去尝试，于是会形成衍生公司在时间和空间上的集群分布。这会造就创业型部门或创业型大学，而不是一个个孤立的创业型学者。在部门层面的本土规则或文化也会影响正式政策的有效性，因为它会在制度环境和个体感知之间产生很强的调节作用。本土规则通过自我选择而演化形成。这种自我选择是通过招聘机制实现的，其结果就是成员都有相似的个人价值观和行为，并因同伴压力或行为社会化而得到强化。然而，对知识的商业化和对知识本身的追求之间的确存在潜在冲突，与之相伴的还有研究水平降低的危险。因此，在大学环境中开展商业活动需要有明确的指导方针[43]：

1. 关于大学的设施、员工和学生以及知识产权的具体使用准则；
2. 针对科学家同时作为创业者的双重雇佣身份的具体准则和定期评审，包括永久的兼职职位；
3. 解决公司财务所有权问题及大学与公司之间的研究合同中分配问题的一套机制。

对英国九所大学的衍生公司的一项研究找出了几个共同的开发阶段，每个阶段都要求不同的能力、资源和支持。[44]

- 研究阶段—— 所有的学术创业者都位于相应领域的前沿，专注于他们的研究，受到学术群体的尊敬，且著述颇丰。这对于技术知识的产生以及形成正式知识产权的可能性都大有裨益。

● 机会界定阶段——要理解如何基于这门科学以最好的方式创造商业价值。在多数情况下，机会的界定并不准确，目标往往模糊，并最终证明不可行。特别需要界定的是所需的互补性资源，包括人力资源、财务资源、物质资源和技术资源等。因而，界定过程往往是反复而缓慢的，要花几个月甚至几年的时间。

● 前组织阶段—— 这一阶段作出的决策往往对风险企业未来的成功有重大影响。因为这时的决策将指明开发路径，同时限定未来的选择。在这一阶段，先前创业经验和专家人脉资源是至关重要的。

● 重定向阶段—— 一旦风险企业获得了充分的资源和信誉并得以起步，它就必须“重新包装”其技术，并获得新的信息和资源来为目标客户群体创造价值。

● 持续回报阶段—— 这时强调的是业务能力、获得订单、销售产品或服务，以及创造回报。这要求专业的管理、更雄厚的财务资源和更广泛的能力。

在每个阶段中，都必须应对不同的重大挑战以顺利过渡到下一个阶段，这被研究者称作“临界点”。

● 机会识别—— 处于研究阶段和机会界定阶段的交接处。所需的能力是将某个特定技术或知识与某个商业应用联系起来。这种机会识别是以综合考虑技能、经验、资质、洞察和环境为基础的。关键在于综合科学知识和市场洞察的能力，而这种能力会随着创业者的社会资本的增加而增强——包括社会联系、合作关系和其他的人脉互动等。

● 创业投入—— 指将风险企业的拥护者和新兴的风险业务绑定在一起的行动和持续的努力。这往往需要作出艰难的个人抉择，例如是否留在学术界，同时也需要创业者对风险企业直接进行财务投资。

● 企业信誉——这对于创业者能否获得所需的财务资源和其他资源至关重要，只有获得这些资源才能使公司运作起来。信誉取决于创业团队、关键顾客及其他社会资本和关系。这要求与资助方、金融企业和其他方面建立密切关系，从而能够建立和维护良好的形象和信誉。这时的关键问题可能是缺少商业经验，或是未能认识到自身的局限。其中一种解决方案就是请一个“代理创业者”。正如一个经验丰富的创业者所说，“这些并不怎么聪明的或者极度缺乏安全感的学者想要掌管所有事情。这些自负的人把事情搞砸，使公司举步不前，最后落得专业和财务两方面都失败的下场”。

在英国，2003 年 12 月发布的 Lambert Review of Business-University Collaboration 回顾了英国大学知识产权的商业化情况，并在政策和业绩方面进行了国际比较。英国的模式与美国相似：2002 年 80%的英国大学没有申请任何专利，只有 5%申请了 20 多项专利；与之相似，60%的大学没有进行任何新的技术特许，只有 5%进行了 30 多项技术特许。然而，在英国，人们偏向于认可衍生公司，而不认可技术特许，Lambert Report 对此提出了批评。该报告指出，衍生公司往往太过复杂，缺少持续性，并且质量也很低——英国衍生公司的 1/3 都是完全由大学资助的，没有吸引到任何外部资金。2002 年，英国的大学共创办了 150 家新的衍生公司，而美国大学创办了约 500 家公司；二者新的技术特许数量分别是 648 项和 4 058 项。将这两方面数据同两国的研发支出相比，可以发现英国大学比美国大学更加重视衍生公司而轻视技术特许。Lambert Report 认为，英国大学可能给知识产权标价过高，而且合同中对于所有权未予明确。这两个问题都使公司不愿意从大学获得知识产权特许，从而导致大学更倾向于通过完全控制的衍生公司来实现技术商业化。创新的线性模型夸大了技术推动在新企业创建中的重要性，并且可能因此夸大基础研究和大学的贡献。但是，正如案例研究12.12所示，技术企业的创建、发展和成长涉及许多参与者、个人、公募基金、私募基金，会进行大量的试错。

案例研究12.12

Pod之父鲍勃·诺伊斯

罗伯特(鲍勃)·诺伊斯(Robert (Bob) Noyce)是微电子学的先驱之一，他的贡献可以追溯到许多企业家，如苹果公司的史蒂夫·乔布斯。诺伊斯被称为硅谷的托马斯·爱迪生和亨利·福特。称他为爱迪生是因为他的发明和技术创新涉及集成电路；称他为福特是因为他的流程和企业创新，包括仙童半导体公司和英特尔的创建。

诺伊斯拥有物理学和数学学位，之后获得了麻省理工学院物理学博士学位。1953年毕业后，他曾担任研究工程师三年。29岁时，他加入当时新成立的但享有盛名的加利福尼亚州肖克利半导体实验室。威廉·肖克利（William Shockley）因发明晶体管而获得诺贝尔奖。然而，诺伊斯对肖克利的管理风格非常不满，于1957年和七个同事（人称“叛逆八人帮”）一起辞职。他们随后组建了仙童半导体公司。

基于诺伊斯的声誉和愿景，仙童相机与仪器公司的所有者谢尔曼·仙童（Sherman Fairchild）同意为新公司提供资金。诺伊斯说服仙童相信成功的关键是制造工艺，硅基元件可以降低成本，广泛应用于各种电子设备。诺伊斯努力营造有助于人才茁壮成长的氛围：结构化程度低、轻松、基于团队、科层程度低，可以说这是硅谷未来文化的原型。

1958年，这个新兴公司开发了关键的平面技术，使高性能晶体管的制造更容易，成本更低。1959年7月，他申请了集成电路的专利，将单个硅片集成多个晶体管成为重大的技术突破。1954—1967年，他申请了16项专利。公司产品的第一个买家是IBM，此后仙童半导体公司的销售额每年翻番，到20世纪60年代中期，员工从12人增加到12 000人，每年的营收达1.3亿美元。到1966年，公司的销售量仅次于得州仪器，排在第三位的是摩托罗拉。诺伊斯成为公司副总裁以及半导体部门的实际负责人。

仙童半导体公司在数字设备上没有这么成功。它的一些早期数字电路曾用于阿波罗太空制导计算机，但这些设备通常不适合其他军事应用，商业应用并不成功。得州仪器和一些新的初创公司提出了卓越的设计，1967年仙童半导体公司首次亏损760万美元。当首席执行官辞职时，董事会没有晋升诺伊斯。1968年诺伊斯离开了公司并与戈登·摩尔（“叛逆八人帮”之一，“摩尔定律”的创始人）创立了新的企业英特尔，仙童半导体公司的五位原始创始人投资。英特尔的第三名员工是化学工程师安迪·格鲁夫（Andy Grove)，他被誉为公司主要业务和战略领导者。

在最初几年，英特尔的业务基于随机存取存储器（RAM）的低成本制造。诺伊斯促进了该行业下一个里程碑式发展，那就是泰德·胡夫（Ted Hoff）于1971年发明微处理器。该处理器是为了取代为一位日本客户开发的电子计算器的多个组件而开发的。不过，很久以后微处理器才成为英特尔业务的核心。与日本企业激烈的竞争降低了存储设备的盈利能力，英特尔转向开发微处理器的战略，这对新兴PC行业的发展至关重要。1979 年 7 月，英特尔推出了 8088 处理器，这是 8086 的新变种，其主要的营销和销售口号为“Operation Crush”。英特尔早期的胜利是成为 IBM 的供应商。1981 年 8 月，IBM 推出了基于英特尔处理器的 PC。1982 年英特尔推出了 80286 处理器，1985 年推出了 80386 处理器，最初由 Compaq 应用于其 PC-clones，后来由 IBM 使用。386 也是一个里程碑，因为它是第一个英特尔单一来源的处理器。在此之前，客户从几个竞争制造商处采购关键组件以确保交付并降低风险，但对于 386，英特尔拒绝在三个不同的地点授权芯片的设计和制造。这一战略使英特尔成为 PC 行业的核心。

诺伊斯的魅力和说服力使他成为一个鼓舞人心的领导者，但他不是一个有效率的经理人，格鲁夫和其他人批评他优柔寡断、不喜欢对抗，这种特质使他难以做出艰难的决定并采取强硬措施。他于 1975 年辞去总裁职务，将这一职位交给了摩尔。不过，诺伊斯在英特尔和更广泛领域仍保有引领地位，并为有前途的企业家提供建议和种子资本。

其中一位有抱负的企业家是史蒂夫·乔布斯，诺伊斯在 1977 年，也就是苹果计算机公司成立的第一年遇到了他。乔布斯有意将诺伊斯视为导师，经常骑着摩托车去诺伊斯家，他们在地下室里谈论项目。诺伊斯会接听乔布斯的电话，电话的开头总是，“我一直在考虑你所说的”或“我有一个想法”——即使电话在午夜响起。这种关系持续了十多年。

很明显，鲍勃·诺伊斯几乎为硅谷的所有创新——技术、流程、产品、企业和文化创新作出了贡献。正如诺伊斯向崭露头角的企业家所建议的那样：乐观是创新的基本要素……走出去做一些美好的事情吧。

资料来源：BBC Productions，*The Podfather*，2009；Leslie Berlin (2007) Focus on Robert Noyce，Core，Spring-Summer (http://www.computerhistory.org/core/backissues)；Berlin，L.，*The man behind the microchip: Robert Noyce and the invention of Silicon Valley*. Oxford University Press；Reid，T. R.，*The chip: How two Americans invented the microchip and launched a revolution*. 2001，Random House.

12.7 创新性小企业的增长和绩效

关于小企业的经营和管理的研究很多，但大部分关注的是各种类型的小企业对经济、就业或地区发展作出的贡献。关于小企业的创新、新创技术企业的绩效的研究甚少。

在大多数发达经济体中，每年约有 10%的经济活动人口致力于新创企业。这一数字在美国和亚洲的比例略高，达到 15%左右；在欧洲（不包括英国）则略低一些，约为 6%。然而，每年创建和关闭的新企业数量之差很大，也就是说流失率很高。例如，在英国，每年约有 42.5 万个新创风险企业诞生，但同时有近 50 万个关闭。关闭并不一定意味着失败，因为创始人可能选择改变业务或寻求其他就业机会。在英国新创企业的生存率相当高，存活 2 年的达到 80%，存活 4 年的达到 54%（Barclays Capital，2008）。在美国短期内失败的企业更多，可能是由于在美国成立企业更容易。但两国的长期生存率相似：在美国存活 2 年的企业达到 66%，存活 4 年的企业达到 50%，存活超过 6 年的企业达到 40%。[45]

尽管生存率相对较高，但很少有公司显著或持续增长，所谓的“羚羊”通常只占

6%。[46]高增长的企业不多，其增加就业的比例亦无规律可循，在欧洲为12%～33%。创业条件似乎对新企业的成功和增长有非常显著和持久的影响，但是要将业务规划、战略和背景造成的影响分开是很困难的（见表12-10）。大多数研究表明正式的商业计划有助于成功，正如我们在第9章中讨论的那样，但毫无疑问初始条件对后续的成长和成功具有长期影响。[47]

表12-10中显示的最重要的可控因素都有助于建立新企业的信誉，我们的同事苏·伯利（Sue Birley）称之为"信誉转盘"：指那些有助于招募和说服其他利益相关者相信企业可行性的因素。[48]这可能是一个缓慢而艰难的过程，但对于吸引必要的人才、资源和初始客户至关重要。

表12-10 初始条件对新创风险企业成功的影响

因素	卡方检验数值
非常重要（显著性水平5%）	
目标市场大小	5.70
社会关系网络强度	5.23
创始人的工作经验	5.21
业务管理技巧	4.76
重要（显著性水平10%）	
所有者结构和管控	10.1
产品对目标市场的吸引力	6.45
未发现明显重要性	
创业者态度	1.64
领导能力	1.34
财务预测	0.72
研发和产品计划	0.71
市场发展	0.49
盈利潜力	0.00
基于1999—2007年95家新创企业	

资料来源：Adapted from Gao, J., et al., "Impact of initial conditions on New Venture Success." *International Journal of Innovation Management*, 2010.14 (1), 41-56.

研究札记12.4回顾了用于对各种成功的新企业进行分类的术语。

研究札记12.4　　羚羊、独角兽和木偶

创业中最受关注的是有高增长业绩和贡献的"羚羊"公司。人们在术语中偏爱使用动物名称，比如称更少见的估值数十亿美元的公司为"独角兽"。

"羚羊"指是发展速度极快的公司，在销售和就业吸纳方面通常呈两位数增长。这种公司很少，估计不到所有公司的5%。

"独角兽"是指已经发展到价值超过10亿美元的企业，比"羚羊"还要稀少。

然而，我们的同事保罗·奈廷格尔（Paul Nightingale）和亚历克斯·科德（Alex Coad）认为应对小公司进行更精细的分类，特别是对占比达95%的无增长公司。

他们使用"木偶"一词来描述经济上更典型的"位于边际、规模不大、表现不佳的企业”。他们认为小企业的绩效和贡献已被夸大，从大多数衡量标准来看，这些公司的生产力和创新水平低于大公司，对财富和就业的贡献较小。

资料来源：Derived from Nightingale, P. and A. Coad, Muppets and gazelles: Political and methodological biases in entrepreneurship research. *Industrial and Corporate Change*, 2014. 23 (1): 113-43.

研究一致发现年龄、受教育程度、创始人人数和初始资本都对新创企业的成功产生影响。许多研究全面地揭示了年龄对新企业成功和发展的影响。成功的创始人年龄通常在 35～50 岁[49]，这是因为年轻的创始人往往缺乏经验、资源和信誉，而更年长的创始人可能缺乏动力且顾虑太多。当然，有许多成功企业家的年龄不在这个范围，但创始人的年龄与成功之间的关系依然非常重要。

为了解教育的影响，一项研究对 118 070 家新创企业进行了 10 年的跟踪调查，发现以大学学位为衡量依据的人力资本基础对随后的成功产生了强烈而持久的影响。此外，企业创立时的四个结构因素是成功的预测因素：企业的资金规模（正相关）、企业进入同一部门的比率（负相关）、行业集中度（正相关）和 GDP 增长（正相关）。[50] 另一项研究调查了 622 家生存 5 年以上的新兴小企业，发现初创企业可获得的人力和财力资本是生存和增长的强有力预测因子，特别是创始人受教育程度（有学士或以上学位），以及获取银行融资的能力。[51] 与年龄一样，也有例外，一些成功的企业家未上大学或辍学，但研究显示了受教育程度与成功和成长之间的密切联系，尤其是在知识或技术密集型企业中。

获得充足资本的能力是被视为另一个成功和增长条件。然而，这一因素的影响比年龄和教育的影响更复杂。一些研究表明，获得外部资本与公司的高增长有关，特别是在高科技企业中[52]，但另一些研究并没有发现这种影响，甚至发现反向的相关关系，高增长与维持内部资金和所有权有关。[53] 相互矛盾的证据和结论可能是由于研究方法的差异，如高增长的定义、研究的时间段不同；但这些差异也可能反映更多基本调节因素的影响，例如，市场和企业的类型以及创始人的角色和控制需求。

对基于新技术的公司而言，这些创始人带来的影响甚至更强。部分原因是人力资本十分重要，特别是创始人所受的高等教育[54]：

- 85%拥有高学位，几乎一半是博士；
- 在大型私营企业工作 12 年以上；
- 创始人年龄集中在 30 多岁，2/3 的人在 30～50 岁。

最后，进行价格竞争而不是发掘差异化的公司，生存的可能性要小得多。与企业家往往受教育程度低、处境不利的流行说法相反，研究证实，一个成功的新企业的典型特征是人力资本的罕见组合，其表现为创始人的大学教育背景、足够的可用资金以及产品或服务差异化的增长战略。研究札记 12.5 确定了有助于新企业发展的因素。

研究札记 12.5　　高增长风险企业

一项针对 409 家中小企业的研究调查了高增长公司、羚羊公司和低增长公司在 4 年内的差异，以发现创新如何促进增长。研究表明，高增长公司还表现出更高的盈利能力、更多的员工，以及比低增长公司更高的本地、国内和国际市场份额。研究发现有几个特征与此相关：

- 高增长公司拥有比低增长公司显著年轻（$p<0.001$）的 CEO，但其 CEO 年龄的平均数显示其中一部分人超过 50 岁。
- 作为营业额的一部分，高增长公司的新产品比例明显较高。
- 高增长公司认为自己比竞争对手更了解客户需求，能提供更好的产品，具有商业敏锐度，同时也保持低成本。
- 高增长公司优先考虑增长而非盈利（$p<0.001$），优先考虑市场份额而非盈利能力（$p<0.001$），优先考虑再投资而非盈利（$p<0.001$）。

资料来源：Grundstrom，C.，et al.，Fast-growing SMEs and the role of Innovation，*International Journal of Innovation Management*，2012. 16（3）.

许多关于创新性小企业的研究都局限于少数几个高科技领域——主要是微电子和生物技术领域。一个值得注意的例外是英国小企业研究中心（Small Business Research Centre）对 2 000 个中小企业的调查。调查发现，60%的样本对象都声称在过去 5 年中引入了一个重大的新产品创新或服务创新。[55]尽管这个发现表明大部分小企业都与创新管理有关，但并没有告诉我们这样的创新对于研究和投资、随后的市场或财务绩效等有何意义。最近的研究提供了有关创新类型及其如何影响中小企业绩效的更详细见解（见表 12－11）。

表 12－11　创新的程度和类型以及小企业绩效

创新类型	低绩效	高绩效
产品或服务渐进性创新	28	86
管理渐进性创新	23	67
技术过程渐进性创新	6	85
突破性创新	0	48
外部网络创新	33	54

注：每个类别中显示该要素的公司所占百分比，$N=392$ 家公司，所有公司员工少于 50 人。

资料来源：Derived from data in Forsman，H.，*Small firms as innovators*：*From innovation to sustainable growth*. 2015，London：Imperial College Press.

过去十几年间的研究表明各个行业的中小企业的创新活动都表现出相似的特点。[56]主要包括：

- 更可能从事产品创新，较少从事流程创新；
- 产品针对小众市场，而不是大众市场；
- 在终端产品的制造商中更加常见，而在零部件制造商中较少见；
- 频繁地涉及某种形式的外部联系；
- 常常促使产出和就业人数的增加，但不一定带来利润的增加。

之前讨论过专注于利基市场或中间市场的产品创新的局限性，特别强调了与产品计划和营销相关的问题，以及与领先用户和外部创新源的关系等。当一个中小企业与一小批顾客有密切关系时，它可能会缺少进一步创新的动力和选择余地，因而就会较少关注正式的产品开发和营销。所以，有这种依赖性的中小企业未来的增长潜力往往有限。它们可能永远都处于初创阶段的水平，或是随后被竞争者或顾客收购。[57]此外，对于新创技术企业数量增长的分析表明，这个趋势的产生一方面是由于正面因素（例如新创企业）的影响，另一方面是由于负面因素（例如大公司裁员）的影响。[58]

创新的中小企业往往与各种外部创新源有着广泛而多样的联系。总体来说，外部的科学、技术和职业的投入水平和中小企业的绩效之间存在正相关关系。[59]不同行业中，创新的来源和外部关系的准确类型都有所不同。但是，与合同外包的研究组织、供应商、顾客和大学的联系被一致认为是非常重要的，并且构成了公司的“社会资本”。然而，这样的关系并非得来全不费功夫，要管理和利用这些关系对于中小企业来说可能会很困难，甚至会超过其有限的技术和管理资源的负荷。[60]因此，有些情况下合作的成本会超过它带来的利益[61]，特别是在中小企业和大学合作的情况下，大多数中小企业的短期市场导向和大学的长期基础研究之间存在内在的不协调。[62]有若干结构化的方法可以识别对外部专家和合作伙伴的需要。

说到创新，中小企业的绩效很容易被夸大。早期的基于创新数量的研究一致表明，若对规模参数校正后进行比较，可以发现小企业比大企业创造了更多新产品。然而，方法论上的缺陷削弱了这一信息的说服力。如果从样本中去掉大公司的附属部门和子公司[63]，并根据技术优越性和商业价值对创新赋予权重，那么公司规模和创新的关系就反过来了：与中小企业相比，更大的公司会产生更重大的创新。[64]中小企业在设计和工程上的支出对于出口销售有积极影响[65]，但中小企业的正式研发投入似乎与盈利能力的关联较弱[66]，并且与增长完全不相关[67]。相似地，新创技术企业的高增长率并不是由于研发投入的影响[68]，成功者和失败者在技术投资方面也没有明显区别。对于盈利和增长有更加显著影响的反而是另一些因素，特别是在专业技术上能胜任工作的管理者和他们的科学工程团队的贡献，以及对产品计划和营销的关注。[69]

对德国新创企业的大规模研究发现，创始人的管理经验是企业增长的有效预测因素。然而，广义上的创新对于增长的重要性在统计上三倍于创始人的特性和其他测量因素。[70]另一项对韩国技术创业的研究也发现，创新性与绩效相关。这里的创新性是以产生新创意、实验和研发的倾向性来界定的。主动性也与绩效相关。主动性是指公司通过积极的市场调研、引入新产品和服务来寻找和创造市场机会的方式。[71]这项研究还发现基于资助的联系对绩效也有积极影响。这种联系包括与风险投资公司的联系，强化了上述因素对于发展的作用。

新创技术企业的规模和选址对绩效也有影响。地理上越相近，就越可能建立非正式的联系，从而有利于公司之间技术人员的流动。然而，新创企业从这种本地知识交换中获利的可能性随着企业成长而下降。[72]开发非正式联系的能力是随组织规模而变化的，与企业年龄没有直接关系。这说明随着新创风险企业的成长更加复杂，它们不得不面对第 3 章中讨论的许多创新壁垒，因而更需要一些流程和工具来克服这些困难。这个解释也同样得到其他代表性研究的支持。中小企业中规模略大的企业在更广的范围内有着与创新相关的联系，向国际市场引入更多产品创新或流程创新。相反，规模略小的企业更多地嵌入本地网络，并且倾向于在国内市场从事渐进性创新。[73]要从这样的相关性中理出因果关系的头绪总是很困难的。但看起来更具创新性的新创企业会超出本地网络的资源边界，积极替换和扩展它们的网络，从而为更高水平的创新创造机会和需求。相反，创新性较低的新创企业就无法超出它们的本地网络，因而也就没有机会或需要去实现更具突破性的创新。

本书关于创新管理所谈到的大部分内容都和创新性的小企业有关，但关于如何应对它们面对的具体问题，还需要做更多的研究。正如我们在书中所论证的，我们相信存在一个普遍性的核心创新过程，它能够反映管理的最佳实践，但在不同的组织、技术和市场情境下要酌情调整。就小型创新企业的具体情况来说，最佳实践包括搜索外部环境，还包括与创新源和领先用户建立起恰当的关系。然而，不同的情境下需要不同的创新策略。例如，对116家新创软件企业的研究识别了影响成功的五个因素：研发支出水平、新产品的突破性、产品升级密度、外部技术使用和知识产权管理。[74]对94家新创生物技术企业的研究发现与成功有关的三个因素：选址在相似公司高度集中的地区、科学人员的水平（用论文引用次数来衡量）以及创始人的商业经验。[75]联盟的数量对于成功没有显著影响。高层管理团队中科学人员的数量与成功呈负相关关系，这说明科学家最好还是待在实验室里。其他对新创生物技术企业的研究证实了这个模式，表明与大学的密切联系可以降低所需的研发支出，增加专利数量，并能适度增加新产品开发的数量。然而，对于更加一般性的联盟来说，与大学的联系的数量对于新创生物技术企业的成功或绩效并没有影响，重要的是关系的质量。[76]

这种具体到行业的研究证实了小企业运作的环境对于创新的技术机会和市场机会，以及创新最适合采用的策略和过程都有显著影响。例如，一个新创技术企业可以选择如何利用其知识资产——是通过将技术转化为面向市场的产品和服务，还是通过特许、出售知识产权或合作等形式，借助大公司的力量来利用这些知识资产。具体而言，新创技术企业需要考虑两个环境因素[77]：

- 排他性——新创技术企业在多大程度上可以防止或限制来自当前从事相似技术开发的公司的竞争？
- 互补资产——生产、分销、商誉、支持性服务等互补性资产在多大程度上对技术的价值主张有贡献？

考虑这两个维度会产生四个战略选择：

- 进攻者优势战略——如果业内原有企业的互补性资产价值不大，而新创企业又无法阻止现有公司的开发活动（例如正式的知识产权作用不大，或者法律监管很薄弱），那么新创技术企业就有机会动摇原有企业的地位。但技术领导力往往是暂时的，因为其他新创技术企业和当前市场上的公司会作出回应。从长期来看，这会造成分散化的利基市场。这种模式在计算机配件业务中比较常见。
- 创意工厂战略——如果原有企业掌控着必要的互补性资源，但是新创技术企业能够防止原有企业从事有效的技术开发，那么重要的就是合作。新创技术企业往往会专注于技术领导力和研究，同时以强大的下游合作关系实现商业化。这种模式会强化原有企业的主导地位，新创技术企业则无法发展或控制互补性资产。这个模式在生物技术领域比较常见。
- 基于商誉的战略——如果原有企业控制着互补性资产，而新创技术企业无法阻止原有企业技术开发的竞争，那么新创技术企业就面临原有企业的技术公开问题和其他合约风险。在这种情况下，新创企业需要谨慎选择合作伙伴，应当寻找有良好声誉的公司合作。思科和英特尔都具备这样的声誉，因而经常会有新创技术企业通过它们来开发利用新技术。这种模式在资本密集的行业比较常见，例如航空和汽车行业。然而，这些行业的“均衡”水平较低，因为业内原有企业往往榨取小公司，强占其技术所有权。

- 绿野战略——如果原有企业的资产不重要，并且新创技术企业可以防止他人模仿，那么新创企业就有潜力主导一个新兴的业务。与原有企业采取竞争或合作方式都可以，取决于技术的可控性如何，例如，既可通过建立标准或平台也可通过价值链来创造价值。

新创企业中的大多数都未能实现增长和繁荣。不同企业类型和国家环境下的估计值有所不同，但通常 40%的新创企业在第一年就失败，60%在两年内失败。换句话说，只有大约 40%能够熬过两年。失败的常见原因包括：

- 糟糕的财务控制；
- 缺少管理能力或经验；
- 没有过渡、增长或退出战略。

一个新创企业要实现增长并创造附加价值，有许多方式：

- 通过销售增长和多元化带动自然增长；
- 对另一家公司予以兼并或收购；
- 将业务卖给另一家公司，或卖给私募股权公司；
- 在股票交易市场公开上市。

举例来说，据英国《星期日时报》（*Sunday Times*）的“盈利追踪”（Profit Track）栏目估计，英国境内 500 家增长速度最快的私营企业中，大约有 100 家在 5 年间与其他公司并购，或被私募股权公司收购，只有 10 家左右上市（见表 12 - 12）。绩效最佳的公司依靠的是信息通信技术，其他公司则依靠的是服务创新。一项对新创技术企业的单独调查表明互联网公司占主导地位，这反映出自互联网泡沫破灭之后形势发生了多大变化（参见案例研究 12.13）。

表 12 - 12　英国境内一些增长最快的私营企业

公司名称	创始时间（年份）	业务	2005 年利润（单位：百万英镑）	年增长率（%）
Betfair	1999	网上博彩	23.2	146
Invotec	2001	电路板	3.4	88
Azzurri	2000	电信服务	8.0	77
UNiCOM	1998	电信服务	3.3	86
Regard	1994	个人护理中心	4.0	76
Spearhead	2000	农场生产	5.2	74
Baxter	2000	宴会筹备外包	4.1	66
Ingenious Media	1998	媒体顾问	35.7	56
INEOS	1998	化工	191.0	56
ESRI	1993	软件	5.2	79

资料来源：Sunday Times Profit Track，April 2006.

案例研究 12.13

高增长的技术企业

从 2001 年开始，牛津大学的研究公司 Fast Track 在普华永道和微软的资助下，为《星期日时报》每年撰写一份关于英国新创技术企业100强的报告。

在互联网泡沫破裂后，这份年度调查报告作为晴雨表，反映更加稳健的技术型新创企业的状态。虽说这些企业并不会成为关注的焦点，但是它们会持续地创造、成长和繁荣。

在所研究的100家公司中，48家是由风险投资公司或私募股权公司投资的。可以预料，最成功的新创企业中许多都是基于软件技术或者通信技术，即信息通信技术。但是其商业应用不断变化并越来越多样化，涉及游戏、博彩、音乐、电影、时尚和教育等领域。这些公司大部分只成立了五六年，但年均销售额已达到500万英镑，年增长率为60%。这类实例包括：

- Gamesys，2001年成立的游戏网站运营商，现在有50名员工，销售额达到940万英镑。
- The Search Works，搜索引擎的广告咨询商，成立于1999年，如今有超过50名员工，销售额达到1 860万美元。
- Redtray，电子学习软件开发商，成立于2002年，现有30名员工，销售额达到450万英镑。
- Ocado，Waitrose超市网上订单的配送商，成立于2000年，现有约1 000名员工，每周有300万份订单配送，营业额达到1.43亿美元。
- Wiggle，网上运动商品零售商，成立于1998年，如今有50名员工，销售额达到920万英镑。
- Betfair，在线博彩网站，成立于1999年，营业额达到1.07亿英镑，员工超过400人。

资料来源：Sunday Times Tech Track 100，24 September，2006，www.fasttrack.co.uk，www.pwc.com.

缺乏管理经验和创始人信誉也可能成为新企业融资和发展的主要障碍。在早期阶段，与潜在客户和供应商建立关系是最关键的，但随着风险投资的增长，合作伙伴在新企业网络中的关系和作用将发生变化。之后企业需要寻找外部资金来源，这可能导致所有权的变化和一些初始关系的解散，在更稳定的网络中拥有更成熟的合作伙伴。随着时间的推移，风险投资网络中不同参与者的角色变得更加专业化。[78]个人技能对于建立和发展这种关系和网络至关重要。这些技能包括[79]：

- 社交和人际交流——建立信誉，促进知识共享；
- 谈判和平衡技能——平衡合作与竞争，培养意识，增进互信；
- 具有影响力和远见卓识的技能，以明确角色、责任和奖励办法。

因此，新的挑战是同时管理更成熟的公司及其关系，同时保持对创新的早期关注。研究发现不同伙伴关系在高增长创新型企业的成立和发展中贡献不均衡，部分原因在于不同的能力和认知方法（参见研究札记12.6）。[80]

研究札记12.6　　创新型企业的企业家互动

创新管理更多地关注流程和工具，企业家精神则专注于个人特质。然而，许多成功的创新型企业都由几个企业家共同创立，这种人才的互动正是突破性创新的核心，我们称之为“联合创新”。我们调查了15个过去的和当今的案例，以确定联合创新是什么以及它是如何运作的。

我们发现，大量成功的突破性创新和新企业受到了多位企业家的关注，而这种人才的互动是联合创新的核心。我们将联合创新定义为“两个或多个具有不同能力的企业家的组合和互动，以创造一种新颖的技术、产品、服务或企业”。

下面列出了联合创新的例子：

苹果*	史蒂夫·乔布斯和史蒂夫·沃兹尼亚克
谷歌*	拉里·佩奇和谢尔盖·布林
Facebook*	马克·扎克伯格和爱德华多·萨维林
微软*	比尔·盖茨和保罗·艾伦
网飞*	马克·兰多夫和里德·哈斯廷斯
英特尔*	罗伯特·诺伊斯和戈登·摩尔
玛莎百货*	迈克尔·马克斯和托马斯·斯潘塞
ARM	迈克·穆勒和图多尔·布朗
Skype	尼克拉斯·赞斯特罗姆和杰纳斯·弗里斯
索尼	井深大和盛田昭夫
劳斯莱斯	亨利·罗伊斯和查尔斯·罗尔斯
DNA	詹姆斯·沃森和弗朗西斯·克里克
电气化	乔治·威斯汀豪斯和尼古拉·特斯拉
钢铁工艺	亨利·贝塞麦和罗伯特·墨希特
蒸汽动力	詹姆斯·瓦特和马修·博尔顿

*被评为“世界上最具创新性”的公司，https://www.fastcompany.com/most-innovative-companies/2011.

这些例子表明，许多突破性新企业不仅仅是因为有技术天才或英雄企业家。所有这些案例都体现出人才和能力的结合，造就了一个全新的企业。因此，由两个或更多企业家创建企业是联合创新的必要不充分条件。我们可以确定三种通常有助于企业家之间互动和创造突破性新企业的机制：

- 能力完善——例如，多种能力的组合可以创造更大的新颖性，通常是在技术和商业上；
- 创造性冲突——例如，不同的观点导致更好的决策；
- 相邻网络——例如，将资源整合到创新业务模型中。

资料来源：Tidd, J., Conjoint innovation: Building a bridge between innovation and entrepreneurship, *International Journal of Innovation Management*, 2014. 18 (1); Tidd, J., It takes two to Tango: How multiple entrepreneurs interact to innovate. *European Business Review*, 2012. 24 (4), 58-61.

小 结

一个风险企业代表了一个机会，那就是在传统的新产品或新服务开发流程存在问题时，基于新技术、新产品或新市场而发展新业务的机会。在本章中，我们探讨了风险企业中创新开发的理论基础、特点和管理问题。研究对象包括公司内部创业企业、合资企业和联盟，以及新创风险企业和衍生公司。

任何新公司都要有一份清楚的商业计划书和一个有力的推动者，再加上充足的资源。任何一个风险企业推动者都必须识别机会，进行融资，并管理企业的发展和成长。从事内部创业和外部创业的个体往往有相似的背景、受教育水平和个性；他们有很强的动机，需要很大的自主性。然而，与外部创业者不同的是，公司创业者还需要很强的政治和社会技能。这是由于公司创业者享有母公司的财务资源、技术资源和营销资源方面的优势，为此它们也必须面对内部政治和官僚体制方面的问题。

1. 新企业代表了开发和交付新技术、产品或服务的机会。然而，大多数新企业在几年后失败，只有少数持续增长。
2. 孤独冒险的企业家的神话是没有根据的。内部和外部因素有助于新企业的成功和发展。
3. 内部因素包括创始人的受教育程度、经验和能力，以及对创新和规划的关注。
4. 外部因素包括获得补充资源、社会和商业网络以及区域和国家背景。
5. 财务资源是一个重要的约束，或许不是在初始阶段，而是在随后的发展和增长阶段。
6. 创新促进了新企业的发展和增长，这就要求新企业获得内部及外部网络中的补充资源和能力。

第 12 章　扩展阅读

第 12 章　参考文献

第 13 章
获取创新回报
Capturing the Business Value of Innovation

在接下来的两章中，我们将探讨私人或公共组织如何更好地获取创新回报，以及如何将变革的不利影响降至最低。我们首先讨论那些经典的而又相当狭隘的经济学家的视角，他们识别出公司从创新中获益的一些方式——特别是通过产品和流程创新产生回报。之后讨论不同种类的创新与不同形式的财务和市场绩效之间的关系。接下来，我们将拓宽讨论的范围，涉及利用知识（包括知识产权）所带来的竞争优势——无论这些知识是隐性的还是更加正式的。最后，我们将评述创新对经济和社会变革所能作出的基本贡献，着眼于创新在发展经济、完善社会服务以及增强可持续性方面的潜力。

13.1 通过创新创造价值

创新管理的一个核心问题在于如何创造和获取价值。例如，在第 1 章我们讨论了音乐产业近年来的转变，包括音乐在生产、分销、消费和支付（或许有时不必支付）等方面的变化。视频的主导商业模式正面临相似的挑战：为了支付视频的生产和分销费用，生产商、分销商和用户正尝试多种新方式来产生收益（参见案例研究 13.1）。

案例研究 13.1

从数字媒体中获利

从视频中获取价值的商业模式既简单又保守：先获得和巩固版权，然后在全球各影院上映，继之以 DVD 租赁和销售，最后在电视和其他无线广播节目中播出。其中 DVD 阶段最为关键。这是因为 DVD 仅在美国就可产生 234 亿美元的收入，而来自影院的收入只有 96 亿美元。值得注意的是，当 1997 年 DVD 刚出现时，三大主要制片公司一开始都拒绝发行 DVD 制品，因为它们害怕会因此给已长期存在且被市场接受的 VHS 格式录像带造成收益上的损失。

然而，世界范围内的 DVD 年销售额稳定在 90 亿美元左右，有些市场的销售额甚至开始下滑。为此，业内开始推广 DVD 的后继产品——高清 DVD。一场格式大战后，蓝光技术从 2008 年初成为高清光盘的新标准。新格式 DVD 的初始销售进展缓慢，面对格式大战带来的不确定性，2007 年蓝光光盘仅卖出 900 万张，与 90 亿张的传统 DVD 相比只占市场的 0.1%（此外还卖出了 4 000 万张蓝光 PS3 游戏——自 2006 年索尼推出 PlayStation 3 之后已经卖出了 1 100 万台这种游戏机，这些游戏机也可以读取蓝光光盘）。在美国和欧洲的调查显示，80%的消费者对于 DVD 和标准清晰度的电视广播的画面和音质感到满意。因此蓝光 DVD 和高清卫星及有线电视广播只能瞄准 20%的偏爱高清画面和音质（主要是电影和体育节目）的“早期试用者”（愿意为之支付额外费用)。

然而，大多数人在乎成本和方便性胜过在乎质量，对他们来说，互联网是当前更受青睐的媒介，无论其运作是否合法。非法网站往往领先一步，例如ZML提供了1 700部电影供（非法）下载，然而，诸如MovieFlix和FilmOn等合法的服务商都仅提供独立或业余制作的内容。面对互联网这一新媒介，好莱坞对于调整其商业模式可谓行动缓慢——它仍然依赖于影院上映，然后是发售DVD，最后播出广播电视节目。由于合法下载和流媒体服务消除了制作、分销以及出售物理媒介的成本，从而为低成本（和低价格）提供了可能性，并且在选择范围和灵活性上为消费者带来了更大的方便。然而，DVD依靠主要的连锁店来分销（例如在美国沃尔玛的销量占总销量的40%），这就意味着会有极大的变革阻力。结果便是，2008年合法的在线电影分销额只有大约5 800万美元，不到整个电影销售额的5%。广播电视业调整服务方式就快得多（例如在英国广播公司推出了i-Player)，这主要是由于它们现有的商业模式是基于订阅或广告，而不像电影制片公司那样依赖物理媒介和零售商。在美国，苹果的iTunes和电视以及微软的Xbox都已开始在视频租赁式下载这个新兴市场中占据主导地位，但合法的视频下载销售因版权问题而受到限制。

视频材料通过互联网销售日益重要，导致2007年美国作家协会（Writers'Guide of America）为通过电子分销渠道获得更高的报酬而发起罢工。好莱坞的各制片公司对于网络销售作品支付的报酬参考了DVD——定为毛收入的1.2%。而作家们要求报酬接近图书或电影发行的报价，即毛收入的2.5%。直到2008年2月，双方妥协达成最终协议，将租赁式下载的版税定为毛收入的1.2%，下载销售的版税为0.36%～0.70%，此外，当视频流媒体有部分广告赞助时，版税可高达2%。这是作家们的局部胜利，可与一些电影大片中领衔演员高达总收入20%的所得相比，不值一提。对于制作、销售和分销数字视频的最终商业模式来说，目前显然还有许多问题要解决。更清晰的规章制度对于管理知识产权来说只是一个开始，更高速的宽带使得高质量下载对于大众来说不再遥不可及，需要做的只是商业模式方面的小小创新。

2016年全球音乐流媒体收入首次超过实体媒体销售收入，2017年视频流媒体收入也是如此。然而，在这项业务中创造价值更具挑战性。例如，网飞的收入在2016年已增长到88亿美元，但由于支付给电影公司的授权使用费很高，营业利润率从13%的峰值降到仅4%。

在公司层面，创新与绩效之间只存在弱关系。正如我们在第4章中看到的，企业的技术领导力并不一定能转化为经济利益。公司能否获得技术投资的回报取决于以下能力：将技术优势转化为商业上可行的产品或流程的能力（例如互补性资产或市场营销和分销方面的能力)，面对模仿者的竞争保持自身优势的能力（例如通过保密、标准或知识产权等手段)。有很多因素影响着公司能否从自己的技术领先中获得商业利益，其中一些因素在很大程度上受到管理的影响（例如通过准备互补性资产来利用领先地位)，一些因素则只是略微受到公司管理的影响，并且更依赖于技术的一般性特点、产品市场和知识产权制度（例如专利保护的力度）。研究札记13.1确定了有助于价值创造的创新管理实践。

研究札记 13.1　　创新管理实践和表现

我们的研究基于调查数据和相关的实证案例研究，抽取了 292 个有效的样本，评估了 8 个职能组的创新管理实践（IMP）在内部和跨部门的采用情况。

我们制定了 IMP 绩效的总体衡量标准，其中包括 8 个 IMP 组中每个组的总体绩效得分以及创新成功的综合指数，这个综合指数包括产品和过程创新绩效数据（包括新产品/服务、过程成本降低和效率提升带来的销售收入和利润），以及对不同类型创新的自我报告满意度。对 IMP 绩效指标与创新成功之间关系的分析发现，采用创新管理实践与创新成功总体指标之间呈显著正相关关系。

总的来说，我们发现不同行业的使用模式存在显著差异，IMP 的采用和创新成果之间存在正相关关系。但是，只有极少数 IMP 被认为是普遍积极的，包括外部技术情报收集和技术及产品组合管理。我们还发现大多数 IMP 的使用和有效性因行业而异。这表明，部分 IMP 具有更广泛应用的巨大潜力，但管理者必须认真甄选。

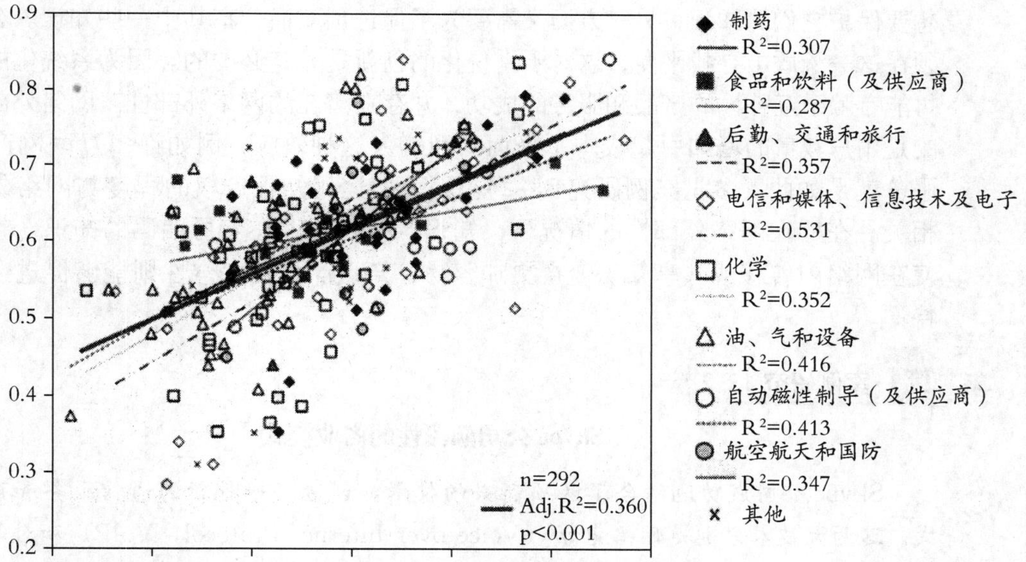

资料来源：Derived from Tidd, J. and B. Thuriaux-Aleman, Innovation management practices: Cross-sectorial adoption, variation, and effectiveness, *R&D Management*, 2016. 46 (3), 1024-43.

对这个领域的早期研究来自经济学家。他们认为在完全开放的市场条件下不会存在激励个人创业者或公司创新的外部因素，因为满足于模仿会使得对创新的风险投资难以实现回报。[1]随后研究的重点转向什么样的最优条件既能鼓励承担风险和创新，又能同时阻止垄断地位的形成。正如我们在第 4 章讨论的，戴维·蒂斯认为有三组因素影响着公司从创新中获取价值的能力：占有机制，包括知识产权在形式上的力量、知识的本质（隐性知识相比于编码知识）、保密、模仿的难度和研发提前期等；互补性资产，比如品牌、定位、分销、支持和服务；主导设计。[2]

然而，那种不断强化知识产权（特别是专利和版权）的简单的观点，无论是在鼓励创新方面还是在通过创新来创造、获取价值方面，都未能意识到知识产权制度还存在若干局限性。例如在20世纪90年代，美国授予公司的专利数量不止翻了一番，关于知识产权的执法案例翻了三番，产生的法律费用相当于涉案公司研发投入的25%，可是最终并没有使创新水平或获利能力迈上一个新台阶。[3]

另外一些经验让我们相信，知识产权在通过创新创造和获取价值方面并未扮演重要角色。首先，在不同行业间，对知识产权的使用以及更重要的实施存在着明显不同的倾向。知识产权制度在有些行业（例如医药业）以及国家的作用很大，但在其他行业（例如信息和通信技术业）的作用较小。然而，尽管行业间知识产权的作用存在差异，但创新比率和获利能力相差不大。[4]总体看来，销售、分销、服务和支持等其他方面才是更重要的解释性因素。其次，即使在相同行业和相似的知识产权制度下，公司之间在创新和绩效水平上的差异表明同样存在公司层面的其他因素。例如服务业，创新和成长的差异就与公司跟供应商、咨询顾问、顾客和其他合作伙伴间的外部联系密切相关。[5]

事实上，过度依赖知识产权保护可能会限制创新所能产生的利益。公司一方面想要保护它们的知识，另一方面又需要为了促进创新而分享其中一些知识。公司必须在这一矛盾中寻找平衡，这对于系统化的创新是尤其必要的。因为系统化的创新可能有赖于互补性的产品和服务的成功，并存在潜在的网络外部性。网络外部性指的是用户数量的增加引起成本下降而获利增大这种效应，例如许多互联网产品和服务就是如此（参见案例研究13.2）。因此，运用知识产权的程度与网络外部性相关。在存在网络外部性的情况下，知识产权表明存在着可编码的知识，它能够使在网络内转移或共享知识变得更加容易；知识产权的安全性则能够促进合作和特许。[6]

案例研究13.2

Skype公司颠覆性的商业模式

Skype公司成功地结合了两项新兴的技术，创造了一种新的通信服务和商业模式。这两大技术分别是网络电话（Voice over Internet Protocol，VoIP）和对等网络（P2P）文件共享。第一项技术实现了通过互联网传输声音，避开了传统的通信网络；第二项技术利用了用户群电脑的分布式计算能力，从而免于架设中央服务器和相关基础设施。

Skype是由瑞典的创业者尼克拉斯·森斯特伦（Niklas Zennström）在2003年创立的。在此之前，森斯特伦因他的先锋互联网公司Kazaa而小有名气，这家公司提供的P2P服务主要用于（非法的）MP3音乐文件分享。为了着力开发Skype，他将Kazaa卖给了美国的Sharman Networks公司，并与丹麦人贾纳斯·弗里斯（Janus Friis）组建团队合作开发了Skype。与其他网络电话公司（例如Vonage）基于专用的硬件设施并收取使用费不同，Skype可以免费下载和使用，从而实现了电脑之间的免费通话。随后它又添加了更高级的额外付费服务，例如Skype-Out可以拨打普通电话号码，Skype-In可以接听普通电话的呼叫。其服务支持15种语言，覆盖了165个国家和地区。它还与 Plantronics 建立了耳机供应的合作关系，与西门子、摩托罗拉建立了手机供应的合作关系。兴奋的用户们很快又邀请亲朋好友都来使用这项服务，用户数量骤增。

由于要提供免费的软件和电脑之间的免费通话，Skype 的商业模式必须是创新性的。其产生收入的方式有许多种：像 Skype-In 和 Skype-Out 这样的高级服务已广泛用于中小企业的商务和会议通话，特许专门供应商使用软件，以及与硬件商签订合作协议，这些方式都获利颇丰。此外，其庞大的用户群也可以吸引到网络广告。

截至 2005 年，Skype 共有 7 000 万注册用户。尽管有如此迅猛的增势，但其提供免费服务的核心商业模式意味着它的收入只有为数不多的 700 万美元，相当于从每个用户赚取 10 美分。到 2008 年，Skype 大约有 3.1 亿注册用户，其中 1 200 万人长期在线。据估计，其收入可达到 1.26 亿美元，相当于从每个用户赚取 40 美分。这的确反映了财务绩效的改善，尤其是在成本仍然保持较低的情况下。但整个商业模式仍然未被验证。可是这对于创办者来说已经足够了。他们在 2005 年 10 月将公司以 26 亿美元的价格卖给了 eBay，到 2009 年还收获了 15 亿美元的业绩红利。eBay 计划，通过采用语音议价和按电话次数计费的广告来刺激成交量，并且利用其先前并购的 PayPal 来为 Skype 客户提供更好的付款服务。

资料来源：Derived from Rao，B.，B. Angelov and O. Nov (2006) Fusion of disruptive technologies：lessons from the Skype case. European Management Journal，24 (2 &3)，174-88.

通过以这种方式影响创新的形式与结构，一个公司有望分得大蛋糕的一小块，而不是专注于保护一个小得多的蛋糕。当创新容易被模仿时，可以通过对互补性资产的投资来产生更高的长期回报。[7]事实上，研究表明，运用知识产权对于致力于创造长期价值的战略有负面影响，而研发提前期、保密和隐性知识都与创造价值有更紧密的联系。[8]研究札记 13.2 讨论了利用内部和外部知识产权创造价值的影响。

研究札记 13.2　利用外部知识的吸收能力

开放式创新的一个重要挑战是吸收和利用外部知识的能力以及内部研发如何促进或阻碍外部知识的利用。

在这项研究中，我们分析了超过 5 年的 325 家公司的面板数据，发现虽然外部来源的知识比内部生成的知识更快地吸收和利用，但长期来看内部知识创造了更高的回报。下图中横轴表示外部知识的比例，纵轴表示销售增长方面的表现。我们发现内部知识与外部知识之间存在曲线关系。内部知识的开发速度较慢，但比外部知识更有效。外部知识开发利用速度更快，但成本几乎是内部知识的两倍。最重要的是，如果没有过去几年研发投入的支持，对外部知识的高度依赖（如图所示，超过 67%）可能会产生负面影响。

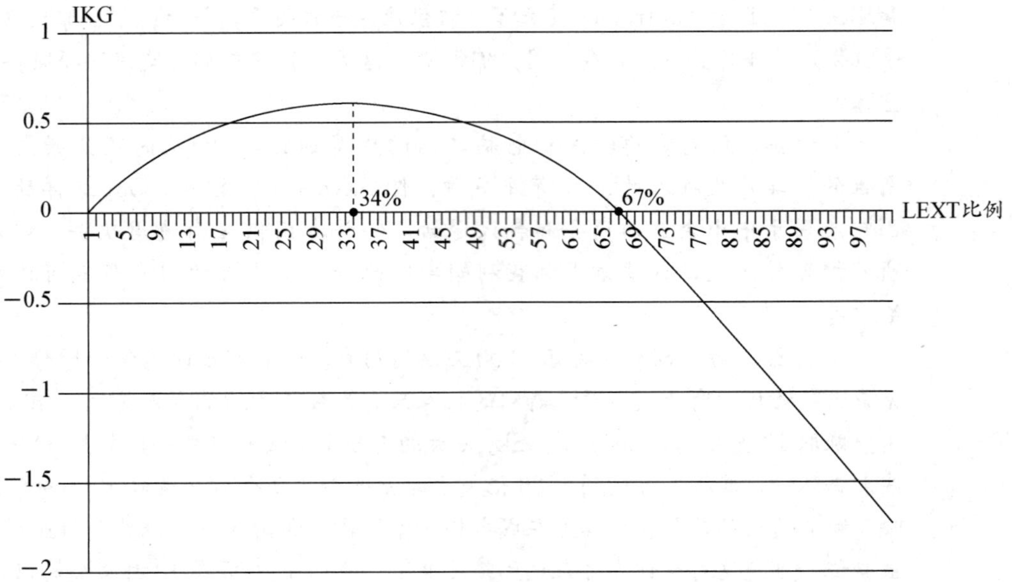

资料来源：Derived from Denicolai，S.，M. Ramirez，and J. Tidd，Overcoming the false dichotomy between internal R&D and external knowledge acquisition：Absorptive capacity dynamics over time，*Technological Forecasting and Social Change*，2016. 104 (3)，57-65.

总之，理论论证和实证研究都表明，无论从政策还是管理的角度来看，就鼓励承担风险和创新来说，公司只需要有限水平的知识产权即可；而就通过创新创造经济和社会效益并获取回报来说，则必须有更丰富的战略选择。

13.2 创新和公司绩效

要构建一个模型来反映创新对公司财务业绩的影响，会面临很多困难。[9] 首先，公司层面上的投入和产出间的关系比行业层面弱得多。在此情况下，恐怕只能说，创新投入更多的公司可能“更有创新性”，即使它们最终未必会有什么创新。这种投入和产出间的弱关联性可能仅仅是由创新的随机性和不可预测性导致的。然而，如果公司面对的技术机会不同，那么某个公司比其他公司更具创新性可能就毫无意义——这也许只意味着资源的浪费。虽然人们认为外溢效应的影响特别大，以至于一般来说创新只是次优选择，但如果研究了公司的具体情况——它对研发的投资是过多还是过少，就会发现很难下定论。为此，任何比较都必须在同类公司之间进行，而这就是另一个困难所在。其次，公司的报告行为可能会因创新指标中采用的监控变量不同而改变，这就是所谓的古德哈特法则（Goodhart law）现象，即政府提出的货币指标随着行为的相应改变而失效。最后，设定指标的目的可能在于影响金融市场和借贷行为。然而，市场如今十分关注管理和技术投入的效率，而这几乎完全是依靠经营业绩来评估的。很难用创新活动指标取代传统的财务指标，更何况金融市场仅仅关心自己能够从公司那里得到的经济收益。

为了确定投入（或产出）能否作为与创新相关联的衡量标准，有必要寻找一些指标之间的相关性，如研发支出、生产率的增长、利润率或公司的股票市值。例如，在公司之间或行业之间的横向层面，研发投入与专利数量之间有很强的相关性。然而在公司层面，这个相关性会随着时间推移而变弱。计量技术也可以用来评估创新投入（特别是研发支出）对于某些绩效指标（如利润率或专利数量）的影响。有研究表明，产品研发的产出远不如流程研发。[10]

另有研究基于英国科技政策研究中心大规模的创新数据库，发现创新的使用的影响 4 倍于创新产生的影响[11,12]；同一项研究还发现生产率的提升需要 10～15 年才会完全实现。若将研发作为创新过程中投入的替代变量，而将专利数量视作产出，那么二者在国家层面是相关的，在产业层面也具有一定的相关性。但如帕维特所指出的，在公司层面，未能得到解释的差异就大得多。[13]从这个层面来看，发现专利和研发之间的稳定关系的困难在于，各公司对于申请专利存在不同的倾向。这在一定程度上折射出以其他方式保护创新的成果并非难事，比如保密、先发优势。此外，专利的有效性在行业间又有所不同，例如专利的作用在医药业很强，但在电子消费品行业就很弱。[14]

研发数据同样显示，在一些将开发工作归入设计和生产的行业存在特定的偏差。[15]比起行业层面，在公司层面观察到的投入和产出的相关性较弱，这个事实说明技术投入的生产率有很大的可变性，而研究怎样的特定条件能使投入得到最有效的利用可能很有意义。

关于公司层面技术投入的效益，最可能的解释性因素是规模、技术机会和管理。[16]有关规模的证据并不少。研发投入的规模与研发投入的效率有关，这是项目之间的范围经济导致的。[17]研究表明，研发投入的规模只在化学和医药领域才是重要的。[18]公司规模是一个更加难以研究的问题，因为不同规模的公司对研发和专利的诠释不同。有一项研究比较了 1972—1982 年间 600 多个英国的制造公司，并与 SPRU 的重大技术创新的数据库匹配，结果发现大公司更倾向于创新[19]，因为它们更有这样做的动因：若市场份额是平均值 2.5%的两倍，就会在接下来一段时期内将创新的可能性提高 0.6%。而竞争力较弱的公司（更高的集中度和更低的进口比率）创新较少，这支持了上述结论。

在行业层面，技术机会只有在拥有较高资产专有性时才能更好地发挥作用。技术机会同样通过其他公司的外溢效应而存在于公司层面。这样的外溢并非必然，而是要求将注意力集中于技术转移和对外部创新源的探寻，而这正是本书所提倡的。对于研发投入的管理效率的经典研究是 SPRU 的 SAPPHO 项目，弗雷曼对此作了很好的总结。该项目的研究发现，高层管理者对于项目的投入以及良好的沟通是成功的关键。[20]

衡量投入产出时需要考虑的一个主要问题是：我们如何考虑创新回报或信息流向其他公司或行业的外溢效应？例如，如果我们研究一个特定产业的产出或者生产率与研发支出的关系，该如何考虑来自其他产业或非行业性的研发的外溢效应的影响？[21]这个问题关系到调查研究的相应层次——是公司层面、行业层面还是整个经济？弗雷曼讨论了有关外溢效应的问题，他认为比起研究公司研发和生产率之间的联系，更应研究行业研发和生产率的关系。例如，整个电子行业都从贝尔实验室的半导体研究工作中受益，而只有一小部分公司被贝尔实验室以特许使用或收购的形式收入囊中。

在公司内部也可能存在一种不同的外溢效应。尽管有些产品会失败，但它们的研发仍然有用。例如，IBM 在 20 世纪 60 年代向 Stretch 电脑（只卖出了几台）投入的大笔资金最终造就了成功的360系列。在联系紧密的产业间，创新的外溢效应并不像先前有关研发支出的研究所表明的那样多。[22]相反，在生产商和用户之间却存在着外溢效应。这可能是由于创新本身太具有公司特定性，以至于不能表现出外溢效应，然而研发外溢所共享的信息却并不局限于公司。研究札记13.3介绍了新技术与企业业绩之间关系的研究成果。

研究札记13.3　　利用新技术

一项关于专利期限和财务业绩之间关系的研究看起来更加支持快速跟随战略，而不是先行者战略。该研究发现，公司专利保护年限的中位数与它的股票市值有相关性，但不是线性相关。对于采用非常新或非常老的专利的公司来说，这个关联呈负相关，并导致长期低于平均水平的业绩。采用的专利保护年限接近中位数的公司业绩则长期高于平均水平。

这项研究在超过20年的时间里考察了288个公司和204 000个专利。当对这些专利进行归档整理时，必须列出它所引用的其他专利的专利号和归档时间。通过这样的数据处理可以得出专利的年限中位数——专利的申请日期与引用的先前专利的申请日期的中位差。这个值能够表示所使用技术投入的年限，但需要与不同技术专利类别的平均值相比较。因为技术生命周期在400个专利类别之间差异显著，有的短至数月，有的长达数十年。这种比较反映出在相同技术领域内运作的不同公司所使用技术的年限中位数存在差异，并表明存在不同的技术战略。最后，这个数据被拿来与公司一定时期内的财务业绩（此处为股价）进行比较。结果显示，处于技术前沿的公司（界定为以多于1个标准差领先行业）和使用成熟技术的公司（以多于1.3个标准差落后于行业平均值），其股票投资收益欠佳。而利用中等年限的技术的公司股票投资收益可观。

对这个相关性的一个解释是，无论在技术的开发阶段还是在商业化阶段，使用最新专利的公司面临很高的成本和新兴技术的不确定性；使用成熟专利组合的公司在对技术进行商业化利用时，面对的机会则相当有限。然而，利用接近专利保护年限中位数的专利（在相应的专利类别中）的公司已经避免了较高的成本和较新专利的不确定性，但在对其进一步开发和商业化时仍留有充分的选择余地。因此对公司而言，要更周密地管理它们专利保护的年限，并且注重对某个特定时间范围内的专利技术的开发和利用。这不仅仅要求做一个快速追随者（一定程度的模仿），而且要求在技术战略和市场战略之间实现更加紧密的整合。

资料来源：Heeley，M. B. and R. Jacobson，The recency of technological inputs and financial performance，*Strategic Management Journal*，2008. 29，723-744.

尽管公司越来越多地利用外部创新来源，但很少有公司在行业之外进行系统的搜寻。[23]当整体经济从一项创新中获益多于公司获取的利润时，就会出现一种特殊形式的外溢效应。那么，个体回报率和社会回报率之间就会产生差异，从整体上看，创新的社会效益远超过单个公司获得的回报。[24]

用研发和专利来衡量创新有一定局限性，这使得最新的研究转向基于市场的衡量指标，例如新产品发布或创新的数量。有一项研究对美国医药行业新发现的化学物质的数量与以固定价格计算的研发及其他变量进行了相关分析，发现二者呈非线性（凸状）相关，并且有迹象表明当大公司的研发部门和销售部门存在互动合作时，研发会更加有效。[18]另一项研究为了判断专利能否作为创新的指标专门考察了专利与创新的关联强度。研究结果相当引人注目，因为在行业层面存在着强相关，但在分析公司层面数据时相关性消失。实际上，对公司创新最具预测性的是其所在行业的专利密度指标。[25]随后的研究分析了在美国所有主要出版物上发表的创新成果，有的研究还将范围限定为最主要的金融出版物，如《华尔街日报》。[26]这些研究表明，创新倾向于集中在较大的公司、集中度较低的行业，很大程度上受到对广告、研发的投资的影响。[27]在行业层面，新产品发布和专利密度密切相关，60%的新产品样本方差能够被专利密度所解释。然而在公司层面，二者的相关性非常弱，在单个公司层面，只有 2%的新产品活动的方差来源于专利活动的解释。[25]

研发/附加值的比率已在研究中作为创新产出的替代变量。这是由于在不同行业间相同的研发支出并不一定代表相同程度的创新活动；同样，研发门槛在不同行业也有所不同，有些行业的研发更加具有资本密集型的特点。[28]与此相似，基于现金支出与现金收益的比率，以及开发时间与特定产品市场生命周期的比率，产生了“创新率”的概念。当一个有不同产品组合的公司达到稳定状态时，其创新率就等于创新支出与附加值的比率。据此可以计算特定行业和公司的创新率。例如英国的机械工程行业的创新率大约是 14%。由于该行业的附加值大约是营业额的 50%，表明至少 7%的收益应当投入创新中以维持无形资产。[29]

对 SPRU 创新数据库以及公司账面的分析表明，在将其他因素作为控制变量的情况下，创新者的边际利润比非创新者要高，尽管这种差别很小。资金投入、营销和研发支出的滞后性变量与利润率之间的关系反映出，研发的回报率大约是 33%，平均延滞期大约为 5 年。其中流程创新的回报率是产品创新的 4 倍，但回报的变数很大，因而更有风险。[30]

研发对于股市的影响更加难以判断，因为在建立一个可验证的假设之前，需要有一个对金融市场是否具有有效性的前提性假设。一些关键研究声称发现了显著的影响(尽管受到干扰)。[31]而这也导致了对创新的股市估值法是否存在一致性的担忧，特别是当研发资产的估值在 20 世纪 80 年代降到了原值的 1/4 时。然而，专利和公司市场价值的相关性并不显著（医药行业除外)。[32]但产品发布对于原创型公司的股票价格有积极影响。这种影响取决于两个因素：对新产品的成功可能性的评估以及对新产品未来收益水平的估值。研究发现，从新产品正式发布的前一天开始，推出新产品的公司在 3 天内能获得 0.75%的超额市场回报。研究还发现，每个新产品发布时平均价值大约为 2 600 万美元（按照 1972 年的美元计价)。当然，产品发布的价值和回报还取决于所在的行业：回报最高的是食品、印刷、化工、医药、计算机、摄影器材和耐用品等行业。新产品发布带来的超额回报说明，过去和现在的会计数据在预测方面的价值有限。

市盈率（price/earnings ratio）也许是预测（未来）创新绩效的更好的指标。发布新产品的公司的平均市盈率几乎两倍于不发布新产品的公司。这表明，股市以更高的收益率对创新公司所能产生的长期收益进行估值。然而，随着市场的发展，利润率会由于许多原因而下降：首先，产品和服务的差异倾向于日趋缩小；其次，竞争倾向于转向价格战，从而使回报率下降；最后，至少在生产制造行业，资本集约度倾向于上升，从而使回报率进一步降低。具体而言，利润率与市场的实际增长速度密切相关。在极端情况下，年实际增长率达到10%甚至更高的市场，其投资回报率（ROI）能比年增长率仅为5%的衰退中的市场高出4个百分点。市场的高增长率关系到[33]：

- 高毛利率；
- 高营销成本；
- 不断提高的生产率；
- 不断提高的每个员工的附加值；
- 不断增加的投资；
- 低额或负向的现金流。

市场差异化可衡量同一市场上竞争者之间的差异程度。因而，市场差异化可以作为衡量市场吸引力的一个标准，且与细分市场相关。属于不同细分市场的顾客会在意不同的产品特性。市场差异化和相对质量会共同产生显著的效应。在市场差异化较低、竞争者的相对质量无显著差异的市场，通常回报率较低。而无论什么市场条件下，较高的相对质量都充分预示着高利润率。然而，在一个高度分化的市场，一个面向小众市场的企业即使没有较高的相对质量也可能有高回报。高市场差异化和高相对质量感知的结合会产生非常高的投资回报率，通常会超过30%。市场份额的重要性依行业而不同。尽管直觉上认为，考虑到规模经济的必要性，市场份额在资本密集型的生产制造行业中是最重要的，然而，PIMS数据表明，市场份额在创新型行业（即高研发和高营销支出的行业）中对利润率的影响大得多。在研发和营销密集型企业中，市场领先者的投资回报率比普通小企业平均高出26个百分点；而在制造密集型企业中，相应的差别只有12个百分点。这表明规模效应在研发和营销方面比在生产制造方面更加重要。

为研究创新和绩效之间的关系，我们调查了5个行业的40家公司。[9]我们所选的每个行业的公司有不同的研发强度。对数据的分析证实了研发支出与销售额的比值对于附加值和新产品发布数量的显著的积极影响。这表明，研发对增加新产品的数量和提高其价值同样有贡献。结果还表明，金融市场低估了研发支出的价值，但确实重视研发效率。如果我们使用新产品推出/研发绝对值（new products introduced/absolute R&D）作为研究效率的替代变量，会发现研究效率同样会与市场价值对账面价值的比率呈显著正相关关系。

13.3 利用知识

在本节我们讨论个体和组织如何识别“他们知道什么”以及怎样最好地利用其所掌握的知识。我们调查了知识管理、组织学习和知识产权的相关领域。关键问题包括：知识的本质（例如，显性知识还是隐性知识），知识的中心（例如，个体还是组织），以及知识在组织内的分布。更狭义的知识管理关注在组织内识别、转化、分享和利用知识。其中一个关键问题是个体学习和组织学习的关系，前者如何转化成后者，以及如何最终转化成新的流程、产品和业务。最后回顾不同类型的正式的知识产权，以及如何把它们用于创新的开发和商业化。

管理知识本质上涉及五个关键任务：

1. 产生和获取新知识；

2. 识别和编码既有知识；
3. 存储和检索知识；
4. 在组织内分享和传播知识；
5. 在流程、产品和服务中利用和嵌入知识。

产生和获取新知识

组织能够通过经验、实验或并购来获取知识。其中，经验学习看起来最低效。实际上，组织很难将经验转化成知识。此外，学习可能是无目的的，不会带来效率的提高。组织也可能在学习中不得其法，学到的也许是错误或有害的东西，如学习有缺陷的或不相关的技能，甚至可能带来导致自我毁灭的坏习惯。这可能使一个组织只积累了某种低水平技术的经验，并可能妨碍它得到使用某个较优程序的足够经验以产生高回报，这种情况有时被称为“能力陷阱”。

实验是更加系统化的学习方法。它是正式的研发活动、市场调查及一些组织联盟和网络的主要特点。当有意这样做时，采用渐进性试错的学习策略，就会考虑现有技术和市场的复杂性，以及与技术和市场变革、预测未来相关的不确定性。通过联盟来学习并不普遍，因为这不仅要求企业有将其作为学习的机会来使用的意识，而且要有对外部知识的接受能力，以及足够透明的合作伙伴关系。对知识的获取是否引起组织学习，取决于获取知识的基本原理、获取和转移知识的过程。例如，在比较交易成本的基础上外包不同的技术，所产生的累积效应可能限制未来的技术选择，并从长远上降低竞争力。

对于获取知识来说更加主动的方法是扫描内外部环境。正如我们在第 6 章讨论的，扫描包括寻找、过滤和评估来自组织外部的潜在机会，包括相关的新兴技术、新市场和服务，而这可以通过对既有能力的应用或结合来加以开发利用。机会识别作为创业行为的初期形式，通常与灵感的闪现有关，但实际上更可能是环境扫描的最终结果。外部扫描可以在不同层面展开。它既可以是由市场或技术领域的管理者在意识到所在领域的新发展后提出的一个运营计划，也可以是由监测和投资潜在机会的风险企业管理者或专业的资本运作公司高层驱动的计划。

识别和编码知识

首先，厘清知识的含义有助于我们继续深入讨论。从公司 IT 系统到个人的技能和经验，知识这一概念几乎囊括了企业的方方面面。尽管对知识的分类目前尚无定论，但下列层次有助于我们加深理解。

- 数据。一系列分散而互不相关的原始发现、数字、词语、录音，等等。通常易于结构化、记录、存储和以电子方式操作。
- 信息。经过组织、分组或分类的某种形式的数据。对数据的组织可能包括分类、计算或综合。这种组织方式使得信息具有相关性和目的性，并在多数情况下为数据增加了价值。
- 知识。情境化的、被赋予含义的信息，因而更具有相关性，也更加容易操作。信息向知识的转化涉及比较和对比、识别关系和推断后果。因而知识比信息更深刻和丰富，并且包含结构化的专业知识、经验、价值和洞察（参见研究札记 13.4）。

研究札记 13.4　　识别不同类型的知识

“非实体化的知识”这个概念可能非常抽象，但在实践中是可以衡量的。下面是在生物和通信行业的研究中识别的知识的各个方面和各种类型：

- 知识的种类；
- 知识的深度；
- 知识的来源（内部和外部）；
- 对知识的评估和对能力的认识；
- 知识管理实践，识别、分享和获取知识的能力；
- 使用 IT 系统来存储、分享和再利用知识；
- 识别和吸收外部知识；
- 关于市场和顾客的商业知识；
- 关于当前的和潜在的竞争者的知识；
- 关于供应商网络和价值链的知识；
- 法规知识；
- 关于财务和融资利益相关者的知识；
- 关于自己和他人的知识产权的知识；
- 知识实践，包括档案、内部网络、工作组织及多学科交叉的团队和项目。

研究结论是：上述每一项都会作用于公司的知识资产和创新绩效，但方式不同。总的来说，个人、群体及其实践中的较隐性和无形的知识，对于利用较显性和有形的知识（如研发和知识产权）来说是必不可少的，而这些反过来又会由于对地位、声誉和信任的强化而产生对外部知识源更好的使用和连接方式。

资料来源：Derived from Marques，D. P.，F. J. G. Simon and C. D. Caranana，The effect of innovation on intellectual capital：an empirical evaluation in the biotechnology and telecommunications industries. *International Journal of Innovation Management*，2006. 10 (1)，89-112.

本质上有两种不同类型的知识，各有不同的特点：

- 显性知识。可以通过数字、文本或图形的方式编码，因而更容易沟通交流，例如产品的设计。
- 隐性知识。与个人、经验和情境有关，因而难以正式化和交流，例如“如何骑自行车”。

应当注意到，显性知识和隐性知识的区别并不一定表示知识本身的难度或复杂性，而只是表示“表达这种知识”的难度。布莱克（Blacker）提出了更精细的隐性知识类型，包括以下五类[34]：

- 观念型知识（embrained knowledge），依赖于概念技巧和认知能力，强调抽象知识的价值。
- 经验型知识（embodied knowledge），以行动为导向，一般来说只是部分显性，例如解决问题的能力和实践学习，并且是高度情境化的。
- 文化型知识（encultured knowledge），需要共享价值观，包括社会性建构、对话协商以及社会化和文化互渗等范畴。

● 嵌入型知识（embedded knowledge），存在于系统化的惯例和流程中，包括资源以及角色、规程和技术之间的关系，并与组织能力的概念相关。

● 编码型知识（encoded knowledge），表现为符号和标志，包括设计、蓝图、手册和电子媒介。

有必要对学习“怎样做”和学习“为什么”作出区分。学习“怎样做”涉及提高或转移既有的技能，而学习“为什么”着眼于理解潜在的逻辑或原因，以便在新的情境中运用既有知识。可参阅施乐的例子和它的各种知识管理项目。

关于创新管理和组织变革的大部分研究都未能解决组织学习的问题，但一直关注着组织内的个体学习：“……重要的是认识到不是组织在学习，而是组织里的人在学习”[35]；“一个组织只有两种学习方式：(1) 通过它的成员学习；(2) 通过吸收新成员……”[36]。

很显然，个体的确是在组织中学习的。这一情境影响了他们的学习，反过来又会影响组织的绩效。然而，个体和组织是非常不同的实体，因而没有理由认为“组织学习”在概念上或实证上与“个体学习”或“个体在组织内的学习”是相同的。现有的关于组织学习的理论和研究基本上被关于它与人类学习和认知发展的牵强类比所主导，但这种对组织特点的简单且不恰当的人格化导致了令人困惑的研究和误导性的结论。

使用个体知识与集体知识、常规任务与新任务等维度，可确定四种组织结构（见图 13－1）。与宣扬单一的知识型员工相比，该框架的优势在于描绘出不同的组织和任务需求下的不同知识类型。

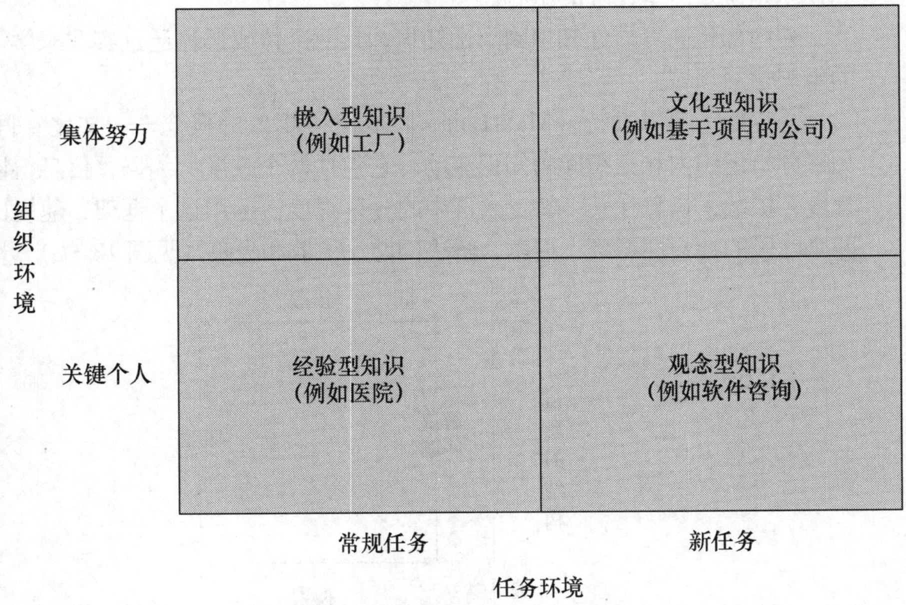

图 13－1　任务、组织环境和知识类型

资料来源：Blackler，F.，Knowledge，knowledge work and organizations：an overview and interpretation. *Organization Studies*，1995. 16 (60)，1021-1046.

例如，这个框架表明在环境不确定的情况下，观念型知识和文化型知识比嵌入型知识或经验型知识更加有用。选择何种知识取决于组织的文化和情境。我们可以预期一个创业型小公司更多地依赖观念型知识，而已经建立的大公司更加依赖文化型知识。

正如我们已经看到的，知识可以内嵌于人、组织文化、惯例及工具、技术、流程和系统之中。组织由各种各样的个人、群体和职能部门组成，有不同的文化、目标和参照系。知识管理是在这些全然不同的实体之间识别和分享知识。有许多整合机制有助于实现这一点。促进知识流通和管理应当成为首要任务，而实现此任务的许多方法依赖于在解决创新问题，以及将新惯例构建到组织生命周期架构的过程中，调动成员更高程度的参与。野中和竹内（Nonaka and Takeuchi）认为，从隐性知识到显性知识的转化过程是将个体知识和组织知识联系起来的最关键的机制。他们提出一切新知识都来自个体，但通过对话、讨论、经验分享和观察，这些知识在群体和组织层面得以扩展。这就创造了一个扩张的互动共同体或者说知识网络，它可以超越组织内和组织间的层级与边界。这样的知识网络是从组织外部获取知识的一种手段，也是在组织内广泛分享知识和存储知识以备未来之用的一种方法。

这种由个体知识向组织知识的转化涉及四个循环[37]：

- 社会化——隐性知识到隐性知识，在这个过程中个体或组织的知识与他人分享。文化、社会化和实践共同体对此循环至关重要。
- 外部化——隐性知识到显性知识，在这个过程中知识通过固定的编码而被显性化。这是Nonaka模型最新颖的一个方面。该模型提出，隐性知识可以通过一个概念化和具体化的过程而转化为显性知识。在这个循环中重要的是边界对象。
- 结合——显性知识到显性知识，不同来源的显性知识被集中和交换。组织流程和技术系统是这个循环的中心。
- 内部化——显性知识到隐性知识，其他个体或群体通过实践来学习。这是传统的组织学习领域。

马克斯·博伊索特（Max Boisot）提出了相似的概念——文化空间（C-space），用来分析组织内和组织间的知识流动。它包括两个维度：编码，信息得以表达的容易程度；扩散，信息在某个特定人群中的分享程度。运用这个框架，他提出了一个包括四个阶段的社会性循环：搜索、解决问题、扩散和吸收（见图13-2）。[38]

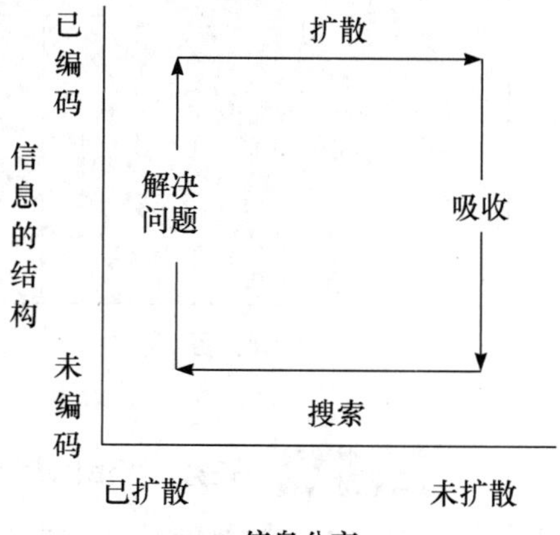

图13-2 知识的结构和分享的模型

资料来源：Adapted from Boisot, M. and D. Griffiths, Are there any competencies out there? Identifying and using technical competencies. In J. Tidd, ed., *From knowledge management to strategic* competence, 2nd ed. (pp. 249–307). 2006, Imperial College Press: London.

文化空间是一个有利于分析的概念框架，聚焦于组织内和组织间知识的结构化和流动。它包括编码和扩散两个维度。知识的编码涉及收集人们头脑中难以清楚表达的信息，以降低复杂性的方式对其进行结构化（参见研究札记 13.2）。这使得知识可以体现于实体对象中或者表达在纸上。只要完成这一环节，知识就会有自己的生命力从而可以快速广泛地传播扩散。如案例研究 13.3 所示，知识在文化空间中是以一种循环的方式到处移动的。

案例研究 13.3

一个关于知识编码和扩散维度的例子

可编码的→不可编码的

- 能够完全自动化；
- 能够部分自动化；
- 能够被系统化地描述；
- 能够被描述和记录在纸上；
- 能够被展示和口头描述；
- 能够被展示；
- 只在某人的头脑中。

可扩散的→不可扩散的

- 所有行业的所有公司都知道；
- 所有行业的许多公司都知道；
- 许多行业的许多公司都知道；
- 一些行业的许多公司都知道；
- 一些行业的一些公司知道；
- 一个行业的几家公司知道；
- 只有一个行业的一家公司知道。

存储和检索知识

即使在数据的电子化存储和传播成本低且简单易行的今天，知识的存储也不容忽视。最大的障碍在于隐性知识的编码。其他常见问题则在于如何为相关知识的贡献、检索和再利用提供激励。许多组织都开发了极好的内部网知识系统，但往往在实践中未予充分利用（参见案例研究 13.4）。

案例研究 13.4

Arup 的知识管理

Arup 是一家国际工程咨询公司，它提供计划、设计、工程和项目管理服务。其业务要求在实现创新性解决方案的同时，也要满足来自客户和法规的巨大时间压力。

从 1999 年起，组织就发起了各种知识管理计划来鼓励项目之间分享技术知识和经验。这些计划覆盖甚广，从组织流程和机制——如跨职能沟通会议和技能网络，到基于技术的方法——如 Ovebase 数据库和企业内部网。

如今，前者比后者取得了更大的成功。例如，对公司内部工程师的调查显示，在设计和问题解决方面，与同事讨论的重要性被认为两倍于知识数据库，其结果是工程师依赖于同事的可能性要四倍于对数据库的使用。造成这一现象的原因有两个：第一，难以对隐性知识进行编码。工程咨询涉及大量隐性知识和项目经验，这些是难以通过电子化手段存储和检索的。第二，每个项目的工程复杂性和独特的环境条件限制了对标准化的知识和经验的反复利用。

实际上，存在两种常见但又显著不同的管理知识的方法。第一种方法基于对IT的投资，通常是群件和内部网技术。这是许多管理顾问偏爱的方法。但为组织引入知识管理不仅仅是引入技术和培训这么简单。这可能要求组织结构、流程和文化的根本性改变。第二种方法则基于人和流程，试图鼓励员工在组织内识别、存储、分享和使用信息。研究表明，正如之前关于流程创新的案例一样，除非组织方面的问题得到解决，否则技术的效益不可能得到充分实现。[39]

因此知识的存储、检索和再利用不仅要有好的IT系统，还要有激励措施让人们愿意投入和使用这个系统。然而许多组织只鼓励和促进新知识的产生和利用，相对忽视了既有知识的整理和利用。

理查德·霍尔探索的路线是识别组织记忆的组成部分。他的主要目的是清楚地确认无形资源，并对无形资产和无形能力的概念作出区分：资产包括知识产权和声誉；能力包括员工、供应商和分销商的技能和技术知识，也包括构成组织文化的集体特性。他基于调查和案例的实证研究表明，管理者认为这些无形资源中最重要的是公司的声誉和员工的技术知识，两者都可能是组织文化的函数。主要有四种类型[40]：

- 无形的。资产负债表之外的资产，例如专利、许可权、商标、合同和需要保护的数据等。
- 积累的。是之前努力的结果，有较高的路径依赖性，例如流程和运作系统、个体和公司的声誉及网络。
- 职能的。个体或团队的技能和技术知识，分布于组织内或者供应商和分销商中。
- 文化的。包括质量、顾客服务、人力资源或创新方面的传统。

每种情形下的关键问题是：

1. 我们是否在充分利用这种资源？
2. 它还可以怎样利用？
3. 协同效应的范围是否被识别和利用？
4. 我们是否意识到资源之间存在的关键联系？

13.4 分享和传播知识

实际上，大型组织往往不知道自己知道什么。许多组织现在利用数据库和群体软件来帮助存储、检索、分享数据和信息，但这样的系统经常受限于硬数据和信息，而不是更加隐性的知识。这使具有潜在的综合性信息的组织或业务单元可能无法意识到这些信息应该运用到何处。

知识的分享和传播是分享不同来源的信息进而产生新知识或新理解的过程。当更多的组织成员获得新知识并认识到其潜在用处时，就会产生更强的组织学习。隐性知识很难被竞争者模仿，因为它没有被充分编码，由于同样的原因，它也可能并不容易被组织内的所有成员看到。结果，具有潜在的综合性信息的组织单元可能无法意识到这样的信息应该运用到何处。知识在组织成员中分享的速度和程度很可能是知识编码程度的函数。

要实现组织不同部分知识的转化和连接，有许多方式[41]：

- 将数据和信息转化为知识——例如识别数据库中的范式和联系。

- 将文本转化为知识——通过综合、比较和分析。
- 将个体知识转化为群体知识——分享知识要求具有支持性的文化、适当的激励和技术。
- 将人和知识连接起来——例如通过研讨会、工作室或软件代理机构。
- 将知识和人连接起来——通过内部网和代理系统“推”出相关信息和知识。
- 连接人和人——创造有关专家和兴趣的列表和网络，标示出谁知道什么，谁认识谁。
- 连接知识和知识——发现和鼓励不同知识领域的互动，例如通过共同项目。

这个转化和连接的过程要以实践共同体为基础。一个实践共同体是由相同的任务、过程或解决问题的需要所联系的一群人，而不是由正式结构或职能关系所绑定的。[42]通过实践，一个彼此分享知识的群体变成一个实践共同体。在这个过程中，他们达成了对这个共同体做什么、怎样做以及它如何关系到其他的实践共同体的共识。

在实践共同体内，人们分享隐性知识，并通过实验学习。因此，这种共同体的形成和维护构成了个体学习和组织学习之间一个重要的联系。这些共同体自然地产生于当地的工作实践，因而倾向于强化职能性或专业性的经验积累，但也可以扩展为包含相似实践者的更广泛的分散的网络。

实践共同体的存在促进了知识在共同体内部的分享，这既是由于对于集体身份的意识，也是由于共同的知识基础的存在。然而，在共同体之间的分享由于缺乏上述因素而存在很多问题。因此，共同体内和共同体间的知识分享的动态过程很可能大不相同。共同体之间的知识分享通常更加复杂、更加困难，问题更多。

很多因素可能阻碍实践共同体之间的知识分享，例如不同知识基础的差异，以及缺少共同知识、目标、假设和解释性框架等。这些差异不仅会显著增加在共同体之间分享知识的难度，而且会妨碍人们认可和欣赏另一个共同体的知识。

然而，有一些已被证明的机制有助于在不同的实践共同体之间转移知识[43]：

1. 一个组织内的“翻译者”。他能够用一个共同体的视角和用语来表达另一个共同体的兴趣。因而翻译者必须充分了解两个知识领域并被两个共同体所信任。翻译者的例子包括新产品开发中的“重量级项目经理”，他能连接不同的技术团队，或连接技术团队和营销团队。

2. 一个“知识经纪人”。他和翻译者的不同之处在于，知识经纪人参与到不同的共同体中，而不仅仅是在它们之间调解。经纪人代表了共同体之间的交集，以弱而松散的方式和若干共同体有联系，并能够促进它们之间的知识流动。[44]例如一个质量管理经理可能就是一个知识经纪人，他要负责横跨不同职能群体的流程的整体质量。

3. 一个“边界物或实践”。这应是双方或多方实践共同体都感兴趣的。不同的实践共同体都会从中获益，但体现在不同的方面。一个边界物可能是一份共享文档（例如一份质量手册）、一个人造物（例如一个原型）、一项技术（例如一个数据库）或者一项实践（例如一个产品设计）。一个边界物提供了讨论、辩论（可能引起冲突）的机会，从而可以鼓励不同实践共同体之间的沟通。

例如，正式指定的知识经纪人可以在组织中系统地寻找旧的未利用的想法，在组织中传递这些想法，并想象它们在其他情境下的应用。例如，惠普创造了一个 SpaM 群组，在它的 150 个事业部之间识别和分享好的实践。在新的群组形成之前，部门之间不倾向于分享信息，因为它们常常要竞争资源，比较业绩。类似地，Skandia 作为一家活跃于海外市场的瑞典保险公司，试图识别、鼓励和衡量其知识资本，并任命了一名“知识经理”负责此事。公司开发了一系列指标，一方面用来管理内部知识，另一方面用于对外报告财务状况。

一般而言，跨职能的团队工作有助于促进内部群体之间的交流。职能多样化往往能拓展可用知识的范围，并增加可考虑的选项，但也会对群体凝聚力、项目成本和决策效率有负面影响。然而，跨职能团队工作的一个主要好处在于，它为团队提供了连接外部知识的渠道。总的来说，群体之外高频率的知识分享会带来更高的技术和项目绩效，因为扮演看门人角色的个体会收集和引入关键的信号和知识。特别是，跨职能的团队组合被认为拥有连接外部学科知识的渠道。因此，跨职能团队工作是不同学科、不同共同体之间促进知识和实践经验交流的重要方式。

理解不同的知识管理执行方式的优劣势的一个有效途径是，识别五种不同的战略来将知识管理引入组织（见表 13-1）[45]：波状扩散、整合、嵌入、桥接、转移。

表 13-1 知识管理的执行战略

战略	特点	要求	风险
波状扩散	自下而上，持续改善，例如质量管理	流程工具，持续的激励	与先进技术相分离
整合	整合流程内的职能性知识，例如产品开发	改善的界面，早期参与，重叠阶段	一致性，协调负担
嵌入	产品、服务和系统的耦合，例如企业资源计划（ERP）系统	共同的信息系统和技术，激励和奖励	失去自主性，系统复杂性
桥接	通过对既有能力的新组合获得新知识，例如建构创新	共同语言和共同目标	高控制需求，技术可行性，市场上的失败
转移	在新的情境下利用既有知识，例如相关多元化	新市场知识	不适宜的技术、客户支持和服务

资料来源：Adapted from Friso den Hertog，J. and E. Huizenga，*The Knowledge Enterprise*. 2014，second edition. Imperial College Press：London.

波状扩散法是最基本的方法，包括一个知识中心或某个学科、技术或技能的核心，这是在一定时期内慢慢发展起来的。例如质量管理、大规模生产中的经验曲线或稳健设计，长期内可能影响巨大，但风险在于知识可能会与市场需求和技术机会相脱节。

整合法涉及从一个知识中心转移到另一个知识中心的项目，步骤上常常是连续的。这类似于传统的新产品或服务开发过程，最大的问题在于管理层面和不同知识中心之间的整合，例如设计、生产和营销职能的整合。

嵌入法将不同的知识中心纳入一个更广泛的框架内，但不对知识中心进行较大改变。例如在供应商和零售商之间为了降低库存、提高响应速度而采用电子数据交换(electronic data interchange，EDI)。潜在问题包括不对称成本和知识中心之间的利益分配，以及对控制的担忧或信息泄露。

桥接法结合了两个或多个不同的知识中心来创造一个整体的新知识领域。这可能是学科的结合，例如机械和电子工程结合形成机电学，有时被称为技术聚变。也可能涉及两个组织形成一个合资企业或一个组织兼并另一个组织。这是一个风险很大的战略，因为这种桥接具有显著的技术上、组织上和商业上的不确定性，而一旦成功，就会产生突破性的新知识和高回报。

转移法更加有选择性，包括从一个知识领域提取一个有用的元素，加以调整用于另一个领域。转移的知识可能是技术知识、市场知识或组织的经验知识或流程。流程标杆是知识转移战略的一个例子。

这个框架很有用，因为它帮助我们超越常见的、往往不甚成功的技术和培训方法，更好地理解不同知识管理方法的要求和局限性。

将知识转化为创新

创新很少只涉及一个单独的技术或市场，而是一系列知识组合到一起形成的知识构造。成功的创新管理要求我们不仅要掌握和运用关于组件的知识，还要了解有关它们如何被整合到一起的知识——创新的架构（见第 1 章）。例如，为了制造一个飞行器，组件层面的改变可能包括把机翼换成更新的金属或复合材料，或使用线控飞行取代控制线或液压控制系统。但是关于如何在系统层面连接机翼、控制系统、推进系统等的隐性知识却没有改变。而要在两方面都取得成功，则要求一个不同的更高级的能力集合。

难题在于创新的知识流以及支持创新的不断演化的结构，它们往往反映了创新的本质。所以当组件层面发生改变时，具有相关技能和知识的人员会彼此交谈，整合新的知识。但是当改变发生在更高的系统层面——架构创新时，现有的渠道和知识流可能就不再适合创新，或不足以支持创新了，那么公司需要开发新的渠道并创新知识流。当主要的系统层面发生改变时，公司常常表现不佳的另一个原因是，它们面对学习和重构新的知识系统以及舍弃既有系统的双重困难。

由此引发了对技术聚变领域的关注，即将不同的技术流汇集在一起，使特性上各不相关的产品开始融合成一个新的结构。例如在家庭自动化产业，诸如计算机、通信、工业控制和初级机器人等技术的聚合正在创造新一代的住房系统，具有整合娱乐、环境控制（暖气、空调、照明等）和通信的可能性。

类似地，在服务方面，向一系列金融理财服务中添加一项新的服务可能代表一个组件产品创新，但其影响可能远不及一整套服务的本质转变（其风险也更低），例如用直销系统取代通过中介销售理财服务的模式。

戴维·特兰菲尔德（David Tranfield）和他的同事提出了创新过程的三个阶段——发现、实现和培养（见图 13-3 和表 13-2）[46]：

- 发现——搜索内外部环境，收集和处理关于潜在创新的信号。可以是不同类型的需要、研究活动所产生的机会、政策管制的压力或竞争者的行动等。

- 实现——组织成功实施创新。通过不同阶段的开发使一个创意发展为最终能推向外部市场的一个新产品或服务，或者成为组织内的一个新的流程或方法。实现阶段要从这些潜在的创新触发信号中选择那些组织将会投入资源的活动。

- 培养——通过提供资源、进行开发（要么通过研发创造，要么通过技术转移获取）等形成可选的知识。它不仅涉及正式运用于技术中的编码知识，而且涉及在周围的社会联系中创新工作所需的隐性知识。培养阶段涉及维持和支持创新、不同的改进和对先前阶段的反思、对成功和失败经验的回顾，从而学习如何更好地管理过程，以及从经验中获取相关知识。这些学习创造了启动下一个创新周期（或“再创新”）的条件。

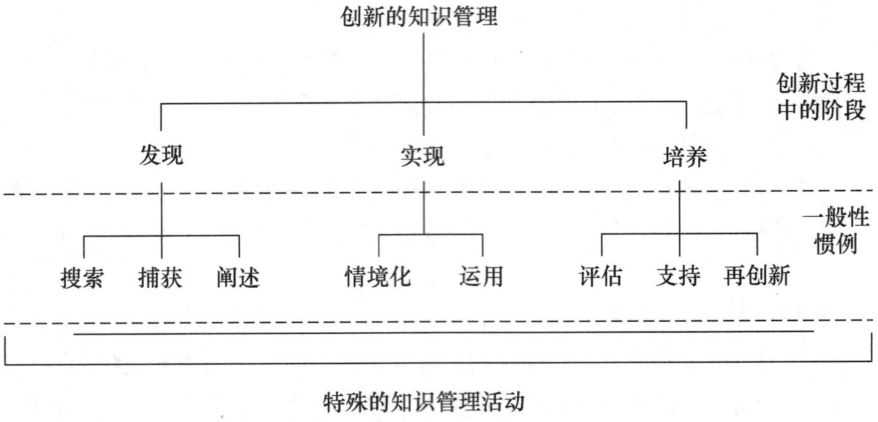

图 13-3 创新的知识管理过程模型

资料来源：Tranfield，D.，M. Young，D. Partington，J. Bessant and J. Sapsed，Knowledge management routines for innovation projects：developing a hierarchical process model. In J. Tidd，ed.，*From Knowledge Management to Strategic Competence*，third edition（pp. 126－149），2012，Imperial College Press，London. World Scientific Publishing Co.

表 13-2 将创新阶段与知识管理活动联系起来的过程模型

创新过程中的阶段	一般性惯例	描述	详细的知识管理活动描述
发现	搜索	为了寻找感兴趣的项目，采用消极或积极的方式扫描潜在的知识来源	积极的环境扫描（技术、市场、社会、政治等） 积极的未来扫描实验——研发等
	捕获	组织将知识搜索的成果内部化	捕捉相关信号，并将其在组织内部传达给相关人员
	阐述	将捕获的知识清楚表达出来	概念界定——我们可以做什么？ 战略计划和运营计划周期——从可行性框架到具体的运营计划
实现	情境化	将清楚阐述的知识置于特定的组织情境下	组织内外部的资源计划和资源获取 构建原型和完善其他的概念 早期的跨职能协调——生产设计、组装、质量等
	运用	将情境化的知识运用于组织的挑战	项目团队调动 项目计划周期 项目实施和修正——技术、市场和组织领域的“相互适应期” 产品发布的准备和实施
培养	评估	评估知识运用的效能	项目事后评估 市场/用户反馈 通过使用/制造等来学习
	支持	将知识的运用持续下去	收集反馈 以渐进方式解决问题和纠错调整
	再创新	将知识和经验再次运用于组织中的其他地方	捕捉相关信号来重复创新周期 为新的创新周期蓄势

资料来源：Tranfield，D.，M. Young，D. Partington，J. Bessant and J. Sapsed，Knowledge management routines for innovation projects：developing a hierarchical process model. In J. Tidd，ed.，*From Knowledge Management to Strategic Competence*，third edition（pp. 126－149），2012，Imperial College Press，London. Reproduced with permission.

13.5　利用知识产权

在有些情况下，知识特别是以更加显性和编码的形式存在的知识，可以通过特许或出售知识产权（而不是通过更加困难和不确定的开发新流程、产品或业务等途径）来商业化。

例如，IBM 一年的特许使用费收入达到 10 亿美元，在美国企业界特许使用费总收入大约为 1 000 亿美元，其中大部分来自为使用软件、音乐或电影而支付的特许费用。例如，2005 年全球合法的音乐下载销售额超过 10 亿美元（尽管非法的下载估计是其三四倍），却只占所有唱片公司收入的大约 5%，其中手机音乐下载占到该收入的 1/4。在不同国家音乐下载的规定不尽相同，例如，在日本 99.8%的音乐是下载到手机，而不是下载到 MP3 播放器。然而，尽管音乐下载的合法网站不断增加以及追踪非法文件分享网站用户的力度加大，非法下载并未减少。

这清楚地揭示了关系到知识产权的众多问题中的两个问题：获得了知识产权可能会拥有某些法律权利，但是这样的权利完全没有意义，除非它们被有效地强制执行；而在公共领域，模仿或非法使用是极有可能的。由于这些原因，保密常常是比知识产权保护更加有效的选择。然而，知识产权在有些环境下可能高度有效，我们之后将要讨论，它能够以不太明显的方式用来帮助识别创新和评估竞争者。虽然存在许多知识产权，但是对技术和创新来说最实用的是专利、著作权和设计权。

专利

所有发达国家都有某种形式的专利法，目标是通过允许有限的垄断来鼓励创新，这个垄断期通常是 20 年。许多发展中国家和新兴经济体也积极加入了贸易相关知识产权体系（Trade Related Intellectual Property System，IRIPS）。各国法律在细节上有所不同，但在大多数国家，一项专利的获得需要满足一定的法律条件。

- 新颖性——不能是以出版物、书面、口头或预期形式存在的现有技术成果。在大多数国家，专利权被授予最先提出专利申请者，但在美国授予最先发明者。美国的做法可能有一定的道德优势，但给专利带来许多法律挑战，并且要求在研发过程中有详细的证明文件。
- 独创性——“对本领域的技术人员来说不是显而易见的”，这是一个相对有效的检验方法，因为某些领域的技能水平比其他领域要高。例如，Genetech 得到一项专利——血浆酶原触媒（t-PA），它有助于减少血液凝块，尽管它具有新颖性，法院还是撤销了该专利，因为它并不代表一个独创性的进步，它的开发对领域内的研究者来说显而易见。
- 产业应用——实用性检验要求发明能够运用于机器、产品或流程。实际上，专利必须明确某一技术的每一个应用，使另外的专利寻求其他的应用。例如，联合利华开发了 Ceramides 并且对一系列广泛的应用申请了专利。然而，它并没有申请这项技术在洗发水产品上的应用，该应用随后被其竞争者获得。
- 可申请专利的对象——例如发现和配方不可以申请专利，在欧洲，甚至软件（著作权的对象）和新的微生物也不可以申请专利，尽管这两者在美国都是可以申请专利的。例如，对比人类基因图谱的研究在美国和欧洲截然不同：在美国这项研究是由一个商业实验室开展的，其成果申请了专利；在欧洲却是由一些公共实验室开展研究的，其结果发布到互联网上。

● 清楚和完整的披露——要注意，专利权人享有一定的法律权利，在权利受到侵害时，专利权人需要采取适当的法律行动。在有些情况下，保密可能是更好的策略。国家专利数据库就像一个大的技术创新蓄水池，可以用来查找好的点子。

除了将专利作为知识产权这种较明显的使用方式外，还可以用它们来寻找潜在的创新，帮助识别潜在的合作伙伴或评估竞争者。

专利也可以用于在公司、行业或国家层面识别和评估创新。然而，在做这样的评估时要格外谨慎，因为专利只是反映创新的一个方面的指标。

专利数据的主要优势在于它们反映公司产生创新的能力，在较长时期内可用于技术的细节层面，具有综合性——它们覆盖了从小到大的各类公司，并且被从业者自身使用。然而，专利申请通常都出现在开发过程的早期，因而对于衡量开发活动的产出成果来说是个很糟糕的指标，并且无法告诉我们任何关于创新的经济或商业潜力的情况。

关于一个公司、产业或国家的专利数量的计算很少见，但专利的质量可以通过计算专利被引用的频次来评估。这提供了一个关于其技术质量的可靠指标，尽管是事后的，且不一定反映其商业潜力。高引用频次的专利通常比从未或很少被引用的专利更加重要。原因在于，包含重大新发明或主要进步的专利可以激发大量后继发明，最初的重要发明会被引用。

使用专利引用频次、专利的质量分布等方法不太准确：大量的专利仅被引用了几次，只有一小部分专利被引用10次以上。例如，50%的专利被引用少于2次，75%的专利被引用少于5次，只有1%的专利被引用超过24次。总的来说，从10年的情况看，每个专利的平均引用次数大约为6次。[47]

基于专利的最有用的创新指标是（见表13-3）：

1. 专利数量。反映技术活动的水平，但是粗略的专利计数仅仅反映了公司、行业或国家申请专利的倾向。

2. 每个专利的引用次数。反映公司专利的影响力。

3. 当前影响力指数（current impact index，CII）。这是一个关于专利组合质量的基本的指标，用公司特定技术领域内最近5年的专利在当前年度被引用的次数除以平均引用次数得到。

4. 技术强度（technology strength，TS）。反映专利组合的强度，用专利数量乘以当前影响力指数得到，专利组合的规模受到专利质量的影响。

5. 技术周期（technology cycle time，TCT）。反映发明的速度，是专利首页上引用的专利按年计算的中位数保护年限。

6. 科学关联度（science linkage，SL）。反映技术的前沿性，是专利首页上参考的科学论文的平均数。

7. 科学强度（science strength，SS）。反映专利在多大程度上运用了基础科学，用专利数量乘以科学关联度得到，即科学关联度会强化或弱化的专利组合的规模。

表 13-3 不同行业的专利指标

行业	当前影响力指数（期望值 1.0）	技术周期（年）	科学关联度（科学参考文献/专利数）
石油和汽油	0.84	11.9	0.8
化工	0.79	9.0	2.7
医药	0.79	8.1	7.3
生物技术	0.68	7.7	14.4
医疗器材	2.38	8.3	1.1
计算机	1.88	5.8	1.0
通信	1.65	5.7	0.8
半导体	1.35	6.0	1.3
航空航天	0.68	13.2	0.3

资料来源：Narin，F.，Assessing technological competencies. In J. Tidd，ed.，From Knowledge Management to Strategic Competence，3rd ed.（pp. 179-219）. 2012，Imperial College Press：London.

若公司的专利有高于平均水平的当前影响力指数和科学关联度，那么该公司更有可能获得较高的股市回报。然而，即使有更强的知识产权组合，也不能保证一个公司的成功。许多附加因素会影响公司——从高质量的专利、创新到财务与市场绩效。在 IBM 遭遇重重困难的 10 年里，其实验室的研究一直都保持很高的质量以及引用率。

在使用专利数据作为创新指标时要谨慎。专利的主要优势在于：

1. 专利代表了发明过程的产出，特别是那些被期望产生经济利益的发明。

2. 获取专利保护费时又费钱，因而只有那些期望利益超过成本的开发才可能申请专利。

3. 专利可以按照技术领域划分，因而提供了创新的比率和方向两个方面的信息。

4. 很容易获得大量的较长时间内的专利数据。

专利作为创新指标的主要劣势在于：

1. 并不是所有的发明都申请了专利。公司可能选择以其他方式如保密来保护自己的研发成果。据估计，在公司所有可以申请的专利中，实际申请的专利占 66%～87%。

2. 从技术上讲，不是所有的发明都能获得专利——例如，软件开发（在美国之外的其他地方），以及某些生物有机体。

3. 不同行业和不同公司对于申请专利的倾向有显著差异。例如，医药行业申请专利很积极，快速消费品行业则不然。

4. 公司在不同国家的市场中对于申请专利有不同的倾向，这是由市场吸引力决定的。

5. 大量的专利从未被开发，或仅仅用于阻碍其他人的开发。据估计，在所有授予的专利中只有 40%～60%被实际使用。

专利的主要目标是作为模仿的壁垒。因此，申请专利的相对重要性在不同行业间存在明显的差异。例如，专利在汽车行业相对不重要，但在医药行业就很重要。此外，专利不能全面衡量软件业的技术活动，因为在美国以外的国家常常采用著作权法来保护它免遭模仿。

同样，授予专利的手续和标准在国家之间也有很大差异。因此，只有在使用国际专利或单个国家的专利进行比较时才是最可靠的。从授予专利的标准和手续的严格性和公平性，以及各公司在世界上最大的市场获得知识产权的强烈动机来看，美国的专利数据是很丰富的信息源。欧洲专利局的数据也越来越有实用价值。研究札记 13.5 介绍了使用专利的不同策略。案例研究 13.5 举例说明了专利的战略价值，包括涉及知识产权的收购和争夺。

研究札记 13.5　　策略性地运用专利

每年，世界范围内大约 40 万项专利被归档。然而，只有很小一部分会被其所有者利用，许多都不再续展。基于对 14 家来自不同行业的公司的调查和案例的回顾，研究识别了一系列不同的专利策略：

- 进攻性——利用相关领域的多项专利来限制或阻止竞争；
- 防御性——利用关键技术的特定专利来开发和商业化，以使模仿的可能最小化；
- 财务性——专利的主要作用就是优化收入（通过出售或特许）；
- 交涉性——设计专利以促进战略联盟（采用标准或交换特许权）；
- 声誉性——提高公司的形象或地位，例如，吸引合作伙伴、人才或资金，或者建立品牌或提高市场地位。

实际上，公司可能综合使用不同的策略，但也可能没有明显的专利申请策略（这也是我们在医药和生物技术行业之外观察到的）。欧洲专利局建议采取两种选择：将专利申请作为一个成本中心，提供必要的法律支持；将专利申请作为一个利润中心来产生收入。然而，这种看法忽略了一件事，即如果专利申请不仅仅被看作一个法律或收入问题，那么它或许能更具有战略性作用。

资料来源：Gilardoni，E.，Basic approaches to patent strategy. International Journal of Innovation Management，2007. 11 (3)，417-40.

案例研究 13.5

智能手机专利战

对于依赖技术标准、共享组件和互操作性的产品和行业，专利许可的条款至关重要。因此，专利许可应该是“公平、合理和非歧视的”（FRAND），这通常是专利被接受成为一部分技术标准的条件。

尽管如此，智能手机行业还是从稀缺资源的创新转向知识产权的争夺战。

例如，2009 年，诺基亚针对苹果涉嫌侵犯其 17 项专利提起诉讼，2011 年判决，苹果不得不向诺基亚支付数百万美元的未公开损失。2010 年摩托罗拉起诉苹果涉嫌侵犯其 3 项专利，遭苹果反诉。2011 年谷歌收购摩托罗拉之后，苹果和谷歌同意放弃 20 项未决专利案件。

自 2011 年以来，苹果针对三星和 HTC 提起了 50 多起针对专利和设计侵权的法律诉讼，试图禁止它们销售具有竞争性的移动设备。2012 年美国陪审团判决三星向苹果支付9.3亿美元，但2015年美国联邦巡回上诉法院（US Court of Appeals for the Federal Circuit）撤销了商标责任，将三星的罚款减至5.48亿美元，不过苹果不同意。之后，三星要求最高法院复审判决中的外观设计专利部分，主要是图标的网格布局和圆形边框设计，以确定在专利仅应用于产品的一个组件时是否应基于产品的总利润计算损失。

甲骨文针对谷歌提起诉讼，指控谷歌的安卓侵犯了Java专利，声称损失了61亿美元。

Nortel在2011年以45亿美元的价格将其整个专利组合出售给了由苹果、微软、索尼、爱立信和RIM组成的企业联盟。

由于安卓平台的漏洞，谷歌在2011年以125亿美元的价格收购了摩托罗拉的移动电话专利和制造业务。然而，谷歌在2014年将之以29亿美元的价格亏本卖给了中国联想。

著作权

著作权涉及想法（思想、概念）的表达，而不是想法本身。因此，著作权在想法被具体化时存在，例如在书中或录音中。著作权不需要登记注册，而且对原创性的检验要求比专利低，只要求"作者必须运用自己的技能并付出努力来创造作品"。与专利一样，著作权为特定类型的材料提供了具有特定期限的法律权利。对于文学、戏剧、音乐和艺术作品，著作权的期限通常是到原作者死后70年，在美国是50年；对于录音、电影、广播和有线电视节目，则是从产生之日起50年；对于印刷排版方面的设计，则为25年。著作权涉及以下方面：

- 原创的文学、戏剧、音乐和艺术作品，包括软件和某些情况下的数据库。
- 录音制品、电影、广播和有线电视节目。
- 出版物的印刷排版或布局设计。

设计权

设计权类似于著作权，但是主要适用于三维物体，涵盖"形状"或"构造"的任何方面——内部或外部、整体或部分，但不包括构成整体所必需的功能特性，例如零配件。设计权的保护期限一般为15年，如果用于商业用途则为10年。设计权的登记要求介于专利和著作权之间，相对于专利保护费用更低且操作更容易，但在范围上更受限制。对设计权的保护也可长达25年，但只限于视觉外观——形状、构造、式样和装饰。它用于设计诸如电子消费品和玩具等以产生审美吸引力。例如乐高积木块顶上的小凸起就是功能性的，倘若仅仅如此，是没有资格申请设计权的，但这一设计被认为具有"视觉吸引力"，最终被授予了设计权。

知识产权的许可交易

一旦你获取了某种形式的正式的合法的知识产权，你就可以允许他人以某种方式付费使用（许可），或者转手卖掉这个知识产权（或转让）。知识产权的许可交易可以带来一定的好处：

- 减少或抵消生产、分销的成本和风险；
- 开拓更大的市场；
- 开发其他的应用；
- 建立标准；
- 有获得互补性技术的渠道；
- 阻碍竞争性的开发；
- 将竞争者转变成防御者。

在起草一份技术许可协议时要考虑的因素包括：排他性的程度，终端使用的地域和类型，许可的时间区间，费用的类型——特许使用费、总费用或特许权交换，以及价格。为特许权定价既是一门科学又是一门艺术，取决于一系列因素，例如力量制衡和谈判技巧。特许权定价的常见方法是：

- 市场价——基于行业规范，例如在电子产品和机械工程行业为销售额的6%。
- 25%法则——基于特许技术的使用所获得的毛利。
- 投资回报率——基于许可人的成本。
- 利润分享——基于投资和风险。首先，估计总的生命周期内的利润。接下来，计算相关的投资并根据分担的风险赋予权重。最终，将结果与备选项（例如特许权回报、模仿、诉讼）相比较。

没有最佳的特许策略，特许策略取决于组织的战略和技术及市场的本质（参见案例研究13.6和案例研究13.7）。例如，Celltech公司基于销售预测将它的哮喘治疗方案特许权以单价5 000万美元卖给了默克公司，这使Celltech避免了临床试验和商业化的风险，并获得了急需的现金。东芝、索尼和三菱仅对其DVD技术收取1.5%的低特许费来促使其成为行业标准。在被起诉之前，微软一直对其Windows贴牌生产商基于每个处理器收取特许费，来防止它们使用竞争者的操作系统。

案例研究13.6

开源软件

具有私有权的软件通常通过保留源代码和维护知识产权——例如专利（主要是美国）或著作权（其他地方）——来限制模仿。然而开源软件（Open Source Software，OSS）有许多公共产品的特点，包括非排他性和非竞争性。开源软件的开发者和用户有一个共同的兴趣，那就是使开源软件免费供公众使用。开源软件运动自20世纪80年代开始发展，当时程序员理查德·斯托尔曼（Richard Stallman）成立了自由软件基金会（Free Software Foundation），到现在，通用公共许可证（General Public License，GPL）被广泛用来促进开源软件的使用和改编。通用公共许可证成为3/4的开源软件（包括Linux）的法律基础。

因此，在开源软件领域活跃的公司需要以不同的方式创造价值和获取利益。在这种情况下，传统知识产权的低效率意味着公司更可能依赖获取创新利益的替代方式，例如率先进入市场或使用外部性来创造价值。更一般的策略涉及产品和服务方面：

- 产品——在公共代码之上添加一个具有私有权的部分并进行许可权交易，或通过“黑箱法”结合开源软件的不同部分形成一个解决方案包。

- 服务——提供针对开源软件的咨询、培训或支持。

Linux 是成功的开源软件的一个典型例子，公司围绕它开发产品和服务。它的开发很大程度上归功于一个志愿者程序员网络，它们经常被称为“Linux 共同体”。莱纳斯·托瓦尔兹（Linus Torvalds）在 1991 年率先提议开发一个免费操作系统来与 DOS/Windows 的垄断抗衡，继而很快得到了一群志愿者程序员的支持。“有 100 个业余的用户给我反馈真是太棒了。他们能够发现我没发现的漏洞，因为我没有用他们的方式来使用系统……过了一段时间他们开始发给我修改或改进过的方案……这本来不在我的计划之中，然而发生了。”就这样，Linux 从 1991 年的 1 万行代码发展到 1998 年的 150 万行代码。它的开发恰好赶上了互联网的发展和之后网络协同工作的兴起，并充分顺应了这些潮流。将源代码提供给所有潜在的开发者，促进了持续的渐进性创新，由于联系紧密，有时甚至难以区分开发者和用户群体，但这促进了开发和调试的同时进行。其弱点在于缺少对用户以及对新硬件的支持，兼容软件的可用性不强，开发方向上存在分歧。

到 1998 年，Linux 在 40 多个国家有超过 750 万用户和大约 300 个用户群，在服务器操作系统的市场份额为 25%，其个人电脑操作系统的份额要低得多，Linux 网络服务器应用程序 Apache 所占市场份额达到 50%。尽管 Linux 是免费可得的，它的发展还是催生了若干新公司。这些公司的业务包括 Linux 的品牌化与分销、补充性软件的开发、用户支持与咨询服务，等等。例如，尽管 Linux 可以免费下载，但 Red Hat 软件提供了更简易的安装程序和更好的文档处理方式，售价仅 50 美元，在 1998 年实现年收入超过 1 000 万美元。Red Hat 公司在 1999 年上市。在中国，由于没有遗留系统、成本低和得到政府支持，基于 Linux 的系统在服务器端和桌面端应用中迅速普及。2004 年，Linux 开始进入消费者市场，惠普推出了其第一款基于 Linux 的笔记本电脑，将单位成本降低了 60 美元。

资料来源：Dahlander，L，Appropriation and Appropriability in Open Source Software. *International Journal of Innovation Management*，2005. 9 (3)，259-86.

案例研究 13.7

ARM 控股公司

ARM 控股公司设计和特许销售高性能、低能耗的 16 位和 32 位 RISC（精简指令集计算）芯片，该产品广泛用于移动设备，例如手机、相机、电子记事簿和智能卡。ARM 1990 年在英国成立，是 Acron 和苹果两家公司的合资企业。Acorn 在 RISC 结构方面并不领先，但它在 20 世纪 80 年代中期最早推销商业版的 RISC 处理器。具有讽刺意味的是，ARM 的技术最先应用于不太成功的苹果公司的 PDA 产品 Newton。另一个成功应用的例子是苹果的 iPod。ARM 设计芯片但不生产芯片，从经特许而生产的每个芯片中收取 5 美分到 2.5 美元的特许使用费。被许可方包括苹果、富士通、惠普、日本电气、任天堂、世嘉、夏普、索尼爱立信、东芝和 3Com。1999 年，它宣布与领先的芯片制造商英特尔和得州仪器建立合资企业，以设计和建造下一代掌上设备的芯片。据估计，ARM 设计的处理器在 1996 年被用于 1 000 万台产品，1998 年达到 5 000 万台，1999 年达到 12 000 万台，2004 年达到 10 亿多台，2006 年超过 20 亿台，占所有移动设备的约80%。1998年，公司先后在伦敦证券交易所和纳斯达克上市，1999年，其市值达到30亿欧元，年销售增长率达到40%，销售额近1 570万欧元。该公司现有员工约1 600人，总部位于英国剑桥，在印度和美国等地设有设计中心。ARM从物联网的发展中受益。2016年，该公司被日本软银集团以243亿英镑的价格收购，软银承诺将英国设计中心的员工人数翻番。

成功的知识产权开发利用也会产生成本和风险：

- 寻找、登记和续展的成本；
- 需要在不同国家登记；
- 完全公开披露创意；
- 需要法律执行力。

在大多数国家，专利的基本登记费并不高，但是专利申请的费用还包括专业代理的成本，例如专利代理费、国外专利的翻译费、官方登记费以及续展费。对于单项非医药类专利来说，在主要的欧洲市场，在保护期限内的总成本加起来约8万欧元，如算上在美国和日本的费用还要4万多欧元。专利申请费用在其他亚洲市场更便宜，在每个国家约5 000欧元，但累计成本还是过高，特别是对于单项投资者或小公司来说。医药专利要贵得多，高达五倍以上，这是归档文件的复杂性和长度所致。除这些成本之外，公司还必须考虑公开披露的竞争性风险，以及在专利被侵犯时采取相关法律行动的潜在成本（见图13-4）。这一成本依国家而有不同，因为不同国家市场的规模和吸引力不同，政府政策也存在差异。例如，在许多亚洲国家，其政策鼓励本土公司申请专利，费用更低。研究札记13.6回顾了中国和印度的专利申请增长情况。

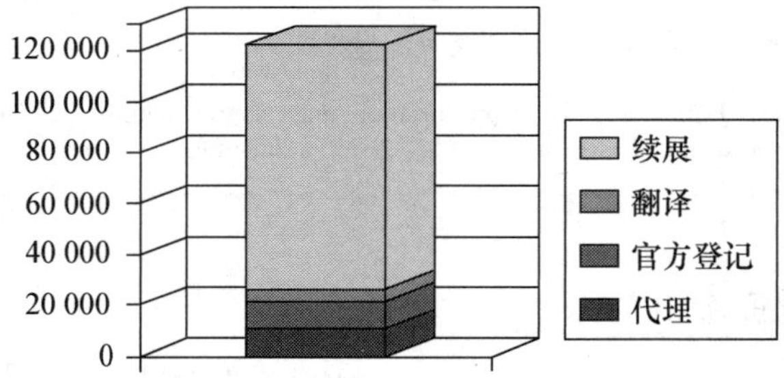

图13-4 欧洲专利局单项专利在整个保护期限内的成本（单位：美元）

研究札记13.6　　中国和印度的专利申请增长

2009年从向国内知识产权局提交的专利申请来看，中国在全球排名第三，印度排名第九，这些数据包括居民和非居民（即在母国以外申请知识产权的外国实体）的申请。在国内商标申请方面，中国现在排名世界第一，印度排名第五。

本研究使用国际专利或专利合作条约（PCT），因为这一系统可以包括144个缔约国。根据这一标准，印度和中国通过PCT系统对专利的需求在过去20年里以每年40%～60%的速度增长，发达经济体的增长率则是10%～20%，韩国略高于30%。然而，从绝对值来看，中国、印度和韩国与发达经济体的差距仍然较大，美国以48.7万份申请领跑，欧元区六国38.7万份，日本21.8万份，中国、印度和韩国的申请低得多，分别为 4.8 万份、3.2 万份和 7 000 份。如果专利增长这样持续下去，PCT 体系中的追赶会相对较快发生，中国只需 6 年，印度只需 13 年。但如果使用欧洲专利局（EPO）和美国专利局（USPTO）的其他数据和趋势，中国和印度需要更长的时间，也许是 20～30 年。无论采取哪一种测量方式，中国和印度在追赶过程中都伴随着专利需求的高增长，这表明该过程中不仅有模仿，还有创新能力的发展。

资料来源：Godinhoa，M. M，and Ferreirac，V. Analyzing the evidence of an IPR take-off In China and India. *Research Policy*，2012. 41，499-511.

13.6　商业模式和价值获取

我们在第 9 章中讨论了商业模式的概念，从而获取商业案例中的基本元素，推动新业务或创新。任何商业模式的核心思想都是展示创新将如何创造和获取价值。“商业模式”这个术语可能不太合适，因为从广义上来说，所有的组织——无论是私人的、公共的组织还是社会组织——都在寻求创造价值，并在一定程度上获取价值，因此“价值模型”这个术语可能更为通用。企业的价值模型涉及如何创造和获取价值。创造价值和获取价值之间的区别是核心问题，因为有些企业在某一方面做得更好。此外，有些企业创造的价值被其网络中的其他企业获取，例如，采用创新成果的客户或用户可能比进行创新的人受益更多。正如案例研究 13.8 所示，商业模式的概念并不新奇。

案例研究 13.8

新旧商业模式

新颖的“商业模式”的概念并不新鲜。与人们普遍的看法相反，工业革命的缔造者詹姆斯·瓦特并没有发明蒸汽机，蒸汽机于 1698 年获得专利，比他出生早了近 40 年。然而，瓦特确实对现有的蒸汽机进行了重大的技术改进，引进了一个单独的冷凝器来减少能源浪费，从而显著提高了蒸汽机的效率和效能。尽管瓦特在 1765 年就开发出了一种工作模式，并在 1769 年获得了关键专利，但在随后的 10 年里，他没有把蒸汽机开发为一项商业创新，他成了一名测量员和土木工程师。

直到 1775 年，他与马修·博尔顿建立合伙关系之后，业务才开始增长。瓦特拥有技术上的独创性，博尔顿拥有资本和商业知识。他们共同组建了一家公司，到 1800 年安装了近 1 500 台蒸汽机。

这不仅仅是技术创新的例子。他们的公司是一个具有创新商业模式的“系统集成商”的早期例子。其公司并不生产蒸汽机，而是要求客户从多个供应商那里购买零部件，然后在现场组装。这减少了周转资金和库存成本。此外，公司没有从销售发动机中获利，而是通过减少机器使用的煤炭量以及未来 25 年每年节省 1/3 的费用来实现盈利。这种创新的商业模式使公司及其两位创始人非常富有且影响力很大，为工业革命奠定了基础。博尔顿曾经吹嘘说，其公司不销售蒸汽机，而是提供动力，尽管瓦特后来被作为国际单位制的功率单位。

通常，价值模型的开发包括考虑价值主张、创收机制、能力和流程以及在价值网络或生态系统中的位置（见图13-5）。[48]

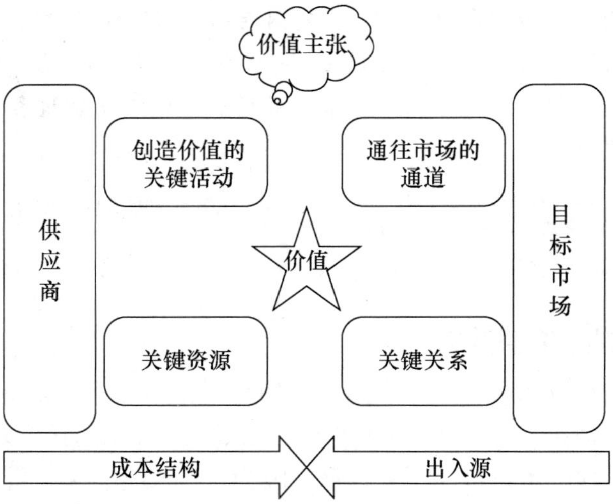

图13-5 商业模式画布

- 价值主张——创新和创业如何创造价值，以及为谁创造价值？创造的价值将针对目标细分市场和客户群体，不同类型的创新将以不同的方式作出贡献（见表13-4）。
- 创收机制——企业如何获取收益（经济学家称之为“租金”）？对公共和社会企业而言，获取社会价值，确保资源、人力和金融的可持续发展往往比获利更重要。
- 能力和流程——创新和创业如何实现？这不仅仅是获取金融资源和其他资源的问题，涉及（稀有）资源、知识和能力的组合。企业家常犯的一个错误是过分关注最初的价值创造，而没有对如何长期获取价值给予足够的关注。
- 在网络中的位置——风险、责任和奖励如何分配？供应商、顾客和合作者都会在价值的创造和获取方面发挥作用，但作用的大小往往不同。这可能与地位优势有关，例如可能与规模、权力、知识产权、品牌或标准的所有权，以及分销渠道和顾客的获取等有关。

表13-4 通用商业模式的一些例子

模式	价值主张
产品或服务提供方	提供最终产品或服务
拥有关键资产并将其出租	某些有价值物品如空间的临时出租，例如停车场，行李箱和货物存储业务
金融服务提供方	提供资金和周边服务
系统集成方	代表最终客户将各个组件集合在一起，例如，建筑承包商、软件服务提供商、计算机制造商（如戴尔）
平台方	提供一个可以增加附加值的平台，例如智能手机及各种应用程序，以及英特尔的芯片组可以让其他人提供计算功能
网络方	提供各种网络服务，例如移动电话或宽带公司
技能方	出售或租赁人力资源和知识，例如招聘机构、专业咨询和合同服务机构
外包商	提供管理和完成关键活动的责任，例如工资管理、IT服务或金融交易处理

表 13－5 说明了部门间和部门内附加值的差异。附加值经常被经济学家用作衡量组织生产力的指标。值得注意的是，同一部门和不同部门间的附加值存在很大差异（第 2 列）。其他的衡量方式也都表现出较大的部门间和部门内的差异，例如资本投资的利用（第 3 列），它衡量了工厂和设备的投资；新产品开发过程的效率（第 4 列）。这些部门内和部门间的差异表明，在大多数情况下，创造和获取价值的空间很大，这种能力并不是均匀分布的。不同部门的附加值差异反映了市场、技术和监管条件，但部门内部的差异更能反映不同的创新战略和管理。

表 13－5 部门内和部门间价值创造的差异

部门	附加值/销售额（%）	资本支出/销售比率	研发军工/新产品
（1）服务			
公司 A	58.9	12.8	na
公司 B	50.9	9.7	na
公司 C	39.3	na	na
公司 D	11.1	na	na
公司 E	4.1	na	na
（2）食品和饮料			
公司 F	30.1	5.2	5.9
公司 G	29.4	5.7	2.4
公司 H	22.6	4.5	25.6
公司 I	12.1	1.5	13.4
公司 J	9.9	1.7	na
（3）电子			
公司 K	61.0	2.9	4.4
公司 L	47.8	2.9	3.4
公司 M	39.8	3.3	2.7
公司 N	35.9	4.6	6.2
公司 O	28.2	10.2	1.1
（4）工程			
公司 P	48.0	4.1	4.9
公司 Q	42.3	3.2	12.8
公司 R	39.7	5.4	9.3
公司 S	34.1	3.6	12.0
公司 T	30.8	1.5	0.8

资料来源：Derived from Tidd，J.，*From knowledge management to strategic competence*. 2012，Imperial College Press：London，pp. 119－120.

但是，价值创造不仅仅是物质资产或制造能力的函数。研究札记 13.7 讨论了产品和服务的集成如何创造价值，案例研究 13.9 说明了无形资产和关系资产如何为长期成功作出贡献。

研究札记 13.7　　通过产品和服务集成创造价值

商业模式定义了组织为客户创造和交付价值的方式。追求商业模式创新（BMI）的企业会发展新颖的价值创造方式和原始价值主张。

商业模式没有公认的定义，但它是能够将企业活动的两个维度——价值创造和价值获取联系起来的框架。价值创造和获取有时会通过价值交付联系起来。

BMI涉及能力的整合和适应，以及利用这些新的组合以新的方式创造和获取价值。该领域的调查研究越来越多，仍有许多值得讨论的地方。首先，大多数关于BMI的研究都是概念性的或基于案例的，定量研究很少。其次，最重要的是这些研究的贡献主要涉及获取和货币化阶段，而不是其价值创造方式。换句话说，研究过多地关注下游选择，对BMI上游或“后端”的关注较少。

通过利用货币化机会，互补性资产成为价值交付的核心，例如：系统集成商、平台和多边化市场对商业生态系统的共享。BMI这样的系统化视角十分必要，其中包括组织创造、传递和获取价值的基本原理。利用多样化的资源组合，包括有形商品和无形服务，创造价值的机会增加。许多商业模式都需要利用互补的有形资产和无形资产。这些研究强调了无形知识以及有形资产对于创造高价值产出的重要性。

本文的中心论点是价值创造通过更好地整合产品和服务提供卓越的客户体验。本文提出的模型来自三组实践，即早期跨功能协作的组织、灵活且规范的流程和支持的工具/技术（OPT），这些实践和它们之间的交互带来了优异的绩效。这一复合模型通过两项统计研究进行了测试和验证，另外来自大量案例研究、研讨会和咨询项目的定性证据证明了这些实践的有效性。

资料来源：Tidd，J.，Forward. In Hull，F. M. and C. Storey，*Total value development：How to drive service innovation*. 2016，Imperial College Press：London.

案例研究 13.9

通过声誉和关系创造价值

声誉和关系的交互作用有助于创造价值，我们研究了技术和工程咨询公司的案例。这些公司在项目上与客户密切合作。我们发展并阐明了生成性互动（generative interaction）的概念，即一系列机制产生支持创新和盈利的自我强化生态。我们还观察到相反的退化性互动（degenerative interaction）的概念，这可能使创新和盈利能力下降形成循环。在公司以项目为基础的特定背景下，我们表明用户和开放式创新可能对绩效产生负面影响，并发现与客户交互的不同模式带来的结果（积极的和消极的）。

技术和工程咨询公司提供支持现代经济中几乎所有的物理基础设施（例如，建筑、交通、公用事业）整个生命周期内的设计、开发、维护和更新的服务。因此，它们提供广泛的技术服务，从概念设计、项目开发、环境评估、选址、投资和购置评估、保修管理到停止运作和善后。大型多学科咨询公司包括雇员所有制公司如莫特·麦克唐纳公司（Mott MacDonald)、上市公司如阿特金斯·匹克(Atkins Plc)。

基础设施项目周围的生态系统由专业顾问和承包商组成，通常连接到一个中央系统集成商。通过帮助定义问题和解决方案，技术和工程咨询公司在这个生态系统中扮演着重要的角色。近年来，对技术和工程咨询公司开放的合同的数量似乎有所增加。例如，技术和工程咨询公司可以与客户合作来完成设计工作，也可以与其他承包商合作为客户提供“设计和建造”的集成包，完成之后交付。另一种选择是，私人融资计划（PFI）允许财团设计、建造、拥有和运营资产，例如，它们不是向客户交付发电厂，而是按照每千瓦时的预定价格交付电力。因此，技术和工程咨询公司的角色可以有所不同：可以提供设计服务，或者通过竞争来签订建造合同，或者为此类项目的客户或出资人提供技术咨询。技术和工程咨询公司通过与运营商、战略顾问和供应商合作，建立经验并积累知识，从而获得价值。这将建立声誉、技术和项目管理能力以及网络的连接，推进下一步的工作。我们提出此类创新的主要驱动力是选择经验丰富的顾问，与客户共同构想新的解决方案；构建客户与专业咨询和工程公司之间分布式解决问题的项目治理结构；开发项目管理能力，使公司能够应对重大变化。技术和工程咨询公司经常以系统的方式获取外部知识，因此在一个典型的开放的创新系统中运行。

资料来源：Hopkins，M. M.，J. Tidd，P. Nightingale，and R. Miller，Generative and degenerative interactions：positive and negative dynamics of open，user-centric Innovation In technology and engineering consultancies，R&D Management，2011. 41 (1)，44-60.

13.7 生成性互动动力学

技术和工程咨询公司、客户以及承包商和供应商等其他利益相关者的共同创新是一个多阶段的过程。在一定条件下，这个过程可以产生一个积极的反馈周期或生成性互动，为技术和工程咨询公司及客户都带来好处。在生成性互动过程中，技术和工程咨询公司既使用外部知识网络，也使用更传统的内部能力和声誉。这些（内部）微观和（外部）中观的机制共同解释了技术和工程咨询公司及其客户和合作伙伴之间的项目网络中流动的专业知识存量的生成发展。

图 13-6 首先提出了创新为客户的业务带来附加价值的主张。客户的价值以多种方式产生，例如，通过提高声望（引人注目的建筑如伦敦圣玛丽斧街 30 号（“小黄瓜”）或迪拜帆船酒店）；改进功能（例如，改善音乐厅的声学效果，降低医院的感染率）；节省成本（例如，使用预制构件等缩短建造时间，如火车站站台和铁路路堤的翻新）；减少干扰（例如，在波士顿“大挖掘”期间使用隧道顶升和地面冻结技术，使预制公路隧道在运营的铁路线下滑动），或改善项目的安全性（例如，使用运动监测系统来降低地下挖掘过程中崩塌的风险）。除此之外，当技术和工程咨询公司产生客户增值时，可能会带来持续的利益。实现这一目标的重要机制包括提高赢得回头业务和提高声誉的能力。

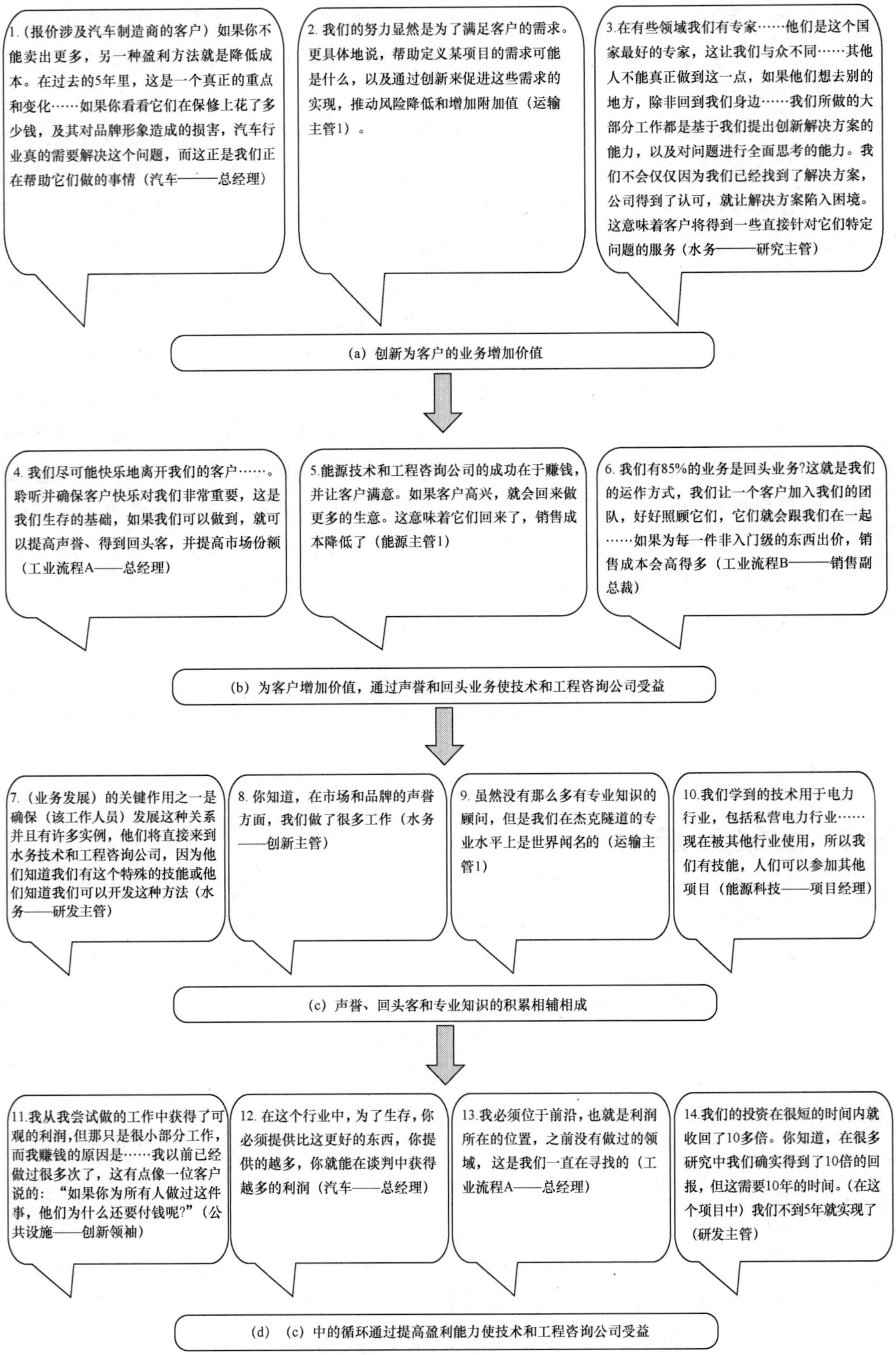

图 13-6 支持生成性交互的机制链

资料来源：Derived from Hopkins，M. M.，J，Tidd，P. Nightingale，and R. Miller，Generative and degenerative interactions：Positive and negative dynamics of open，user-centric innovation In technology and engineering consultancies，*R&D Management*，2011. 41 (1)，44-60.

小　结

在本章中，我们试图纵观创新及其基本的财务、经济和社会效益。大部分有关创新和绩效的报告采取了相当狭小的视角，主要聚焦于公司如何从创新中获取利益——通常依靠知识产权、标准或先行者优势。一个例外是 *Research Policy*（volume 35，2006）这一优秀论文集，戴维·蒂斯收录了他关于这个主题的产生重大影响的论文。

知识的产生、获取、分享和利用是成功的创新的核心。然而，有许多不同类型的知识，每一种知识发挥着不同的作用。其中一个关键和挑战就是在不同的群体和组织之间识别和交换知识，有很多机制有助于此过程的实现，这些促进机制大部分本质上是社会性的，但以技术做支持。在有限的几种情况下，编码的知识可以构成法律意义上的知识产权的基础，而这些又可以作为商业化的基础。然而，在使用知识产权时要谨慎，因为这可能分散本来有限的管理和财务资源，并可能造成产品被他人模仿，知识产权被非法使用。

隐性知识至关重要但很难获取，它依赖于个人的专业知识和经验。因此，在可能的情况下，隐性知识需要变得更加明确和系统化，以便更容易地共享和应用于不同的情境。

知识的编码是知识产权法制化的基础，也是知识商品化的基础。然而，在使用知识产权时要谨慎，因为这可能转移稀缺的管理资源和财务资源，并可能使组织的知识产权被非法使用。

第 13 章　扩展阅读

第 13 章　参考文献

第 14 章 获取社会价值

Capturing Social Value

目前我们主要聚焦于公司如何更好地获取创新的收益。尽管尚待求证，但创新对经济和社会的发展会有更加深远的影响。在本章中，我们简要回顾创新与经济和社会发展之间的关系，并指出创新有更大的潜力，可以对新兴经济、社会服务和可持续发展作出更大、更积极的贡献。

14.1 金砖国家——创新阶段新玩家的崛起

目前的创新扩张浪潮主要集中在金砖国家如巴西、俄罗斯、印度和中国，但还有其他较小的经济体进入同一领域，例如哈萨克斯坦和南非。它们拥有丰富的资源禀赋、相对年轻的人口、巨大的潜在国内市场、适度发展的基础设施和技术基础，这些都为它们提供了在更广的世界舞台上建立和发展创新能力的平台。

在畅销书《世界是平的：21 世纪简史》(*The World is Flat*: *The Globalized World in the 21st Century*)(Penguin,2006)中,托马斯·弗里德曼(Thomas Friedman)提出，技术和贸易的发展，特别是信息和通信技术的发展，正在将全球化的利益传播到新兴经济体，促进它们的发展和增长。[1]这个乐观的论题非常吸引人，但是有迹象表明现实要复杂得多。

首先，技术和创新在全球范围内并非均匀分布，并且不易于在区域或公司之间打包和转移。例如，在世界最大的 500 家技术活跃的公司中，只有大约 1/4 的创新活动位于其母国之外。[2]

其次，不同国家的环境对于公司吸收和利用这些技术和创新的能力有显著影响。例如，国家（全民）所有制和风险资金的可得性都会影响创业活动。[3]

最后，公司在国际价值链中的位置也可能很大程度上限制它们获取创新和创业活动的收益的能力。许多新兴经济体中的公司都受制于依赖关系而成为低水平技术、低价值制造品或服务的低成本提供者，未能开发自己的设计或新产品。[4]

因此，新兴经济体中的公司要发展，并不仅仅是简单地追赶其他更先进经济体中的公司，也不仅仅是从追随者变为领导者。全球标准和在国际价值链中所处的位置都可能限制新兴经济体中的公司提升自身能力和获取更大价值，但也提供了通过创新来消除障碍的途径，例如，使用国际标准作为变革的催化剂，或在当地产业集群或全球网络中重新定位。定位表明一家公司对技术和知识产权的当前投入，以及它与客户和供应商的关系。

创新和创业对于新兴经济体的发展和增长非常关键，而通常关于它们的贡献的讨论都是基于最合理的国家政策和制度或国际贸易法规等。宏观经济因素很重要，国家创新系统包括正式的政策、制度和治理，对于一个国家或地区的创新和创业的程度和方向会产生重大影响。但是考虑一个更加微观的视角同样重要，特别是公司的创新和个体的创业。

新兴经济体中的公司可能追求不同的途径来通过创新实现升级[5]：

- 流程升级——通过渐进性的流程改进来适应当地的投入、降低成本或提高质量。
- 产品升级——通过适应、差异化、设计和产品开发来实现。
- 能力升级——扩大职能的范围，或改变职能组合，例如调整生产职能与开发或营销职能。
- 跨产业升级—— 转移到其他产业，例如有更高附加值的产业。

在某种程度上，新兴经济体中的公司面临着一个“逆向产品-流程创新生命周期”。我们在第 1 章看到在工业化世界里最普遍的技术创新演化模式是：一方面从产品创新到流程创新，另一方面从突破性创新到渐进性创新。一开始，一系列不同的突破性产品创新出现并在市场上展开竞争，但随着创新和市场共同演化，一个“主导设计”开始浮现，继而创新的重心从产品转向流程，从突破性转向成本和质量的渐进性改进。然而，在新兴经济体中，演化的路径常常是相反的，从渐进性的流程创新开始，以较低的成本或质量面向不同的市场需求，生产既有的产品。随着公司能力的提高，它们可能开始对产品进行设计上的调适和改变，最终进行更具突破性的产品创新。

这对于公司所需的发展能力有重要的启示。例如，起初的重点应该放在渐进性的流程改进和发展上，要求生产和组织的创新，而不是技术开发或正式研发（参见案例研究 14.1 中关于印度的服务创新的例子）。这表明了能力或学习的层级，每上升一个层级会产生更多价值。

案例研究 14.1

印度的服务创新

印度有接近 11 亿人口，大部分会说英语，有着相对稳定的政治和法律体制，以及较好的国家教育体系——特别是在科学和工程方面。印度有大约 250 所大学，登记在册的有 1 500 个研发中心，而这已经转化为生物技术、医药和软件领域的国际竞争力。因此，印度公司在国际劳动分工中越来越多地从事某些服务业和软件及服务的支持和开发，获益颇丰。印度现在是外包与离岸外包的全球中心。到 20 世纪 80 年代中期，软件行业仍被政府和公共研究机构主导，但在出口加工区提供了减税优惠，并首次允许引入国外计算机技术。1991 年，市场自由化促进了经济发展和对内投资，2005 年印度吸引的对内投资金额达到 60 亿美元（很可观，但仍然只是中国吸引投资额的约 1/10）。从那时起，印度的软件和服务行业以每年约 50%的速度增长，在 2000 年收入达到 83 亿美元，就业人数达到 40 万，仅次于美国。该行业的收入在 2008 年增长到 500 亿美元。该行业是出口导向型的，其大约 70%的产出在国际上进行交易，这对于印度这个一直追求自力更生的国家来说不同寻常。

印度有三大类软件公司。第一类专注于某个特定部门或领域，例如会计、游戏或电影制作，专门针对其用户发展自身的能力和关系。第二类运用开发方法和工具来快速提供低成本的软件支持和方案。整个行业的大多数企业都处于供应链的低附加值部分，进行低层次的编码、维护和设计，并且依赖于大量成本仅为欧美 10%左右的英语人才库。第三类公司正在涌现，它们更多地从事新产品和新服务的开发。

印度的“硅谷”在南部城市班加罗尔，这里是很多美国大公司和印度本土公司的大本营。较大的雇主包括印孚瑟斯（Infosys），它在这里的呼叫服务中心雇用了超过25万名接线员，为诸如思科、微软和戴尔等公司提供支持性服务。IBM、英特尔、摩托罗拉、甲骨文、太阳微系统、得州仪器和通用电气都在这里设有技术中心。得州仪器是在印度经济1991年开放之前于1985年在此设立开发部的为数不多的外国公司之一。通用电气医疗系统（GE Medical Systems）在20世纪80年代末跟进，1990年在班加罗尔建立了一个开发中心，随后与印度公司Wipro Technologies建立了一家合资企业。通用电气目前在印度雇用了2万人，这些人创造了5亿美元的收入。IBM也是较早在印度投资的外国公司之一，但随后在80年代撤出，因为当时政府的政策限制了经济发展。在印度政府实行经济自由化之后，它又回来了，2004年并购了印度的外包公司Daksh。2005年，IBM在印度贡献了5.1亿美元，雇用了43 000人。2006年，它宣布在2009年之前将投资额从20亿美元增加到60亿美元，用于建立支持全球的计算机网络服务中心，以及一个新的通信研究中心。与之类似，Adobe未来5年将在印度投资5 000万美元，招募300名软件开发人员。Adobe每年获得的60项专利中，有10项是Adobe India的功劳。

印度的软件服务业面对的一个挑战是通过产品和服务开发来增加附加值。迄今为止，令人惊叹的增长都是基于赢得更多的海外外包业务和雇用更多员工，而不是增加新服务和新产品的附加值。例如，印度软件服务公司Tata计划将其来自新产品的收入比例从约5%提高至40%，从而较少依赖低成本劳动力，因为劳动力可能变得成本更高且更具流动性。Ramco Systems在20世纪90年代开发了一个企业资源计划（ERP）系统，花了10亿卢比，集中了400名开发人员。到2000年，公司已经盈利，拥有了150个客户，一半是海外客户。它在美国、欧洲和新加坡建立了销售和服务支持办事处。2006年，印度外包公司Genpact（40%的股份由通用电气持有）和新德里电视公司（New Delli Television，NDTV）共同成立了一家合资企业，为媒体公司提供数字视频剪辑、后期制作和存档服务。这个行业价值1万亿美元，其中70%的媒体工作都是数字化的。

基于专利的引入，印度公司更多地依赖与发达国家的科学基础和技术的联系。而中国建立了更加广泛的联系，专注于更多的技术应用领域。印度公司最依赖来自美国公司的技术——约占引入专利的60%，其次是日本、德国、法国和英国（按重要性排序）。在许多情况下，这些联系都通过跨国公司对内投资的形式得以强化，但在其他情况下源于海外培训或受雇的印度人回国创业。

印孚瑟斯是印度最早且目前最大的软件和IT服务公司。它是由创业者纳拉亚纳·默西（N. R. Narayana Murthy）和6个同事在1981年仅以250美元创立的，到2006年它的市值达到137亿美元，年利润达到3.45亿美元。默西认为：“创业是像印度这样的国家解决贫困问题的唯一手段……保证那些尚未如此赚钱的人有机会去做是我们的责任。”

资料来源：Forbes，N. and D. Wield，From followers to leaders：Managing technology and innovation. 2002，Routledge，London；IEEE（2006）International Conference on Management of Innovation and Technology，Singapore；Friedman，T. L.，*The world is flat*：*The globalized world in the twenty-first century*. 2006，Penguin，London.

在俄罗斯可以看到类似的模式，软件行业也有大幅增长（见前沿视点14.1）。

前沿视点 14.1

俄罗斯的互联网能力不断增强

俄罗斯庞大的国内市场、高进入壁垒和强大的技术教育为其国内互联网业务提供了独特的机会。

Ozon 是俄罗斯的亚马逊，是 1999 年第一次互联网泡沫时期建立的。它在俄罗斯境内线上销售图书，已经扩展到更广泛的电子商务，并进入哈萨克斯坦和拉脱维亚。2013 年，它雇用员工达 2 100 人，销售额为 4.92 亿美元。

Yandex 是俄罗斯一家搜索引擎公司，与谷歌类似。该公司 1997 年开始运营，仅比谷歌晚 8 天。它扩展到乌克兰、哈萨克斯坦、白俄罗斯，之后又扩展到土耳其。2013 年，其国内市场份额为 62%，月用户达 9 000 万，在 7 个国家拥有 4 300 名员工。Altergeo 是一家基于位置的社交网络公司。它最新的服务是一款餐厅移动应用，类似于美国的 Foursquare。不过，Altergeo 比 Foursquare 早一年推出。2013 年，它获得了“俄罗斯最佳初创企业奖”。

金砖国家和其他新兴经济体的一个特征是，它们在工业和市场发展方面都非常先进，但仍处于发展的早期阶段，例如，印度拥有卫星技术、全球制药以及一些市场领先的公司，但也有很大的医疗保健、文盲和基础设施问题。其他国家，尤其是非洲和拉丁美洲的大部分国家，在创新能力发展方面仍处于相对早期的阶段。

这并不意味着没有创新的空间 ——事实上，随着思维的变革，我们逐渐认识到，尝试满足商品和服务的特别需求提供了在更加工业化的环境中突破性创新的机会。特别是，“节俭创新”的概念（我们在第 5 章中提到）在技术和资源有限的新兴经济体的背景下具有特殊意义。[6]

研究札记 14.1 给出了一个例子。

研究札记 14.1

新兴经济体的节俭创新

《经济学人》的一份特别报告认为，新兴经济体迅速成为创新的源泉，而不仅仅依赖于低成本劳动力，这似乎支持了一种流行的观点，即创新正成为一种全球现象。

伍尔里奇（Woolridge）估计，新兴经济体中有超过 2 万家跨国公司（MNC），《金融时报》500 强中来自巴西、俄罗斯、印度和中国的公司数量在 2006—2008 年翻了两番，从 15 家增至 62 家。创新的重点不局限于技术突破，而常常是渐进性创新和产品创新，主要针对收入金字塔的中下层，比如 3 000 美元的汽车、300 美元的电脑和 30 美元的手机，即所谓的“节俭创新”。

例如，在印度，塔塔咨询服务公司（TCS）开发了一种使用稻壳的滤水器。它简单便携，相对便宜，只需花费 24 美元就可以为一个大家庭提供充足的无菌水，每隔几个月大约花 4 美元更换一个新的过滤器。通用电气在班加罗尔的研发机构开发了一种名为 Mac 400 的手持式心电图仪，可以使用电池，装在背包里，售价为 800 美元，而传统的心电图仪售价为 2 000 美元。这使得每个病人的心电图检测成本降至 1 美元。这些创新针对的是印度最常见的两大健康问题：水污染和心脏病，每年有数百万人死亡。

资料来源：Derived from Wooldridge，A.，The world turned upside down，*The Economist*，April 15th，2010，Special Report.

普拉哈拉德在著作《金字塔底层的财富》中指出，世界上大多数人口——大约40亿人——生活在贫困线附近或者是贫困线以下，平均收入低于每天2美元。[7] 因此，我们很容易对这个群体做出假设："他们都负担不起，为什么要创新?"事实上，满足他们对食物、水、住所和医疗保健的基本需求需要高水平的创造力——有相当大的创新机会，正如我们在第5章所见。但这需要重新构建市场游戏规则，并挑战核心假设。

满足这些需求的解决方案必须具有高度创新性，但也有高额的奖赏——可以进入大批量/低利润市场。例如，联合利华发现单袋包装的洗发水和其他化妆品更具市场潜力，甚于250毫升的瓶装（这超出大多数金字塔底层(BoP）客户可接受的价格范围)。由此产生的市场增长是惊人的，这样的例子正在推动大公司适应BoP市场的主要活动。

在肯尼亚，MPESA系统的开发最初是为了提高安全性——如果旅行者希望在城市之间移动，可以不携带现金，而是通过手机支付。ApplePay等移动货币方案在2014年前后开始在美国和欧洲推出，MPESA当时已很成熟；非洲在移动支付方面处于世界领先地位，其中9个国家的移动账户数量超过传统银行账户。

前沿视点14.2给出了《金融时报》变革商业奖的一个例子。

前沿视点14.2

创新促进发展

2014年《金融时报》和国际金融公司联合设立的全球变革商业奖吸引了来自61个国家214家公司的237个参赛作品。该奖项重点关注提供基本发展需求（如医疗保健、食品、水、住房、能源和基础设施）的企业，不仅关注公司的社会和环境影响，还扩展到在这些领域的外部影响。

例如，Engro Foods是一家位于巴基斯坦的企业，为1800名小农户提供实时数据收集和处理，以减少浪费并加快支付。印度的家族企业Jain灌溉系统公司率先推出了微灌系统，如滴灌系统、洒水装置、阀门和滤水器，以节约用水和提高作物产量。

资料来源：Murray，S.，Development groups can drive commercial innovation，*Financial Times*，June 13，2014，pp. 1-3.

显而易见，BoP市场的需求涵盖了人类需求的全部，从化妆品和消费品到基本的医疗保健和教育。普拉哈拉德的著作中包含大量的案例，这些案例说明了这一趋势的开始，同时也表明了这一群体的巨大潜力，以及创新挑战的突破性本质。这些新兴市场的创新活动大幅增加，部分原因是认识到全球市场的主要增长将来自具有高BoP的地区。

案例研究14.2给出了BoP方式的一个例子。

案例研究14.2

改变金字塔底层的游戏

很多人都想拥有高质量的住房，但贷款往往超出了大多数人的承受能力。墨西哥水泥和建筑材料生产商 CEMEX 以一种创新方式改变了这种局面。由于 20 世纪 90 年代中期的国内金融危机，CEMEX 在墨西哥的销售额大幅下降。但仔细观察就会发现，DIY 的市场需求一直保持在一定水平，尤其是在不太富裕的人群中。事实上，这个市场价值不菲——每年近 10 亿美元，但它是由许多小型采购项目而非大型建筑项目组成的。由于超过 60％的墨西哥人每天的收入少于 5 美元，因此面临的挑战是在未来找到适应这个市场的方法。

于是一种新颖的融资方式——tanda 网络应运而生，许多社区通过“储蓄俱乐部”式的计划来为大宗采购提供资金。CEMEX 建立了 Patrimonio Hoy——tanda 系统的一个版本，穷人可以为建筑项目存钱并获得贷款。它依赖于社交网络，用“推广员”取代传统的分销商，推广员拿佣金，但也帮助建立和运行 tanda 系统，98％的推广员是女性。这种方案中不仅包括材料，还包括建筑师和其他支持服务，有效地改变了很大一部分人管理自己的建设项目的方式。家庭装修方面的成功使其延伸到与排水系统、照明和其他社区设施相关的乡村基础设施项目。

ITC 是印度最大的私营企业之一，营业额约为 40 亿美元。它经营包括农产品交易和坚果、水果等商品交易的多样化市场。它一直努力改善与当地农民的关系，并开创了“电子集市”——村庄信息中心——作为实现这一目标的途径。大约 2 000 个计算机信息亭分布在村庄内，并与全国范围内更广泛的网络相连接，人们能够获得有关天气、价格、农业咨询等方面的信息。ITC 能更有效地规划物流，农民也获得利益——电子集市让他们了解当地市场的价格，降低传统的中介机构的高交易成本。农民们很快就学会利用这个系统来巩固自己的地位——事实上，这个群体不仅开始关注当地市场，还开始关注芝加哥证券交易所来监测大豆的价格和期货。

14.2　创新和社会变革

对于社会创新和社会创业的定义很多，但大多包含了两个关键要素：

- 目标是创造社会变革和社会价值，而不是商业创新和经济价值。传统的商业创业通常产生新产品、新服务以及经济与就业的增长，但社会效益并非其外在目标。
- 这一目标的实现需要商业部门、公共部门和第三部门组织的共同努力。尽管公共和第三部门的组织可能是企业的利益相关者或客户，传统的商业创业仍倾向于关注创业者个人和新企业个体，它们才是商业界的主要组成部分。

社会创新和创业主要集中于以下领域：

- 贫困救济；
- 社区发展；
- 健康和福利；
- 环境和可持续发展；
- 艺术和文化；
- 教育和就业。

然而，社会创新并不是不同环境下的简单的创新。传统的公共部门和第三部门的组织往往由于组织、文化、资金或法规的限制，未能实现改进或变革。例如，在许多公共部门和第三部门组织中，出资人和员工的需要往往比目标共同体的需要更重要而且优先得到满足。

因而社会创业者身上有创业者的大部分特质（见第12章），但在一些重要方面又有所不同：

- 动机和目标——较少考虑独立性和财富，更多地考虑社会手段和目的。
- 时间范围——较少强调短期增长和长期的组织回报，更多地考虑长期变革和长久保持。
- 资源——较少依赖于组织和管理团队的经营，更加依赖利益相关者和资源来产生和推动变革。

将社会创业者与传统企业家区别开的关键特点是更高层次的移情和对社会公平的需要。移情这个概念很复杂，涉及识别和在情感上分享他人的感受和需要的能力，并且与帮助他人的愿望有关。然而，尽管移情和对社会公平的需要可能是一个社会创业者的必要特征，但并不是充分条件。这可能会使他想要创办一个社会企业，但不一定真正可行。[8]可行性受到更加传统的创业者个人特点（例如背景和人格）的影响，也受到对公共部门和第三部门的组织来说更加普遍的一些环境因素的影响（参见案例研究14.3中的例子）。

案例研究14.3

马克·科什卡和Star Syringe公司

马克·科什卡（Marc Koska）在1996年成立了Star Syringe公司来设计和开发一次性注射器（或者称为“自动失效注射器”）来帮助阻止像艾滋病之类疾病的传播。由于注射器的重复使用，每年有超过2300万名本来健康的人感染艾滋病和肝炎。

科什卡没有接受过任何正式的工程方面的培训，但有从事塑料建模设计工作的经验。他根据以下原则设计了自动失效注射器。

- 便宜：与标准的一次性塑料注射器的价格相同；
- 容易：可利用现有机器生产，从而可以降低初始成本；
- 简单：与标准的一次性塑料注射器的使用方式越相似越好；
- 规模：特许当地制造商以可持续的方式利用资源。

自动失效注射器并非内部生产，而是经Star特许在全球生产。这项技术现在已经特许授予国际援助机构，并且被联合国儿童基金会（UNICEF）和世界卫生组织（WHO）认可。Star Alliance是联系大量特许制造商和全球市场的网络。该联盟包括19个国际制造合作伙伴，服务20多个国家。整个特许联盟的总体产能接近每年10亿。

科什卡在过去20年的投入和坚持为他赢得了国家卫生部门领导和行业领袖的尊敬：例如2005年2月，巴基斯坦联邦卫生部长授予科什卡公共卫生杰出贡献奖，以表彰他在安全注射器方面的工作；2006年公司赢得国际贸易类企业英国女王奖。

资料来源：www.starsyringe.com.

社会创业的潜在障碍为：

- 难以进入当地社会组织和社区组织网络并获得支持，例如在非正式网络中建立关系和信任。

- 难以获得政府和政治制度的支持，例如存在国籍或民族的限制。

当然，创新不仅仅是个人和新创企业的事情。正如我们在本书中看到的，创业行为存在于任何组织中，并且是发展和改造的核心。在社会创业领域，越来越多的商业组织认识到追求替代或互补模式的可能性，同时关注传统的利润和社会价值的创造。

大公司也越来越重视社会创新，它们意识到，只有表现出对其所处社会给予一定关注，才能得到社会认可而继续经营下去。（关于非洲药物供应的政策导致公众对医药公司强烈不满，这个例子警示公司，如果不留意这一点会发生什么。）企业社会责任（corporate social responsibility，CSR）成为许多公司的一个重要职能，许多公司采用正式的方式——例如“三条底线”（社会、环境、财务）——来监督自己并传递不仅仅关注盈利的观点。

通过利益相关者的直接参与，公司能够更好地避免冲突，或者在冲突产生时解决问题。在有些情况下，这涉及与领导某项活动或宣称反对公司的活动家进行直接交涉。例如，星巴克为了回应顾客关于咖啡种植对鸣禽的影响的担心和活动家的有关抗议，通过与活动家群体合作来改进有机的、有益于鸟类的咖啡生产方法，建立了一个试点采购项目，同时进一步提高公众意识。

荷兰最大的零售商 Ahold 同样借助利益相关者参与的方法使它的经营扩展到未覆盖的城市区域。公司意识到，仅凭自己永远不能成功地经营，需要与政府及其他公司合作来在当地创造一个“健全的投资环境”。通过和当地政府及其他 9 个零售商合作，它为思斯赫德市的 Dutch 镇开发了一个全面的发展计划。

有时社会创业的机会来源于但独立于主流创新活动。宝洁的 PUR 净化水系统对于使用点的饮用水供应有突破性的改进。据估计，它使肠道感染概率减少了 30%～50%。这个产品来自主流的商业去污剂的研究，但最初结论是该产品的市场潜力不够大，不足以支持投资；通过重新设计将它作为一个辅助项目，公司既提高了自身的形象，同时也打开了一个新的工作领域。

人们很容易对企业社会责任活动产生质疑，将它视为对商业活动的粉饰。但社会越来越认识到，追求社会创业的相关目标与发展一个可行的且商业上成功的企业并不矛盾。ADL 公司的调查将之比作旅途，一开始只是简单的顺应性创新——以获得“经营许可”。许多公司现在已翻山来到山脚下，认识到它们必须与关键利益相关者打交道，而在这个过程中一些有趣的创新机会可能会浮现（参见案例研究 14.4）。但是真正的挑战在于继续进入全面的利益相关者创新的高地，“创造新产品和服务、流程，开创新市场，以响应未来和当下客户的需要”。[9]

案例研究 14.4

公共和私营医疗服务

丹麦的诺和诺德制药公司正通过对利益相关者角色的扩展和重构来开展利益相关者创新。它一直在这方面得到很高的评价，因为这是一个董事会层面的战略责任（在公司的合伙条款中有明文规定），而且有大量的资源投入到一些项目中来保持和促进良好的实践活动。它是最早引入三条底线绩效标准这个概念的公司之一，因为它认识到需要将更广泛的社会因素考虑进来，以明确自身的价值。

如今，这方面的投资越来越被认为是重要而强大的创新资源。它提供了一种方式来补充复合式渠道的研发活动。如我们所见，需要考虑的问题是：

- 组织如何捕捉新现象？
- 利益相关者怎样尽早入局？
- 如果他们做到了，该如何定位以影响新游戏的格局？

投资于利益相关者关系，成为解决上述问题的一种有效方式。这让公司有机会接近各方并向它们学习。有两个例子可以反映这个过程。

(1) DAWN 计划。DAWN（Diabetes Attitudes，Wishes and Needs）计划始于 2001 年，其目标是探索糖尿病患者和医疗保健专业人士对于糖尿病的态度、愿望和需要，从而识别整体服务中的关键差距。它以量化的形式呈现了糖尿病患者的各种情绪压力和糟糕的心理状态，而这些因素构成了健康损害的主要原因。这个项目所得到的结论打开了新的跨系统的创新领域。例如，一个关键点在于医疗保健专业人员提出治疗方案时要将胰岛素治疗和生活方式结合起来，并且要开发新的方式来实现。

2003 年的一次 DAWN 峰会将 31 个国家的代表和世界卫生组织等关键机构召集在一起。这次峰会在专业和非专业的期刊以及国际糖尿病联合会（IDF）上都得到了广泛的宣传。其成果就是，建立了一个共同的框架，将对问题的理解和与关键角色的关系结合起来，而后者可能参与相关创新的设计和交付。DAWN 的价值在于它是一个独立的、基于事实的平台，在这个平台上可以围绕整个糖尿病管理系统进行讨论和探索——并不仅限于胰岛素治疗或其他特定的疗法。这调动了全球范围内不同实践共同体的参与，并产生了显著的学习分享和视角的互动改变。

瑟伦·斯科夫兰德（Søren Skovlund）是 Corporate Health Partnerships 组织的高级顾问。他认为关键在于“……使用 DAWN 研究作为手段，让不同的人来到同一桌前……将病人、保健专家、政治家、纳税人、媒体聚在一起，面对同一个任务，寻找新的方式，更有效地开展合作……你必定会得到一些创新，因为你把不同的知识汇集到了一起!”

为什么要这样做？一个原因是人们越来越认识到，慢性病管理的相关规则正在改变。例如，据世界卫生组织估计，糖尿病是比艾滋病更危险的杀手，每年大约有 320 万例死亡与该病及其并发症有关。在发展中国家这个数字尤其值得警惕。在 35～64 岁的成年人中，每 10 例死亡中就有 1 例是由于糖尿病（在有些国家这个比例甚至高达 1/5)。糖尿病之类的慢性病就像一颗定时炸弹，在不久的将来可能会发生重大变化。医疗保健系统越来越多地将资源聚焦于通过对护理流程和结构的重组，来降低疾病的社会经济负担。这些重大变化意味着关注产品的医药行业有可能落后。

DAWN 是诺和诺德公司的一项学习投资，用于了解糖尿病护理的整个体系，而不仅仅是药物方面。它为新模式提供了可能性，例如，提供围绕慢性病医疗保健管理的整合服务方案。

(2) 国家糖尿病计划。DAWN 为诺和诺德公司参与国家糖尿病计划（National Diabetes Programme，NDP）开展一系列活动提供了资金。这些计划使公司得以近距离接触这个领域的多种关键角色。公司的投入有助于改善糖尿病保健方案的效果，同时为国家糖尿病计划的实施营造了声势。

这个计划始于 2001 年。当时公司正在构建一个关键地理区域内的关系网络，以帮助制定相关的整体医疗保健计划。NDP 并没有聚焦于产品，而是提供了一系列投入，例如支持医疗保健专业人员的教育，建立治疗糖尿病的诊所等。公司首席执行官拉尔斯·雷宾·索伦森说："只有提供和宣传正确的糖尿病护理方法，我们才会被视为一个负责任的公司。如果我们只是说'药物、药物、药物'，他们就会说'让我们歇歇吧！'"这显然是一个良好的利益相关者关系管理的实践。学习新的护理方法——特别是在资源受限的条件下学习新的护理方法，也是一种重要的"隐性"研发投资。

NDP 的实施过程涉及识别关键伙伴的需要和制定计划——由诺和诺德公司提供资源来实施。NDP 与另一项计划紧密相连，该计划来自成立于 2003 年的世界糖尿病基金会（World Diabetes Foundation）。后者在成立之初就承诺在 10 年间投入 1 亿美元。它在超过 40 个国家运作，试图唤起人们的意识，改善护理条件，特别是在印度等糖尿病未被充分诊断的地方。

NDP 的核心原则是，先开发和测试一般性的原型计划，之后根据各国实际情况"定制"不同的计划。例如，坦桑尼亚就是一个先行试验地。起初由于经费短缺且在防治传染性疾病方面投入过高等原因，很难说服有关管理部门将糖尿病这样的慢性病纳入考虑范围。尽管进行新投资的可能性很小，诺和诺德公司还是开始与当地的糖尿病组织合作，建立示范项目。它在医院和村庄设立诊所，培训员工并提供相关的设备和材料。这为推广慢性病护理方法提供了可能性——在计划开始之前，糖尿病患者可能要跑 200 公里到位于 Dares-Salaam 的医院去治疗，而现在他们可以在当地接受治疗。这对于完善国家医疗体系非常有价值，特别是在防治由于治疗不当或延误等造成的失明和截肢等并发症上节约了很多成本。其结果是，卫生部门可以开展糖尿病护理工作，而不需要在医院容量上有新的投资，也不需要招募新的医生和护士。诺和诺德公司扮演了促进者的角色，促成卫生医疗体系的形成和转变。

NDP 代表了一个跨 40 多个国家的经验分享网络。其中的大部分学习都集中于了解不同国家卫生医疗体系的环境条件，以及如何在这些体系内进行改变——从本质上讲就是使公司参与协同演化。一个重要收获就是认识到诊断不充分的问题。通常，发展中国家中大约 80％的糖尿病患者都没有被诊断出患病，导致大部分卫生医疗体系和与之合作的医药公司只关注 20％被确诊的患者。现在的目标是发现未被诊断的患者以及开发一些治疗方法，使他们不至于产生并发症——因为并发症才是诊疗成本上升的主要原因。这不仅对于扩展胰岛素治疗的潜在市场有所启发，而且也使公司进入更广阔的医疗卫生管理和服务领域。

14.3 可持续发展创新的挑战

世界自然基金会在一份有影响力的报告中指出，目前发达国家的生活方式需要大约两个行星的资源，如果新兴经济体遵循相同的轨迹，到 2050 年将增加到需要 2.5 个行星的资源。[10] 许多关键的能源和原材料资源已接近供应的峰值，并将变得越来越稀缺。[11] 与此同时，全球变暖的危险已经成为人们关注的焦点，气候变化（以及如何应对气候变化）是一个紧迫的政治和经济问题。这意味着需要越来越强有力的立法迫使组织改善其产品和流程，以减少温室气体排放和能源消耗。在这背后是环境污染带来的日益严峻的挑战，人们不仅要停止对自然环境造成严重破坏，还要扭转过去的做法带来的影响。[12]

创新常常被视为导致环境恶化的主要原因之一，因为它与经济和消费增长存在相关性。[13]然而，创新又是解决一系列环境问题的重要手段，表现在：

- 更清洁的产品——在其生命周期中对环境的影响更小；
- 更有效的流程——减少或处理废弃物，再利用与循环处理；
- 替代技术——降低排放，提供可再生能源；
- 新服务——取代或减少产品消耗；
- 系统创新——衡量和监控环境影响，形成新的社会-技术系统。

研究札记 14.2 分析了可持续发展创新的一些市场机遇。

研究札记 14.2　　可持续发展创新的市场机遇

许多研究指出了可持续发展创新的巨大潜力。据估计，“绿色产品和服务”的全球市场有 3.2 万亿美元的商机，英国消费者在可持续产品和服务上的支出超过 360 亿英镑，比酒和烟草的销售总和还要多。普华永道的一份报告显示，在提供绿色商品和服务方面具有巨大的市场潜力，估计占全球 GDP 的 3%。联合国（2011）的一份报告表明，绿色经济已经成为 21 世纪经济增长的一个强大的新引擎。[14]世界企业永续发展委员会（World Business Council for Sustainable Development，WBCSD）的“愿景 2050”为企业应对可持续发展挑战、推动系统视野列出了新的机遇。[15]

正如普拉哈拉德所言，“可持续发展是组织创新和技术创新的源泉，影响公司的净利润值和销售额。环保可以降低成本，因为公司最终会减少投入。此外，这一过程还能从更好的产品中获得额外的收入，或使公司创建新的业务。事实上，因为［提高净利润值和销售额］是企业创新的目标，我们发现，聪明的企业现在把可持续发展视为创新的新前沿”。[16]

案例研究 14.5 描述了大型的地面材料公司英特飞（Interface）的经验。

案例研究 14.5

英特飞公司的可持续发展创新

可持续发展创新的一个成功的例子就是英特飞公司彻底改变了业务和运营模式，获得了显著的增长。公司已将温室气体排放减少 82%，化石燃料消耗减少 60%，废弃物减少 66%，用水量减少 75%，所得销售额增加 66%，利润翻倍，利润率提高。创始人兼董事长雷·安德森（Ray Anderson）说：“当我们在可持续发展的四项原则之上攀登高峰时，我们在获取净利润上比以往任何时候都做得更好。这不是以牺牲社会或生态系统为代价，而是打败了还没有做到这一点的竞争对手。”

可持续发展创新的早期活动围绕“门面”活动展开，即组织通过高调的活动来展示自己的“绿色”资质，以改善自身形象或强化企业社会责任形象。现在可持续发展创新已经进入第二阶段，在这个阶段，强有力的立法规定了一定程度的强制要求。领先的组织正在寻求利用机会，因为它们认识到需要通过创新来应对供应链中的资源不稳定性和稀缺性、能源安全性和系统效率问题。

普拉哈拉德和尼都莫罗（Prahalad and Nidumolo）提出了一些框架，明确了五个步骤：将要求视为机遇、使价值链可持续、设计可持续的产品和服务、设计新的商业模式、创建下一个实践平台——这意味着系统层面的改变。[16] 对于创业者来说，这些机会为他们在资源、能源和环境管理等可持续发展领域的新事业提供了重要的选择。

我们可以使用第 1 章中的“4P”框架对可持续发展创新的相关活动进行分类。表 14－1 给出了一些例子。

表 14－1　可持续发展创新实例

创新目标	例子
产品/服务创新	绿色产品，绿色制造和回收设计，以服务模式取代消费/所有权模式
流程创新	改进和创新的制造过程，组织内部和整个供应链的精益系统，绿色物流
定位创新	将组织重塑为“绿色”，满足服务欠缺的群体——例如，金字塔底层的人群的需求
范式创新：改变商业模式	系统层面的变革，多组织创新，服务化（重点从制造业转向服务业）

14.4　可持续发展创新的框架模型

图 14－1 说明了向可持续发展创新迈进的一种方式，三个维度支持从处理问题症状到最终处理问题源头系统的整体方法变革。这是基于商业可持续性网络（Network for Business Sustainability）进行的研究项目，商业可持续性网络是一个加拿大组织，与 RIM、森科尔（Suncor）、SAP、BC Hydro、联合利华等大公司以及毅伟商学院（Richard Ivey School of Business）等学术机构广泛合作。[17]

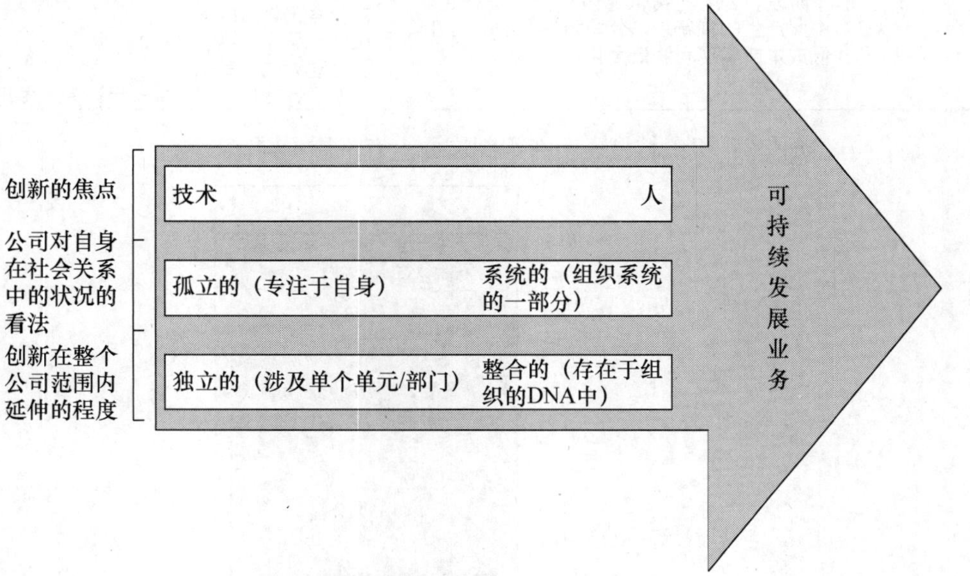

图 14－1　可持续发展创新路径

在这个框架下，我们认为可持续发展创新的演变有三个阶段。

阶段 1：运营优化——做到更好。

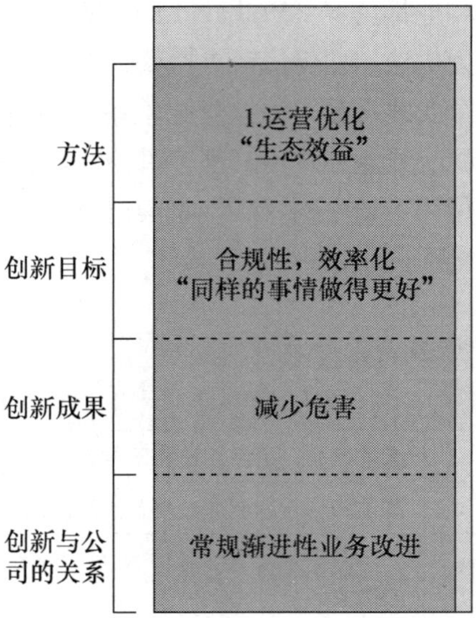

表 14－2 给出了一些例子。

表 14－2　运营优化

定义	特征	例子
遵守法规或通过提升效率来提升绩效	在运营优化阶段，组织积极减少当前的环境和社会影响，但并不从根本上改变其商业模式。换句话说，优化者创新的目的是减少危害。创新通常是渐进式的，一次解决一个问题。他们倾向于提供支持技术——将新技术作为保持业务并同时减少影响的方法。创新往往在发展和成果方面是对内聚焦的；在这个阶段，公司通常依靠内部资源进行创新，由此产生的创新是以公司为中心的：旨在降低成本或实现利润最大化	污染控制 弹性工作时间/远程办公 垃圾回收 关闭或整合设施 节能照明 使用可再生能源 减少纸张消耗 减少包装 减少原材料的使用 减少有害物质的使用 优化产品尺寸/重量以便运输 混合动力电动车辆 重新设计交付箱，从单一用途变为多用途

阶段 2：组织转型——在组织层面上有本质不同。

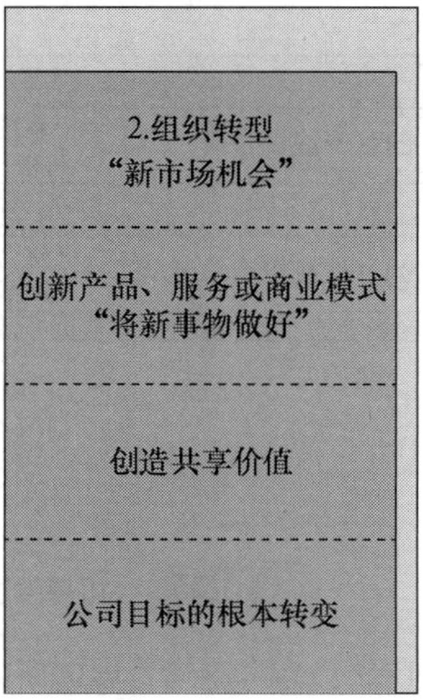

表 14-3 给出了更多的细节。

表 14-3 组织转型

定义	特征	例子
将可持续发展视为市场机会，创造突破性的新产品和服务	组织变革者不是专注于“减少损失”，而是推动组织从“做好”中获得经济利益。他们看到了在新市场中提供新颖、可持续的产品或者新的商业模式的机会，通过让人们脱贫或生产可再生能源来创造价值。组织变革者可能更少地关注创造产品，更多地关注提供服务，这对环境的影响更小。他们经常进行技术性和社会技术性的创新——旨在提高公司内外员工的生活质量。变革者仍然主要关注内部，因为他们将自己的组织视为经济中的独立体。然而，他们确实在价值链上下移动，并与外部利益相关者密切合作。从运营优化到组织转型的转变，需要思维模式从将事物做好到做新事物的根本性转变	改变消费习惯的颠覆性新产品，例如，一种可以将任何生物质能转化为高效热源的野营炉，在发展中国家出售更便宜的型号 使人们受益的颠覆性新产品，例如，便携式耐用且功能最少的 CT 扫描仪——发展中国家医疗保健提供者负担得起且有用的产品 用服务取代产品，例如，在规定的使用寿命内租赁和维护地毯，而不是出售地毯 在城市中心引入汽车和自行车共享服务，以减少个人汽车所造成的污染，同时提高整体流动性 用电子服务取代实体服务，例如，通过电子账单来减少纸张消耗 具有社会福利的服务，例如，当人们进行慈善捐赠时，智能手机应用程序会向他们提供优惠券

前沿视点 14.3 介绍了飞利浦的可持续发展创新。

前沿视点 14.3

飞利浦的可持续发展创新

飞利浦是一家荷兰跨国公司，成立于 1891 年，目前在 100 多个国家开展业务，有员工 118 000 人。它长期致力于可持续发展，在 20 世纪初，飞利浦的员工就从学校、住房和养老金计划中受益。它也是多项国际可持续性举措的关键参与者，早在 20 世纪 70 年代初，飞利浦就参加了罗马俱乐部“增长的极限”对话，并于 1974 年成立了第一个企业环境职能部门。1992 年，它成为参与世界企业永续发展委员会的 29 家跨国公司之一，该委员会制定了“愿景 2050”，即未来进一步可持续发展的路线图。

它自己的“生态愿景”(EcoVision) 于 1998 年首次推出，设定了企业可持续发展目标，并于 2007 年在“生态愿景 4”(EcoVision 4)中提出了首批绿色创新目标。2003 年，《飞利浦环境报告》(1999 年首次发布) 被扩展为《可持续发展报告》，并于 2009 年整合到《飞利浦年度报告》中，标志着可持续发展完全融入飞利浦业务实践。

飞利浦 2010—2015 年的“生态愿景 5”(EcoVision 5)为可持续发展创新制定了具体目标：

- 为 5 亿人提供医疗服务；
- 将投资组合的能源效率提高 50%；
- 将产品中可回收材料的数量增加一倍，并将飞利浦产品的回收利用数量增加一倍。

与其他历史悠久的企业一样，飞利浦多次调整其创新方式，以应对社会的重大变化。在近几十年里，其位于埃因霍温的体验实验室对外开放，传统技术驱动的产品创造向最终用户驱动的创新扩展。开放式创新也改变了飞利浦的工作方式——20 世纪 90 年代末，研究实验室变成充满活力的高科技园区，如今容纳了 80 多家非飞利浦的企业实体。在过去 10 年里，其重点是基于合作、孵化和衍生“由内而外”，现在的重点是共同创建可持续的系统解决方案。

随着生态愿景 4 的推出，飞利浦提出了绿色创新的目标，共投入 10 亿欧元用于开发绿色产品和流程。以下绿色重点领域实现环境改善：能源效率、包装、有害物质、重量、回收和废弃物处置以及终身可靠性。2010年，绿色产品占飞利浦销售额的37.5%，2015年的目标是50%。

例如，消费者生活方式部门推出了第一款"从摇篮到摇篮"（Cradle to Cradle）的灵感产品，如Performer EnergyCare真空吸尘器，50%由后工业塑料制成，25%由生物塑料制成。该产品非常节能，之所以被称为绿色产品，主要是因为它在回收这一重点领域得分很高。

另一个例子是屡获殊荣的卡诺瓦（Canova）LED电视。与之前的产品相比，这款高性能LED电视的功耗降低了60%，连遥控器也是高效的——由太阳能供电。此外，电视机不含聚氯乙烯和溴化阻燃剂，60%的铝都是回收利用的。

阶段3：系统构建，与不同利益相关者共同寻求解决方案，以创建新的和可持续的替代品。

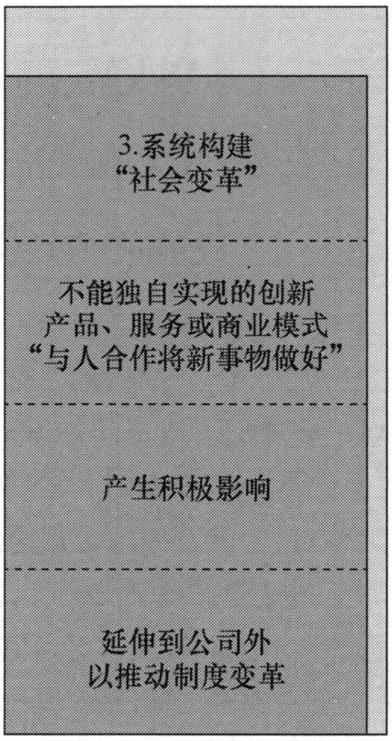

表14-4展示了更多细节。

表14-4 系统构建

定义	特征	例子
不同组织之间的相互依赖、协作对人类和地球产生积极影响	系统构建者认为他们的经济活动是社会的一部分，而非独立于社会存在。单独地看，几乎每个组织都是不可持续的。但作为一个集体，系统可以相互支持。系统构建者将他们的思维扩展到组织之外，包括以前不相关的领域或行业中的合作伙伴。由于系统构建的概念反映了非传统的经济范式，很少有组织或行业占据这一领域 从组织转型到系统构建的转变需要思维方式的又一次根本转变——从做新事物和服务新市场到超出公司的范围思考	产业共生。不同的组织合作创造一个"循环经济"模式，其中一个企业的废弃物是另一个企业的资源。例如，一家建筑公司使用其他公司的玻璃废弃物：协同作用为所有人带来环境和经济效益 B Corporations。这一构想在美国提出，目前扩展到几十个国家 B Corporations是在法律上有义务提供社会福利的组织。众所周知的例子包括冰淇淋生产商本杰瑞（Ben & Jerry's）、电子商务平台Etsy，以及清洁产品制造商Method and Seventh Generation

整体模型如下所示。

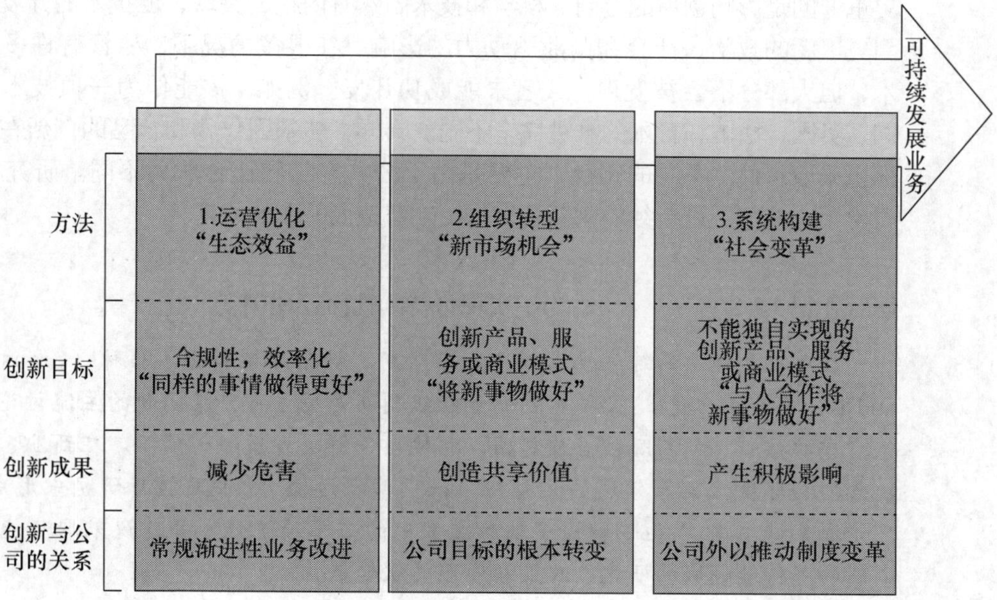

14.5　负责任的创新

可持续发展创新主题传递出的一个信息是，我们需要更密切地关注我们在创新过程中提出的一些问题。特别是在选择阶段，我们将使用什么标准来确保项目值得投资？第 10 章提到，我们需要仔细考虑是否推进可能的创新想法，我们提到的框架主要涉及风险和回报。在公共部门，"可靠"的主题备受关注，我们推行的改革是否会影响我们为市民提供医疗和教育等公共服务的能力？在本章中，我们看到现在有一些紧急的其他问题，我们应该把可持续性和更广泛的社会影响问题纳入决策过程。

有趣的是，在 20 世纪 70 年代"科学与社会"运动的背景下，许多以学术和政策为导向的创新研究都围绕着这些问题展开。这促使一些重要的研究机构（如苏塞克斯大学的科学政策研究中心）建立起来。它们关注的问题以及开发的许多工具仍然是对创新过程的挑战，特别是对创新工作目标的质疑。[18]

例如，尽管全球制药行业通过高效的创新过程在改善医疗保健方面做了很多工作，但仍存在一些问题。有证据表明，90%的创新都致力于解决世界上最富有的 10%人口的问题。有关创新系统的问题在于，这些系统可以生产出令人印象深刻的消费类电子产品，但世界上许多人仍缺乏洁净水或基本医疗保健。

争论的焦点是，尽管个别研究人员和企业有良好的意愿，但创新有时可能是不负责任的。部分新产品，如 DDT 杀虫剂（控制害虫的一种强力剂）和沙利度胺（一种抗恶心的药物），导致了无法预见的严重的负面后果。在没有充分保障的情况下追求创新会导致重大危机（例如 BSE、疯牛病）。全球金融危机的主要原因之一是对工具和技术不负责任甚至是不计后果的金融创新。关于转基因食品、为应对能源短缺而投资核能的争论提醒我们，有必要分析创新的问题。

由于这些原因，人们越来越关注开发框架，这些框架可以将一系列"责任"问题纳入创新过程，并确保围绕重大变革项目进行考量。[19]

从社会和政治角度考虑环境和可持续性很重要但又很微妙，将影响创新的速率，更重要的是影响创新的方向。科学和技术固然有内在的关联，但技术的开发和应用受到更广泛的政治、社会和商业驱动力的影响。在很多情况下，尽管有许多潜在的技术，但大部分不会被发现，或者未能成功开发。例如，核能作为一项技术创新在美国、英国、法国和日本的推进完全不同。同样，转基因作物和食品的创新在美国和欧洲也采取了截然不同的路径，主要是由于公共意识和社会压力不同。研究札记 14.3 讨论了一些关于可持续的创新管理的更加普遍而笼统的问题。

研究札记 14.3　　为了实现可持续性而管理创新

在对相关领域的综述性回顾中，弗朗斯·贝尔库特和肯·格林（Frans Berkhout and Ken Green）提出："技术创新和组织创新是关于可持续问题的主流讨论，也是政策考虑的核心。创新既被当作起因，也被当作解决方案……然而，在商业、环境、环境管理和环境政策等领域的文献中，很少涉及过去 30 年里创新研究中形成的概念、理论和实证依据。"他们找出了创新文献中的若干局限性，并建议采取可能的方式将创新和可持续领域的研究、政策和管理关联起来。

1. 聚焦于管理者、公司或供应链太狭隘。创新是一个涉及许多人、公司和组织的分布式过程，并且受到法规、政策和社会压力的影响。

2. 聚焦于具体的技术或产品是不合适的。相反，要分析技术体系或技术制度以及它们的演化，而不是关注管理。

3. 创新是技术机会和市场需要相对接的结果这一假设有明显的局限性。它需要考虑不那么明显的社会因素、社会期望和社会压力。这些可能会与更强的且具有误导性的市场信号相冲突。

他们举出了工业生产、航运和能源等领域的实证研究来说明他们的观点，并得出结论："在创新、环境管理、企业社会责任、创新与环境的研究及管理等方面提高认识并加强互动，将产生丰硕的成果。"

资料来源：Berkhout，F. and K. Green (eds)，Special issue on managing innovation for sustainability，*International Journal of Innovation Management*，2002. 6 (3).

创新管理的传统方式关注如何通过法规和控制影响创新的开发和应用。在这种方法中，正式的政策（如法规体系、目标、激励）被用来引导创新，并常常采取惩罚措施。这可能会有效，但对于鼓励变革来说不是一种好方法，其见效慢，而且是渐进性的。

一种更加有效的方法试图理解技术、市场和社会如何通过谈判、协商和实验来协同演化。这个视角要求对公司和创新如何运作有更好的评价，并强调更好地了解所有相关的组织——政策制定者、消费者、公司、公共机构和其他利益相关者，他们能够影响创新的速率和方向。[20] 由于对政策和法规的偏重，关于创新-环境的争论和研究并未充分理解或考虑个体创业者或创新组织的动机和行动。

图 14-2 展现了创新贡献于可持续发展的不同方式的分类。[21] 一个维度是知识的新颖性，另一个维度是知识应用的新颖性。在左下象限，创新聚焦于既有技术、产品和服务的改进。这不一定是渐进性的，有时可能会有突破性创新，但目标和绩效标准

仍然是相同的，例如，提高发电站或汽车引擎的燃油效率。这是最普遍的创新类型，也是贯穿本书的创新类型。左上角象限代表的是新知识的发展，适用于解决既有的问题。这包括为现有产品提供替代性材料、流程或技术。例如，在发电和商品包装方面往往有许多替代性的竞争技术，它们有完全不同的性能和特点。在食品包装方面，玻璃、塑料、铝和钢铁都是可行的替代品，但每一种在其生命周期内生产、再利用与循环处理时都有不同的能源需求。

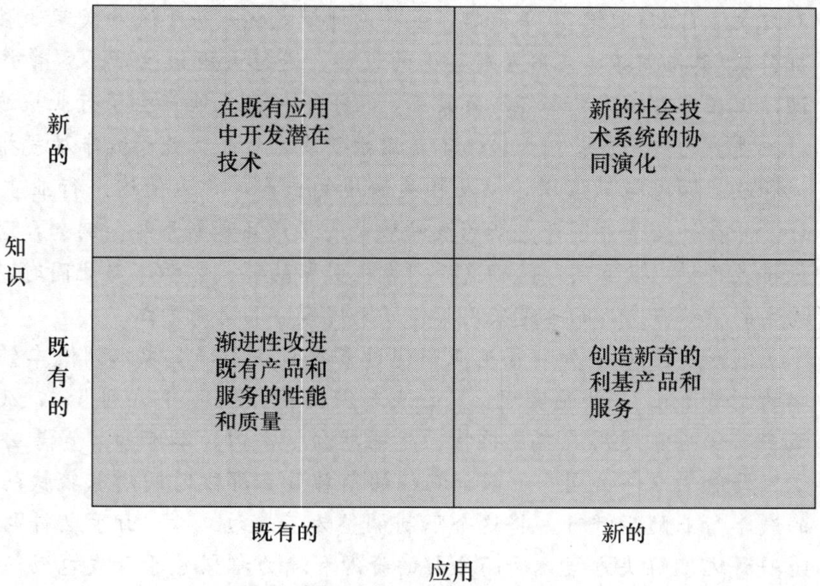

图 14-2 可持续创新的类型划分

现在来看图中右侧，右下角象限代表既有知识被用于创造新的利基市场。这些优势被称作结构性创新，因为它们以新的构造重新利用不同的组件和子系统。这些对于可持续的创新来说非常重要，因为通常这种创新产生和发展于最初的既有的大众市场，同时存在于利基市场，但这些利基可以成熟和增长，甚至影响成熟市场的需求和发展（参见案例研究 14.6）。例如在汽车行业，直到 20 世纪 80 年代早期，安全性还不是一个显著的特征。之前人们认为“安全性不是卖点”，制造商也不太重视开发这一性能。如康宁公司无法说服美国制造商采用安全挡风玻璃。然而，斯堪的纳维亚地区特别是瑞典对于安全性有更高要求，促使诸如沃尔沃和萨博（Saab）等当地制造商开发和整合新的安全技术。这些安全性能慢慢在海外市场受到欢迎，竞争者不得不响应并采取相应措施。结果如今几乎所有汽车都具有一系列安全性能，例如安全气囊、侧边冲击保护、撞击缓冲区、防抱死刹车和电子稳定系统。

右上角的象限很可能表示创新对于可持续发展的最重要贡献。正是在这里，新的社会技术系统协同演化。创新的开发者和用户更加紧密地互动，许多重要的角色都参与到创新的过程中。在这种情况下，公司并不是唯一的甚至不是最重要的角色，而这种系统创新的成功开发和采用需要一系列“外部性”，例如支持性基础设施、互补性产品和服务、资金和新的培训与技能。例如，微型发电所要求的不仅仅是技术创新和产品开发，还要求能源定价和法规的改变，从而允许将电能卖给电网，并将新的技能和服务引入发电机的安装和维护中。这种创新通常通过自上而下的政策改变和协调与自下而上的社会变革和公司行为的结合来展开。

案例研究 14.6

电动汽车和混合动力汽车的发展

汽车行业是一个已经发展多年的大规模、复杂的社会技术系统的绝佳例子，以至于当前系统中的公司、产品、消费者和基础设施以相互联动的方式限制着创新的程度和方向。自20世纪30年代起，主导设计模式就是基于汽油或柴油燃料的往复式内燃机引擎/奥托循环，采用差别甚小的设计，进行大规模生产。尽管并没有什么行业共谋，但在当时的历史和经济背景下，几乎不可避免地产生了行业轨迹。这导致汽车公司把更多的钱花在营销上，而不是用于研发。然而，关于汽车尾气排放问题的社会担忧和政治顾虑与日俱增，以及相关法规的出台，都迫使这个行业重新考虑其主导设计，并在一些条件下开发新的技术来发展新产品和新系统。例如，通过制定零排放和低排放目标以及立法，鼓励选择内燃机引擎的替代方案，与此同时，保留以个人交通为主的核心概念，而不是采用集体或大规模公共交通方式。

例如，1990年加利福尼亚州通过零排放法案，要求本州汽车销售量超过35 000辆的制造商在1998年实现2%的汽车零排放，2001年达到5%，2003年达到10%。这主要影响了通用汽车、福特、克莱斯勒、丰田、本田和日产等公司，也可能影响了宝马和大众等公司——假如它们的销售量在那段时间增长较快的话。然而，美国的汽车行业随后呼吁，将这个限制调整为不超过4%。由于燃料电池很大程度上仍是一种远期解决方案，因而主要的资源和精力都聚焦于开发电动汽车。这最初可能看上去像“自主性”创新，即简单地把一项技术（内燃机引擎）替换成另一项技术（电动引擎）。然而，这个转型对于相关的系统（如能量储存、传动系统、控制系统、材料重量以及燃料补给/再充电和维修所需的基础条件）都会有影响，因此这实际上更接近“系统”创新。此外，它还挑战了许多汽车制造商的核心能力和技术。美国的制造商努力作出调整，但通用汽车和福特的早期车型并不成功。日本在开发新能力和新技术方面要成功得多，其中丰田和本田的新产品非常成功。

然而，其他地方并未出台零排放法规，而是设定了中等程度的减排目标。从那时起，油电混合动力汽车得以开发，以减少废气排放。这显然不是解决问题的长久之计，但的确代表了像燃料电池这样的对未来系统颇有技术和社会价值的原型。1993年，丰田的董事长丰田英二（Eiji Toyoda）和他的团队就着手实施一个代号为“G21”的项目。G代表全球（global），21代表21世纪。该项目旨在开发一种具有价格竞争优势的小型混合动力汽车，以满足世界范围内众多消费者因环保意识增强而日益增长的对新型汽车的需要。一年后，丰田开发出了一辆概念车，名为“普锐斯”，来自拉丁语的“之前”。其目标是将燃油消耗减少50%，并更大程度地减少废气排放。为了找到适合“G21”的混合动力系统，丰田考虑了80种备选方案，最终将考虑范围缩小到4个。普锐斯的开发要求整合不同的技术能力，Matsushita Battery公司的一个合资企业也参与其中。

这款车的原型于1995年10月在东京汽车展上亮相。据估计，这个项目的研发花费了丰田10亿美元。第一个商业版车型于1997年12月在日本推出，在进一步改进电池性能和动力源管理等问题后，于2000年8月进入美国市场。若在市内驾驶，每加仑燃料可以行驶 60 英里，高速公路上可达到 50 英里——这与传统车辆的耗油情况相反，但几乎是同等级花冠车型的燃油效率的两倍。从生产所用的材料，到驾驶、维护，再到最后的废气，普锐斯的二氧化碳排放量减少了 2/3 以上，并且有大约 90%的潜在可回收性。普锐斯在美国的售价是 19 995 美元，2001 年全美销量达到 15 556 辆，2002 年达到 20 119 辆。然而，行业专家估计，丰田每售出一辆普锐斯都要损失大约 16 000 美元，因为其制造成本在 35 000～40 000 美元之间。丰田 2003 年推出的第二代普锐斯和 2005 年推出的雷克萨斯系列给公司增加了一些利润，这得益于技术的改进和生产成本的降低。

好莱坞明星很快发现了普锐斯。莱昂纳多·迪卡普里奥在 2001 年就买了最早面市的这款车，之后卡梅隆·迪亚兹、哈里森·福特和卡莉斯塔·弗洛克哈特等也相继购买。英国政治家则花了更长时间才加入到混合动力的大潮中来。反对党领袖戴维·卡梅伦（David Cameron）在 2006 年开始驾驶混合动力型的雷克萨斯。2005 年，美国卖出了 107 897 辆普锐斯，约占普锐斯全球销量的 60%，是 2000 年销量的四倍，是 2004 年的两倍。到 2013 年，丰田仅在美国就已经售出超过 150 万辆混合动力车。

普锐斯和其他混合动力汽车为丰田创造了直接收入和间接声誉。此外，公司还将与混合动力技术有关的 650 项专利以技术许可方式授予了日产和福特，福特推出了自己的混合动力汽车。梅赛德斯-奔驰、本田、现代和其他公司也推出了自己的车型。

资料来源：Pilkington，A. and R. Dyerson，Incumbency and the disruptive regulator：The case of the electric vehicles in California. *International Journal of Innovation Management*，2004. 8（4），339－54）；Why the future is hybrid，*The Economist*，December 4，2004；Too soon to write off the dinosaurs，*Financial Times*，November 18，2005；Toyota：The birth of the Prius，*Fortune*，February 21，2006.

小　结

在本章中，我们研究了关于企业获取价值来促进经济发展、可持续性和社会创新等更广泛的议题。虽然上一章中提到的核心商业模式的文献是研究的好起点，但这些情境中的价值创造也有一些价值。

第 14 章　扩展阅读

第 14 章　参考文献

第 15 章 从创新中获取经验知识

Capturing Learning from Innovation

人们常用“旅途”来隐喻创新—— 一段穿越未知领地、复杂且时断时续的旅途，可能有错误的出发点，迷失方向，也可能遇到死胡同和无法预料的问题。成功的创新就是顺利完成这一冒险之旅，并且通过广泛传播与采用产品、服务或流程的新概念，为初始投资创造有价值的回报，获得完美的结局。但它也提供了一个机会来反思旅途，回顾不乏艰辛的经历中所学到的知识。这样做是有意义的，因为通过反思所得到的知识对于下一次创新之旅来说无疑是宝贵的资源。

当然，不是所有的创新都会成功——从失败中学习也很重要。无论是在技术层面上理解什么是行不通的，还是在某个特定市场中认识到失败的原因，都是计划下一次远征时需要考虑的有用信息。经验是出色的老师，但只有系统地努力学习才能发掘其中的价值。

本章将讨论如何从创新中获取经验知识。

15.1 关于创新管理我们都学到了什么

让我们整理一下本书中涉及的几个关键主题。我们可以总结如下：

- 在具有内在不确定性的未来，学习和适应非常重要——创新是当务之急。
- 创新是技术、市场和组织之间的互动。
- 创新可以被看作所有企业（公共和私营部门）必经的一般性过程。
- 惯例是通过学习形成的行为模式，这种模式久而久之就内嵌到组织结构和规程中。这些惯例本身有高度的公司特定性，因而很难复制。
- 创新管理是对有效惯例的探寻——换句话说，通过管理学习过程来形成更有效的惯例，将有助于应对创新过程的挑战。

我们也提出了以下观点：创新管理旨在全面提高绩效，而不是只把一两件事情做好。不存在唯一的灵丹妙药，需要通过一系列学习形成行为。我们识别出四类行为，并将它们作为非常重要的惯例：

- 成功的创新是基于战略的。
- 成功的创新依赖于有效的内外部联系。
- 成功的创新要形成一套机制来创造变化。
- 成功的创新只有在支持性的组织环境中才能产生。

在战略领域，不存在简单的成功之道，关键在于从经验和分析中学习的能力。已有的研究和经验指出了创新战略的三个要素：

1. 公司的定位，涉及产品、流程、技术及国家创新系统等方面。尽管一个公司的技术战略可能被一个特定的国家创新系统所影响，但这种影响不是决定性的。

2. 基于公司积累的能力而对公司开放的技术路径。每个公司都有自己的技术轨迹，这些技术轨迹有着不同的技术变革来源和变革方向，而这又限定了战略的核心任务。

3. 公司的组织流程，旨在整合跨职能部门的战略性学习。

就建立联系而言，与市场、技术供应方和其他组织发展紧密丰富的互动关系具有重要的意义。这就提供了学习的机会——从挑剔的顾客和领先用户那里学习，从竞争者那里学习，从战略联盟那里学习，并采取不同的视角学习。在一个以关系网络和组织间行为为主导运作模式的时代，与之相关的“开放式创新”这一主题逐渐被认可。

要想成功，组织就需要建立有效的实施机制来将创新从创意或机会转化为现实。这个过程涉及在一个清晰的决策框架下系统地解决问题，并且取得最佳效果。该决策框架应当能够在事情出差错时帮助组织决定是否继续推进项目。这个过程同样要求在项目管理、不确定条件下的控制以及对市场流和技术流的平行开发等方面具有技能。此外，还需要关注整个变革过程的管理本身，包括预测和消除可能受到变革波及的人们的担忧。

最后一点，创新依赖于一个支持性的组织环境。在这样的环境中，创造性的想法可以浮现出来，并且被有效地部署落实。创建和维持这样的组织环境是创新管理的重要组成部分，涉及组织结构、工作安排、培训和开发、奖赏和表彰制度以及沟通等方面。最重要的是，要创造条件使一个学习型组织能够基于共享的问题识别和解决方式开始运作，并且具有获取和积累技术及创新过程管理两方面知识的能力。

在整本书中，我们尝试将创新管理看作一个一般性的过程，同时也关注在使用各种方法时应如何考虑 21 世纪的两个关键挑战——如何在“非稳定状态”以及“边界外”条件下进行管理。原来的基本方法仍然适用，但为了应对这些挑战，需要综合使用已有的方法，并且学会开发新的方法。

15.2　如何建立动态能力

要建立动态能力，我们需要关注学习的两个维度。

首先是获取新知识并将其添加到组织已有的知识资源库中。这些知识既可以是技术方面的，也可以是市场方面的，抑或是法规或竞争环境等方面的。正如我们在本书中提到的，创新代表着在日渐发达的知识经济时代发展和保持竞争力的关键战略，但是运用这种战略有赖于对新知识持续的积累、吸收和有效运用。那些表现出竞争优势的公司，即能够保持胜出地位者，展示了及时响应和快速产品创新，以及与之相联系的有效协调和重新调配内外部资源等方面的管理能力。[1]

其次是关于创新过程本身的知识——涉及创新被组织和管理的方式，以及那些使我们能够计划和执行创新之旅的常规惯例。我们在书中多次提到“创新能力”这个概念，即组织和管理创新过程的能力。图 15－1 强调了我们一直使用的解释体系，创新能力指的就是我们在组织中创造和运作这样一个体系的能力。

在一个不断变化的环境中，这种能力也许是不够的——面对在多个维度上变化的目标（市场、技术、竞争来源、游戏规则），我们必须能够适应和改变自己的体系。这个对我们的创新能力进行不断修改和发展完善的过程——添加新元素、强化既有的元素甚至有时放弃过时的不再适用的元素——正是所谓“动态能力”的精髓。[1]

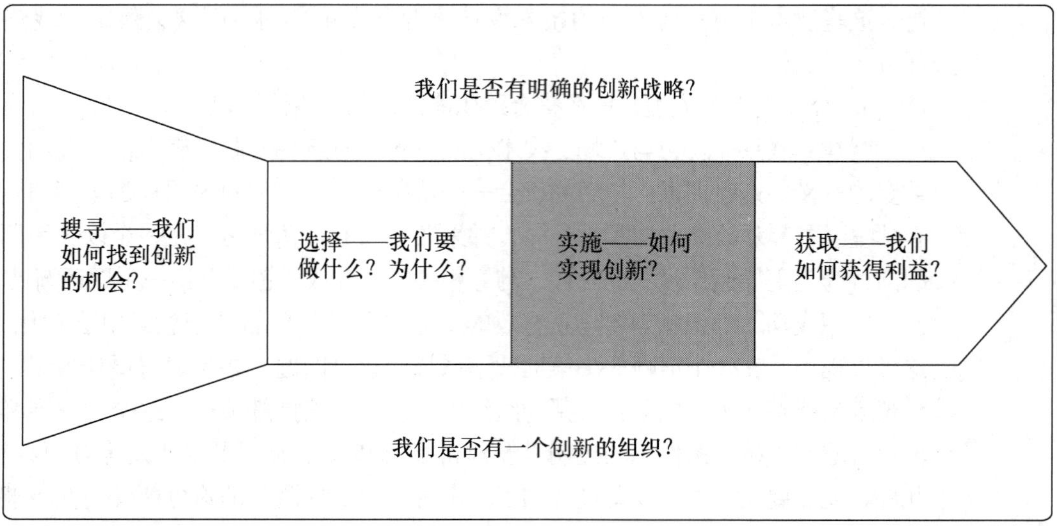

图 15-1　创新过程的简化模型

这种能力的缺乏是导致许多企业乃至许多声名卓著的大企业失败的原因。例如：

- 无法认可或利用那些与已有的知识集相冲突的新想法——“非此处发明”问题。[2]
- 与现有的客户走得太近，过度满足他们的需要——却不能尽早迈向新的技术领域。[3]
- 采用新技术方面存在问题——追随技术潮流，却没有潜在的战略基础。[4]
- 缺乏对隐性知识的编码。[5]

无法管理学习——缺乏动态能力——的代价可能是高昂的。它至少反映出竞争优势的弱化以及业绩的下滑。在有些情况下，创新地位的下降会加速并最终导致公司衰败——正如 Digital、宝丽来或瑞士航空等公司的命运所表明的，虽然它们一度为自己的创新能力感到骄傲。其他公司如 IBM 则对业务进行了彻底的反思和再造，从根本上改变了运营惯例，并允许出现新的模式。对于其他企业如诺基亚，重塑的过程仍在继续，从一个与木材和造纸有关的庞大企业集团，转变为在手机领域占据主导地位，如今在为数字领域提供网络基础设施方面发挥关键作用的企业。

因此，我们需要认真审视组织学习的方式，并且学会有意识地、带有战略性地学习。这解释了为何惯例在创新管理中扮演如此重要的角色——惯例代表了一个公司解决特定问题的行为模式。[6]换句话说，惯例包含了一个组织（以及其中的个人）所学到的关于“如何学习”的知识。

15.3　如何管理创新

我们可以将图 15-1 中的创新过程看作一个学习循环——收集能够产生响应的信号。所有这些都强烈地表明，公司应当采取某种形式的创新项目来帮助开发技术和管理两方面的能力。[7]表示组织中可能发生的学习过程的一种方式是采用一个学习循环的简单模型，图 15-2 显示了科尔布（Kolb）的经验学习循环理论。

这里，学习被视为获取[8]：

- 对于过程的系统而大胆的反思——发生了什么，什么行得通，什么出了差错等。

- 概念化——提取经验教训，基于所学知识将之编码到体系中，并最终体现为规程。
- 实验——愿意在下一次尝试不同的管理方式，检验所学的经验是否有效。
- 直接获取经验（即使失败的代价很高）——这样我们才有反思的素材。

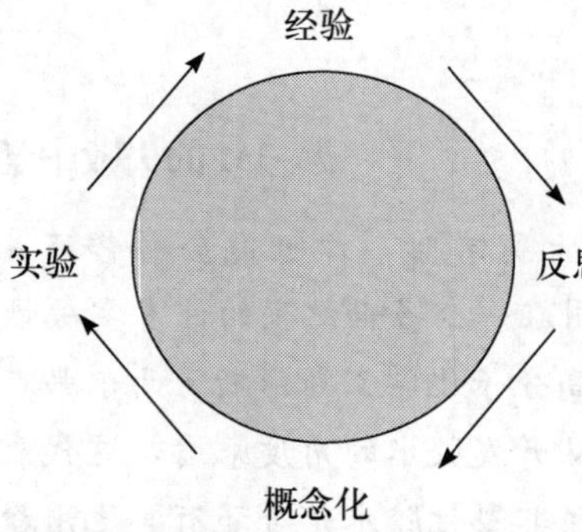

图 15-2　科尔布的经验学习循环理论

能否有效地学习创新管理并从创新管理中学习，取决于能否围绕这些主题建立一个学习循环。从这个意义上讲，它是一个适应性的学习系统，帮助组织在环境中生存和成长。但是要保证这个适应性的系统能够良好运转，还需要第二个学习循环——它能够对系统重新编程以便根据环境的变化和系统的表现作出调整。（这类似于中央空调系统——有一个适应性循环，会根据房间里的温度变化调整输出。但是我们也需要去思考和重新设定恒温器来适应变化的环境。）这种循环式的或有效的学习是创新管理挑战的核心。[9-11] 我们如何定期回顾整个系统的运行情况，并使其适应新的环境？这是建立动态能力的挑战。

我们也应当认识到舍弃的问题。学习新的学习方法不只是掌握和强化新的行为模式——你往往还要舍弃旧的行为模式。[12] 就此放手定属不易，并且有一种很强的趋势会促使你返回现状或实现某种平衡——这有助于解释为什么为数不少的现有竞争者发现行业新进入者在利用新技术或新商业模式的新兴市场大抢风头。若不存在这种趋势，被反超的行业竞争者的数量之多将令人惊诧。管理非连续性创新要求你能够弃车保帅，并寻找其他行业对手可能会尝试的创造性破坏游戏规则的方式。通用电气公司前首席执行官杰克·韦尔奇的一个著名举动就是给他的高级经理们发了一份备忘录，要求他们告诉自己如何毁掉他们手头的生意。当然，这件事的意图并不是执行这些毁灭计划，而是通过这个挑战使人们意识到做好放手准备的必要性，并重新思考，决定是否舍弃。[13] 在对韩国现代（Hyundai）的造船部门的研究中，金林苏（Linsu Kim）谈到了构建危机的强有力的方法——创造一种紧迫感和挑战感，让学习和忘却同时发生。[14] 多萝西·伦纳德（Dorothy Leonard）警告称，当“核心能力”变成“核心僵化”时，自满情绪就会滋生，从而阻碍组织意识到变革信号。[15]

15.4　失败的重要性

没有组织或个人一开始就完全成熟，如图 15-1 所示。我们学习并调整方法，通过反复的试错过程建立能力，逐步提高技能。这些行为惯例嵌入我们做事的方式，反映了我们管理创新的方法。

我们需要认识到失败的重要性。创新就是尝试新事物——不可能总是成功。实验、检测、原型测试和转向都是创新的重要方式，也正是通过这个过程，我们逐渐建立了能力。

案例研究 15.1 研究了失败在支持学习方面的作用。

案例研究 15.1

从 3M 的失败中学习

下次在便利贴上留言时，你可能会暂停下来思考创新失败的价值。因为便利贴——就像 3M 公司在一个多世纪里的许多突破性创新一样——实际上是从一项失败的创新演变而来。高分子化学家斯彭斯·西尔弗在研究黏合剂时，发现了一种黏性不是特别强的胶水。从开发胶水的角度来看，这代表着坏消息——但是如果我们换一个视角，问题就变成了非黏性胶水是否还有其他用途。他们给出的答案推动了新业务的蓬勃发展。

3M 公司从一开始就学会了创新就是冒险和从失败中吸取教训——它最初是明尼苏达矿务及制造公司（因此叫作 3M），但其发展并不顺利，因为它购买的用于提取金刚砂磨料的矿山含有错误的岩石种类。公司做了一些调整才得以生存下来，但公司通过坚持不懈的创新持续增长。

3M 的发展基于对错误和失败的认识，但这正是发现哪些有效、哪些无效的机会。它推动了一种实验和学习的文化，一直延续至今。例如，该公司多年来一直位于《商业周刊》评选的创新企业前 3 名。随着 CEO 的更换，以及重点从突破性创新转移到与六西格玛项目相关的渐进性创新，3M 的排名在 2006 年降至第 7 位，2007 年降至第 22 位。这在公司内部和更广泛的利益相关者群体中引发了争论，3M 重新聚焦于进一步发展自己的核心创新能力。

大多数聪明的创新者认识到失败往往伴随着创新。格言“不打破鸡蛋就做不成蛋卷”描述了一个本质上包含实验和学习的过程。通常，组织的工作都基于这样的假设：在 100 个新产品创意中，只有很少几个能够在市场上获得成功，失败的过程为创新者提供了丰富的新见解，这有助于他们重新聚焦并改善他们的下一次尝试。

企业家在创办新企业时面临同样的挑战。他们无法预测市场将如何反应，技术将如何运作，新的商业模式将如何获得认可，因此采取的方法是围绕核心创意进行实验。企业可以通过精心设计的实验的反馈进行转向、调整，以更接近可行的想法。

问题不在于失败——创新往往会失败，因为实验往往是未知的。问题在于不能从这些经验中学习。

失败在至少三种创新方式中至关重要：

- 它提供了关于什么不该做的见解。在一个你试图开拓新事物的世界里，没有明确的道路，你必须在不确定的丛林中开辟自己的道路。不可避免地，你选择的方向有可能是错误的，但这种“失败”有助于确定哪些地方不适合，而这种聚焦过程是创新的一个重要特征。

● 失败有助于建立能力——学习如何有效地管理创新源于不断尝试和犯错的过程。只有通过反思和修正，我们才能培养出更好地管理流程的能力。每个人都有可能幸运一次，但成功的创新就是建立一个能够重复这一技巧的弹性能力。花时间审查和检讨项目是一个关键因素——如果我们是诚实的，我们从失败中学到的东西比从成功中学到的更多。管理好项目的事后审查的目的是学习和获取未来的经验教训，而不是追究责任，这是改善创新管理的重要工具。

● 失败有助于他人学习和建立能力。分享失败的故事——一种“替代性学习”——为他人提供了一个路线图，这在能力建设领域非常重要。大多数商学院使用案例教学法并不是没有原因的——这类故事包含有价值的信息，可以应用到其他地方。

经验丰富的创新者都知道这一点，并将失败作为丰富的学习来源。我们从创新研究中学到的大部分内容往往来自研究和分析什么出了问题以及下次我们如何做得更好——罗伯特·库珀在关键节点的工作；NASA 开发的项目管理工具；丰田公司对试错学习循环的理解，其改善系统依赖于这种循环，而正是这种循环使丰田成为世界上最具生产力的汽车制造商。[16,17] 谷歌的理念是“永恒的测试版”——不追求完美，但可以从自己的创新中学习。IDEO 是一家成功的设计咨询公司，它的口号“经常失败，早日成功!”强调了通过原型设计来学习在项目中的关键作用。失败也被构建到敏捷创新模型中，这里的挑战在于确保实验循环和学习捕获是“智能失败”系统的一部分。[18—20]

因此，我们不应将创新中的失败视为一个问题，而应将其视为一种重要的资源——只要我们肯从中学习和吸取教训。

15.5 有助于获取经验知识的工具

要从成功的或者不成功的创新活动中提取有用的经验知识，我们需要考虑完成任务所需的一系列工具。接下来，我们将简要地介绍一些实现该任务的可能的方法。

事后评估

事后评估（post-project review，PPR）是一种在一个创新项目后期获取经验知识的结构化的手段，例如，通过项目汇报。这是一种非强制性的手段，然而许多组织都没能好好回顾和总结，只是一味地冒着重蹈覆辙的危险向下一个项目推进。有些组织可能会开展某种形式的结构化回顾或项目事后审计，然而，由于人们有逃避指责和掩盖错误的倾向，这种回顾本身并不能保证产生学习的效用。

从积极的方面看，当存在一种结构化的框架来检查项目时，项目回顾就会比较有意义。它能够检测目标的完成度，发掘出做得好的方面和有待提高的方面，以及学到的具体要点。更进一步，可以探究如何获取这些经验知识并将其融入组织的规程，从而使组织在未来的技术管理方面迈上一个新台阶。[21]

这样的项目回顾有赖于建立一种氛围，使人们能够诚实客观地探讨项目方面的问题。例如，如果事情的进展很糟糕，那么自然的倾向就是掩盖错误或者转移责任，这样的会议往往对未来的项目没有裨益。

事后评估的另一个不足在于，它们虽然对显著的创新项目作用明显，比如开发新产品或服务，实施一种新的流程[22]，但对于较小规模的、常规的渐进性创新作用不大。而后者往往是日常改进活动的核心。为此，我们需要对经验进行系统的积累。对标准操作规程方法作出改变是获取学习经验的有效方式——特别是将隐性经验转变为易于他人使用的更加系统化的形式。[23]这些改变可以很简单，比如说，许多实施“全面生产性维护”项目的日本工厂鼓励操作员将机器的操作次序用文档记录下来。这通常会形成一个精确到每个步骤的指导手册，往往有照片加以辅助说明，附有详细的信息，以便人们不仅知其然，更知其所以然。这些信息通常就包含在一张贴在机器旁边的说明中。这份说明上的信息会随着持续的改进活动而不断得到修改，反映出操作员为了让流程中的特定步骤更加有效和规范所提出的想法。[24]

进一步而言，将知识固化到规程中为使操作更加有效提供了结构化框架。外部代理机构或顾客越来越多地要求组织将其流程管理、控制和改进的方法予以文档化，例如，达到 ISO 9000 质量管理体系、ISO 14000 环境管理体系以及福特公司等提出的 QS 9000 质量体系的要求。

使用固化的规程作为积累学习经验的方式既有优点又有缺点。从好的方面讲，通过系统的反思和经验积累获得的知识非常有价值——这是学习周期的精髓。但它依赖于对学习的投入以及对规程及其后续使用情况的信任，只有这样才有效。否则，组织只是创造了人们一知半解却不能持续关注和使用的规程。另一个风险在于，建立规程之后，组织就不愿再改变它——这反而阻碍了我们进一步学习。

标杆管理

标杆管理是对一系列通过比较从而创造学习机会的管理技术的总称，比如在相同流程的两个变体或两个相似产品之间进行比较。[25-27]标杆管理能够用来比较不同公司管理产品开发过程的方式：一家公司比另一家公司开发速度更快，就意味着需要向优胜者学习和了解如何做到这一点。[28]

标杆管理以两种方式促进学习。首先，它提供了一个强有力的激励因素。由于标杆管理往往突出了差距——如果水平并不相近，这种差距接下来可能会导致竞争力方面的问题。从这个意义上讲，它提供了一个结构化的方法来促进学习。这种方法被外部代理商广泛使用，他们将此视为专门激励小企业学习和变革的工具。由于它提供了一个框架，围绕此框架共享学习经验受到关注和监控，而且在框架内经验可以横向交流[29]，因此它聚焦于“学习网络”的运作（第7章中作了介绍）[30]。

其次，标杆管理提供了一种看待新概念和新想法的结构化方法。这种方法有几种表现形式：

- 在相同组织的相似活动之间。
- 在大组织的不同部门的相似活动之间。
- 在相同产业的不同公司的相似活动之间。
- 在不同产业的不同公司的相似活动之间。

最后一种往往是最具挑战性的，因为它引入的是全新的视角。比如，通过观察一个超市如何管理它的供应链，一家制造企业可以获得物流管理方面的经验。通过观察一个机械加工车间如何快速建立和更换不同的产品线，一家医院可以学会如何更有效地使用造价高昂的手术室。

再比如，西南航空公司创造了令人惊羡的机场航站楼的周转速度纪录。它是观察工业企业在不同任务间切换复杂机械的周转运作方式得到启发的，那些工业企业又是观察国际赛车大奖赛中加油维修站的活动吸取经验的。卡普林斯基（Kaplinsky）报道了医疗保健行业在借鉴来自制造零售企业的库存管理系统的经验后生产率和质量大幅提升。[31]

能力成熟度模型

标杆管理作为组织发展的工具获得了成功，并作为能力成熟度模型日益得到普及。[32]对于标杆管理中位于核心地位的审计和评估过程而言，并不一定要通过与其他组织的比较来实现，可以通过与理想状态或优秀实践的规范化模型进行比较来实现。这种理念在 20 世纪 90 年代的质量革命中通过一系列复杂的标杆体系得到了充分体现，当时设立了许多质量奖，例如美国的马尔科姆·鲍德里奇国家质量奖（Malcolm Baldrige Award）、日本戴明质量奖（Deming Prize）以及欧洲质量奖（European Quality Award）。[33]这种理念同样被推广到其他一些领域，例如，软件开发流程、项目管理、IT 实施和新产品开发。[32]为助力小企业提高业绩，英国开发了一种对绩效进行标杆管理和审计的体系，并将其用于国家服务领域。[34,35]

敏捷创新方法

敏捷创新方法也广泛应用于学习循环。无论是在现有组织的项目中，还是在初创企业中，核心思想都是控制实验。提出和检验假设，并且将所得到的反馈用于帮助学习如何定位和管理创新开发，使用诸如转向这样的概念来给予支持。[19,20]

15.6　创新审计

能力/成熟度审计反映出以一种结构化的方式来反思创新过程和管理方式。这类似于财务审计。通过对账本进行财务审计可以了解公司的健康状况和运营情况。其原理很简单：基于我们对成功和不成功的创新及其所依赖条件的了解，可以构建组织相关问题一览表。我们可以根据最佳实践的某种模型对组织的绩效打分，并识别哪些方面有待改进。

这种审计方法与创新管理的实践有很大的潜在相关性，许多框架被开发出来以支持它。早在 20 世纪 80 年代，英国国家经济发展办公室（UK National Economic Development Office）开发了一个“创新管理工具箱”，之后一个致力于推动中小企业创新管理的欧洲项目将其更新和调整并作为项目的一部分投入使用。另一个起初由伦敦商学院开发的框架，经过英国贸易与产业部（UK Development of Trade and Industry）的推广，衍生出一系列框架，包括与英国设计委员会（Design Council）合力推出的“鲜活的创新”。[34,36]弗朗西斯（Francis）提供了关于这种例子的概述。[37]这一传统在英国 NESTA 的工作中得以延续，该基金会委托开展了一系列研究，以帮助制定一项创新指数，为创新实践和绩效提供一个衡量框架。[38]

其他涵盖创新管理特定方面的框架也在发展，如创新氛围、持续改进和产品开发。[39-41]随着互联网应用的普及，诞生了一些为创新管理绩效评估提供互动性框架的网站。这种绩效评估正是组织发展的第一步。

在任何情况下，创新审计的目的都不在于分数或得奖，而在于通过添加结构化反思的维度来建立有效的学习周期。重要的是定期回顾和讨论这个过程，而不是关注细节性的信息或精确的分数。要点并不仅仅是收集数据，而是使用这些测量数据来驱动创新过程及其管理过程的改进。正如质量管理大师爱德华·戴明（W. Edwards Deming）指出的，“如果你不去测量，你就不能提高!”

开展这种创新审计通常涉及两个方面：

- 我们在创新成果方面的表现如何?
- 我们在重复运用创新技巧的潜在能力方面做得如何?

图 15-3 展示了我们可能采取的措施，包括流程的投入和产出、我们的核心利益、流程本身的组织和管理方式。理查德·亚当斯（Richard Adams）及其同事给出了这种方法的概述。[42]

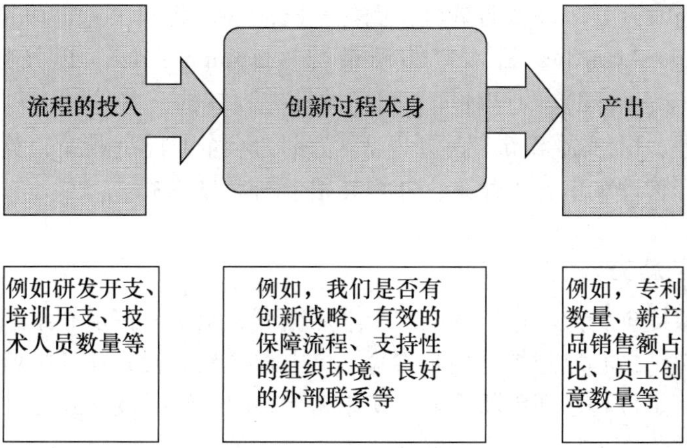

图 15-3 衡量创新的框架

15.7 衡量创新绩效

两套衡量指标代表了我们可以计算和评估的创新指标——我们投入了多少（时间、金钱、技能资源等），以及过程的产出是什么。

对创新过程的投入很重要，如果我们不投入时间和金钱，不培养员工，就不太可能系统化地产生创意并将其转化为可以创造价值的创新。这里的指标包括研发或市场调研的支出、员工培训和发展的投资、员工中技术人员和工程师的占比。更微妙但可能有趣的衡量标准包括：与“主流”创新活动相比，用于开放式或“蓝天”探索的资金，或者员工背景的多样性。

在评估产出——创新绩效时，我们可以考察若干可能的测量和指标。例如，我们可以将专利数和科学论文数作为知识生产的指标，或将采用的新产品数（以及销售百分比和/或利润比）作为产品创新成功的指标。[43]我们还可以将运作或流程的要素用于测量，比如通过顾客满意度调查来测量和跟踪质量或灵活性方面的改进。[29,44]我们也可以试着评估创新的战略影响力，特别是当整体企业绩效以某种方式（例如通过收入或市场份额的增长、盈利能力的改善、附加值的提高等形式）得到提高，至少一部分利益可以直接或间接归因于创新时。[45]

有趣的是，近期开发不同的创新绩效产出指标的尝试，凸显了先前在创意产业、

专业服务或广告等领域的创新潜力。[46,47]

我们也可以对创新过程的内部工作或特殊要素进行更具体的测量。举例来说，我们可以统计在创新系统的开始阶段产生的新想法（产品、服务、流程）的数量，在开发过程中及市场上的失败率，或超出开发时间或成本预算的次数或百分比。在流程创新中，我们可以考察创新引入的平均时滞；考察采取的持续改善的措施，如每个员工的建议、问题解决型团队的数量、员工人均节约成本的增量、累计节约成本等。

15.8 衡量创新管理能力

在回顾我们的创新运作情况时，我们可以观察过程的组织和管理方式。我们的过程模型中的核心问题如下：

- 我们在寻找机会方面做得如何？
- 我们在管理选择过程方面做得如何？
- 我们在管理创新项目的实施方面做得如何，初期、中期以及后期做得如何？
- 我们是否有创新性的组织为创新提供支持性的环境？
- 我们是否有明确的创新战略，这种战略是否被有效传达和推动？
- 我们是否建立并维护丰富的外部联系网络？
- 我们在从创新过程中学习方面做得如何？

我们可以采用各种方式对这些问题进行反思和分析。在本书的每一章中，我们都提出框架和简要问题一览表来思考这些问题，例如，组织的创造性氛围或者战略实施和沟通的程度。[40]使用这些框架作为更聚焦的探索的起点也很重要。在整本书中我们一直强调，尽管创新管理的挑战一般是相似的，但在某些问题上还是需要作出具体的回应。

例如，当我们关注服务创新时，可能要将审计问题聚焦于与这类创新管理特别相关的主题。专栏 15.1 讨论了衡量服务创新的五个因素。

专栏 15.1　　衡量服务创新

对新服务开发及交付的组织和管理可以通过五个方面来评估：战略、流程、组织、工具/技术和系统（strategy，process，organization，tools/technology and system，SPOTS)。这个框架是基于对美国和英国 100 多家公司的分析而提出和测试的，并通过对 18 个公司总计 27 个案例的研究而得以证实。

这五个因素对于服务创新而言发挥着不同的作用。战略提供聚焦点，流程提供控制，组织使人员协调，工具/技术提供转型/处理能力，系统则提供整合。

绩效是作为一个整体指标进行分析的，有三个因素：(1) 创新和质量；(2) 开发的时间缩减和开发/交付的成本控制；(3) 服务交付。

前两个因素基本上对应于一般性的战略备选方案、差异化和成本。第三个因素在概念上的重要性在于，它将服务交付流程区别于产品特性。交付流程往往包含显著的服务附加值，特别是涉及人际接触时。

拿一家公司的分数与数据库中的其他公司进行比较，可以发现其优势和劣势（参见第 10 章图 10－12)。

类似地，我们曾提到，在某些条件（即非稳定状态条件）下，需要采用不同的方法来管理创新，要在稳定状态条件下的创新中引入新的或互补性的惯例。这里我们又可以借助特定的审计问题来促进这类反思。

我们还可以为创新过程的特定方面开发审计工具。例如，是否存在创造性氛围，其中的创意是否不断涌现并相互激发？是否有一些结构和流程可以用来促进全员参与创新过程？是否有某些稳定状态之外的条件，让我们必须采用不同的方式，或引入新的、至少互补性的惯例来丰富稳定状态条件下的创新过程？

表 15-1 总结了围绕这些主题的一些结构化框架。

表 15-1 支持能力开发的审计框架

管理创新的关键问题	思考和开发辅助工具
我们在创新管理方面做得如何?	创新审计
我们在服务创新管理方面做得如何?	服务创新（STARS）框架
新企业的启动阶段是怎样的?	创业清单
我们是否让员工充分参与创新?	全员创新审计
我们在非连续性创新管理方面做得如何?	非连续性创新审计
我们在开放式创新方面的搜寻有多广?	搜寻策略审计
管理创新的关键问题	**网站上提供的思考和开发辅助工具**
我们是否有创新的创造性氛围?	创造性氛围审查
我们是否能够充分利用创新的外部知识?	吸收能力审查
我们创新的选择过程有多有效?	选择审计
我们是否有清晰的创新战略——是否进行了沟通和部署?	创新战略审计

15.9 反思和思考

在本节中，我们给出了一些反映组织中的创新过程的例子。

搜寻

组织可以采用许多方法来寻找机会触发创新过程，能做到多好是另一回事。你会发现一些对“我们在这里做事的方式”的描述性陈述——描述组织在处理创新问题时的行为和思维模式。

如果我们在组织里四处走走，会希望听到人们讨论他们使用的方法。我们会听到这些……

- 我们与供应商建立了良好的双赢关系，我们从他们那里获得了源源不断的创意。
- 我们善于了解客户/终端用户的需求。
- 我们与大学和其他研究中心合作，帮助我们发展自身的知识。
- 我们的员工参与提出改进产品或流程的想法。
- 我们以结构化的方式（使用预测工具和技术）展望未来，试图想象未来的威胁和机遇。

- 我们系统地将我们的产品和流程与其他公司的进行比较。
- 我们与其他公司合作开发新产品或流程。
- 我们努力发展外部网络的人才（例如专家）来帮助我们。
- 我们与领先用户密切合作，开发创新的新产品和服务。

当然，搜寻时会捕捉到一些相当微弱的信号，这些信号表明创新的触发因素正在出现，而且有时完全不同。为了应对突发事件，聪明的企业员工可能会说类似的话：

- 我们采用探索和学习的方法来探究技术和市场的新方向。
- 我们与各行业建立联系以提供不同的视角。
- 我们有一些机制来引入新的视角，如从其他行业招募人才。
- 我们定期运用正式的工具和技术来帮助自己“突破条条框框思考”。
- 我们同时关注“下一个实践”和“最佳实践”。
- 我们使用某种方式进行技术搜索/情报收集——我们有发达的技术触角。
- 我们与“边缘”用户和早期的使用者合作开发新产品和服务。
- 我们利用网络之类的技术来使自己更加灵敏、快速地发现周边环境中的威胁和机遇，并作出回应。
- 我们在周边开展定向搜寻以捕获新的战略机遇。
- 我们有组织地处理“非目的性”信号（与当前业务并非直接相关），而不是简单地忽略它们。
- 我们与长期从事研究和技术开发的组织有着密切的联系——我们能列出各种社会关系。
- 我们将用户视为新想法的来源，并尝试与他们共同开发新产品和服务。

选择

如果我们访问了一个聪明的组织，会期望其成员告诉我们：

- 我们有一个明确的选择创新项目的体系，每个人都了解创新提案的游戏规则。
- 当一个人有了一个好创意时，知道如何去实现。
- 我们有一个选择体系，试图建立低风险项目和高风险项目的一个平衡的投资组合。
- 我们专注于产品、流程、市场和商业模式创新的集合。
- 我们在“做得更好”的创新项目和突破性的“做得与众不同”的创新项目之间取得平衡。
- 我们认识到需要打破框框的束缚，并且有处理不相关但有趣的创意的机制 。
- 我们拥有企业风险投资体系。

实施

关于“完成任务”，我们希望听到这些：

- 我们有一套明确的正式流程来帮助有效地管理新产品开发——从提出创意到推出产品。
- 我们的创新项目通常会按时完成，并且不超过预算。
- 我们有有效的机制来管理从创意提出到成功实施的整个过程。

- 我们有一套机制来保证在新产品/新流程开发的早期各部门就参与进来。
- 我们的产品开发系统有足够的灵活性，允许小的“快捷”项目产生。
- 我们的创新项目团队包括组织各相关部门的人员。
- 我们在开发的早期就让拥有相关知识的人员全部参与进来。

我们也希望他们为更具突破性的项目做一些准备，这些项目可能需要走一条完全不同的道路。人们可能会谈论：

- 我们有替代和并行机制来实施和发展突破性创新项目，这些项目在“正常”规则和程序之外。
- 我们有一些机制用来管理不符合当前业务的创意，例如将它们出售或分拆。
- 我们通过模拟技术等的运用来探索更多的可能性，而不是急于对某个选择予以投入。
- 我们有战略决策机制和项目选择机制，可以用来处理主流业务之外的更具突破性的提案。

具有战略目标和领导能力的组织可能会有以下表述：

- 组织员工对于创新如何有助于竞争有明确的认识。
- 我们实施的创新项目和公司总体战略之间有着明确的联系。
- 我们有一套流程来评估新的技术或市场开发及其对公司战略的影响。
- 高管层对创新给予投入和支持。
- 我们的高层团队对于公司如何通过创新加快发展有共同的愿景。
- 我们以结构化的方式（使用预测工具和技术）展望未来，试图想象未来的威胁和机遇。
- 组织员工知道我们的独特能力是什么——理解我们的竞争优势之来源。
- 我们的创新战略得以清楚传达，每个人都知道改进的目标。

我们也期望有一些具有延伸性的战略领导力，让组织能够跳出固有的思维模式，对未来面临的各种挑战作出预测。

- 管理层提出弹性目标，提供创新的方向，但不限定创新的路径。
- 我们积极探索未来，利用情境、预见等工具和技术。
- 我们有能力在战略思考过程中挑战我们目前的位置——我们考虑“如何摧毁业务”。
- 我们敢于“推翻”已经取得的成果，从而为新的选择创造发展空间。

如果我们访问这样的组织，会发现这些方法被广泛使用，人们会谈论：

- 我们的组织结构不会扼杀创新，而是促使其产生。
- 不同部门的人能够很好地合作。
- 对员工的培训和开发有很大的投入。
- 员工参与提出改进产品或流程的想法。
- 我们的结构有助于我们快速作出决定。
- 沟通是有效的，无论是自上而下或自下而上的纵向沟通，还是组织内部的横向沟通。
- 我们的奖励和表彰机制支持创新。
- 我们有着支持新创意的氛围——人们不需要离开组织也能让这些创意实现。
- 我们能够以团队方式良好地运作。

我们认识到一种模式并不适合所有人，创新组织需要能力、结构和机制来不断思考和做不同的事情。所以我们希望听到人们谈论：

- 我们的组织允许人们有一些空间和时间来探索新奇的想法。
- 我们有一些机制用于识别和鼓励“内部创业”——如果人们有一个好点子，那么他们不需要离开公司也能将其实现。
- 我们会将特定的资源分配到对现有业务的备选方案的探索中——我们不会让每个人满负荷工作。
- 我们重视那些敢于打破规则的人。
- 在创新过程中每个人高度参与。
- 同伴压力也能创造出积极的张力和适合创新的氛围。
- 我们鼓励实验。

积极的联系

如果我们访问一个成功的创新者，会了解他们发展社交网络能力方面的成就。人们常常谈论：

- 我们与供应商建立了良好的双赢关系。
- 我们善于了解客户或终端用户的需求。
- 我们与大学和其他研究中心合作，帮助我们发展自身的知识。
- 我们与客户密切合作，共同探索和开发新的产品概念。
- 我们与其他公司合作开发新产品或流程。
- 我们与地方和国家教育系统密切合作，来交流我们在技能上的需要。

有证据表明，他们正在努力建立开放式创新的联系，常常谈论下面这些：

- 我们与各行业建立联系以提供不同的视角。
- 我们有一些机制来引入新的视角，如从其他行业招募人才。
- 我们与各种外部知识源——大学、研究中心、专门的代理机构等——有着广泛的联系，即使不是为了特定的项目，也会设立这样的机构。
- 我们利用技术来使自己更加灵敏、快速地发现周边环境中的威胁和机遇，并作出回应。
- 我们拥有预警系统，可以对战略决策制定过程的新趋势尽早给予提醒。
- 我们实践开放式创新——从丰富而广泛的联系网络中持续获得具有挑战性的想法。
- 我们的供应商管理方式是适合战略联盟的。
- 我们与长期从事研究和技术开发的组织有着密切的联系——我们能列出各种社会关系。
- 我们将用户视为新想法的来源，并尝试与他们共同推出新产品和服务。

学习

聪明的公司积极管理学习，在这样的组织里人们常常谈论：

- 我们会花时间来评估项目，以便下一次能有更好的表现。
- 我们从错误中学习。
- 我们系统地将我们的产品和流程与其他公司进行比较。

- 我们与其他公司会面并分享经验，从而促进学习。
- 我们善于掌握所学的东西，从而使组织中的其他人也能利用这些知识。
- 我们会定期自问，在哪些方面、什么时候可以改进我们的创新管理。
- 我们从周边环境中学习——我们的目光投向自己的组织边界和地理边界之外。
- 我们鼓励实验。

15.10　发展创新能力

许多研究关注的是在创新中该衡量什么、如何衡量等问题。我们如此关注这些问题，以至于忽略实际的目标——反思对流程的管理并提高管理水平。特定工具的形式并不重要，重要的是通过使用它来对影响创新成败的因素进行广泛的评估，以及掌握对过程的管理加以改进的方法。这种创新审计提供的是：

- 一个审计框架，既可以用来检查你在某次特定的创新中做对了什么、做错了什么，也可以作为一种理解事情缘由的方式。
- 一个核对清单，让你检查自己是否在做正确的事情。
- 一个参照基准，用来检查你是否和别人做得一样好。
- 一个对创新管理进行持续改善的指南。
- 一个帮助你获取知识的学习资源，并提供尝试新事物的灵感。
- 一种聚焦于带有特殊问题的子系统的方式，让你和流程的所有者及其客户与供应商一起工作，看看通过讨论是不是可以让事情变得更好。

举例来说，一个组织如果没有清楚的创新战略，也没有什么技术资源，甚至没有获取更多资源的计划，同时项目管理水平有限，外部联系贫乏，组织氛围刻板而不具有支持性，创新就很难成功。相反，一个组织如果专注于清楚的战略目标，发展长期的外部联系来支持技术开发，同时有清晰的项目管理流程，有高层管理者的支持，而且在一个创新性的组织氛围中运作，就更容易成功。

图15-4给出了一个框架来思考关于发展创新管理能力的问题。

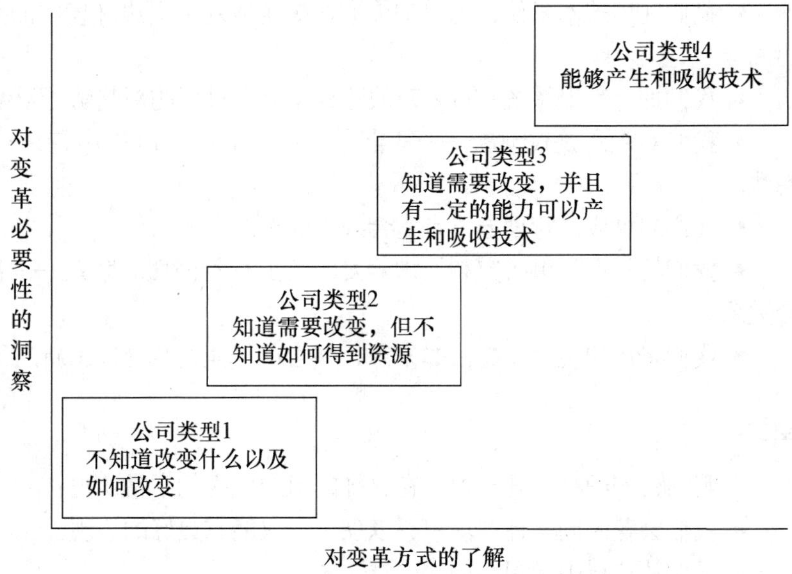

图15-4　发展创新管理能力

当然，没有哪个组织一开始就有完美强大的能力来组织和管理创新。它必须经过试验和试错学习，慢慢找出哪些行为有效、哪些行为无效，并且逐渐通过重复和强化使之成为“惯例”。发展创新能力涉及建立和强化这些惯例，并且回顾和检查它们是否仍旧合适或者是否需要修正或替代。前沿视点 15.1 给出了一些例子。关键问题是：

- 我们需要多做些什么，强化什么？
- 我们需要少做些什么，停止做什么？
- 我们需要发展什么新惯例？

前沿视点 15.1

关于创新管理的主要教训

创新能力是很难创造却又容易摧毁的。这并非一劳永逸的事情。在商业环境中，遵规守矩被看成是至高无上的。在这样的环境中，创新能力需要持续的培养和保护。它同样需要持续的关注来保持前进的动力——它就像是一架飞机，总要不断前进才能保持在空中。对创新的管理要求一种创新的方法。

要做到：

- 在推动创新时大张旗鼓；
- 鼓励高层管理者在推进创新中扮演积极重要的角色；
- 鼓励挑战和质疑；
- 允许实验；
- 间或允许张扬个性；
- 避免公司官僚主义；
- 铭记发展创新能力需要时间；
- 持续监测创新绩效；
- 确保团队有清晰的目标和终点，而不是严格要求有具体的成果；
- 允许相关人员自由地尝试自己的新想法；
- 在整个公司中保护创新。

不要这样做：

- 迷失目标——忘记为何创新；
- 利用你的创新能力和资源，将之作为削减成本的简便手段；
- 对于实现成果的方式墨守成规；
- 在创新团队中强制保持一致；
- 允许分配过多的资源或时间，这会缓解提出解决方案的压力；
- 试图照本宣科地管理创新。

——帕特里克·麦克劳克林，Cerulean 公司执行董事

要做到：

- 建立一个基于项目制的组织；
- 建立一个好的业务组合管理结构；
- 建立一个漏斗系统或门径管理制度，用来分阶段筛选项目；

- 保证创新相关的活动配备足够多的人力。

不要这样做：

- 只给人们指定职能性职位；
- 不了解在创新漏斗中项目是否正确推进。

——沃特·塞曼，CRH Insulation Europe

- 不要过度管理，一般来说人们都希望把事情做好；
- 在你身边组建最好的团队，具体来说就是找到比你更优秀的人；
- 向你的团队成员学习，也不要害怕他们向你学习；
- 化繁为简，事情往往不必如此复杂；
- 不要试图衡量一切：关键在于顾客第一。

——约翰·特里加斯基斯，Serco公司技术经理

● 专注于清晰描述的“结果”，例如你试图实现的成果，然后将你手头的稀缺资源与创造性人才联系起来，为实现这个结果而寻找创新的实现方式。

要做到：

- 充分利用工具，并把对工具的使用制度化；
- 有趣；
- 任用背景相异的各种人；
- 如果可以，不要亲自在场；
- 珍视和鼓励作出贡献，让一切可以简单开始；
- 关注大型创新项目所驱动的创新，同样关注自下而上的参与；
- 将早期的成功展示出来并大力宣传，以吸引管理层的注意；
- 在头脑中要有创造性的发散过程，也要有汇集方案的方法。

不要这样做：

- 只建立机制，期待奇迹；
- 对管理制度的诠释妨碍了我们的行动（既要遵守规矩，也要探究规则背后的解释）；
- 只坐在办公室里而不出去看看；
- 低估同伴压力的影响；
- 个人冒险或创造性思考。

——约翰·吉尔伯特，瑞士联合银行流程优化主管

- 创新过程的前端必须与标准的开发流程（例如门径管理模型）相分离；
- 让投入的人去做值得投入的事以降低“无聊应付”的风险；

● 对于高层管理者来说，很难对创新项目保持几年的关注，同样也很难接受突破性创新项目比渐进性创新项目有更高的风险。

——约翰·泰斯马尔，丹麦Ictal Care公司执行董事

● 频繁地与运用你的技术的终端用户交谈，了解可能有损于你的创新实用性的其他限制条件。

● 在创新管理方面，我最大的教训（至少在石油和天然气行业）是人的因素以及技术发展中的变革管理比大多数人想象的还要重要。这很可能是这个行业中导致许多创新失败的“阿喀琉斯之踵”。我们需要记住，在世界500强公司工作的大部分人都专注于用既有的方法和技术来为公司赚钱。当一个创新者带来一个新想法时，许多人

都会将其推进过程看成是对他们日常工作流程的干扰。创新者似乎本能地认为新技术一定比它所取代的东西要好，但他的同事未必这么想。相应地，要将一个新技术推广至能源行业，需要大量的销售努力，要不屈不挠地说服其他人。谨记的教训是，非研发部门的同事未必会以和你一样的方式来看待新技术。

- 不要假定人们自然地就想要利用你的创新成果。事实上这可能要花费数年时间。
- 尽你所能让一项技术成功，但如果技术没有得到应用，不要觉得是失败。如果你从未失败，那么说明你并没有挑战极限。

——罗布·佩罗尼，美国壳牌勘探有限公司

15.11 最后的思考

我们已多次谈到，创新是复杂的、不确定的，并且几乎不可能驾驭。既然如此，我们确信世界上没有完美的创新管理，实验和持续改善的机会永远存在。正如本书中所建议的，我们面临的挑战是根据不断变化的环境持续进行反思和重新配置——无论是非连续性的、非稳定状态的创新，还是跨越组织边界的开放式创新。总而言之，创新管理不是一种精确的、可预测的科学，而是一个工具、一种实践。其中的关键技巧在于通过反思和组织配置来发展动态能力。

在本书中我们一直试着将创新管理看作一个一般性的过程，并且关注使用各种方法时需要考虑的 21 世纪的两个关键挑战——在“非稳定状态”以及“边界外”条件下的管理。基本的方法仍然适用，但需要综合利用已有的方法，并且学会开发新的方法来应对这些挑战。

小　结

本章研究了组织在创新管理中获取经验知识和构建能力的方式。在这个过程中，需要努力学习，也可以通过使用工具和进行反思来达到目的。本章还特别探讨了创新审计的各种方法，并且提供了一些模板来评估和发展能力。这些工具不仅覆盖了整个过程，而且特别针对了关键领域。

第 15 章　扩展阅读

第 15 章　参考文献

Managing Innovation: Integrating Technological, Market and Organizational Change, Sixth Edition by Joe Tidd and John Bessant
ISBN: 9781119379454
Copyright © 2018, 2013, 2009, 2005, 2001 Joe Tidd and John Bessant
All Rights Reserved. Authorized translation of the edition published by John Wiley & Sons, New York, Chichester, Brisbane, Singapore and Toronto. No part of this book may be reproduced in any form without the written permission of John Wiley & Sons, Inc.
Copies of this book sold without a Wiley sticker on the cover are unauthorized and illegal.
John Wiley & Sons 纽约、奇切斯特、布里斯班、新加坡及多伦多公司出版的原版本的授权译本。未经 John Wiley & Sons Inc. 书面同意，不得以任何形式复制本书的任何部分。
本书封底贴有 Wiley 防伪标签，无标签者不得销售。

图书在版编目（CIP）数据

创新管理：第6版/乔·蒂德，约翰·贝赞特著；陈劲译. --北京：中国人民大学出版社，2020.11
（工商管理经典译丛）
ISBN 978-7-300-28642-6

Ⅰ．①创…　Ⅱ．①乔…　②约…　③陈…　Ⅲ．①创新管理　Ⅳ．①F273.1

中国版本图书馆CIP数据核字（2020）第201307号

工商管理经典译丛
创新管理（第6版）
乔·蒂德
约翰·贝赞特　著
陈　劲　译
Chuangxin Guanli

出版发行	中国人民大学出版社		
社　　址	北京中关村大街31号	**邮政编码**	100080
电　　话	010－62511242（总编室）		010－62511770（质管部）
	010－82501766（邮购部）		010－62514148（门市部）
	010－62515195（发行公司）		010－62515275（盗版举报）
网　　址	http://www.crup.com.cn		
经　　销	新华书店		
印　　刷	北京昌联印刷有限公司		
开　　本	787 mm×1092 mm　1/16	**版　　次**	2020年11月第1版
印　　张	31.5 插页1	**印　　次**	2023年11月第5次印刷
字　　数	731 000	**定　　价**	75.00元

版权所有　侵权必究　　　印装差错　负责调换

WILEY **John Wiley 教学支持信息反馈表**

www.wiley.com

老师您好，若您需要与 John Wiley 教材配套的教辅（免费），烦请填写本表并传真给我们。也可联络 John Wiley 北京代表处索取本表的电子文件，填好后 e-mail 给我们。

原书信息

原版 ISBN：

英文书名（Title）：

版次（Edition）：

作者（Author）：

配套教辅可能包含下列一项或多项

教师用书（或指导手册）/ 习题解答/ 习题库 /PPT 讲义/ 其他

教师信息(中英文信息均需填写)

- **学校名称(中文):**
- **学校名称(英文):**
- **学校地址（中文）:**
- **学校地址（英文）:**
- **院 / 系名称(中文):**
- **院 / 系名称(英文) :**

课程名称（Course Name）：

年级 / 程度（Year / Level）： □大专 □本科 Grade: 1 2 3 4 □硕士 □博士 □MBA □EMBA

课程性质（多选项）： □必修课 □选修课 □国外合作办学项目 □指定的双语课程

学年（学期）：□春季 □秋季 □整学年使用 □其他（起止月份____________）

使用的教材版本： □中文版 □英文影印（改编）版 □进口英文原版（购买价格为____元）

学生：______个班共______人

授课教师姓名：

电话：

传真：

E-mail：

WILEY - 约翰威立商务服务（北京）有限公司

John Wiley & Sons Commercial Service (Beijing) Co Ltd

北京市朝阳区太阳宫中路12A号,太阳宫大厦8层 805-808室，邮政编码100028

Direct +86 10 8418 7869 Fax +86 10 8418 7810

Email: sliang@wiley.com 梁爽

中国人民大学出版社　管理分社

教师教学服务说明

中国人民大学出版社管理分社以出版工商管理和公共管理类精品图书为宗旨。为更好地服务一线教师，我们着力建设了一批数字化、立体化的网络教学资源。教师可以通过以下方式获得免费下载教学资源的权限：

- ★ 在中国人民大学出版社网站 www.crup.com.cn 进行注册，注册后进入“会员中心”，在左侧点击“我的教师认证”，填写相关信息，提交后等待审核。我们将在一个工作日内为您开通相关资源的下载权限。

- ★ 如您急需教学资源或需要其他帮助，请加入教师 QQ 群或在工作时间与我们联络。

中国人民大学出版社　管理分社

教师 QQ 群： 648333426（工商管理）　114970332（财会）　648117133（公共管理）
教师群仅限教师加入，入群请备注（学校＋姓名）

联系电话： 010-62515735，62515987，62515782，82501048，62514760

电子邮箱： glcbfs@crup.com.cn

通讯地址： 北京市海淀区中关村大街甲 59 号文化大厦 1501 室（100872）

管理书社　　人大社财会　　公共管理与政治学悦读坊